新税率　　新政策　　新案例　　新解读

增值税实务操作与发票管理

李伟锋○编著

机械工业出版社

CHINA MACHINE PRESS

本书内容按增值税要素、征收管理、发票管理进行分类，突出时效性、延续性、准确性与工具性四大特色。时效性体现在对增值税政策规定做了大量的增补，让读者及时掌握最新最全的政策规定；延续性体现在将现行政策编在前，失效或废止政策编在后，便于读者了解政策的变化历程和来龙去脉；准确性体现在摘编内容以原文为主，力求内容准确无误，对个别政策做了相应知识点的拓展，并标注相应的出处，不影响读者的判断；工具性体现在将引用文件的发布日期和文号列明，并尽可能地详细列示目录，便于读者更快捷地查阅。同时，对重点、难点政策做了解析和延伸知识的拓展介绍。

全书目录方便检索、法规最新最全，重点、难点解析到位，可供企业纳税人和税务系统从业人员作为案头工具书备查、备用。

图书在版编目（CIP）数据

增值税实务操作与发票管理／李伟锋编著. —北京：
机械工业出版社，2019.11
ISBN 978-7-111-64103-2

Ⅰ.①增… Ⅱ.①李… Ⅲ.①增值税-税收管理-中国②增值税-发票-财务管理-中国 Ⅳ.①F812.424

中国版本图书馆 CIP 数据核字（2019）第 242175 号

机械工业出版社（北京市百万庄大街22号 邮政编码100037）
策划编辑：曹雅君 责任编辑：曹雅君 蔡欣欣 解文涛
封面设计：可圈可点 责任校对：李 伟
责任印制：孙 炜
保定市中画美凯印刷有限公司印刷

2020 年 1 月第 1 版第 1 次印刷
180mm×250mm·33.5 印张·1 插页·766 千字
标准书号：ISBN 978-7-111-64103-2
定价：138.00 元

电话服务　　　　　　　网络服务
客服电话：010-88361066　机 工 官 网：www.cmpbook.com
　　　　　010-88379833　机 工 官 博：weibo.com/cmp1952
　　　　　010-68326294　金 书 网：www.golden-book.com
封底无防伪标均为盗版　机工教育服务网：www.cmpedu.com

努力实现中国增值税的税收中性

增值税自1954年在法国实施以来，已经60多年了。在中国，从1994年实行分税制到现在，也已经25年。更重要的是，从2016年开始实行全面的营改增，放弃营业税，这一举措使中国向现代先进税制迈了一大步。

为什么是迈了一大步呢？因为增值税虽然是流转税，但是税率在实现最终消费前，无论流转多少环节，税率都是固定的。这是不同于以往营业税的地方，营业税每流转一次，就征收一次。如果税率5%，原来的销售价格不变的话，流转20次，征收的流转税就会与产品和服务的价值相当，这就是经济学上所说的税收对经济交易的抑制。增值税只对增值额征税，未增值部分不纳税，但是它可以在商品和服务的任何一个流转环节对增值部分征税，也就是分阶段征收。这样既减轻了最后一次性征收的压力，又能保证财政收入的均衡实现。由于增值税的税收中性、纳税人自我牵制连环抵扣，也间接提高了税务机关的管控能力。正是因为增值税的税收中性和连环抵扣，全世界已经有越来越多的国家实行增值税。用一句国际税务界的话来说就是："很难有一个政府可以抵挡增值税的诱惑。"

在实行全面增值税后，政府又在很短时间里实行了税务征管改革、金三全面上线、国地税合并这三项举措。这四大改革集中合力，可以说完全改变了中国税收的生态。加上我们现在处于移动互联、大数据、人工智能和5G的时代，各行各业都在广泛应用新技术，税务机关也不例外。目前，中国的税务管理水平已经跃居全球先进。但是这很大的成分在于系统的先进性，至于税务机关人员的专业能力和税务机关管理水平仍有很大提高空间。

全面营改增以来，中国政府一直在推进增值税向降低税率和多档税率合并方面发展，中国的增值税改革仍未完成。进项税额留抵加利息完全退还，小规模纳税人与一般纳税人、一般计税和简易征收、初始行业如建筑、农产品、中药、畜牧、林业等行业的增值税抵扣链条仍不完整，中国增值税要想达到像新西兰那样的理想形态，还有很远的路要走。尤其是中国想在2020年前完成增值税的立法，前途任重道远。

在中国的增值税制度里，发票管理作为制度设计的核心，已经发展到了一种极致的地步。全球没有一个国家像中国这样，对增值税费发票有如此严格的管理，有名的三流合一（货物流、资金流、合同流）在财税界人尽皆知。然而，现代经济模式的发展与数字经济的交织，凸显出我们在增值税理念上和管理上的落后性，进而在实践中也引起无数的争议。由于中国的增值税改革尚未完成，链条没有打通，税制又极其复杂，税务机关和大量的纳税人都将很大的精力放在增值税发票尤其是专用发票的管理上。在这样一个税制改革的过渡阶段，如何正确处理增值税实务操作与发票管理是一个在实践应用中很重要的、也是棘手的问题。李兄伟峰的《增值税实务操作与发票管理》就是一本比较全面的工具书。

李兄伟锋与我同是 70 后，之前他在郑州国税，我在地税，在我来德勤之前，我们亦有国地税业务的交流。李兄长期专注于税务业务，对增值税和发票管理有很好的实践心得。此次汇集成书，也是山流成河、水到渠成。此书分为操作实务篇和发票管理篇，共有 5 级目录，60 多万字。心血付出，可见一斑。

增值税对最终消费征税，它的核心是单一税率。理想中的增值税是一个很简单的税种，但是由于增值税对所有的商品、不动产和无形资产征税，与消费税相比，它有累退性，这是它的缺点。理想条件下的增值税是不对企业产生影响的，由于中国的增值税处于改革尚未完成的过渡阶段，非常复杂，增值税对企业的影响还是很大的，增值税的计算是企业财税人员平时很繁重的工作，此书会成为企业财税人员、税务中介和税务机关工作人员很好的一部增值税工具书。

鉴于以上，我诚心向大家推荐此书。

德勤中国税务总监　秦权
2019 年 11 月

自　序

什么是一本好的工具书

我们小时候就接触的启蒙工具书《新华字典》，据说是中国印量最大的一本书。记得上小学时，我们人手一册，用来查找陌生字的读音、含义，因此这本书对于很多中国人来说再熟悉不过了。从 1957 年第一版开始，到现在已经印刷超过 8 亿册。《新华字典》一定是中国卖得最好的工具书。

我们查询税法是否需要一本工具书？

截至 2019 年 4 月，国务院、财政部、国家税务总局发布的税法文件有 2 万多个，仍在生效的有 9 000 多个，其中，增值税方面全文或部分有效的有 1 736 个。

现在有了互联网，你很容易找到任何公开的文件。比如，你想查查增值税的"差额征税"，如果按事项查询你会搜出上百个文件，当你一个个打开链接，花费大量时间阅读后，你会发现，这里面有三分之一已经失效。显然，这样查找信息费时费力。

如果有一本工具书能让你快速检索，但是，要求你先掌握一个技能，就是要知道你所检索文件的类、款、项、目，是不是感觉有点麻烦？

我们的文件有时是这样发布的，比如，2016 年 12 月 25 日，财政部、国家税务总局联合印发了《关于明确金融　房地产开发　教育辅助服务等增值税政策的通知》（财税〔2016〕140 号），如果只查询关键字，你可能以为只有金融、房地产开发、教育辅助服务等 3 个事项。实际上，该文件一共明确了 18 个事项，每个事项之间并无关联。有意思的是，餐饮企业销售的外卖食品适用增值税政策的规定，也在该文中明确："外卖食品"，指该餐饮企业参与了生产、加工过程的食品，对于餐饮企业将外购的酒水、农产品等货物，未进行后续加工而直接与外卖食品一同销售的，应根据该货物的适用税率，按照兼营的有关规定计算缴纳增值税。所以说，仅知道文件的标题，无论如何也想不到文中竟然有这个"外卖"的规定。

我认为，一本好的工具书，重点应放在检索方式的设置上。

想来想去，我把这个文件的 18 个事项，根据其税目、税率、应纳税额、优惠政策、征收管理等放入不同的类别。依照此法，将至今有效或有历史延续的文件都进行了重新编排，并按事项分类到不同的章节。

在本书中，你会发现，目录竟有 32 页之多。你对哪个事项不清楚，可以先查目录，再去找文件，这样就能快速检索到你要的内容了。

前几天笔者去省税务局 12366 纳税服务中心，他们提了一个建议，希望将来本书能出个电子版，这样在回答纳税人的问题时，除了快速检索之外，还可以对涉及的文件原文做个超链接，那样就更方便了。我想，这可以列为下一个目标。

李伟锋

2019 年 7 月

目 录

实务篇

第 1 章　Chapter One
纳税人

　　纳税人是"纳税义务人"的简称，也称"纳税主体"，是指税法规定的直接负有纳税义务的单位与个人，是税收制度的基本构成要素之一。

　　增值税的纳税人包括在中华人民共和国境内销售货物或者加工、修理修配劳务，销售服务、无形资产、不动产以及进口货物的单位和个人。

　　单位是指企业、行政单位、事业单位、军事单位、社会团体及其他单位。个人是指个体工商户和其他个人。

　　无论是单位还是个人，只要发生增值税应税行为，就会成为增值税纳税人，负有增值税纳税义务。境外的单位或者个人在境内发生增值税应税行为，在境内未设经营机构，由扣缴义务人代扣代缴。

　　按照经营规模的大小和会计核算健全与否等标准，增值税纳税人可分为一般纳税人和小规模纳税人。

1.1　纳税人和扣缴义务人

1.1.1　纳税人的一般规定

　　在中华人民共和国境内销售货物或者加工、修理修配劳务（以下简称劳务），销售服务、无形资产、不动产以及进口货物的单位和个人，为增值税的纳税人，应当依照本条例缴纳增值税。

　　（摘自《中华人民共和国增值税暂行条例》第一条，2017 年 11 月 19 日修订国务院令第691 号）

　　条例第一条所称单位，是指企业、行政单位、事业单位、军事单位、社会团体及其他单位。

　　条例第一条所称个人，是指个体工商户和其他个人。

　　（摘自《中华人民共和国增值税暂行条例实施细则》第九条，2011 年 10 月 28 日财政部令第 65 号）

　　在中华人民共和国境内（以下称境内）销售服务、无形资产或者不动产（以下称应税行为）的单位和个人，为增值税纳税人，应当按照本办法缴纳增值税，不缴纳营业税。

　　单位，是指企业、行政单位、事业单位、军事单位、社会团体及其他单位。

　　个人，是指个体工商户和其他个人。

　　（摘自《财政部 国家税务总局关于全面推开营业税改征增值税试点的通知》之附件 1《营业税改征增值税试点实施办法》第一条，2016 年 3 月 23 日财税〔2016〕36 号）

政策解析

以上是增值税纳税人的一般规定。特别是 2017 年 11 月 19 日修订的《中华人民共和国增值税暂行条例》把实行营改增的纳税人，即销售服务、无形资产、不动产的单位和个人明确规定为增值税的纳税人。修改后，增值税纳税人的范围包括在中国境内销售货物或者加工、修理修配劳务，销售服务、无形资产、不动产以及进口货物的单位和个人。

单位：单位是指企业、行政单位、事业单位、军事单位、社会团体及其他单位。这里的企业包括国有经济、集体经济、私营经济、联营经济、股份制经济、外商投资经济、港澳台投资经济、其他经济等形式的企业。行政单位、事业单位、军事单位、社会团体，只要发生了应税行为就是增值税的纳税人，就应当缴纳增值税。

个人：个人是指个体工商户和其他个人，其中"其他个人"是指自然人。

1.1.2　纳税人的其他规定

1.1.2.1　承包、承租经营纳税人的确定

单位租赁或者承包给其他单位或者个人经营的，以承租人或者承包人为纳税人。

（摘自《中华人民共和国增值税暂行条例实施细则》第十条，2011 年 10 月 28 日财政部令第 65 号）

单位以承包、承租、挂靠方式经营的，承包人、承租人、挂靠人（以下统称承包人）以发包人、出租人、被挂靠人（以下统称发包人）名义对外经营并由发包人承担相关法律责任的，以该发包人为纳税人。否则，以承包人为纳税人。

（摘自《财政部　国家税务总局关于全面推开营业税改征增值税试点的通知》之附件 1《营业税改征增值税试点实施办法》第二条，2016 年 3 月 23 日财税〔2016〕36 号）

政策解析

1. 对于此类纳税人，"营改增"政策比原来传统的增值税政策更加严密和更具有操作性

传统的增值税政策下，只明确了承租人或者承包人为纳税人。试点增值税纳税人，考虑到了承包人以发包人名义对外经营并由发包人承担相关法律责任的情形，这种情形下以发包人为纳税人。

承包人有独立的生产、经营权（包括独立承担民事责任、刑事责任，独立进行生产经营活动，如自行进货、自行定价、自行销售、自行处理收支等），在财务上独立核算，并定期向出租者或发包者上缴租金或承包费的，其对外承担的法律责任与发包人无关，承包人应当就其生产、经营收入和所得纳税，并接受税务管理，因此应确定为单独的增值税纳税人。

对于"企业内部经济承包责任制"等形式的承包，如企业内部划小核算单位、实行分

级单独核算，企业内部班组、柜组承包等，只是内部管理方式的调整，则仍以原企业为增值税纳税人。

2. 对几种经营方式的理解

企业承包经营：企业承包经营是发包方在不改变企业所有权的前提下，将企业发包给经营者承包，经营者以企业名义从事经营活动，并按合同分享经营成果的经营形式。

企业租赁经营：企业租赁经营是在所有权不变的前提下，出租方将企业租赁给承租方经营，承租方向出租方交付租金并对企业实行自主经营，在租赁关系终止时，返还所租财产。

挂靠经营：挂靠经营是指企业、合伙组织等与另一个经营主体达成依附协议，挂靠方通常以被挂靠方的名义对外从事经营活动，被挂靠方提供资质、技术、管理等方面的服务并定期向挂靠方收取一定管理费用的经营方式。

1.1.2.2　货物期货交易增值税的纳税人

货物期货交易增值税的纳税人为：

（一）交割时采取由期货交易所开具发票的，以期货交易所为纳税人。

（二）交割时采取由供货的会员单位直接将发票开给购货的会员单位的，以供货会员单位为纳税人。

（摘自《国家税务总局关于下发＜货物期货征收增值税具体办法＞的通知》，1994 年 11 月 9 日国税发〔1994〕244 号）

1.1.2.3　进口货物的纳税人

申报进入中华人民共和国海关境内的货物均应缴纳增值税、消费税。进口货物的收货人或办理报关手续的单位和个人，为进口货物增值税、消费税的纳税义务人。

（摘自《国家税务总局　海关总署关于进口货物征收增值税、消费税有关问题的通知》，1993 年 12 月 25 日国税发〔1993〕155 号）

代理进口货物的行为，属于增值税条例所称的代购货物行为，应按增值税代购货物的征税规定执行。但鉴于代理进口货物的海关完税凭证有的开具给委托方，有的开具给受托方的特殊性，对代理进口货物，以海关开具的完税凭证上的纳税人为增值税纳税人。即对报关进口货物，凡是海关的完税凭证开具给委托方的，对代理方不征增值税；凡是海关的完税凭证开具给代理方的，对代理方应按规定增收增值税。

（摘自《国家税务总局关于印发＜增值税问题解答（之一）＞的通知》，1995 年 6 月 2 日国税函发〔1995〕288 号）

1.1.2.4　资管产品运营的纳税人

资管产品运营过程中发生的增值税应税行为，以资管产品管理人为增值税纳税人。

（摘自《财政部　国家税务总局关于明确金融　房地产开发　教育辅助服务等增值税政策的通知》，2016 年 12 月 21 日财税〔2016〕140 号）

现就《财政部 国家税务总局关于明确金融　房地产开发　教育辅助服务等增值税政策的通知》（财税〔2016〕140号）第四条规定的"资管产品运营过程中发生的增值税应税行为，以资管产品管理人为增值税纳税人"问题补充通知如下：

2017年7月1日（含）以后，资管产品运营过程中发生的增值税应税行为，以资管产品管理人为增值税纳税人，按照现行规定缴纳增值税。

对资管产品在2017年7月1日前运营过程中发生的增值税应税行为，未缴纳增值税的，不再缴纳；已缴纳增值税的，已纳税额从资管产品管理人以后月份的增值税应纳税额中抵减。

资管产品运营过程中发生增值税应税行为的具体征收管理办法，由国家税务总局另行制定。

（摘自《关于资管产品增值税政策有关问题的补充通知》，2017年1月10日财税〔2017〕2号）

政策解析

以上政策界定了运营资管产品的纳税主体，明确了资管产品运营过程中发生的增值税应税行为，应以资管产品管理人为纳税主体，并照章缴纳增值税。

资管产品，是资产管理类产品的简称，比较常见的包括基金公司发行的基金产品、信托公司的信托计划、银行提供的投资理财产品等。简单说，资产管理的实质就是受人之托，代人理财。各类资管产品中，受投资人委托管理资管产品的基金公司、信托公司、银行等就是资管产品的管理人。

原营业税税制下，对资管类产品如何缴纳营业税问题，《财政部 国家税务总局关于信贷资产证券化有关税收政策问题的通知》（财税〔2006〕5号）已有明确规定。增值税和营业税一样，均是针对应税行为征收的间接税，营改增后，资管产品的征税机制并未发生变化。具体到资管产品管理人，其在以自己名义运营资管产品资产的过程中，可能发生多种增值税应税行为。例如，因管理资管产品而固定收取的管理费（服务费），应按照"直接收费金融服务"缴纳增值税；运用资管产品资产发放贷款取得利息收入，应按照"贷款服务"缴纳增值税；运用资管产品资产进行投资等，则应根据取得收益的性质，判断其是否发生增值税应税行为，并应按现行规定缴纳增值税。

资管产品管理人运营资管产品过程中发生的增值税应税行为，暂适用简易计税方法，按照3%的征收率缴纳增值税。具体内容参见本书"3.2.5.9资管产品运营业务"。

1.1.3　扣缴义务人

1.1.3.1　扣缴义务人的一般规定

中华人民共和国境外的单位或者个人在境内销售劳务，在境内未设有经营机构的，以其境内代理人为扣缴义务人；在境内没有代理人的，以购买方为扣缴义务人。

（摘自《中华人民共和国增值税暂行条例》第十八条，2017年11月19日修订国务院令

第691号)

中华人民共和国境外(以下称境外)单位或者个人在境内发生应税行为,在境内未设有经营机构的,以购买方为增值税扣缴义务人。财政部和国家税务总局另有规定的除外。

(摘自《财政部 国家税务总局关于全面推开营业税改征增值税试点的通知》之附件1《营业税改征增值税试点实施办法》第六条,2016年3月23日财税〔2016〕36号)

政策解析

扣缴义务人既非法律意义上的纳税人,又非经济意义上的负税人,只是负有代为扣税并缴纳税款法定职责之义务人。它的义务为法定义务。

1.1.3.2 扣缴义务人的其他规定

1.1.3.2.1 代为收取并支付给境外单位的考试费

境外单位通过教育部考试中心及其直属单位在境内开展考试,教育部考试中心及其直属单位应以取得的考试费收入扣除支付给境外单位考试费后的余额为销售额,按提供"教育辅助服务"缴纳增值税;就代为收取并支付给境外单位的考试费统一扣缴增值税。教育部考试中心及其直属单位代为收取并支付给境外单位的考试费,不得开具增值税专用发票,可以开具增值税普通发票。

(摘自《国家税务总局关于在境外提供建筑服务等有关问题的公告》第六条,2016年11月4日国家税务总局公告2016年第69号)

1.1.3.2.2 非居民承包工程作业和提供劳务

非居民在中国境内发生增值税应税行为而在境内未设立经营机构的,以代理人为增值税的扣缴义务人;没有代理人的,以发包方、劳务受让方或购买方为扣缴义务人。

工程作业发包方、劳务受让方或购买方,在项目合同签订之日起30日内,未能向其所在地主管税务机关提供下列证明资料的,应履行增值税扣缴义务:

(一)非居民纳税人境内机构和个人的工商登记和税务登记证明复印件及其从事经营活动的证明资料;

(二)非居民委托境内机构和个人代理事项委托书及受托方的认可证明。

(摘自《非居民承包工程作业和提供劳务税收管理暂行办法》第二十条,2009年1月20日国家税务总局令第19号)

1.2 增值税一般纳税人和小规模纳税人

1.2.1 增值税纳税人分类

1.2.1.1 小规模纳税人的标准

小规模纳税人的标准由国务院财政、税务主管部门规定。

（摘自《中华人民共和国增值税暂行条例》第十一条，2017 年 11 月 19 日修订国务院令第 691 号）

条例第十一条所称小规模纳税人的标准为：（一）从事货物生产或者提供应税劳务的纳税人，以及以从事货物生产或者提供应税劳务为主，并兼营货物批发或者零售的纳税人，年应征增值税销售额（以下简称应税销售额）在 50 万元以下（含本数，下同）的；（二）除本条第一款第（一）项规定以外的纳税人，年应税销售额在 80 万元以下的。

本条第一款所称以从事货物生产或者提供应税劳务为主，是指纳税人的年货物生产或者提供应税劳务的销售额占年应税销售额的比重在 50% 以上。

【注：执行日期截至 2018 年 4 月 30 日，自 2018 年 5 月 1 日起实行新的标准，见下文财税〔2018〕33 号】

（摘自《中华人民共和国增值税暂行条例实施细则》第二十八条，2011 年 10 月 28 日财政部令第 65 号）

增值税小规模纳税人标准为年应征增值税销售额 500 万元及以下（自 2018 年 5 月 1 日起执行）。

（摘自《财政部　国家税务总局关于统一增值税小规模纳税人标准的通知》，2018 年 4 月 4 日财税〔2018〕33 号）

应税行为的年应征增值税销售额（以下称应税销售额）超过财政部和国家税务总局规定标准的纳税人为一般纳税人，未超过规定标准的纳税人为小规模纳税人。

（摘自《财政部　国家税务总局关于全面推开营业税改征增值税试点的通知》之附件 1《营业税改征增值税试点实施办法》第三条，2016 年 3 月 23 日财税〔2016〕36 号）

《试点实施办法》第三条规定的年应税销售额标准为 500 万元（含本数）。财政部和国家税务总局可以对年应税销售额标准进行调整。

（摘自《财政部　国家税务总局关于全面推开营业税改征增值税试点的通知》之附件 2《营业税改征增值税试点有关事项的规定》，2016 年 3 月 23 日财税〔2016〕36 号）

1.2.1.2　年应税销售额的确定

本办法所称年应税销售额，是指纳税人在连续不超过 12 个月或四个季度的经营期内累计应征增值税销售额，包括纳税申报销售额、稽查查补销售额、纳税评估调整销售额。

销售服务、无形资产或者不动产（以下简称"应税行为"）有扣除项目的纳税人，其应税行为年应税销售额按未扣除之前的销售额计算。纳税人偶然发生的销售无形资产、转让不动产的销售额，不计入应税行为年应税销售额。

（摘自《增值税一般纳税人登记管理办法》第二条，2017 年 12 月 29 日国家税务总局令第 43 号）

《增值税一般纳税人登记管理办法》（国家税务总局令第 43 号）第二条所称"经营期"是指在纳税人存续期内的连续经营期间，含未取得销售收入的月份或季度。

（摘自《国家税务总局关于增值税一般纳税人登记管理若干事项的公告》，2018 年 1 月

29 日国家税务总局公告 2018 年第 6 号）

《增值税一般纳税人登记管理办法》（国家税务总局令第 43 号）第二条所称"纳税申报销售额"是指纳税人自行申报的全部应征增值税销售额，其中包括免税销售额和税务机关代开发票销售额。"稽查查补销售额"和"纳税评估调整销售额"计入查补税款申报当月（或当季）的销售额，不计入税款所属期销售额。

（摘自《国家税务总局关于增值税一般纳税人登记管理若干事项的公告》，2018 年 1 月 29 日国家税务总局公告 2018 年第 6 号）

1.2.1.3　超过标准不办理一般纳税人资格登记的后果

有下列情形之一者，应按销售额依照增值税税率计算应纳税额，不得抵扣进项税额，也不得使用增值税专用发票：

（一）一般纳税人会计核算不健全，或者不能够提供准确税务资料的；

（二）除本细则第二十九条规定外，纳税人销售额超过小规模纳税人标准，未申请办理一般纳税人认定手续的。

（摘自《中华人民共和国增值税暂行条例实施细则》第三十四条，2011 年 10 月 28 日财政部令第 65 号）

有下列情形之一者，应当按照销售额和增值税税率计算应纳税额，不得抵扣进项税额，也不得使用增值税专用发票：

（一）一般纳税人会计核算不健全，或者不能够提供准确税务资料的。

（二）应当办理一般纳税人资格登记而未办理的。

（摘自《财政部 国家税务总局关于全面推开营业税改征增值税试点的通知》之附件 1《营业税改征增值税试点实施办法》第三十三条，2016 年 3 月 23 日财税〔2016〕36 号）

纳税人在年应税销售额超过规定标准的月份（或季度）的所属申报期结束后 15 日内按照本办法第六条或者第七条的规定办理相关手续；未按规定时限办理的，主管税务机关应当在规定时限结束后 5 日内制作《税务事项通知书》，告知纳税人应当在 5 日内向主管税务机关办理相关手续；逾期仍不办理的，次月起按销售额依照增值税税率计算应纳税额，不得抵扣进项税额，直至纳税人办理相关手续为止。

（摘自《增值税一般纳税人登记管理办法》第八条，2017 年 12 月 29 日国家税务总局令第 43 号）

《增值税一般纳税人登记管理办法》（国家税务总局令第 43 号）第八条规定主管税务机关制作的《税务事项通知书》中，需告知纳税人的内容应当包括：纳税人年应税销售额已超过规定标准，应在收到《税务事项通知书》后 5 日内向税务机关办理增值税一般纳税人登记手续或者选择按照小规模纳税人纳税的手续；逾期未办理的，自通知时限期满的次月起按销售额依照增值税税率计算应纳税额，不得抵扣进项税额，直至纳税人办理相关手续为止。

（摘自《国家税务总局关于增值税一般纳税人登记管理若干事项的公告》，2018 年 1 月

29 日国家税务总局公告 2018 年第 6 号）

1.2.1.4　超过标准可以不办理一般纳税人资格登记的情形

年应税销售额超过小规模纳税人标准的其他个人按小规模纳税人纳税；非企业性单位、不经常发生应税行为的企业可选择按小规模纳税人纳税。

（摘自《中华人民共和国增值税暂行条例实施细则》第二十九条，2011 年 10 月 28 日财政部令第 65 号）

年应税销售额超过规定标准的其他个人不属于一般纳税人。年应税销售额超过规定标准但不经常发生应税行为的单位和个体工商户可选择按照小规模纳税人纳税。

（摘自《财政部　国家税务总局关于全面推开营业税改征增值税试点的通知》之附件 1《营业税改征增值税试点实施办法》第三条，2016 年 3 月 23 日财税〔2016〕36 号）

下列纳税人不办理一般纳税人登记：

（一）按照政策规定，选择按照小规模纳税人纳税的；

（二）年应税销售额超过规定标准的其他个人。

（摘自《增值税一般纳税人登记管理办法》第四条，2017 年 12 月 29 日国家税务总局令第 43 号）

年应税销售额超过规定标准的纳税人符合本办法第四条第一项规定的，应当向主管税务机关提交书面说明。

（摘自《增值税一般纳税人登记管理办法》第七条，2017 年 12 月 29 日国家税务总局令第 43 号）

《增值税一般纳税人登记管理办法》（国家税务总局令第 43 号）第四条第二项所称的"其他个人"是指自然人。

（摘自《国家税务总局关于增值税一般纳税人登记管理若干事项的公告》，2018 年 1 月 29 日国家税务总局公告 2018 年第 6 号）

对新华通讯社系统销售印刷品应按照现行增值税政策规定征收增值税；鉴于新华社系统属于非企业性单位，对其销售印刷品可按小规模纳税人的征税办法征收增值税。

（摘自《国家税务总局关于新闻产品征收流转税问题的通知》，2001 年 9 月 13 日国税发〔2001〕105 号）

1.2.1.5　未超过标准也可以申请认定一般纳税人的情形

小规模纳税人会计核算健全，能够提供准确税务资料的，可以向主管税务机关办理登记，不作为小规模纳税人，依照本条例有关规定计算应纳税额。

（摘自《中华人民共和国增值税暂行条例》第十三条，2017 年 11 月 19 日修订国务院令第 691 号）

条例第十三条和本细则所称会计核算健全，是指能够按照国家统一的会计制度规定设置账簿，根据合法、有效凭证核算。

（摘自《中华人民共和国增值税暂行条例实施细则》第三十二条，2011 年 10 月 28 日财政部令第 65 号）

年应税销售额未超过规定标准的纳税人，会计核算健全，能够提供准确税务资料的，可以向主管税务机关办理一般纳税人资格登记，成为一般纳税人。

会计核算健全，是指能够按照国家统一的会计制度规定设置账簿，根据合法、有效凭证核算。

（摘自《财政部 国家税务总局关于全面推开营业税改征增值税试点的通知》之附件 1《营业税改征增值税试点实施办法》第四条，2016 年 3 月 23 日财税〔2016〕36 号）

年应税销售额未超过规定标准的纳税人，会计核算健全，能够提供准确税务资料的，可以向主管税务机关办理一般纳税人登记。

本办法所称会计核算健全，是指能够按照国家统一的会计制度规定设置账簿，根据合法、有效凭证进行核算。

（摘自《增值税一般纳税人登记管理办法》第三条，2017 年 12 月 29 日国家税务总局令第 43 号）

1.2.1.6　一般纳税人转为小规模纳税人

1.2.1.6.1　不得转为小规模纳税人的原则性规定

除国家税务总局另有规定外，纳税人一经认定为一般纳税人后，不得转为小规模纳税人。

（摘自《中华人民共和国增值税暂行条例实施细则》第三十三条，2011 年 10 月 28 日财政部令第 65 号）

除国家税务总局另有规定外，一经登记为一般纳税人后，不得转为小规模纳税人。

（摘自《财政部 国家税务总局关于全面推开营业税改征增值税试点的通知》之附件 1《营业税改征增值税试点实施办法》第五条，2016 年 3 月 23 日财税〔2016〕36 号）

纳税人登记为一般纳税人后，不得转为小规模纳税人，国家税务总局另有规定的除外。

（摘自《增值税一般纳税人登记管理办法》第十条，2017 年 12 月 29 日国家税务总局令第 43 号）

1.2.1.6.2　可转登记为小规模纳税人的过渡期特殊规定

按照《中华人民共和国增值税暂行条例实施细则》第二十八条规定已登记为增值税一般纳税人的单位和个人，在 2018 年 12 月 31 日前，可转登记为小规模纳税人，其未抵扣的进项税额作转出处理（自 2018 年 5 月 1 日起执行）。

（摘自《财政部 税务总局关于统一增值税小规模纳税人标准的通知》，2018 年 4 月 4 日财税〔2018〕33 号）

一、同时符合以下条件的一般纳税人，可选择按照《财政部 税务总局关于统一增值税小规模纳税人标准的通知》（财税〔2018〕33 号）第二条的规定，转登记为小规模纳税人，或选择继续作为一般纳税人：

（一）根据《中华人民共和国增值税暂行条例》第十三条和《中华人民共和国增值税暂行条例实施细则》第二十八条的有关规定，登记为一般纳税人。

（二）转登记日前连续 12 个月（以 1 个月为 1 个纳税期，下同）或者连续 4 个季度（以 1 个季度为 1 个纳税期，下同）累计应征增值税销售额（以下称应税销售额）未超过 500 万元。

转登记日前经营期不满 12 个月或者 4 个季度的，按照月（季度）平均应税销售额估算上款规定的累计应税销售额。

应税销售额的具体范围，按照《增值税一般纳税人登记管理办法》（国家税务总局令第 43 号）和《国家税务总局关于增值税一般纳税人登记管理若干事项的公告》（国家税务总局公告 2018 年第 6 号）的有关规定执行。

二、符合本公告第一条规定的纳税人，向主管税务机关填报《一般纳税人转为小规模纳税人登记表》，并提供税务登记证件；已实行实名办税的纳税人，无须提供税务登记证件。主管税务机关根据下列情况分别做出处理：

（一）纳税人填报内容与税务登记、纳税申报信息一致的，主管税务机关当场办理。

（二）纳税人填报内容与税务登记、纳税申报信息不一致，或者不符合填列要求的，主管税务机关应当场告知纳税人需要补正的内容。

三、一般纳税人转登记为小规模纳税人（以下称转登记纳税人）后，自转登记日的下期起，按照简易计税方法计算缴纳增值税；转登记日当期仍按照一般纳税人的有关规定计算缴纳增值税。

四、转登记纳税人尚未申报抵扣的进项税额以及转登记日当期的期末留抵税额，计入"应交税费——待抵扣进项税额"核算。

尚未申报抵扣的进项税额计入"应交税费——待抵扣进项税额"时：

（一）转登记日当期已经取得的增值税专用发票、机动车销售统一发票、收费公路通行费增值税电子普通发票，应当已经通过增值税发票选择确认平台进行选择确认或认证后稽核比对相符；经稽核比对异常的，应当按照现行规定进行核查处理。已经取得的海关进口增值税专用缴款书，经稽核比对相符的，应当自行下载《海关进口增值税专用缴款书稽核结果通知书》；经稽核比对异常的，应当按照现行规定进行核查处理。

（二）转登记日当期尚未取得的增值税专用发票、机动车销售统一发票、收费公路通行费增值税电子普通发票，转登记纳税人在取得上述发票以后，应当持税控设备，由主管税务机关通过增值税发票选择确认平台（税务局端）为其办理选择确认。尚未取得的海关进口增值税专用缴款书，转登记纳税人在取得以后，经稽核比对相符的，应当由主管税务机关通过稽核系统为其下载《海关进口增值税专用缴款书稽核结果通知书》；经稽核比对异常的，应当按照现行规定进行核查处理。

五、转登记纳税人在一般纳税人期间销售或者购进的货物、劳务、服务、无形资产、不动产，自转登记日的下期起发生销售折让、中止或者退回的，调整转登记日当期的销项税额、进项税额和应纳税额。

（一）调整后的应纳税额小于转登记日当期申报的应纳税额形成的多缴税款，从发生销售折让、中止或者退回当期的应纳税额中抵减；不足抵减的，结转下期继续抵减。

（二）调整后的应纳税额大于转登记日当期申报的应纳税额形成的少缴税款，从"应交税费——待抵扣进项税额"中抵减；抵减后仍有余额的，计入发生销售折让、中止或者退回当期的应纳税额一并申报缴纳。

转登记纳税人因税务稽查、补充申报等原因，需要对一般纳税人期间的销项税额、进项税额和应纳税额进行调整的，按照上述规定处理。

转登记纳税人应准确核算"应交税费—待抵扣进项税额"的变动情况。

六、转登记纳税人可以继续使用现有税控设备开具增值税发票，不需要缴销税控设备和增值税发票。

转登记纳税人自转登记日的下期起，发生增值税应税销售行为，应当按照征收率开具增值税发票；转登记日前已作增值税专用发票票种核定的，继续通过增值税发票管理系统自行开具增值税专用发票；销售其取得的不动产，需要开具增值税专用发票的，应当按照有关规定向税务机关申请代开。

七、转登记纳税人在一般纳税人期间发生的增值税应税销售行为，未开具增值税发票需要补开的，应当按照原适用税率或者征收率补开增值税发票；发生销售折让、中止或者退回等情形，需要开具红字发票的，按照原蓝字发票记载的内容开具红字发票；开票有误需要重新开具的，先按照原蓝字发票记载的内容开具红字发票后，再重新开具正确的蓝字发票。

转登记纳税人发生上述行为，需要按照原适用税率开具增值税发票的，应当在互联网连接状态下开具。按照有关规定不使用网络办税的特定纳税人，可以通过离线方式开具增值税发票。

八、自转登记日的下期起连续不超过12个月或者连续不超过4个季度的经营期内，转登记纳税人应税销售额超过财政部、国家税务总局规定的小规模纳税人标准的，应当按照《增值税一般纳税人登记管理办法》（国家税务总局令第43号）的有关规定，向主管税务机关办理一般纳税人登记。

转登记纳税人按规定再次登记为一般纳税人后，不得再转登记为小规模纳税人。

九、一般纳税人在增值税税率调整前已按原适用税率开具的增值税发票，发生销售折让、中止或者退回等情形需要开具红字发票的，按照原适用税率开具红字发票；开票有误需要重新开具的，先按照原适用税率开具红字发票后，再重新开具正确的蓝字发票。

一般纳税人在增值税税率调整前未开具增值税发票的增值税应税销售行为，需要补开增值税发票的，应当按照原适用税率补开。

增值税发票税控开票软件税率栏次默认显示调整后税率，一般纳税人发生上述行为可以手工选择原适用税率开具增值税发票。

十、国家税务总局在增值税发票管理系统中更新了《商品和服务税收分类编码表》，纳税人应当按照更新后的《商品和服务税收分类编码表》开具增值税发票。

转登记纳税人和一般纳税人应当及时完成增值税发票税控开票软件升级、税控设备变更发行和自身业务系统调整。

十一、本公告自 2018 年 5 月 1 日起施行。

（摘自《国家税务总局关于统一小规模纳税人标准等若干增值税问题的公告》，2018 年 4 月 20 日国家税务总局公告 2018 年第 18 号）

政策解析

上述内容明确了以下几个方面的政策：（1）一般纳税人转为小规模纳税人的条件；（2）纳税人转登记的办理程序；（3）转登记前后计税方法的衔接；（4）转登记纳税人尚未申报抵扣或留抵进项税额的处理；（5）转登记纳税人在一般纳税人期间销售和购进业务在转登记后发生销售折让、中止或者退回的处理；（6）转登记纳税人增值税发票开具问题；（7）再次登记为一般纳税人的条件等。

1.2.2　增值税一般纳税人

1.2.2.1　增值税一般纳税人的登记管理

小规模纳税人以外的纳税人应当向主管税务机关办理登记。具体登记办法由国务院税务主管部门制定。

（摘自《中华人民共和国增值税暂行条例》第十三条，2017 年 11 月 19 日修订国务院令第 691 号）

符合一般纳税人条件的纳税人应当向主管税务机关办理一般纳税人资格登记。具体登记办法由国家税务总局制定。

（摘自《财政部 国家税务总局关于全面推开营业税改征增值税试点的通知》之附件 1《营业税改征增值税试点实施办法》第五条，2016 年 3 月 23 日财税〔2016〕36 号）

纳税人应当向其机构所在地主管税务机关办理一般纳税人登记手续。

（摘自《增值税一般纳税人登记管理办法》第五条，2017 年 12 月 29 日国家税务总局令第 43 号）

1.2.2.1.1　增值税一般纳税人登记的程序

纳税人办理一般纳税人登记的程序如下：

（一）纳税人向主管税务机关填报《增值税一般纳税人登记表》，如实填写固定生产经营场所等信息，并提供税务登记证件；

（二）纳税人填报内容与税务登记信息一致的，主管税务机关当场登记；

（三）纳税人填报内容与税务登记信息不一致，或者不符合填列要求的，税务机关应当场告知纳税人需要补正的内容。

（摘自《增值税一般纳税人登记管理办法》第六条，2017 年 12 月 29 日国家税务总局令第 43 号）

1.2.2.1.2　增值税一般纳税人登记的时限要求

纳税人在年应税销售额超过规定标准的月份（或季度）的所属申报期结束后 15 日内按照本办法第六条或者第七条的规定办理相关手续；未按规定时限办理的，主管税务机关应当在规定时限结束后 5 日内制作《税务事项通知书》，告知纳税人应当在 5 日内向主管税务机关办理相关手续；逾期仍不办理的，次月起按销售额依照增值税税率计算应纳税额，不得抵扣进项税额，直至纳税人办理相关手续为止。

（摘自《增值税一般纳税人登记管理办法》第八条，2017 年 12 月 29 日国家税务总局令第 43 号）

1.2.2.1.3　增值税一般纳税人登记生效日期的选择

纳税人自一般纳税人生效之日起，按照增值税一般计税方法计算应纳税额，并可以按照规定领用增值税专用发票，财政部、国家税务总局另有规定的除外。

本办法所称的生效之日，是指纳税人办理登记的当月 1 日或者次月 1 日，由纳税人在办理登记手续时自行选择。

（摘自《增值税一般纳税人登记管理办法》第九条，2017 年 12 月 29 日国家税务总局令第 43 号）

1.2.2.2　增值税一般纳税人辅导期管理

主管税务机关可以在一定期限内对下列一般纳税人实行纳税辅导期管理：

（一）按照本办法第四条的规定新认定为一般纳税人的小型商贸批发企业；

（二）国家税务总局规定的其他一般纳税人。

纳税辅导期管理的具体办法由国家税务总局另行制定。

【注：自 2010 年 3 月 20 日起施行，2018 年 2 月 1 日废止】

（摘自《增值税一般纳税人登记管理办法》第十三条，2010 年 2 月 10 日国家税务总局令第 22 号）

主管税务机关应当加强对税收风险的管理。对税收遵从度低的一般纳税人，主管税务机关可以实行纳税辅导期管理，具体办法由国家税务总局另行制定。

（摘自《增值税一般纳税人登记管理办法》第十一条，2017 年 12 月 29 日国家税务总局令第 43 号）

1.2.2.2.1　辅导期纳税人的范围

认定办法第十三条第一款所称的"小型商贸批发企业"，是指注册资金在 80 万元（含 80 万元）以下、职工人数在 10 人（含 10 人）以下的批发企业。只从事出口贸易，不需要使用增值税专用发票的企业除外。

批发企业按照国家统计局颁发的《国民经济行业分类》（GB/T4754—2002）中有关批发业的行业划分方法界定。

（摘自《国家税务总局关于印发＜增值税一般纳税人纳税辅导期管理办法＞的通知》第三条，2010 年 4 月 7 日国税发〔2010〕40 号）

认定办法第十三条所称"其他一般纳税人"，是指具有下列情形之一的一般纳税人：（一）增值税偷税数额占应纳税额的 10% 以上并且偷税数额在 10 万元以上的；（二）骗取出口退税的；（三）虚开增值税扣税凭证的；（四）国家税务总局规定的其他情形。

（摘自《国家税务总局关于印发＜增值税一般纳税人纳税辅导期管理办法＞的通知》第四条，2010 年 4 月 7 日国税发〔2010〕40 号）

1.2.2.2.2　辅导期管理的期限和执行时效

新认定为一般纳税人的小型商贸批发企业实行纳税辅导期管理的期限为 3 个月；其他一般纳税人实行纳税辅导期管理的期限为 6 个月。

（摘自《国家税务总局关于印发＜增值税一般纳税人纳税辅导期管理办法＞的通知》第五条，2010 年 4 月 7 日国税发〔2010〕40 号）

对新办小型商贸批发企业，主管税务机关应在认定办法第九条第（四）款规定的《税务事项通知书》内告知纳税人对其实行纳税辅导期管理，纳税辅导期自主管税务机关制作《税务事项通知书》的当月起执行；对其他一般纳税人，主管税务机关应自稽查部门做出《税务稽查处理决定书》后 40 个工作日内，制作、送达《税务事项通知书》，告知纳税人对其实行纳税辅导期管理，纳税辅导期自主管税务机关制作《税务事项通知书》的次月起执行。

（摘自《国家税务总局关于印发＜增值税一般纳税人纳税辅导期管理办法＞的通知》第六条，2010 年 4 月 7 日国税发〔2010〕40 号）

1.2.2.2.3　辅导期期满的管理

纳税辅导期内，主管税务机关未发现纳税人存在偷税、逃避追缴欠税、骗取出口退税、抗税或其他需要立案查处的税收违法行为的，从期满的次月起不再实行纳税辅导期管理，主管税务机关应制作、送达《税务事项通知书》，告知纳税人；主管税务机关发现辅导期纳税人存在偷税、逃避追缴欠税、骗取出口退税、抗税或其他需要立案查处的税收违法行为的，从期满的次月起按照本规定重新实行纳税辅导期管理，主管税务机关应制作、送达《税务事项通知书》，告知纳税人。

（摘自《国家税务总局关于印发＜增值税一般纳税人纳税辅导期管理办法＞的通知》第十五条，2010 年 4 月 7 日国税发〔2010〕40 号）

1.2.2.3　增值税一般纳税人资格管理的特殊规定

1.2.2.3.1　国有粮食购销企业均按一般纳税人管理

凡享受免征增值税的国有粮食购销企业，均按增值税一般纳税人认定，并进行纳税申报、日常检查及有关增值税专用发票的各项管理。

（摘自《国家税务总局关于加强国有粮食购销企业增值税管理有关问题的通知》，1999 年 8 月 18 日国税函〔1999〕560 号）

1.2.2.3.2　从事成品油销售的加油站一律按一般纳税人管理

为了加强对加油站成品油销售的增值税征收管理，经研究决定，从 2002 年 1 月 1 日起，对从事成品油销售的加油站，无论其年应税销售额是否超过 180 万元，一律按增值税一般纳税人征税。

（摘自《国家税务总局关于加油站一律按照增值税一般纳税人征税的通知》，2001 年 12 月 3 日国税函〔2001〕882 号）

凡经经贸委批准从事成品油零售业务，并已办理工商、税务登记，有固定经营场所，使用加油机自动计量销售成品油的单位和个体经营者（以下简称加油站）一律按照《国家税务总局关于加油站一律按照增值税一般纳税人征税的通知》（国税函〔2001〕882 号）认定为增值税一般纳税人；并根据《中华人民共和国增值税暂行条例》有关规定进行征收管理。

（摘自《成品油零售加油站增值税征收管理办法》，2002 年 4 月 2 日国家税务总局令第 2 号）

1.2.2.3.3　经营地点迁移后一般纳税人资格的保留

增值税一般纳税人（以下简称纳税人）因住所、经营地点变动，按照相关规定，在工商行政管理部门作变更登记处理，但因涉及改变税务登记机关，需要办理注销税务登记并重新办理税务登记的，在迁达地重新办理税务登记后，其增值税一般纳税人资格予以保留，办理注销税务登记前尚未抵扣的进项税额允许继续抵扣。

（摘自《国家税务总局关于一般纳税人迁移有关增值税问题的公告》，2011 年 12 月 9 日国家税务总局公告 2011 年第 71 号）

1.2.2.3.4　海关特殊监管区域企业增值税一般纳税人资格试点

在昆山综合保税区、苏州工业园综合保税区、上海松江出口加工区、河南郑州出口加工区、郑州新郑综合保税区、重庆西永综合保税区和深圳盐田综合保税区开展赋予企业增值税一般纳税人资格试点。

上述试点区域内符合增值税一般纳税人登记管理有关规定的企业，可自愿向试点区域所在地主管税务机关、海关申请成为试点企业，向主管税务机关依法办理增值税一般纳税人资格登记。

（摘自《国家税务总局　财政部　海关总署关于开展赋予海关特殊监管区域企业增值税一般纳税人资格试点的公告》，2016 年 10 月 14 日国家税务总局　财政部　海关总署公告 2016 年第 65 号）

政策解析

海关特殊监管区域企业开始积极参与国内市场，经营模式逐步向利用国内国外"两种资源，两个市场"方向转变。为便利内销和采购国产件，区内企业希望能够取得一般纳税人资格，享受营改增改革带来的红利。为此，税务总局会同财政部、海关总署对赋予海关特殊监管区域企业增值税一般纳税人资格试点有关事项进行了研究，决定在昆山综合保税区、苏州工业园综合保税区、上海松江出口加工区、河南郑州出口加工区、郑州新郑综合保税区、重庆西永综合保税区和深圳盐田综合保税区开展赋予企业增值税一般纳税人资格试点。试点企业自增值税一般纳税人资格生效之日起，适用规定的一系列税收政策。

为进一步提升海关特殊监管区域企业统筹国际国内两个市场两种资源的能力，提高海关特殊监管区域发展的质量和效益，推动加工贸易转型升级，促进贸易便利化，结合前期试点情况，国家税务总局、财政部和海关总署决定扩大赋予海关特殊监管区域企业增值税一般纳税人资格试点。现将有关事项公告如下：

一、将赋予海关特殊监管区域企业增值税一般纳税人资格试点（以下简称一般纳税人资格试点）扩大到浙江宁波出口加工区、成都高新综合保税区、阿拉山口综合保税区、广西北海出口加工区、北京天竺综合保税区、上海闵行出口加工区、郴州综合保税区、辽宁大连出口加工区、福州保税港区、福州出口加工区、青岛前湾保税港区、武汉东湖综合保税区、无锡高新区综合保税区、苏州高新技术产业开发区综合保税区、镇江综合保税区、淮安综合保税区、吴江综合保税区 17 个海关特殊监管区域。

二、建立一般纳税人资格试点退出机制（适用范围包括前期试点的 7 个海关特殊监管区域）。申请一般纳税人资格试点满 36 个月的企业可申请退出试点。退出试点后，恢复执行海关特殊监管区域内非试点企业税收政策且 36 个月内不得再申请试点。

申请退出试点企业应提前向主管税务机关和主管海关递交退出试点申请，启动退出试点工作。试点企业在退出前，应结清税款，方可办理退出手续。对区内企业退出试点前的增值税留抵税额不予抵扣或退还，转成本处理。退出试点的企业，除销售服务、无形资产或者不动产外，不得领用和开具增值税专用发票。

三、除以上调整外，一般纳税人资格试点政策其他内容继续执行《国家税务总局 财政部 海关总署关于开展赋予海关特殊监管区域企业增值税一般纳税人资格试点的公告》（国家税务总局 财政部 海关总署公告 2016 年第 65 号）的有关规定。

四、本公告自 2018 年 2 月 1 日起施行。

（摘自《国家税务总局 财政部 海关总署关于扩大赋予海关特殊监管区域企业增值税一般纳税人资格试点的公告》，2018 年 1 月 12 日国家税务总局公告 2018 年第 5 号）

政策解析

为落实《国务院关于促进外贸回稳向好的若干意见》（国发〔2016〕27 号）的决策部署，税务总局、财政部和海关总署于 2016 年 11 月 1 日在昆山综合保税区等 7 个海关特殊监管区域开展了一般纳税人资格试点。试点工作坚持市场导向，尊重企业主体地位，打破了束缚海关特殊监管区域发展的政策桎梏，有效提升了区内企业提高统筹两个市场、利用两种资源的能力，变加工贸易"大进大出"为"优进优出"，增强了海关特殊监管区域企业发展的活力和竞争力。为进一步推动海关特殊监管区域发展质量和效益的提高，促进加工贸易转型升级和贸易便利化，税务总局、财政部和海关总署决定扩大一般纳税人资格试点。将赋予海关特殊监管区域企业增值税一般纳税人资格试点扩大到浙江宁波出口加工区等17个海关特殊监管区域。

此外，考虑到企业参加试点后，根据市场形势变化，经营模式也会相应发生调整，为更好地支持企业适应对外贸易形势发展变化，提高企业统筹国际国内两个市场两种资源的能力，促进产业转型升级，推动加工贸易创新发展，在此次扩大试点时建立了试点退出机制。退出机制适用范围包括此次纳入试点的17个海关特殊监管区域和前期试点的7个海关特殊监管区域。

为落实《国务院关于促进综合保税区高水平开放高质量发展的若干意见》（国发〔2019〕3号），国家税务总局、财政部和海关总署决定扩大赋予海关特殊监管区域企业增值税一般纳税人资格试点。现将有关事项公告如下：

一、将赋予海关特殊监管区域企业增值税一般纳税人资格试点（以下简称"一般纳税人资格试点"）扩大到南通综合保税区、南京综合保税区、常州综合保税区、武进综合保税区、太原武宿综合保税区、泉州综合保税区、芜湖综合保税区、赣州综合保税区、贵阳综合保税区、哈尔滨综合保税区、黑龙江绥芬河综合保税区、杭州综合保税区、舟山港综合保税区、南宁综合保税区、长沙黄花综合保税区、海口综合保税区、漕河泾综合保税区、青浦综合保税区、金桥综合保税区、临沂综合保税区、日照综合保税区、潍坊综合保税区、威海综合保税区、银川综合保税区等24个综合保税区。

二、一般纳税人资格试点政策，按《国家税务总局 财政部 海关总署关于开展赋予海关特殊监管区域企业增值税一般纳税人资格试点的公告》（国家税务总局 财政部 海关总署公告2016年第65号）和《国家税务总局 财政部 海关总署关于扩大赋予海关特殊监管区域企业增值税一般纳税人资格试点的公告》（国家税务总局 财政部 海关总署公告2018年第5号）的有关规定执行。

三、税务、海关两部门要加强部门间联合监管和信息共享，做好试点的各项准备工作，确保上述综合保税区试点顺利开展。

四、本公告自2019年2月1日起施行。

（摘自《国家税务总局 财政部 海关总署关于进一步扩大赋予海关特殊监管区域企业增值税一般纳税人资格试点的公告》，2019年1月31日国家税务总局公告2019年第6号）

政策解析

为贯彻落实《国务院关于促进综合保税区高水平开放高质量发展的若干意见》（国发〔2019〕3号）的决策部署，推动综合保税区创新升级，打造对外开放新高地，支持综合保税区企业更好地统筹利用国际国内两个市场、两种资源，培育和提升国际竞争新优势，国家税务总局、财政部和海关总署决定在综合保税区进一步扩大一般纳税人资格试点，将南通综合保税区等24个综合保税区纳入试点的综合保税区范围。

第2章　Chapter Two
征税范围

征税范围亦称"征税对象""课税对象"等，是指税收法律关系中权利义务所指向的对象，即对什么征税，是征纳税双方权利义务共同指向的客体或标的物，是区别一种税与另一种税的重要标志。

我国自1994年1月1日开始在全国开征增值税，增值税征税范围界定为销售货物或者加工、修理修配劳务。交通运输业、建筑业、金融保险业、邮电通信业、文化体育业、娱乐业、服务业、转让无形资产或者销售不动产征收营业税。

2012年以来"营改增"试点工作在全国稳步推进。2012年1月1日在上海市率先拉开"营改增"序幕，上海运输业和部分现代服务业率先开展"营改增"试点；2012年8月1日起交通运输业和部分现代服务业"营改增"试点范围，由上海市分批扩大到北京等8个省市；2013年8月1日起交通运输业和部分现代服务业"营改增"在全国试行；2014年先后将铁路运输、电信业纳入"营改增"试点的范围。

2016年5月1日后全面推开"营改增"试点，将房地产业、建筑业、金融业和生活服务业也纳入"营改增"试点，营业税征税范围内应税行为全部改征增值税。

至此，增值税的征税范围包括在中华人民共和国境内销售货物或者加工、修理修配劳务，销售服务、无形资产、不动产以及进口货物。

2.1　征税范围的基本规定

在中华人民共和国境内销售货物或者加工、修理修配劳务（以下简称劳务），销售服务、无形资产、不动产以及进口货物的单位和个人，为增值税的纳税人，应当依照本条例缴纳增值税。

（摘自《中华人民共和国增值税暂行条例》第一条，2017年11月19日修订国务院令第691号）

政策解析

2017年新修订的《中华人民共和国增值税暂行条例》将增值税的征税范围概括为以下几类：（1）销售货物；（2）提供加工、修理修配劳务；（3）销售服务、无形资产、不动产；（4）进口货物。涵盖了传统增值税政策规定的征税范围，以及营改增政策规定的征税范围。

2.2 销售货物

2.2.1 销售货物的界定

条例第一条所称销售货物，是指有偿转让货物的所有权。

本细则所称有偿，是指从购买方取得货币、货物或者其他经济利益。

（摘自《中华人民共和国增值税暂行条例实施细则》第三条，2011年10月28日财政部令第65号）

条例第一条所称货物，是指有形动产，包括电力、热力、气体在内。

（摘自《中华人民共和国增值税暂行条例实施细则》第二条，2011年10月28日财政部令第65号）

政策解析

货物是指除土地、房屋和其他建筑物等一切不动产之外的有形动产，包括电力、热力、气体在内。货物销售后，其所有权转移给购货方，购货方需要付出一定的对价。最常见的销售方式是从购货方取得货币，还有从购货方取得其他货物（也就是我们通常所说的以物易物），以及从购货方取得其他经济利益，如取得债权或抵减债务（也就是我们通常所说的赊销或以物抵债）。

2.2.2 境内的界定

条例第一条所称在中华人民共和国境内（以下简称境内）销售货物是指销售货物的起运地或者所在地在境内。

（摘自《中华人民共和国增值税暂行条例实施细则》第八条，2011年10月28日财政部令第65号）

政策解析

这是征税权的问题，是根据我国政府的管辖权限来确定的，只有属于境内应税行为的，我国政府才能对此有征税权，否则不能征税。

2.2.3 视同销售货物

单位或者个体工商户的下列行为，视同销售货物：

（一）将货物交付其他单位或者个人代销；

（二）销售代销货物；

（三）设有两个以上机构并实行统一核算的纳税人，将货物从一个机构移送其他机构用于销售，但相关机构设在同一县（市）的除外；

（四）将自产或者委托加工的货物用于非增值税应税项目；

（五）将自产、委托加工的货物用于集体福利或者个人消费；

（六）将自产、委托加工或者购进的货物作为投资，提供给其他单位或者个体工商户；

（七）将自产、委托加工或者购进的货物分配给股东或者投资者；

（八）将自产、委托加工或者购进的货物无偿赠送其他单位或者个人。

（摘自《中华人民共和国增值税暂行条例实施细则》第四条，2011 年 10 月 28 日财政部令第 65 号）

政策解析

这是对原增值税纳税人"视同销售"的正向列举。也就是说只有属于上述行为才是视同销售货物行为。假如将自产的货物被生产部门用于生产的下一个环节或被管理部门领用就不属于上述列举的范围，就不是视同销售货物行为。随着"营改增"政策的全面实施，上述第（四）项"非增值税应税项目"不复存在了，就无所谓视同销售了。其他视同销售货物项目见下列内容。

2.2.3.1　代销业务视同销售

单位或者个体工商户的下列行为，视同销售货物：

（一）将货物交付其他单位或者个人代销；

（二）销售代销货物。

（摘自《中华人民共和国增值税暂行条例实施细则》第四条，2011 年 10 月 28 日财政部令第 65 号）

政策解析

1. 代销的含义

"代销"的经济含义为商品的供货方将其商品以赊卖的方式供下一环节的卖方销售。此时，其财务意义上的资金所有权（债权）仍为供货方，其销售权为卖方。卖方在商品销售后扣除自己的利润所得，再将货款按进价成本付给供货方。此种营销方式的市场资金风险完全由供货方承担，卖方无任何市场风险，仅承担商品在销期间的实物保管安全责任，是销售商非常愿意采取的一种商品营销方式，风险为零、无本经营，同时又是一种融资手段。

2. 代销的方式

代销通常有两种方式：一是视同买断方式，即由委托方和受托方签订协议，委托方按协议价收取所代销的货款，实际售价可由双方在协议中明确规定，也可受托方自定，实际售价与协议价之间的差额归受托方所有。在这种销售方式下，受托方将代销商品加价出售，与委托方按协议价结算，不再另外收取手续费。二是收取手续费的方式，即受托方根据所代销的商品数量向委托方收取手续费的销售方式。受托方严格按照委托方规定的价格销售商品，只收取手续费。

3. 代销的纳税义务发生时间

销售代销货物和将货物交付他人代销是货物销售过程中的两个相互联系的环节。纳税人接受委托方交付的代销货物实现销售后，作为销售收入申报纳税，接受的专用发票作进项税额抵扣。委托其他纳税人代销货物，销售收入的确认要根据不同的情况与时点来确认，并非发出代销货物时就需要确认收入。根据《中华人民共和国增值税暂行条例实施细则》的相关规定，委托其他纳税人代销货物，为收到代销单位的代销清单或者收到全部或者部分货款的当天。未收到代销清单及货款的，为发出代销货物满 180 天的当天。

2.2.3.2 企业机构间移送货物视同销售

单位或者个体工商户的下列行为，视同销售货物：

（三）设有两个以上机构并实行统一核算的纳税人，将货物从一个机构移送其他机构用于销售，但相关机构设在同一县（市）的除外；

（摘自《中华人民共和国增值税暂行条例实施细则》第四条，2011 年 10 月 28 日财政部令第 65 号）

政策解析

从上述规定可以看出，货物移送被视为视同销售行为必须具备两个条件：一是总分支机构之间是统一核算单位，二是移送的货物用于销售。

将实行统一核算的总分支机构之间跨县（市）移送货物视同销售，目的是划分不同地域税务机关之间的税源。货物移出机构在移送货物时征收一道增值税，受货机构销售接收的货物再征收一道增值税。如果双方都为一般纳税人，受货机构从货物移出机构取得的增值税专用发票可以抵扣，总体税负不会增加。

《中华人民共和国增值税暂行条例实施细则》第四条视同销售货物行为的第（三）项所称的用于销售，是指受货机构发生以下情形之一的经营行为：

一、向购货方开具发票；

二、向购货方收取货款。

受货机构的货物移送行为有上述两项情形之一的，应当向所在地税务机关缴纳增值税；未发生上述两项情形的，则应由总机构统一缴纳增值税。

如果受货机构只就部分货物向购买方开具发票或收取货款，则应当区别不同情况计算并分别向总机构所在地或分支机构所在地缴纳税款。

（摘自《国家税务总局关于企业所属机构间移送货物征收增值税问题的通知》，1998 年 8 月 26 日国税发〔1998〕137 号）

政策解析

上述规定明确了受货机构的经营活动是否属于销售应在当地纳税的判断标准。即只要具备向购货方开具发票、向购货方收取货款两种情形之一，就需要在受货机构所在地缴纳增值税。对实行统一核算的企业所属机构间移送货物，接受移送货物机构的经营活动是否属于销售应在当地纳税，在实践中要具体分析。

近接部分地区反映，实行统一核算的纳税人为加强对分支机构资金的管理，提高资金运转效率，与总机构所在地金融机构签订协议建立资金结算网络，以总机构的名义在全国各地开立存款账户（开立的账户为分支机构所在地账号，只能存款、转账，不能取款），各地实现的销售，由总机构直接开具发票给购货方，货款由购货方直接存入总机构的网上银行存款账户。对这种新的结算方式纳税地点如何确定，各地理解不一。经研究，现明确如下：

纳税人以总机构的名义在各地开立账户，通过资金结算网络在各地向购货方收取销货款，由总机构直接向购货方开具发票的行为，不具备《国家税务总局关于企业所属机构间移送货物征收增值税问题的通知》（国税发〔1998〕137 号）规定的受货机构向购货方开具发票、向购货方收取货款两种情形之一，其取得的应税收入应当在总机构所在地缴纳增值税。

（摘自《国家税务总局关于纳税人以资金结算网络方式收取货款增值税纳税地点问题的通知》，2002 年 9 月 3 日国税函〔2002〕802 号）

政策解析

上述文件明确了纳税人以总机构的名义在各地开立账户，通过资金结算网络在各地向购货方收取销货款，由总机构直接向购货方开具发票，其取得的应税收入应当在总机构所在地缴纳增值税。

2.2.3.3　将自产、委托加工的货物用于集体福利或者个人消费

单位或者个体工商户的下列行为，视同销售货物：

（五）将自产、委托加工的货物用于集体福利或者个人消费。

（摘自《中华人民共和国增值税暂行条例实施细则》第四条，2011 年 10 月 28 日财政部令第 65 号）

政策解析

纳税人将自己生产制造的货物、委托外单位加工收回的货物用于集体福利或个人消费，实际上其货物的用途已经转变，成为消费品。因此这些货物在用于集体福利或个人消费时应作销售收入申报纳税。注意用于集体福利或者个人消费的货物来源只有自产、委托加工两个方面，不包括外购。外购的货物用于集体福利或者个人消费属于纳税人将货物自用了，与销售无关，只是涉及进项税额不能抵扣的问题。

2.2.3.4　将自产、委托加工或者购进的货物作为投资或利润分配

单位或者个体工商户的下列行为，视同销售货物：

（六）将自产、委托加工或者购进的货物作为投资，提供给其他单位或者个体工商户；

（七）将自产、委托加工或者购进的货物分配给股东或者投资者；

（摘自《中华人民共和国增值税暂行条例实施细则》第四条，2011 年 10 月 28 日财政部令第 65 号）

政策解析

将自产、委托加工或者购进的货物作为投资提供给其他单位或者个体工商户，货物的所有权发生了转移，纳税人取得了经济利益（股权）；将自产、委托加工或者购进的货物以实物分配方式分配给股东或投资者，纳税人也取得了经济利益（抵债），符合《中华人民共和国增值税暂行条例实施细则》对"销售"的界定，应作视同销售处理。属一般纳税人的可根据合同或协议开具增值税专用发票，接受发票方可抵扣进项税额。

2.2.3.5 将自产、委托加工或者购进的货物无偿赠送其他单位或者个人

单位或者个体工商户的下列行为，视同销售货物：

（八）将自产、委托加工或者购进的货物无偿赠送其他单位或者个人。

（摘自《中华人民共和国增值税暂行条例实施细则》第四条，2011 年 10 月 28 日财政部令第 65 号）

政策解析

将自产、委托加工或者购进的货物赠送其他单位或者个人，不管是有偿还是无偿，货物的所有权都发生了转移，应视同销售货物缴纳增值税。赠送方在购进货物时，可取得增值税专用发票抵扣税款。赠送方赠送他人时可开具专用发票，受赠方可取得增值税专用发票抵扣税款。

2.2.3.5.1 无偿赠送粉煤灰应视同销售缴纳增值税

纳税人将粉煤灰无偿提供给他人，应根据《中华人民共和国增值税暂行条例实施细则》第四条的规定征收增值税。销售额应根据《中华人民共和国增值税暂行条例实施细则》第十六条的规定确定。

本公告自 2011 年 6 月 1 日起执行。此前执行与本公告不一致的，按照本公告的规定调整。

（摘自《国家税务总局关于纳税人无偿赠送粉煤灰征收增值税问题的公告》，2011 年 5 月 19 日国家税务总局公告 2011 年第 32 号）

政策解析

粉煤灰是电厂的废弃物，或者叫作副产品，过去由于粉煤灰无使用价值，电厂往往还要付给其他单位清理费用。随着技术进步，粉煤灰可以作为水泥厂的原料，从而具有了使用价值。对于电厂无偿赠送粉煤灰是否征税问题，以前多有争议，该公告明确无偿赠送粉

煤灰需要征税。

2.2.3.5.2　无偿赠送煤矸石应视同销售缴纳增值税

纳税人将煤矸石无偿提供给他人，应根据《中华人民共和国增值税暂行条例实施细则》第四条的规定征收增值税，销售额应根据《中华人民共和国增值税暂行条例实施细则》第十六条的规定确定。

（摘自《国家税务总局关于纳税人无偿赠送煤矸石征收增值税问题的公告》，2013 年 12 月 3 日国家税务总局公告 2013 年第 70 号）

●政策解析●

煤矸石是煤矿在建井、开拓掘进、采煤和煤炭选洗过程中排出的含炭岩石及岩石，是煤矿建设生产过程中的副产品。根据《中华人民共和国增值税暂行条例实施细则》第四条的规定，单位和个体经营者将自产、委托加工或者购买的货物无偿赠送他人的行为，应当视同销售征收增值税。

2.2.3.5.3　创新药后续免费用药的赠送不属于视同销售

为鼓励创新药的研发和使用，结合其大量存在"后续免费用药临床研究"的特点，现将有关增值税政策通知如下：

一、药品生产企业销售自产创新药的销售额，为向购买方收取的全部价款和价外费用，其提供给患者后续免费使用的相同创新药，不属于增值税视同销售范围。

二、本通知所称创新药，是指经国家食品药品监督管理部门批准注册、获批前未曾在中国境内外上市销售，通过合成或者半合成方法制得的原料药及其制剂。

三、药品生产企业免费提供创新药，应保留如下资料，以备税务机关查验：

（一）国家食品药品监督管理部门颁发的注明注册分类为 1.1 类的药品注册批件；

（二）后续免费提供创新药的实施流程；

（三）第三方（创新药代保管的医院、药品经销单位等）出具免费用药确认证明，以及患者在第三方登记、领取创新药的记录。

四、本通知自 2015 年 1 月 1 日起执行。此前已发生并处理的事项，不再作调整；未处理的，按本通知规定执行。

（摘自《财政部 国家税务总局关于创新药后续免费使用有关增值税政策的通知》，2015 年 1 月 26 日财税〔2015〕4 号）

2.2.4　销售货物的其他规定

2.2.4.1　销售罚没物品

根据现行罚没财物管理制度和税收制度的有关规定，现对各级行政执法机关、政法机关和经济管理部门（以下简称执罚部门和单位）依照国家有关法律、法规查处各类违法、违章案件的罚没物品变价收入征收增值税问题规定如下：

一、执罚部门和单位查处的属于一般商业部门经营的商品，具备拍卖条件的，由执罚部门或单位商同级财政部门同意后，公开拍卖。其拍卖收入作为罚没收入由执罚部门和单位如数上缴财政，不予征税。对经营单位购入拍卖物品再销售的应照章征收增值税。

二、执罚部门和单位查处的属于一般商业部门经营的商品，不具备拍卖条件的，由执罚部门、财政部门、国家指定销售单位会同有关部门按质论价，交由国家指定销售单位纳入正常销售渠道变价处理。执罚部门按商定价格所取得的变价收入作为罚没收入如数上缴财政，不予征税。国家指定销售单位将罚没物品纳入正常销售渠道销售的，应照章征收增值税。

三、执罚部门和单位查处的属于专管机关管理或专管企业经营的财物，如金银（不包括金银首饰）、外币、有价证券、非禁止出口文物，应交由专管机关或专营企业收兑或收购。执罚部门和单位按收兑或收购价所取得的收入作为罚没收入如数上缴财政，不予征税。专管机关或专营企业经营上述物品中属于应征增值税的货物，应照章征收增值税。

（摘自《财政部 国家税务总局关于罚没物品征免增值税问题的通知》，1995 年 9 月 4 日财税字〔1995〕69 号）

2.2.4.2　印刷企业自己购买纸张，印刷报纸书刊等印刷品

印刷企业接受出版单位委托，自行购买纸张，印刷有统一刊号（CN）以及采用国际标准书号编序的图书、报纸和杂志，按货物销售征收增值税。

（摘自《财政部 国家税务总局关于增值税若干政策的通知》，2005 年 11 月 28 日财税〔2005〕165 号）

2.2.4.3　销售附着于土地或者不动产上的固定资产

纳税人转让土地使用权或者销售不动产的同时一并销售的附着于土地或者不动产上的固定资产中，凡属于增值税应税货物的，应按照《财政部 国家税务总局关于部分货物适用增值税低税率和简易办法征收增值税政策的通知》（财税〔2009〕9 号）第二条有关规定，计算缴纳增值税；凡属于不动产的，应按照《中华人民共和国营业税暂行条例》"销售不动产"税目计算缴纳营业税。【注："营改增"后按"销售不动产"税目缴纳增值税】

纳税人应分别核算增值税应税货物和不动产的销售额，未分别核算或核算不清的，由主管税务机关核定其增值税应税货物的销售额和不动产的销售额。

（摘自《国家税务总局关于纳税人转让土地使用权或者销售不动产同时一并销售附着于土地或者不动产上的固定资产有关税收问题的公告》，2011 年 8 月 17 日国家税务总局公告 2011 年第 47 号）

2.2.4.4　二手车经营业务有关增值税问题

经批准允许从事二手车经销业务的纳税人按照《机动车登记规定》的有关规定，收购

二手车时将其办理过户登记到自己名下，销售时再将该二手车过户登记到买家名下的行为，属于《中华人民共和国增值税暂行条例》规定的销售货物的行为，应按照现行规定征收增值税。

除上述行为以外，纳税人受托代理销售二手车，凡同时具备以下条件的，不征收增值税；不同时具备以下条件的，视同销售征收增值税。

（一）受托方不向委托方预付货款；

（二）委托方将《二手车销售统一发票》直接开具给购买方；

（三）受托方按购买方实际支付的价款和增值税额（如系代理进口销售货物则为海关代征的增值税额）与委托方结算货款，并另外收取手续费。

本公告自 2012 年 7 月 1 日起开始施行。

（摘自《国家税务总局关于二手车经营业务有关增值税问题的公告》，2012 年 6 月 1 日国家税务总局公告 2012 年第 23 号）

政策解析

根据现行《中华人民共和国增值税暂行条例》对有偿转移货物所有权征收增值税的规定，纳税人销售二手车的前提条件是拥有该二手车的所有权；同时，《机动车登记规定》明确规定，车辆所有权变更必须办理过户手续。因此，纳税人将收购的二手车办理过户登记到自己名下，在拥有该二手车所有权后，再销售时将该二手车过户登记到买家名下的行为，属于销售二手车的增值税应税行为。

除二手车直接销售以外，纳税人还可以接受购买方委托代购二手车以及接受销货方委托代销二手车，收取手续费。全面推行"营改增"后收取的手续费，要按照"销售服务"缴纳增值税。

2.3　加工、修理修配劳务

2.3.1　加工、修理修配劳务的界定

条例第一条所称加工，是指受托加工货物，即委托方提供原料及主要材料，受托方按照委托方的要求，制造货物并收取加工费的业务。

条例第一条所称修理修配，是指受托对损伤和丧失功能的货物进行修复，使其恢复原状和功能的业务。

（摘自《中华人民共和国增值税暂行条例实施细则》第二条，2011 年 10 月 28 日财政部令第 65 号）

2.3.2　提供加工、修理修配劳务的界定

条例第一条所称提供加工、修理修配劳务（以下称应税劳务），是指有偿提供加工、修理修配劳务。单位或者个体工商户聘用的员工为本单位或者雇主提供加工、修理修配劳务，

不包括在内。

本细则所称有偿，是指从购买方取得货币、货物或者其他经济利益。

（摘自《中华人民共和国增值税暂行条例实施细则》第三条，2011 年 10 月 28 日财政部令第 65 号）

政策解析

只有有偿提供的加工、修理修配劳务才属于增值税的征税范围，如果是无偿提供加工、修理修配劳务，没有取得经济利益，就不征收增值税，如在"三包"期内为客户无偿提供的修理修配劳务。

2.3.3　加工、修理修配劳务的其他规定

2.3.3.1　经销企业取得的"三包"收入属于修理修配劳务

问：货物的生产企业为搞好售后服务，支付给经销企业修理费用，作为经销企业为用户提供售后服务的费用支出，对经销企业从货物的生产企业取得的"三包"收入，应如何征税？

答：经销企业从货物的生产企业取得"三包"收入，应按"修理修配"征收增值税。

（摘自《国家税务总局关于印发＜增值税问题解答（之一）＞的通知》，1995 年 2 月 2 日国税函发〔1995〕288 号）

政策解析

经销企业为货物的生产企业提供有偿服务取得"三包"收入，符合税法对"提供加工、修理修配劳务的界定"，应按修理修配劳务缴纳增值税。

2.3.3.2　电力调压并网服务属于加工劳务

供电企业利用自身输变电设备对并入电网的企业自备电厂生产的电力产品进行电压调节，属于提供加工劳务。根据《中华人民共和国增值税暂行条例》和《中华人民共和国营业税暂行条例》有关规定，对于上述供电企业进行电力调压并按电量向电厂收取的并网服务费，应当征收增值税，不征收营业税。

（摘自《国家税务总局关于供电企业收取并网服务费征收增值税问题的批复》，2009 年 11 月 19 日国税函〔2009〕641 号）

2.4　销售服务、无形资产、不动产

2.4.1　销售服务、无形资产、不动产的界定

销售服务、无形资产或者不动产，是指有偿提供服务、有偿转让无形资产或者不动产，

但属于下列非经营活动的情形除外：

（一）行政单位收取的同时满足以下条件的政府性基金或者行政事业性收费。

1. 由国务院或者财政部批准设立的政府性基金，由国务院或者省级人民政府及其财政、价格主管部门批准设立的行政事业性收费；

2. 收取时开具省级以上（含省级）财政部门监（印）制的财政票据；

3. 所收款项全额上缴财政。

（二）单位或者个体工商户聘用的员工为本单位或者雇主提供取得工资的服务。

（三）单位或者个体工商户为聘用的员工提供服务。

（四）财政部和国家税务总局规定的其他情形。

（摘自《财政部　国家税务总局关于全面推开营业税改征增值税试点的通知》之附件1《营业税改征增值税试点实施办法》第十条，2016 年 3 月 23 日财税〔2016〕36 号）

政策解析

上述政策是对销售服务、无形资产或者不动产的界定。应从以下几个方面把握：

（1）纳税人只要发生有偿提供应税服务、有偿转让无形资产或者不动产的行为就要征收增值税。

（2）非经营活动即使是有偿的，也不征收增值税。如行政单位收取的政府性基金或者行政事业性收费、单位或者个体工商户聘用的员工为本单位或者雇主提供取得工资的服务、单位或者个体工商户为聘用的员工提供服务等属于非经营活动，不征收增值税。

（3）行政单位按照法律和行政法规的规定收取政府性基金或者行政事业性收费的行为，是在履行国家行政管理和公共服务职能，是政府行为，属于非经营活动，无须纳入增值税征税范围。政府性基金和行政事业性收费的收取主体包括国务院所属部门、地方政府及政府部门、事业单位和代行政府职能的社会团体等。

（4）员工为本单位或者雇主提供的服务不需要缴纳增值税，应限定为其提供的职务性服务，即取得工资范围内的服务。员工向用人单位或雇主提供与工作（职务）无关的服务，凡属于《销售服务、无形资产、不动产注释》范围的，仍应当征收增值税。如员工将自己的房屋出租给本单位使用收取房租、员工利用自己的交通工具为本单位运输货物收取运费、员工将自有资金贷给本单位使用收取利息等。

（5）用人单位为聘用的员工提供服务若属于非经营活动，则不属于增值税征税范围。若属于经营活动，则属于增值税征税范围，需要缴纳增值税。

例如，某酒店为内部员工提供了客房住宿、服务用餐方面的服务，该服务本来是以营利为目的，公司也具有相关资质，应属经营行为，无论是否收费，均应视为应征增值税；如果公司给员工提供的是工作餐、员工宿舍等，属非经营行为，不征增值税。再如，某英语培训机构，如果给内部员工提供了英语专业培训，同样具备上述经营行为条件，需征增值税；但如果提供的是入职方面的业务培训，属非经营行为，不征增值税。

2.4.2　有偿的界定

有偿，是指取得货币、货物或者其他经济利益。

（摘自《财政部　国家税务总局关于全面推开营业税改征增值税试点的通知》之附件1《营业税改征增值税试点实施办法》第十一条，2016年3月23日财税〔2016〕36号）

政策解析

该规定是对有偿提供服务、有偿转让无形资产或者不动产中有偿的具体解释。货币、货物都好理解，但什么是其他经济利益呢？其他经济利益是指非货币、货物形式的收益，具体包括固定资产（不含货物）、生物资产（不含货物）、无形资产（包括特许权）、股权投资、存货、不准备持有至到期的债券投资、服务以及有关权益等。

例如，甲公司将房屋与乙公司的土地进行交换，甲公司用不动产换取了乙公司的土地使用权，此时虽没有取得货币，但是，它取得了乙公司的土地使用权；同样乙公司也是以土地换取了甲公司房屋所有权，这里的土地使用权和房屋所有权就是我们所说的其他经济利益。再比如某公司将房屋出租给某宾馆作为开饭店场地使用，双方协商以该公司在饭店就餐的餐费抵充房屋租金，对该公司来说出租房屋取得的是免费接受餐饮服务；对某宾馆来说提供餐饮服务取得的是免费使用房屋，这里涉及的饮食服务和房屋出租也属于其他经济利益。上述取得的其他经济利益都应按规定缴纳增值税。

2.4.3　境内的界定

在境内销售服务、无形资产或者不动产，是指：

（一）服务（租赁不动产除外）或者无形资产（自然资源使用权除外）的销售方或者购买方在境内；

（二）所销售或者租赁的不动产在境内；

（三）所销售自然资源使用权的自然资源在境内；

（四）财政部和国家税务总局规定的其他情形。

（摘自《财政部　国家税务总局关于全面推开营业税改征增值税试点的通知》之附件1《营业税改征增值税试点实施办法》第十二条，2016年3月23日财税〔2016〕36号）

下列情形不属于在境内销售服务或者无形资产：

（一）境外单位或者个人向境内单位或者个人销售完全在境外发生的服务。

（二）境外单位或者个人向境内单位或者个人销售完全在境外使用的无形资产。

（三）境外单位或者个人向境内单位或者个人出租完全在境外使用的有形动产。

（四）财政部和国家税务总局规定的其他情形。

（摘自《财政部　国家税务总局关于全面推开营业税改征增值税试点的通知》之附件1《营业税改征增值税试点实施办法》第十三条，2016年3月23日财税〔2016〕36号）

政策解析

以上是关于判定境内销售服务、无形资产或者不动产的原则性规定。应从以下几个方面理解：

（一）关于境内销售服务的判定原则

（1）境内的单位或者个人销售的服务（不含租赁不动产）属于在境内销售服务，即属人原则。也就是说，境内的单位或者个人销售的服务（不含租赁不动产），无论服务购买方为境内单位或者个人还是境外单位或者个人，无论服务发生在境内还是境外，都属于在境内销售服务。

（2）境外单位或者个人向境内单位或者个人销售的未完全在境外发生的服务（不含租赁不动产），属于在境内销售服务。对于境外单位或者个人来说，其销售的服务（不含租赁不动产）在以下两种情况下属于在境内销售服务，应照章缴纳增值税：

①境外单位或者个人向境内单位或者个人销售的完全在境内发生的服务，属于在境内销售服务。例如，境外某一工程公司到境内给境内某单位提供工程勘察勘探服务。

②境外单位或者个人向境内单位或者个人销售的未完全在境外发生的服务，属于在境内销售服务。例如，境外一咨询公司与境内某一公司签订咨询合同，就这家境内公司开拓境内、境外市场进行实地调研并提出合理化管理建议，境外咨询公司提供的咨询服务同时在境内和境外发生，属于在境内销售服务。

（3）境外单位或者个人销售的服务（不含租赁不动产），属于下列情形的，不属于在境内销售服务，不缴纳增值税：

①境外单位或者个人向境外单位或者个人销售服务。例如，美国一家咨询公司为德国一家公司提供咨询服务。

②境外单位或者个人向境内单位或者个人销售完全在境外发生的服务。例如，境内个人出境旅游时的餐饮、住宿服务。

③境外单位或者个人向境内单位或者个人出租完全在境外使用的有形动产。例如，境外汽车租赁公司向赴境外旅游的中国居民出租小汽车供其在境外自驾游。

（4）境内租赁不动产的判定原则：只要所租赁的不动产在境内，无论出租方是否为境内单位或者个人，无论承租方是否为境内单位或者个人，均属于在境内租赁不动产。例如，英国一家公司将其拥有的在我国境内的一处办公楼出租给韩国一家公司。

（二）关于境内销售无形资产的判定原则

（1）境内的单位或者个人销售的无形资产（不含自然资源使用权）属于在境内销售无形资产，即属人原则。也就是说，境内的单位或者个人销售的无形资产（不含自然资源使用权），无论购买方为境内单位或者个人还是境外单位或者个人，无论无形资产是否在境内使用，都属于在境内销售无形资产。

（2）境外单位或者个人向境内单位或者个人销售的未完全在境外使用的无形资产（不含自然资源使用权），属于在境内销售无形资产。对于境外单位或者个人来说，其销售的无形资产在以下两种情况下属于在境内销售无形资产，应照章缴纳增值税：

①境外单位或者个人向境内单位或者个人销售的完全在境内使用的无形资产，属于在境内销售无形资产。例如，境外A公司向境内B公司转让A公司在境内的连锁经营权。

②境外单位或者个人向境内单位或者个人销售的未完全在境外使用的无形资产，属于在境内销售无形资产。例如，境外C公司向境内D公司转让一项专利技术，该技术同时用于D公司在境内和境外的生产线。

（3）境外单位或者个人销售的无形资产（不含自然资源使用权），属于下列情形的，不属于在境内销售无形资产，不缴纳增值税：

①境外单位或者个人向境外单位或者个人销售无形资产（不含自然资源使用权）。例如，美国一家公司向德国一家公司转让一项非专利技术。

②境外单位或者个人向境内单位或者个人销售完全在境外使用的无形资产。例如，境外E公司向境内F公司转让一项专用于F公司所属印度子公司在印度生产线上的专利技术。

（4）境内销售自然资源使用权的判定原则

只要所销售的自然资源使用权的自然资源在境内，无论销售方或购买方是否为境内单位或者个人，均属于在境内销售自然资源使用权。例如，法国一家公司将其拥有的在我国境内一处矿产的探矿权转让给一家境内公司。

（三）关于境内销售不动产的判定原则

只要所销售的不动产在境内，无论销售方或购买方是否为境内单位或者个人，均属于在境内销售不动产。例如，意大利一家公司将其在深圳拥有的一处办公楼销售给另一家意大利公司。

境外单位或者个人发生的下列行为不属于在境内销售服务或者无形资产：

（一）为出境的函件、包裹在境外提供的邮政服务、收派服务；

（二）向境内单位或者个人提供的工程施工地点在境外的建筑服务、工程监理服务；

（三）向境内单位或者个人提供的工程、矿产资源在境外的工程勘察勘探服务；

（四）向境内单位或者个人提供的会议展览地点在境外的会议展览服务。

（摘自《国家税务总局关于营改增试点若干征管问题的公告》，2016年8月18日国家税务总局公告2016年第53号）

政策解析

该条规定将境外单位和个人向境内销售的完全在境外发生的服务、完全在境外使用的无形资产，排除在征税范围之外，明确了不属于在境内销售服务或无形资产的若干情形。

2.4.4　销售服务、无形资产或不动产的具体范围

应税行为的具体范围，按照本办法所附的《销售服务、无形资产、不动产注释》执行。

（摘自《财政部 国家税务总局关于全面推开营业税改征增值税试点的通知》之附件1《营业税改征增值税试点实施办法》第九条，2016年3月23日财税〔2016〕36号）

2.4.4.1　销售服务、无形资产、不动产注释

一、销售服务

销售服务，是指提供交通运输服务、邮政服务、电信服务、建筑服务、金融服务、现代服务、生活服务。

（一）交通运输服务。

交通运输服务，是指利用运输工具将货物或者旅客送达目的地，使其空间位置得到转移的业务活动。包括陆路运输服务、水路运输服务、航空运输服务和管道运输服务。

1. 陆路运输服务。

陆路运输服务，是指通过陆路（地上或者地下）运送货物或者旅客的运输业务活动，包括铁路运输服务和其他陆路运输服务。

（1）铁路运输服务，是指通过铁路运送货物或者旅客的运输业务活动。

（2）其他陆路运输服务，是指铁路运输以外的陆路运输业务活动。包括公路运输、缆车运输、索道运输、地铁运输、城市轻轨运输等。

出租车公司向使用本公司自有出租车的出租车司机收取的管理费用，按照陆路运输服务缴纳增值税。

2. 水路运输服务。

水路运输服务，是指通过江、河、湖、川等天然、人工水道或者海洋航道运送货物或者旅客的运输业务活动。

水路运输的程租、期租业务，属于水路运输服务。

程租业务，是指运输企业为租船人完成某一特定航次的运输任务并收取租赁费的业务。

期租业务，是指运输企业将配备有操作人员的船舶承租给他人使用一定期限，承租期内听候承租方调遣，不论是否经营，均按天向承租方收取租赁费，发生的固定费用均由船东负担的业务。

3. 航空运输服务。

航空运输服务，是指通过空中航线运送货物或者旅客的运输业务活动。

航空运输的湿租业务，属于航空运输服务。

湿租业务，是指航空运输企业将配备有机组人员的飞机承租给他人使用一定期限，承租期内听候承租方调遣，不论是否经营，均按一定标准向承租方收取租赁费，发生的固定费用均由承租方承担的业务。

航天运输服务，按照航空运输服务缴纳增值税。

航天运输服务，是指利用火箭等载体将卫星、空间探测器等空间飞行器发射到空间轨道的业务活动。

4. 管道运输服务。

管道运输服务，是指通过管道设施输送气体、液体、固体物质的运输业务活动。

无运输工具承运业务，按照交通运输服务缴纳增值税。

无运输工具承运业务，是指经营者以承运人身份与托运人签订运输服务合同，收取运

费并承担承运人责任，然后委托实际承运人完成运输服务的经营活动。

（二）邮政服务。

邮政服务，是指中国邮政集团公司及其所属邮政企业提供邮件寄递、邮政汇兑和机要通信等邮政基本服务的业务活动。包括邮政普遍服务、邮政特殊服务和其他邮政服务。

1. 邮政普遍服务。

邮政普遍服务，是指函件、包裹等邮件寄递，以及邮票发行、报刊发行和邮政汇兑等业务活动。

函件，是指信函、印刷品、邮资封片卡、无名址函件和邮政小包等。

包裹，是指按照封装上的名址递送给特定个人或者单位的独立封装的物品，其重量不超过五十千克，任何一边的尺寸不超过一百五十厘米，长、宽、高合计不超过三百厘米。

2. 邮政特殊服务。

邮政特殊服务，是指义务兵平常信函、机要通信、盲人读物和革命烈士遗物的寄递等业务活动。

3. 其他邮政服务。

其他邮政服务，是指邮册等邮品销售、邮政代理等业务活动。

（三）电信服务。

电信服务，是指利用有线、无线的电磁系统或者光电系统等各种通信网络资源，提供语音通话服务，传送、发射、接收或者应用图像、短信等电子数据和信息的业务活动。包括基础电信服务和增值电信服务。

1. 基础电信服务。

基础电信服务，是指利用固网、移动网、卫星、互联网，提供语音通话服务的业务活动，以及出租或者出售带宽、波长等网络元素的业务活动。

2. 增值电信服务。

增值电信服务，是指利用固网、移动网、卫星、互联网、有线电视网络，提供短信和彩信服务、电子数据和信息的传送及应用服务、互联网接入服务等业务活动。

卫星电视信号落地转接服务，按照增值电信服务缴纳增值税。

（四）建筑服务。

建筑服务，是指各类建筑物、构筑物及其附属设施的建造、修缮、装饰，线路、管道、设备、设施等的安装以及其他工程作业的业务活动。包括工程服务、安装服务、修缮服务、装饰服务和其他建筑服务。

1. 工程服务。

工程服务，是指新建、改建各种建筑物、构筑物的工程作业，包括与建筑物相连的各种设备或者支柱、操作平台的安装或者装设工程作业，以及各种窑炉和金属结构工程作业。

2. 安装服务。

安装服务，是指生产设备、动力设备、起重设备、运输设备、传动设备、医疗实验设备以及其他各种设备、设施的装配、安置工程作业，包括与被安装设备相连的工作台、梯子、栏杆的装设工程作业，以及被安装设备的绝缘、防腐、保温、油漆等工程作业。

固定电话、有线电视、宽带、水、电、燃气、暖气等经营者向用户收取的安装费、初装费、开户费、扩容费以及类似收费，按照安装服务缴纳增值税。

3. 修缮服务。

修缮服务，是指对建筑物、构筑物进行修补、加固、养护、改善，使之恢复原来的使用价值或者延长其使用期限的工程作业。

4. 装饰服务。

装饰服务，是指对建筑物、构筑物进行修饰装修，使之美观或者具有特定用途的工程作业。

5. 其他建筑服务。

其他建筑服务，是指上列工程作业之外的各种工程作业服务，如钻井（打井）、拆除建筑物或者构筑物、平整土地、园林绿化、疏浚（不包括航道疏浚）、建筑物平移、搭脚手架、爆破、矿山穿孔、表面附着物（包括岩层、土层、沙层等）剥离和清理等工程作业。

（五）金融服务。

金融服务，是指经营金融保险的业务活动。包括贷款服务、直接收费金融服务、保险服务和金融商品转让。

1. 贷款服务。

贷款，是指将资金贷与他人使用而取得利息收入的业务活动。

各种占用、拆借资金取得的收入，包括金融商品持有期间（含到期）利息（保本收益、报酬、资金占用费、补偿金等）收入、信用卡透支利息收入、买入返售金融商品利息收入、融资融券收取的利息收入，以及融资性售后回租、押汇、罚息、票据贴现、转贷等业务取得的利息及利息性质的收入，按照贷款服务缴纳增值税。

融资性售后回租，是指承租方以融资为目的，将资产出售给从事融资性售后回租业务的企业后，从事融资性售后回租业务的企业将该资产出租给承租方的业务活动。

以货币资金投资收取的固定利润或者保底利润，按照贷款服务缴纳增值税。

2. 直接收费金融服务。

直接收费金融服务，是指为货币资金融通及其他金融业务提供相关服务并且收取费用的业务活动。包括提供货币兑换、账户管理、电子银行、信用卡、信用证、财务担保、资产管理、信托管理、基金管理、金融交易场所（平台）管理、资金结算、资金清算、金融支付等服务。

3. 保险服务。

保险服务，是指投保人根据合同约定，向保险人支付保险费，保险人对于合同约定的可能发生的事故因其发生所造成的财产损失承担赔偿保险金责任，或者当被保险人死亡、伤残、疾病或者达到合同约定的年龄、期限等条件时承担给付保险金责任的商业保险行为。包括人身保险服务和财产保险服务。

人身保险服务，是指以人的寿命和身体为保险标的的保险业务活动。

财产保险服务，是指以财产及其有关利益为保险标的的保险业务活动。

4. 金融商品转让。

金融商品转让，是指转让外汇、有价证券、非货物期货和其他金融商品所有权的业务活动。

其他金融商品转让包括基金、信托、理财产品等各类资产管理产品和各种金融衍生品的转让。

【注：根据财税〔2016〕140号第二条规定，纳税人购入基金、信托、理财产品等各类资产管理产品持有至到期，不属于《销售服务、无形资产、不动产注释》（财税〔2016〕36号）第一条第（五）项第4点所称的金融商品转让】

（六）现代服务。

现代服务，是指围绕制造业、文化产业、现代物流产业等提供技术性、知识性服务的业务活动。包括研发和技术服务、信息技术服务、文化创意服务、物流辅助服务、租赁服务、鉴证咨询服务、广播影视服务、商务辅助服务和其他现代服务。

1. 研发和技术服务。

研发和技术服务，包括研发服务、合同能源管理服务、工程勘察勘探服务、专业技术服务。

（1）研发服务，也称技术开发服务，是指就新技术、新产品、新工艺或者新材料及其系统进行研究与试验开发的业务活动。

（2）合同能源管理服务，是指节能服务公司与用能单位以契约形式约定节能目标，节能服务公司提供必要的服务，用能单位以节能效果支付节能服务公司投入及其合理报酬的业务活动。

（3）工程勘察勘探服务，是指在采矿、工程施工前后，对地形、地质构造、地下资源蕴藏情况进行实地调查的业务活动。

（4）专业技术服务，是指气象服务、地震服务、海洋服务、测绘服务、城市规划、环境与生态监测服务等专项技术服务。

2. 信息技术服务。

信息技术服务，是指利用计算机、通信网络等技术对信息进行生产、收集、处理、加工、存储、运输、检索和利用，并提供信息服务的业务活动。包括软件服务、电路设计及测试服务、信息系统服务、业务流程管理服务和信息系统增值服务。

（1）软件服务，是指提供软件开发服务、软件维护服务、软件测试服务的业务活动。

（2）电路设计及测试服务，是指提供集成电路和电子电路产品设计、测试及相关技术支持服务的业务活动。

（3）信息系统服务，是指提供信息系统集成、网络管理、网站内容维护、桌面管理与维护、信息系统应用、基础信息技术管理平台整合、信息技术基础设施管理、数据中心、托管中心、信息安全服务、在线杀毒、虚拟主机等业务活动。包括网站对非自有的网络游戏提供的网络运营服务。

（4）业务流程管理服务，是指依托信息技术提供的人力资源管理、财务经济管理、审计管理、税务管理、物流信息管理、经营信息管理和呼叫中心等服务的活动。

（5）信息系统增值服务，是指利用信息系统资源为用户附加提供的信息技术服务。包括数据处理、分析和整合、数据库管理、数据备份、数据存储、容灾服务、电子商务平台等。

3. 文化创意服务。

文化创意服务，包括设计服务、知识产权服务、广告服务和会议展览服务。

（1）设计服务，是指把计划、规划、设想通过文字、语言、图画、声音、视觉等形式传递出来的业务活动。包括工业设计、内部管理设计、业务运作设计、供应链设计、造型设计、服装设计、环境设计、平面设计、包装设计、动漫设计、网游设计、展示设计、网站设计、机械设计、工程设计、广告设计、创意策划、文印晒图等。

（2）知识产权服务，是指处理知识产权事务的业务活动。包括对专利、商标、著作权、软件、集成电路布图设计的登记、鉴定、评估、认证、检索服务。

（3）广告服务，是指利用图书、报纸、杂志、广播、电视、电影、幻灯、路牌、招贴、橱窗、霓虹灯、灯箱、互联网等各种形式为客户的商品、经营服务项目、文体节目或者通告、声明等委托事项进行宣传和提供相关服务的业务活动。包括广告代理和广告的发布、播映、宣传、展示等。

（4）会议展览服务，是指为商品流通、促销、展示、经贸洽谈、民间交流、企业沟通、国际往来等举办或者组织安排的各类展览和会议的业务活动。

4. 物流辅助服务。

物流辅助服务，包括航空服务、港口码头服务、货运客运场站服务、打捞救助服务、装卸搬运服务、仓储服务和收派服务。

（1）航空服务，包括航空地面服务和通用航空服务。

航空地面服务，是指航空公司、飞机场、民航管理局、航站等向在境内航行或者在境内机场停留的境内外飞机或者其他飞行器提供的导航等劳务性地面服务的业务活动。包括旅客安全检查服务、停机坪管理服务、机场候机厅管理服务、飞机清洗消毒服务、空中飞行管理服务、飞机起降服务、飞行通讯服务、地面信号服务、飞机安全服务、飞机跑道管理服务、空中交通管理服务等。

通用航空服务，是指为专业工作提供飞行服务的业务活动，包括航空摄影、航空培训、航空测量、航空勘探、航空护林、航空吊挂播撒、航空降雨、航空气象探测、航空海洋监测、航空科学实验等。

（2）港口码头服务，是指港务船舶调度服务、船舶通讯服务、航道管理服务、航道疏浚服务、灯塔管理服务、航标管理服务、船舶引航服务、理货服务、系解缆服务、停泊和移泊服务、海上船舶溢油清除服务、水上交通管理服务、船只专业清洗消毒检测服务和防止船只漏油服务等为船只提供服务的业务活动。

港口设施经营人收取的港口设施保安费按照港口码头服务缴纳增值税。

（3）货运客运场站服务，是指货运客运场站提供货物配载服务、运输组织服务、中转换乘服务、车辆调度服务、票务服务、货物打包整理、铁路线路使用服务、加挂铁路客车服务、铁路行包专列发送服务、铁路到达和中转服务、铁路车辆编解服务、车辆挂运服务、铁路接触网服务、铁路机车牵引服务等业务活动。

（4）打捞救助服务，是指提供船舶人员救助、船舶财产救助、水上救助和沉船沉物打捞服务的业务活动。

（5）装卸搬运服务，是指使用装卸搬运工具或者人力、畜力将货物在运输工具之间、装卸现场之间或者运输工具与装卸现场之间进行装卸和搬运的业务活动。

（6）仓储服务，是指利用仓库、货场或者其他场所代客贮放、保管货物的业务活动。

（7）收派服务，是指接受寄件人委托，在承诺的时限内完成函件和包裹的收件、分拣、派送服务的业务活动。

收件服务，是指从寄件人收取函件和包裹，并运送到服务提供方同城的集散中心的业务活动。

分拣服务，是指服务提供方在其集散中心对函件和包裹进行归类、分发的业务活动。

派送服务，是指服务提供方从其集散中心将函件和包裹送达同城的收件人的业务活动。

5. 租赁服务。

租赁服务，包括融资租赁服务和经营租赁服务。

（1）融资租赁服务，是指具有融资性质和所有权转移特点的租赁活动。即出租人根据承租人所要求的规格、型号、性能等条件购入有形动产或者不动产租赁给承租人，合同期内租赁物所有权属于出租人，承租人只拥有使用权，合同期满付清租金后，承租人有权按照残值购入租赁物，以拥有其所有权。不论出租人是否将租赁物销售给承租人，均属于融资租赁。

按照标的物的不同，融资租赁服务可分为有形动产融资租赁服务和不动产融资租赁服务。

融资性售后回租不按照本税目缴纳增值税。

（2）经营租赁服务，是指在约定时间内将有形动产或者不动产转让他人使用且租赁物所有权不变更的业务活动。

按照标的物的不同，经营租赁服务可分为有形动产经营租赁服务和不动产经营租赁服务。

将建筑物、构筑物等不动产或者飞机、车辆等有形动产的广告位出租给其他单位或者个人用于发布广告，按照经营租赁服务缴纳增值税。

车辆停放服务、道路通行服务（包括过路费、过桥费、过闸费等）等按照不动产经营租赁服务缴纳增值税。

水路运输的光租业务、航空运输的干租业务，属于经营租赁。

光租业务，是指运输企业将船舶在约定的时间内出租给他人使用，不配备操作人员，不承担运输过程中发生的各项费用，只收取固定租赁费的业务活动。

干租业务，是指航空运输企业将飞机在约定的时间内出租给他人使用，不配备机组人员，不承担运输过程中发生的各项费用，只收取固定租赁费的业务活动。

6. 鉴证咨询服务。

鉴证咨询服务，包括认证服务、鉴证服务和咨询服务。

（1）认证服务，是指具有专业资质的单位利用检测、检验、计量等技术，证明产品、服务、管理体系符合相关技术规范、相关技术规范的强制性要求或者标准的业务活动。

（2）鉴证服务，是指具有专业资质的单位受托对相关事项进行鉴证，发表具有证明力的意见的业务活动。包括会计鉴证、税务鉴证、法律鉴证、职业技能鉴定、工程造价鉴证、工程监理、资产评估、环境评估、房地产土地评估、建筑图纸审核、医疗事故鉴定等。

（3）咨询服务，是指提供信息、建议、策划、顾问等服务的活动。包括金融、软件、技术、财务、税收、法律、内部管理、业务运作、流程管理、健康等方面的咨询。

翻译服务和市场调查服务按照咨询服务缴纳增值税。

7. 广播影视服务。

广播影视服务，包括广播影视节目（作品）的制作服务、发行服务和播映（含放映，下同）服务。

（1）广播影视节目（作品）制作服务，是指进行专题（特别节目）、专栏、综艺、体育、动画片、广播剧、电视剧、电影等广播影视节目和作品制作的服务。具体包括与广播影视节目和作品相关的策划、采编、拍摄、录音、音视频文字图片素材制作、场景布置、后期的剪辑、翻译（编译）、字幕制作、片头、片尾、片花制作、特效制作、影片修复、编目和确权等业务活动。

（2）广播影视节目（作品）发行服务，是指以分账、买断、委托等方式，向影院、电台、电视台、网站等单位和个人发行广播影视节目（作品）以及转让体育赛事等活动的报道及播映权的业务活动。

（3）广播影视节目（作品）播映服务，是指在影院、剧院、录像厅及其他场所播映广播影视节目（作品），以及通过电台、电视台、卫星通信、互联网、有线电视等无线或者有线装置播映广播影视节目（作品）的业务活动。

8. 商务辅助服务。

商务辅助服务，包括企业管理服务、经纪代理服务、人力资源服务、安全保护服务。

（1）企业管理服务，是指提供总部管理、投资与资产管理、市场管理、物业管理、日常综合管理等服务的业务活动。

（2）经纪代理服务，是指各类经纪、中介、代理服务。包括金融代理、知识产权代理、货物运输代理、代理报关、法律代理、房地产中介、职业中介、婚姻中介、代理记账、拍卖等。

货物运输代理服务，是指接受货物收货人、发货人、船舶所有人、船舶承租人或者船舶经营人的委托，以委托人的名义，为委托人办理货物运输、装卸、仓储和船舶进出港口、引航、靠泊等相关手续的业务活动。

代理报关服务，是指接受进出口货物的收、发货人委托，代为办理报关手续的业务活动。

（3）人力资源服务，是指提供公共就业、劳务派遣、人才委托招聘、劳动力外包等服务的业务活动。

（4）安全保护服务，是指提供保护人身安全和财产安全，维护社会治安等的业务活动。包括场所住宅保安、特种保安、安全系统监控以及其他安保服务。

9. 其他现代服务。

其他现代服务，是指除研发和技术服务、信息技术服务、文化创意服务、物流辅助服务、租赁服务、鉴证咨询服务、广播影视服务和商务辅助服务以外的现代服务。

（七）生活服务。

生活服务，是指为满足城乡居民日常生活需求提供的各类服务活动。包括文化体育服务、教育医疗服务、旅游娱乐服务、餐饮住宿服务、居民日常服务和其他生活服务。

1. 文化体育服务。

文化体育服务，包括文化服务和体育服务。

（1）文化服务，是指为满足社会公众文化生活需求提供的各种服务。包括：文艺创作、文艺表演、文化比赛，图书馆的图书和资料借阅，档案馆的档案管理，文物及非物质遗产保护，组织举办宗教活动、科技活动、文化活动，提供游览场所。

（2）体育服务，是指组织举办体育比赛、体育表演、体育活动，以及提供体育训练、体育指导、体育管理的业务活动。

2. 教育医疗服务。

教育医疗服务，包括教育服务和医疗服务。

（1）教育服务，是指提供学历教育服务、非学历教育服务、教育辅助服务的业务活动。

学历教育服务，是指根据教育行政管理部门确定或者认可的招生和教学计划组织教学，并颁发相应学历证书的业务活动。包括初等教育、初级中等教育、高级中等教育、高等教育等。

非学历教育服务，包括学前教育、各类培训、演讲、讲座、报告会等。

教育辅助服务，包括教育测评、考试、招生等服务。

（2）医疗服务，是指提供医学检查、诊断、治疗、康复、预防、保健、接生、计划生育、防疫服务等方面的服务，以及与这些服务有关的提供药品、医用材料器具、救护车、病房住宿和伙食的业务。

3. 旅游娱乐服务。

旅游娱乐服务，包括旅游服务和娱乐服务。

（1）旅游服务，是指根据旅游者的要求，组织安排交通、游览、住宿、餐饮、购物、文娱、商务等服务的业务活动。

（2）娱乐服务，是指为娱乐活动同时提供场所和服务的业务。

具体包括：歌厅、舞厅、夜总会、酒吧、台球、高尔夫球、保龄球、游艺（包括射击、狩猎、跑马、游戏机、蹦极、卡丁车、热气球、动力伞、射箭、飞镖）。

4. 餐饮住宿服务。

餐饮住宿服务，包括餐饮服务和住宿服务。

（1）餐饮服务，是指通过同时提供饮食和饮食场所的方式为消费者提供饮食消费服务的业务活动。

（2）住宿服务，是指提供住宿场所及配套服务等的活动。包括宾馆、旅馆、旅社、度假村和其他经营性住宿场所提供的住宿服务。

5. 居民日常服务。

居民日常服务，是指主要为满足居民个人及其家庭日常生活需求提供的服务，包括市容市政管理、家政、婚庆、养老、殡葬、照料和护理、救助救济、美容美发、按摩、桑拿、氧吧、足疗、沐浴、洗染、摄影扩印等服务。

6. 其他生活服务。

其他生活服务，是指除文化体育服务、教育医疗服务、旅游娱乐服务、餐饮住宿服务和居民日常服务之外的生活服务。

二、销售无形资产

销售无形资产，是指转让无形资产所有权或者使用权的业务活动。无形资产，是指不具实物形态，但能带来经济利益的资产，包括技术、商标、著作权、商誉、自然资源使用权和其他权益性无形资产。

技术，包括专利技术和非专利技术。

自然资源使用权，包括土地使用权、海域使用权、探矿权、采矿权、取水权和其他自然资源使用权。

其他权益性无形资产，包括基础设施资产经营权、公共事业特许权、配额、经营权（包括特许经营权、连锁经营权、其他经营权）、经销权、分销权、代理权、会员权、席位权、网络游戏虚拟道具、域名、名称权、肖像权、冠名权、转会费等。

三、销售不动产

销售不动产，是指转让不动产所有权的业务活动。不动产，是指不能移动或者移动后会引起性质、形状改变的财产，包括建筑物、构筑物等。

建筑物，包括住宅、商业营业用房、办公楼等可供居住、工作或者进行其他活动的建造物。

构筑物，包括道路、桥梁、隧道、水坝等建造物。

转让建筑物有限产权或者永久使用权的，转让在建的建筑物或者构筑物所有权的，以及在转让建筑物或者构筑物时一并转让其所占土地的使用权的，按照销售不动产缴纳增值税。

（摘自《财政部 国家税务总局关于全面推开营业税改征增值税试点的通知》之附件 1《营业税改征增值税试点实施办法》之附件，2016 年 3 月 23 日财税〔2016〕36 号）

政策解析

上述内容是关于应税行为具体范围的规定。理解本规定应从以下三个方面掌握：

（1）应税行为分为三大类，即：销售应税服务、销售无形资产和销售不动产。其中，应税服务包括交通运输服务、邮政服务、电信服务、建筑服务、金融服务、现代服务、生活服务。具体范围按照《销售服务、无形资产、不动产注释》（以下简称《注释》）执行。

（2）此次"营改增"改革是将全部缴纳营业税的应税项目纳入增值税征收范围，因此，《注释》既包括已经实行"营改增"改革的应税行为，也包括此次新纳入"营改增"改革的金融业、建筑业、房地产业和生活性服务业，即涵盖了原营业税税目注释中的所有应税行为。

（3）《注释》是在原《试点实施办法》（财税〔2013〕37号）所附《应税服务范围注释》基础上，结合《营业税税目注释（试行稿)》（国税发〔1993〕149号）以及《国民经济行业分类》（GB/T 4754—2011），主要依据涉税行为属性进行了税目划分，调整了《应税服务范围注释》中个别应税服务的税目归属，梳理完善了原营业税税目注释中金融保险业、建筑业、其他服务业、转让无形资产和销售不动产的具体范围，新增了原营业税税目注释中未能直接列明的新兴经济行为，以及未能纳入营业税征税范围的经济权益转让行为，同时，考虑到现代服务和生活性服务存在新兴业态较多、新兴经济行为不断涌现的情况，写入了"其他现代服务"和"其他生活性服务"作为兜底。

2.4.4.2 销售服务、无形资产、不动产的其他规定

2.4.4.2.1 提供餐饮服务的纳税人销售的外卖食品

提供餐饮服务的纳税人销售的外卖食品，按照"餐饮服务"缴纳增值税。

（摘自《财政部 国家税务总局关于明确金融 房地产开发 教育辅助服务等增值税政策的通知》，2016年12月21日财税〔2016〕140号）

政策解析

本条规定明确，餐饮企业销售的外卖食品，与堂食适用同样的增值税政策，统一按照提供餐饮服务缴纳增值税。以上"外卖食品"，仅指该餐饮企业参与了生产、加工过程的食品。对于餐饮企业将外购的酒水、农产品等货物，未进行后续加工而直接与外卖食品一同销售的，应根据该货物的适用税率，按照兼营的有关规定计算缴纳增值税。

2.4.4.2.2 经营性住宿场所提供会议场地及配套服务

宾馆、旅馆、旅社、度假村和其他经营性住宿场所提供会议场地及配套服务的活动，按照"会议展览服务"缴纳增值税。

（摘自《财政部 国家税务总局关于明确金融 房地产开发 教育辅助服务等增值税政策的通知》，2016年12月21日财税〔2016〕140号）

2.4.4.2.3　游览场所经营索道、摆渡车、电瓶车、游船等

纳税人在游览场所经营索道、摆渡车、电瓶车、游船等取得的收入，按照"文化体育服务"缴纳增值税。

（摘自《财政部　国家税务总局关于明确金融　房地产开发　教育辅助服务等增值税政策的通知》，2016 年 12 月 21 日财税〔2016〕140 号）

2.4.4.2.4　提供武装守护押运服务

纳税人提供武装守护押运服务，按照"安全保护服务"缴纳增值税。

（摘自《财政部　国家税务总局关于明确金融　房地产开发　教育辅助服务等增值税政策的通知》，2016 年 12 月 21 日财税〔2016〕140 号）

2.4.4.2.5　物业服务企业为业主提供的装修服务

物业服务企业为业主提供的装修服务，按照"建筑服务"缴纳增值税。

（摘自《财政部　国家税务总局关于明确金融　房地产开发　教育辅助服务等增值税政策的通知》，2016 年 12 月 21 日财税〔2016〕140 号）

2.4.4.2.6　将建筑施工设备出租给他人使用并配备操作人员

纳税人将建筑施工设备出租给他人使用并配备操作人员的，按照"建筑服务"缴纳增值税。

（摘自《财政部　国家税务总局关于明确金融　房地产开发　教育辅助服务等增值税政策的通知》，2016 年 12 月 21 日财税〔2016〕140 号）

2.4.4.2.7　提供植物养护服务

纳税人提供植物养护服务，按照"其他生活服务"缴纳增值税。

（摘自《国家税务总局关于进一步明确营改增有关征管问题的公告》，2017 年 4 月 20 日国家税务总局公告 2017 年第 11 号）

2.4.4.2.8　对安装运行后的机器设备提供的维护保养服务

纳税人对安装运行后的电梯提供的维护保养服务，按照"其他现代服务"缴纳增值税。

【注：根据《国家税务总局关于明确中外合作办学等若干增值税征管问题的公告》（国家税务总局公告 2018 年第 42 号）废止该规定。】

（摘自《国家税务总局关于进一步明确营改增有关征管问题的公告》，2017 年 4 月 20 日国家税务总局公告 2017 年第 11 号）

纳税人对安装运行后的机器设备提供的维护保养服务，按照"其他现代服务"缴纳增值税。

（摘自《国家税务总局关于明确中外合作办学等若干增值税征管问题的公告》，2018 年 7 月 25 日国家税务总局公告 2018 年第 42 号）

政策解析

国家税务总局公告2018年第42号将原来只对"安装运行后的电梯提供的维护保养服务"按照"其他现代服务"缴纳增值税，扩大到所有"安装运行后的机器设备"，对纳税人来说是一大利好。

2.4.4.2.9 拍卖行受托拍卖取得的手续费或佣金

拍卖行受托拍卖取得的手续费或佣金收入，按照"经纪代理服务"缴纳增值税。《国家税务总局关于拍卖行取得的拍卖收入征收增值税、营业税有关问题的通知》（国税发〔1999〕40号）停止执行。

（摘自《国家税务总局关于明确中外合作办学等若干增值税征管问题的公告》，2018年7月25日国家税务总局公告2018年第42号）

政策解析

该公告明确了拍卖行适用的增值税政策问题。

1999年税务总局发布了《关于拍卖行取得的拍卖收入征收增值税、营业税有关问题的通知》（国税发〔1999〕40号），对拍卖行受托拍卖增值税应税货物，向买方收取的全部价款和价外费用，应当按照4%（2014年7月1日后调整为3%）的征收率征收增值税；对拍卖行向委托方收取的手续费征收营业税。

2016年全面推开"营改增"以后，对拍卖行取得的手续费收入，已由缴纳营业税改为缴纳增值税。结合政策调整变化情况，本公告中明确，停止执行国税发〔1999〕40号文件，对拍卖行受托拍卖取得的手续费或佣金收入，按照"经纪代理服务"缴纳增值税。

2.4.4.2.10 已售票但客户逾期未消费取得的运输逾期票证收入

自2018年1月1日起，纳税人已售票但客户逾期未消费取得的运输逾期票证收入，按照"交通运输服务"缴纳增值税。

（摘自《财政部 税务总局关于租入固定资产进项税额抵扣等增值税政策的通知》，2017年12月25日财税〔2017〕90号）

2.4.4.2.11 为客户办理退票而向客户收取的退票费、手续费

自2018年1月1日起，纳税人为客户办理退票而向客户收取的退票费、手续费等收入，按照"其他现代服务"缴纳增值税。

（摘自《财政部 税务总局关于租入固定资产进项税额抵扣等增值税政策的通知》，2017年12月25日财税〔2017〕90号）

2.4.4.2.12 以长（短）租形式出租酒店式公寓并提供配套服务

纳税人以长（短）租形式出租酒店式公寓并提供配套服务的，按照住宿服务缴纳增

值税。

（摘自《国家税务总局关于在境外提供建筑服务等有关问题的公告》，2016 年 11 月 4 日国家税务总局公告 2016 年第 69 号）

2.4.4.2.13　通过省级土地行政主管部门设立的交易平台转让补充耕地指标

纳税人通过省级土地行政主管部门设立的交易平台转让补充耕地指标，按照销售无形资产缴纳增值税，税率为 6%。本公告所称补充耕地指标，是指根据《中华人民共和国土地管理法》及国务院土地行政主管部门《耕地占补平衡考核办法》的有关要求，经省级土地行政主管部门确认，用于耕地占补平衡的指标。

（摘自《国家税务总局关于明确中外合作办学等若干增值税征管问题的公告》，2018 年 7 月 25 日国家税务总局公告 2018 年第 42 号）

政策解析

该公告明确了纳税人通过省级土地行政主管部门设立的交易平台转让补充耕地指标增值税政策。

目前，我国实行占用耕地补偿制度，即非农业建设占用多少耕地，就应补充多少数量和质量相当的耕地，根据《中华人民共和国土地管理法》和《耕地占补平衡考核办法》等法律法规要求，各省、自治区、直辖市（以下统称"各省"）应确保本行政区域内的耕地总量不减少。由于经济发展水平差异和土地资源分布不均衡，不同市县对耕地占用的需求也各不相同。为确保耕地总量不减少，优化土地资源配置，各省陆续出台管理办法，实现了补充耕地指标的跨市县转让。补充耕地指标，实质上是一种占用耕地进行建设开发的权益，纳税人发生的转让补充耕地指标行为，应按照销售无形资产税目缴纳增值税。为统一表述，本公告采用了"补充耕地指标"这一名称，各省出台的管理办法中采用的其他名称，只要与"补充耕地指标"实质相同，均可适用本政策规定。

2.4.5　视同销售服务、无形资产、不动产

2.4.5.1　视同销售服务、无形资产、不动产的基本规定

下列情形视同销售服务、无形资产或者不动产：

（一）单位或者个体工商户向其他单位或者个人无偿提供服务，但用于公益事业或者以社会公众为对象的除外。

（二）单位或者个人向其他单位或者个人无偿转让无形资产或者不动产，但用于公益事业或者以社会公众为对象的除外。

（三）财政部和国家税务总局规定的其他情形。

（摘自《财政部　国家税务总局关于全面推开营业税改征增值税试点的通知》之附件 1《营业税改征增值税试点实施办法》第十四条，2016 年 3 月 23 日财税〔2016〕36 号）

政策解析

本条是关于视同销售服务、无形资产或者不动产的具体规定，应从以下几个方面把握：

（1）从税制设计和加强征管的角度看，将无偿提供服务、转让无形资产或者不动产与有偿提供服务、转让无形资产或者不动产同等对待，均纳入征税范围，既可以体现税收的公平性，也可以堵塞税收漏洞，防止纳税人利用无偿行为不征税的规定逃避税收。

（2）将以公益活动为目的或者以社会公众为对象的无偿提供服务、无偿转让无形资产或者不动产，排除在视同销售范围之外，主要是为了促进社会公益事业的发展。

（3）要注意区别提供服务、转让无形资产或者不动产、视同提供服务、转让无形资产或者不动产以及非经营活动三者的不同，准确把握征税与不征税的处理原则。

2.4.5.2 出租不动产合同约定的免租期不视同销售

纳税人出租不动产，租赁合同中约定免租期的，不属于《营业税改征增值税试点实施办法》（财税〔2016〕36号文件印发）第十四条规定的视同销售服务。

（摘自《国家税务总局关于土地价款扣除时间等增值税征管问题的公告》，2016年12月24日国家税务总局公告2016年第86号）

政策解析

厂房、写字楼或者商铺的租赁业务中，承租方在租赁后，需要进行装饰装修，占用大量时间，为此承租方往往要求出租方在租赁合同中约定一定的免租期优惠。租赁合同中约定免租期，是以满足一定租赁期限为前提的，并不是"无偿"赠送，不属于视同销售服务。

2.5 进口货物

增值税由税务机关征收，进口货物的增值税由海关代征。

个人携带或者邮寄进境自用物品的增值税，连同关税一并计征。具体办法由国务院关税税则委员会会同有关部门制定。

（摘自《中华人民共和国增值税暂行条例》第二十条，2017年11月19日修订国务院令第691号）

政策解析

进口货物是指进入中国境内的货物。只要是报关进口的应税货物，均属于增值税的征税范围，在进口环节缴纳增值税。

2.6 不征收增值税的行为

2.6.1 执照、牌照和有关证书的工本费收入

问：对国家管理部门行使其管理职能，发放的执照、牌照和有关证书等取得的工本费收入，是否征收增值税？

答：对国家管理部门行使其管理职能，发放的执照、牌照和有关证书等取得的工本费收入，不征收增值税。

（摘自《国家税务总局关于印发＜增值税问题解答（之一）＞的通知》，1995 年 6 月 2 日国税函发〔1995〕288 号）

政策解析

国家管理部门行使其管理职能，属于非经营活动，其发放的执照、牌照和有关证书等取得的工本费收入，不征收增值税。

2.6.2 供电企业收取的供电工程补贴

供电工程贴费是指在用户申请用电或增加用电容量时，供电企业向用户收取的用于建设 110 千伏及以下各级电压外部供电工程建设和改造等费用的总称，包括供电和配电贴费两部分。经国务院批准同意的国家计委《关于调整供电贴费标准和加强贴费管理的请示》（计投资〔1992〕2569 号）附件一规定："根据贴费的性质和用途，凡电力用户新建的工程项目所支付的贴费，应从该工程的基建投资中列支；凡电力用户改建、扩建的工程项目所支付的贴费，从单位自有资金中列支"。同时，用贴费建设的工程项目由电力用户交由电力部门统一管理使用。根据贴费和用贴费建设的工程项目的性质以及增值税、营业税有关法规政策的规定，供电工程贴费不属于增值税销售货物和收取价外费用的范围，不应当征收增值税。

（摘自《财政部 国家税务总局关于供电工程贴费不征收增值税和营业税的通知》，1997 年 9 月 5 日财税字〔1997〕102 号）

2.6.3 各燃油电厂从政府财政专户取得的发电补贴

根据《中华人民共和国增值税暂行条例》第六条规定，应税销售额是指纳税人销售货物或者应税劳务向购买方收取的全部价款和价外费用。因此，各燃油电厂从政府财政专户取得的发电补贴不属于规定的价外费用，不计入应税销售额，不征收增值税。

（摘自《国家税务总局关于燃油电厂取得发电补贴有关增值税政策的通知》，2006 年 12 月 19 日国税函〔2006〕1235 号）

2.6.4　纳税人取得的中央财政补贴

按照现行增值税政策，纳税人取得的中央财政补贴，不属于增值税应税收入，不征收增值税（自 2013 年 2 月 1 日起施行）。

（摘自《国家税务总局关于中央财政补贴增值税有关问题的公告》，2013 年 1 月 8 日国家税务总局公告 2013 年第 3 号）

政策解析

近年来，为促进可再生能源的开发利用，支持新能源及高效节能等产品的推广使用，国家出台了多项中央财政补贴。对于中央财政补贴是否属于应税收入，是否征收增值税问题，基层税务机关存在争议，税务总局发布该公告予以明确。

为便于补贴发放部门实际操作，中央财政补贴有的直接支付给销售方，有的先补给购买方，再由购买方转付给销售方。无论采取何种方式，购买者实际支付的购买价格，均为原价格扣减中央财政补贴后的金额。根据现行增值税暂行条例的规定，销售额为纳税人销售货物或者应税劳务向购买方收取的全部价款和价外费用。纳税人取得的中央财政补贴，其取得渠道是中央财政（不是购买方），因此不属于增值税应税收入，不征收增值税。

2.6.5　资产重组中的资产转让行为

2.6.5.1　资产重组中的货物转让行为

纳税人在资产重组过程中，通过合并、分立、出售、置换等方式，将全部或者部分实物资产以及与其相关联的债权、负债和劳动力一并转让给其他单位和个人，不属于增值税的征税范围，其中涉及的货物转让，不征收增值税。

本公告自 2011 年 3 月 1 日起执行。此前未作处理的，按照本公告的规定执行。

（摘自《国家税务总局关于纳税人资产重组有关增值税问题的公告》，2011 年 2 月 18 日国家税务总局公告 2011 年第 13 号）

政策解析

纳税人在资产重组过程中，如果将实物资产以及与其相关联的债权、负债和劳动力一并转让，其实质是进行一种"净权益"交易，或者说是类似于资本性交易，考虑到我国现行税制对股权交易并不课征任何流转税，因此对这种净权益交易不征收增值税更有利于促进企业优化资产存量，使资产在资源配置中能够更顺畅地流动。

纳税人在资产重组过程中，通过合并、分立、出售、置换等方式，将全部或者部分实物资产以及与其相关联的债权、负债经多次转让后，最终的受让方与劳动力接收方为同一单位和个人的，仍适用《国家税务总局关于纳税人资产重组有关增值税问题的公告》（国家税务总局公告 2011 年第 13 号）的相关规定，其中货物的多次转让行为均不征收增值税。

资产的出让方需将资产重组方案等文件资料报其主管税务机关。

本公告自 2013 年 12 月 1 日起施行。纳税人此前已发生并处理的事项，不再做调整；未处理的，按本公告规定执行。

（摘自《国家税务总局关于纳税人资产重组有关增值税问题的公告》，2013 年 11 月 19 日国家税务总局公告 2013 年第 66 号）

政策解析

国家税务总局公告 2011 年第 13 号文件在鼓励企业整合资源、兼并重组方面发挥了重要作用。在实践中存在一些纳税人在进行资产重组时，将全部或者部分实物资产以及与其相关联的债权、负债多次转让，但最终的受让方与劳动力接收方为同一单位和个人，对这种情形的资产重组中涉及的货物转让行为是否征收增值税，该文件没有明确。因此，税务总局对改文件进行了补充和完善。税务总局认为，这种转让方式虽然不是一次性转让资产、负债和劳动力，但最终结果是实现了全部或部分实物资产以及与其相关联的债权、负债和劳动力全部转让给了同一单位和个人，应视为"一并转让"，对其中涉及的货物多次转让行为均不应征收增值税。

2.6.5.2　资产重组中的不动产、土地使用权转让行为

在资产重组过程中，通过合并、分立、出售、置换等方式，将全部或者部分实物资产以及与其相关联的债权、负债和劳动力一并转让给其他单位和个人，其中涉及的不动产、土地使用权转让行为不征收增值税。

（摘自《财政部　国家税务总局关于全面推开营业税改征增值税试点的通知》之附件 2《营业税改征增值税试点有关事项的规定》，2016 年 3 月 23 日财税〔2016〕36 号）

政策解析

在全面"营改增"之前，《国家税务总局关于纳税人资产重组有关营业税问题的公告》（国家税务总局公告 2011 年第 51 号）就规定，纳税人在资产重组过程中，通过合并、分立、出售、置换等方式，将全部或者部分实物资产以及与其相关联的债权、债务和劳动力一并转让给其他单位和个人的行为，不属于营业税征收范围，其中涉及的不动产、土地使用权转让，不征收营业税。本条款是延续了该项政策，在"营改增"后仍然不征税。

纳税人在重大资产重组过程中，如果将实物资产以及与其相关联的债权、负债和劳动力一并转让，其实质是进行一种"净权益"交易，或者说是一种类似于资本性交易，对购买者而言，和购买股权一样，实质上都是取得了企业实质性全部资产的控制，考虑到我国现行税制对股权交易并不课征任何流转税，因此对这种净权益交易不征收增值税和营业税有利于促进企业优化资产存量，使资产在资源配置中能够更顺畅地流动，对企业重组也是一个利好。

2.6.6　融资性售后回租业务中承租方出售资产行为

融资性售后回租业务是指承租方以融资为目的将资产出售给经批准从事融资租赁业务的企业后，又将该项资产从该融资租赁企业租回的行为。融资性售后回租业务中承租方出售资产时，资产所有权以及与资产所有权有关的全部报酬和风险并未完全转移。

根据现行增值税和营业税有关规定，融资性售后回租业务中承租方出售资产的行为，不属于增值税和营业税征收范围，不征收增值税和营业税。

（摘自《国家税务总局关于融资性售后回租业务中承租方出售资产行为有关税收问题的公告》，2010 年 9 月 8 日国家税务总局公告 2010 年第 13 号）

政策解析

所谓融资性售后回租业务，是指承租方以融资为目的将资产出售给经批准从事融资租赁业务的企业后，又将该项资产从该融资租赁企业租回的行为。该项业务在表现形式上存在两个环节：纳税人将自有资产出售给特定对象（经批准从事融资租赁业务的企业），纳税人再向特定对象租回出售资产。由于融资性售后回租业务存在两个交易环节，再加上之前税收政策一直没有明确相关规定，一些地方在税收处理上把出售和回租资产两个环节分开对待，要求承租方在出售资产环节缴纳增值税，加重了企业的税收负担。该文件解决了这一问题，明确规定融资性售后回租业务中承租方出售资产的行为，不属于增值税和营业税征收范围，不征收增值税和营业税。在"营改增"后仍然不征税。

2.6.7　党费、团费、会费

各党派、共青团、工会、妇联、中科协、青联、台联、侨联收取党费、团费、会费，以及政府间国际组织收取会费，属于非经营活动，不征收增值税。

（摘自《财政部　国家税务总局关于进一步明确全面推开营改增试点有关再保险、不动产租赁和非学历教育等政策的通知》，2016 年 6 月 18 日财税〔2016〕68 号）

自 2016 年 5 月 1 日起，社会团体收取的会费，免征增值税。本通知下发前已征的增值税，可抵减以后月份应缴纳的增值税，或办理退税。

社会团体，是指依照国家有关法律法规设立或登记并取得《社会团体法人登记证书》的非营利法人。会费，是指社会团体在国家法律法规、政策许可的范围内，依照社团章程的规定，收取的个人会员、单位会员和团体会员的会费。

社会团体开展经营服务性活动取得的其他收入，一律照章缴纳增值税。

（摘自《财政部　国家税务总局关于租入固定资产进项税额抵扣等增值税政策的通知》，2017 年 12 月 25 日财税〔2017〕90 号）

2.6.8　金融商品持有期间（含到期）取得的非保本的投资收益

《销售服务、无形资产、不动产注释》（财税〔2016〕36 号）第一条第（五）项第 1 点所称"保本收益、报酬、资金占用费、补偿金"，是指合同中明确承诺到期本金可全部收回的投资收益。金融商品持有期间（含到期）取得的非保本的上述收益，不属于利息或利息性质的收入，不征收增值税。

（摘自《财政部　国家税务总局关于明确金融　房地产开发　教育辅助服务等增值税政策的通知》，2016 年 12 月 21 日财税〔2016〕140 号）

2.6.9　供应或开采未经加工的天然水

供应或开采未经加工的天然水（如水库供应农业灌溉用水，工厂自采地下水用于生产），不征收增值税。

（摘自《国家税务总局关于印发＜增值税若干具体问题的规定＞的通知》，1993 年 12 月 28 日国税发〔1993〕154 号）

2.6.10　卫生防疫站调拨或发放的由政府财政负担的免费防疫苗

对卫生防疫站调拨或发放的由政府财政负担的免费防疫苗不征收增值税。

（摘自《国家税务总局关于卫生防疫站调拨生物制品及药械征收增值税的批复》，1999 年 4 月 19 日国税函〔1999〕191 号）

2.6.11　汇总缴纳增值税的成品油销售单位跨县市调配成品油

对统一核算，且经税务机关批准汇总缴纳增值税的成品油销售单位跨县市调配成品油的，不征收增值税。

（摘自《成品油零售加油站增值税征收管理办法》，2002 年 4 月 2 日国家税务总局令第 2 号）

2.6.12　符合条件的受托代理销售二手车

纳税人受托代理销售二手车，凡同时具备以下条件的，不征收增值税；不同时具备以下条件的，视同销售征收增值税。

（一）受托方不向委托方预付货款；

（二）委托方将《二手车销售统一发票》直接开具给购买方；

（三）受托方按购买方实际支付的价款和增值税额（如系代理进口销售货物则为海关代征的增值税额）与委托方结算货款，并另外收取手续费。

本公告自 2012 年 7 月 1 日起开始施行。

（摘自《国家税务总局关于二手车经营业务有关增值税问题的公告》，2012 年 6 月 1 日国家税务总局公告 2012 年第 23 号）

2.6.13 城镇公共供水企业缴纳的水资源税所对应的水费收入

原对城镇公共供水用水户在基本水价（自来水价格）外征收水资源费的试点省份，在水资源费改税试点期间，按照不增加城镇公共供水企业负担的原则，城镇公共供水企业缴纳的水资源税所对应的水费收入，不计征增值税，按"不征税自来水"项目开具增值税普通发票。

本公告自 2017 年 12 月 1 日起施行。

（摘自《国家税务总局关于水资源费改税后城镇公共供水企业增值税发票开具问题的公告》，2017 年 12 月 25 日国家税务总局公告 2017 年第 47 号）

2.6.14 销售单用途卡或者接受持卡人充值取得的预收资金

单用途卡发卡企业或者售卡企业（以下统称"售卡方"）销售单用途卡，或者接受单用途卡持卡人充值取得的预收资金，不缴纳增值税。售卡方可按照本公告第九条的规定，向购卡人、充值人开具增值税普通发票，不得开具增值税专用发票。

单用途卡，是指发卡企业按照国家有关规定发行的，仅限于在本企业、本企业所属集团或者同一品牌特许经营体系内兑付货物或者服务的预付凭证。

发卡企业，是指按照国家有关规定发行单用途卡的企业。售卡企业，是指集团发卡企业或者品牌发卡企业指定的，承担单用途卡销售、充值、挂失、换卡、退卡等相关业务的本集团或同一品牌特许经营体系内的企业。

（摘自《国家税务总局关于营改增试点若干征管问题的公告》，2016 年 8 月 18 日国家税务总局公告 2016 年第 53 号）

2.6.15 销售多用途卡或者接受持卡人充值取得的充值资金

支付机构销售多用途卡取得的等值人民币资金，或者接受多用途卡持卡人充值取得的充值资金，不缴纳增值税。支付机构可按照本公告第九条的规定，向购卡人、充值人开具增值税普通发票，不得开具增值税专用发票。

支付机构，是指取得中国人民银行核发的《支付业务许可证》，获准办理"预付卡发行与受理"业务的发卡机构和获准办理"预付卡受理"业务的受理机构。

多用途卡，是指发卡机构以特定载体和形式发行的，可在发卡机构之外购买货物或服务的预付价值。

（摘自《国家税务总局关于营改增试点若干征管问题的公告》，2016 年 8 月 18 日国家税务总局公告 2016 年第 53 号）

2.6.16 不属于增值税征税范围的非经营活动

销售服务、无形资产或者不动产，是指有偿提供服务、有偿转让无形资产或者不动产，但属于下列非经营活动的情形除外：

（一）行政单位收取的同时满足以下条件的政府性基金或者行政事业性收费。

1. 由国务院或者财政部批准设立的政府性基金，由国务院或者省级人民政府及其财政、价格主管部门批准设立的行政事业性收费；

2. 收取时开具省级以上（含省级）财政部门监（印）制的财政票据；

3. 所收款项全额上缴财政。

（二）单位或者个体工商户聘用的员工为本单位或者雇主提供取得工资的服务。

（三）单位或者个体工商户为聘用的员工提供服务。

（四）财政部和国家税务总局规定的其他情形。

（摘自《财政部　国家税务总局关于全面推开营业税改征增值税试点的通知》之附件1《营业税改征增值税试点实施办法》第十条，2016年3月23日财税〔2016〕36号）

2.6.17　其他不征收增值税项目

1. 根据国家指令无偿提供的铁路运输服务、航空运输服务，属于《试点实施办法》第十四条规定的用于公益事业的服务。

2. 存款利息。

3. 被保险人获得的保险赔付。

4. 房地产主管部门或者其指定机构、公积金管理中心、开发企业以及物业管理单位代收的住宅专项维修资金。

（摘自《财政部　国家税务总局关于全面推开营业税改征增值税试点的通知》之附件2《营业税改征增值税试点有关事项的规定》，2016年3月23日财税〔2016〕36号）

政策解析

1.《营业税改征增值税试点实施办法》第十四条规定，单位或者个体工商户向其他单位或者个人无偿提供服务应视同销售服务，但用于公益事业或者以社会公众为对象的除外。根据国家指令无偿提供的铁路运输服务、航空运输服务属于用于公益事业的服务，因此不征收增值税。

2. 存款利息不征收增值税是延续了营业税税目中"金融保险业"中存款行为不征税的规定。

3. 被保险人获得的保险赔付，并非被保险人发生应税行为取得的收入（而是发生保险事故给予的补偿），因此，不属于增值税征税范围。

4. 住房专项维修基金是属全体业主共同所有的一项代管基金，专项用于物业保修期满后物业共用部位、共用设施设备的维修和更新、改造。鉴于住房专项维修基金资金所有权及使用的特殊性，对房地产主管部门或其指定机构、公积金管理中心、开发企业以及物业管理单位代收的住房专项维修基金，不征收增值税。

2.6.18　自来水公司收取的水源开发费

你局郑国税发〔1996〕259号《关于水源开发费是否征收增值税的请示》收悉。经研究，现批复如下：

水源开发费是自来水公司对新增用水户在申请计划用水时按计划日供水量一次性收取的，是在销售自来水之前而不是随同销售收取的。据此，我们意见：你市自来水公司一次性收取的水源开发费不属于增值税政策规定的价外费用的范围，不应征收增值税。

【注：根据《国家税务总局河南省税务局关于发布继续执行的税收规范性文件目录的公告》（2018 年 6 月 15 日国家税务总局河南省税务局公告 2018 年第 1 号）继续执行。】

（摘自《河南省国家税务局关于自来水公司一次性收取的水源开发费征收增值税问题的批复》，1996 年 8 月 28 日豫国税函发〔1996〕193 号）

2.6.19 "营改增"后电信企业开展的以业务销售附带赠送实物业务

纳税人提供电信业服务时，附带赠送用户识别卡、电信终端等货物或者电信业服务的，应将其取得的全部价款和价外费用进行分别核算，按各自适用的税率计算缴纳增值税。

（摘自《财政部 国家税务总局关于将电信业纳入营业税改征增值税试点的通知》，2014 年 4 月 29 日财税〔2014〕43 号）

2.6.20 "营改增"前电信企业开展的以业务销售附带赠送实物业务

中国移动有限公司内地子公司开展的以业务销售附带赠送实物业务（包括赠送用户 SIM 卡、手机或有价物品等实物），属于电信单位提供电信业劳务的同时赠送实物的行为，按照现行流转税政策规定，不征收增值税，其进项税额不得以抵扣。

（摘自《国家税务总局关于中国移动有限公司内地子公司业务销售附带赠送行为征收流转税问题的通知》，2006 年 12 月 28 日国税函〔2006〕1278 号）

中国联通有限公司及所属分公司和中国联合通信有限公司贵州分公司开展的以业务销售附带赠送实物业务（包括赠送用户手机识别卡、手机、电信终端或有价物品等实物），属于电信单位提供电信业劳务的同时赠送实物的行为，按照现行流转税政策规定，不征收增值税，其进项税额不得予以抵扣。

（摘自《国家税务总局关于中国联通有限公司及所属分公司和中国联合通信有限公司贵州分公司业务销售附带赠送行为有关流转税问题的通知》，2007 年 7 月 20 日国税函〔2007〕778 号）

中国网络通信集团公司及其分公司和中国网通（集团）有限公司及其分公司开展的以业务销售附带赠送实物业务（包括赠送用户 PIM 卡、手机或有价物品等实物），属于电信单位提供电信业劳务的同时赠送实物的行为，按照现行流转税政策规定，不征收增值税，其进项税额不得予以抵扣。

（摘自《国家税务总局关于中国网络通信集团公司及其分公司和中国网通（集团）有限公司及其分公司业务销售附带赠送行为征收流转税问题的通知》，2007 年 12 月 28 日国税函〔2007〕1322 号）

第3章 Chapter Three
税率、征收率及预征率

税率，是指对征税对象的征收比例或征收额度。税率是计算税额的尺度，也是衡量税负轻重与否的重要标志。我国现行的税率主要有比例税率、超额累进税率、超率累进税率、定额税率。

我国增值税采用比例税率形式。为了发挥增值税的中性作用，原则上增值税的税率应该对不同行业不同企业实行单一税率，称为基本税率。实践中为照顾一些特殊行业或产品也增设了低税率档次，对出口产品实行零税率。目前，我国现行增值税税率主要有13%、9%、6%和零税率。

征收率，一般是指增值税纳税人按规定采用简易计税方法下所适用的增值税征收比率。所谓的简易计税方法，顾名思义，就是按照应税销售额征收规定比率的增值税的方法。目前我国增值税征收率主要有3%和5%。

预征率，是指按规定预征增值税时采用的预缴比例。预征增值税是一种出于税款均衡入库需要的预缴方法，需要在规定时间内按照规定税率或者征收率重新进行计算和申报。目前主要针对不动产和建筑行业采用预征办法，主要有5%、3%和2%的档次。

3.1 税率

3.1.1 税率基本规定的调整

3.1.1.1 2018年4月30日前为17%、13%、11%、6%

增值税税率：

（一）纳税人销售货物、劳务、有形动产租赁服务或者进口货物，除本条第二项、第四项、第五项另有规定外，税率为17%。

（二）纳税人销售交通运输、邮政、基础电信、建筑、不动产租赁服务，销售不动产，转让土地使用权，销售或者进口下列货物，税率为11%：

1. 粮食等农产品、食用植物油、食用盐；

2. 自来水、暖气、冷气、热水、煤气、石油液化气、天然气、二甲醚、沼气、居民用煤炭制品；

3. 图书、报纸、杂志、音像制品、电子出版物；

4. 饲料、化肥、农药、农机、农膜；

5. 国务院规定的其他货物。

（三）纳税人销售服务、无形资产，除本条第一项、第二项、第五项另有规定外，税率为6% 。

（四）纳税人出口货物，税率为零；但是，国务院另有规定的除外。

（五）境内单位和个人跨境销售国务院规定范围内的服务、无形资产，税率为零。

税率的调整，由国务院决定。

（摘自《中华人民共和国增值税暂行条例》第二条，2017 年 11 月 19 日修订国务院令第 691 号）

自 2017 年 7 月 1 日起，纳税人销售或者进口下列货物，税率为11% ：

农产品（含粮食）、自来水、暖气、石油液化气、天然气、食用植物油、冷气、热水、煤气、居民用煤炭制品、食用盐、农机、饲料、农药、农膜、化肥、沼气、二甲醚、图书、报纸、杂志、音像制品、电子出版物。上述货物的具体范围见本通知附件 1。

（摘自《财政部 税务总局关于简并增值税税率有关政策的通知》，2017 年 4 月 28 日财税〔2017〕37 号）

政策解析

上述政策是对增值税税率的基本规定。新修订的《中华人民共和国增值税暂行条例》在原来的基础上增加了"营改增"项目（销售服务、无形资产、不动产）的适用税率，并根据已实施的简并增值税税率改革将销售或者进口粮食、食用植物油、自来水、图书、饲料等货物的税率由 13% 调整为 11% 。

增值税税率：

（一）纳税人发生应税行为，除本条第（二）项、第（三）项、第（四）项规定外，税率为6% 。

（二）提供交通运输、邮政、基础电信、建筑、不动产租赁服务，销售不动产，转让土地使用权，税率为11% 。

（三）提供有形动产租赁服务，税率为17% 。

（四）境内单位和个人发生的跨境应税行为，税率为零。具体范围由财政部和国家税务总局另行规定。

（摘自《财政部 国家税务总局关于全面推开营业税改征增值税试点的通知》之附件 1《营业税改征增值税试点实施办法》第十五条，2016 年 3 月 23 日财税〔2016〕36 号）

3.1.1.2 2018 年 5 月 1 日至 2019 年 3 月 31 日为 16%、10%、6%

为完善增值税制度，现将调整增值税税率有关政策通知如下：

纳税人发生增值税应税销售行为或者进口货物，原适用17%和11%税率的，税率分别调整为16%、10% 。

本通知自 2018 年 5 月 1 日起执行。

（摘自《财政部 税务总局关于调整增值税税率的通知》，2018 年 4 月 4 日财税〔2018〕32 号）

3.1.1.3　2019 年 4 月 1 日后为 13%、9%、6%

为贯彻落实党中央、国务院决策部署，推进增值税实质性减税，现将 2019 年增值税改革有关事项公告如下：

一、增值税一般纳税人（以下称纳税人）发生增值税应税销售行为或者进口货物，原适用 16% 税率的，税率调整为 13%；原适用 10% 税率的，税率调整为 9%。

二、纳税人购进农产品，原适用 10% 扣除率的，扣除率调整为 9%。纳税人购进用于生产或者委托加工 13% 税率货物的农产品，按照 10% 的扣除率计算进项税额。

三、原适用 16% 税率且出口退税率为 16% 的出口货物劳务，出口退税率调整为 13%；原适用 10% 税率且出口退税率为 10% 的出口货物、跨境应税行为，出口退税率调整为 9%。

2019 年 6 月 30 日前（含 2019 年 4 月 1 日前），纳税人出口前款所涉货物劳务、发生前款所涉跨境应税行为，适用增值税免退税办法的，购进时已按调整前税率征收增值税的，执行调整前的出口退税率，购进时已按调整后税率征收增值税的，执行调整后的出口退税率；适用增值税免抵退税办法的，执行调整前的出口退税率，在计算免抵退税时，适用税率低于出口退税率的，适用税率与出口退税率之差视为零参与免抵退税计算。

出口退税率的执行时间及出口货物劳务、发生跨境应税行为的时间，按照以下规定执行：报关出口的货物劳务（保税区及经保税区出口除外），以海关出口报关单上注明的出口日期为准；非报关出口的货物劳务、跨境应税行为，以出口发票或普通发票的开具时间为准；保税区及经保税区出口的货物，以货物离境时海关出具的出境货物备案清单上注明的出口日期为准。

四、适用 13% 税率的境外旅客购物离境退税物品，退税率为 11%；适用 9% 税率的境外旅客购物离境退税物品，退税率为 8%。

2019 年 6 月 30 日前，按调整前税率征收增值税的，执行调整前的退税率；按调整后税率征收增值税的，执行调整后的退税率。

退税率的执行时间，以退税物品增值税普通发票的开具日期为准。

（摘自《关于深化增值税改革有关政策的公告》，2019 年 3 月 20 日财政部　税务总局　海关总署公告 2019 年第 39 号）

3.1.2　销售货物的适用税率

3.1.2.1　适用 13% 税率的货物

3.1.2.1.1　精制茶

农业生产者用自产的茶青再经筛分、风选、拣剔、碎块、干燥、匀堆等工序精制而成的精制茶，不得按照农业生产者销售的自产农业产品免税的规定执行，应当按照规定的税率征税。

（摘自《财政部　国家税务总局关于印发＜农业产品征税范围注释＞的通知》，1995 年 6 月 15 日财税字〔1995〕52 号）

3.1.2.1.2 日用卫生用药

用于人类日常生活的各种类型包装的日用卫生用药（如卫生杀虫剂、驱虫剂、驱蚊剂、蚊香、消毒剂等），不属于增值税"农药"的范围，应按17%【注：自2018年5月1日起调整为16%，自2019年4月1日起调整为13%】的税率征税。

（摘自《国家税务总局关于加强增值税征收管理若干问题的通知》，1995年10月18日国税发〔1995〕192号）

3.1.2.1.3 淀粉

关于淀粉的增值税适用税率问题，根据财政部、国家税务总局《关于印发＜农业产品征税范围注释＞的通知》（财税字〔1995〕52号）的规定，农业产品是指种植业、养殖业、林业、牧业、水产业生产的各种植物、动物的初级产品。从淀粉的生产工艺流程等方面看，淀粉不属于农业产品的范围，应按照17%【注：自2018年5月1日起调整为16%，自2019年4月1日起调整为13%】的税率征收增值税。

（摘自《国家税务总局关于淀粉的增值税适用税率问题的批复》，1996年12月31日国税函〔1996〕744号）

3.1.2.1.4 抛秧盘

国家税务总局《增值税部分货物征税范围注释》（国税发〔1993〕151号）明确规定农膜是指地膜和大棚膜，而抛秧盘不在农膜的征收范围内。此外，由于抛秧盘为塑料制品，也不属于现行税收法规规定的农机的征收范围。因此，应按照17%【注：自2018年5月1日起调整为16%，自2019年4月1日起调整为13%】的税率征收增值税。

（摘自《国家税务总局关于抛秧盘增值税适用税率问题的批复》，1998年9月11日国税函〔1998〕536号）

3.1.2.1.5 工业燃气

工业燃气不属于石油液化气范围，应按17%【注：自2018年5月1日起调整为16%，自2019年4月1日起调整为13%】的税率征收增值税。

（摘自《国家税务总局关于工业燃气适用税率问题的批复》，1999年5月25日国税函〔1999〕343号）

3.1.2.1.6 薄荷油

根据《国家税务总局关于＜增值税部分货物征税范围注释＞的通知》（国税发〔1993〕151号）对"食用植物油"的注释，薄荷油未包括在内，因此，薄荷油应按17%【注：自2018年5月1日起调整为16%，自2019年4月1日起调整为13%】的税率征收增值税。

（摘自《国家税务总局关于增值税若干税收政策问题的批复》，2001年4月5日国税函〔2001〕248号）

3.1.2.1.7　天然二氧化碳

天然二氧化碳不属于天然气，不应比照天然气征税，仍应按 17%【注：自 2018 年 5 月 1 日起调整为 16%，自 2019 年 4 月 1 日起调整为 13%】的适用税率征收增值税。

（摘自《国家税务总局关于天然二氧化碳适用增值税税率的批复》，2003 年 12 月 10 日国税函〔2003〕1324 号）

3.1.2.1.8　亚麻油

亚麻油系亚麻籽经压榨或溶剂提取制成的干性油，不属于《农业产品征税范围注释》所规定的 "农业产品"，适用的增值税税率应为 17%【注：自 2018 年 5 月 1 日起调整为 16%，自 2019 年 4 月 1 日起调整为 13%】。

（摘自《国家税务总局关于亚麻油等出口货物退税问题的批复》，2005 年 10 月 14 日国税函〔2005〕974 号）

3.1.2.1.9　豆腐皮

浙江浦江保康食品厂生产的豆腐皮，从生产过程看，经过磨浆、过滤、加热、结膜、捞制、成皮、包装等工艺流程，不属于农业产品的征税范围，应按 17% 的税率征收增值税。对你市出口企业已购买的按 13% 税率征税的用于出口的豆腐皮，你局应要求出口企业到供货企业换开按 17%【注：自 2018 年 5 月 1 日起调整为 16%，自 2019 年 4 月 1 日起调整为 13%】征税的增值税专用发票。否则，不予退税。

（摘自《国家税务总局关于出口豆腐皮等产品适用征、退税率问题的批复》，2005 年 10 月 18 日国税函〔2005〕944 号）

3.1.2.1.10　液氮容器

成都金凤液氮容器有限公司生产的液氮容器，是以液氮（-196℃）为制冷剂，主要用于畜牧、医疗、科研部门对家畜冷冻精液及疫苗、细胞、微生物等的长期超低温储存和运输，也可用于国防、科研、机械、医疗、电子、冶金、能源等部门，不属于农机的征税范围，应按 17%【注：自 2018 年 5 月 1 日起调整为 16%，自 2019 年 4 月 1 日起调整为 13%】的税率征收增值税。

（摘自《国家税务总局关于出口豆腐皮等产品适用征、退税率问题的批复》，2005 年 10 月 18 日国税函〔2005〕944 号）

3.1.2.1.11　水洗猪鬃

根据《财政部 国家税务总局关于印发〈农业产品征税范围注释〉的通知》（财税字〔1995〕52 号）有关规定，水洗猪鬃是生猪鬃经过浸泡（脱脂）、打洗、分绒等加工过程生产的产品，已不属于农业产品征税范围，应按 "洗净毛、洗净绒" 征收增值税。

（摘自《国家税务总局关于水洗猪鬃征收增值税问题的批复》，2006 年 8 月 15 日国税函〔2006〕773 号）

3.1.2.1.12 硝酸铵

自 2007 年 2 月 1 日起，硝酸铵适用的增值税税率统一调整为 17%【注：自 2018 年 5 月 1 日起调整为 16%，自 2019 年 4 月 1 日起调整为 13%】，同时不再享受化肥产品免征增值税政策。

（摘自《财政部 国家税务总局关于明确硝酸铵适用增值税税率的通知》，2007 年 1 月 10 日财税〔2007〕7 号）

3.1.2.1.13 粉煤灰（渣）

粉煤灰（渣）是煤炭燃烧后的残留物，可以用作部分建材产品的生产原料，属于废渣产品，不属于建材产品。纳税人生产销售的粉煤灰（渣）不属于《财政部 国家税务总局关于对部分资源综合利用产品免征增值税的通知》（财税〔1995〕44 号）规定的免征增值税产品的范围，也不属于《财政部 国家税务总局关于调整农业产品增值税税率和若干项目征免增值税的通知》（财税字〔1994〕4 号）规定的按照简易办法征收增值税产品的范围。

对纳税人生产销售的粉煤灰（渣）应当按照增值税适用税率征收增值税，不得免征增值税，也不得按照简易办法征收增值税。

（摘自《国家税务总局关于粉煤灰（渣）征收增值税问题的批复》，2007 年 2 月 5 日国税函〔2007〕158 号）

3.1.2.1.14 桶装饮用水

根据《财政部 国家税务总局关于自来水征收增值税问题的通知》（财税字〔1994〕第 014 号）规定，增值税一般纳税人销售自来水可按 6% 征收率征收增值税。桶装饮用水不属于自来水，应按照 17%【注：自 2018 年 5 月 1 日起调整为 16%，自 2019 年 4 月 1 日起调整为 13%】的适用税率征收增值税。

（摘自《国家税务总局关于桶装饮用水生产企业征收增值税问题的批复》，2008 年 11 月 24 日国税函〔2008〕953 号）

3.1.2.1.15 金属矿采选产品、非金属矿采选产品

金属矿采选产品、非金属矿采选产品增值税税率由 13% 恢复到 17%【注：自 2018 年 5 月 1 日起调整为 16%，自 2019 年 4 月 1 日起调整为 13%】。

本通知所称金属矿采选产品，包括黑色和有色金属矿采选产品；非金属矿采选产品，包括除金属矿采选产品以外的非金属矿采选产品、煤炭和盐。

（摘自《财政部 国家税务总局关于金属矿、非金属矿采选产品增值税税率的通知》，2008 年 12 月 19 日财税〔2008〕171 号）

3.1.2.1.16 麦芽

麦芽不属于《财政部 国家税务总局关于印发＜农业产品征税范围注释＞的通知》（财税字〔1995〕52 号）规定的农业产品范围，应适用 17%【注：自 2018 年 5 月 1 日起调整

为 16%，自 2019 年 4 月 1 日起调整为 13%】的增值税税率。

（摘自《国家税务总局关于麦芽适用税率问题的批复》，2009 年 4 月 7 日国税函〔2009〕177 号）

3.1.2.1.17　复合胶

复合胶是以新鲜橡胶液为主要原料，经过压片、造粒、烤干等工序加工生产的橡胶制品。因此，复合胶不属于《农业产品征税范围注释》（财税字〔1995〕52 号）规定的"天然橡胶"产品，适用增值税税率应为 17%【注：自 2018 年 5 月 1 日起调整为 16%，自 2019 年 4 月 1 日起调整为 13%】。

（摘自《国家税务总局关于复合胶适用增值税税率问题的批复》，2009 年 8 月 21 日国税函〔2009〕453 号）

3.1.2.1.18　人体血液

人体血液的增值税适用税率为 17%【注：自 2018 年 5 月 1 日起调整为 16%，自 2019 年 4 月 1 日起调整为 13%】。

（摘自《国家税务总局关于供应非临床用血增值税政策问题的批复》，2009 年 8 月 24 日国税函〔2009〕456 号）

3.1.2.1.19　人发

人发不属于《财政部 国家税务总局关于印发＜农业产品征税范围注释＞的通知》（财税字〔1995〕52 号）规定的农业产品范围，应适用 17%【注：自 2018 年 5 月 1 日起调整为 16%，自 2019 年 4 月 1 日起调整为 13%】的增值税税率。

（摘自《国家税务总局关于人发适用增值税税率问题的批复》，2009 年 10 月 28 日国税函〔2009〕625 号）

3.1.2.1.20　肉桂油、桉油、香茅油

肉桂油、桉油、香茅油不属于《财政部 国家税务总局关于印发＜农业产品征税范围注释＞的通知》（财税字〔1995〕52 号）中农业产品的范围，其增值税适用税率为 17%【注：自 2018 年 5 月 1 日起调整为 16%，自 2019 年 4 月 1 日起调整为 13%】。

（摘自《国家税务总局关于肉桂油、桉油、香茅油增值税适用税率问题的公告》，2010 年 7 月 27 日国家税务总局公告 2010 年第 5 号）

3.1.2.1.21　皂脚

皂脚是碱炼动植物油脂时的副产品，不能食用，主要用作化学工业原料。因此，皂脚不属于食用植物油，也不属于《财政部 国家税务总局关于印发〈农业产品征税范围注释〉的通知》（财税字〔1995〕52 号）中农业产品的范围，应按照 17%【注：自 2018 年 5 月 1 日起调整为 16%，自 2019 年 4 月 1 日起调整为 13%】的税率征收增值税。

（摘自《国家税务总局关于皂脚适用增值税税率问题的公告》，2011 年 3 月 16 日国家税

务总局公告 2011 年第 20 号）

3.1.2.1.22 调制乳

按照《食品安全国家标准—调制乳》（GB 25191—2010）生产的调制乳，不属于初级农业产品，应按照 17% 税率【注：自 2018 年 5 月 1 日起调整为 16%，自 2019 年 4 月 1 日起调整为 13%】征收增值税。

（摘自《国家税务总局关于部分液体乳增值税适用税率问题的公告》，2011 年 7 月 6 日国家税务总局公告 2011 年第 38 号）

3.1.2.1.23 环氧大豆油、氢化植物油

环氧大豆油、氢化植物油不属于食用植物油的征税范围，应适用 17%【注：自 2018 年 5 月 1 日起调整为 16%，自 2019 年 4 月 1 日起调整为 13%】增值税税率。

环氧大豆油是将大豆油滴加双氧水后经过环氧反应、水洗、减压脱水等工序后形成的产品。

氢化植物油是将普通植物油在一定温度和压力下经过加氢、催化等工序后形成的产品。

（摘自《国家税务总局关于环氧大豆油氢化植物油增值税适用税率问题的公告》，2011 年 7 月 25 日国家税务总局公告 2011 年第 43 号）

3.1.2.1.24 玉米浆、玉米皮、玉米纤维和玉米蛋白粉

玉米浆、玉米皮、玉米纤维（又称喷浆玉米皮）和玉米蛋白粉不属于初级农产品，也不属于《财政部 国家税务总局关于饲料产品免征增值税问题的通知》（财税〔2001〕121 号）中免税饲料的范围，适用 17%【注：自 2018 年 5 月 1 日起调整为 16%，自 2019 年 4 月 1 日起调整为 13%】的增值税税率。本公告自 2012 年 5 月 1 日起施行。

（摘自《国家税务总局关于部分玉米深加工产品增值税税率问题的公告》，2012 年 3 月 27 日国家税务总局公告 2012 年第 11 号）

3.1.2.2 适用 9% 税率的货物

3.1.2.2.1 适用 9% 税率货物的具体范围

一、农产品

农产品，是指种植业、养殖业、林业、牧业、水产业生产的各种植物、动物的初级产品。具体征税范围暂继续按照《财政部、国家税务总局关于印发 < 农业产品征税范围注释 > 的通知》（财税字〔1995〕52 号）及现行相关规定执行，并包括挂面、干姜、姜黄、玉米胚芽、动物骨粒、按照《食品安全国家标准—巴氏杀菌乳》（GB 19645—2010）生产的巴氏杀菌乳、按照《食品安全国家标准—灭菌乳》（GB 25190—2010）生产的灭菌乳。

二、食用植物油、自来水、暖气、冷气、热水、煤气、石油液化气、天然气、沼气、居民用煤炭制品、图书、报纸、杂志、化肥、农药、农机、农膜

上述货物的具体征税范围暂继续按照《国家税务总局关于印发 < 增值税部分货物征税范围注释 > 的通知》（国税发〔1993〕151 号）及现行相关规定执行，并包括棕榈油、棉籽

油、茴油、毛椰子油、核桃油、橄榄油、花椒油、杏仁油、葡萄籽油、牡丹籽油、由石油伴生气加工压缩而成的石油液化气、西气东输项目上游中外合作开采天然气、中小学课本配套产品（包括各种纸制品或图片）、国内印刷企业承印的经新闻出版主管部门批准印刷且采用国际标准书号编序的境外图书、农用水泵、农用柴油机、不带动力的手扶拖拉机、三轮农用运输车、密集型烤房设备、频振式杀虫灯、自动虫情测报灯、粘虫板、卷帘机、农用挖掘机、养鸡设备系列、养猪设备系列产品、动物尸体降解处理机、蔬菜清洗机。

三、饲料

饲料，是指用于动物饲养的产品或其加工品。具体征税范围按照《国家税务总局关于修订"饲料"注释及加强饲料征免增值税管理问题的通知》（国税发〔1999〕39 号）执行，并包括豆粕、宠物饲料、饲用鱼油、矿物质微量元素舔砖、饲料级磷酸二氢钙产品。

四、音像制品

音像制品，是指正式出版的录有内容的录音带、录像带、唱片、激光唱盘和激光视盘。

五、电子出版物

电子出版物，是指以数字代码方式，使用计算机应用程序，将图文声像等内容信息编辑加工后存储在具有确定的物理形态的磁、光、电等介质上，通过内嵌在计算机、手机、电子阅读设备、电子显示设备、数字音/视频播放设备、电子游戏机、导航仪以及其他具有类似功能的设备上读取使用，具有交互功能，用以表达思想、普及知识和积累文化的大众传播媒体。载体形态和格式主要包括只读光盘（CD 只读光盘 CD—ROM、交互式光盘 CD—I、照片光盘 Photo—CD、高密度只读光盘 DVD—ROM、蓝光只读光盘 HD—DVD ROM 和 BD ROM）、一次写入式光盘（一次写入 CD 光盘 CD—R、一次写入高密度光盘 DVD—R、一次写入蓝光光盘 HD—DVD/R，BD—R）、可擦写光盘（可擦写 CD 光盘 CD—RW、可擦写高密度光盘 DVD—RW、可擦写蓝光光盘 HDDVD—RW 和 BD—RW、磁光盘 MO）、软磁盘（FD）、硬磁盘（HD）、集成电路卡（CF 卡、MD 卡、SM 卡、MMC 卡、RR—MMC 卡、MS 卡、SD 卡、XD 卡、T—Flash 卡、记忆棒）和各种存储芯片。

六、二甲醚

二甲醚，是指化学分子式为 CH_3OCH_3，常温常压下为具有轻微醚香味，易燃、无毒、无腐蚀性的气体。

七、食用盐

食用盐，是指符合《食用盐》（GB/T 5461—2016）和《食用盐卫生标准》（GB 2721—2003）两项国家标准的食用盐。

【注：2019 年 4 月 1 日后，税率调整为 9%】

（摘自《财政部 税务总局关于简并增值税税率有关政策的通知》之附件 1，2017 年 4 月 28 日财税〔2017〕37 号）

3.1.2.2.2　适用 9% 税率的农产品范围

农产品，是指种植业、养殖业、林业、牧业、水产业生产的各种植物、动物的初级产品。具体征税范围暂继续按照《财政部、国家税务总局关于印发〈农业产品征税范围注释〉

的通知》（财税字〔1995〕52号）及现行相关规定执行，并包括挂面、干姜、姜黄、玉米胚芽、动物骨粒、按照《食品安全国家标准—巴氏杀菌乳》（GB 19645—2010）生产的巴氏杀菌乳、按照《食品安全国家标准—灭菌乳》（GB 25190—2010）生产的灭菌乳。

（摘自《财政部 税务总局关于简并增值税税率有关政策的通知》，2017年4月28日财税〔2017〕37号）

农业产品是指种植业、养殖业、林业、牧业、水产业生产的各种植物、动物的初级产品。农业产品的征税范围包括：

一、植物类

植物类包括人工种植和天然生长的各种植物的初级产品。具体征税范围为：

（一）粮食

粮食是指各种主食食科植物果实的总称。本货物的征税范围包括小麦、稻谷、玉米、高粱、谷子和其他杂粮（如：大麦、燕麦等），以及经碾磨、脱壳等工艺加工后的粮食（如：面粉，米，玉米面、渣等）。

切面、饺子皮、馄饨皮、面皮、米粉等粮食复制品，也属于本货物的征税范围。

以粮食为原料加工的速冻食品、方便面、副食品和各种熟食品，不属于本货物的征税范围。

（二）蔬菜

蔬菜是指可作副食的草本、木本植物的总称。本货物的征税范围包括各种蔬菜、菌类植物和少数可作副食的木本植物。

经晾晒、冷藏、冷冻、包装、脱水等工序加工的蔬菜，腌菜、咸菜、酱菜和盐渍蔬菜等，也属于本货物的征税范围。

各种蔬菜罐头（罐头是指以金属罐、玻璃瓶和其他材料包装，经排气密封的各种食品，下同）不属于本货物的征税范围。

（三）烟叶

烟叶是指各种烟草的叶片和经过简单加工的叶片。本货物的征税范围包括晒烟叶、晾烟叶和初烤烟叶。

1. 晒烟叶。是指利用太阳能露天晒制的烟叶。

2. 晾烟叶。是指在晾房内自然干燥的烟叶。

3. 初考烟叶。是指烟草种植者直接烤制的烟叶。不包括专业复烤厂烤制的复烤烟叶。

（四）茶叶

茶叶是指从茶树上采摘下来的鲜叶和嫩芽（即茶青），以及经吹干、揉拌、发酵、烘干等工序初制的茶。本货物的征税范围包括各种毛茶（如红毛茶、绿毛茶、乌龙毛茶、白毛茶、黑毛茶等）。

精制茶、边销茶及掺兑各种药物的茶和茶饮料，不属于本货物的征税范围。

（五）园艺植物

园艺植物是指可供食用的果实，如水果、果干（如荔枝干、桂圆干、葡萄干等）、干果、果仁、果用瓜（如甜瓜、西瓜、哈密瓜等），以及胡椒、花椒、大料、咖啡豆等。

经冷冻、冷藏、包装等工序加工的园艺植物，也属于本货物的征税范围。

各种水果罐头，果脯，蜜饯，炒制的果仁、坚果，碾磨后的园艺植物（如胡椒粉、花椒粉等），不属于本货物的征税范围。

（六）药用植物

药用植物是指用作中药原药的各种植物的根、茎、皮、叶、花、果实等。

利用上述药用植物加工制成的片、丝、块、段等中药饮片，也属于本货物的征税范围。

中成药不属于本货物的征税范围。

（七）油料植物

油料植物是指主要用作榨取油脂的各种植物的根、茎、叶、果实、花或者胚芽组织等初级产品，如菜子（包括芥菜子）、花生、大豆、葵花子、蓖麻子、芝麻子、胡麻子、茶子、桐子、橄榄仁、棕榈仁、棉籽等。

提取芳香油的芳香油料植物，也属于本货物的征税范围。

（八）纤维植物

纤维植物是指利用其纤维作纺织、造纸原料或者绳索的植物，如棉（包括籽棉、皮棉、絮棉）、大麻、黄麻、槿麻、苎麻、苘麻、亚麻、罗布麻、蕉麻、剑麻等。

棉短绒和麻纤维经脱胶后的精干（洗）麻，也属于本货物的征税范围。

（九）糖料植物

糖料植物是指主要用作制糖的各种植物，如甘蔗、甜菜等。

（十）林业产品

林业产品是指乔木、灌木和竹类植物，以及天然树脂、天然橡胶。林业产品的征税范围包括：

1. 原木。是指将砍伐倒的乔木去其枝芽、梢头或者皮的乔木、灌木，以及锯成一定长度的木段。

锯材不属于本货物的征税范围。

2. 原竹。是指将砍倒的竹去其枝、梢或者叶的竹类植物，以及锯成一定长度的竹段。

3. 天然树脂。是指木科植物的分泌物，包括生漆、树脂和树胶，如松脂、桃胶、樱胶、阿拉伯胶、古巴胶和天然橡胶（包括乳胶和干胶）等。

4. 其他林业产品。是指除上述列举林业产品以外的其他各种林业产品，如竹笋、笋干、棕竹、棕榈衣、树枝、树叶、树皮、藤条等。

盐水竹笋也属于本货物的征税范围。

竹笋罐头不属于本货物的征税范围。

（十一）其他植物

其他植物是指除上述列举植物以外的其他各种人工种植和野生的植物，如树苗、花卉、植物种子、植物叶子、草、麦秸、豆类、薯类、藻类植物等。

干花、干草、薯干、干制的藻类植物，农业产品的下脚料等，也属于本货物的征税范围。

二、动物类

动物类包括人工养殖和天然生长的各种动物的初级产品。具体征税范围为：

（一）水产品

水产品是指人工放养和人工捕捞的鱼、虾、蟹、鳖、贝类、棘皮类、软体类、腔肠类、海兽类动物。本货物的征税范围包括鱼、虾、蟹、鳖、贝类、棘皮类、软体类、腔肠类、海兽类、鱼苗（卵）、虾苗、蟹苗、贝苗（秧），以及经冷冻、冷藏、盐渍等防腐处理和包装的水产品。

干制的鱼、虾、蟹、贝类、棘皮类、软体类、腔肠类，如干鱼、干虾、干虾仁、干贝等，以及未加工成工艺品的贝壳、珍珠，也属于本货物的征税范围。

熟制的水产品和各类水产品的罐头，不属于本货物的征税范围。

（二）畜牧产品

畜牧产品是指人工饲养、繁殖取得和捕获的各种畜禽。本货物的征税范围包括：

1. 兽类、禽类和爬行类动物，如牛、马、猪、羊、鸡、鸭等。

2. 兽类、禽类和爬行类动物的肉产品，包括整块或者分割的鲜肉、冷藏或者冷冻肉、盐渍肉，兽类、禽类和爬行类动物的内脏、头、尾、蹄等组织。

各种兽类、禽类和爬行类动物的肉类生制品，如腊肉、腌肉、熏肉等，也属于本货物的征税范围。

各种肉类罐头、肉类熟制品，不属于本货物的征税范围。

3. 蛋类产品。是指各种禽类动物和爬行类动物的卵，包括鲜蛋、冷藏蛋。

经加工的咸蛋、松花蛋、腌制的蛋等，也属于本货物的征税范围。

各种蛋类的罐头不属于本货物的征税范围。

4. 鲜奶。是指各种哺乳类动物的乳汁和经净化、杀菌等加工工序生产的乳汁。

用鲜奶加工的各种奶制品，如酸奶、奶酪、奶油等，不属于本货物的征税范围。

（三）动物皮张

动物皮张是指从各种动物（兽类、禽类和爬行类动物）身上直接剥取的，未经鞣制的生皮、生皮张。

将生皮、生皮张用清水、盐水或者防腐药水浸泡、刮里、脱毛、晒干或者熏干，未经鞣制的，也属于本货物的征税范围。

（四）动物毛绒

动物毛绒是指未经洗净的各种动物的毛发、绒发和羽毛。

洗净毛、洗净绒等不属于本货物的征税范围。

（五）其他动物组织

其他动物组织是指上述列举以外的兽类、禽类、爬行类动物的其他组织，以及昆虫类动物。

1. 蚕茧。包括鲜茧和干茧，以及蚕蛹。

2. 天然蜂蜜。是指采集的未经加工的天然蜂蜜、鲜蜂王浆等。

3. 动物树脂，如虫胶等。

4. 其他动物组织，如动物骨、壳、兽角、动物血液、动物分泌物、蚕种等。

（摘自《财政部 国家税务总局关于印发＜农业产品征税范围注释＞的通知》，1995 年 6 月 15 日财税字〔1995〕52 号）

3.1.2.2.3 食用植物油、自来水、暖气、冷气、热水、煤气、石油液化气、天然气、沼气、居民用煤炭制品、图书、报纸、杂志、化肥、农药、农机、农膜

上述货物的具体征税范围暂继续按照《国家税务总局关于印发＜增值税部分货物征税范围注释＞的通知》（国税发〔1993〕151 号）及现行相关规定执行，并包括棕榈油、棉籽油、茴油、毛椰子油、核桃油、橄榄油、花椒油、杏仁油、葡萄籽油、牡丹籽油、由石油伴生气加工压缩而成的石油液化气、西气东输项目上游中外合作开采天然气、中小学课本配套产品（包括各种纸制品或图片）、国内印刷企业承印的经新闻出版主管部门批准印刷且采用国际标准书号编序的境外图书、农用水泵、农用柴油机、不带动力的手扶拖拉机、三轮农用运输车、密集型烤房设备、频振式杀虫灯、自动虫情测报灯、粘虫板、卷帘机、农用挖掘机、养鸡设备系列、养猪设备系列产品、动物尸体降解处理机、蔬菜清洗机。

（摘自《财政部 税务总局关于简并增值税税率有关政策的通知》之附件 1，2017 年 4 月 28 日财税〔2017〕37 号）

二、食用植物油

植物油是从植物根·茎、叶、果实、花或胚芽组织中加工提取的油脂。

食用植物油仅指：芝麻油、花生油、豆油、菜籽油、米糠油、葵花籽油、棉籽油、玉米胚油、茶油、胡麻油，以及以上述油为原料生产的混合油。

三、自来水

自来水是指自来水公司及工矿企业经抽取、过滤、沉淀、消毒等工序加工后，通过供水系统向用户供应的水。

农业灌溉用水、引水工程输送的水等，不属于本货物的范围。

四、暖气、热水

暖气、热水是指利用各种燃料（如煤、石油、其他各种气体或固体、液体燃料）和电能将水加热，使之生成的气体和热水，以及开发自然热能，如开发地热资源或用太阳能生产的暖气、热气、热水。

利用工业余热生产、回收的暖气、热气和热水也属于本货物的范围。

五、冷气

冷气是指为了调节室内温度，利用制冷设备生产的，并通过供风系统向用户提供的低温气体。

六、煤气

煤气是指由煤、焦炭、半焦和重油等经干馏或汽化等生产过程所得气体产物的总称。

煤气的范围包括：

（一）焦炉煤气：是指煤在炼焦炉中进行干馏所产生的煤气。

（二）发生炉煤气：是指用空气（或氧气）和少量的蒸气将煤或焦炭、半焦，在煤气发生炉中进行汽化所产生的煤气、混合煤气、水煤气、单水煤气、双水煤气等。

（三）液化煤气：是指压缩成液体的煤气。

七、石油液化气

石油液化气是指由石油加工过程中所产生的低分子量的烃类炼厂气经压缩成的液体。主要成分是丙烷、丁烷、丁烯等。

八、天然气

天然气是蕴藏在地层内的碳氢化合物可燃气体。主要含有甲烷、乙烷等低分子烷烃和丙烷、丁烷、戊烷及其他重质气态烃类。

天然气包括气田天然气、油田天然气、煤矿天然气和其他天然气。

九、沼气

沼气，主要成分为甲烷，由植物残体在与空气隔绝的条件下经自然分解而成，沼气主要作燃料。

本货物的范围包括：天然沼气和人工生产的沼气。

十、居民用煤炭制品

居民用煤炭制品是指煤球、煤饼、蜂窝煤和引火炭。

十一、图书、报纸、杂志

图书、报纸、杂志是采用印刷工艺，按照文字、图画和线条原稿印刷成的纸制品。本货物的范围包括：

（一）图书。是指由国家新闻出版署批准的出版单位出版，采用国际标准书号编序的书籍，以及图片。

（二）报纸。是指经国家新闻出版署批准，在各省、自治区、直辖市新闻出版部门登记，具有国内统一刊号（CN）的报纸。

（三）杂志。是指经国家新闻出版署批准，在省、自治区、直辖市新闻出版管理部门登记，具有国内统一刊号（CN）的刊物。

十三、化肥

化肥是指经化学和机械加工制成的各种化学肥料。

化肥的范围包括：

（一）化学氮肥。主要品种有尿素和硫酸铵、硝酸铵、碳酸氢铵、氯化铵、石灰氮、氨水等。

（二）磷肥。主要品种有磷矿粉、过磷酸钙（包括普通过磷酸钙和重过磷酸钙两种）、钙镁磷肥、钢渣磷肥等。

（三）钾肥。主要品种有硫酸钾、氯化钾等。

（四）复合肥料。是用化学方法合成或混配制成含有氮、磷、钾中的两种或两种以上的营养元素的肥料。含有两种的称二元复合肥，含有三种的称三元复合肥料，也有含三种元素和某些其他元素的叫多元复合肥料。主要产品有硝酸磷肥、磷酸铵、磷酸二氢钾肥、钙镁磷钾肥、磷酸一铵、磷粉二铵、氮磷钾复合肥等。

（五）微量元素肥。是指含有一种或多种植物生长所必需的，但需要量又极少的营养元素的肥料，如硼肥、锰肥、锌肥、铜肥、钼肥等。

（六）其他肥。是指上述列举以外的其他化学肥料。

十四、农药

农药是指用于农林业防治病虫害、除草及调节植物生长的药剂。

农药包括农药原药和农药制剂。如杀虫剂、杀菌剂、除草剂、植物生长调节剂、植物性农药、微生物农药、卫生用药、其他农药原药、制剂等等。

十五、农膜

农膜是指用于农业生产的各种地膜、大棚膜。

十六、农机

农机是指用于农业生产（包括林业、牧业、副业、渔业）的各种机器和机械化和半机械化农具，以及小农具。

农机的范围包括：

（一）拖拉机。是以内燃机为驱动牵引机具从事作业和运载物资的机械。包括轮拖拉机、履带拖拉机、手扶拖拉机、机耕船。

（二）土壤耕整机械。是对土壤进行耕翻整理的机械。包括机引犁、机引耙、旋耕机、镇压器、联合整地器、合壤器、其他土壤耕整机械。

（三）农田基本建设机械。是指从事农田基本建设的专用机械。包括开沟筑埂机、开沟铺管机、铲抛机、平地机、其他农田基本建设机械。

（四）种植机械。是指将农作物种子或秧苗移植到适于作物生长的苗床机械。包括播作机、水稻插秧机、栽植机、地膜覆盖机、复式播种机、秧苗准备机械。

（五）植物保护和管理机械。是指农作物在生长过程中的管理、施肥、防治病虫害的机械。包括机动喷粉机、喷雾机（器）、弥雾喷粉机、修剪机、中耕除草机、播种中耕机、培土机具、施肥机。

（六）收获机械。是指收获各种农作物的机械。包括粮谷、棉花、薯类、甜菜、甘蔗、茶叶、油料等收获机。

（七）场上作业机械。是指对粮食作物进行脱粒、清选、烘干的机械设备。包括各种脱粒机、清选机、粮谷干燥机、种子精选机。

（八）排灌机械。是指用于农牧业排水、灌溉的各种机械设备。包括喷灌机、半机械化提水机具、打井机。

（九）农副产品加工机械。是指对农副产品进行初加工，加工后的产品仍属农副产品的机械。包括茶叶机械、剥壳机械、棉花加工机械（包括棉花打包机）、食用菌机械（培养木耳、蘑菇等）、小型粮谷机械。

以农副产品为原料加工工业产品的机械，不属于本货物的范围。

（十）农业运输机械。是指农业生产过程中所需的各种运输机械。包括人力车（不包括三轮运货车）、畜力车和拖拉机挂车。

农用汽车不属于本货物的范围。

（十一）畜牧业机械。是指畜牧业生产中所需的各种机械。包括草原建设机械、牧业收获机械、饲料加工机械、畜禽饲养机械、畜产品采集机械。

（十二）渔业机械。是指捕捞、养殖水产品所用的机械。包括捕捞机械、增氧机、饵料机。

机动渔船不属于本货物的范围。

（十三）林业机械。是指用于林业的种植、育林的机械。包括清理机械、育林机械、树苗栽植机械。

森林砍伐机械、集材机械不属于本货物征收范围。

（十四）小农具。包括畜力犁、畜力耙、锄头和镰刀等农具。

农机零部件不属于本货物的征收范围。

（摘自《国家税务总局关于印发<增值税部分货物征税范围注释>的通知》，1993 年 12 月 25 日国税发〔1993〕151 号）

国内印刷企业承印的经新闻出版主管部门批准印刷且采用国际标准书号编序的境外图书，属于《中华人民共和国增值税暂行条例》第二条规定的"图书"，适用 13% 增值税税率【注：2018 年 5 月 1 日起税率调整为 10%，自 2019 年 4 月 1 日起调整为 9%】。

本公告自 2013 年 4 月 1 日起施行。

（摘自《国家税务总局关于承印境外图书增值税适用税率问题的公告》，2013 年 2 月 22 日国家税务总局公告 2013 年第 10 号）

3.1.2.2.4 饲料的具体范围

饲料，是指用于动物饲养的产品或其加工品。具体征税范围按照《国家税务总局关于修订"饲料"注释及加强饲料征免增值税管理问题的通知》（国税发〔1999〕39 号）执行，并包括豆粕、宠物饲料、饲用鱼油、矿物质微量元素舔砖、饲料级磷酸二氢钙产品。

（摘自《财政部 税务总局关于简并增值税税率有关政策的通知》，2017 年 4 月 28 日财税〔2017〕37 号）

饲料指用于动物饲养的产品或其加工品。

本货物的范围包括：

1. 单一大宗饲料。指以一种动物、植物、微生物或矿物质为来源的产品或其副产品。其范围仅限于糠麸、酒糟、油饼、骨粉、鱼粉、饲料级磷酸氢钙。

2. 混合饲料。指由两种以上单一大宗饲料、粮食、粮食副产品及饲料添加剂按照一定比例配置，其中单一大宗饲料、粮食及粮食副产品的掺兑比例不低于 95% 的饲料。

3. 配合饲料。指根据不同的饲养对象，饲养对象的不同生长发育阶段的营养需要，将多种饲料原料按饲料配方经工业生产后，形成的能满足饲养动物全部营养需要（除水分外）的饲料。

4. 复合预混料。指能够按照国家有关饲料产品的标准要求量，全面提供动物饲养相应阶段所需微量元素（4 种或以上）、维生素（8 种或以上），由微量元素、维生素、氨基酸和非营养性添加剂中任何两类或两类以上的组分与载体或稀释剂按一定比例配置的均匀混合物。

5. 浓缩饲料。指由蛋白质、复合预混料及矿物质等按一定比例配制的均匀混合物。

用于动物饲养的粮食、饲料添加剂不属于本货物的范围。

（摘自《国家税务总局关于修订"饲料"注释及加强饲料征免增值税管理问题的通知》，1999 年 3 月 8 日国税发〔1999〕39 号）

3.1.2.3　适用零税率的出口货物

纳税人出口货物，税率为零；但是，国务院另有规定的除外。

（摘自《中华人民共和国增值税暂行条例》第二条，2017 年 11 月 19 日修订国务院令第 691 号）

3.1.3　加工、修理修配劳务的适用税率

纳税人销售货务、劳务（加工、修理修配劳务），税率为 17%【注：自 2018 年 5 月 1 日起调整为 16%，自 2019 年 4 月 1 日起调整为 13%】

（摘自《中华人民共和国增值税暂行条例》，2017 年 11 月 19 日修订国务院令第 691 号）

3.1.4　"营改增"项目的适用税率

3.1.4.1　适用 13% 税率的有形动产租赁服务

纳税人销售有形动产租赁服务，税率为 17%【自 2018 年 5 月 1 日起调整为 16%，2019 年 4 月 1 日起调整为 13%】。

（摘自《中华人民共和国增值税暂行条例》第二条，2017 年 11 月 19 日修订国务院令第 691 号）

3.1.4.2　适用 9% 税率的销售交通运输、邮政、基础电信、建筑、不动产租赁服务，销售不动产，转让土地使用权

纳税人销售交通运输、邮政、基础电信、建筑、不动产租赁服务，销售不动产，转让土地使用权，税率为 11%【自 2018 年 5 月 1 日起调整为 10%，2019 年 4 月 1 日起调整为 9%】。

（摘自《中华人民共和国增值税暂行条例》第二条，2017 年 11 月 19 日修订国务院令第 691 号）

3.1.4.3　适用 6% 税率的销售服务、无形资产

纳税人销售服务、无形资产，除本条第一项、第二项、第五项另有规定外，税率

为 6% 。

（摘自《中华人民共和国增值税暂行条例》第二条，2017 年 11 月 19 日修订国务院令第691 号）

纳税人通过省级土地行政主管部门设立的交易平台转让补充耕地指标，按照销售无形资产缴纳增值税，税率为 6% 。本公告所称补充耕地指标，是指根据《中华人民共和国土地管理法》及国务院土地行政主管部门《耕地占补平衡考核办法》的有关要求，经省级土地行政主管部门确认，用于耕地占补平衡的指标。

（摘自《国家税务总局关于明确中外合作办学等若干增值税征管问题的公告》，2018 年7 月 25 日国家税务总局公告 2018 年第 42 号）

3.1.4.4　适用零税率的跨境销售国务院规定范围内的服务、无形资产

境内单位和个人跨境销售国务院规定范围内的服务、无形资产，税率为零。

（摘自《中华人民共和国增值税暂行条例》第二条，2017 年 11 月 19 日修订国务院令第691 号）

中华人民共和国境内（以下称境内）的单位和个人销售的下列服务和无形资产，适用增值税零税率：

（一）国际运输服务。

国际运输服务是指：

1. 在境内载运旅客或者货物出境。

2. 在境外载运旅客或者货物入境。

3. 在境外载运旅客或者货物。

（二）航天运输服务。

（三）向境外单位提供的完全在境外消费的下列服务：

1. 研发服务。

2. 合同能源管理服务。

3. 设计服务。

4. 广播影视节目（作品）的制作和发行服务。

5. 软件服务。

6. 电路设计及测试服务。

7. 信息系统服务。

8. 业务流程管理服务。

9. 离岸服务外包业务。

离岸服务外包业务包括信息技术外包服务（ITO）、技术性业务流程外包服务（BPO）、技术性知识流程外包服务（KPO），其所涉及的具体业务活动，按照《销售服务、无形资产、不动产注释》相对应的业务活动执行。

10. 转让技术。

（四）财政部和国家税务总局规定的其他服务。

（摘自《财政部　国家税务总局关于全面推开营业税改征增值税试点的通知》之附件 4《跨境应税行为适用增值税零税率和免税政策的规定》，2016 年 3 月 23 日财税〔2016〕36 号）

3.2　征收率

3.2.1　征收率的基本规定

小规模纳税人增值税征收率为 3%，国务院另有规定的除外。

（摘自《中华人民共和国增值税暂行条例》第十二条，2017 年 11 月 19 日修订国务院令第 691 号）

增值税征收率为 3%，财政部和国家税务总局另有规定的除外。

（摘自《财政部　国家税务总局关于全面推开营业税改征增值税试点的通知》之附件 1《营业税改征增值税试点实施办法》第十六条，2016 年 3 月 23 日财税〔2016〕36 号）

3.2.2　适用 3% 征收率的货物

3.2.2.1　一般纳税人固定业户临时外省、市销售货物

固定业户（指增值税一般纳税人）临时到外省、市销售货物的，必须向经营地税务机关出示"外出经营活动税收管理证明"回原地纳税，需要向购货方开具专用发票的，亦回原地补开。对未持"外出经营活动税收管理证明"的，经营地税务机关按 6%（根据国家税务总局公告 2014 年第 36 号文件修改为 3%）的征收率征税。

（摘自《国家税务总局关于固定业户临时外出经营有关增值税专用发票管理问题的通知》，1995 年 5 月 16 日国税发〔1995〕87 号）

3.2.2.2　拍卖行受托拍卖增值税应税货物

对拍卖行受托拍卖增值税应税货物，向买方收取的全部价款和价外费用，应当按照 4%（根据国家税务总局公告 2014 年第 36 号文件修改为 3%）的征收率征收增值税。拍卖货物属免税货物范围的，可以免征增值税。

【注：执行至 2018 年 7 月 25 日，《国家税务总局关于明确中外合作办学等若干增值税征管问题的公告》（国家税务总局公告 2018 年第 42 号）废止该规定】

（摘自《国家税务总局关于拍卖行取得的拍卖收入征收增值税、营业税有关问题的通知》，1999 年 3 月 11 日国税发〔1999〕40 号）

3.2.2.3　卫生防疫站调拨生物制品及药械

卫生防疫站调拨生物制品和药械，属于销售货物行为，应当按照现行税收法规的规定征收增值税。根据《中华人民共和国增值税暂行条例实施细则》第二十四条及有关法规，

对卫生防疫站调拨生物制品和药械，可按照小规模商业企业4%（根据国税发〔2009〕10号文件修改为3%）的增值税征收率征收增值税。对卫生防疫站调拨或发放的由政府财政负担的免费防疫苗不征收增值税。

（摘自《国家税务总局关于卫生防疫站调拨生物制品及药械征收增值税的批复》，1999年4月19日国税函〔1999〕191号）

3.2.2.4　外国企业来华参展后销售展品、参展会期间销售商品

根据《中华人民共和国增值税暂行条例》第一条的规定，外国企业参加展览会后直接在我国境内销售展品或者展销会期间销售商品，应按规定缴纳增值税。考虑到这些外国企业来华时间较短，属于临时发生应税行为，且销售的展品或商品数量有限，因此，对上述销售展品或商品可按小规模纳税人所适用的6%（根据国税发〔2009〕10号文件修改为3%）征收率征收增值税。

（摘自《国家税务总局关于外国企业来华参展后销售展品有关税务处理问题的批复》，1999年4月26日国税函〔1999〕207号）

3.2.2.5　小规模纳税人销售自己使用过的固定资产以外的物品

小规模纳税人销售自己使用过的除固定资产以外的物品，应按3%的征收率征收增值税。

（摘自《财政部 国家税务总局关于部分货物适用增值税低税率和简易办法征收增值税政策的通知》，2009年1月19日财税〔2009〕9号）

3.2.2.6　一般纳税人选择简易办法征收增值税的自产货物

一般纳税人销售自产的下列货物，可选择按照简易办法依照6%（根据财税〔2014〕57号文件调整为3%）征收率计算缴纳增值税：

1. 县级及县级以下小型水力发电单位生产的电力。小型水力发电单位，是指各类投资主体建设的装机容量为5万千瓦以下（含5万千瓦）的小型水力发电单位。

2. 建筑用和生产建筑材料所用的砂、土、石料。

3. 以自己采掘的砂、土、石料或其他矿物连续生产的砖、瓦、石灰（不含粘土实心砖、瓦）。

4. 用微生物、微生物代谢产物、动物毒素、人或动物的血液或组织制成的生物制品。

5. 自来水。

6. 商品混凝土（仅限于以水泥为原料生产的水泥混凝土）。

一般纳税人选择简易办法计算缴纳增值税后，36个月内不得变更。

（摘自《财政部 国家税务总局关于部分货物适用增值税低税率和简易办法征收增值税政策的通知》，2009年1月19日财税〔2009〕9号）

3.2.2.7　一般纳税人销售寄售物品、死当物品

一般纳税人销售货物属于下列情形之一的，暂按简易办法依照 4%（根据财税〔2014〕57 号文件调整为 3%）征收率计算缴纳增值税：

1. 寄售商店代销寄售物品（包括居民个人寄售的物品在内）；

2. 典当业销售死当物品；

（摘自《财政部　国家税务总局关于部分货物适用增值税低税率和简易办法征收增值税政策的通知》，2009 年 1 月 19 日财税〔2009〕9 号）

3.2.2.8　一般纳税人的单采血浆站销售非临床用人体血液

属于增值税一般纳税人的单采血浆站销售非临床用人体血液，可以按照简易办法依照 6%（根据国家税务总局公告 2014 年第 36 号文件修改为 3%）征收率计算应纳税额，但不得对外开具增值税专用发票；也可以按照销项税额抵扣进项税额的办法依照增值税适用税率计算应纳税额。

纳税人选择计算缴纳增值税的办法后，36 个月内不得变更。

（摘自《国家税务总局关于供应非临床用血增值税政策问题的批复》，2009 年 8 月 24 日国税函〔2009〕456 号）

3.2.2.9　一般纳税人的药品经营企业销售生物制品

属于增值税一般纳税人的药品经营企业销售生物制品，可以选择简易办法按照生物制品销售额和 3% 的征收率计算缴纳增值税。

药品经营企业，是指取得（食品）药品监督管理部门颁发的《药品经营许可证》，获准从事生物制品经营的药品批发企业和药品零售企业。

属于增值税一般纳税人的药品经营企业销售生物制品，选择简易办法计算缴纳增值税的，36 个月内不得变更计税方法。

本公告自 2012 年 7 月 1 日起施行。

（摘自《国家税务总局关于药品经营企业销售生物制品有关增值税问题的公告》，2012 年 5 月 28 日国家税务总局公告 2012 年第 20 号）

3.2.2.10　一般纳税人的兽用药品经营企业销售兽用生物制品

属于增值税一般纳税人的兽用药品经营企业销售兽用生物制品，可以选择简易办法按照兽用生物制品销售额和 3% 的征收率计算缴纳增值税。

兽用药品经营企业，是指取得兽医行政管理部门颁发的《兽药经营许可证》，获准从事兽用生物制品经营的兽用药品批发和零售企业。

属于增值税一般纳税人的兽用药品经营企业销售兽用生物制品，选择简易办法计算缴纳增值税的，36 个月内不得变更计税方法。

本公告自 2016 年 4 月 1 日起施行。

（摘自《国家税务总局关于兽用药品经营企业销售兽用生物制品有关增值税问题的公告》，2016 年 2 月 4 日国家税务总局公告 2016 年第 8 号）

3.2.2.11　一般纳税人销售库存化肥

自 2015 年 9 月 1 日起至 2016 年 6 月 30 日，对增值税一般纳税人销售的库存化肥，允许选择按照简易计税方法依照 3% 征收率征收增值税。

纳税人应当单独核算库存化肥的销售额，未单独核算的，不得适用简易计税方法。

本通知所称的库存化肥，是指纳税人 2015 年 8 月 31 日前生产或购进的尚未销售的化肥。

（摘自《财政部 国家税务总局关于对化肥恢复征收增值税政策的补充通知》，2015 年 8 月 28 日财税〔2015〕97 号

3.2.2.12　一般纳税人销售和进口抗癌药品

为鼓励抗癌制药产业发展，降低患者用药成本，现将抗癌药品增值税政策通知如下：

一、自 2018 年 5 月 1 日起，增值税一般纳税人生产销售和批发、零售抗癌药品，可选择按照简易办法依照 3% 征收率计算缴纳增值税。上述纳税人选择简易办法计算缴纳增值税后，36 个月内不得变更。

二、自 2018 年 5 月 1 日起，对进口抗癌药品，减按 3% 征收进口环节增值税。

三、纳税人应单独核算抗癌药品的销售额。未单独核算的，不得适用本通知第一条规定的简易征收政策。

四、本通知所称抗癌药品，是指经国家药品监督管理部门批准注册的抗癌制剂及原料药。抗癌药品范围实行动态调整，由财政部、海关总署、税务总局、国家药品监督管理局根据变化情况适时明确。

（摘自《财政部 海关总署 税务总局国家药品监督管理局关于抗癌药品增值税政策的通知》，2018 年 4 月 27 日财税〔2018〕47 号）

2019 年 2 月 11 日国务院常务会议决定对罕见病药品给予增值税优惠。从 2019 年 3 月 1 日起，对首批 21 个罕见病药品和 4 个原料药，参照抗癌药对进口环节减按 3% 征收增值税，国内环节可选择按 3% 简易办法计征增值税。

3.2.2.13　一般纳税人生产销售和批发、零售罕见病药品

为鼓励罕见病制药产业发展，降低患者用药成本，现将罕见病药品增值税政策通知如下：

一、自 2019 年 3 月 1 日起，增值税一般纳税人生产销售和批发、零售罕见病药品，可选择按照简易办法依照 3% 征收率计算缴纳增值税。上述纳税人选择简易办法计算缴纳增值税后，36 个月内不得变更。

二、自 2019 年 3 月 1 日起，对进口罕见病药品，减按 3% 征收进口环节增值税。

三、纳税人应单独核算罕见病药品的销售额。未单独核算的，不得适用本通知第一条规定的简易征收政策。

四、本通知所称罕见病药品，是指经国家药品监督管理部门批准注册的罕见病药品制剂及原料药。罕见病药品范围实行动态调整，由财政部、海关总署、税务总局、药监局根据变化情况适时明确。

（摘自《财政部　海关总署　税务总局　药监局关于罕见病药品增值税政策的通知》，2019 年 2 月 20 日财税〔2019〕24 号）

3.2.2.14　光伏发电项目发电户销售电力产品

为配合国家能源发展战略，促进光伏产业健康发展，现将国家电网公司所属企业购买分布式光伏发电项目电力产品发票开具及税款征收有关问题公告如下：

一、国家电网公司所属企业从分布式光伏发电项目发电户处购买电力产品，可由国家电网公司所属企业开具普通发票。

国家电网公司所属企业应将发电户名称（姓名）、地址（住址）、联系方式、结算时间、结算金额等信息进行详细登记，以备税务机关查验。

二、光伏发电项目发电户销售电力产品，按照税法规定应缴纳增值税的，可由国家电网公司所属企业按照增值税简易计税办法计算并代征增值税税款，同时开具普通发票；按照税法规定可享受免征增值税政策的，可由国家电网公司所属企业直接开具普通发票。

根据《财政部　国家税务总局关于光伏发电增值税政策的通知》（财税〔2013〕66 号），自 2013 年 10 月 1 日至 2015 年 12 月 31 日，国家电网公司所属企业应按发电户销售电力产品应纳税额的 50% 代征增值税税款。【注：根据财税〔2016〕81 号规定，自 2016 年 1 月 1 日至 2018 年 12 月 31 日，继续对纳税人销售自产的利用太阳能生产的电力产品，实行增值税即征即退 50% 的政策】

主管税务机关应当与国家电网公司所属企业签订《委托代征协议书》，明确委托代征相关事宜。

三、本公告所称发电户，为《中华人民共和国增值税暂行条例》及实施细则规定的"其他个人和不经常发生应税行为的非企业性单位"。

四、本公告自 2014 年 7 月 1 日起执行。

（摘自《国家税务总局关于国家电网公司购买分布式光伏发电项目电力产品发票开具等有关问题的公告》，2014 年 6 月 3 日国家税务总局公告 2014 年第 32 号）

政策解析

为促进可再生能源的开发利用，国家鼓励各类业户，包括医院、学校、党政机关、居民社区等，在建筑物或构筑物上建设小型分布式光伏发电系统，按照"自发自用、余电上网、电网调节"的原则对光伏发电进行综合利用。

分布式光伏发电项目发电户可将自用剩余后的电力产品销售给国家电网公司所属企业。销售分布式发电余电产品的发电户以居民业户、非企业性单位居多，如果发电户逐一到税务机关代开普通发票，不仅增加了发电户销售电力产品的复杂程度，也不利于分布式光伏发电项目的推广为配合国家能源发展战略，促进光伏产业健康发展，便于国家电网公司所属企业购买电力产品时与发电户之间结算，税务总局发布了该公告。公告明确国家电网公司所属企业从分布式光伏发电项目发电户处购买电力产品，可由国家电网公司所属企业开具普通发票；光伏发电项目发电户销售电力产品，按照税法规定应缴纳增值税的，由国家电网公司所属企业按照增值税简易计税办法计算并代征增值税款。

3.2.3 适用3%征收率减按2%征收的货物

3.2.3.1 销售自己使用过的固定资产

3.2.3.1.1 小规模纳税人销售自己使用过的固定资产

小规模纳税人（除其他个人外，下同）销售自己使用过的固定资产，减按2%征收率征收增值税。

小规模纳税人销售自己使用过的除固定资产以外的物品，应按3%的征收率征收增值税。

（摘自《财政部 国家税务总局关于部分货物适用增值税低税率和简易办法征收增值税政策的通知》，2009年1月19日财税〔2009〕9号）

小规模纳税人销售自己使用过的固定资产，应开具普通发票，不得由税务机关代开增值税专用发票。

（摘自《国家税务总局关于增值税简易征收政策有关管理问题的通知》，2009年2月25日国税函〔2009〕90号）

3.2.3.1.2 一般纳税人销售自己使用过的固定资产

自2009年1月1日起，纳税人销售自己使用过的固定资产（以下简称已使用过的固定资产），应区分不同情形征收增值税：

（一）销售自己使用过的2009年1月1日以后购进或者自制的固定资产，按照适用税率征收增值税；

（二）2008年12月31日以前未纳入扩大增值税抵扣范围试点的纳税人，销售自己使用过的2008年12月31日以前购进或者自制的固定资产，按照4%征收率减半征收增值税；

（三）2008年12月31日以前已纳入扩大增值税抵扣范围试点的纳税人，销售自己使用过的在本地区扩大增值税抵扣范围试点以前购进或者自制的固定资产，按照4%征收率减半征收增值税（根据财税（2014）57号文件，调整为"按照简易办法依照3%征收率减按2%征收增值税"）；销售自己使用过的在本地区扩大增值税抵扣范围试点以后购进或者自制的固定资产，按照适用税率征收增值税。

本通知所称已使用过的固定资产，是指纳税人根据财务会计制度已经计提折旧的固定资产。

（摘自《财政部 国家税务总局关于全国实施增值税转型改革若干问题的通知》第四条，2008 年 12 月 29 日财税〔2008〕170 号）

一般纳税人销售自己使用过的属于条例第十条规定不得抵扣且未抵扣进项税额的固定资产，按简易办法依 4% 征收率减半征收增值税（根据财税（2014）57 号文件，调整为"按照简易办法依照 3% 征收率减按 2% 征收增值税"）。

（摘自《财政部 国家税务总局关于部分货物适用增值税低税率和简易办法征收增值税政策的通知》，2009 年 1 月 19 日财税〔2009〕9 号）

增值税一般纳税人销售自己使用过的固定资产，属于以下两种情形的，可按简易办法依 4% 征收率减半征收增值税（根据国家税务总局公告 2014 年第 36 号文件，修改为"可按简易办法依 3% 征收率减按 2% 征收增值税"），同时不得开具增值税专用发票：

一、纳税人购进或者自制固定资产时为小规模纳税人，认定为一般纳税人后销售该固定资产。

二、增值税一般纳税人发生按简易办法征收增值税应税行为，销售其按照规定不得抵扣且未抵扣进项税额的固定资产。

本公告自 2012 年 2 月 1 日起施行。此前已发生并已经征税的事项，不再调整；此前已发生未处理的，按本公告规定执行。

（摘自《国家税务总局关于一般纳税人销售自己使用过的固定资产增值税有关问题的公告》，2002 年 1 月 6 日国家税务总局公告 2012 年第 1 号）

3.2.3.1.3　纳税人销售自己使用过的固定资产放弃减税的处理

纳税人销售自己使用过的固定资产，适用简易办法依照 3% 征收率减按 2% 征收增值税政策的，可以放弃减税，按照简易办法依照 3% 征收率缴纳增值税，并可以开具增值税专用发票。

（摘自《国家税务总局关于营业税改征增值税试点期间有关增值税问题的公告》，2015 年 12 月 22 日国家税务总局公告 2015 年第 90 号）

3.2.3.2　销售旧货

纳税人销售旧货，按照简易办法依照 4% 征收率减半征收增值税（根据财税（2014）57 号文件，调整为"按照简易办法依照 3% 征收率减按 2% 征收增值税"）。

所称旧货，是指进入二次流通的具有部分使用价值的货物（含旧汽车、旧摩托车和旧游艇），但不包括自己使用过的物品。。

（摘自《财政部 国家税务总局关于部分货物适用增值税低税率和简易办法征收增值税政策的通知》，2009 年 1 月 19 日财税〔2009〕9 号）

纳税人销售旧货，应开具普通发票，不得自行开具或者由税务机关代开增值税专用发票。

（摘自《国家税务总局关于增值税简易征收政策有关管理问题的通知》，2009 年 2 月 25 日国税函〔2009〕90 号）

一般纳税人销售自己使用过的、纳入营改增试点之日前取得的固定资产，按照现行旧货相关增值税政策执行。

使用过的固定资产，是指纳税人符合《试点实施办法》第二十八条规定并根据财务会计制度已经计提折旧的固定资产。

（摘自《财政部 国家税务总局关于全面推开营业税改征增值税试点的通知》之附件 2《营业税改征增值税试点有关事项的规定》，2016 年 3 月 23 日财税〔2016〕36 号）

3.2.4 适用 5% 征收率的货物

3.2.4.1 中外合作油（气）田开采的原油、天然气

中外合作油（气）田开采的原油、天然气按实物征收增值税，征收率为 5%，并按现行规定征收矿区使用费，暂不征收资源税。在计征增值税时，不抵扣进项税额。原油、天然气出口时不予退税。

（摘自《国务院关于外商投资企业和外国企业适用增值税、消费税、营业税等税收暂行条例有关问题的通知》，1994 年 2 月 22 日国发〔1994〕10 号）

中外双方签订的石油合同合作开采陆上原油、天然气，应执行《国务院关于外商投资企业和外国企业适用增值税、消费税、营业税等税收暂行条例有关问题的通知》（国发〔1994〕10 号）法规，即中外合作油（气）田按合同开采的原油、天然气应按实物征收增值税，征收率为 5%，在计征增值税时，不抵扣进项税额。原油、天然气出口时不予退税。

（摘自《国家税务总局关于对外合作开采陆上石油资源征收增值税问题的通知》，1998 年 12 月 15 日国税发〔1998〕219 号）

3.2.4.2 空载重量在 25 吨以上的进口飞机

经国务院批准，自 2013 年 8 月 30 日起，对按此前规定所有减按 4% 征收进口环节增值税的空载重量在 25 吨以上的进口飞机，调整为按 5% 征收进口环节增值税。同时，停止执行《财政部 国家税务总局关于调整国内航空公司进口飞机有关增值税政策的通知》（财关税〔2004〕43 号）。

（摘自《财政部 国家税务总局关于调整进口飞机有关增值税政策的通知》，2013 年 8 月 29 日财关税〔2013〕53 号）

3.2.5 适用 3% 征收率的"营改增"项目

增值税征收率为 3%，财政部和国家税务总局另有规定的除外。

（摘自《财政部 国家税务总局关于全面推开营业税改征增值税试点的通知》之附件 1《营业税改征增值税试点实施办法》第十六条，2016 年 3 月 23 日财税〔2016〕36 号）

3.2.5.1　部分建筑服务项目

3.2.5.1.1　一般纳税人以清包工方式提供的建筑服务

一般纳税人以清包工方式提供的建筑服务，可以选择适用简易计税方法计税。

以清包工方式提供建筑服务，是指施工方不采购建筑工程所需的材料或只采购辅助材料，并收取人工费、管理费或者其他费用的建筑服务。

（摘自《财政部 国家税务总局关于全面推开营业税改征增值税试点的通知》之附件 2《营业税改征增值税试点有关事项的规定》，2016 年 3 月 23 日财税〔2016〕36 号）

3.2.5.1.2　一般纳税人为甲供工程提供的建筑服务

一般纳税人为甲供工程提供的建筑服务，可以选择适用简易计税方法计税。

甲供工程，是指全部或部分设备、材料、动力由工程发包方自行采购的建筑工程。

（摘自《财政部 国家税务总局关于全面推开营业税改征增值税试点的通知》之附件 2《营业税改征增值税试点有关事项的规定》，2016 年 3 月 23 日财税〔2016〕36 号）

3.2.5.1.3　一般纳税人为建筑工程老项目提供的建筑服务

一般纳税人为建筑工程老项目提供的建筑服务，可以选择适用简易计税方法计税。

建筑工程老项目，是指：（1）《建筑工程施工许可证》注明的合同开工日期在 2016 年 4 月 30 日前的建筑工程项目；（2）未取得《建筑工程施工许可证》的，建筑工程承包合同注明的开工日期在 2016 年 4 月 30 日前的建筑工程项目。

（摘自《财政部 国家税务总局关于全面推开营业税改征增值税试点的通知》之附件 2《营业税改征增值税试点有关事项的规定》，2016 年 3 月 23 日财税〔2016〕36 号）

3.2.5.1.4　小规模纳税人跨县（市）提供建筑服务

试点纳税人中的小规模纳税人（以下称小规模纳税人）跨县（市）提供建筑服务，应以取得的全部价款和价外费用扣除支付的分包款后的余额为销售额，按照 3% 的征收率计算应纳税额。纳税人应按照上述计税方法在建筑服务发生地预缴税款后，向机构所在地主管税务机关进行纳税申报。

（摘自《财政部 国家税务总局关于全面推开营业税改征增值税试点的通知》之附件 2《营业税改征增值税试点有关事项的规定》，2016 年 3 月 23 日财税〔2016〕36 号）

纳税人跨县（市、区）提供建筑服务，按照以下规定预缴税款：

（三）小规模纳税人跨县（市、区）提供建筑服务，以取得的全部价款和价外费用扣除支付的分包款后的余额，按照 3% 的征收率计算应预缴税款。

（摘自《国家税务总局关于发布＜纳税人跨县（市、区）提供建筑服务增值税征收管理暂行办法＞的公告》，2016 年 3 月 31 日国家税务总局公告 2016 年第 17 号）

3.2.5.1.5　一般纳税人跨县（市）提供建筑服务选择简易计税方法计税

一般纳税人跨县（市）提供建筑服务，选择适用简易计税方法计税的，应以取得的全部价款和价外费用扣除支付的分包款后的余额为销售额，按照 3% 的征收率计算应纳税额。纳税人应按照上述计税方法在建筑服务发生地预缴税款后，向机构所在地主管税务机关进行纳税申报。

（摘自《财政部 国家税务总局关于全面推开营业税改征增值税试点的通知》之附件 2《营业税改征增值税试点有关事项的规定》，2016 年 3 月 23 日财税〔2016〕36 号）

纳税人跨县（市、区）提供建筑服务，按照以下规定预缴税款：

（二）一般纳税人跨县（市、区）提供建筑服务，选择适用简易计税方法计税的，以取得的全部价款和价外费用扣除支付的分包款后的余额，按照 3% 的征收率计算应预缴税款。

（摘自《国家税务总局关于发布＜纳税人跨县（市、区）提供建筑服务增值税征收管理暂行办法＞的公告》，2016 年 3 月 31 日国家税务总局公告 2016 年第 17 号）

3.2.5.1.6　建筑工程总承包单位为房屋建筑的地基与基础、主体结构提供工程服务，建设单位自行采购材料

建筑工程总承包单位为房屋建筑的地基与基础、主体结构提供工程服务，建设单位自行采购全部或部分钢材、混凝土、砌体材料、预制构件的，适用简易计税方法计税。

地基与基础、主体结构的范围，按照《建筑工程施工质量验收统一标准》（GB 50300 – 2013）附录 B《建筑工程的分部工程、分项工程划分》中的"地基与基础""主体结构"分部工程的范围执行。

（摘自《财政部 税务总局关于建筑服务等营改增试点政策的通知》，2017 年 7 月 11 日财税〔2017〕58 号）

3.2.5.2　部分涉农金融服务

3.2.5.2.1　在县（县级市、区、旗）及县以下地区的农村合作银行和农村商业银行提供金融服务收入

农村信用社、村镇银行、农村资金互助社、由银行业机构全资发起设立的贷款公司、法人机构在县（县级市、区、旗）及县以下地区的农村合作银行和农村商业银行提供金融服务收入，可以选择适用简易计税方法按照 3% 的征收率计算缴纳增值税。

村镇银行，是指经中国银行业监督管理委员会依据有关法律、法规批准，由境内外金融机构、境内非金融机构企业法人、境内自然人出资，在农村地区设立的主要为当地农民、农业和农村经济发展提供金融服务的银行业金融机构。

农村资金互助社，是指经银行业监督管理机构批准，由乡（镇）、行政村农民和农村小企业自愿入股组成，为社员提供存款、贷款、结算等业务的社区互助性银行业金融机构。

由银行业机构全资发起设立的贷款公司，是指经中国银行业监督管理委员会依据有关法律、法规批准，由境内商业银行或农村合作银行在农村地区设立的专门为县域农民、农业和农村经济发展提供贷款服务的非银行业金融机构。

县（县级市、区、旗），不包括直辖市和地级市所辖城区。

（摘自《财政部　国家税务总局关于进一步明确全面推开营改增试点金融业有关政策的通知》，2016 年 4 月 29 日财税〔2016〕46 号）

3.2.5.2.2　中国农业银行纳入"三农金融事业部"改革试点的县域支行和新疆生产建设兵团分行下辖的县域支行，提供农户贷款、农村企业和农村各类组织贷款取得的利息收入

对中国农业银行纳入"三农金融事业部"改革试点的各省、自治区、直辖市、计划单列市分行下辖的县域支行和新疆生产建设兵团分行下辖的县域支行（也称县事业部），提供农户贷款、农村企业和农村各类组织贷款取得的利息收入，可以选择适用简易计税方法按照 3% 的征收率计算缴纳增值税。

农户贷款，是指金融机构发放给农户的贷款，但不包括按照《过渡政策的规定》第一条第（十九）项规定的免征增值税的农户小额贷款。

农户，是指《过渡政策的规定》第一条第（十九）项所称的农户。

农村企业和农村各类组织贷款，是指金融机构发放给注册在农村地区的企业及各类组织的贷款。

（摘自《财政部　国家税务总局关于进一步明确全面推开营改增试点金融业有关政策的通知》，2016 年 4 月 29 日财税〔2016〕46 号）

3.2.5.2.3　中国农业发展银行提供涉农贷款取得的利息收入

中国农业发展银行总行及其各分支机构提供涉农贷款取得的利息收入，可以选择适用简易计税方法按照 3% 的征收率计算缴纳增值税。

（摘自《财政部　国家税务总局关于营业税改征增值税试点若干政策的通知》，2016 年 3 月 23 日财税〔2016〕39 号）

3.2.5.2.4　中国邮政储蓄银行"三农金融事业部"涉农贷款的利息收入

一、自 2018 年 7 月 1 日至 2020 年 12 月 31 日，对中国邮政储蓄银行纳入"三农金融事业部"改革的各省、自治区、直辖市、计划单列市分行下辖的县域支行，提供农户贷款、农村企业和农村各类组织贷款（具体贷款业务清单见附件）取得的利息收入，可以选择适用简易计税方法按照 3% 的征收率计算缴纳增值税。

二、本通知所称农户，是指长期（一年以上）居住在乡镇（不包括城关镇）行政管理区域内的住户，还包括长期居住在城关镇所辖行政村范围内的住户和户口不在本地而在本地居住一年以上的住户，国有农场的职工和农村个体工商户。位于乡镇（不包括城关镇）行政管理区域内和在城关镇所辖行政村范围内的国有经济的机关、团体、学校、企事业单位的集体户；有本地户口，但举家外出谋生一年以上的住户，无论是否保留承包耕地均不属于农户。农户以户为统计单位，既可以从事农业生产经营，也可以从事非农业生产经营。农户贷款的判定应以贷款发放时的借款人是否属于农户为准。

三、本通知所称农村企业和农村各类组织贷款，是指金融机构发放给注册在农村地区的企业及各类组织的贷款。

附件：享受增值税优惠的涉农贷款业务清单（略）

（摘自《财政部 税务总局关于中国邮政储蓄银行三农金融事业部涉农贷款增值税政策的通知》，2018 年 9 月 12 日财税〔2018〕97 号）

3.2.5.3　一般纳税人提供非学历教育服务和教育辅助服务

一般纳税人提供非学历教育服务，可以选择适用简易计税方法按照 3% 征收率计算应纳税额。

（摘自《财政部 国家税务总局关于进一步明确全面推开营改增试点有关再保险不动产租赁和非学历教育等政策的通知》，2016 年 6 月 18 日财税〔2016〕68 号）

一般纳税人提供教育辅助服务，可以选择简易计税方法按照 3% 征收率计算缴纳增值税。

（摘自《财政部 国家税务总局关于明确金融房地产开发教育辅助服务等增值税政策的通知》，2016 年 12 月 21 日财税〔2016〕140 号）2016 年 3 月 23 日财税〔2016〕36 号）

3.2.5.4　小规模纳税人提供劳务派遣服务

小规模纳税人提供劳务派遣服务，可以按照《财政部 国家税务总局关于全面推开营业税改征增值税试点的通知》（财税〔2016〕36 号）的有关规定，以取得的全部价款和价外费用为销售额，按照简易计税方法依 3% 的征收率计算缴纳增值税；也可以选择差额纳税，以取得的全部价款和价外费用，扣除代用工单位支付给劳务派遣员工的工资、福利和为其办理社会保险及住房公积金后的余额为销售额，按照简易计税方法依 5% 的征收率计算缴纳增值税。

选择差额纳税的纳税人，向用工单位收取用于支付给劳务派遣员工工资、福利和为其办理社会保险及住房公积金的费用，不得开具增值税专用发票，可以开具普通发票。

劳务派遣服务，是指劳务派遣公司为了满足用工单位对于各类灵活用工的需求，将员工派遣至用工单位，接受用工单位管理并为其工作的服务。

（摘自《财政部 国家税务总局关于进一步明确全面推开营改增试点有关劳务派遣服务、收费公路通行费抵扣等政策的通知》，2016 年 4 月 30 日财税〔2016〕47 号）

3.2.5.5　物业管理服务中收取的自来水水费

提供物业管理服务的纳税人，向服务接受方收取的自来水水费，以扣除其对外支付的自来水水费后的余额为销售额，按照简易计税方法依 3% 的征收率计算缴纳增值税。

本公告自发布之日起施行。2016 年 5 月 1 日以后已发生并处理的事项，不再作调整；未处理的，按本公告规定执行。

（摘自《国家税务总局关于物业管理服务中收取的自来水水费增值税问题的公告》，2016 年 8 月 19 日国家税务总局公告 2016 年第 54 号）

3.2.5.6　非企业性单位中的一般纳税人提供的有关服务

非企业性单位中的一般纳税人提供的研发和技术服务、信息技术服务、鉴证咨询服务，以及销售技术、著作权等无形资产，可以选择简易计税方法按照 3% 征收率计算缴纳增值税。

非企业性单位中的一般纳税人提供《营业税改征增值税试点过渡政策的规定》（财税〔2016〕36 号）第一条第（二十六）项中的"技术转让、技术开发和与之相关的技术咨询、技术服务"，可以参照上述规定，选择简易计税方法按照 3% 征收率计算缴纳增值税。

（摘自《财政部　国家税务总局关于明确金融　房地产开发　教育辅助服务等增值税政策的通知》，2016 年 12 月 21 日财税〔2016〕140 号）

3.2.5.7　一般纳税人销售电梯同时提供的安装服务

一般纳税人销售电梯的同时提供安装服务，其安装服务可以按照甲供工程选择适用简易计税方法计税。

【注：《国家税务总局关于明确中外合作办学等若干增值税征管问题的公告》（2018 年 7 月 25 日国家税务总局公告 2018 年第 42 号）废止】

（摘自《国家税务总局关于进一步明确营改增有关征管问题的公告》，2017 年 4 月 20 日国家税务总局公告 2017 年第 11 号）

3.2.5.8　一般纳税人销售自产（外购）机器设备的同时提供安装服务

一般纳税人销售自产机器设备的同时提供安装服务，应分别核算机器设备和安装服务的销售额，安装服务可以按照甲供工程选择适用简易计税方法计税。

一般纳税人销售外购机器设备的同时提供安装服务，如果已经按照兼营的有关规定，分别核算机器设备和安装服务的销售额，安装服务可以按照甲供工程选择适用简易计税方法计税。

（摘自《国家税务总局关于明确中外合作办学等若干增值税征管问题的公告》，2018 年 7 月 25 日国家税务总局公告 2018 年第 42 号）

3.2.5.9　资管产品运营业务

资管产品管理人（以下称管理人）运营资管产品过程中发生的增值税应税行为（以下称资管产品运营业务），暂适用简易计税方法，按照 3% 的征收率缴纳增值税。

资管产品管理人，包括银行、信托公司、公募基金管理公司及其子公司、证券公司及其子公司、期货公司及其子公司、私募基金管理人、保险资产管理公司、专业保险资产管理机构、养老保险公司。

资管产品，包括银行理财产品、资金信托（包括集合资金信托、单一资金信托）、财产权信托、公开募集证券投资基金、特定客户资产管理计划、集合资产管理计划、定向资产管理计划、私募投资基金、债权投资计划、股权投资计划、股债结合型投资计划、资产支持计划、组合类保险资产管理产品、养老保障管理产品。财政部和税务总局规定的其他资管产品管理人及资管产品。

本通知自 2018 年 1 月 1 日起施行。

（摘自《财政部 税务总局关于资管产品增值税有关问题的通知》，2017 年 6 月 30 日财税〔2017〕56 号）

3.2.5.10　一般纳税人发生公共交通运输服务

一般纳税人发生下列应税行为可以选择适用简易计税方法计税：

1. 公共交通运输服务。

公共交通运输服务，包括轮客渡、公交客运、地铁、城市轻轨、出租车、长途客运、班车。

班车，是指按固定路线、固定时间运营并在固定站点停靠的运送旅客的陆路运输服务。

（摘自《财政部 国家税务总局关于全面推开营业税改征增值税试点的通知》之附件 2《营业税改征增值税试点有关事项的规定》，2016 年 3 月 23 日财税〔2016〕36 号）

3.2.5.11　经认定的动漫企业为开发动漫产品提供的服务

一般纳税人发生下列应税行为可以选择适用简易计税方法计税：

经认定的动漫企业为开发动漫产品提供的动漫脚本编撰、形象设计、背景设计、动画设计、分镜、动画制作、摄制、描线、上色、画面合成、配音、配乐、音效合成、剪辑、字幕制作、压缩转码（面向网络动漫、手机动漫格式适配）服务，以及在境内转让动漫版权（包括动漫品牌、形象或者内容的授权及再授权）。

动漫企业和自主开发、生产动漫产品的认定标准和认定程序，按照《文化部 财政部 国家税务总局关于印发＜动漫企业认定管理办法（试行）＞的通知》（文市发〔2008〕51 号）的规定执行。

（摘自《财政部 国家税务总局关于全面推开营业税改征增值税试点的通知》之附件 2《营业税改征增值税试点有关事项的规定》，2016 年 3 月 23 日财税〔2016〕36 号）

3.2.5.12　电影放映服务、仓储服务、装卸搬运服务、收派服务和文化体育服务

一般纳税人发生下列应税行为可以选择适用简易计税方法计税：

电影放映服务、仓储服务、装卸搬运服务、收派服务和文化体育服务。

（摘自《财政部 国家税务总局关于全面推开营业税改征增值税试点的通知》之附件 2《营业税改征增值税试点有关事项的规定》，2016 年 3 月 23 日财税〔2016〕36 号）

3.2.5.13　以纳入"营改增"试点之日前取得的有形动产为标的物提供的经营租赁服务

一般纳税人发生下列应税行为可以选择适用简易计税方法计税：

以纳入营改增试点之日前取得的有形动产为标的物提供的经营租赁服务。

（摘自《财政部 国家税务总局关于全面推开营业税改征增值税试点的通知》之附件2《营业税改征增值税试点有关事项的规定》，2016 年 3 月 23 日财税〔2016〕36 号）

3.2.5.14 在纳入"营改增"试点之日前签订的尚未执行完毕的有形动产租赁

一般纳税人发生下列应税行为可以选择适用简易计税方法计税：

在纳入营改增试点之日前签订的尚未执行完毕的有形动产租赁合同。

（摘自《财政部 国家税务总局关于全面推开营业税改征增值税试点的通知》之附件2《营业税改征增值税试点有关事项的规定》，2016 年 3 月 23 日财税〔2016〕36 号）

3.2.5.15 一般纳税人收取试点前开工的高速公路的车辆通行费

公路经营企业中的一般纳税人收取试点前开工的高速公路的车辆通行费，可以选择适用简易计税方法，减按3%的征收率计算应纳税额。

试点前开工的高速公路，是指相关施工许可证明上注明的合同开工日期在2016 年 4 月30 日前的高速公路。

（摘自《财政部 国家税务总局关于全面推开营业税改征增值税试点的通知》之附件2《营业税改征增值税试点有关事项的规定》）

3.2.6 适用5%征收率的"营改增"项目

3.2.6.1 转让不动产

3.2.6.1.1 一般纳税人销售其2016 年 4 月 30 日前取得（不含自建）的不动产

一般纳税人销售其2016 年 4 月 30 日前取得（不含自建）的不动产，可以选择适用简易计税方法，以取得的全部价款和价外费用减去该项不动产购置原价或者取得不动产时的作价后的余额为销售额，按照5%的征收率计算应纳税额。纳税人应按照上述计税方法在不动产所在地预缴税款后，向机构所在地主管税务机关进行纳税申报。

（摘自《财政部 国家税务总局关于全面推开营业税改征增值税试点的通知》之附件2《营业税改征增值税试点有关事项的规定》，2016 年 3 月 23 日财税〔2016〕36 号）

一般纳税人转让其2016 年 4 月 30 日前取得（不含自建）的不动产，可以选择适用简易计税方法计税，以取得的全部价款和价外费用扣除不动产购置原价或者取得不动产时的作价后的余额为销售额，按照5%的征收率计算应纳税额。纳税人应按照上述计税方法向不动产所在地主管地税机关预缴税款，向机构所在地主管国税机关申报纳税。

（摘自《国家税务总局关于发布＜纳税人转让不动产增值税征收管理暂行办法＞的公告》，2016 年 3 月 31 日国家税务总局公告2016 年第 14 号）

3.2.6.1.2 一般纳税人销售其2016 年 4 月 30 日前自建的不动产

一般纳税人销售其2016 年 4 月 30 日前自建的不动产，可以选择适用简易计税方法，以取得的全部价款和价外费用为销售额，按照5%的征收率计算应纳税额。纳税人应按照上述计税方法在不动产所在地预缴税款后，向机构所在地主管税务机关进行纳税申报。

（摘自《财政部　国家税务总局关于全面推开营业税改征增值税试点的通知》之附件2《营业税改征增值税试点有关事项的规定》，2016年3月23日财税〔2016〕36号）

一般纳税人转让其2016年4月30日前自建的不动产，可以选择适用简易计税方法计税，以取得的全部价款和价外费用为销售额，按照5%的征收率计算应纳税额。纳税人应按照上述计税方法向不动产所在地主管地税机关预缴税款，向机构所在地主管国税机关申报纳税。

（摘自《国家税务总局关于发布＜纳税人转让不动产增值税征收管理暂行办法＞的公告》，2016年3月31日国家税务总局公告2016年第14号）

3.2.6.1.3　小规模纳税人销售其取得（不含自建）的不动产

小规模纳税人销售其取得（不含自建）的不动产（不含个体工商户销售购买的住房和其他个人销售不动产），应以取得的全部价款和价外费用减去该项不动产购置原价或者取得不动产时的作价后的余额为销售额，按照5%的征收率计算应纳税额。纳税人应按照上述计税方法在不动产所在地预缴税款后，向机构所在地主管税务机关进行纳税申报。

（摘自《财政部　国家税务总局关于全面推开营业税改征增值税试点的通知》之附件2《营业税改征增值税试点有关事项的规定》，2016年3月23日财税〔2016〕36号）

小规模纳税人转让其取得（不含自建）的不动产，以取得的全部价款和价外费用扣除不动产购置原价或者取得不动产时的作价后的余额为销售额，按照5%的征收率计算应纳税额。

（摘自《国家税务总局关于发布＜纳税人转让不动产增值税征收管理暂行办法＞的公告》，2016年3月31日国家税务总局公告2016年第14号）

3.2.6.1.4　小规模纳税人销售其自建的不动产

小规模纳税人销售其自建的不动产，应以取得的全部价款和价外费用为销售额，按照5%的征收率计算应纳税额。纳税人应按照上述计税方法在不动产所在地预缴税款后，向机构所在地主管税务机关进行纳税申报。

（摘自《财政部　国家税务总局关于全面推开营业税改征增值税试点的通知》之附件2《营业税改征增值税试点有关事项的规定》，2016年3月23日财税〔2016〕36号）

小规模纳税人转让其自建的不动产，以取得的全部价款和价外费用为销售额，按照5%的征收率计算应纳税额。

（摘自《国家税务总局关于发布＜纳税人转让不动产增值税征收管理暂行办法＞的公告》，2016年3月31日国家税务总局公告2016年第14号）

3.2.6.1.5　个人转让其购买的住房

个人转让其购买的住房，按照以下规定缴纳增值税：

（一）个人转让其购买的住房，按照有关规定全额缴纳增值税的，以取得的全部价款和价外费用为销售额，按照5%的征收率计算应纳税额。

（二）个人转让其购买的住房，按照有关规定差额缴纳增值税的，以取得的全部价款和价外费用扣除购买住房价款后的余额为销售额，按照5%的征收率计算应纳税额。

（摘自《国家税务总局关于发布＜纳税人转让不动产增值税征收管理暂行办法＞的公告》，2016年3月31日国家税务总局公告2016年第14号）

3.2.6.2　房地产开发企业销售自行开发的房地产项目

3.2.6.2.1　小规模纳税人销售自行开发的房地产项目

房地产开发企业中的小规模纳税人，销售自行开发的房地产项目，按照5%的征收率计税。

（摘自《财政部　国家税务总局关于全面推开营业税改征增值税试点的通知》之附件2《营业税改征增值税试点有关事项的规定》，2016年3月23日财税〔2016〕36号）

小规模纳税人销售自行开发的房地产项目，应按照《试点实施办法》第四十五条规定的纳税义务发生时间，以当期销售额和5%的征收率计算当期应纳税额，抵减已预缴税款后，向主管国税机关申报纳税。未抵减完的预缴税款可以结转下期继续抵减。

（摘自《国家税务总局关于发布＜房地产开发企业销售自行开发的房地产项目增值税征收管理暂行办法＞的公告》，2016年3月31日国家税务总局公告2016年第18号）

3.2.6.2.2　房地产开发企业中的一般纳税人销售自行开发的房地产老项目选择适用简易计税方法

房地产开发企业中的一般纳税人，销售自行开发的房地产老项目，可以选择适用简易计税方法按照5%的征收率计税。

（摘自《财政部　国家税务总局关于全面推开营业税改征增值税试点的通知》之附件2《营业税改征增值税试点有关事项的规定》，2016年3月23日财税〔2016〕36号）

一般纳税人销售自行开发的房地产老项目，可以选择适用简易计税方法按照5%的征收率计税。一经选择简易计税方法计税的，36个月内不得变更为一般计税方法计税。

房地产老项目，是指：（一）《建筑工程施工许可证》注明的合同开工日期在2016年4月30日前的房地产项目；（二）《建筑工程施工许可证》未注明合同开工日期或者未取得《建筑工程施工许可证》但建筑工程承包合同注明的开工日期在2016年4月30日前的建筑工程项目。

一般纳税人销售自行开发的房地产老项目适用简易计税方法计税的，以取得的全部价款和价外费用为销售额，不得扣除对应的土地价款。

（摘自《国家税务总局关于发布＜房地产开发企业销售自行开发的房地产项目增值税征收管理暂行办法＞的公告》，2016年3月31日国家税务总局公告2016年第18号）

3.2.6.3 不动产经营租赁

3.2.6.3.1 一般纳税人出租其 2016 年 4 月 30 日前取得的不动产

一般纳税人出租其 2016 年 4 月 30 日前取得的不动产，可以选择适用简易计税方法，按照 5% 的征收率计算应纳税额。纳税人出租其 2016 年 4 月 30 日前取得的与机构所在地不在同一县（市）的不动产，应按照上述计税方法在不动产所在地预缴税款后，向机构所在地主管税务机关进行纳税申报。

（摘自《财政部 国家税务总局关于全面推开营业税改征增值税试点的通知》之附件 2《营业税改征增值税试点有关事项的规定》，2016 年 3 月 23 日财税〔2016〕36 号）

一般纳税人出租其 2016 年 4 月 30 日前取得的不动产，可以选择适用简易计税方法，按照 5% 的征收率计算应纳税额。

不动产所在地与机构所在地不在同一县（市、区）的，纳税人应按照上述计税方法向不动产所在地主管国税机关预缴税款，向机构所在地主管国税机关申报纳税。不动产所在地与机构所在地在同一县（市、区）的，纳税人向机构所在地主管国税机关申报纳税。

（摘自《国家税务总局关于发布＜纳税人提供不动产经营租赁服务增值税征收管理暂行办法＞的公告》，2016 年 3 月 31 日国家税务总局公告 2016 年第 16 号）

3.2.6.3.2 小规模纳税人出租其取得的不动产（不含个人出租住房）

小规模纳税人出租其取得的不动产（不含个人出租住房），应按照 5% 的征收率计算应纳税额。纳税人出租与机构所在地不在同一县（市）的不动产，应按照上述计税方法在不动产所在地预缴税款后，向机构所在地主管税务机关进行纳税申报。

（摘自《财政部 国家税务总局关于全面推开营业税改征增值税试点的通知》之附件 2《营业税改征增值税试点有关事项的规定》，2016 年 3 月 23 日财税〔2016〕36 号）

3.2.6.3.3 个体工商户出租不动产（不含个体工商户出租住房）

个体工商户出租不动产（不含个体工商户出租住房），按照 5% 的征收率计算应纳税额。个体工商户出租住房，按照 5% 的征收率减按 1.5% 计算应纳税额。

（摘自《国家税务总局关于发布＜纳税人提供不动产经营租赁服务增值税征收管理暂行办法＞的公告》，2016 年 3 月 31 日国家税务总局公告 2016 年第 16 号）

3.2.6.3.4 其他个人出租其取得的不动产（不含住房）

其他个人出租其取得的不动产（不含住房），应按照 5% 的征收率计算应纳税额。

（摘自《财政部 国家税务总局关于全面推开营业税改征增值税试点的通知》之附件 2《营业税改征增值税试点有关事项的规定》，2016 年 3 月 23 日财税〔2016〕36 号）

其他个人出租不动产（不含住房），按照 5% 的征收率计算应纳税额，向不动产所在地主管地税机关申报纳税。其他个人出租住房，按照 5% 的征收率减按 1.5% 计算应纳税额，向不动产所在地主管地税机关申报纳税。

（摘自《国家税务总局关于发布＜纳税人提供不动产经营租赁服务增值税征收管理暂行办法＞的公告》，2016 年 3 月 31 日国家税务总局公告 2016 年第 16 号）

3.2.6.3.5 个人出租住房

个人出租住房，应按照 5% 的征收率减按 1.5% 计算应纳税额。

（摘自《财政部 国家税务总局关于全面推开营业税改征增值税试点的通知》之附件 2《营业税改征增值税试点有关事项的规定》，2016 年 3 月 23 日财税〔2016〕36 号）

其他个人出租住房，按照 5% 的征收率减按 1.5% 计算应纳税额，向不动产所在地主管地税机关申报纳税。

（摘自《国家税务总局关于发布＜纳税人提供不动产经营租赁服务增值税征收管理暂行办法＞的公告》，2016 年 3 月 31 日国家税务总局公告 2016 年第 16 号）

3.2.6.3.6 房地产开发企业中的一般纳税人出租自行开发的房地产老项目选择适用简易计税方法

房地产开发企业中的一般纳税人，出租自行开发的房地产老项目，可以选择适用简易计税方法，按照 5% 的征收率计算应纳税额。纳税人出租自行开发的房地产老项目与其机构所在地不在同一县（市）的，应按照上述计税方法在不动产所在地预缴税款后，向机构所在地主管税务机关进行纳税申报。

（摘自《财政部 国家税务总局关于进一步明确全面推开营改增试点有关再保险不动产租赁和非学历教育等政策的通知》，2016 年 6 月 18 日财税〔2016〕68 号）

3.2.6.3.7 房地产开发企业中的小规模纳税人出租自行开发的房地产老项目

房地产开发企业中的小规模纳税人，出租自行开发的房地产项目，按照 5% 的征收率计算应纳税额。纳税人出租自行开发的房地产项目与其机构所在地不在同一县（市）的，应按照上述计税方法在不动产所在地预缴税款后，向机构所在地主管税务机关进行纳税申报。

（摘自《财政部 国家税务总局关于进一步明确全面推开营改增试点有关再保险不动产租赁和非学历教育等政策的通知》，2016 年 6 月 18 日财税〔2016〕68 号）

3.2.6.4 劳务派遣服务

3.2.6.4.1 小规模纳税人提供劳务派遣服务选择差额纳税

小规模纳税人提供劳务派遣服务，可以选择差额纳税，以取得的全部价款和价外费用，扣除代用工单位支付给劳务派遣员工的工资、福利和为其办理社会保险及住房公积金后的余额为销售额，按照简易计税方法依 5% 的征收率计算缴纳增值税。

选择差额纳税的纳税人，向用工单位收取用于支付给劳务派遣员工工资、福利和为其办理社会保险及住房公积金的费用，不得开具增值税专用发票，可以开具普通发票。

劳务派遣服务，是指劳务派遣公司为了满足用工单位对于各类灵活用工的需求，将员工派遣至用工单位，接受用工单位管理并为其工作的服务。

（摘自《财政部 国家税务总局关于进一步明确全面推开营改增试点有关劳务派遣服务、收费公路通行费抵扣等政策的通知》，2016 年 4 月 30 日财税〔2016〕47 号）

3.2.6.4.2 一般纳税人提供劳务派遣服务选择差额纳税

一般纳税人提供劳务派遣服务，可以选择差额纳税，以取得的全部价款和价外费用，扣除代用工单位支付给劳务派遣员工的工资、福利和为其办理社会保险及住房公积金后的余额为销售额，按照简易计税方法依 5% 的征收率计算缴纳增值税。

（摘自《财政部 国家税务总局关于进一步明确全面推开营改增试点有关劳务派遣服务、收费公路通行费抵扣等政策的通知》，2016 年 4 月 30 日财税〔2016〕47 号）

3.2.6.5 收取试点前开工的一级公路、二级公路、桥、闸通行费

一般纳税人收取试点前开工的一级公路、二级公路、桥、闸通行费，可以选择适用简易计税方法，按照 5% 的征收率计算缴纳增值税。

试点前开工，是指相关施工许可证注明的合同开工日期在 2016 年 4 月 30 日前。

（摘自《财政部 国家税务总局关于进一步明确全面推开营改增试点有关劳务派遣服务、收费公路通行费抵扣等政策的通知》，2016 年 4 月 30 日财税〔2016〕47 号）

3.2.6.6 提供人力资源外包服务

一般纳税人提供人力资源外包服务，可以选择适用简易计税方法，按照 5% 的征收率计算缴纳增值税。

（摘自《财政部 国家税务总局关于进一步明确全面推开营改增试点有关劳务派遣服务、收费公路通行费抵扣等政策的通知》，2016 年 4 月 30 日财税〔2016〕47 号）

3.2.6.7 纳税人转让 2016 年 4 月 30 日前取得的土地使用权

纳税人以经营租赁方式将土地出租给他人使用，按照不动产经营租赁服务缴纳增值税。

纳税人转让 2016 年 4 月 30 日前取得的土地使用权，可以选择适用简易计税方法，以取得的全部价款和价外费用减去取得该土地使用权的原价后的余额为销售额，按照 5% 的征收率计算缴纳增值税。

（摘自《财政部 国家税务总局关于进一步明确全面推开营改增试点有关劳务派遣服务、收费公路通行费抵扣等政策的通知》，2016 年 4 月 30 日财税〔2016〕47 号）

3.2.6.8 不动产融资租赁服务

一般纳税人 2016 年 4 月 30 日前签订的不动产融资租赁合同，或以 2016 年 4 月 30 日前取得的不动产提供的融资租赁服务，可以选择适用简易计税方法，按照 5% 的征收率计算缴纳增值税。

（摘自《财政部 国家税务总局关于进一步明确全面推开营改增试点有关劳务派遣服务、收费公路通行费抵扣等政策的通知》，2016 年 4 月 30 日财税〔2016〕47 号）

3.2.6.9　适用5%征收率减按1.5%征收的个人出租住房

个人出租住房，应按照5%的征收率减按1.5%计算应纳税额。

（摘自《财政部 国家税务总局关于全面推开营业税改征增值税试点的通知》之附件2《营业税改征增值税试点有关事项的规定》，2016年3月23日财税〔2016〕36号）

其他个人出租住房，按照5%的征收率减按1.5%计算应纳税额，向不动产所在地主管地税机关申报纳税。

（摘自《国家税务总局关于发布＜纳税人提供不动产经营租赁服务增值税征收管理暂行办法＞的公告》，2016年3月31日国家税务总局公告2016年第16号）

3.2.7　兼营不同税率或征收率的应税行为应当分别核算销售额

试点纳税人销售货物、加工修理修配劳务、服务、无形资产或者不动产适用不同税率或者征收率的，应当分别核算适用不同税率或者征收率的销售额，未分别核算销售额的，按照以下方法适用税率或者征收率：

1. 兼有不同税率的销售货物、加工修理修配劳务、服务、无形资产或者不动产，从高适用税率。

2. 兼有不同征收率的销售货物、加工修理修配劳务、服务、无形资产或者不动产，从高适用征收率。

3. 兼有不同税率和征收率的销售货物、加工修理修配劳务、服务、无形资产或者不动产，从高适用税率。

（摘自《财政部 国家税务总局关于全面推开营业税改征增值税试点的通知》之附件2《营业税改征增值税试点有关事项的规定》，2016年3月23日财税〔2016〕36号）

纳税人兼营不同税率的项目，应当分别核算不同税率项目的销售额；未分别核算销售额的，从高适用税率。

（摘自《中华人民共和国增值税暂行条例》第三条，2017年11月19日修订国务院令第691号）

3.2.8　扣缴增值税适用税率的规定

境内的购买方为境外单位和个人扣缴增值税的，按照适用税率扣缴增值税。

（摘自《财政部 国家税务总局关于全面推开营业税改征增值税试点的通知》之附件2《营业税改征增值税试点有关事项的规定》，2016年3月23日财税〔2016〕36号）

·政策解析·

本规定明确了扣缴增值税适用的税率问题。为了保证进口服务、无形资产与境内提供服务、无形资产税负保持一致，以同样的价格参与市场竞争，规定明确了境内的购买方为境外单位和个人扣缴增值税的，按照适用税率扣缴增值税。

3.3 预征率

3.3.1 2%的预征率

3.3.1.1 跨县（市）提供建筑服务适用一般计税方法计税

一般纳税人跨县（市）提供建筑服务，适用一般计税方法计税的，应以取得的全部价款和价外费用为销售额计算应纳税额。纳税人应以取得的全部价款和价外费用扣除支付的分包款后的余额，按照2%的预征率在建筑服务发生地预缴税款后，向机构所在地主管税务机关进行纳税申报。

（摘自《财政部 国家税务总局关于全面推开营业税改征增值税试点的通知》之附件2《营业税改征增值税试点有关事项的规定》，2016 年 3 月 23 日财税〔2016〕36 号）

一般纳税人跨县（市、区）提供建筑服务，适用一般计税方法计税的，以取得的全部价款和价外费用扣除支付的分包款后的余额，按照2%的预征率计算应预缴税款。

（摘自《国家税务总局关于发布＜纳税人跨县（市、区）提供建筑服务增值税征收管理暂行办法＞的公告》，2016 年 3 月 31 日国家税务总局公告 2016 年第 17 号）

纳税人在同一地级行政区范围内跨县（市、区）提供建筑服务，不适用《纳税人跨县（市、区）提供建筑服务增值税征收管理暂行办法》（国家税务总局公告 2016 年第 17 号印发）。【注：即不实行异地预征的征管模式】。

（摘自《国家税务总局关于进一步明确营改增有关征管问题的公告》，2017 年 4 月 20 日国家税务总局公告 2017 年第 11 号）

3.3.1.2 提供建筑服务取得预收款适用一般计税方法计税

纳税人提供建筑服务取得预收款，应在收到预收款时，以取得的预收款扣除支付的分包款后的余额，按照本条第三款规定的预征率预缴增值税。

按照现行规定应在建筑服务发生地预缴增值税的项目，纳税人收到预收款时在建筑服务发生地预缴增值税。按照现行规定无须在建筑服务发生地预缴增值税的项目，纳税人收到预收款时在机构所在地预缴增值税。

适用一般计税方法计税的项目预征率为2%，适用简易计税方法计税的项目预征率为3%。

（摘自《财政部 税务总局关于建筑服务等营改增试点政策的通知》，2017 年 7 月 11 日财税〔2017〕58 号）

3.3.2 3%的预征率

3.3.2.1 提供建筑服务取得预收款适用简易计税方法计税

纳税人提供建筑服务取得预收款，应在收到预收款时，以取得的预收款扣除支付的分包款后的余额，按照本条第三款规定的预征率预缴增值税。

按照现行规定应在建筑服务发生地预缴增值税的项目，纳税人收到预收款时在建筑服务发生地预缴增值税。按照现行规定无须在建筑服务发生地预缴增值税的项目，纳税人收到预收款时在机构所在地预缴增值税。

适用一般计税方法计税的项目预征率为 2%，适用简易计税方法计税的项目预征率为 3%。

（摘自《财政部　税务总局关于建筑服务等营改增试点政策的通知》，2017 年 7 月 11 日财税〔2017〕58 号）

3.3.2.2　房地产开发企业采取预收款方式销售所开发的房地产项目

房地产开发企业采取预收款方式销售所开发的房地产项目，在收到预收款时按照 3% 的预征率预缴增值税。

（摘自《财政部　国家税务总局关于全面推开营业税改征增值税试点的通知》之附件 2《营业税改征增值税试点有关事项的规定》，2016 年 3 月 23 日财税〔2016〕36 号）

一般纳税人采取预收款方式销售自行开发的房地产项目，应在收到预收款时按照 3% 的预征率预缴增值税。

（摘自《国家税务总局关于发布 < 房地产开发企业销售自行开发的房地产项目增值税征收管理暂行办法 > 的公告》，2016 年 3 月 31 日国家税务总局公告 2016 年第 18 号）

房地产开发企业中的小规模纳税人（以下简称小规模纳税人）采取预收款方式销售自行开发的房地产项目，应在收到预收款时按照 3% 的预征率预缴增值税。

（摘自《国家税务总局关于发布 < 房地产开发企业销售自行开发的房地产项目增值税征收管理暂行办法 > 的公告》，2016 年 3 月 31 日国家税务总局公告 2016 年第 18 号）

3.3.2.3　房地产企业中的一般纳税人销售老项目适用一般计税方法计税

房地产开发企业中的一般纳税人销售房地产老项目，适用一般计税方法计税的，应以取得的全部价款和价外费用，按照 3% 的预征率在不动产所在地预缴税款后，向机构所在地主管税务机关进行纳税申报。

（摘自《财政部　国家税务总局关于全面推开营业税改征增值税试点的通知》之附件 2《营业税改征增值税试点有关事项的规定》，2016 年 3 月 23 日财税〔2016〕36 号）

3.3.2.4　一般纳税人出租其 2016 年 5 月 1 日后取得的与机构不在同一县（市）的不动产

一般纳税人出租其 2016 年 5 月 1 日后取得的、与机构所在地不在同一县（市）的不动产，应按照 3% 的预征率在不动产所在地预缴税款后，向机构所在地主管税务机关进行纳税申报。

（摘自《财政部　国家税务总局关于全面推开营业税改征增值税试点的通知》之附件 2

《营业税改征增值税试点有关事项的规定》，2016 年 3 月 23 日财税〔2016〕36 号）

一般纳税人出租其 2016 年 5 月 1 日后取得的不动产，适用一般计税方法计税。

不动产所在地与机构所在地不在同一县（市、区）的，纳税人应按照 3% 的预征率向不动产所在地主管国税机关预缴税款，向机构所在地主管国税机关申报纳税。

（摘自《国家税务总局关于发布 < 纳税人提供不动产经营租赁服务增值税征收管理暂行办法 > 的公告》，2016 年 3 月 31 日国家税务总局公告 2016 年第 16 号）

房地产开发企业中的一般纳税人，出租其 2016 年 5 月 1 日后自行开发的与机构所在地不在同一县（市）的房地产项目，应按照 3% 预征率在不动产所在地预缴税款后，向机构所在地主管税务机关进行纳税申报。

（摘自《财政部 税务总局关于进一步明确全面推开营改增试点有关再保险、不动产租赁和非学历教育等政策的通知》，2016 年 6 月 18 日财税〔2016〕68 号）

3.3.2.5　一般纳税人出租其 2016 年 4 月 30 日前取得的不动产

一般纳税人出租其 2016 年 4 月 30 日前取得的不动产，适用一般计税方法计税的，应以取得的全部价款和价外费用，按照 3% 的预征率在不动产所在地预缴税款后，向机构所在地主管税务机关进行纳税申报。

（摘自《财政部 国家税务总局关于全面推开营业税改征增值税试点的通知》之附件 2《营业税改征增值税试点有关事项的规定》，2016 年 3 月 23 日财税〔2016〕36 号）

一般纳税人出租其 2016 年 5 月 1 日后取得的不动产，适用一般计税方法计税。

不动产所在地与机构所在地不在同一县（市、区）的，纳税人应按照 3% 的预征率向不动产所在地主管国税机关预缴税款，向机构所在地主管国税机关申报纳税。

一般纳税人出租其 2016 年 4 月 30 日前取得的不动产适用一般计税方法计税的，按照上述规定执行。

（摘自《国家税务总局关于发布 < 纳税人提供不动产经营租赁服务增值税征收管理暂行办法 > 的公告》，2016 年 3 月 31 日国家税务总局公告 2016 年第 16 号）

3.3.3　5% 的预征率

3.3.3.1　一般纳税人销售其 2016 年 5 月 1 日后取得（不含自建）的不动产

一般纳税人销售其 2016 年 5 月 1 日后取得（不含自建）的不动产，应适用一般计税方法，以取得的全部价款和价外费用为销售额计算应纳税额。纳税人应以取得的全部价款和价外费用减去该项不动产购置原价或者取得不动产时的作价后的余额，按照 5% 的预征率在不动产所在地预缴税款后，向机构所在地主管税务机关进行纳税申报。

（摘自《财政部 国家税务总局关于全面推开营业税改征增值税试点的通知》之附件 2《营业税改征增值税试点有关事项的规定》，2016 年 3 月 23 日财税〔2016〕36 号）

一般纳税人转让其 2016 年 5 月 1 日后取得（不含自建）的不动产，适用一般计税方法，以取得的全部价款和价外费用为销售额计算应纳税额。纳税人应以取得的全部价款和价外费用扣除不动产购置原价或者取得不动产时的作价后的余额，按照 5% 的预征率向不动产所在地主管地税机关预缴税款，向机构所在地主管国税机关申报纳税。

（摘自《国家税务总局关于发布 < 纳税人转让不动产增值税征收管理暂行办法 > 的公告》，2016 年 3 月 31 日国家税务总局公告 2016 年第 14 号）

3.3.3.2　一般纳税人销售其 2016 年 5 月 1 日后自建的不动产

一般纳税人销售其 2016 年 5 月 1 日后自建的不动产，应适用一般计税方法，以取得的全部价款和价外费用为销售额计算应纳税额。纳税人应以取得的全部价款和价外费用，按照 5% 的预征率在不动产所在地预缴税款后，向机构所在地主管税务机关进行纳税申报。

（摘自《财政部　国家税务总局关于全面推开营业税改征增值税试点的通知》之附件 2《营业税改征增值税试点有关事项的规定》，2016 年 3 月 23 日财税〔2016〕36 号）

一般纳税人转让其 2016 年 5 月 1 日后自建的不动产，适用一般计税方法，以取得的全部价款和价外费用为销售额计算应纳税额。纳税人应以取得的全部价款和价外费用，按照 5% 的预征率向不动产所在地主管地税机关预缴税款，向机构所在地主管国税机关申报纳税。

（摘自《国家税务总局关于发布 < 纳税人转让不动产增值税征收管理暂行办法 > 的公告》，2016 年 3 月 31 日国家税务总局公告 2016 年第 14 号）

3.3.3.3　一般纳税人销售其 2016 年 4 月 30 日前取得的不动产（不含自建）

一般纳税人销售其 2016 年 4 月 30 日前取得的不动产（不含自建），适用一般计税方法计税的，以取得的全部价款和价外费用为销售额计算应纳税额。上述纳税人应以取得的全部价款和价外费用减去该项不动产购置原价或者取得不动产时的作价后的余额，按照 5% 的预征率在不动产所在地预缴税款后，向机构所在地主管税务机关进行纳税申报。

（摘自《财政部　国家税务总局关于全面推开营业税改征增值税试点的通知》之附件 2《营业税改征增值税试点有关事项的规定》，2016 年 3 月 23 日财税〔2016〕36 号）

一般纳税人转让其 2016 年 4 月 30 日前取得（不含自建）的不动产，选择适用一般计税方法计税的，以取得的全部价款和价外费用为销售额计算应纳税额。纳税人应以取得的全部价款和价外费用扣除不动产购置原价或者取得不动产时的作价后的余额，按照 5% 的预征率向不动产所在地主管地税机关预缴税款，向机构所在地主管国税机关申报纳税。

（摘自《国家税务总局关于发布 < 纳税人转让不动产增值税征收管理暂行办法 > 的公告》，2016 年 3 月 31 日国家税务总局公告 2016 年第 14 号）

3.3.3.4　一般纳税人销售 2016 年 4 月 30 日前自建不动产适用一般计税方法

一般纳税人销售其 2016 年 4 月 30 日前自建的不动产，适用一般计税方法计税的，应以取得的全部价款和价外费用为销售额计算应纳税额。纳税人应以取得的全部价款和价外费用，按照 5% 的预征率在不动产所在地预缴税款后，向机构所在地主管税务机关进行纳税申报。

（摘自《财政部 国家税务总局关于全面推开营业税改征增值税试点的通知》之附件 2《营业税改征增值税试点有关事项的规定》，2016 年 3 月 23 日财税〔2016〕36 号）

一般纳税人转让其 2016 年 4 月 30 日前自建的不动产，选择适用一般计税方法计税的，以取得的全部价款和价外费用为销售额计算应纳税额。纳税人应以取得的全部价款和价外费用，按照 5% 的预征率向不动产所在地主管地税机关预缴税款，向机构所在地主管国税机关申报纳税。

（摘自《国家税务总局关于发布 < 纳税人转让不动产增值税征收管理暂行办法 > 的公告》，2016 年 3 月 31 日国家税务总局公告 2016 年第 14 号）

第4章 Chapter Four

应纳税额的计算

应纳税额是指企业按照税法的规定，经过计算得出的应向税务机关缴纳的税款金额。

增值税的计税方法包括一般计税方法和简易计税方法。由于计税方法的不同，增值税应纳税额的计算方法也不同。

一般纳税人发生应税行为适用一般计税方法计税。一般计税方法下，应纳税额为当期销项税额抵扣当期进项税额后的余额。

小规模纳税人发生应税销售行为，实行简易计税办法。一般纳税人发生财政部和国家税务总局规定的特定应税行为，可以选择适用简易计税方法计税，但一经选择，36 个月内不得变更。简易计税方法下，按照销售额和征收率计算应纳税额，并不得抵扣进项税额。

4.1 增值税计税方法的一般规定

增值税的计税方法，包括一般计税方法和简易计税方法。

一般纳税人发生应税行为适用一般计税方法计税。一般纳税人发生财政部和国家税务总局规定的特定应税行为，可以选择适用简易计税方法计税，但一经选择，36 个月内不得变更。

小规模纳税人发生应税行为适用简易计税方法计税。

（摘自《财政部 国家税务总局关于全面推开营业税改征增值税试点的通知》之附件 1《营业税改征增值税试点实施办法》第十七至第十九条，2016 年 3 月 23 日财税〔2016〕36 号）

政策解析

上述政策是对增值税应纳税额计算方法的一般性规定。增值税计税方法分为一般计税方法和简易计税方法。两种计税方法的对比如下。

1. 适用范围不同

小规模纳税人只能适用简易计税方法计税；而一般纳税人适用一般计税方法计税，若是发生财政部和国家税务总局规定的特定应税行为，可以选择适用简易计税方法计税，但一经选择，36 个月内不得变更。

2. 应纳税额的计算公式不同

一般计税方法的应纳税额，是指当期销项税额抵扣当期进项税额后的余额。应纳税额计算公式：应纳税额 = 当期销项税额 − 当期进项税额。

简易计税方法的应纳税额，是指按照销售额和增值税征收率计算的增值税额，不得抵扣进项税额。应纳税额计算公式：应纳税额＝销售额×征收率。

3．适用税率不同

一般计税方法按税率计征，简易计税办法按征收率计征。简易计税办法适用的征收率一般以3%较为常见，在"营改增"之后，某些行业存在5%的征收率；一般计税方法适用的税率根据不同情形涉及13%、9%、6%等不同税率。

4．进项税额是否抵扣不同

适用简易计税方法，不得抵扣进项税额；采用一般计税方法的通常可以抵扣进项税额。

5．开具增值税专用发票方面的不同

一般计税方法的一般纳税人通常可以开具增值税专用发票。适用和选择简易计税办法计算缴纳增值税的项目，除明文规定不得对外开具增值税专用发票外，可以开具增值税专用发票。小规模纳税人可向税务机关申请代开增值税专用发票，开展小规模纳税人自行开具增值税专用发票试点的行业（如住宿业、鉴证咨询业等）可以自行开具增值税专用发票。

4.2　一般计税方法

4.2.1　一般计税方法应纳税额的计算

除本条例第十一条规定外，纳税人销售货物、劳务、服务、无形资产、不动产（以下统称应税销售行为），应纳税额为当期销项税额抵扣当期进项税额后的余额。应纳税额计算公式：

$$应纳税额＝当期销项税额－当期进项税额$$

当期销项税额小于当期进项税额不足抵扣时，其不足部分可以结转下期继续抵扣。

（摘自《中华人民共和国增值税暂行条例》第四条，2017年11月19日修订国务院令第691号）

一般计税方法的应纳税额，是指当期销项税额抵扣当期进项税额后的余额。应纳税额计算公式：

$$应纳税额＝当期销项税额－当期进项税额$$

当期销项税额小于当期进项税额不足抵扣时，其不足部分可以结转下期继续抵扣。

（摘自《财政部　国家税务总局关于全面推开营业税改征增值税试点的通知》之附件1《营业税改征增值税试点实施办法》第二十一条，2016年3月23日财税〔2016〕36号）

政策解析

上述政策是关于增值税应纳税额计算方法的规定。目前我国增值税实行购进扣税法，也就是纳税人发生应税行为时按照销售额计算销项税额，购进货物、劳务、服务、无形资产或不动产时，以支付或负担的税款为进项税额，同时允许从销项税额中抵扣进项税额。这样，就相当于仅对发生应税行为的增值部分征税。当销项税额小于进项税额时，不足抵扣的部分可以结转下期继续抵扣。

例如：某增值税一般纳税人 2019 年 6 月取得交通运输收入 109 万元（含税），当月外购汽油 10 万元（不含税金额，取得增值税专用发票上注明的增值税额为 1.3 万元），购入运输车辆 20 万元（不含税金额，取得机动车销售统一发票上注明的增值税额为 2.6 万元），发生的联运支出 50 万元（不含税金额，取得增值税专用发票上注明的增值税额为 4.5 万元）。

该纳税人 2019 年 6 月的应纳税额 = 109 ÷ (1 + 9%) × 9% − 1.3 − 2.6 − 4.5 = 0.6 万元。

4.2.2 适用一般计税方法的情形

一般纳税人发生应税行为适用一般计税方法计税。

（摘自《财政部 国家税务总局关于全面推开营业税改征增值税试点的通知》之附件 1《营业税改征增值税试点实施办法》第十八条，2016 年 3 月 23 日财税〔2016〕36 号）

4.3 简易计税方法

4.3.1 简易计税方法应纳税额的计算

小规模纳税人发生应税销售行为，实行按照销售额和征收率计算应纳税额的简易办法，并不得抵扣进项税额。应纳税额计算公式：

$$应纳税额 = 销售额 × 征收率$$

（摘自《中华人民共和国增值税暂行条例》第十一条，2017 年 11 月 19 日修订国务院令第 691 号）

简易计税方法的应纳税额，是指按照销售额和增值税征收率计算的增值税额，不得抵扣进项税额。应纳税额计算公式：

$$应纳税额 = 销售额 × 征收率$$

（摘自《财政部 国家税务总局关于全面推开营业税改征增值税试点的通知》之附件 1《营业税改征增值税试点实施办法》第三十四条，2016 年 3 月 23 日财税〔2016〕36 号）

●政策解析●

上述政策是关于简易计税方法应纳税额的规定。采取简易计税方法计算应纳税额时，不得抵扣进项税额。小规模纳税人一律采用简易计税方法计税，一般纳税人提供的特定应税项目可以选择适用简易计税方法。

4.3.2 适用简易计税方法的情形

4.3.2.1 小规模纳税人适用简易计税方法

小规模纳税人发生应税行为适用简易计税方法计税。

（摘自《财政部 国家税务总局关于全面推开营业税改征增值税试点的通知》之附件 1

《营业税改征增值税试点实施办法》第十九条，2016年3月23日财税〔2016〕36号）

4.3.2.2　一般纳税人适用或选择简易计税方法的情形

4.3.2.2.1　可选择简易办法计税的自产货物

一般纳税人销售自产的下列货物，可选择按照简易办法依照6%（根据财税〔2014〕57号文件调整为3%）征收率计算缴纳增值税：

1. 县级及县级以下小型水力发电单位生产的电力。小型水力发电单位，是指各类投资主体建设的装机容量为5万千瓦以下（含5万千瓦）的小型水力发电单位。

2. 建筑用和生产建筑材料所用的砂、土、石料。

3. 以自己采掘的砂、土、石料或其他矿物连续生产的砖、瓦、石灰（不含粘土实心砖、瓦）。

4. 用微生物、微生物代谢产物、动物毒素、人或动物的血液或组织制成的生物制品。

5. 自来水。

6. 商品混凝土（仅限于以水泥为原料生产的水泥混凝土）。

一般纳税人选择简易办法计算缴纳增值税后，36个月内不得变更。

（摘自《财政部　国家税务总局关于部分货物适用增值税低税率和简易办法征收增值税政策的通知》，2009年1月19日财税〔2009〕9号）

4.3.2.2.2　销售寄售物品、死当物品

一般纳税人销售货物属于下列情形之一的，暂按简易办法依照4%【注：根据财税〔2014〕57号文件调整为3%】征收率计算缴纳增值税：

1. 寄售商店代销寄售物品（包括居民个人寄售的物品在内）；

2. 典当业销售死当物品；

（摘自《财政部　国家税务总局关于部分货物适用增值税低税率和简易办法征收增值税政策的通知》，2009年1月19日财税〔2009〕9号）

4.3.2.2.3　单采血浆站销售非临床用人体血液

属于增值税一般纳税人的单采血浆站销售非临床用人体血液，可以按照简易办法依照6%【注：根据国家税务总局公告2014年第36号文件修改为3%】征收率计算应纳税额，但不得对外开具增值税专用发票；也可以按照销项税额抵扣进项税额的办法依照增值税适用税率计算应纳税额。

纳税人选择计算缴纳增值税的办法后，36个月内不得变更。

（摘自《国家税务总局关于供应非临床用血增值税政策问题的批复》，2009年8月24日国税函〔2009〕456号）

4.3.2.2.4　药品经营企业销售生物制品

属于增值税一般纳税人的药品经营企业销售生物制品，可以选择简易办法按照生物制品销售额和3%的征收率计算缴纳增值税。

药品经营企业，是指取得（食品）药品监督管理部门颁发的《药品经营许可证》，获准从事生物制品经营的药品批发企业和药品零售企业。

属于增值税一般纳税人的药品经营企业销售生物制品，选择简易办法计算缴纳增值税的，36 个月内不得变更计税方法。

本公告自 2012 年 7 月 1 日起施行。

（摘自《国家税务总局关于药品经营企业销售生物制品有关增值税问题的公告》，2012 年 5 月 28 日国家税务总局公告 2012 年第 20 号）

政策解析

按财税字〔1994〕4 号（2009 年 1 月 1 日起失效）文件，一般纳税人生产企业销售自产的生物制品，可以选择按 6% 的征收率计算缴纳增值税。由于生产企业生物制品进项税很少，因此生产企业几乎都是选择按 6% 的征收率来计算增值税。但对药品批发企业来说，销售生物制品却要按 17% 来计算增值税，而可以抵扣的增值税仅是进价的 6%，这样存在严重的税收倒挂。

2009 年国家增值税改革，依然重申了对生物制品生产环节的增值税政策，根据财税〔2009〕9 号文件规定，一般纳税人自产的用微生物、微生物代谢产物、动物毒素、人或动物的血液或组织制成的生物制品，可以可选择按照简易办法依照 6% 征收率计算缴纳增值税额，不得抵扣进项税。但对一般纳税人药品经营企业来说，仍应按照 17% 来计算缴纳增值税。由此，可能严重影响药品批发企业经营生物制品的积极性，进而影响生物制品（疫苗）的顺畅流通。

因此，税务总局下发了此公告明确自 2012 年 7 月 1 日起，属于增值税一般纳税人的药品经营企业销售生物制品，可以选择简易办法按照生物制品销售额和 3% 的征收率计算缴纳增值税，有效地解决了生物制品在生产环节与经销环节严重税负不公的问题，减轻了纳税人负担。

4.3.2.2.5　兽用药品经营企业销售兽用生物制品

属于增值税一般纳税人的兽用药品经营企业销售兽用生物制品，可以选择简易办法按照兽用生物制品销售额和 3% 的征收率计算缴纳增值税。

兽用药品经营企业，是指取得兽医行政管理部门颁发的《兽药经营许可证》，获准从事兽用生物制品经营的兽用药品批发和零售企业。

属于增值税一般纳税人的兽用药品经营企业销售兽用生物制品，选择简易办法计算缴纳增值税的，36 个月内不得变更计税方法。

本公告自 2016 年 4 月 1 日起施行。

（摘自《国家税务总局关于兽用药品经营企业销售兽用生物制品有关增值税问题的公告》，2016 年 2 月 4 日国家税务总局公告 2016 年第 8 号）

政策解析

经营兽用生物制品的纳税人因只能取得《兽药经营许可证》而非《药品经营许可证》，不符合《国家税务总局关于药品经营企业销售生物制品有关增值税问题的公告》（国家税务总局公告 2012 年第 20 号）有关规定，其销售的兽用生物制品无法按简易办法计算缴纳增值税，兽用生物制品批发零售环节"高征低扣"造成的增值税负担较重问题较为突出。

该公告发布实施后，与 2012 年发布的《国家税务总局关于药品经营企业销售生物制品有关增值税问题的公告》（国家税务总局公告 2012 年第 20 号）相结合，共明确有两类企业批发零售生物制品，可选择简易办法计算缴纳增值税：一是取得（食品）药品监督管理部门颁发的《药品经营许可证》的药品经营企业，二是取得兽医行政管理部门颁发的《兽药经营许可证》的兽用药品经营企业。

4.3.2.2.6　销售库存化肥

自 2015 年 9 月 1 日起至 2016 年 6 月 30 日，对增值税一般纳税人销售的库存化肥，允许选择按照简易计税方法依照 3% 征收率征收增值税。

纳税人应当单独核算库存化肥的销售额，未单独核算的，不得适用简易计税方法。

本通知所称的库存化肥，是指纳税人 2015 年 8 月 31 日前生产或购进的尚未销售的化肥。

（摘自《财政部 国家税务总局关于对化肥恢复征收增值税政策的补充通知》，2015 年 8 月 28 日财税〔2015〕97 号）

政策解析

经国务院批准，2015 年 8 月 10 日，财政部、海关总署、国家税务总局印发了《关于对化肥恢复征收增值税政策的通知》（财税〔2015〕90 号），明确自 2015 年 9 月 1 日起，对纳税人销售和进口化肥统一征收国内和进口环节增值税。考虑到生产和流通企业化肥库存量较大，为做好政策过渡和衔接工作，财政部、国家税务总局补充下发了该文件，明确自 2015 年 9 月 1 日起至 2016 年 6 月 30 日，对增值税一般纳税人销售的库存化肥，允许选择简易计税方法依照 3% 征收率征收增值税，缓解企业在政策过渡期，销售库存化肥税负较高的问题。

4.3.2.2.7　以清包工方式提供的建筑服务

一般纳税人以清包工方式提供的建筑服务，可以选择适用简易计税方法计税。

以清包工方式提供建筑服务，是指施工方不采购建筑工程所需的材料或只采购辅助材料，并收取人工费、管理费或者其他费用的建筑服务。

（摘自《财政部 国家税务总局关于全面推开营业税改征增值税试点的通知》之附件 2《营业税改征增值税试点有关事项的规定》，2016 年 3 月 23 日财税〔2016〕36 号）

4.3.2.2.8　为甲供工程提供的建筑服务

一般纳税人为甲供工程提供的建筑服务，可以选择适用简易计税方法计税。

甲供工程，是指全部或部分设备、材料、动力由工程发包方自行采购的建筑工程。

（摘自《财政部　国家税务总局关于全面推开营业税改征增值税试点的通知》之附件 2《营业税改征增值税试点有关事项的规定》，2016 年 3 月 23 日财税〔2016〕36 号）

4.3.2.2.9　为建筑工程老项目提供的建筑服务

一般纳税人为建筑工程老项目提供的建筑服务，可以选择适用简易计税方法计税。

建筑工程老项目，是指：（1）《建筑工程施工许可证》注明的合同开工日期在 2016 年 4 月 30 日前的建筑工程项目；（2）未取得《建筑工程施工许可证》的，建筑工程承包合同注明的开工日期在 2016 年 4 月 30 日前的建筑工程项目。

（摘自《财政部　国家税务总局关于全面推开营业税改征增值税试点的通知》之附件 2《营业税改征增值税试点有关事项的规定》，2016 年 3 月 23 日财税〔2016〕36 号）

4.3.2.2.10　收取试点前开工的高速公路的车辆通行费

公路经营企业中的一般纳税人收取试点前开工的高速公路的车辆通行费，可以选择适用简易计税方法，减按 3% 的征收率计算应纳税额。

试点前开工的高速公路，是指相关施工许可证明上注明的合同开工日期在 2016 年 4 月 30 日前的高速公路。

（摘自《财政部　国家税务总局关于全面推开营业税改征增值税试点的通知》之附件 2《营业税改征增值税试点有关事项的规定》，2016 年 3 月 23 日财税〔2016〕36 号）

4.3.2.2.11　跨县（市）提供建筑服务

一般纳税人跨县（市）提供建筑服务，选择适用简易计税方法计税的，应以取得的全部价款和价外费用扣除支付的分包款后的余额为销售额，按照 3% 的征收率计算应纳税额。

（摘自《财政部　国家税务总局关于全面推开营业税改征增值税试点的通知》之附件 2《营业税改征增值税试点有关事项的规定》，2016 年 3 月 23 日财税〔2016〕36 号）

4.3.2.2.12　建筑工程总承包单位为房屋建筑的地基与基础、主体结构提供工程服务，建设单位自行采购全部或部分钢材、混凝土、砌体材料、预制构件

建筑工程总承包单位为房屋建筑的地基与基础、主体结构提供工程服务，建设单位自行采购全部或部分钢材、混凝土、砌体材料、预制构件的，适用简易计税方法计税。

地基与基础、主体结构的范围，按照《建筑工程施工质量验收统一标准》（GB 50300 - 2013）附录 B《建筑工程的分部工程、分项工程划分》中的"地基与基础""主体结构"分部工程的范围执行。

（摘自《财政部　税务总局关于建筑服务等营改增试点政策的通知》，2017 年 7 月 11 日财税〔2017〕58 号）

【注：《建筑工程施工质量验收统一标准》（GB 50300 – 2013）附录 B《建筑工程的分部工程、分项工程划分》中的"地基与基础""主体结构"分部工程的范围如表 4 – 1 所示。】

表 4 – 1

序号	分部工程	子分部工程	分项工程
1	地基与基础	土方	土方开挖，土方回填，场地平整
		基坑支护	灌注桩排桩围护墙，重力式挡土墙，板桩围护墙，型钢水泥土搅拌墙，土钉墙与复合土钉墙，地下连续墙，咬合桩围护墙，沉井与沉箱，钢或混凝土支撑，锚杆（索），与主体结构相结合的基抗支护，降水与排水
		地基处理	索土、灰土地基，砂和砂石地基，土工合成材料地基，粉煤灰地基，强夯地基，注浆加固地基，预压地基，振冲地基，高压喷射注浆地基，水泥土搅拌桩地基，土和灰土挤密桩地基，水泥粉煤灰碎石桩地基，夯实水泥土桩地基，砂桩地基
		桩基础	先张法预应力管桩，钢筋混凝土预制桩，钢桩，泥浆护壁混凝土灌注桩，长螺旋钻孔压灌桩，沉管灌注桩，干作业成孔灌注桩，锚杆静压桩
		混凝土基础	模板，钢筋，混凝土，预应力，现浇结构，装配式结构
		砌体基础	砖砌体，混凝土小型空心砌块砌体，石砌体，配筋砌体
		钢结构基础	钢结构焊接，紧固件连接，钢结构制作，钢结构安装，防腐涂料涂装
		钢管混凝土结构基础	构件进场验收，构件现场拼装，柱脚锚固，构件安装，柱与混凝土梁连接，钢管内钢筋骨架，钢管内混凝土浇筑
		型钢混凝土结构基础	型钢焊接，紧固件连接，型钢与钢筋连接，型钢构件组装及预拼装，型钢安装，模板，混凝土
		地下防水	主体结构防水，细部构造防水，特殊施工法结构防水，排水，注浆
2	主体结构	混凝土结构	模板，钢筋，混凝土，预应力，现浇结构，装配式结构
		砌体结构	砖砌体，混凝土小型空心砌块砌体，石砌体，配筋砌体，填充墙砌体
		钢结构	钢结构焊接，紧固件连接，钢零部件加工，钢构件组装及预拼装，单层钢结构安装，多层及高层钢结构安装，钢管结构安装，预应力钢索和膜结构，压型金属板，防腐涂料涂装，防火涂料涂装
		钢管混凝土结构	构件现场拼装，构件安装，钢管焊接，构件连接，钢管内钢筋骨架，混凝土
		型钢混凝土结构	型钢焊接，紧固件连接，型钢与钢筋连接，型钢构件组装及预拼装，型钢安装，模板，混凝土
		铝合金结构	铝合金焊接，紧固件连接，铝合金零部件加工，铝合金构件组装，铝合金构件预拼装，铝合金框架结构安装，铝合金空间网格结构安装，铝合金面板，铝合金幕墙结构安装，防腐处理
		木结构	方木与原木结构，胶合木结构，轻型木结构，木结构的防护

4.3.2.2.13 在县（县级市、区、旗）及县以下地区的农村合作银行和农村商业银行提供金融服务

农村信用社、村镇银行、农村资金互助社、由银行业机构全资发起设立的贷款公司、法人机构在县（县级市、区、旗）及县以下地区的农村合作银行和农村商业银行提供金融服务收入，可以选择适用简易计税方法按照3%的征收率计算缴纳增值税。

村镇银行，是指经中国银行业监督管理委员会依据有关法律、法规批准，由境内外金融机构、境内非金融机构企业法人、境内自然人出资，在农村地区设立的主要为当地农民、农业和农村经济发展提供金融服务的银行业金融机构。

农村资金互助社，是指经银行业监督管理机构批准，由乡（镇）、行政村农民和农村小企业自愿入股组成，为社员提供存款、贷款、结算等业务的社区互助性银行业金融机构。

由银行业机构全资发起设立的贷款公司，是指经中国银行业监督管理委员会依据有关法律、法规批准，由境内商业银行或农村合作银行在农村地区设立的专门为县域农民、农业和农村经济发展提供贷款服务的非银行业金融机构。

县（县级市、区、旗），不包括直辖市和地级市所辖城区。

（摘自《财政部 国家税务总局关于进一步明确全面推开营改增试点金融业有关政策的通知》，2016年4月29日财税〔2016〕46号）

4.3.2.2.14 中国农业银行纳入"三农金融事业部"改革试点的县域支行和新疆生产建设兵团分行下辖的县域支行，提供农户贷款、农村企业和农村各类组织贷款

对中国农业银行纳入"三农金融事业部"改革试点的各省、自治区、直辖市、计划单列市分行下辖的县域支行和新疆生产建设兵团分行下辖的县域支行（也称县事业部），提供农户贷款、农村企业和农村各类组织贷款（具体贷款业务清单见附件）取得的利息收入，可以选择适用简易计税方法按照3%的征收率计算缴纳增值税。

农户贷款，是指金融机构发放给农户的贷款，但不包括按照《过渡政策的规定》第一条第（十九）项规定的免征增值税的农户小额贷款。

农户，是指《过渡政策的规定》第一条第（十九）项所称的农户。

农村企业和农村各类组织贷款，是指金融机构发放给注册在农村地区的企业及各类组织的贷款。

附件：享受增值税优惠的涉农贷款业务清单

1. 法人农业贷款

2. 法人林业贷款

3. 法人畜牧业贷款

4. 法人渔业贷款

5. 法人农林牧渔服务业贷款

6.　法人其他涉农贷款（煤炭、烟草、采矿业、房地产业、城市基础设施建设和其他类的法人涉农贷款除外）

7.　小型农田水利设施贷款

8.　大型灌区改造

9.　中低产田改造

10.　防涝抗旱减灾体系建设

11.　农产品加工贷款

12.　农业生产资料制造贷款

13.　农业物资流通贷款

14.　农副产品流通贷款

15.　农产品出口贷款

16.　农业科技贷款

17.　农业综合生产能力建设

18.　农田水利设施建设

19.　农产品流通设施建设

20.　其他农业生产性基础设施建设

21.　农村饮水安全工程

22.　农村公路建设

23.　农村能源建设

24.　农村沼气建设

25.　其他农村生活基础设施建设

26.　农村教育设施建设

27.　农村卫生设施建设

28.　农村文化体育设施建设

29.　林业和生态环境建设

30.　个人农业贷款

31.　个人林业贷款

32.　个人畜牧业贷款

33.　个人渔业贷款

34.　个人农林牧渔服务业贷款

35.　农户其他生产经营贷款

36.　农户助学贷款

37.　农户医疗贷款

38.　农户住房贷款

39.　农户其他消费贷款

（摘自《财政部　国家税务总局关于进一步明确全面推开营改增试点金融业有关政策的

通知》, 2016 年 4 月 29 日财税〔2016〕46 号)

4.3.2.2.15 提供非学历教育服务

一般纳税人提供非学历教育服务,可以选择适用简易计税方法按照 3% 征收率计算应纳税额。

(摘自《财政部 国家税务总局关于进一步明确全面推开营改增试点有关再保险不动产租赁和非学历教育等政策的通知》,2016 年 6 月 18 日财税〔2016〕68 号)

4.3.2.2.16 提供教育辅助服务

一般纳税人提供教育辅助服务,可以选择简易计税方法按照 3% 征收率计算缴纳增值税。

(摘自《财政部 国家税务总局关于明确金融 房地产开发 教育辅助服务等增值税政策的通知》,2016 年 12 月 21 日财税〔2016〕140 号)

政策解析

教育服务包括学历教育服务、非学历教育服务、教育辅助服务。"营改增"后,符合税法规定条件的学历教育免征增值税;政府举办的从事学历教育的高等、中等和初等学校(不含下属单位),举办进修班、培训班取得的全部归该学校所有的收入免征增值税;一般纳税人从事非学历教育可以选择按简易计税方法按照 3% 的征收率计征增值税。本条款将一般纳税人从事教育测评、考试、招生等教育辅助服务也纳入可选择简易计税方法范围,保证了税负不增加且同类业务税负总体平衡。

4.3.2.2.17 物业管理服务中收取的自来水水费

提供物业管理服务的纳税人,向服务接受方收取的自来水水费,以扣除其对外支付的自来水水费后的余额为销售额,按照简易计税方法依 3% 的征收率计算缴纳增值税。

本公告自发布之日起施行。2016 年 5 月 1 日以后已发生并处理的事项,不再作调整;未处理的,按本公告规定执行。

(摘自《国家税务总局关于物业管理服务中收取的自来水水费增值税问题的公告》,2016 年 8 月 19 日国家税务总局公告 2016 年第 54 号)

政策解析

2016 年 5 月 1 日全面推开"营改增"以后,物业公司提供物业服务时代收水费,若按适用税率征收增值税可能导致税负上升,为稳定"营改增"后物业公司税负水平,国家税务总局制发了本公告,对于物业公司收取的自来水水费给予一定的特殊政策安排。

4.3.2.2.18 非企业性单位中的一般纳税人提供的有关服务

非企业性单位中的一般纳税人提供的研发和技术服务、信息技术服务、鉴证咨询服务,以及销售技术、著作权等无形资产，可以选择简易计税方法按照3%征收率计算缴纳增值税。

非企业性单位中的一般纳税人提供《营业税改征增值税试点过渡政策的规定》（财税〔2016〕36号）第一条第（二十六）项中的"技术转让、技术开发和与之相关的技术咨询、技术服务"，可以参照上述规定，选择简易计税方法按照3%征收率计算缴纳增值税。

（摘自《财政部 国家税务总局关于明确金融 房地产开发 教育辅助服务等增值税政策的通知》，2016年12月21日财税〔2016〕140号）

政策解析

该条款是针对行政事业单位、社会团体、非公益性组织中的增值税一般纳税人，为减轻其税负而设定的特殊规定，该文件只适用于非企业性单位中的增值税一般纳税人。

4.3.2.2.19 资管产品运营业务

一、资管产品管理人（以下称管理人）运营资管产品过程中发生的增值税应税行为（以下称资管产品运营业务），暂适用简易计税方法，按照3%的征收率缴纳增值税。

资管产品管理人，包括银行、信托公司、公募基金管理公司及其子公司、证券公司及其子公司、期货公司及其子公司、私募基金管理人、保险资产管理公司、专业保险资产管理机构、养老保险公司。

资管产品，包括银行理财产品、资金信托（包括集合资金信托、单一资金信托）、财产权信托、公开募集证券投资基金、特定客户资产管理计划、集合资产管理计划、定向资产管理计划、私募投资基金、债权投资计划、股权投资计划、股债结合型投资计划、资产支持计划、组合类保险资产管理产品、养老保障管理产品。

财政部和税务总局规定的其他资管产品管理人及资管产品。

二、管理人接受投资者委托或信托对受托资产提供的管理服务以及管理人发生的除本通知第一条规定的其他增值税应税行为（以下称其他业务），按照现行规定缴纳增值税。

三、管理人应分别核算资管产品运营业务和其他业务的销售额和增值税应纳税额。未分别核算的，资管产品运营业务不得适用本通知第一条规定。

四、管理人可选择分别或汇总核算资管产品运营业务销售额和增值税应纳税额。

五、管理人应按照规定的纳税期限，汇总申报缴纳资管产品运营业务和其他业务增值税。

六、本通知自2018年1月1日起施行。

对资管产品在2018年1月1日前运营过程中发生的增值税应税行为，未缴纳增值税的，不再缴纳；已缴纳增值税的，已纳税额从资管产品管理人以后月份的增值税应纳税额中抵减。

（摘自《财政部 税务总局关于资管产品增值税有关问题的通知》，2017年6月30日财税〔2017〕56号）

4.3.2.2.20　转让 2016 年 4 月 30 日前取得（不含自建）的不动产

一般纳税人转让其 2016 年 4 月 30 日前取得（不含自建）的不动产，可以选择适用简易计税方法计税，以取得的全部价款和价外费用扣除不动产购置原价或者取得不动产时的作价后的余额为销售额，按照 5% 的征收率计算应纳税额。

（摘自《国家税务总局关于发布＜纳税人转让不动产增值税征收管理暂行办法＞的公告》，2016 年 3 月 31 日国家税务总局公告 2016 年第 14 号）

4.3.2.2.21　转让 2016 年 4 月 30 日前自建的不动产

一般纳税人转让其 2016 年 4 月 30 日前自建的不动产，可以选择适用简易计税方法计税，以取得的全部价款和价外费用为销售额，按照 5% 的征收率计算应纳税额。

（摘自《国家税务总局关于发布＜纳税人转让不动产增值税征收管理暂行办法＞的公告》，2016 年 3 月 31 日国家税务总局公告 2016 年第 14 号）

4.3.2.2.22　出租 2016 年 4 月 30 日前取得的不动产

一般纳税人出租其 2016 年 4 月 30 日前取得的不动产，可以选择适用简易计税方法，按照 5% 的征收率计算应纳税额。

（摘自《国家税务总局关于发布＜纳税人提供不动产经营租赁服务增值税征收管理暂行办法＞的公告》，2016 年 3 月 31 日国家税务总局公告 2016 年第 16 号）

4.3.2.2.23　房地产开发企业销售自行开发的房地产老项目

一般纳税人销售自行开发的房地产老项目，可以选择适用简易计税方法按照 5% 的征收率计税。一经选择简易计税方法计税的，36 个月内不得变更为一般计税方法计税。

房地产老项目，是指：（一）《建筑工程施工许可证》注明的合同开工日期在 2016 年 4 月 30 日前的房地产项目；（二）《建筑工程施工许可证》未注明合同开工日期或者未取得《建筑工程施工许可证》但建筑工程承包合同注明的开工日期在 2016 年 4 月 30 日前的建筑工程项目。

一般纳税人销售自行开发的房地产老项目适用简易计税方法计税的，以取得的全部价款和价外费用为销售额，不得扣除对应的土地价款。

（摘自《国家税务总局关于发布＜房地产开发企业销售自行开发的房地产项目增值税征收管理暂行办法＞的公告》，2016 年 3 月 31 日国家税务总局公告 2016 年第 18 号）

4.3.2.2.24　房地产开发企业出租自行开发的房地产老项目

房地产开发企业中的一般纳税人，出租自行开发的房地产老项目，可以选择适用简易计税方法，按照 5% 的征收率计算应纳税额。

（摘自《财政部　国家税务总局关于进一步明确全面推开营改增试点有关再保险不动产租赁和非学历教育等政策的通知》，2016 年 6 月 18 日财税〔2016〕68 号）

4.3.2.2.25 提供劳务派遣服务选择差额纳税

一般纳税人提供劳务派遣服务，可以选择差额纳税，以取得的全部价款和价外费用，扣除代用工单位支付给劳务派遣员工的工资、福利和为其办理社会保险及住房公积金后的余额为销售额，按照简易计税方法依5%的征收率计算缴纳增值税。

（摘自《财政部 国家税务总局关于进一步明确全面推开营改增试点有关劳务派遣服务、收费公路通行费抵扣等政策的通知》，2016年4月30日财税〔2016〕47号）

4.3.2.2.26 提供人力资源外包服务

一般纳税人提供人力资源外包服务，可以选择适用简易计税方法，按照5%的征收率计算缴纳增值税。

（摘自《财政部 国家税务总局关于进一步明确全面推开营改增试点有关劳务派遣服务、收费公路通行费抵扣等政策的通知》，2016年4月30日财税〔2016〕47号）

4.3.2.2.27 收取试点前开工的一级公路、二级公路、桥、闸通行费

一般纳税人收取试点前开工的一级公路、二级公路、桥、闸通行费，可以选择适用简易计税方法，按照5%的征收率计算缴纳增值税。

试点前开工，是指相关施工许可证注明的合同开工日期在2016年4月30日前。

（摘自《财政部 国家税务总局关于进一步明确全面推开营改增试点有关劳务派遣服务、收费公路通行费抵扣等政策的通知》，2016年4月30日财税〔2016〕47号）

4.3.2.2.28 转让2016年4月30日前取得的土地使用权

纳税人转让2016年4月30日前取得的土地使用权，可以选择适用简易计税方法，以取得的全部价款和价外费用减去取得该土地使用权的原价后的余额为销售额，按照5%的征收率计算缴纳增值税。

（摘自《财政部 国家税务总局关于进一步明确全面推开营改增试点有关劳务派遣服务、收费公路通行费抵扣等政策的通知》，2016年4月30日财税〔2016〕47号）

4.3.2.2.29 不动产融资租赁服务

一般纳税人2016年4月30日前签订的不动产融资租赁合同，或以2016年4月30日前取得的不动产提供的融资租赁服务，可以选择适用简易计税方法，按照5%的征收率计算缴纳增值税。

（摘自《财政部 国家税务总局关于进一步明确全面推开营改增试点有关劳务派遣服务、收费公路通行费抵扣等政策的通知》，2016年4月30日财税〔2016〕47号）

4.3.2.2.30 一般纳税人销售机器设备的同时提供安装服务

一般纳税人销售电梯的同时提供安装服务，其安装服务可以按照甲供工程选择适用简易计税方法计税。

纳税人对安装运行后的电梯提供的维护保养服务，按照"其他现代服务"缴纳增值税。

【注：2018 年 7 月 25 日废止该规定，执行国家税务总局公告 2018 年第 42 号的统一规定】

（摘自《国家税务总局关于进一步明确营改增有关征管问题的公告》，2017 年 4 月 20 日国家税务总局公告 2017 年第 11 号）

一般纳税人销售自产机器设备的同时提供安装服务，应分别核算机器设备和安装服务的销售额，安装服务可以按照甲供工程选择适用简易计税方法计税。

一般纳税人销售外购机器设备的同时提供安装服务，如果已经按照兼营的有关规定，分别核算机器设备和安装服务的销售额，安装服务可以按照甲供工程选择适用简易计税方法计税。

（摘自《国家税务总局关于明确中外合作办学等若干增值税征管问题的公告》，2018 年 7 月 25 日国家税务总局公告 2018 年第 42 号）

政策解析

该公告明确了纳税人销售机器设备同时提供安装服务，安装服务的计税方法的适用税率问题。

纳税人销售机器设备同时提供安装服务，包括以下两种情形。

（一）纳税人销售自产机器设备的同时提供安装服务

按照现行规定，这种情况下纳税人应分别核算机器设备和安装服务的销售额。机器设备销售给甲方后，又交给机器设备销售企业负责安装，可以将此机器设备视为"甲供"的机器设备，机器设备销售企业提供的安装服务也可视为为甲供工程提供的安装服务，可以选择适用简易计税方法计税。

（二）纳税人销售外购机器设备的同时提供安装服务

这种情形下又分两种情况。一是纳税人未分别核算机器设备和安装服务的销售额，那么应按照混合销售的有关规定，确定其适用税目和税率。二是纳税人已按照兼营的有关规定，分别核算机器设备和安装服务的销售额，同样可以将此机器设备视为"甲供"的机器设备，将纳税人提供的安装服务视为为甲供工程提供的安装服务，选择适用简易计税方法计税。

4.3.2.2.31　其他有关"营改增"服务项目

一般纳税人发生下列应税行为可以选择适用简易计税方法计税：

1. 公共交通运输服务。

公共交通运输服务，包括轮客渡、公交客运、地铁、城市轻轨、出租车、长途客运、班车。

班车，是指按固定路线、固定时间运营并在固定站点停靠的运送旅客的陆路运输服务。

2. 经认定的动漫企业为开发动漫产品提供的动漫脚本编撰、形象设计、背景设计、动画设计、分镜、动画制作、摄制、描线、上色、画面合成、配音、配乐、音效合成、剪辑、字幕制作、压缩转码（面向网络动漫、手机动漫格式适配）服务，以及在境内转让动漫版权（包括动漫品牌、形象或者内容的授权及再授权）。

动漫企业和自主开发、生产动漫产品的认定标准和认定程序，按照《文化部 财政部 国家税务总局关于印发<动漫企业认定管理办法（试行）>的通知》（文市发〔2008〕51 号）的规定执行。

3. 电影放映服务、仓储服务、装卸搬运服务、收派服务和文化体育服务。

4. 以纳入营改增试点之日前取得的有形动产为标的物提供的经营租赁服务。

5. 在纳入营改增试点之日前签订的尚未执行完毕的有形动产租赁合同。

（摘自《财政部 国家税务总局关于全面推开营业税改征增值税试点的通知》之附件 2 《营业税改征增值税试点有关事项的规定》，2016 年 3 月 23 日财税〔2016〕36 号）

4.4　进口货物增值税应纳税额的计算

纳税人进口货物，按照组成计税价格和本条例第二条规定的税率计算应纳税额。组成计税价格和应纳税额计算公式：

$$组成计税价格 = 关税完税价格 + 关税 + 消费税$$
$$应纳税额 = 组成计税价格 × 税率$$

（摘自《中华人民共和国增值税暂行条例》第十四条，2017 年 11 月 19 日修订国务院令第 691 号）

4.5　接受境外单位或个人提供应税服务扣缴增值税的计算

境外单位或者个人在境内发生应税行为，在境内未设有经营机构的，扣缴义务人按照下列公式计算应扣缴税额：

$$应扣缴税额 = 购买方支付的价款 ÷ （1 + 税率） × 税率$$

（摘自《财政部 国家税务总局关于全面推开营业税改征增值税试点的通知》之附件 1 《营业税改征增值税试点实施办法》第二十条，2016 年 3 月 23 日财税〔2016〕36 号）

政策解析

本条是关于境外单位和个人在境内发生应税行为时如何计算应扣缴税额的规定。理解本条规定应从以下三个方面掌握：

（1）本条适用于境外单位或者个人在境内销售服务、无形资产或者不动产，且没有在境内设立经营机构的情况。

（2）本条仅适用于销售服务、无形资产或者不动产，即《销售服务、无形资产、不动产注释》规定范围内的应税行为。

（3）在计算应扣缴税额时，应将应税行为购买方支付的含税价款，换算为不含税价款，再乘以应税行为的增值税适用税率，计算出应扣缴的增值税税额。

这里需要注意的是，按照上述公式计算应扣缴税额时，无论购买方支付的价款是否超过 500 万元的一般纳税人标准，无论扣缴义务人是一般纳税人还是小规模纳税人，一律按照境外单位或者个人发生应税行为的适用税率予以计算。

例如：境外公司为我国境内某纳税人提供咨询服务，合同价款 106 万元，且该境外公司没有在境内设立经营机构，应以服务购买方为增值税扣缴义务人，则购买方应当扣缴的税额计算如下：

$$应扣缴增值税 = 106 \div （1 + 6\%） \times 6\% = 6 万元$$

境内的购买方为境外单位和个人扣缴增值税的，按照适用税率扣缴增值税。

（摘自《财政部 国家税务总局关于全面推开营业税改征增值税试点的通知》之附件 2《营业税改征增值税试点有关事项的规定》，2016 年 3 月 23 日财税〔2016〕36 号）

境外单位通过教育部考试中心及其直属单位在境内开展考试，教育部考试中心及其直属单位应以取得的考试费收入扣除支付给境外单位考试费后的余额为销售额，按提供"教育辅助服务"缴纳增值税；就代为收取并支付给境外单位的考试费统一扣缴增值税。教育部考试中心及其直属单位代为收取并支付给境外单位的考试费，不得开具增值税专用发票，可以开具增值税普通发票。

（摘自《国家税务总局关于在境外提供建筑服务等有关问题的公告》，2016 年 11 月 4 日国家税务总局公告 2016 年第 69 号）

政策解析

该规定明确境外单位通过教育部考试中心及其直属单位在境内开展考试，收取的考试费收入可以差额计算销售额（即可以扣除支付给境外单位考试费后的余额），按提供"教育辅助服务"计算扣缴境外单位的增值税。代为收取并支付给境外单位的考试费，只能开具增值税普通发票，不得开具增值税专用发票。

4.6 特定行业（业务）应纳税额的计算

4.6.1 跨县（市、区）提供建筑服务预缴税款的计算

纳税人跨县（市、区）提供建筑服务，按照以下公式计算应预缴税款：

（一）适用一般计税方法计税的，应预缴税款 =（全部价款和价外费用 - 支付的分包款）$\div$（1 + 11%）× 2%

【注：自 2018 年 5 月 1 日起调整为 10%，自 2019 年 4 月 1 日起调整为 9%】

（二）适用简易计税方法计税的，应预缴税款 =（全部价款和价外费用 - 支付的分包款）$\div$（1 + 3%）× 3%

纳税人取得的全部价款和价外费用扣除支付的分包款后的余额为负数的，可结转下次预缴税款时继续扣除。

纳税人应按照工程项目分别计算应预缴税款，分别预缴。

（摘自《国家税务总局关于发布＜纳税人跨县（市、区）提供建筑服务增值税征收管理暂行办法＞的公告》，2016 年 3 月 31 日国家税务总局公告 2016 年第 17 号）

4.6.2 其他个人以外的纳税人转让其取得的不动产预缴税款的计算

其他个人以外的纳税人转让其取得的不动产，区分以下情形计算应向不动产所在地主管地税机关预缴的税款：

（一）以转让不动产取得的全部价款和价外费用作为预缴税款计算依据的，计算公式为：

$$应预缴税款 = 全部价款和价外费用 \div (1 + 5\%) \times 5\%$$

（二）以转让不动产取得的全部价款和价外费用扣除不动产购置原价或者取得不动产时的作价后的余额作为预缴税款计算依据的，计算公式为：

$$应预缴税款 = (全部价款和价外费用 - 不动产购置原价或者取得不动$$
$$产时的作价) \div (1 + 5\%) \times 5\%$$

（摘自《国家税务总局关于发布＜纳税人转让不动产增值税征收管理暂行办法＞的公告》，2016 年 3 月 31 日国家税务总局公告 2016 年第 14 号）

4.6.3 纳税人出租与机构所在地不在同一县（市、区）的不动产预缴税款

预缴税款的计算

（一）纳税人出租不动产适用一般计税方法计税的，按照以下公式计算应预缴税款：

$$应预缴税款 = 含税销售额 \div (1 + 11\%) \times 3\%$$

（二）纳税人出租不动产适用简易计税方法计税的，除个人出租住房外，按照以下公式计算应预缴税款：

$$应预缴税款 = 含税销售额 \div (1 + 5\%) \times 5\%$$

（三）个体工商户出租住房，按照以下公式计算应预缴税款：

$$应预缴税款 = 含税销售额 \div (1 + 5\%) \times 1.5\%$$

（摘自《国家税务总局关于发布＜纳税人提供不动产经营租赁服务增值税征收管理暂行办法＞的公告》，2016 年 3 月 31 日国家税务总局公告 2016 年第 16 号）

4.6.4 其他个人出租不动产应纳税款的计算

其他个人出租不动产，按照以下公式计算应纳税款：

（一）出租住房：

$$应纳税款 = 含税销售额 \div (1 + 5\%) \times 1.5\%$$

（二）出租非住房：

$$应纳税款 = 含税销售额 \div (1 + 5\%) \times 5\%$$

（摘自《国家税务总局关于发布＜纳税人提供不动产经营租赁服务增值税征收管理暂行

办法 > 的公告》，2016 年 3 月 31 日国家税务总局公告 2016 年第 16 号）

4.6.5 房地产企业采取预收款方式销售自行开发的房地产项目预缴税款

4.6.5.1 一般纳税人采取预收款方式销售自行开发的房地产项目

一般纳税人采取预收款方式销售自行开发的房地产项目，应在收到预收款时按照 3% 的预征率预缴增值税。

应预缴税款按照以下公式计算：

$$应预缴税款 = 预收款 \div (1 + 适用税率或征收率) \times 3\%$$

适用一般计税方法计税的，按照 11% 的适用税率计算；适用简易计税方法计税的，按照 5% 的征收率计算。

（摘自《国家税务总局关于发布 < 房地产开发企业销售自行开发的房地产项目增值税征收管理暂行办法 > 的公告》，2016 年 3 月 31 日国家税务总局公告 2016 年第 18 号）

4.6.5.2 小规模纳税人采取预收款方式销售自行开发的房地产项目

房地产开发企业中的小规模纳税人（以下简称小规模纳税人）采取预收款方式销售自行开发的房地产项目，应在收到预收款时按照 3% 的预征率预缴增值税。

应预缴税款按照以下公式计算：

$$预缴税款 = 预收款 \div (1 + 5\%) \times 3\% 。$$

（摘自《国家税务总局关于发布 < 房地产开发企业销售自行开发的房地产项目增值税征收管理暂行办法 > 的公告》，2016 年 3 月 31 日国家税务总局公告 2016 年第 18 号）

4.6.6 按照简易办法依 3% 征收率减按 2% 征收增值税应纳税款的计算

纳税人适用按照简易办法依 3% 征收率减按 2% 征收增值税政策的，按下列公式确定销售额和应纳税额：

$$销售额 = 含税销售额 / (1 + 3\%)$$
$$应纳税额 = 销售额 \times 2\%$$

（摘自《国家税务总局关于简并增值税征收率有关问题的公告》，2014 年 6 月 27 日国家税务总局公告 2014 年第 36 号）

4.7 2019 年 4 月 1 日后，生产、生活性服务业纳税人享受加计抵减政策

自 2019 年 4 月 1 日至 2021 年 12 月 31 日，允许生产、生活性服务业纳税人按照当期可抵扣进项税额加计 10%，抵减应纳税额（以下称加计抵减政策）。

（一）本公告所称生产、生活性服务业纳税人，是指提供邮政服务、电信服务、现代服务、生活服务（以下称四项服务）取得的销售额占全部销售额的比重超过 50% 的纳税人。

四项服务的具体范围按照《销售服务、无形资产、不动产注释》（财税〔2016〕36号印发）执行。

2019年3月31日前设立的纳税人，自2018年4月至2019年3月期间的销售额（经营期不满12个月的，按照实际经营期的销售额）符合上述规定条件的，自2019年4月1日起适用加计抵减政策。

2019年4月1日后设立的纳税人，自设立之日起3个月的销售额符合上述规定条件的，自登记为一般纳税人之日起适用加计抵减政策。

纳税人确定适用加计抵减政策后，当年内不再调整，以后年度是否适用，根据上年度销售额计算确定。

纳税人可计提但未计提的加计抵减额，可在确定适用加计抵减政策当期一并计提。

（二）纳税人应按照当期可抵扣进项税额的10%计提当期加计抵减额。按照现行规定不得从销项税额中抵扣的进项税额，不得计提加计抵减额；已计提加计抵减额的进项税额，按规定作进项税额转出的，应在进项税额转出当期，相应调减加计抵减额。计算公式如下：

$$当期计提加计抵减额＝当期可抵扣进项税额×10\%$$
$$当期可抵减加计抵减额＝上期末加计抵减额余额＋当期计提加计抵减额－$$
$$当期调减加计抵减额$$

（三）纳税人应按照现行规定计算一般计税方法下的应纳税额（以下称抵减前的应纳税额）后，区分以下情形加计抵减：

1. 抵减前的应纳税额等于零的，当期可抵减加计抵减额全部结转下期抵减；

2. 抵减前的应纳税额大于零，且大于当期可抵减加计抵减额的，当期可抵减加计抵减额全额从抵减前的应纳税额中抵减；

3. 抵减前的应纳税额大于零，且小于或等于当期可抵减加计抵减额的，以当期可抵减加计抵减额抵减应纳税额至零。未抵减完的当期可抵减加计抵减额，结转下期继续抵减。

（四）纳税人出口货物劳务、发生跨境应税行为不适用加计抵减政策，其对应的进项税额不得计提加计抵减额。

纳税人兼营出口货物劳务、发生跨境应税行为且无法划分不得计提加计抵减额的进项税额，按照以下公式计算：

$$不得计提加计抵减额的进项税额＝当期无法划分的全部进项税额×$$
$$当期出口货物劳务和发生跨境应税行为的销售额÷当期全部销售额$$

（五）纳税人应单独核算加计抵减额的计提、抵减、调减、结余等变动情况。骗取适用加计抵减政策或虚增加计抵减额的，按照《中华人民共和国税收征收管理法》等有关规定处理。

（六）加计抵减政策执行到期后，纳税人不再计提加计抵减额，结余的加计抵减额停止抵减。

（摘自《财政部 税务总局 海关总署关于深化增值税改革有关政策的公告》（2019年3月20日，财政部 税务总局 海关总署公告2019年第39号）

第5章 Chapter Five
销售额及销项税额

销售额是指纳税人销售货物、提供应税劳务或服务，从购买或接受应税劳务方或服务方收取的全部价款和价外费用，但是不包括向购买方收取的销项税额以及代为收取的政府性基金或者行政事业性收费。销售额是计算销项税额的主要依据。

增值税销项税额是指纳税人发生应税行为（销售货物或者加工、修理修配劳务，销售服务、无形资产、不动产等），按照销售额和规定税率计算并收取的增值税额。销项税额是计算应缴纳增值税额的重要依据。

5.1 销售额与销项税额的含义

5.1.1 销售额

销售额为纳税人发生应税销售行为收取的全部价款和价外费用，但是不包括收取的销项税额。

（摘自《中华人民共和国增值税暂行条例》第六条，2017年11月19日修订国务院令第691号）

政策解析

2017年修订的《中华人民共和国增值税暂行条例》对增值税销售额的定义进行了重新明确，规定销售额为纳税人发生应税销售行为收取的全部价款和价外费用，删除了"向购买方收取"这一资金来源限制。

5.1.2 销项税额

纳税人发生应税销售行为，按照销售额和本条例第二条规定的税率计算收取的增值税额，为销项税额。销项税额计算公式：

$$销项税额 = 销售额 \times 税率$$

（摘自《中华人民共和国增值税暂行条例》第五条，2017年11月19日修订国务院令第691号）

销项税额，是指纳税人发生应税行为按照销售额和增值税税率计算并收取的增值税额。销项税额计算公式：

$$销项税额 = 销售额 \times 税率$$

（摘自《财政部 国家税务总局关于全面推开营业税改征增值税试点的通知》之附件1《营业税改征增值税试点实施办法》第二十二条，2016年3月23日财税〔2016〕36号）

5.2 原增值税纳税人销售额的确认

5.2.1 原增值税纳税人的价外费用

条例第六条第一款所称价外费用，包括价外向购买方收取的手续费、补贴、基金、集资费、返还利润、奖励费、违约金、滞纳金、延期付款利息、赔偿金、代收款项、代垫款项、包装费、包装物租金、储备费、优质费、运输装卸费以及其他各种性质的价外收费。但下列项目不包括在内：

（一）受托加工应征消费税的消费品所代收代缴的消费税。

（二）同时符合以下条件的代垫运输费用：

1. 承运部门的运输费用发票开具给购买方的；

2. 纳税人将该项发票转交给购买方的。

（三）同时符合以下条件代为收取的政府性基金或者行政事业性收费。

1. 由国务院或者财政部批准设立的政府性基金，由国务院或者省级人民政府及其财政、价格主管部门批准设立的行政事业性收费；

2. 收取时开具省级以上财政部门印制的财政票据；

3. 所收款项全额上缴财政。

（四）销售货物的同时代办保险等而向购买方收取的保险费，以及向购买方收取的代购买方缴纳的车辆购置税、车辆牌照费。

（摘自《中华人民共和国增值税暂行条例实施细则》第十二条，2011年10月28日财政部令第65号）

5.2.1.1 铁路支线维护费属于价外费用

按照《中华人民共和国增值税暂行条例》的有关规定，纳税人销售货物或者应税劳务的销售额包括向购买方收取的全部价款和价外费用。你省煤炭生产企业用自备铁路专用线运输煤炭取得的"铁路支线维护费"是在销售煤炭环节收取的，属于增值税条例规定的价外费用，因此，应按增值税的有关规定征收增值税。

（摘自《国家税务总局关于铁路支线维护费征收增值税问题的通知》，1996年9月24日国税函〔1996〕561号）

5.2.1.2 未退还的经营保证金属于价外费用

根据《中华人民共和国增值税暂行条例》及实施细则有关价外费用的规定，福建雪津啤酒有限公司收取未退还的经营保证金，属于经销商因违约而承担的违约金，应当征收增值税；对其已退还的经营保证金，不属于价外费用，不征收增值税。

（摘自《国家税务总局关于对福建雪津啤酒有限公司收取经营保证金征收增值税问题的批复》，2004 年 3 月 30 日国税函〔2004〕416 号）

5.2.1.3　逾期未退还的电费保证金属于价外费用

供电企业收取的电费保证金，凡逾期（超过合同约定时间）未退还的，一律并入价外费用缴纳增值税。

（摘自《电力产品增值税征收管理办法》，2004 年 12 月 22 日国家税务总局令第 10 号）

5.2.2　包装物押金并入销售额征税的情形

5.2.2.1　因逾期未收回包装物不再退还的押金

纳税人为销售货物而出租出借包装物收取的押金，单独记账核算的，不并入销售额征税。但对因逾期未收回包装物不再退还的押金，应按所包装货物的适用税率征收增值税。

（摘自《国家税务总局关于印发 < 增值税若干具体问题的规定 > 的通知》，1993 年 12 月 28 日国税发〔1993〕154 号）

纳税人为销售货物出租出借包装物而收取的押金，无论包装物周转使用期限长短，超过一年（含一年）以上仍不退还的均并入销售额征税。

（摘自《国家税务总局关于取消包装物押金逾期期限审批后有关问题的通知》，2004 年 6 月 25 日国税函〔2004〕827 号）

5.2.2.2　销售除啤酒、黄酒外的其他酒类产品而收取的包装物押金

从 1995 年 6 月 1 日起，对销售除啤酒、黄酒外的其他酒类产品而收取的包装物押金，无论是否返还以及会计上如何核算，均应并入当期销售额征税。

（摘自《国家税务总局关于加强增值税征收管理若干问题的通知》，1995 年 10 月 18 日国税发〔1995〕192 号）

5.2.3　收取的价外费用和逾期包装物押金是含税收入

对增值税一般纳税人（包括纳税人自己或代其他部门）向购买方收取的价外费用和逾期包装物押金，应视为含税收入，在征税时换算成不含税收入并入销售额计征增值税。

（摘自《国家税务总局关于增值税若干征管问题的通知》，1996 年 9 月 9 日国税发〔1996〕155 号）

5.2.4　特殊销售方式下销售额的确认

5.2.4.1　采取折扣方式销售货物

纳税人采取折扣方式销售货物，如果销售额和折扣额在同一张发票上分别注明的，可按折扣后的销售额征收增值税；如果将折扣额另开发票，不论其在财务上如何处理，均不

得从销售额中减除折扣额。

（摘自《国家税务总局关于印发〈增值税若干具体问题的规定〉的通知》，1993年12月28日国税发〔1993〕154号）

问：对出版单位委托发行图书、报刊等支付给发行单位的经销手续费，在征收增值税时是否允许从销售额中减除？

答：对出版单位委托发行图书、报刊等支付给发行单位的经销手续费，在征收增值税时按"折扣销售"的有关规定办理，如果销售额和支付的经销手续费在同一发票上分别注明的，可按减除经销手续费后的销售额征收增值税；如果经销手续费不在同一发票上注明，另外开具发票，不论其在财务上如何处理，均不得从销售额中减除经销手续费。

摘自《国家税务总局关于印发〈增值税问题解答（之一）〉的通知》，1995年6月2日国税函发〔1995〕288号）

纳税人采取折扣方式销售货物，销售额和折扣额在同一张发票上分别注明是指销售额和折扣额在同一张发票上的"金额"栏分别注明的，可按折扣后的销售额征收增值税。未在同一张发票"金额"栏注明折扣额，而仅在发票的"备注"栏注明折扣额的，折扣额不得从销售额中减除。

（摘自《国家税务总局关于折扣额抵减增值税应税销售额问题通知》，2010年2月8日国税函〔2010〕56号）

政策解析

折扣方式销售是一种常见的销售行为，包括折扣销售（又称商业折扣）、销售折扣（又称现金折扣）和销售折让3种具体形式。不同销售方式下，销售方取得的销售额有所不同，其纳税与账务处理也有较大区别。因此，能否正确辨认折扣方式，决定了税务处理的正确与否。

折扣销售是指销货方在销售货物或应税劳务时，因购货方购货数量较大等原因，而给予购货方的价格优惠。比如一件衣服售价2 000元，购买10件，销售价格折扣10%；购买100件，折扣20%等。其特点是折扣在实现销售时同时发生，折扣的发生是为了促进销售行为成立，从而实现收入，只有销售行为发生并成立，才产生增值税税收法律关系，也才满足增值税征税的条件，才能计征增值税。至于税法规定"销售额和折扣额在同一张发票上分别注明"是为了保证增值税抵扣链条的完整性。

折扣销售不同于销售折扣。销售折扣是指债权人为鼓励债务人在规定的付款期内及时偿还债务，而向债务人提供的债务扣除。比如10天内付款，货款折扣2%；20天内付款，折扣1%；30天内全价付款。其特点是折扣发生在销售之后，销售折扣是为使购货方尽快偿付货款而给予的折扣。也就是说，折扣的发生是在销售这个法律关系已经发生，增值税的纳税条件已经满足，收入已经确定，所得税征税条件已经满足的条件下，折扣的发生是为了早日收回货款，因而其与销售行为没有关系，故不允许在销售额中扣除，应该按照扣除现金折扣前的金额确定销售商品收入金额计征增值税。

折扣销售不同于销售折让。销售折让是指货物销售后，由于品种、质量等原因购货方未予退货，但销货方需给予购货方的一种价格折让。其特点是行为发生在货物销售之后，折让的发生是为了销售行为继续成立，税收关系继续成立，因而折让额应该在计税销售额中扣除。因此，增值税相关法规规定对销售折让可以折让后的货款为销售额，销售折让发生后，销售方按照折让额冲减销项税，购进方按照折让额冲减进项税（需要按有关规定开具红字增值税专用发票）。

折扣销售仅限于销售价格的折扣。如果销货者将自产、委托加工或购买的货物用于实物折扣，则该实物款额不能从销售额中减除，并且要按"视同销售"计征增值税。

5.2.4.2　采取以旧换新方式销售货物

纳税人采取以旧换新方式销售货物，应按新货物的同期销售价格确定销售额。

（摘自《国家税务总局关于印发＜增值税若干具体问题的规定＞的通知》，1993 年 12 月 28 日国税发〔1993〕154 号）

考虑到金银首饰以旧换新业务的特殊情况，对金银首饰以旧换新业务，可以按销售方实际收取的不含增值税的全部价款征收增值税。

（摘自《财政部　国家税务总局关于金银首饰等货物征收增值税问题的通知》，1996 年 9 月 14 日财税字〔1996〕74 号）

政策解析

以旧换新是指纳税人在销售自己的货物时，有偿回收旧货的行为。税法规定采取以旧换新的方式销售货物，应按新货物的同期销售价格确定销售额，不得扣减旧货的收购价格。之所以这样规定，是因为销售货物与收购货物是两项不同的业务活动，销售额与收购额不能相互抵减，也是为了严格增值税的计算征收，防止出现销售不实、减少纳税的现象。但是考虑到金银首饰以旧换新业务的特殊情况，对金银首饰以旧换新业务，可以按销售方实际收取的不含增值税的全部价款征收增值税。

5.2.4.3　采取还本销售方式销售货物

纳税人采取还本销售方式销售货物，不得从销售额中减除还本支出。

（摘自《国家税务总局关于印发＜增值税若干具体问题的规定＞的通知》，1993 年 12 月 28 日国税发〔1993〕154 号）

政策解析

还本销售是指纳税人在销售货物后，到一定期限由销售方一次或分次退还给购货方全部或部分价款。这种方式实际上是一种筹资行为，是以货物换取资金的使用价值，到期还本不付息的方法。

5.2.4.4 直销企业采取直销方式销售货物

一、直销企业先将货物销售给直销员，直销员再将货物销售给消费者的，直销企业的销售额为其向直销员收取的全部价款和价外费用。直销员将货物销售给消费者时，应按照现行规定缴纳增值税。

二、直销企业通过直销员向消费者销售货物，直接向消费者收取货款，直销企业的销售额为其向消费者收取的全部价款和价外费用。

（摘自《国家税务总局关于直销企业增值税销售额确定有关问题的公告》，2013 年 1 月 17 日国家税务总局公告 2013 年第 5 号）

政策解析

根据国务院 2005 年颁布的《直销管理条例》，经国务院商务主管部门批准设立的直销企业，可以按照有关规定招募直销员，由直销员在固定场所之外直接向消费者推销产品。直销企业的经营模式有两种：一是直销员按照批发价向直销企业购买货物，再按零售价向消费者销售货物；二是直销员仅起到中介介绍作用，直销企业按照零售价向直销员介绍的消费者销售货物，并另外向直销员支付报酬。在第一种模式下，货物的所有权已经由直销企业转移给了直销员，符合现行增值税关于销售货物的规定，直销企业的销售额应按照其向直销员收取的价款确定；直销员将货物按零售价销售给消费者，也发生了增值税应税行为，应按零售价确定销售额。在第二种模式下，直销员仅在直销企业和消费者之间起到中介介绍作用，直销企业和直销员之间并未发生货物所有权的有偿转移，直销企业应以向消费者收取的货款确认销售额。

5.2.5 虚开增值税专用发票的销售额

纳税人虚开增值税专用发票，未就其虚开金额申报并缴纳增值税的，应按照其虚开金额补缴增值税；已就其虚开金额申报并缴纳增值税的，不再按照其虚开金额补缴增值税。税务机关对纳税人虚开增值税专用发票的行为，应按《中华人民共和国税收征收管理办法》及《中华人民共和国发票管理办法》的有关规定给予处罚。纳税人取得虚开的增值税专用发票，不得作为增值税合法有效的扣税凭证抵扣其进项税额。

（摘自《国家税务总局关于纳税人虚开增值税专用发票征补税款问题的公告》，2012 年 7 月 9 日国家税务总局公告 2012 年第 33 号）

政策解析

《国家税务总局关于加强增值税征收管理若干问题的通知》（国税发〔1995〕192 号）曾规定，对纳税人虚开的增值税专用发票，一律按票面所列货物的适用税率全额征补税款，并按《中华人民共和国税收征收管理法》的规定给予处罚。

但如果开票方对虚开的增值税专用发票在当期全额进行了抄报税、纳税申报及税款缴纳，对其已缴纳的税款再次进行补征，则会造成重复征税问题。对此，国家税务总局公告 2012 年第 33 号中对该问题予以进一步明确，即纳税人虚开增值税专用发票，未就其虚开金额申报并缴纳增值税的，应按照其虚开金额补缴增值税；已就其虚开金额申报并缴纳增值税的，不再按照其虚开金额补缴增值税。

5.2.6 原增值税纳税人视同销售行为销售额的确定

纳税人有本细则第四条所列视同销售货物行为而无销售额者，按下列顺序确定销售额：

（一）按纳税人最近时期同类货物的平均销售价格确定；

（二）按其他纳税人最近时期同类货物的平均销售价格确定；

（三）按组成计税价格确定。组成计税价格的公式为：

$$组成计税价格 = 成本 \times (1 + 成本利润率)$$

属于应征消费税的货物，其组成计税价格中应加计消费税额。

公式中的成本是指：销售自产货物的为实际生产成本，销售外购货物的为实际采购成本。公式中的成本利润率由国家税务总局确定。

（摘自《中华人民共和国增值税暂行条例实施细则》第十六条，2011 年 10 月 28 日财政部令第 65 号）

纳税人因销售价格明显偏低或无销售价格等原因，按规定需组成计税价格确定销售额的，其组价公式中的成本利润率为 10%。但属于应从价定率征收消费税的货物，其组价公式中的成本利润率，为《消费税若干具体问题的规定》中规定的成本利润率。

（摘自《国家税务总局关于印发 < 增值税若干具体问题的规定 > 的通知》，1993 年 12 月 28 日国税发〔1993〕154 号）

5.3 试点增值税纳税人销售额的确定

销售额，是指纳税人发生应税行为取得的全部价款和价外费用，财政部和国家税务总局另有规定的除外。

（摘自《财政部 国家税务总局关于全面推开营业税改征增值税试点的通知》之附件 1《营业税改征增值税试点实施办法》第三十七条，2016 年 3 月 23 日财税〔2016〕36 号）

5.3.1 试点增值税纳税人的价外费用

价外费用，是指价外收取的各种性质的收费，但不包括以下项目：

（一）代为收取并符合本办法第十条规定的政府性基金或者行政事业性收费。

（二）以委托方名义开具发票代委托方收取的款项。

（摘自《财政部 国家税务总局关于全面推开营业税改征增值税试点的通知》之附件 1《营业税改征增值税试点实施办法》第三十七条，2016 年 3 月 23 日财税〔2016〕36 号）

5.3.2　试点增值税纳税人折扣的处理

纳税人发生应税行为，将价款和折扣额在同一张发票上分别注明的，以折扣后的价款为销售额；未在同一张发票上分别注明的，以价款为销售额，不得扣减折扣额。

（摘自《财政部　国家税务总局关于全面推开营业税改征增值税试点的通知》之附件1《营业税改征增值税试点实施办法》第四十三条，2016年3月23日财税〔2016〕36号）

5.3.3　"营改增"项目销售额的具体规定

5.3.3.1　"营改增"项目全额计算销售额的规定

5.3.3.1.1　贷款服务

贷款服务，以提供贷款服务取得的全部利息及利息性质的收入为销售额。

（摘自《财政部　国家税务总局关于全面推开营业税改征增值税试点的通知》之附件2《营业税改征增值税试点有关事项的规定》，2016年3月23日财税〔2016〕36号）

金融企业发放贷款后，自结息日起90天内发生的应收未收利息按现行规定缴纳增值税，自结息日起90天后发生的应收未收利息暂不缴纳增值税，待实际收到利息时按规定缴纳增值税。

上述所称金融企业，是指银行（包括国有、集体、股份制、合资、外资银行以及其他所有制形式的银行）、城市信用社、农村信用社、信托投资公司、财务公司。

（摘自《财政部　国家税务总局关于全面推开营业税改征增值税试点的通知》之附件3《营业税改征增值税试点过渡政策的规定》，2016年3月23日财税〔2016〕36号）

证券公司、保险公司、金融租赁公司、证券基金管理公司、证券投资基金以及其他经人民银行、银监会、证监会、保监会批准成立且经营金融保险业务的机构发放贷款后，自结息日起90天内发生的应收未收利息按现行规定缴纳增值税，自结息日起90天后发生的应收未收利息暂不缴纳增值税，待实际收到利息时按规定缴纳增值税。

（摘自《财政部　国家税务总局关于明确金融　房地产开发　教育辅助服务等增值税政策的通知》，2016年12月21日财税〔2016〕140号）

◆ 政策解析 ◆

上述财税〔2016〕140号文件中，将逾期90天应收未收利息暂不征税政策，扩大到证券公司、保险公司等所有金融机构。

5.3.3.1.2　直接收费金融服务

直接收费金融服务，以提供直接收费金融服务收取的手续费、佣金、酬金、管理费、服务费、经手费、开户费、过户费、结算费、转托管费等各类费用为销售额。

（摘自《财政部　国家税务总局关于全面推开营业税改征增值税试点的通知》之附件2

《营业税改征增值税试点有关事项的规定》，2016 年 3 月 23 日财税〔2016〕36 号）

5.3.3.1.3　资管产品管理人运营资管产品提供的服务

根据《财政部　税务总局关于资管产品增值税有关问题的通知》（财税〔2017〕56 号）有关规定，自 2018 年 1 月 1 日起，资管产品管理人运营资管产品提供的贷款服务、发生的部分金融商品转让业务，按照以下规定确定销售额：

（一）提供贷款服务，以 2018 年 1 月 1 日起产生的利息及利息性质的收入为销售额；

（二）转让 2017 年 12 月 31 日前取得的股票（不包括限售股）、债券、基金、非货物期货，可以选择按照实际买入价计算销售额，或者以 2017 年最后一个交易日的股票收盘价（2017 年最后一个交易日处于停牌期间的股票，为停牌前最后一个交易日收盘价）、债券估值（中债金融估值中心有限公司或中证指数有限公司提供的债券估值）、基金份额净值、非货物期货结算价格作为买入价计算销售额。

（摘自《财政部　税务总局关于租入固定资产进项税额抵扣等增值税政策的通知》，2017 年 12 月 25 日财税〔2017〕90 号）

5.3.3.2　"营改增"项目差额计算销售额的规定

5.3.3.2.1　金融商品转让的销售额

金融商品转让，按照卖出价扣除买入价后的余额为销售额。

转让金融商品出现的正负差，按盈亏相抵后的余额为销售额。若相抵后出现负差，可结转下一纳税期与下期转让金融商品销售额相抵，但年末时仍出现负差的，不得转入下一个会计年度。

金融商品的买入价，可以选择按照加权平均法或者移动加权平均法进行核算，选择后 36 个月内不得变更。

金融商品转让，不得开具增值税专用发票。

（摘自《财政部　国家税务总局关于全面推开营业税改征增值税试点的通知》之附件 2《营业税改征增值税试点有关事项的规定》，2016 年 3 月 23 日财税〔2016〕36 号）

政策解析

本条款是原营业税政策的延续。各类金融商品转让出现的正负差，在同一纳税期内允许互相抵减，抵减后的余额作为当期金融商品转让的销售额，当期抵减后的余额为负数时，当期申报的金融商品转让的销售额为零，同时，该负差可以结转至下一个纳税期与下期金融商品转让销售额相抵，至年末最后一个纳税期时，如果上期结转的负差与本期金融商品转让销售额相加后仍为负数，则该负差不得转入下一会计年度。本条款所称纳税期，是指税款所属期。

根据财税〔2016〕140 号第五条的规定，纳税人 2016 年 1 ~ 4 月转让金融商品出现的负差，可结转下一纳税期，与 2016 年 5 ~ 12 月转让金融商品销售额相抵。

举例：2019 年 1 月，A 公司购入 B 公司（上市公司）股票 10 000 股，每股成交价 10

元，另支付相关手续费 2 000 元。2019 年 5 月，A 公司以每股 15 元的价格转让股票 5 000股。那么，A 公司转让股票应该如何缴纳增值税呢？

根据《财政部 国家税务总局关于全面推开营业税改征增值税试点的通知》（财税〔2016〕36 号）的规定，金融商品转让，按照卖出价扣除买入价后的余额为销售额。

A 公司应缴纳的增值税为：

$(15-10) \times 5\ 000 \div (1+6\%) \times 6\% = 1\ 415.09$ （元）

注意：购入股票支付的相关手续费不计入买入价，计算金融商品转让销售额时不可扣除。

单位将其持有的限售股在解禁流通后对外转让的，按照以下规定确定买入价：

（一）上市公司实施股权分置改革时，在股票复牌之前形成的原非流通股股份，以及股票复牌首日至解禁日期间由上述股份滋生的送、转股，以该上市公司完成股权分置改革后股票复牌首日的开盘价为买入价。

（二）公司首次公开发行股票并上市形成的限售股，以及上市首日至解禁日期间由上述股份滋生的送、转股，以该上市公司股票首次公开发行（IPO）的发行价为买入价。

（三）因上市公司实施重大资产重组形成的限售股，以及股票复牌首日至解禁日期间由上述股份滋生的送、转股，以该上市公司因重大资产重组股票停牌前一交易日的收盘价为买入价。

（摘自《国家税务总局关于营改增试点若干征管问题的公告》，2016 年 8 月 18 日国家税务总局公告 2016 年第 53 号）

政策解析

上述规定，按照限售股的形成原因分别明确了限售股买入价的确定原则。

上市公司因实施重大资产重组形成的限售股，以及股票复牌首日至解禁日期间由上述股份滋生的送、转股，因重大资产重组停牌的，按照《国家税务总局关于营改增试点若干征管问题的公告》（国家税务总局公告 2016 年第 53 号）第五条第（三）项的规定确定买入价；在重大资产重组前已经暂停上市的，以上市公司完成资产重组后股票恢复上市首日的开盘价为买入价。

（摘自《国家税务总局关于明确中外合作办学等若干增值税征管问题的公告》，2018 年7 月 25 日国家税务总局公告 2018 年第 42 号）

政策解析

国家税务总局公告 2016 年第 53 号规定，因重大资产重组形成的限售股，以该上市公司因重大资产重组股票停牌前一交易日的收盘价为买入价计算销售额。但存在一些特殊情况，即上市公司在重大资产重组前已处于非正常上市状态，比如由于业绩未达标等原因已被交易所暂停上市，因此不存在因重大资产重组而实施停牌。针对上述情况，本公告明确，上市公司因实施重大资产重组形成的限售股，因重大资产重组停牌的，按照 2016 年 53 号公告

第五条第（三）项的规定，以该上市公司因重大资产重组股票停牌前一交易日的收盘价为买入价；在重大资产重组前已经暂停上市的，以上市公司完成资产重组后股票恢复上市首日的开盘价为买入价。

5.3.3.2.2　经纪代理服务的销售额

经纪代理服务，以取得的全部价款和价外费用，扣除向委托方收取并代为支付的政府性基金或者行政事业性收费后的余额为销售额。向委托方收取的政府性基金或者行政事业性收费，不得开具增值税专用发票。

（摘自《财政部　国家税务总局关于全面推开营业税改征增值税试点的通知》之附件 2《营业税改征增值税试点有关事项的规定》，2016 年 3 月 23 日财税〔2016〕36 号）

5.3.3.2.3　融资租赁和融资性售后回租业务的销售额

（1）经人民银行、银监会或者商务部批准从事融资租赁业务的试点纳税人，提供融资租赁服务，以取得的全部价款和价外费用，扣除支付的借款利息（包括外汇借款和人民币借款利息）、发行债券利息和车辆购置税后的余额为销售额。

（2）经人民银行、银监会或者商务部批准从事融资租赁业务的试点纳税人，提供融资性售后回租服务，以取得的全部价款和价外费用（不含本金），扣除对外支付的借款利息（包括外汇借款和人民币借款利息）、发行债券利息后的余额作为销售额。

（3）试点纳税人根据 2016 年 4 月 30 日前签订的有形动产融资性售后回租合同，在合同到期前提供的有形动产融资性售后回租服务，可继续按照有形动产融资租赁服务缴纳增值税。

继续按照有形动产融资租赁服务缴纳增值税的试点纳税人，经人民银行、银监会或者商务部批准从事融资租赁业务的，根据 2016 年 4 月 30 日前签订的有形动产融资性售后回租合同，在合同到期前提供的有形动产融资性售后回租服务，可以选择以下方法之一计算销售额：

①以向承租方收取的全部价款和价外费用，扣除向承租方收取的价款本金，以及对外支付的借款利息（包括外汇借款和人民币借款利息）、发行债券利息后的余额为销售额。

纳税人提供有形动产融资性售后回租服务，计算当期销售额时可以扣除的价款本金，为书面合同约定的当期应当收取的本金。无书面合同或者书面合同没有约定的，为当期实际收取的本金。

试点纳税人提供有形动产融资性售后回租服务，向承租方收取的有形动产价款本金，不得开具增值税专用发票，可以开具普通发票。

②以向承租方收取的全部价款和价外费用，扣除支付的借款利息（包括外汇借款和人民币借款利息）、发行债券利息后的余额为销售额。

（4）经商务部授权的省级商务主管部门和国家经济技术开发区批准的从事融资租赁业务的试点纳税人，2016 年 5 月 1 日后实收资本达到 1.7 亿元的，从达到标准的当月起按照上述第（1）、（2）、（3）点规定执行；2016 年 5 月 1 日后实收资本未达到 1.7 亿元但注册资本达到1.7亿元的，在2016年7月31日前仍可按照上述第（1）、（2）、（3）点规定执行，2016年8月1日后开展的融资租赁业务和融资性售后回租业务不得按照上述第（1）、（2）、（3）点规定执行。

（摘自《财政部 国家税务总局关于全面推开营业税改征增值税试点的通知》之附件2《营业税改征增值税试点有关事项的规定》，2016年3月23日财税〔2016〕36号）

5.3.3.2.4 航空运输企业的销售额

航空运输企业的销售额，不包括代收的机场建设费和代售其他航空运输企业客票而代收转付的价款。

（摘自《财政部 国家税务总局关于全面推开营业税改征增值税试点的通知》之附件2《营业税改征增值税试点有关事项的规定》，2016年3月23日财税〔2016〕36号）

5.3.3.2.5 一般纳税人提供客运场站服务的销售额

试点纳税人中的一般纳税人（以下称一般纳税人）提供客运场站服务，以其取得的全部价款和价外费用，扣除支付给承运方运费后的余额为销售额。

（摘自《财政部 国家税务总局关于全面推开营业税改征增值税试点的通知》之附件2《营业税改征增值税试点有关事项的规定》，2016年3月23日财税〔2016〕36号）

5.3.3.2.6 提供旅游服务的销售额

试点纳税人提供旅游服务，可以选择以取得的全部价款和价外费用，扣除向旅游服务购买方收取并支付给其他单位或者个人的住宿费、餐饮费、交通费、签证费、门票费和支付给其他接团旅游企业的旅游费用后的余额为销售额。

选择上述办法计算销售额的试点纳税人，向旅游服务购买方收取并支付的上述费用，不得开具增值税专用发票，可以开具普通发票。

（摘自《财政部 国家税务总局关于全面推开营业税改征增值税试点的通知》之附件2《营业税改征增值税试点有关事项的规定》，2016年3月23日财税〔2016〕36号）

政策解析

（1）本条款延续了原《中华人民共和国营业税暂行条例》第五条"纳税人从事旅游业务的，以其取得的全部价款和价外费用扣除替旅游者支付给其他单位或者个人的住宿费、餐费、交通费、旅游景点门票和支付给其他接团旅游企业的旅游费后的余额为营业额"的政策，同时增加了"签证费"的扣除项目。

（2）明确纳税人提供旅游服务，开具专用发票时，发票金额中不得包含按规定扣除的项目金额。

举例：某旅游公司为增值税一般纳税人，2019年5月取得含税旅游收入100万元，支付住宿费、交通费、签证费、门票费共计40万元，支付给其他接团旅游企业的旅游费用20万元，上述支出均取得了增值税普通发票。那么如何确定该旅游公司的计税销售额呢？

如果该纳税人选择差额征税，则计税销售额为：（100 - 40 - 20）÷ 1.06 = 37.74（万元）

如果该纳税人不选择差额征税，就要按照取得的全部价款和价外费用确定销售额，则计税销售额为：100 ÷ 1.06 = 94.34（万元）。

5.3.3.2.7　提供建筑服务适用简易计税方法的销售额

试点纳税人提供建筑服务适用简易计税方法的，以取得的全部价款和价外费用扣除支付的分包款后的余额为销售额。

（摘自《财政部　国家税务总局关于全面推开营业税改征增值税试点的通知》之附件 2《营业税改征增值税试点有关事项的规定》，2016 年 3 月 23 日财税〔2016〕36 号）

政策解析

为保证"营改增"改革的平稳过渡，本条款规定，对于适用简易计税方法计税的建筑服务，延续原《中华人民共和国营业税暂行条例》第五条"纳税人将建筑工程分包给其他单位的，以其取得的全部价款和价外费用扣除其支付给其他单位的分包款后的余额为营业额"的规定，以差额方式确定销售额并依 3% 的征收率缴纳增值税。

由于增值税是价外税，营业税是价内税，按照上述规定，对于适用简易计税方法计税的建筑服务，其增值税税负要略低于原营业税税负。

举例：某建筑公司 A 为增值税一般纳税人，2019 年 6 月 1 日承接某一工程项目，采用简易方法计税。项目完工后，取得不含税销售收入 100 万元，其中 30 万元的工程分包给另一建筑公司 B。请问建筑公司 A 的这笔业务如何缴纳增值税？

由于建筑公司 A 采用简易方法计税，应按照差额确定销售额，以 3% 的征收率计算应纳税额。

（100 - 30）× 3% = 2.1（万元）

但如果建筑公司 A 采用一般方法计税，应以取得的全部价款和价外费用为销售额计算应纳税额，不得差额确定销售额，即应纳税额为。

100 × 9% = 9（万元）

5.3.3.2.8　一般纳税人销售其开发的房地产项目的销售额

房地产开发企业中的一般纳税人销售其开发的房地产项目（选择简易计税方法的房地产老项目除外），以取得的全部价款和价外费用，扣除受让土地时向政府部门支付的土地价款后的余额为销售额。

（摘自《财政部　国家税务总局关于全面推开营业税改征增值税试点的通知》之附件 2《营业税改征增值税试点有关事项的规定》，2016 年 3 月 23 日财税〔2016〕36 号）

《营业税改征增值税试点有关事项的规定》（财税〔2016〕36 号）第一条第（三）项第 10 点中"向政府部门支付的土地价款"，包括土地受让人向政府部门支付的征地和拆迁补偿费用、土地前期开发费用和土地出让收益等。

（摘自《财政部　国家税务总局关于明确金融　房地产开发　教育辅助服务等增值税政

策的通知》，2016 年 12 月 21 日财税〔2016〕140 号）

房地产开发企业（包括多个房地产开发企业组成的联合体）受让土地向政府部门支付土地价款后，设立项目公司对该受让土地进行开发，同时符合下列条件的，可由项目公司按规定扣除房地产开发企业向政府部门支付的土地价款。

（一）房地产开发企业、项目公司、政府部门三方签订变更协议或补充合同，将土地受让人变更为项目公司；

（二）政府部门出让土地的用途、规划等条件不变的情况下，签署变更协议或补充合同时，土地价款总额不变；

（三）项目公司的全部股权由受让土地的房地产开发企业持有。

（摘自《财政部 国家税务总局关于明确金融 房地产开发 教育辅助服务等增值税政策的通知》，2016 年 12 月 21 日财税〔2016〕140 号）

房地产开发企业中的一般纳税人销售自行开发的房地产项目，适用一般计税方法计税，按照取得的全部价款和价外费用，扣除当期销售房地产项目对应的土地价款后的余额计算销售额。销售额的计算公式如下：

销售额 =（全部价款和价外费用 - 当期允许扣除的土地价款）÷（1 + 11%）

当期允许扣除的土地价款按照以下公式计算：

当期允许扣除的土地价款 =（当期销售房地产项目建筑面积 ÷ 房地产项目可供销售建筑面积）× 支付的土地价款

当期销售房地产项目建筑面积，是指当期进行纳税申报的增值税销售额对应的建筑面积。

房地产项目可供销售建筑面积，是指房地产项目可以出售的总建筑面积，不包括销售房地产项目时未单独作价结算的配套公共设施的建筑面积。

支付的土地价款，是指向政府、土地管理部门或受政府委托收取土地价款的单位直接支付的土地价款。

在计算销售额时从全部价款和价外费用中扣除土地价款，应当取得省级以上（含省级）财政部门监（印）制的财政票据。

一般纳税人应建立台账登记土地价款的扣除情况，扣除的土地价款不得超过纳税人实际支付的土地价款。

（摘自《国家税务总局关于发布 < 房地产开发企业销售自行开发的房地产项目增值税征收管理暂行办法 > 的公告》，2016 年 3 月 31 日国家税务总局公告 2016 年第 18 号）

5.3.3.2.9 一般纳税人销售其 2016 年 4 月 30 日前取得（不含自建）的不动产选择适用简易计税方法的销售额

一般纳税人销售其 2016 年 4 月 30 日前取得（不含自建）的不动产，可以选择适用简易计税方法，以取得的全部价款和价外费用减去该项不动产购置原价或者取得不动产时的作价后的余额为销售额，按照 5% 的征收率计算应纳税额。

（摘自《财政部 国家税务总局关于全面推开营业税改征增值税试点的通知》之附件 2

《营业税改征增值税试点有关事项的规定》，2016 年 3 月 23 日财税〔2016〕36 号)

5.3.3.2.10　其他个人销售其取得（不含自建）的不动产（不含其购买的住房）

其他个人销售其取得（不含自建）的不动产（不含其购买的住房），应以取得的全部价款和价外费用减去该项不动产购置原价或者取得不动产时的作价后的余额为销售额，按照 5% 的征收率计算应纳税额。

（摘自《财政部　国家税务总局关于全面推开营业税改征增值税试点的通知》之附件 2《营业税改征增值税试点有关事项的规定》，2016 年 3 月 23 日财税〔2016〕36 号)

5.3.3.2.11　电信企业为公益性机构接受捐款的销售额

中国移动通信集团公司、中国联合网络通信集团有限公司、中国电信集团公司及其成员单位通过手机短信公益特服号为公益性机构接受捐款，以其取得的全部价款和价外费用，扣除支付给公益性机构捐款后的余额为销售额。其接受的捐款，不得开具增值税专用发票。

（摘自《财政部　国家税务总局关于营业税改征增值税试点若干政策的通知》，2016 年 3 月 23 日财税〔2016〕39 号)

5.3.3.2.12　中国证券登记结算公司的销售额

中国证券登记结算公司的销售额，不包括以下资金项目：按规定提取的证券结算风险基金；代收代付的证券公司资金交收违约垫付资金利息；结算过程中代收代付的资金交收违约罚息。

（摘自《财政部　国家税务总局关于营业税改征增值税试点若干政策的通知》，2016 年 3 月 23 日财税〔2016〕39 号)

5.3.3.2.13　提供人力资源外包服务的销售额

纳税人提供人力资源外包服务，按照经纪代理服务缴纳增值税，其销售额不包括受客户单位委托代为向客户单位员工发放的工资和代理缴纳的社会保险、住房公积金。向委托方收取并代为发放的工资和代理缴纳的社会保险、住房公积金，不得开具增值税专用发票，可以开具普通发票。

（摘自《财政部　国家税务总局关于进一步明确全面推开营改增试点有关劳务派遣服务、收费公路通行费抵扣等政策的通知》，2016 年 4 月 30 日财税〔2016〕47 号)

5.3.3.2.14　转让 2016 年 4 月 30 日前取得的土地使用权的销售额

纳税人转让 2016 年 4 月 30 日前取得的土地使用权，可以选择适用简易计税方法，以取得的全部价款和价外费用减去取得该土地使用权的原价后的余额为销售额，按照 5% 的征收率计算缴纳增值税。

（摘自《财政部　国家税务总局关于进一步明确全面推开营改增试点有关劳务派遣服务、收费公路通行费抵扣等政策的通知》，2016 年 4 月 30 日财税〔2016〕47 号)

5.3.3.2.15　提供物业管理服务的纳税人收取的自来水水费

提供物业管理服务的纳税人，向服务接受方收取的自来水水费，以扣除其对外支付的自来水水费后的余额为销售额，按照简易计税方法依3%的征收率计算缴纳增值税。

（摘自《国家税务总局关于物业管理服务中收取的自来水水费增值税问题的公告》，2016年8月19日国家税务总局公告2016年第54号）

5.3.3.2.16　提供劳务派遣服务的销售额

一般纳税人提供劳务派遣服务，可以按照《财政部　国家税务总局关于全面推开营业税改征增值税试点的通知》（财税〔2016〕36号）的有关规定，以取得的全部价款和价外费用为销售额，按照一般计税方法计算缴纳增值税；也可以选择差额纳税，以取得的全部价款和价外费用，扣除代用工单位支付给劳务派遣员工的工资、福利和为其办理社会保险及住房公积金后的余额为销售额，按照简易计税方法依5%的征收率计算缴纳增值税。

小规模纳税人提供劳务派遣服务，可以按照《财政部　国家税务总局关于全面推开营业税改征增值税试点的通知》（财税〔2016〕36号）的有关规定，以取得的全部价款和价外费用为销售额，按照简易计税方法依3%的征收率计算缴纳增值税；也可以选择差额纳税，以取得的全部价款和价外费用，扣除代用工单位支付给劳务派遣员工的工资、福利和为其办理社会保险及住房公积金后的余额为销售额，按照简易计税方法依5%的征收率计算缴纳增值税。

选择差额纳税的纳税人，向用工单位收取用于支付给劳务派遣员工工资、福利和为其办理社会保险及住房公积金的费用，不得开具增值税专用发票，可以开具普通发票。

劳务派遣服务，是指劳务派遣公司为了满足用工单位对于各类灵活用工的需求，将员工派遣至用工单位，接受用工单位管理并为其工作的服务。

（摘自《财政部　国家税务总局关于进一步明确全面推开营改增试点有关劳务派遣服务、收费公路通行费抵扣等政策的通知》，2016年4月30日财税〔2016〕47号）

纳税人提供安全保护服务，比照劳务派遣服务政策执行。

（摘自《财政部　国家税务总局关于进一步明确全面推开营改增试点有关再保险不动产租赁和非学历教育等政策的通知》，2016年6月18日财税〔2016〕68号）

5.3.3.2.17　境外单位在境内开展考试取得的考试费

境外单位通过教育部考试中心及其直属单位在境内开展考试，教育部考试中心及其直属单位应以取得的考试费收入扣除支付给境外单位考试费后的余额为销售额，按提供"教育辅助服务"缴纳增值税；就代为收取并支付给境外单位的考试费统一扣缴增值税。教育部考试中心及其直属单位代为收取并支付给境外单位的考试费，不得开具增值税专用发票，可以开具增值税普通发票。

（摘自《国家税务总局关于在境外提供建筑服务等有关问题的公告》，2016年11月4日国家税务总局公告2016年第69号）

5.3.3.2.18　提供签证代理服务的销售额

纳税人提供签证代理服务，以取得的全部价款和价外费用，扣除向服务接受方收取并代为支付给外交部和外国驻华使（领）馆的签证费、认证费后的余额为销售额。向服务接受方收取并代为支付的签证费、认证费，不得开具增值税专用发票，可以开具增值税普通发票。

（摘自《国家税务总局关于在境外提供建筑服务等有关问题的公告》，2016 年 11 月 4 日国家税务总局公告 2016 年第 69 号）

5.3.3.2.19　航空运输销售代理企业提供境外航段机票代理服务的销售额

自 2018 年 1 月 1 日起，航空运输销售代理企业提供境外航段机票代理服务，以取得的全部价款和价外费用，扣除向客户收取并支付给其他单位或者个人的境外航段机票结算款和相关费用后的余额为销售额。其中，支付给境内单位或者个人的款项，以发票或行程单为合法有效凭证；支付给境外单位或者个人的款项，以签收单据为合法有效凭证，税务机关对签收单据有疑义的，可以要求其提供境外公证机构的确认证明。

航空运输销售代理企业，是指根据《航空运输销售代理资质认可办法》取得中国航空运输协会颁发的"航空运输销售代理业务资质认可证书"，接受中国航空运输企业或通航中国的外国航空运输企业委托，依照双方签订的委托销售代理合同提供代理服务的企业。

（摘自《财政部　税务总局关于租入固定资产进项税额抵扣等增值税政策的通知》，2017 年 12 月 25 日财税〔2017〕90 号）

5.3.3.2.20　航空运输销售代理企业提供境内机票代理服务的销售额

航空运输销售代理企业提供境内机票代理服务，以取得的全部价款和价外费用，扣除向客户收取并支付给航空运输企业或其他航空运输销售代理企业的境内机票净结算款和相关费用后的余额为销售额。其中，支付给航空运输企业的款项，以国际航空运输协会（IATA）开账与结算计划（BSP）对账单或航空运输企业的签收单据为合法有效凭证；支付给其他航空运输销售代理企业的款项，以代理企业间的签收单据为合法有效凭证。航空运输销售代理企业就取得的全部价款和价外费用，向购买方开具行程单，或开具增值税普通发票。

（摘自《国家税务总局关于明确中外合作办学等若干增值税征管问题的公告》，2018 年 7 月 25 日国家税务总局公告 2018 年第 42 号）

● 政策解析 ●

该公告明确了航空运输销售代理企业提供境内机票代理服务差额计税政策。

（一）境内机票代理服务的销售额

航空运输销售代理企业提供境内机票代理服务，以取得的全部价款和价外费用，扣除向客户收取并支付给航空运输企业或其他航空运输销售代理企业的境内机票净结算款和相关费用后的余额为销售额。

（二）合法有效的扣除凭证

按照不同类型的企业，可分为两种情形的扣除凭证。

1. 支付给航空运输企业的款项，扣除凭证包括下列两项之一

（1）国际航空运输协会（IATA）开账与结算计划（BSP）对账单；

（2）航空运输企业的签收单据。

2. 支付给其他航空运输销售代理企业的款项，以代理企业间的签收单据为合法有效凭证

（三）发票的种类及金额

航空运输销售代理企业就取得的全部价款和价外费用，向购买方开具行程单，或开具增值税普通发票。

5.3.3.3 差额计算销售额的扣除凭证规定

5.3.3.3.1 差额计算销售额扣除凭证的基本规定

试点纳税人按照规定从全部价款和价外费用中扣除的价款，应当取得符合法律、行政法规和国家税务总局规定的有效凭证。否则，不得扣除。

上述凭证是指：

（1）支付给境内单位或者个人的款项，以发票为合法有效凭证。

（2）支付给境外单位或者个人的款项，以该单位或者个人的签收单据为合法有效凭证，税务机关对签收单据有疑义的，可以要求其提供境外公证机构的确认证明。

（3）缴纳的税款，以完税凭证为合法有效凭证。

（4）扣除的政府性基金、行政事业性收费或者向政府支付的土地价款，以省级以上（含省级）财政部门监（印）制的财政票据为合法有效凭证。

（5）国家税务总局规定的其他凭证。

纳税人取得的上述凭证属于增值税扣税凭证的，其进项税额不得从销项税额中抵扣。

（摘自《财政部 国家税务总局关于全面推开营业税改征增值税试点的通知》之附件2《营业税改征增值税试点有关事项的规定》，2016年3月23日财税〔2016〕36号）

5.3.3.3.2 转让不动产的扣除凭证

纳税人按规定从取得的全部价款和价外费用中扣除不动产购置原价或者取得不动产时的作价的，应当取得符合法律、行政法规和国家税务总局规定的合法有效凭证。否则，不得扣除。

上述凭证是指：

（一）税务部门监制的发票。

（二）法院判决书、裁定书、调解书，以及仲裁裁决书、公证债权文书。

（三）国家税务总局规定的其他凭证。

（摘自《国家税务总局关于发布＜纳税人转让不动产增值税征收管理暂行办法＞的公告》，2016年3月31日国家税务总局公告2016年第14号）

一、纳税人转让不动产，按照有关规定差额缴纳增值税的，如因丢失等原因无法提供取得不动产时的发票，可向税务机关提供其他能证明契税计税金额的完税凭证等资料，进

行差额扣除。

二、纳税人以契税计税金额进行差额扣除的，按照下列公式计算增值税应纳税额：

（一）2016 年 4 月 30 日及以前缴纳契税的

$$增值税应纳税额 = [全部交易价格（含增值税）- 契税计税金额（含营业税）] \div$$
$$（1 + 5\%）\times 5\%$$

（二）2016 年 5 月 1 日及以后缴纳契税的

$$增值税应纳税额 = [全部交易价格（含增值税）\div（1 + 5\%）-$$
$$契税计税金额（不含增值税）] \times 5\%$$

三、纳税人同时保留取得不动产时的发票和其他能证明契税计税金额的完税凭证等资料的，应当凭发票进行差额扣除。

（摘自《国家税务总局关于纳税人转让不动产缴纳增值税差额扣除有关问题的公告》，2016 年 11 月 24 日国家税务总局公告 2016 年第 73 号）

政策解析

国家税务总局公告 2016 年第 14 号第八条规定，纳税人按规定从取得的全部价款和价外费用中扣除不动产购置原价或者取得不动产时的作价的，应当取得符合法律、行政法规和国家税务总局规定的合法有效凭证。否则，不得扣除。上述凭证是指：（1）税务部门监制的发票。（2）法院判决书、裁定书、调解书，以及仲裁裁决书、公证债权文书。（3）国家税务总局规定的其他凭证。

在实际执行中，部分纳税人由于丢失等原因无法提供取得不动产时的发票，可向税务机关提供其他能证明契税计税金额的完税凭证等资料，进行差额扣除，按照规定所列公式计算增值税应纳税额。

5.3.3.3.3　提供旅游服务的扣除凭证

纳税人提供旅游服务，将火车票、飞机票等交通费发票原件交付给旅游服务购买方而无法收回的，以交通费发票复印件作为差额扣除凭证。

（摘自《国家税务总局关于在境外提供建筑服务等有关问题的公告》，2016 年 11 月 4 日国家税务总局公告 2016 年第 69 号）

5.3.3.3.4　房地产企业土地价款和拆迁补偿费用的扣除凭证

在计算销售额时从全部价款和价外费用中扣除土地价款，应当取得省级以上（含省级）财政部门监（印）制的财政票据。

（摘自《国家税务总局关于发布 < 房地产开发企业销售自行开发的房地产项目增值税征收管理暂行办法 > 的公告》，2016 年 3 月 31 日国家税务总局公告 2016 年第 18 号）

房地产开发企业中的一般纳税人销售其开发的房地产项目（选择简易计税方法的房地产老项目除外），在取得土地时向其他单位或个人支付的拆迁补偿费用也允许在计算销售额时扣除。纳税人按上述规定扣除拆迁补偿费用时，应提供拆迁协议、拆迁双方支付和取得拆迁补偿费用凭证等能够证明拆迁补偿费用真实性的材料。

（摘自《财政部 国家税务总局关于明确金融 房地产开发 教育辅助服务等增值税政策的通知》，2016 年 12 月 21 日财税〔2016〕140 号）

5.3.3.4 "营改增"项目销售额的其他规定

5.3.3.4.1 提供银行卡跨机构资金清算服务的销售额

发卡机构、清算机构和收单机构提供银行卡跨机构资金清算服务，按照以下规定执行：

（一）发卡机构以其向收单机构收取的发卡行服务费为销售额，并按照此销售额向清算机构开具增值税发票。

（二）清算机构以其向发卡机构、收单机构收取的网络服务费为销售额，并按照发卡机构支付的网络服务费向发卡机构开具增值税发票，按照收单机构支付的网络服务费向收单机构开具增值税发票。

清算机构从发卡机构取得的增值税发票上记载的发卡行服务费，一并计入清算机构的销售额，并由清算机构按照此销售额向收单机构开具增值税发票。

（三）收单机构以其向商户收取的收单服务费为销售额，并按照此销售额向商户开具增值税发票。

（摘自《国家税务总局关于进一步明确营改增有关征管问题的公告》，2017 年 4 月 20 日国家税务总局公告 2017 年第 11 号）

政策解析

该公告明确了银行卡跨机构资金清算业务中各涉税主体如何计算缴纳增值税以及发票开具等问题。

以典型的 POS 机刷卡消费为例（注：相关费用金额均为假设），消费者（持卡人）在商场用银行卡刷卡 1 000 元购买了一台咖啡机，要实现货款从消费者的银行卡账户划转至商户账户，商户需要与收单机构（在商户安装刷卡终端设备的单位）签订服务协议，并向其支付服务费。除收单机构外，此过程中还需要清算机构（中国银联）和发卡机构（消费者所持银行卡的开卡行）提供相关服务并同时收取服务费。涉及的资金流为：

（1）刷卡后，消费者所持银行卡的发卡机构从其卡账户中扣除咖啡机全款 1 000 元；

（2）发卡机构就这笔业务收取发卡行服务费 6 元，并需向清算机构支付网络服务费 1 元，因此，发卡机构扣除自己实际获得的 5 元（6－1＝5）后，将货款余额 995 元（1 000－5＝995）转入清算机构；

（3）清算机构扣减自己应分别向收单机构和发卡机构收取的网络服务费（各 1 元）后，将剩余款项 993 元（995－1－1＝993）转入收单机构；

（4）收单机构扣减自己实际获得的收单服务费 3 元，将剩余款项转给商户；

（5）商户获得咖啡机销售款，并支付了 10 元手续费，最终收到 990 元。

在上述业务中，发卡机构应以 6 元为销售额，并向清算机构开具 6 元的增值税发票，同时，可向清算机构索取 1 元增值税发票用于进项税抵扣；清算机构应以 8 元为销售额，并向发卡机构开具 1 元的增值税发票，向收单机构开具 7 元的增值税发票，同时，可向发卡机构索取 6 元的增值税发票用于进项税抵扣；收单机构应向商户开具 10 元增值税发票，并可向清算机构索取 7 元增值税发票用于进项税抵扣。

5.3.3.4.2　金融机构开展贴现、转贴现业务的销售额

自 2018 年 1 月 1 日起，金融机构开展贴现、转贴现业务，以其实际持有票据期间取得的利息收入作为贷款服务销售额计算缴纳增值税。此前贴现机构已就贴现利息收入全额缴纳增值税的票据，转贴现机构转贴现利息收入继续免征增值税。

（摘自《财政部　税务总局关于建筑服务等营改增试点政策的通知》，2017 年 7 月 11 日财税〔2017〕58 号）

自 2018 年 1 月 1 日起，金融机构开展贴现、转贴现业务需要就贴现利息开具发票的，由贴现机构按照票据贴现利息全额向贴现人开具增值税普通发票，转贴现机构按照转贴现利息全额向贴现机构开具增值税普通发票。

（摘自《国家税务总局关于跨境应税行为免税备案等增值税问题的公告》，2017 年 8 月 14 日国家税务总局公告 2017 年第 30 号）

5.4　销售折让或退回的处理

5.4.1　一般计税方法销售折让或退回的处理

小规模纳税人以外的纳税人（以下称一般纳税人）因销售货物退回或者折让而退还给购买方的增值税额，应从发生销售货物退回或者折让当期的销项税额中扣减；因购进货物退出或者折让而收回的增值税额，应从发生购进货物退出或者折让当期的进项税额中扣减。

一般纳税人销售货物或者应税劳务，开具增值税专用发票后，发生销售货物退回或者折让、开票有误等情形，应按国家税务总局的规定开具红字增值税专用发票。未按规定开具红字增值税专用发票的，增值税额不得从销项税额中扣减。

（摘自《中华人民共和国增值税暂行条例实施细则》第十一条，2011 年 10 月 28 日财政部令第 65 号）

纳税人适用一般计税方法计税的，因销售折让、中止或者退回而退还给购买方的增值税额，应当从当期的销项税额中扣减；因销售折让、中止或者退回而收回的增值税额，应当从当期的进项税额中扣减。

（摘自《财政部　国家税务总局关于全面推开营业税改征增值税试点的通知》之附件 1《营业税改征增值税试点实施办法》第三十二条，2016 年 3 月 23 日财税〔2016〕36 号）

5.4.2　简易计税方法销售折让或退回的处理

小规模纳税人因销售货物退回或者折让退还给购买方的销售额，应从发生销售货物退

回或者折让当期的销售额中扣减。

（摘自《中华人民共和国增值税暂行条例实施细则》第三十一条，2011 年 10 月 28 日财政部令第 65 号）

纳税人适用简易计税方法计税的，因销售折让、中止或者退回而退还给购买方的销售额，应当从当期销售额中扣减。扣减当期销售额后仍有余额造成多缴的税款，可以从以后的应纳税额中扣减。

（摘自《财政部 国家税务总局关于全面推开营业税改征增值税试点的通知》之附件 1 《营业税改征增值税试点实施办法》第三十六条，2016 年 3 月 23 日财税〔2016〕36 号）

5.4.3　销售折让或退回应按规定开具红字增值税专用发票

纳税人销售货物并向购买方开具增值税专用发票后，由于购货方在一定时期内累计购买货物达到一定数量，或者由于市场价格下降等原因，销货方给予购货方相应的价格优惠或补偿等折扣、折让行为，销货方可按现行《增值税专用发票使用规定》的有关规定开具红字增值税专用发票。

（摘自《国家税务总局关于纳税人折扣折让行为开具红字增值税专用发票问题的通知》，2006 年 12 月 29 日国税函〔2006〕1279 号）

纳税人发生应税行为，开具增值税专用发票后，发生开票有误或者销售折让、中止、退回等情形的，应当按照国家税务总局的规定开具红字增值税专用发票；未按照规定开具红字增值税专用发票的，不得按照本办法第三十二条和第三十六条的规定扣减销项税额或者销售额。

（摘自《财政部 国家税务总局关于全面推开营业税改征增值税试点的通知》之附件 1 《营业税改征增值税试点实施办法》第四十二条，2016 年 3 月 23 日财税〔2016〕36 号）

5.5　不含税销售额的换算

5.5.1　一般纳税人不含税销售额的换算

一般纳税人销售货物或者应税劳务，采用销售额和销项税额合并定价方法的，按下列公式计算销售额：

$$销售额 = 含税销售额 \div (1 + 税率)$$

（摘自《中华人民共和国增值税暂行条例实施细则》第十四条，2011 年 10 月 28 日财政部令第 65 号）

一般计税方法的销售额不包括销项税，纳税人采用销售额和销项税额合并定价方法的，按照下列公式计算销售额：

$$销售额 = 含税销售额 \div (1 + 税率)$$

（摘自《财政部 国家税务总局关于全面推开营业税改征增值税试点的通知》之附件 1 《营业税改征增值税试点实施办法》第二十三条，2016 年 3 月 23 日财税〔2016〕36 号）

5.5.2　小规模纳税人不含税销售额的换算

小规模纳税人的销售额不包括其应纳税额。

小规模纳税人销售货物或者应税劳务采用销售额和应纳税额合并定价方法的，按下列公式计算销售额：

$$销售额 = 含税销售额 \div (1 + 征收率)$$

（摘自《中华人民共和国增值税暂行条例实施细则》第三十条，2011 年 10 月 28 日财政部令第 65 号）

简易计税方法的销售额不包括其应纳税额，纳税人采用销售额和应纳税额合并定价方法的，按照下列公式计算销售额：

$$销售额 = 含税销售额 \div (1 + 征收率)$$

（摘自《财政部　国家税务总局关于全面推开营业税改征增值税试点的通知》之附件 1《营业税改征增值税试点实施办法》第三十五条，2016 年 3 月 23 日财税〔2016〕36 号）

5.6　外币结算销售额的折算

销售额以人民币计算。纳税人以人民币以外的货币结算销售额的，应当折合成人民币计算。

（摘自《中华人民共和国增值税暂行条例》第六条，2017 年 11 月 19 日修订国务院令第 691 号）

纳税人按人民币以外的货币结算销售额的，其销售额的人民币折合率可以选择销售额发生的当天或者当月 1 日的人民币汇率中间价。纳税人应在事先确定采用何种折合率，确定后 1 年内不得变更。

（摘自《中华人民共和国增值税暂行条例实施细则》第十五条，2011 年 10 月 28 日财政部令第 65 号）

销售额以人民币计算。纳税人按照人民币以外的货币结算销售额的，应当折合成人民币计算，折合率可以选择销售额发生的当天或者当月 1 日的人民币汇率中间价。纳税人应当在事先确定采用何种折合率，确定后 12 个月内不得变更。

（摘自《财政部　国家税务总局关于全面推开营业税改征增值税试点的通知》之附件 1《营业税改征增值税试点实施办法》第三十八条，2016 年 3 月 23 日财税〔2016〕36 号）

5.7　混合销售行为的销售额

5.7.1　混合销售行为的界定

一项销售行为如果既涉及服务又涉及货物，为混合销售。从事货物的生产、批发或者零售的单位和个体工商户的混合销售行为，按照销售货物缴纳增值税；其他单位和个体工商户的混合销售行为，按照销售服务缴纳增值税。

本条所称从事货物的生产、批发或者零售的单位和个体工商户，包括以从事货物的生产、批发或者零售为主，并兼营销售服务的单位和个体工商户在内。

（摘自《财政部 国家税务总局关于全面推开营业税改征增值税试点的通知》之附件1《营业税改征增值税试点实施办法》第四十条，2016 年 3 月 23 日财税〔2016〕36 号）

一项销售行为如果既涉及货物又涉及服务，为混合销售。从事货物的生产、批发或者零售的单位和个体工商户的混合销售行为，按照销售货物缴纳增值税；其他单位和个体工商户的混合销售行为，按照销售服务缴纳增值税。

上述从事货物的生产、批发或者零售的单位和个体工商户，包括以从事货物的生产、批发或者零售为主，并兼营销售服务的单位和个体工商户在内。

（摘自《财政部 国家税务总局关于全面推开营业税改征增值税试点的通知》之附件2《营业税改征增值税试点有关事项的规定》，2016 年 3 月 23 日财税〔2016〕36 号）

政策解析

营业税全部改征增值税后，已不存在既涉及货物又涉及非增值税应税劳务的概念。因此，财税〔2016〕36 号修改了原《中华人民共和国暂行条例实施细则》中对混合销售的表述，明确了处理原则。

5.7.2　混合销售行为的其他规定

纳税人销售软件产品并随同销售一并收取的软件安装费、维护费、培训费等收入，应按照增值税混合销售的有关规定征收增值税，并可享受软件产品增值税即征即退政策。

（摘自《财政部 国家税务总局关于增值税若干政策的通知》，2005 年 11 月 28 日财税〔2005〕165 号）

5.7.3　不属于混合销售行为的特殊规定

纳税人销售活动板房、机器设备、钢结构件等自产货物的同时提供建筑、安装服务，不属于《营业税改征增值税试点实施办法》（财税〔2016〕36 号文件印发）第四十条规定的混合销售，应分别核算货物和建筑服务的销售额，分别适用不同的税率或者征收率。

（摘自《国家税务总局关于进一步明确营改增有关征管问题的公告》，2017 年 4 月 20 日国家税务总局公告 2017 年第 11 号）

政策解析

该公告明确规定纳税人销售活动板房、机器设备、钢结构件等自产货物的同时提供建筑、安装服务，不属于混合销售。

5.8　兼营行为销售额的核算要求

5.8.1　兼营不同税率项目的核算要求

纳税人兼营不同税率的项目，应当分别核算不同税率项目的销售额；未分别核算销售额的，从高适用税率。

（摘自《中华人民共和国增值税暂行条例》第三条，2017 年 11 月 19 日修订国务院令第 691 号）

纳税人兼营销售货物、劳务、服务、无形资产或者不动产，适用不同税率或者征收率的，应当分别核算适用不同税率或者征收率的销售额；未分别核算的，从高适用税率。

（摘自《财政部　国家税务总局关于全面推开营业税改征增值税试点的通知》之附件 1《营业税改征增值税试点实施办法》第三十九条，2016 年 3 月 23 日财税〔2016〕36 号）

5.8.2　兼营减免税项目的核算要求

纳税人兼营免税、减税项目的，应当分别核算免税、减税项目的销售额；未分别核算销售额的，不得免税、减税。

（摘自《中华人民共和国增值税暂行条例》第十六条，2017 年 11 月 19 日修订国务院令第 691 号）

纳税人兼营免税、减税项目的，应当分别核算免税、减税项目的销售额；未分别核算的，不得免税、减税。

（摘自《财政部　国家税务总局关于全面推开营业税改征增值税试点的通知》之附件 1《营业税改征增值税试点实施办法》第四十一条，2016 年 3 月 23 日财税〔2016〕36 号）

5.9　视同销售行为销售额的核定

5.9.1　原增值税纳税人视同销售行为销售额的核定

纳税人发生应税销售行为的价格明显偏低并无正当理由的，由主管税务机关核定其销售额。

（摘自《中华人民共和国增值税暂行条例》第七条，2017 年 11 月 19 日修订国务院令第 691 号）

纳税人有条例第七条所称价格明显偏低并无正当理由或者有本细则第四条所列视同销售货物行为而无销售额者，按下列顺序确定销售额：

（一）按纳税人最近时期同类货物的平均销售价格确定；

（二）按其他纳税人最近时期同类货物的平均销售价格确定；

（三）按组成计税价格确定。组成计税价格的公式为：

$$组成计税价格 = 成本 \times (1 + 成本利润率)$$

属于应征消费税的货物，其组成计税价格中应加计消费税额。

公式中的成本是指：销售自产货物的为实际生产成本，销售外购货物的为实际采购成本。公式中的成本利润率由国家税务总局确定。

（摘自《中华人民共和国增值税暂行条例实施细则》第十六条，2011年10月28日财政部令第65号）

纳税人因销售价格明显偏低或无销售价格等原因，按规定需组成计税价格确定销售额的，其组价公式中的成本利润率为10%。但属于应从价定率征收消费税的货物，其组价公式中的成本利润率，为《消费税若干具体问题的规定》中规定的成本利润率。

（摘自《国家税务总局关于印发＜增值税若干具体问题的规定＞的通知》，1993年12月28日国税发〔1993〕154号）

5.9.2　试点增值税纳税人视同销售行为销售额的核定

纳税人发生应税行为价格明显偏低或者偏高且不具有合理商业目的的，或者发生本办法第十四条所列行为而无销售额的，主管税务机关有权按照下列顺序确定销售额：

（一）按照纳税人最近时期销售同类服务、无形资产或者不动产的平均价格确定。

（二）按照其他纳税人最近时期销售同类服务、无形资产或者不动产的平均价格确定。

（三）按照组成计税价格确定。组成计税价格的公式为：

$$组成计税价格 = 成本 \times (1 + 成本利润率)$$

成本利润率由国家税务总局确定。

不具有合理商业目的，是指以谋取税收利益为主要目的，通过人为安排，减少、免除、推迟缴纳增值税税款，或者增加退还增值税税款。

（摘自《财政部 国家税务总局关于全面推开营业税改征增值税试点的通知》之附件1《营业税改征增值税试点实施办法》第四十四条，2016年3月23日财税〔2016〕36号）

当前在不动产交易税收征管中，地税机关依据政府认可的第三方做出的市场评估价格，建立二手房评估系统，判断纳税人申报的成交价格是否明显偏低，杜绝"阴阳"合同，堵塞征管漏洞。营改增后，税务机关在核定计税价格工作中，应继续沿用原二手房评估系统。当纳税人申报的不动产交易成交价格明显偏低时，应首先利用二手房评估系统核定计税价格，在双方有争议无法协调时，再参照第三方中介做出的市场评估价格进行确定。

（摘自《国家税务总局关于明确营业税改征增值税有关征管问题的通知》，2016年4月26日税总函〔2016〕181号）

5.9.3　对视同销售的已使用过的固定资产销售额的核定

纳税人发生细则第四条规定固定资产视同销售行为，对已使用过的固定资产无法确定销售额的，以固定资产净值为销售额。

（摘自《财政部 国家税务总局关于全国实施增值税转型改革若干问题的通知》，2008年12月19日财税〔2008〕170号）

第6章 Chapter Six
进项税额

增值税进项税额，是指纳税人购进货物、加工修理修配劳务、服务、无形资产或者不动产，支付或者负担的增值税额。进项税额与销项税额相对应，一般纳税人在同一笔业务中，销售方收取的销项税额就是购买方支付的进项税额。

进项税额是计算应纳增值税额的依据。在某个纳税期间内，纳税人收取的销项税额抵扣其支付的进项税额，其余额为纳税人当期实际缴纳的增值税额。

进项税额是否能从销项税额中抵扣需要符合规定的条件。一是符合条件的纳税人才可以抵扣。只有一般纳税人才可以抵扣进项税额，小规模纳税人不得抵扣进项税额。二是符合抵扣条件的一般纳税人，只有取得符合抵扣条件的增值税扣税凭证才可以抵扣进项税额。三是用途不符合相关规定的进项税额也不得抵扣。例如，用于集体福利、个人消费；简易计税项目、免税项目、购进贷款服务、餐饮服务等。

进项税额抵扣主要分为凭票抵扣和计算抵扣，凭票抵扣又分为当期抵扣和分期抵扣，计算抵扣主要是针对收购农产品而言。

6.1 进项税额的基本规定

纳税人购进货物、劳务、服务、无形资产、不动产支付或者负担的增值税额，为进项税额。

（摘自《中华人民共和国增值税暂行条例》第八条，2017 年 11 月 19 日修订 国务院令第 691 号）

进项税额，是指纳税人购进货物、加工修理修配劳务、服务、无形资产或者不动产，支付或者负担的增值税额。

（摘自《财政部 国家税务总局关于全面推开营业税改征增值税试点的通知》之附件 1《营业税改征增值税试点实施办法》第二十四条，2016 年 3 月 23 日财税〔2016〕36 号）

6.2 进项税额的扣税凭证

增值税扣税凭证，是指增值税专用发票、海关进口增值税专用缴款书、农产品收购发票和农产品销售发票以及运输费用结算单据。

（摘自《中华人民共和国增值税暂行条例实施细则》第十九条，2011 年 10 月 28 日财政部令第 65 号）

6.2.1　准予抵扣进项税额的扣税凭证

下列进项税额准予从销项税额中抵扣：

（一）从销售方取得的增值税专用发票上注明的增值税额。

（二）从海关取得的海关进口增值税专用缴款书上注明的增值税额。

（三）购进农产品，除取得增值税专用发票或者海关进口增值税专用缴款书外，按照农产品收购发票或者销售发票上注明的农产品买价和11%【注：自2018年5月1日起调整为10%，2019年4月1日起调整为9%】的扣除率计算的进项税额，国务院另有规定的除外。进项税额计算公式：

$$进项税额 = 买价 \times 扣除率$$

（四）自境外单位或者个人购进劳务、服务、无形资产或者境内的不动产，从税务机关或者扣缴义务人取得的代扣代缴税款的完税凭证上注明的增值税额。

准予抵扣的项目和扣除率的调整，由国务院决定。

（摘自《中华人民共和国增值税暂行条例》第八条，2017年11月19日修订　国务院令第691号）

下列进项税额准予从销项税额中抵扣：

（一）从销售方取得的增值税专用发票（含税控机动车销售统一发票，下同）上注明的增值税额。

（二）从海关取得的海关进口增值税专用缴款书上注明的增值税额。

（三）购进农产品，除取得增值税专用发票或者海关进口增值税专用缴款书外，按照农产品收购发票或者销售发票上注明的农产品买价和13%的扣除率计算的进项税额。计算公式为：

$$进项税额 = 买价 \times 扣除率$$

买价，是指纳税人购进农产品在农产品收购发票或者销售发票上注明的价款和按照规定缴纳的烟叶税。

购进农产品，按照《农产品增值税进项税额核定扣除试点实施办法》抵扣进项税额的除外。

（四）从境外单位或者个人购进服务、无形资产或者不动产，自税务机关或者扣缴义务人取得的解缴税款的完税凭证上注明的增值税额。

（摘自《财政部　国家税务总局关于全面推开营业税改征增值税试点的通知》之附件1《营业税改征增值税试点实施办法》第二十五条，2016年3月23日财税〔2016〕36号）

6.2.2　取得不符合规定的扣税凭证不得抵扣进项税额

纳税人购进货物、劳务、服务、无形资产、不动产，取得的增值税扣税凭证不符合法律、行政法规或者国务院税务主管部门有关规定的，其进项税额不得从销项税额中抵扣。

（摘自《中华人民共和国增值税暂行条例》第九条，2017年11月19日修订　国务院令

第 691 号）

纳税人取得的增值税扣税凭证不符合法律、行政法规或者国家税务总局有关规定的，其进项税额不得从销项税额中抵扣。

增值税扣税凭证，是指增值税专用发票、海关进口增值税专用缴款书、农产品收购发票、农产品销售发票和完税凭证。

纳税人凭完税凭证抵扣进项税额的，应当具备书面合同、付款证明和境外单位的对账单或者发票。资料不全的，其进项税额不得从销项税额中抵扣。

（摘自《财政部　国家税务总局关于全面推开营业税改征增值税试点的通知》之附件 1《营业税改征增值税试点实施办法》第二十六条，2016 年 3 月 23 日财税〔2016〕36 号）

6.2.3　民间说法之"三流一致"

6.2.3.1　关于申报抵扣进项税额需要"三流一致"的规定

纳税人购进货物或应税劳务，支付运输费用，所支付款项的单位，必须与开具抵扣凭证的销货单位、提供劳务的单位一致，才能够申报抵扣进项税额，否则不予抵扣。

（摘自《国家税务总局关于加强增值税征收管理若干问题的通知》，1995 年 10 月 18 日国税发〔1995〕192 号）

政策解析

上述规定是增值税进项税额抵扣中要求"三流一致"的源头。该文件发布至今已有二十余年，大部分内容已被废止，但是上述条款仍然有效。

所谓的"三流一致"是指资金流、发票流和货物流相互统一，具体而言是指不仅收款方、开票方和货物销售方或劳务提供方必须是同一个经济主体，而且付款方、货物采购方或劳务接受方也必须是同一个经济主体。"三流一致"的基本假设是：发生真实交易，有买卖双方。卖家须向买家转移货物，即物流；买家向卖家支付款项，即资金流；卖家向买家开票，买家凭票入账并抵扣进项税，即发票流。

"三流"不一致可能形成"虚开"，但不是必然导致"虚开"。随着市场经济的飞速发展，社会分工的不断细化，资金结算方式的多元化，商业模式的不断更新，传统"三流一致"的税务管理思维也应随着发生转变，应当根据交易实质去判断交易主体是否存在虚开情节。只要是双方真实的交易，就应该允许抵扣进项税。

6.2.3.2　无法保证"三流一致"的例外情形

6.2.3.2.1　期货交易购进货物取得的发票

对增值税一般纳税人在商品交易所通过期货交易购进货物，其通过商品交易所转付货款可视同向销货单位支付货款，对其取得的合法增值税专用发票允许抵扣。

（摘自《国家税务总局关于增值税一般纳税人期货交易进项税额抵扣问题的通知》，

2002 年 4 月 29 日国税发〔2002〕45 号）

6.2.3.2.2　项目运营方建设期间的进项税额

项目运营方利用信托资金融资进行项目建设开发是指项目运营方与经批准成立的信托公司合作进行项目建设开发，信托公司负责筹集资金并设立信托计划，项目运营方负责项目建设与运营，项目建设完成后，项目资产归项目运营方所有。该经营模式下项目运营方在项目建设期内取得的增值税专用发票和其他抵扣凭证，允许其按现行增值税有关规定予以抵扣。

本公告自 2010 年 10 月 1 日起施行。

（摘自《国家税务总局关于项目运营方利用信托资金融资过程中增值税进项税额抵扣问题的公告》，2010 年 8 月 9 日国家税务总局公告 2010 年第 8 号）

6.2.3.2.3　建筑企业集团内其他纳税人为发包方提供建筑服务进项税额的抵扣

建筑企业与发包方签订建筑合同后，以内部授权或者三方协议等方式，授权集团内其他纳税人（以下称"第三方"）为发包方提供建筑服务，并由第三方直接与发包方结算工程款的，由第三方缴纳增值税并向发包方开具增值税发票，与发包方签订建筑合同的建筑企业不缴纳增值税。发包方可凭实际提供建筑服务的纳税人开具的增值税专用发票抵扣进项税额。

（摘自《国家税务总局关于进一步明确营改增有关征管问题的公告》，2017 年 4 月 20 日国家税务总局公告 2017 年第 11 号）

政策解析

该公告明确了建筑企业签订建筑合同后以内部授权或者三方协议等方式，授权其集团内其他单位提供建筑服务的，在业务流、资金流、发票流"三流"不完全一致的情况下，发包方可凭实际提供建筑服务的纳税人开具的增值税专用发票抵扣进项税额。

6.2.3.2.4　纳税人委托实际承运人完成运输服务的成品油和通行费进项税额的抵扣

纳税人以承运人身份与托运人签订运输服务合同，收取运费并承担承运人责任，然后委托实际承运人完成全部或部分运输服务时，自行采购并交给实际承运人使用的成品油和支付的道路、桥、闸通行费，同时符合下列条件的，其进项税额准予从销项税额中抵扣：

（一）成品油和道路、桥、闸通行费，应用于纳税人委托实际承运人完成的运输服务；

（二）取得的增值税扣税凭证符合现行规定。

（摘自《国家税务总局关于跨境应税行为免税备案等增值税问题的公告》，2017 年 8 月 14 日国家税务总局公告 2017 年第 30 号）

政策解析

该公告明确了纳税人以承运人身份与托运人签订运输服务合同，收取运费并承担承运人责任，在委托实际承运人完成全部或部分运输服务时，自行采购并交给实际承运人使用的，用于委托实际承运人完成的运输服务的成品油和支付的道路、桥、闸通行费，如相应取得合法有效的增值税扣税凭证，可按照现行规定抵扣进项税额。

6.3　进项税额的抵扣范围

6.3.1　不得抵扣进项税额的范围

6.3.1.1　不得抵扣进项税额范围的基本规定

下列项目的进项税额不得从销项税额中抵扣：

（一）用于简易计税方法计税项目、免征增值税项目、集体福利或者个人消费的购进货物、劳务、服务、无形资产和不动产；

（二）非正常损失的购进货物，以及相关的劳务和交通运输服务；

（三）非正常损失的在产品、产成品所耗用的购进货物（不包括固定资产）、劳务和交通运输服务；

（四）国务院规定的其他项目。

（摘自《中华人民共和国增值税暂行条例》第十条，2017 年 11 月 19 日修订　国务院令第 691 号）

下列项目的进项税额不得从销项税额中抵扣：

（一）用于简易计税方法计税项目、免征增值税项目、集体福利或者个人消费的购进货物、加工修理修配劳务、服务、无形资产和不动产。其中涉及的固定资产、无形资产、不动产，仅指专用于上述项目的固定资产、无形资产（不包括其他权益性无形资产）、不动产。

纳税人的交际应酬消费属于个人消费。

（二）非正常损失的购进货物，以及相关的加工修理修配劳务和交通运输服务。

（三）非正常损失的在产品、产成品所耗用的购进货物（不包括固定资产）、加工修理修配劳务和交通运输服务。

（四）非正常损失的不动产，以及该不动产所耗用的购进货物、设计服务和建筑服务。

（五）非正常损失的不动产在建工程所耗用的购进货物、设计服务和建筑服务。

纳税人新建、改建、扩建、修缮、装饰不动产，均属于不动产在建工程。

（六）购进的旅客运输服务、贷款服务、餐饮服务、居民日常服务和娱乐服务。

（七）财政部和国家税务总局规定的其他情形。

本条第（四）项、第（五）项所称货物，是指构成不动产实体的材料和设备，包括建筑装饰材料和给排水、采暖、卫生、通风、照明、通讯、煤气、消防、中央空调、电梯、电气、智能化楼宇设备及配套设施。

（摘自《财政部 国家税务总局关于全面推开营业税改征增值税试点的通知》之附件 1《营业税改征增值税试点实施办法》第二十七条，2016 年 3 月 23 日财税〔2016〕36 号）

原增值税一般纳税人购进服务、无形资产或者不动产，下列项目的进项税额不得从销项税额中抵扣：

（1）用于简易计税方法计税项目、免征增值税项目、集体福利或者个人消费。其中涉及的无形资产、不动产，仅指专用于上述项目的无形资产（不包括其他权益性无形资产）、不动产。

纳税人的交际应酬消费属于个人消费。

（2）非正常损失的购进货物，以及相关的加工修理修配劳务和交通运输服务。

（3）非正常损失的在产品、产成品所耗用的购进货物（不包括固定资产）、加工修理修配劳务和交通运输服务。

（4）非正常损失的不动产，以及该不动产所耗用的购进货物、设计服务和建筑服务。

（5）非正常损失的不动产在建工程所耗用的购进货物、设计服务和建筑服务。

纳税人新建、改建、扩建、修缮、装饰不动产，均属于不动产在建工程。

（6）购进的旅客运输服务、贷款服务、餐饮服务、居民日常服务和娱乐服务。

（7）财政部和国家税务总局规定的其他情形。

上述第（4）点、第（5）点所称货物，是指构成不动产实体的材料和设备，包括建筑装饰材料和给排水、采暖、卫生、通风、照明、通讯、煤气、消防、中央空调、电梯、电气、智能化楼宇设备及配套设施。

纳税人接受贷款服务向贷款方支付的与该笔贷款直接相关的投融资顾问费、手续费、咨询费等费用，其进项税额不得从销项税额中抵扣。

（摘自《财政部 国家税务总局关于全面推开营业税改征增值税试点的通知》之附件2《营业税改征增值税试点有关事项的规定》，2016年3月23日财税〔2016〕36号）

政策解析

增值税对进项税额的抵扣范围采取的是反向列举的方式，凡是未纳入《中华人民共和国增值税暂行条例》等相关法规中所列举的不能抵扣范围的均可抵扣。

6.3.1.2 不得抵扣进项税额的其他规定

6.3.1.2.1 购买税控系统专用设备的进项税已抵减应纳税额不得抵扣

增值税一般纳税人支付的二项费用【注：指纳税人购买增值税税控系统专用设备支付的费用以及缴纳的技术维护费】在增值税应纳税额中全额抵减的，其增值税专用发票不作为增值税抵扣凭证，其进项税额不得从销项税额中抵扣。

（摘自《财政部 国家税务总局关于增值税税控系统专用设备和技术维护费用抵减增值税税额有关政策的通知》，2012年2月7日财税〔2012〕15号）

6.3.1.2.2 纳税人年应税销售额超过规定标准逾期不办理相关手续不得抵扣进项税额

纳税人在年应税销售额超过规定标准的月份（或季度）的所属申报期结束后15日内按

照本办法第六条或者第七条的规定办理相关手续；未按规定时限办理的，主管税务机关应当在规定时限结束后 5 日内制作《税务事项通知书》，告知纳税人应当在 5 日内向主管税务机关办理相关手续；逾期仍不办理的，次月起按销售额依照增值税税率计算应纳税额，不得抵扣进项税额，直至纳税人办理相关手续为止。

（摘自《增值税一般纳税人登记管理办法》，2017 年 12 月 29 日国家税务总局令第 43 号）

6.3.1.2.3　海关缴款书信息与海关采集的缴款信息稽核比对不相符所列税额不得抵扣

增值税一般纳税人进口货物时应准确填报企业名称，确保海关缴款书上的企业名称与税务登记的企业名称一致。税务机关将进口货物取得的属于增值税抵扣范围的海关缴款书信息与海关采集的缴款信息进行稽核比对。经稽核比对相符后，海关缴款书上注明的增值税额可作为进项税额在销项税额中抵扣。稽核比对不相符，所列税额暂不得抵扣，待核查确认海关缴款书票面信息与纳税人实际进口业务一致后，海关缴款书上注明的增值税额可作为进项税额在销项税额中抵扣。

（摘自《国家税务总局关于加强海关进口增值税抵扣管理的公告》，2017 年 2 月 13 日国家税务总局公告 2017 年第 3 号）

6.3.1.2.4　以农产品为原料生产销售货物的纳税人发生严重违法行为不得抵扣农产品进项税额

以农产品为原料生产销售货物的纳税人发生增值税违法行为的，自税务机关行政处罚决定生效的次月起，按 50% 的比例抵扣农产品进项税额；违法情形严重的，不得抵扣农产品进项税额。具体办法由国家税务总局商财政部另行制定。

（摘自《财政部　国家税务总局关于防范税收风险若干增值税政策的通知》，2013 年 12 月 27 日财税〔2013〕112 号）

6.3.1.2.5　免税货物恢复征税免税期间外购货物的进项税不得抵扣

免税货物恢复征税后，其免税期间外购的货物，一律不得作为当期进项税额抵扣。恢复征税后收到的该项货物免税期间的增值税专用发票，应当从当期进项税额中剔除。

（摘自《国家税务总局关于增值税若干征管问题的通知》，1996 年 9 月 9 日国税发〔1996〕155 号）

6.3.1.2.6　纳税人在停止抵扣进项税额期间发生的全部进项税额不得抵扣

《中华人民共和国增值税暂行条例实施细则》第三十四条规定：有下列情形之一者，应按销售额依照增值税税率计算应纳税额，不得抵扣进项税额，也不得使用增值税专用发票：

（一）一般纳税人会计核算不健全，或者不能够提供准确税务资料的；

（二）除本细则第二十九条规定外，纳税人销售额超过小规模纳税人标准，未申请办理一般纳税人认定手续的。

此规定所称的不得抵扣进项税额是指纳税人在停止抵扣进项税额期间发生的全部进项税额，包括在停止抵扣期间取得的进项税额、上期留抵税额以及经批准允许抵扣的期初存货已征税款。

纳税人经税务机关核准恢复抵扣进项税额资格后,其在停止抵扣进项税额期间发生的全部进项税额不得抵扣。

(摘自《国家税务总局关于增值税一般纳税人恢复抵扣进项税额资格后有关问题的批复》,2000 年 8 月 2 日国税函〔2000〕584 号)

6.3.1.2.7 采用账外经营手段进行偷税账外经营部分进项税额的处理

鉴于纳税人采用账外经营手段进行偷税,其取得的账外经营部分防伪税控专用发票,未按规定的时限进行认证,或者未在认证通过的当月按照增值税有关规定核算当期进项税额并申报抵扣,因此,不得抵扣其账外经营部分的销项税额。

(摘自《国家税务总局关于增值税一般纳税人取得的账外经营部分防伪税控增值税专用发票进项税额抵扣问题的批复》,2005 年 8 月 3 日国税函〔2005〕763 号)

《国家税务总局关于增值税一般纳税人取得的账外经营部分防伪税控增值税专用发票进项税额抵扣问题的批复》(国税函〔2005〕763 号)为部分有效文件,其中,第三段"鉴于纳税人采用账外经营手段进行偷税,其取得的账外经营部分防伪税控专用发票,未按上述规定的时限进行认证,或者未在认证通过的当月按照增值税有关规定核算当期进项税额并申报抵扣,因此,不得抵扣其账外经营部分的销项税额"的规定现行有效。

(摘自《国家税务总局关于增值税规范性文件有效性问题的批复》,2015 年 3 月 20 日税总函〔2015〕161 号)

6.3.1.2.8 个人消费的界定

《增值税暂行条例》第十条第(一)项所称个人消费包括纳税人的交际应酬消费。

(摘自《中华人民共和国增值税暂行条例实施细则》第二十二条,2011 年 10 月 28 日财政部令第 65 号)

6.3.1.2.9 非正常损失的界定

《增值税暂行条例》第十条第(二)项所称非正常损失,是指因管理不善造成被盗、丢失、霉烂变质的损失。

(摘自《中华人民共和国增值税暂行条例实施细则》第二十四条,2011 年 10 月 28 日财政部令第 65 号)

非正常损失,是指因管理不善造成货物被盗、丢失、霉烂变质,以及因违反法律法规造成货物或者不动产被依法没收、销毁、拆除的情形。

(摘自《财政部 国家税务总局关于全面推开营业税改征增值税试点的通知》之附件 1《营业税改征增值税试点实施办法》第二十八条,2016 年 3 月 23 日财税〔2016〕36 号)

对于企业由于资产评估减值而发生流动资产损失,如果流动资产未丢失或损坏,只是由于市场发生变化,价格降低,价值量减少,则不属于《中华人民共和国增值税暂行条例实施细则》中规定的非正常损失,不作进项税额转出处理。

（摘自《国家税务总局关于企业改制中资产评估减值发生的流动资产损失进项税额抵扣问题的批复》，2002 年 12 月 20 日国税函〔2002〕1103 号）

6.3.1.3　不得抵扣进项税额的计算确定

6.3.1.3.1　兼营简易计税方法计税项目、免征增值税项目

适用一般计税方法的纳税人，兼营简易计税方法计税项目、免征增值税项目而无法划分不得抵扣的进项税额，按照下列公式计算不得抵扣的进项税额：

不得抵扣的进项税额 = 当期无法划分的全部进项税额 ×（当期简易计税方法
计税项目销售额 + 免征增值税项目销售额）÷ 当期全部销售额

主管税务机关可以按照上述公式依据年度数据对不得抵扣的进项税额进行清算。

（摘自《财政部　国家税务总局关于全面推开营业税改征增值税试点的通知》之附件 1《营业税改征增值税试点实施办法》第二十九条，2016 年 3 月 23 日财税〔2016〕36 号）

政策解析

1. 纳税人在现实生产经营活动中，出现兼营行为是很常见的，经常出现进项税额不能准确划分的情形，比较典型的就是耗用的水和电力。但同时也有很多进项税额是可以划分清楚用途的，比如纳税人购进的一些原材料，用途是确定的，所对应的进项税额也就可以准确划分。因此，上述公式只是对不能准确划分的进项税额进行划分计算的方法，对于能够准确划分的进项税额，直接按照归属进行区分。

2. 引入年度清算的概念。对于纳税人而言，进项税额转出是按月进行的，但由于年度内取得进项税额的不均衡性，有可能会造成按月计算的进项税额转出与按年度计算的进项税额转出产生差异，主管税务机关可在年度终了对纳税人进项转出按计算公式进行清算，可对相关差异进行调整。

纳税人在计算不得抵扣进项税额时，对其取得的销售免税货物的销售收入和经营非应税项目的营业收入额，不得进行不含税收入的换算。特此批复。

（摘自《国家税务总局关于分摊不得抵扣进项税额时免税项目销售额如何确定问题的批复》，1997 年 9 月 24 日国税函〔1997〕529 号）

6.3.1.3.2　已抵扣进项税额的购进货物、劳务、服务发生不得抵扣情形

已抵扣进项税额的购进货物或者应税劳务，发生条例第十条规定的情形的（免税项目、非增值税应税劳务除外），应当将该项购进货物或者应税劳务的进项税额从当期的进项税额中扣减；无法确定该项进项税额的，按当期实际成本计算应扣减的进项税额。

（摘自《中华人民共和国增值税暂行条例实施细则》第二十七条，2011 年 10 月 28 日财政部令第 65 号）

已抵扣进项税额的购进货物（不含固定资产）、劳务、服务，发生本办法第二十七条规定情形（简易计税方法计税项目、免征增值税项目除外）的，应当将该进项税额从当期进

项税额中扣减；无法确定该进项税额的，按照当期实际成本计算应扣减的进项税额。

（摘自《财政部　国家税务总局关于全面推开营业税改征增值税试点的通知》之附件1《营业税改征增值税试点实施办法》第三十条，2016年3月23日财税〔2016〕36号）

政策解析

由于经营情况复杂，纳税人有时会先抵扣进项税额，然后发生不得抵扣进项税额的情形时，例如将购进货物申报抵扣后，又将其分配给本单位员工作为福利，就需要将相应的进项税额从已申报抵扣的进项税额中予以扣减。对于能够确定的进项税额，直接将该进项税额从当期进项税额中扣减；对于无法确定的进项税额，则统一按照当期实际成本来计算应扣减进项税额。

6.3.1.3.3　已抵扣进项税额的固定资产、无形资产或者不动产发生不得抵扣情形

已抵扣进项税额的固定资产、无形资产或者不动产，发生本办法第二十七条规定情形的，按照下列公式计算不得抵扣的进项税额：

$$不得抵扣的进项税额 = 固定资产、无形资产或者不动产净值 \times 适用税率$$

固定资产、无形资产或者不动产净值，是指纳税人根据财务会计制度计提折旧或摊销后的余额。

（摘自《财政部　国家税务总局关于全面推开营业税改征增值税试点的通知》之附件1《营业税改征增值税试点实施办法》第三十一条，2016年3月23日财税〔2016〕36号）

政策解析

本条是关于已抵扣进项税额的固定资产、无形资产或者不动产，发生用途改变后如何计算不得抵扣进项税额的规定。

在2009年全国实施增值税转型改革时，对原增值税纳税人已抵扣进项税额的固定资产发生《中华人民共和国增值税暂行条例》第十条（一）至（三）项所列情形的，规定了不得抵扣进项税额的具体方法。自2012年以来，历次发布的"营改增"政策文件，均未对改征增值税的纳税人已抵扣进项税额的固定资产发生上述情形如何处理进行明确，此次借全面实施"营改增"之际，将该规定补充进《营业税改征增值税试点实施办法》，并增加了无形资产和不动产，使税务机关和纳税人有据可依。

6.3.1.3.4　既享受增值税即征即退、先征后退政策又享受免抵退税政策的处理

现将纳税人既享受增值税即征即退、先征后退政策又享受免抵退税政策有关问题公告如下：

一、纳税人既有增值税即征即退、先征后退项目，也有出口等其他增值税应税项目的，增值税即征即退和先征后退项目不参与出口项目免抵退税计算。纳税人应分别核算增值税即征即退、先征后退项目和出口等其他增值税应税项目，分别申请享受增值税即征即退、先征后退和免抵退税政策。

二、用于增值税即征即退或者先征后退项目的进项税额无法划分的，按照下列公式计算：

无法划分进项税额中用于增值税即征即退或者先征后退项目的部分 = 当月无法划分的全部进项税额 × 当月增值税即征即退或者先征后退项目销售额 ÷ 当月全部销售额、营业额合计

本公告自 2012 年 1 月 1 日起执行。

（摘自《国家税务总局关于纳税人既享受增值税即征即退 先征后退政策又享受免抵退税政策有关问题的公告》，2011 年 12 月 1 日国家税务总局公告 2011 年第 69 号）

6.3.1.4 不得抵扣的固定资产、无形资产、不动产转用于允许抵扣项目

按照《试点实施办法》第二十七条第（一）项规定不得抵扣且未抵扣进项税额的固定资产、无形资产、不动产，发生用途改变，用于允许抵扣进项税额的应税项目，可在用途改变的次月按照下列公式计算可以抵扣的进项税额：

可以抵扣的进项税额 = 固定资产、无形资产、不动产净值/(1 + 适用税率) × 适用税率

上述可以抵扣的进项税额应取得合法有效的增值税扣税凭证。

（摘自《财政部 国家税务总局关于全面推开营业税改征增值税试点的通知》之附件 2 《营业税改征增值税试点有关事项的规定》，2016 年 3 月 23 日财税〔2016〕36 号）

政策解析

已按规定作不抵扣的固定资产、无形资产、不动产的进项税额，在用途改变时，可以按照本条款规定的办法计算允许抵扣进项税额。可以抵扣的进项税额应取得合法有效的增值税扣税凭证，否则不能计算抵扣进项税额。

举例：某公司 2019 年 5 月购入燃油锅炉两台，每台含税价格为 113 万元，共计支付货款 226 万元，取得增值税专用发票一张（发票上注明销售额 200 万元，税额 26 万元），并认证相符。其中一台用于生产部门，另一台用于职工浴池。公司将这两台锅炉计入固定资产，按 10 年计提折旧（假设无残值）。由于职工浴池属于职工福利设施，在核算进项税额时将其中一台锅炉的进项税额 13 万元按规定转出了进项税额，没有抵扣进项税额。2020 年 4 月职工浴池停用，公司将这一台锅炉也用于生产部门。

此时，由于公司将原用于不得抵扣且未抵扣进项税额的锅炉改变用途用于允许抵扣进项税额的应税项目，应按规定计算可以抵扣的进项税额 11.7 万元，并予以抵扣。计算过程如下：

（1）计算固定资产净值：

固定资产净值 = 113 − 113 ÷ (10 × 12) × 12 = 101.7（万元）

（2）计算可以抵扣的进项税额

可以抵扣的进项税额 = 101.7 ÷ (1 + 13%) × 13% = 11.7（万元）

需要注意的是，如果该纳税人在购买锅炉时没有取得合法有效的增值税扣税凭证（增值税专用发票），则此时虽然改变用途用于可抵扣进项税额的应税项目，也不能计算可抵扣的进项税额。

6.3.2 进项税额抵扣的其他政策规定

6.3.2.1 纳税人认定或登记为一般纳税人前进项税额抵扣问题

一、纳税人自办理税务登记至认定或登记为一般纳税人期间，未取得生产经营收入，未按照销售额和征收率简易计算应纳税额申报缴纳增值税的，其在此期间取得的增值税扣税凭证，可以在认定或登记为一般纳税人后抵扣进项税额。

二、上述增值税扣税凭证按照现行规定无法办理认证或者稽核比对的，按照以下规定处理：

（一）购买方纳税人取得的增值税专用发票，按照《国家税务总局关于推行增值税发票系统升级版有关问题的公告》（国家税务总局公告2014年第73号）规定的程序，由销售方纳税人开具红字增值税专用发票后重新开具蓝字增值税专用发票。

购买方纳税人按照国家税务总局公告2014年第73号规定填开《开具红字增值税专用发票信息表》或《开具红字货物运输业增值税专用发票信息表》时，选择"所购货物或劳务、服务不属于增值税扣税项目范围"或"所购服务不属于增值税扣税项目范围"。

（二）纳税人取得的海关进口增值税专用缴款书，按照《国家税务总局关于逾期增值税扣税凭证抵扣问题的公告》（国家税务总局公告2011年第50号）规定的程序，经国家税务总局稽核比对相符后抵扣进项税额。

三、本公告自发布之日起施行。

（摘自《国家税务总局关于纳税人认定或登记为一般纳税人前进项税额抵扣问题的公告》，2015年8月19日国家税务总局公告2015年第59号）

政策解析

新设立的企业，从办理税务登记到开始生产经营，往往要经过一定的筹建期，进行基础建设、购买办公和生产设备、建账建制、招聘员工、联系进销渠道等。在此期间，企业会取得一定数量的增值税扣税凭证。有些情况下，企业在筹建期间未能及时认定为一般纳税人，在税务机关的征管系统中存在一段时期的小规模纳税人状态，导致其取得的增值税扣税凭证在抵扣进项税额时遇到障碍。为有效解决这一问题，国家税务总局下发了上述公告。

该公告应从以下几个方面予以关注：

（1）纳税人应符合适用范围。虽然存在一段时间的小规模纳税人状态，但在此期间并未开展生产经营取得收入，并且未按照简易方法缴纳过增值税的纳税人（两个条件缺一不可）。公告所称的"未取得生产经营收入，未按照销售额和征收率简易计算应纳税额申报缴纳增值税"，指的是纳税人按照会计制度和税法的规定，真实记录和准确核算的经营结果，通过隐瞒收入形成的"未取得生产经营收入，未按照销售额和征收率简易计算应纳税额申报缴纳增值税"，不在本公告规定的适用范围之内。所以说，并不是在成为一般纳税人之前取得的增值税扣税凭证，都可以在认定或登记为一般纳税人后抵扣进项税额。

（2）扣税凭证的取得应符合规定。增值税扣税凭证包括增值税专用发票、海关进口增值税专用缴款书、农产品收购发票、农产品销售发票和税收缴款凭证。纳税人取得的增值税扣税凭证只有在符合法律、行政法规或者国务院税务主管部门有关规定的情况下，其进项税额才可以从销项税额中抵扣。为此，企业筹建期在购进货物或接受服务时，尽量取得符合规定的扣税凭证。

（3）扣税凭证的抵扣时限和抵扣要求应符合规定。根据增值税相关税法的规定，取得扣税凭证应在规定的时限内认证或比对，才能申报抵扣。对无法办理认证或者稽核比对的，按相关规定由销售方纳税人开具红字增值税专用发票后重新开具蓝字增值税专用发票，或者按逾期增值税扣税凭证抵扣的规定办理相关手续后进行抵扣。

举例：某公司成立于 2019 年 5 月，2019 年 5—8 月一直处于筹建期，未取得收入，也未认定为增值税一般纳税人，直到 2019 年 9 月才认定为增值税一般纳税人。2019 年 6 月从境外进口设备 300 万元，税额为 39 万元；2019 年 7 月购进货物 100 万元，税额 13 万元，均取得可抵扣的进项税发票。那么，如果甲企业未按照销售额和征收率简易计算应纳税额进行增值税申报，则取得的 68 万元进项税可以在认定为增值税一般纳税人之后进行抵扣；如果取得生产经营收入，已按小规模纳税人进行增值税申报，则认定为增值税一般纳税人之前取得的 68 万元进项税不能抵扣。

按照《国家税务总局关于纳税人认定或登记为一般纳税人前进项税额抵扣问题的公告》（国家税务总局公告 2015 年第 59 号）的规定，需要开具红字专用发票的，按照本公告规定执行。

（摘自《国家税务总局关于红字增值税发票开具有关问题的公告》，2016 年 7 月 20 日国家税务总局公告 2016 年第 47 号）

6.3.2.2　销售给外国政府和国际组织无偿援助项目在国内采购的货物

自 2001 年 8 月 1 日起，对外国政府和国际组织无偿援助项目在国内采购的货物免征增值税，同时允许销售免税货物的单位，将免税货物的进项税额在其他内销货物的销项税额中抵扣。

（摘自《财政部　国家税务总局　外经贸部关于外国政府和国际组织无偿援助项目在华采购物资免征增值税问题的通知》，2002 年 1 月 11 日财税〔2002〕2 号）

6.3.2.3　因购买货物而从销售方取得的返还资金应冲减进项税额

自 1997 年 1 月 1 日起，凡增值税一般纳税人，无论是否有平销行为，因购买货物而从销售方取得的各种形式的返还资金，均应依所购货物的增值税税率计算应冲减的进项税金，并从其取得返还资金当期的进项税金中予以冲减。应冲减的进项税金计算公式如下：

当期应冲减进项税金＝当期取得的返还资金×所购货物适用的增值税税率

【注：2004 年 10 月 13 日国税发〔2004〕136 号对此公式进行了调整】

（摘自《国家税务总局关于平销行为征收增值税问题的通知》，1997 年 10 月 30 日国税发〔1997〕167 号）

对商业企业向供货方收取的与商品销售量、销售额挂钩（如以一定比例、金额、数量计算）的各种返还收入，均应按照平销返利行为的有关规定冲减当期增值税进项税金。

应冲减进项税金的计算公式调整为：

$$当期应冲减进项税金 = 当期取得的返还资金 \div (1 + 所购货物适用$$
$$增值税税率) \times 所购货物适用增值税税率$$

（摘自《国家税务总局关于商业企业向货物供应方收取的部分费用征收流转税问题的通知》，2004 年 10 月 13 日国税发〔2004〕136 号）

与总机构实行统一核算的分支机构从总机构取得的日常工资、电话费、租金等资金，不应视为因购买货物而取得的返利收入，不应做冲减进项税额处理。

（摘自《国家税务总局关于增值税一般纳税人平销行为征收增值税问题的批复》，2001 年 4 月 5 日国税函〔2001〕247 号）

6.3.2.4 对供电企业收取的免税的农村电网维护费

近接部分地区反映，要求明确供电企业收取免税农村电网维护费，其进项税额是否转出问题。经研究，现明确如下：

一、对供电企业收取的免征增值税的农村电网维护费，不应分摊转出外购电力产品所支付的进项税额。

二、《国家税务总局关于农村体制改革中农村电网维护费征免增值税问题的批复》（国税函〔2002〕421 号）第三条关于"供电企业应按规定计算农村电网维护费应分担的不得抵扣的进项税额，已计提进项税额的要做进项税额转出处理"的规定同时废止。

（摘自《国家税务总局关于供电企业收取的免税农村电网维护费有关增值税问题的通知》，2005 年 8 月 5 日国税函〔2005〕778 号）

6.3.2.5 混合用途的固定资产、无形资产、不动产进项税额可以抵扣

《增值税暂行条例》第十条第（一）项所称购进货物，不包括既用于增值税应税项目（不含免征增值税项目）也用于非增值税应税项目、免征增值税（以下简称免税）项目、集体福利或者个人消费的固定资产。

（摘自《中华人民共和国增值税暂行条例实施细则》第二十一条，2011 年 10 月 28 日财政部令第 65 号）

下列项目的进项税额不得从销项税额中抵扣：

（一）用于简易计税方法计税项目、免征增值税项目、集体福利或者个人消费的购进货物、加工修理修配劳务、服务、无形资产和不动产。其中涉及的固定资产、无形资产、不动产，仅指专用于上述项目的固定资产、无形资产（不包括其他权益性无形资产）、不动产。

（摘自《财政部　国家税务总局关于全面推开营业税改征增值税试点的通知》之附件 1 《营业税改征增值税试点实施办法》第二十七条，2016 年 3 月 23 日财税〔2016〕36 号）

原增值税一般纳税人购进服务、无形资产或者不动产，下列项目的进项税额不得从销项税额中抵扣：

（1）用于简易计税方法计税项目、免征增值税项目、集体福利或者个人消费。其中涉及的无形资产、不动产，仅指专用于上述项目的无形资产（不包括其他权益性无形资产）、不动产。

（摘自《财政部　国家税务总局关于全面推开营业税改征增值税试点的通知》之附件 2 《营业税改征增值税试点有关事项的规定》，2016 年 3 月 23 日财税〔2016〕36 号）

政策解析

上述政策规定表明，只要不是专用于不得抵扣项目的固定资产、无形资产、不动产，其进项税额都是可以按规定抵扣的。

6.3.2.6　混合用途的租入固定资产、不动产进项税额可以抵扣

自 2018 年 1 月 1 日起，纳税人租入固定资产、不动产，既用于一般计税方法计税项目，又用于简易计税方法计税项目、免征增值税项目、集体福利或者个人消费的，其进项税额准予从销项税额中全额抵扣。

（摘自《财政部　税务总局关于租入固定资产进项税额抵扣等增值税政策的通知》，2017 年 12 月 25 日财税〔2017〕90 号）

政策解析

根据相关规定，对于自有的固定资产、无形资产、不动产，只要不是专用于不得抵扣项目的，则其进项税额可以抵扣。该文件明确将租入的固定资产、不动产执行与自有的固定资产、不动产相同的政策，不需要再分摊抵扣了。这里未提及无形资产问题，如取得技术专利许可、租入土地使用权等。其中，根据财税〔2016〕47 号规定，租入土地使用权在增值税上即作为租入不动产处理，因此应同样适用本政策。

6.3.3　2019 年 4 月 1 日起，纳税人购进国内旅客运输服务，其进项税额允许抵扣

纳税人购进国内旅客运输服务，其进项税额允许从销项税额中抵扣。

（一）纳税人未取得增值税专用发票的，暂按照以下规定确定进项税额：

1. 取得增值税电子普通发票的，为发票上注明的税额；

2. 取得注明旅客身份信息的航空运输电子客票行程单的，为按照下列公式计算进项税额：

$$航空旅客运输进项税额 = （票价 + 燃油附加费）÷（1 + 9\%）× 9\%$$

3. 取得注明旅客身份信息的铁路车票的，为按照下列公式计算的进项税额：

$$铁路旅客运输进项税额 = 票面金额 \div (1 + 9\%) \times 9\%$$

4. 取得注明旅客身份信息的公路、水路等其他客票的，按照下列公式计算进项税额：

$$公路、水路等其他旅客运输进项税额 = 票面金额 \div (1 + 3\%) \times 3\%$$

（二）《营业税改征增值税试点实施办法》（财税〔2016〕36 号印发）第二十七条第（六）项和《营业税改征增值税试点有关事项的规定》（财税〔2016〕36 号印发）第二条第（一）项第 5 点中"购进的旅客运输服务、贷款服务、餐饮服务、居民日常服务和娱乐服务"修改为"购进的贷款服务、餐饮服务、居民日常服务和娱乐服务"。

（摘自《关于深化增值税改革有关政策的公告》，2019 年 3 月 20 日财政部 税务总局 海关总署公告 2019 年第 39 号）

6.4 进项税额留抵的处理

6.4.1 一般纳税人注销时留抵税额的处理

一般纳税人注销或被取消辅导期一般纳税人资格，转为小规模纳税人时，其存货不作进项税额转出处理，其留抵税额也不予以退税。

（摘自《财政部 国家税务总局关于增值税若干政策的通知》，2005 年 11 月 28 日财税〔2005〕165 号）

6.4.2 一般纳税人经营地点迁移后继续经营留抵税额的处理

现就增值税一般纳税人经营地点迁移后仍继续经营，其一般纳税人资格是否可以继续保留以及尚未抵扣进项税额是否允许继续抵扣问题公告如下：

一、增值税一般纳税人（以下简称纳税人）因住所、经营地点变动，按照相关规定，在工商行政管理部门作变更登记处理，但因涉及改变税务登记机关，需要办理注销税务登记并重新办理税务登记的，在迁达地重新办理税务登记后，其增值税一般纳税人资格予以保留，办理注销税务登记前尚未抵扣的进项税额允许继续抵扣。

二、迁出地主管税务机关应认真核实纳税人在办理注销税务登记前尚未抵扣的进项税额，填写《增值税一般纳税人迁移进项税额转移单》。

《增值税一般纳税人迁移进项税额转移单》一式三份，迁出地主管税务机关留存一份，交纳税人一份，传递迁达地主管税务机关一份。

三、迁达地主管税务机关应将迁出地主管税务机关传递来的《增值税一般纳税人迁移进项税额转移单》与纳税人报送资料进行认真核对，对其迁移前尚未抵扣的进项税额，在确认无误后，允许纳税人继续申报抵扣。

本公告自 2012 年 1 月 1 日起执行。

（摘自《国家税务总局关于一般纳税人迁移有关增值税问题的公告》，2011 年 12 月 9 日国家税务总局公告 2011 年第 71 号）

6.4.3 一般纳税人转登记为小规模纳税人后留抵税额的处理

转登记纳税人尚未申报抵扣的进项税额以及转登记日当期的期末留抵税额，计入"应交税费—待抵扣进项税额"核算。

（摘自《国家税务总局关于统一小规模纳税人标准等若干增值税问题的公告》，2018 年 4 月 20 日国家税务总局公告 2018 年第 18 号）

政策解析

该公告明确转登记纳税人尚未申报抵扣的进项税额，以及转登记日当期的期末留抵税额，暂挂账处理，统一计入"应交税费——待抵扣进项税额"科目中核算，留待再次转为一般纳税人时抵扣。需要注意的是，尚未申报抵扣的进项税额指的是已经进行过勾选确认或认证后比对相符的抵扣凭证上注明的税额。

6.4.4 留抵税额抵减增值税欠税

6.4.4.1 留抵税额抵减增值税欠税的基本规定

对纳税人因销项税额小于进项税额而产生期末留抵税额的，应以期末留抵税额抵减增值税欠税。

（摘自《国家税务总局关于增值税一般纳税人用进项留抵税额抵减增值税欠税问题的通知》，2004 年 8 月 30 日国税发〔2004〕112 号）

6.4.4.2 留抵税额抵减欠税处理程序及抵减金额的确定

一、关于税务文书的填开

当纳税人既有增值税留抵税额，又欠缴增值税而需要抵减的，应由县（含）以上税务机关填开《增值税进项留抵税额抵减增值税欠税通知书》（以下简称《通知书》）一式两份，纳税人、主管税务机关各一份。

二、关于抵减金额的确定

抵减欠缴税款时，应按欠税发生时间逐笔抵扣，先发生的先抵。抵缴的欠税包含呆账税金及欠税滞纳金。确定实际抵减金额时，按填开《通知书》的日期作为截止期，计算欠缴税款的应缴未缴滞纳金金额，应缴未缴滞纳金金额加欠税金额为欠缴总额。若欠缴总额大于期末留抵税额，实际抵减金额应等于期末留抵税额，并按配比方法计算抵减的欠税和滞纳金；若欠缴总额小于期末留抵税额，实际抵减金额应等于欠缴总额。

（摘自《国家税务总局关于增值税进项留抵税额抵减增值税欠税有关处理事项的通知》，2004 年 10 月 29 日国税函〔2004〕1197 号）

6.4.5 留抵税额抵减查补增值税税款

增值税一般纳税人拖欠纳税检查应补缴的增值税税款，如果纳税人有进项留抵税额，可按照《国家税务总局关于增值税一般纳税人用进项留抵税额抵减增值税欠税问题的通知》（国税发〔2004〕112号）的规定，用增值税留抵税额抵减查补税款欠税。

（摘自《国家税务总局关于增值税一般纳税人将增值税进项留抵税额抵减查补税款欠税问题的批复》，2005年2月24日国税函〔2005〕169号）

6.4.6 纳税人资产重组中增值税留抵税额的处理

现将纳税人资产重组中增值税留抵税额处理有关问题公告如下：

一、增值税一般纳税人（以下称"原纳税人"）在资产重组过程中，将全部资产、负债和劳动力一并转让给其他增值税一般纳税人（以下称"新纳税人"），并按程序办理注销税务登记的，其在办理注销登记前尚未抵扣的进项税额可结转至新纳税人处继续抵扣。

二、原纳税人主管税务机关应认真核查纳税人资产重组相关资料，核实原纳税人在办理注销税务登记前尚未抵扣的进项税额，填写《增值税一般纳税人资产重组进项留抵税额转移单》。

《增值税一般纳税人资产重组进项留抵税额转移单》一式三份，原纳税人主管税务机关留存一份，交纳税人一份，传递新纳税人主管税务机关一份。

三、新纳税人主管税务机关应将原纳税人主管税务机关传递来的《增值税一般纳税人资产重组进项留抵税额转移单》与纳税人报送资料进行认真核对，对原纳税人尚未抵扣的进项税额，在确认无误后，允许新纳税人继续申报抵扣。

本公告自2013年1月1日起施行。

（摘自《国家税务总局关于纳税人资产重组增值税留抵税额处理有关问题的公告》，2012年12月13日国家税务总局公告2012年第55号）

政策解析

随着经济的发展，企业资产重组行为日益增多，为规范操作，保护纳税人权益，国家税务总局发布该公告，对该类资产重组增值税留抵税额问题进行统一明确。

留抵税额，实际上是纳税人对国家的债权。企业进行资产重组，其所有的资产、负债和人员全部由重组后的新公司承接，作为该企业债权之一的增值税留抵税款，理应也由重组后新公司继续享有。为保护纳税人权益，该公告明确，在上述资产重组行为中，纳税人的增值税留抵税款可以结转至重组后的新企业继续抵扣。

在保护纳税人权益的同时，为避免税收漏洞，严格管理，该公告中规定原企业的留抵税额数应经主管税务机关审核确认，并通过《增值税一般纳税人资产重组进项留抵税额转移单》将留抵税额信息传递至重组后新企业的主管税务机关，主管税务机关与企业核对无误后，才允许重组后的新企业继续抵扣该部分留抵税额。

6.5　增值税期末留抵税额退税制度

6.5.1　2019 年 4 月 1 日起对所有符合条件的纳税人试行期末留抵税额退税制度

自 2019 年 4 月 1 日起，试行增值税期末留抵税额退税制度。

（一）同时符合以下条件的纳税人，可以向主管税务机关申请退还增量留抵税额：

1. 自 2019 年 4 月税款所属期起，连续六个月（按季纳税的，连续两个季度）增量留抵税额均大于零，且第六个月增量留抵税额不低于 50 万元；

2. 纳税信用等级为 A 级或者 B 级；

3. 申请退税前 36 个月未发生骗取留抵退税、出口退税或虚开增值税专用发票情形的；

4. 申请退税前 36 个月未因偷税被税务机关处罚两次及以上的；

5. 自 2019 年 4 月 1 日起未享受即征即退、先征后返（退）政策的。

（二）本公告所称增量留抵税额，是指与 2019 年 3 月底相比新增加的期末留抵税额。

（三）纳税人当期允许退还的增量留抵税额，按照以下公式计算：

$$允许退还的增量留抵税额 = 增量留抵税额 × 进项构成比例 × 60\%$$

进项构成比例，为 2019 年 4 月至申请退税前一税款所属期内已抵扣的增值税专用发票（含税控机动车销售统一发票）、海关进口增值税专用缴款书、解缴税款完税凭证注明的增值税额占同期全部已抵扣进项税额的比重。

（四）纳税人应在增值税纳税申报期内，向主管税务机关申请退还留抵税额。

（五）纳税人出口货物劳务、发生跨境应税行为，适用免抵退税办法的，办理免抵退税后，仍符合本公告规定条件的，可以申请退还留抵税额；适用免退税办法的，相关进项税额不得用于退还留抵税额。

（六）纳税人取得退还的留抵税额后，应相应调减当期留抵税额。按照本条规定再次满足退税条件的，可以继续向主管税务机关申请退还留抵税额，但本条第（一）项第 1 点规定的连续期间，不得重复计算。

（七）以虚增进项、虚假申报或其他欺骗手段，骗取留抵退税款的，由税务机关追缴其骗取的退税款，并按照《中华人民共和国税收征收管理法》等有关规定处理。

（八）退还的增量留抵税额中央、地方分担机制另行通知。

（摘自《关于深化增值税改革有关政策的公告》（2019 年 3 月 20 日，财政部　税务总局海关总署公告 2019 年第 39 号）

自 2019 年 4 月 1 日起，试行增值税期末留抵税额退税制度。

（一）同时符合以下条件的纳税人，可以向主管税务机关申请退还增量留抵税额：

1. 自 2019 年 4 月税款所属期起，连续六个月（按季纳税的，连续两个季度）增量留抵税额均大于零，且第六个月增量留抵税额不低于 50 万元；

2. 纳税信用等级为 A 级或者 B 级；

3. 申请退税前 36 个月未发生骗取留抵退税、出口退税或虚开增值税专用发票情形的；

4. 申请退税前 36 个月未因偷税被税务机关处罚两次及以上的；

5. 自 2019 年 4 月 1 日起未享受即征即退、先征后返（退）政策的。

（二）本公告所称增量留抵税额，是指与 2019 年 3 月底相比新增加的期末留抵税额。

（三）纳税人当期允许退还的增量留抵税额，按照以下公式计算：

$$允许退还的增量留抵税额＝增量留抵税额 \times 进项构成比例 \times 60\%$$

进项构成比例，为 2019 年 4 月至申请退税前一税款所属期内已抵扣的增值税专用发票（含税控机动车销售统一发票）、海关进口增值税专用缴款书、解缴税款完税凭证注明的增值税额占同期全部已抵扣进项税额的比重。

（四）纳税人应在增值税纳税申报期内，向主管税务机关申请退还留抵税额。

（五）纳税人出口货物劳务、发生跨境应税行为，适用免抵退税办法的，办理免抵退税后，仍符合本公告规定条件的，可以申请退还留抵税额；适用免退税办法的，相关进项税额不得用于退还留抵税额。

（六）纳税人取得退还的留抵税额后，应相应调减当期留抵税额。按照本条规定再次满足退税条件的，可以继续向主管税务机关申请退还留抵税额，但本条第（一）项第 1 点规定的连续期间，不得重复计算。

（七）以虚增进项、虚假申报或其他欺骗手段，骗取留抵退税款的，由税务机关追缴其骗取的退税款，并按照《中华人民共和国税收征收管理法》等有关规定处理。

（八）退还的增量留抵税额中央、地方分担机制另行通知。

（摘自《财政部 税务总局 海关总署关于深化增值税改革有关政策的公告》2019 年 3 月 20 日财政部 税务总局 海关总署公告 2019 年第 39 号）

《财政部 税务总局 海关总署关于深化增值税改革有关政策的公告》（财政部 税务总局 海关总署公告 2019 年第 39 号）规定，自 2019 年 4 月 1 日起，试行增值税期末留抵税额退税（以下称留抵退税）制度。为方便纳税人办理留抵退税业务，现将有关事项公告如下：

一、同时符合以下条件（以下称符合留抵退税条件）的纳税人，可以向主管税务机关申请退还增量留抵税额：

（一）自 2019 年 4 月税款所属期起，连续六个月（按季纳税的，连续两个季度）增量留抵税额均大于零，且第六个月增量留抵税额不低于 50 万元；

（二）纳税信用等级为 A 级或者 B 级；

（三）申请退税前 36 个月未发生骗取留抵退税、出口退税或虚开增值税专用发票情形的；

（四）申请退税前 36 个月未因偷税被税务机关处罚两次及以上的；

（五）自 2019 年 4 月 1 日起未享受即征即退、先征后返（退）政策的。

增量留抵税额，是指与 2019 年 3 月底相比新增加的期末留抵税额。

二、纳税人当期允许退还的增量留抵税额，按照以下公式计算：

$$允许退还的增量留抵税额＝增量留抵税额 \times 进项构成比例 \times 60\%$$

进项构成比例，为 2019 年 4 月至申请退税前一税款所属期内已抵扣的增值税专用发票

（含税控机动车销售统一发票）、海关进口增值税专用缴款书、解缴税款完税凭证注明的增值税额占同期全部已抵扣进项税额的比重。

三、纳税人申请办理留抵退税，应于符合留抵退税条件的次月起，在增值税纳税申报期（以下称申报期）内，完成本期增值税纳税申报后，通过电子税务局或办税服务厅提交《退（抵）税申请表》（见附件）。

四、纳税人出口货物劳务、发生跨境应税行为，适用免抵退税办法的，可以在同一申报期内，既申报免抵退税又申请办理留抵退税。

五、申请办理留抵退税的纳税人，出口货物劳务、跨境应税行为适用免抵退税办法的，应当按期申报免抵退税。当期可申报免抵退税的出口销售额为零的，应办理免抵退税零申报。

六、纳税人既申报免抵退税又申请办理留抵退税的，税务机关应先办理免抵退税。办理免抵退税后，纳税人仍符合留抵退税条件的，再办理留抵退税。

七、税务机关按照"窗口受理、内部流转、限时办结、窗口出件"的原则办理留抵退税。

税务机关对纳税人是否符合留抵退税条件、当期允许退还的增量留抵税额等进行审核确认，并将审核结果告知纳税人。

八、纳税人符合留抵退税条件且不存在本公告第十二条所列情形的，税务机关应自受理留抵退税申请之日起 10 个工作日内完成审核，并向纳税人出具准予留抵退税的《税务事项通知书》。

纳税人发生本公告第九条第二项所列情形的，上述 10 个工作日，自免抵退税应退税额核准之日起计算。

九、纳税人在办理留抵退税期间发生下列情形的，按照以下规定确定允许退还的增量留抵税额：

（一）因纳税申报、稽查查补和评估调整等原因，造成期末留抵税额发生变化的，按最近一期《增值税纳税申报表（一般纳税人适用）》期末留抵税额确定允许退还的增量留抵税额。

（二）纳税人在同一申报期既申报免抵退税又申请办理留抵退税的，或者在纳税人申请办理留抵退税时存在尚未经税务机关核准的免抵退税应退税额的，应待税务机关核准免抵退税应退税额后，按最近一期《增值税纳税申报表（一般纳税人适用）》期末留抵税额，扣减税务机关核准的免抵退税应退税额后的余额确定允许退还的增量留抵税额。

税务机关核准的免抵退税应退税额，是指税务机关当期已核准，但纳税人尚未在《增值税纳税申报表（一般纳税人适用）》第 15 栏"免、抵、退应退税额"中填报的免抵退税应退税额。

（三）纳税人既有增值税欠税，又有期末留抵税额的，按最近一期《增值税纳税申报表（一般纳税人适用）》期末留抵税额，抵减增值税欠税后的余额确定允许退还的增量留抵税额。

十、在纳税人办理增值税纳税申报和免抵退税申报后、税务机关核准其免抵退税应退税额前，核准其前期留抵退税的，以最近一期《增值税纳税申报表（一般纳税人适用)》期末留抵税额，扣减税务机关核准的留抵退税额后的余额，计算当期免抵退税应退税额和免抵税额。

税务机关核准的留抵退税额，是指税务机关当期已核准，但纳税人尚未在《增值税纳税申报表附列资料（二）（本期进项税额明细)》第22栏"上期留抵税额退税"填报的留抵退税额。

十一、纳税人不符合留抵退税条件的，不予留抵退税。税务机关应自受理留抵退税申请之日起10个工作日内完成审核，并向纳税人出具不予留抵退税的《税务事项通知书》。

十二、税务机关在办理留抵退税期间，发现符合留抵退税条件的纳税人存在以下情形，暂停为其办理留抵退税：

（一）存在增值税涉税风险疑点的；

（二）被税务稽查立案且未结案的；

（三）增值税申报比对异常未处理的；

（四）取得增值税异常扣税凭证未处理的；

（五）国家税务总局规定的其他情形。

十三、本公告第十二条列举的增值税涉税风险疑点等情形已排除，且相关事项处理完毕后，按以下规定办理：

（一）纳税人仍符合留抵退税条件的，税务机关继续为其办理留抵退税，并自增值税涉税风险疑点等情形排除且相关事项处理完毕之日起5个工作日内完成审核，向纳税人出具准予留抵退税的《税务事项通知书》。

（二）纳税人不再符合留抵退税条件的，不予留抵退税。税务机关应自增值税涉税风险疑点等情形排除且相关事项处理完毕之日起5个工作日内完成审核，向纳税人出具不予留抵退税的《税务事项通知书》。

税务机关对发现的增值税涉税风险疑点进行排查的具体处理时间，由各省（自治区、直辖市和计划单列市）税务局确定。

十四、税务机关对增值税涉税风险疑点进行排查时，发现纳税人涉嫌骗取出口退税、虚开增值税专用发票等增值税重大税收违法行为的，终止为其办理留抵退税，并自作出终止办理留抵退税决定之日起5个工作日内，向纳税人出具终止办理留抵退税的《税务事项通知书》。

税务机关对纳税人涉嫌增值税重大税收违法行为核查处理完毕后，纳税人仍符合留抵退税条件的，可按照本公告的规定重新申请办理留抵退税。

十五、纳税人应在收到税务机关准予留抵退税的《税务事项通知书》当期，以税务机关核准的允许退还的增量留抵税额冲减期末留抵税额，并在办理增值税纳税申报时，相应填写《增值税纳税申报表附列资料（二）（本期进项税额明细)》第22栏"上期留抵税额退税"。

十六、纳税人以虚增进项、虚假申报或其他欺骗手段骗取留抵退税的，由税务机关追缴其骗取的退税款，并按照《中华人民共和国税收征收管理法》等有关规定处理。

十七、本公告自 2019 年 5 月 1 日起施行。

特此公告。

附件：退（抵）税申请表

（摘自《国家税务总局关于办理增值税期末留抵税额退税有关事项的公告》，2019 年 4 月 30 日　国家税务总局公告 2019 年第 20 号）

政策解析

一、《公告》出台的背景

《财政部　税务总局　海关总署关于深化增值税改革有关政策的公告》（财政部　税务总局　海关总署公告 2019 年第 39 号，以下称 39 号公告）出台后，为方便纳税人办理留抵退税业务，税务总局制发了《国家税务总局关于办理增值税期末留抵税额退税有关事项的公告》（以下称《公告》），就留抵退税政策实施过程中涉及的相关征管事项进一步予以明确。

二、符合什么条件的纳税人可以向主管税务机关申请留抵退税？

同时符合以下条件的纳税人，可以向主管税务机关申请退还增量留抵税额：

（一）自 2019 年 4 月税款所属期起，连续六个月（按季纳税的，连续两个季度）增量留抵税额均大于零，且第六个月增量留抵税额不低于 50 万元；

（二）纳税信用等级为 A 级或者 B 级；

（三）申请退税前 36 个月未发生骗取留抵退税、出口退税或虚开增值税专用发票情形的；

（四）申请退税前 36 个月未因偷税被税务机关处罚两次及以上的；

（五）自 2019 年 4 月 1 日起未享受即征即退、先征后返（退）政策的。

增量留抵税额，是指与 2019 年 3 月底相比新增加的期末留抵税额。

三、允许退还的增量留抵税额如何计算？

纳税人当期允许退还的增量留抵税额，按照以下公式计算：

$$允许退还的增量留抵税额 = 增量留抵税额 \times 进项构成比例 \times 60\%$$

进项构成比例，为 2019 年 4 月至申请退税前一税款所属期内已抵扣的增值税专用发票（含税控机动车销售统一发票）、海关进口增值税专用缴款书、解缴税款完税凭证注明的增值税额占同期全部已抵扣进项税额的比重。

四、纳税人如何向税务机关申请办理留抵退税？

《公告》明确，纳税人申请办理留抵退税，应在符合条件的次月起，在申报期内完成本期申报后，通过电子税务局或办税服务厅提交《退（抵）税申请表》，并对如何填写该表进行了详细说明。

此外，《公告》明确了留抵退税申请和出口退税申报的衔接问题，即纳税人适用免抵退税办法的，可以在同一申报期内，既申报免抵退税又申请留抵退税；当期可申报免抵退税的出口销售额为零的，应办理免抵退税零申报。

五、税务机关是否需要对纳税人进行审核确认？如何审核？

在办理留抵退税过程中，税务机关对纳税人是否符合留抵退税条件、当期可退还增量留抵税额等进行审核确认，并区分不同情形进行处理：

1. 准予办理留抵退税。对于符合退税条件，且不存在公告所列情形的，税务机关应在一定期限内完成审核，并向纳税人出具准予留抵退税的《税务事项通知书》。

2. 暂停（终止）办理留抵退税。对于符合退税条件，但纳税人存在增值税涉税风险疑点，或存在未处理的相关涉税事项等情形的，明确先暂停为其办理留抵退税。

（1）如果风险疑点排除且相关事项处理完毕，仍符合留抵退税条件的，税务机关继续为其办理留抵退税；

（2）如果风险疑点排除且相关事项处理完毕后，不再符合留抵退税条件的，税务机关不予办理留抵退税；

（3）如果在进行风险排查时，发现纳税人涉嫌增值税重大税收违法的，终止为其办理留抵退税。在税务机关对纳税人涉嫌增值税重大税收违法问题核实处理完毕后，纳税人仍符合留抵退税条件的，可重新申请办理留抵退税。

3. 不予办理留抵退税。经税务机关审核，对不符合留抵退税条件的纳税人，不予办理留抵退税，并向纳税人出具不予留抵退税的《税务事项通知书》。

六、在税务机关准予留抵退税后，纳税人应如何进行相关税务处理？

《公告》明确，纳税人应在收到税务机关准予留抵退税的《税务事项通知书》当期，按照税务机关核准的允许退还的增量留抵税额，冲减期末留抵税额，并在办理增值税纳税申报时，相应填写《增值税纳税申报表附列资料（二）（本期进项税额明细）》第22栏"上期留抵税额退税"。

七、如果发现纳税人骗取留抵退税，如何追责？

纳税人以虚增进项、虚假申报或其他欺骗手段，骗取留抵退税的，由税务机关追缴其骗取的退税款，并按照《中华人民共和国税收征收管理法》等有关规定处理。

6.5.2　2019年6月1日起对符合条件的部分先进制造业纳税人退还增量留抵税额

为进一步推进制造业高质量发展，现将部分先进制造业纳税人退还增量留抵税额有关政策公告如下：

一、自2019年6月1日起，同时符合以下条件的部分先进制造业纳税人，可以自2019年7月及以后纳税申报期向主管税务机关申请退还增量留抵税额：

1. 增量留抵税额大于零；

2. 纳税信用等级为A级或者B级；

3. 申请退税前36个月未发生骗取留抵退税、出口退税或虚开增值税专用发票情形；

4. 申请退税前36个月未因偷税被税务机关处罚两次及以上；

5. 自 2019 年 4 月 1 日起未享受即征即退、先征后返（退）政策。

二、本公告所称部分先进制造业纳税人，是指按照《国民经济行业分类》，生产并销售非金属矿物制品、通用设备、专用设备及计算机、通信和其他电子设备销售额占全部销售额的比重超过 50% 的纳税人。

上述销售额比重根据纳税人申请退税前连续 12 个月的销售额计算确定；申请退税前经营期不满 12 个月但满 3 个月的，按照实际经营期的销售额计算确定。

三、本公告所称增量留抵税额，是指与 2019 年 3 月 31 日相比新增加的期末留抵税额。

四、部分先进制造业纳税人当期允许退还的增量留抵税额，按照以下公式计算：

$$允许退还的增量留抵税额 = 增量留抵税额 × 进项构成比例$$

进项构成比例，为 2019 年 4 月至申请退税前一税款所属期内已抵扣的增值税专用发票（含税控机动车销售统一发票）、海关进口增值税专用缴款书、解缴税款完税凭证注明的增值税额占同期全部已抵扣进项税额的比重。

五、部分先进制造业纳税人申请退还增量留抵税额的其他规定，按照《财政部　税务总局　海关总署关于深化增值税改革有关政策的公告》（财政部　税务总局　海关总署公告 2019 年第 39 号，以下称 39 号公告）执行。

六、除部分先进制造业纳税人以外的其他纳税人申请退还增量留抵税额的规定，继续按照 39 号公告执行。

七、符合 39 号公告和本公告规定的纳税人向其主管税务机关提交留抵退税申请。对符合留抵退税条件的，税务机关在完成退税审核后，开具税收收入退还书，直接送交同级国库办理退库。税务机关按期将退税清单送交同级财政部门。各部门应加强配合，密切协作，确保留抵退税工作稳妥有序。

（摘自《财政部　税务总局关于明确部分先进制造业增值税期末留抵退税政策的公告》，2019 年 8 月 31 日财政部税务总局公告 2019 年第 84 号）

政策解析

该公告在《关于深化增值税改革有关政策的公告》（财政部、税务总局、海关总署公告 2019 年第 39 号，以下简称"39 号公告"）的基础上进行了升级。

（1）有留即退。对于符合条件部分先进制造业的留抵退税，不受 39 号公告设定的"自 2019 年 4 月税款所属期起，连续六个月（按季纳税的，连续两个季度）增量留抵税额均大于零，且第六个月增量留抵税额不低于 50 万元"的条件限制，实行即留即退。即从 2019 年 6 月起，部分先进制造业的纳税人只要当月存在增值税增量留抵进项税额，在符合其他条件的情况下，可以在即期向主管税务机关申请退还增量留抵税额。

（2）增量全部退税。允许退还的增量留抵税额，以申报期增量留抵税按照进项构成比例计算后全部退还，相较于 39 号公告的一般增值税期末留抵退税按照"进项构成比例"计算退还 60% 的增量留抵税额的规定，政策的含金量更高。

自 2019 年 6 月 1 日起，符合《财政部　税务总局关于明确部分先进制造业增值税期末留抵退税政策的公告》（财政部 税务总局公告 2019 年第 84 号）规定的纳税人申请退还增量留抵税额，应按照《国家税务总局关于办理增值税期末留抵税额退税有关事项的公告》（国家税务总局公告 2019 年第 20 号）的规定办理相关留抵退税业务。《退（抵）税申请表》（国家税务总局公告 2019 年第 20 号附件）修订并重新发布（附件 1）。

（摘自《国家税务总局关于国内旅客运输服务进项税抵扣等增值税征管问题的公告》2019 年 9 月 16 日 国家税务总局公告 2019 年第 31 号）

6.5.3 2019 年 4 月 1 日前部分行业增值税期末留抵税额退税

6.5.3.1 装备制造等先进制造业、研发等现代服务业和电网企业留抵税额

为助力经济高质量发展，2018 年对部分行业增值税期末留抵税额予以退还。现将有关事项通知如下：

一、退还期末留抵税额的行业企业范围

退还增值税期末留抵税额的行业包括装备制造等先进制造业、研发等现代服务业和电网企业，具体范围如下：

（一）装备制造等先进制造业和研发等现代服务业。

按照国民经济行业分类，装备制造等先进制造业和研发等现代服务业包括专用设备制造业、研究和试验发展等 18 个大类行业，纳税人所属行业根据税务登记的国民经济行业确定，并优先选择以下范围内的纳税人：

1.《中国制造 2025》明确的新一代信息技术、高档数控机床和机器人、航空航天装备、海洋工程装备及高技术船舶、先进轨道交通装备、节能与新能源汽车、电力装备、农业机械装备、新材料、生物医药及高性能医疗器械等 10 个重点领域。

2. 高新技术企业、技术先进型服务企业和科技型中小企业。

（二）电网企业

取得电力业务许可证（输电类、供电类）的全部电网企业。

二、退还期末留抵税额的纳税人条件

退还期末留抵税额纳税人的纳税信用等级为 A 级或 B 级。

三、退还期末留抵税额的计算

纳税人向主管税务机关申请退还期末留抵税额，当期退还的期末留抵税额，以纳税人申请退税上期的期末留抵税额和退还比例计算，并以纳税人 2017 年底期末留抵税额为上限。具体如下：

（一）可退还的期末留抵税额 = 纳税人申请退税上期的期末留抵税额 × 退还比例

退还比例按下列方法计算：

1. 2014 年 12 月 31 日前（含）办理税务登记的纳税人，退还比例为 2015 年、2016 年和 2017 年三个年度已抵扣的增值税专用发票、海关进口增值税专用缴款书、解缴税款完税凭证注明的增值税额占同期全部已抵扣进项税额的比重。

2. 2015 年 1 月 1 日后（含）办理税务登记的纳税人，退还比例为实际经营期间内已抵

扣的增值税专用发票、海关进口增值税专用缴款书、解缴税款完税凭证注明的增值税额占同期全部已抵扣进项税额的比重。

（二）当可退还的期末留抵税额不超过 2017 年底期末留抵税额时，当期退还的期末留抵税额为可退还的期末留抵税额。当可退还的期末留抵税额超过 2017 年底期末留抵税额时，当期退还的期末留抵税额为 2017 年底期末留抵税额。

四、工作要求

（一）各省（包括自治区、直辖市、计划单列市，下同）财政和税务部门要根据财政部和税务总局确定的各省 2018 年装备制造等先进制造业、研发等现代服务业退还期末留抵税额规模，顺应国家宏观政策导向，兼顾不同规模、类型企业，确定本省退还期末留抵税额的纳税人，于 2018 年 8 月 31 日前将纳税人名单及拟退税金额报财政部和税务总局备案。

各省 2018 年装备制造等先进制造业、研发等现代服务业退还期末留抵税额规模由财政部和税务总局另行通知。各省电网企业的期末留抵税额，按本通知规定计算当期退还的期末留抵税额，据实退还。

（二）各省财政和税务部门务必高度重视此项工作，周密筹划、统筹推进，实施过程中应加强监测分析，做好宣传解释等工作，确保退还期末留抵税额平稳、有序推进，于 2018 年 9 月 30 日前完成退还期末留抵税额工作。

（摘自《财政部 税务总局关于 2018 年退还部分行业增值税留抵税额有关税收政策的通知》，2018 年 6 月 27 日财税〔2018〕70 号）

6.5.3.2　利用石脑油和燃料油生产乙烯芳烃类产品留抵税额退税

为解决因石脑油、燃料油征收消费税形成的增值税进项税额无法抵扣的问题，经国务院批准，决定对外购（含进口，下同）石脑油、燃料油生产乙烯、芳烃类化工产品的企业实行增值税退税政策。现将有关事项通知如下：

一、自 2014 年 3 月 1 日起，对外购用于生产乙烯、芳烃类化工产品（以下称特定化工产品）的石脑油、燃料油（以下称 2 类油品），且使用 2 类油品生产特定化工产品的产量占本企业用石脑油、燃料油生产各类产品总量 50%（含）以上的企业，其外购 2 类油品的价格中消费税部分对应的增值税额，予以退还。

$$予以退还的增值税额 = 已缴纳消费税的 2 类油品数量 \times$$
$$2 类油品消费税单位税额 \times 17\%$$

二、对符合本通知第一条规定条件的企业，在 2014 年 2 月 28 日前形成的增值税期末留抵税额，可在不超过其购进 2 类油品的价格中消费税部分对应的增值税额的规模下，申请一次性退还。

2 类油品的价格中消费税部分对应的增值税额，根据国家对 2 类油品开征消费税以来企业购进的已缴纳消费税的 2 类油品数量和消费税单位税额计算。

增值税期末留抵税额，根据主管税务机关认可的增值税纳税申报表的金额计算。

三、退还增值税的申请和审批

符合本通知第一条规定条件的企业，应于每月纳税申报期结束后 10 个工作日内向主管税务机关申请退税。

企业申请退税时，应提交下列资料：购进合同、进口协议、增值税专用发票、进口货物报关单、海关进口增值税专用缴款书、外购的 2 类油品已缴纳消费税的证明材料等购进 2 类油品相关的资料。

主管税务机关接到企业申请后，应认真审核企业提供的相关资料和申请退还的增值税额的正确与否。审核无误后，由县（区、市）级主管税务机关审批。

四、企业收到退税款项的当月，应将退税额从增值税进项税额中转出。未按规定转出的，按《中华人民共和国税收征收管理法》有关规定承担相应法律责任。

（摘自《财政部 国家税务局关于利用石脑油和燃料油生产乙烯芳烃类产品有关增值税政策的通知》，2014 年 2 月 17 日财税〔2014〕17 号）

6.5.3.3 从事大型客机、大型客机发动机研制项目而形成的留抵税额

对纳税人从事大型客机、大型客机发动机研制项目而形成的增值税期末留抵税额予以退还。

本条所称大型客机，是指空载重量大于 45 吨的民用客机。本条所称大型客机发动机，是指起飞推力大于 14000 公斤的民用客机发动机。

纳税人符合本通知规定的增值税期末留抵税额，可在初次申请退税时予以一次性退还。

纳税人收到退税款项的当月，应将退税额从增值税进项税额中转出。未按规定转出的，按《中华人民共和国税收征收管理法》有关规定承担相应法律责任。

本通知的执行期限为 2015 年 1 月 1 日至 2018 年 12 月 31 日。

（摘自《财政部 国家税务总局关于大型客机和新支线飞机增值税政策的通知》，2016 年 12 月 15 日财税〔2016〕141 号）

6.5.3.4 生产销售新支线飞机而形成的增值税期末留抵税额退还

对纳税人生产销售新支线飞机暂减按 5% 征收增值税，并对其因生产销售新支线飞机而形成的增值税期末留抵税额予以退还。

本条所称新支线飞机，是指空载重量大于 25 吨且小于 45 吨、座位数量少于 130 个的民用客机。

纳税人符合本通知规定的增值税期末留抵税额，可在初次申请退税时予以一次性退还。

纳税人收到退税款项的当月，应将退税额从增值税进项税额中转出。未按规定转出的，按《中华人民共和国税收征收管理法》有关规定承担相应法律责任。

本通知的执行期限为 2015 年 1 月 1 日至 2018 年 12 月 31 日。

（摘自《财政部 国家税务总局关于大型客机和新支线飞机增值税政策的通知》，2016 年 12 月 15 日财税〔2016〕141 号）

6.5.3.5 集成电路重大项目企业采购设备进项留抵退税

为落实《国务院关于印发进一步鼓励软件产业和集成电路产业发展若干政策的通知》（国发〔2011〕4 号）有关要求，解决集成电路重大项目企业采购设备引起的增值税进项税额占用资金问题，决定对其因购进设备形成的增值税期末留抵税额予以退还。现将有关事项通知如下：

一、对国家批准的集成电路重大项目企业因购进设备形成的增值税期末留抵税额（以下称购进设备留抵税额）准予退还。购进的设备应属于《中华人民共和国增值税暂行条例实施细则》第二十一条第二款规定的固定资产范围。

二、准予退还的购进设备留抵税额的计算

企业当期购进设备进项税额大于当期增值税纳税申报表"期末留抵税额"的，当期准予退还的购进设备留抵税额为期末留抵税额；企业当期购进设备进项税额小于当期增值税纳税申报表"期末留抵税额"的，当期准于退还的购进设备留抵税额为当期购进设备进项税额。

当期购进设备进项税额，是指企业取得的按照现行规定允许在当期抵扣的增值税专用发票或海关进口增值税专用缴款书（限于 2009 年 1 月 1 日及以后开具的）上注明的增值税额。

三、退还购进设备留抵税额的申请和审批

（一）企业应于每月申报期结束后 10 个工作日内向主管税务机关申请退还购进设备留抵税额。

主管税务机关接到企业申请后，应审核企业提供的增值税专用发票或海关进口增值税专用缴款书是否符合现行政策规定，其注明的设备名称与企业实际购进的设备是否一致，申请退还的购进设备留抵税额是否正确。审核无误后，由县（区、市）级主管税务机关审批。

（二）企业收到退税款项的当月，应将退税额从增值税进项税额中转出。未转出的，按照《中华人民共和国税收征收管理法》有关规定承担相应法律责任。

（三）企业首次申请退还购进设备留抵税额时，可将 2009 年以来形成的购进设备留抵税额，按照上述规定一次性申请退还。

四、退还的购进设备留抵税额由中央和地方按照现行增值税分享比例共同负担。

五、本通知自 2011 年 11 月 1 日起执行。

（摘自《财政部 国家税务总局关于退还集成电路企业采购设备增值税期末留抵税额的通知》，2011 年 11 月 14 日财税〔2011〕107 号）

第 7 章 Chapter Seven
税收优惠

税收优惠，是指国家运用税收政策在税收法律、行政法规中规定对某一部分特定企业和课税对象给予减轻或免除税收负担的一种措施。

按照税收优惠方式的不同，可以分为税额优惠、税率优惠、税基优惠。

税额优惠是指通过直接减少纳税人的应纳税额的方式来免除或减轻纳税人负担的税收优惠。免税、减税、出口退税、再投资退税、即征即退、先征后退、扣减税额、税收抵免、税收饶让、税收豁免、以税还贷、投资抵免等均属于税额优惠的范畴。

税率优惠是指通过降低税率的方式来减轻纳税人负担的税收优惠。税率减征、优惠税率、协定税率、关税中的暂定税率等都属于税率优惠的范畴。

税基优惠是指通过缩小计税依据的方式来减轻纳税人税收负担的税收优惠。起征点、免税额、税项扣除、亏损结转、税前还贷、汇总纳税等均属于税基优惠的范畴。

按照享受税收优惠的审批程序的不同，税收优惠可分为核准类减免税和备案类减免税。

核准类减免税是指法律、法规规定应由税务机关核准的减免税项目；备案类减免税是指不需要税务机关核准的减免税项目。纳税人享受核准类减免税，应当提交核准材料，提出申请，经依法具有审批权限的税务机关按照有关规定核准确认后执行。未按规定申请或虽申请但未经有审批权限的税务机关核准确认的，纳税人不得享受减免税。纳税人享受备案类减免税，应当具备相应的减免税资质，并履行规定的备案手续。

7.1 直接免税优惠

7.1.1 销售额未达到增值税起征点免征增值税

7.1.1.1 起征点优惠的基本规定

纳税人销售额未达到国务院财政、税务主管部门规定的增值税起征点的，免征增值税；达到起征点的，依照本条例规定全额计算缴纳增值税。

（摘自《中华人民共和国增值税暂行条例》第十七条，2017 年 11 月 19 日修订国务院令第 691 号）

个人发生应税行为的销售额未达到增值税起征点的，免征增值税；达到起征点的，全额计算缴纳增值税。

（摘自《财政部 国家税务总局关于全面推开营业税改征增值税试点的通知》之附件 1《营业税改征增值税试点实施办法》第四十九条，2016 年 3 月 23 日财税〔2016〕36 号）

增值税起征点不适用于登记为一般纳税人的个体工商户。

（摘自《财政部 国家税务总局关于全面推开营业税改征增值税试点的通知》之附件 1《营业税改征增值税试点实施办法》第四十九条，2016 年 3 月 23 日财税〔2016〕36 号）

7.1.1.2　2019 年 1 月 1 日后起征点的幅度规定

一、小规模纳税人发生增值税应税销售行为，合计月销售额未超过 10 万元（以 1 个季度为 1 个纳税期的，季度销售额未超过 30 万元，下同）的，免征增值税。

小规模纳税人发生增值税应税销售行为，合计月销售额超过 10 万元，但扣除本期发生的销售不动产的销售额后未超过 10 万元的，其销售货物、劳务、服务、无形资产取得的销售额免征增值税。

二、适用增值税差额征税政策的小规模纳税人，以差额后的销售额确定是否可以享受本公告规定的免征增值税政策。

《增值税纳税申报表（小规模纳税人适用）》中的"免税销售额"相关栏次，填写差额后的销售额。

三、按固定期限纳税的小规模纳税人可以选择以 1 个月或 1 个季度为纳税期限，一经选择，一个会计年度内不得变更。

四、《中华人民共和国增值税暂行条例实施细则》第九条所称的其他个人，采取一次性收取租金形式出租不动产取得的租金收入，可在对应的租赁期内平均分摊，分摊后的月租金收入未超过 10 万元的，免征增值税。

五、转登记日前连续 12 个月（以 1 个月为 1 个纳税期）或者连续 4 个季度（以 1 个季度为 1 个纳税期）累计销售额未超过 500 万元的一般纳税人，在 2019 年 12 月 31 日前，可选择转登记为小规模纳税人。

一般纳税人转登记为小规模纳税人的其他事宜，按照《国家税务总局关于统一小规模纳税人标准等若干增值税问题的公告》（国家税务总局公告 2018 年第 18 号）、《国家税务总局关于统一小规模纳税人标准有关出口退（免）税问题的公告》（国家税务总局公告 2018 年第 20 号）的相关规定执行。

六、按照现行规定应当预缴增值税税款的小规模纳税人，凡在预缴地实现的月销售额未超过 10 万元的，当期无须预缴税款。本公告下发前已预缴税款的，可以向预缴地主管税务机关申请退还。

七、小规模纳税人中的单位和个体工商户销售不动产，应按其纳税期、本公告第六条以及其他现行政策规定确定是否预缴增值税；其他个人销售不动产，继续按照现行规定征免增值税。

八、小规模纳税人月销售额未超过 10 万元的，当期因开具增值税专用发票已经缴纳的税款，在增值税专用发票全部联次追回或者按规定开具红字专用发票后，可以向主管税务机关申请退还。

九、小规模纳税人 2019 年 1 月份销售额未超过 10 万元（以 1 个季度为 1 个纳税期的，

2019 年第一季度销售额未超过 30 万元），但当期因代开普通发票已经缴纳的税款，可以在办理纳税申报时向主管税务机关申请退还。

十、小规模纳税人月销售额超过 10 万元的，使用增值税发票管理系统开具增值税普通发票、机动车销售统一发票、增值税电子普通发票。

已经使用增值税发票管理系统的小规模纳税人，月销售额未超过 10 万元的，可以继续使用现有税控设备开具发票；已经自行开具增值税专用发票的，可以继续自行开具增值税专用发票，并就开具增值税专用发票的销售额计算缴纳增值税。

十一、本公告自 2019 年 1 月 1 日起施行。

（摘自《国家税务总局关于小规模纳税人免征增值税政策有关征管问题的公告》，2019 年 1 月 19 日国家税务总局公告 2019 年第 4 号）

政策解析

起征点又称"起税点"，是指税法规定对征税对象开始征税的起点数额。征税对象的数额达到起征点的就全部数额征税，未达到起征点的不征税。

起征点是税法规定的对课税对象开始征税的最低界限。起征点与免征额有相同点，即当课税对象小于起征点和免征额时，都不予征税。两者也有不同点，即当课税对象大于起征点和免征额时，采用起征点制度的要对课税对象的全部数额征税，采用免征额制度的仅对课税对象超过免征额部分征税。在税法中规定起征点和免征额是对纳税人的一种照顾，但两者照顾的侧重点显然不同，前者照顾的是低收入者，后者则是对所有纳税人的照顾。

按照国家税务总局货物和劳务税司的解释，从 2019 年开始执行的小微企业普惠性优惠政策，月销售额未超过 10 万元（以 1 个季度为 1 个纳税期的，季度销售额未超过 30 万元）的，免征增值税，这是个免税税额的概念，与以往的起征点不同。

7.1.1.3　2019 年 1 月 1 日前起征点的幅度规定

增值税起征点的幅度规定如下：

（一）销售货物的，为月销售额 5000 – 20000 元；

（二）销售应税劳务的，为月销售额 5000 – 20000 元；

（三）按次纳税的，为每次（日）销售额 300 – 500 元。

前款所称销售额，是指本细则第三十条第一款所称小规模纳税人的销售额。

省、自治区、直辖市财政厅（局）和国家税务局应在规定的幅度内，根据实际情况确定本地区适用的起征点，并报财政部、国家税务总局备案。

（摘自《中华人民共和国增值税暂行条例实施细则》第三十七条，2011 年 10 月 28 日财政部令第 65 号）

增值税起征点幅度如下：

（一）按期纳税的，为月销售额 5000 – 20000 元（含本数）。【注：已调整为 30000 元】

（二）按次纳税的，为每次（日）销售额 300 – 500 元（含本数）。

起征点的调整由财政部和国家税务总局规定。省、自治区、直辖市财政厅（局）和国家税务局应当在规定的幅度内，根据实际情况确定本地区适用的起征点，并报财政部和国家税务总局备案。

（摘自《财政部　国家税务总局关于全面推开营业税改征增值税试点的通知》之附件 1《营业税改征增值税试点实施办法》第五十条，2016 年 3 月 23 日财税〔2016〕36 号）

为进一步扶持小微企业发展，经国务院批准，自 2013 年 8 月 1 日起，对增值税小规模纳税人中月销售额不超过 2 万元的企业或非企业性单位，暂免征收增值税；对营业税纳税人中月营业额不超过 2 万元的企业或非企业性单位，暂免征收营业税。

（摘自《财政部　国家税务总局关于暂免征收部分小微企业增值税和营业税的通知》，2013 年 7 月 29 日财税〔2013〕52 号）

为进一步加大对小微企业的税收支持力度，经国务院批准，自 2014 年 10 月 1 日起至 2015 年 12 月 31 日，对月销售额 2 万元（含本数，下同）至 3 万元的增值税小规模纳税人，免征增值税；对月营业额 2 万元至 3 万元的营业税纳税人，免征营业税。

【注：2015 年 8 月 27 日《财政部　国家税务总局关于继续执行小微企业增值税和营业税政策的通知》（财税〔2015〕96 号）将上述规定的增值税和营业税政策继续执行至 2017 年 12 月 31 日】

（摘自《财政部　国家税务总局关于进一步支持小微企业增值税和营业税政策的通知》，2014 年 9 月 25 日财税〔2014〕71 号）

对增值税小规模纳税人中月销售额未达到 2 万元的企业或非企业性单位，免征增值税。2017 年 12 月 31 日前，对月销售额 2 万元（含本数）至 3 万元的增值税小规模纳税人，免征增值税。

（摘自《财政部　国家税务总局关于全面推开营业税改征增值税试点的通知》之附件 1《营业税改征增值税试点实施办法》第五十条，2016 年 3 月 23 日财税〔2016〕36 号）

为支持小微企业发展，自 2018 年 1 月 1 日至 2020 年 12 月 31 日，继续对月销售额 2 万元（含本数）至 3 万元的增值税小规模纳税人，免征增值税。

（摘自《财政部　税务总局关于延续小微企业增值税政策的通知》，2017 年 10 月 20 日财税〔2017〕76 号）

增值税小规模纳税人应分别核算销售货物，提供加工、修理修配劳务的销售额，和销售服务、无形资产的销售额。增值税小规模纳税人销售货物，提供加工、修理修配劳务月销售额不超过 3 万元（按季纳税 9 万元），销售服务、无形资产月销售额不超过 3 万元（按季纳税 9 万元）的，自 2016 年 5 月 1 日起至 2017 年 12 月 31 日，可分别享受小微企业暂免征收增值税优惠政策。

按季纳税申报的增值税小规模纳税人，实际经营期不足一个季度的，以实际经营月份计算当期可享受小微企业免征增值税政策的销售额度。

本公告自 2016 年 5 月 1 日起施行。

（摘自《国家税务总局关于全面推开营业税改征增值税试点有关税收征收管理事项的公

告》，2016年4月19日国家税务总局公告2016年第23号）

政策解析

增值税小规模纳税人应分别核算销售货物，提供加工、修理修配劳务的销售额和销售服务、无形资产的销售额。增值税小规模纳税人销售货物，提供加工、修理修配劳务月销售额不超过3万元（按季纳税9万元），销售服务、无形资产月销售额不超过3万元（按季纳税9万元）的，自2016年5月1日起至2017年12月31日，可分别享受小微企业暂免征收增值税优惠政策。

增值税小规模纳税人应分别核算销售货物或者加工、修理修配劳务的销售额和销售服务、无形资产的销售额。增值税小规模纳税人销售货物或者加工、修理修配劳务月销售额不超过3万元（按季纳税9万元），销售服务、无形资产月销售额不超过3万元（按季纳税9万元）的，自2018年1月1日起至2020年12月31日，可分别享受小微企业暂免征收增值税优惠政策。

（摘自《国家税务总局关于小微企业免征增值税有关问题的公告》，2017年12月27日国家税务总局公告2017年第52号）

政策解析

《国家税务总局关于全面推开营业税改征增值税试点有关税收征收管理事项的公告》（国家税务总局公告2016年第23号）中明确，增值税小规模纳税人应分别核算销售货物以及提供加工、修理修配劳务的销售额和销售服务、无形资产的销售额。增值税小规模纳税人销售货物，提供加工、修理修配劳务月销售额不超过3万元（按季纳税9万元），销售服务、无形资产月销售额不超过3万元（按季纳税9万元）的，可分别享受小微企业暂免征收增值税优惠政策。该条款执行的截止期限为2017年12月31日。

根据财政部、税务总局共同发布的《关于延续小微企业增值税政策的通知》（财税〔2017〕76号），小微企业增值税优惠政策执行的截止期限由2017年12月31日延长至2020年12月31日，因此相应延长《国家税务总局关于全面推开营业税改征增值税试点有关税收征收管理事项的公告》（国家税务总局公告2016年第23号）中相关规定的执行期限。

按照现行规定，适用增值税差额征收政策的增值税小规模纳税人，以差额前的销售额确定是否可以享受3万元（按季纳税9万元）以下免征增值税政策。

【注：2019年1月1日之后，《国家税务总局关于小规模纳税人免征增值税政策有关征管问题的公告》（国家税务总局公告2019年第4号）废止了该规定，即以差额后的销售额确定是否可以享受本公告规定的免征增值税政策】

（摘自《国家税务总局关于明确营改增试点若干征管问题的公告》，2016年4月26日国家税务总局公告2016年第26号）

其他个人采取预收款形式出租不动产，取得的预收租金收入，可在预收款对应的租赁期内平均分摊，分摊后的月租金收入不超过 3 万元的，可享受小微企业免征增值税优惠政策。

（摘自《国家税务总局关于全面推开营业税改征增值税试点有关税收征收管理事项的公告》，2016 年 4 月 19 日国家税务总局公告 2016 年第 23 号）

其他个人采取一次性收取租金的形式出租不动产，取得的租金收入可在租金对应的租赁期内平均分摊，分摊后的月租金收入不超过 3 万元的，可享受小微企业免征增值税优惠政策。

（摘自《国家税务总局关于营改增试点若干征管问题的公告》，2016 年 8 月 18 日国家税务总局公告 2016 年第 53 号）

政策解析

上述规定明确了其他个人出租不动产适用小微企业免税政策口径，其他个人采取预收款形式出租不动产，对一次性收取多月的租金，可在对应的租赁期内平均分摊并判断是否超过 3 万元，适用小微企业免税政策。2019 年 1 月 1 日之后，《国家税务总局关于小规模纳税人免征增值税政策有关征管问题的公告》（国家税务总局公告 2019 年第 4 号）延续了该规定。

举例：张某出租名下住房给甲公司作为员工宿舍，租金每月 5 万元，一次性收取一年的租金 60 万元。由于每月租金 5 万元不超过 10 万元，可以享受小微企业免征增值税优惠政策，因此张某不用缴纳增值税。

7.1.1.4　未达起征点户的管理

（一）纳税申报管理

为有效实施对未达起征点户的动态管理，主管税务机关应定期开展巡查，尤其是要加大对临近起征点业户的巡查力度，及时掌握其生产、经营变化情况。同时，应明确要求未达起征点户如实按期向主管税务机关申报其与纳税有关的生产、经营情况。为提高管理效率和方便纳税人，未达起征点户可实行按季、半年或年申报一次。具体申报内容和申报期限由省级税务机关确定。

对月度实际经营额超过起征点的未达起征点户，主管税务机关应要求其按照税务机关依照法律、法规规定确定的期限申报纳税。实行定期定额方式缴纳税款的未达起征点户，如其实际经营额连续一定期限超过起征点的，主管税务机关应及时调整其定额。具体期限由省级税务机关确定。

（二）发票管理

主管税务机关应按照发票管理办法的有关规定供应未达起征点户生产、经营所需的发票，同时，应对其发票领购的数量和版面实行有效控制，对其发票开具、保管和缴销应制定严格的管理措施。对发票开具金额达到起征点的，税务机关应按其发票开具金额进行征税。

（摘自《国家税务总局关于规范未达增值税营业税起征点的个体工商户税收征收管理的通知》，2005 年 7 月 20 日国税发〔2005〕123 号）

7.1.2　直接享受免税优惠的销售货物

7.1.2.1　国有粮食购销企业销售储备粮食、大豆、食用植物油

7.1.2.1.1　销售的储备粮食适用免税政策

国有粮食购销企业必须按顺价原则销售粮食。对承担粮食收储任务的国有粮食购销企业销售的粮食免征增值税。免征增值税的国有粮食购销企业，由县（市）国家税务局会同同级财政、粮食部门审核确定。

（摘自《财政部　国家税务总局关于粮食企业增值税征免问题的通知》，1999 年 6 月 29 日财税字〔1999〕198 号）

7.1.2.1.2　储备食用植物油的销售适用免税政策

对销售食用植物油业务，除政府储备食用植物油的销售继续免征增值税外，一律照章征收增值税。

（摘自《财政部　国家税务总局关于粮食企业增值税征免问题的通知》，1999 年 6 月 29 日财税字〔1999〕198 号）

7.1.2.1.3　储备大豆的销售适用免税政策

经国务院批准，现就储备大豆增值税政策通知如下：

一、《财政部　国家税务总局关于粮食企业增值税征免问题的通知》（财税字〔1999〕198 号）第一条规定的增值税免税政策适用范围由粮食扩大到粮食和大豆，并可对免税业务开具增值税专用发票。

二、本通知自 2014 年 5 月 1 日起执行。本通知执行前发生的大豆销售行为，税务机关已处理的，不再调整；尚未处理的，按本通知第一条规定执行。

（摘自《财政部　国家税务总局关于粮食企业增值税征免问题的通知》，2014 年 5 月 8 日财税〔2014〕38 号）

7.1.2.1.4　取消审批后的备案管理

一、承担粮食收储任务的国有粮食购销企业销售粮食享受免征增值税优惠政策时，其涉及的审核确定工作程序取消，改为备案管理。

二、享受免征增值税优惠政策的国有粮食购销企业（以下统称纳税人），按以下规定，分别向所在地县（市）国家税务局及同级粮食管理部门备案。

（一）纳税人应在享受税收优惠政策的首个纳税申报期内，将备案材料送所在地县（市）国家税务局及同级粮食管理部门备案。

（二）纳税人在符合减免税条件期间内，备案资料内容不发生变化的，可进行一次性备案。

（三）纳税人提交的备案资料内容发生变化，如仍符合免税规定，应在发生变化的次月纳税申报期内，向所在地县（市）国家税务局及同级粮食管理部门进行变更备案。如不再符合免税规定，应当停止享受免税，按照规定进行纳税申报。

三、纳税人对备案资料的真实性和合法性承担责任。

四、纳税人提交的备案资料包括以下内容：

（一）免税的项目、依据、范围、期限等；

（二）免税依据的相关法律、法规、规章和规范性文件要求报送的材料。

五、所在地县（市）国家税务局及同级粮食管理部门对纳税人提供的备案材料的完整性进行审核，不改变纳税人真实申报的责任。

（摘自《国家税务总局关于国有粮食购销企业销售粮食免征增值税审批事项取消后有关管理事项的公告》，2015 年 5 月 22 日国家税务总局公告 2015 年第 42 号）

7.1.2.1.5 国有粮食购销企业的发票管理

财政部、国家税务总局《关于粮食企业增值税征免问题的通知》（财税字〔1999〕198号）规定对属于一般纳税人的生产、经营单位从国有粮食购销企业购进的免税粮食，可依据购销企业开具的销售发票注明的销售额按 13% 的扣除率计算抵扣进项税额。为了保证粮食增值税政策的正确执行，现将国有粮食购销企业销售发票使用的有关问题通知如下：

一、享受免税优惠的国有粮食购销企业可继续使用增值税专用发票。

二、自 1999 年 8 月 1 日起，凡国有粮食购销企业销售粮食，暂一律开具增值税专用发票。

三、国有粮食购销企业开具增值税专用发票时，应当比照非免税货物开具增值税专用发票，企业记账销售额为"价税合计"数。

四、属于一般纳税人的生产、经营单位从国有粮食购销企业购进的免税粮食，可依照国有粮食购销企业开具的增值税专用发票注明的税额抵扣进项税额。

（摘自《国家税务总局关于国有粮食购销企业开具粮食销售发票有关问题的通知》，1999 年 7 月 19 日国税明电〔1999〕10 号）

为支持中央储备食用植物油的正常运作，现就政府储备食用植物油销售业务开具增值税专用发票问题通知如下：

自 2002 年 6 月 1 日起，对中国储备粮总公司及各分公司所属的政府储备食用植物油承储企业，按照国家指令计划销售的政府储备食用植物油，可比照国家税务总局《关于国有粮食购销企业开具粮食销售发票有关问题的通知》（国税明电〔1999〕10 号）及国家税务总局《关于加强国有粮食购销企业增值税管理有关问题的通知》（国税函〔1999〕560 号）的有关规定执行，允许其开具增值税专用发票并纳入增值税防伪税控系统管理。

（摘自《国家税务总局关于政府储备食用植物油销售业务开具增值税专用发票问题的通知》，2002 年 6 月 10 日国税函〔2002〕531 号）

7.1.2.1.6 国有粮食购销企业均按一般纳税人管理

财政部、国家税务总局《关于粮食企业增值税征免问题的通知》（财税字〔1999〕198

号）及国家税务总局《关于国有粮食购销企业开具粮食销售发票有关问题的通知》（国税明电〔1999〕10 号）规定国有粮食购销企业销售粮食免征增值税并可向购货方开具增值税专用发票。为保证此项政策的落实，加强国有粮食购销企业增值税管理，现就有关问题通知如下：

一、凡享受免征增值税的国有粮食购销企业，均按增值税一般纳税人认定，并进行纳税申报、日常检查及有关增值税专用发票的各项管理。

二、经税务机关认定为增值税一般纳税人的国有粮食购销企业，1999 年内要全部纳入增值税防伪税控系统管理，自 2000 年 1 月 1 日起，其粮食销售业务必须使用防伪税控系统开具增值税专用发票。对违反本条规定，逾期未使用防伪税控系统，擅自开具增值税专用发票的，按照《中华人民共和国发票管理办法》及其实施细则的有关规定进行处罚。

（摘自《国家税务总局关于加强国有粮食购销企业增值税管理有关问题的通知》，1999 年 8 月 18 日国税函〔1999〕560 号）

7.1.2.1.7　取消优惠审批改为备案管理的规定

一、纳税人享受下列增值税优惠政策，其涉及的税收审核、审批工作程序取消，改为备案管理。

（一）承担粮食收储任务的国有粮食企业、经营免税项目的其他粮食经营企业以及有政府储备食用植物油销售业务企业免征增值税的审核。

二、纳税人享受上述增值税优惠政策，按以下规定办理备案手续。

（一）纳税人应在享受税收优惠政策的首个纳税申报期内，将备案材料作为申报资料的一部分，一并提交主管税务机关。

每一个纳税期内，拍卖行发生拍卖免税货物业务，均应在办理纳税申报时，向主管税务机关履行免税备案手续。

（二）纳税人在符合减免税条件期间内，备案资料内容不发生变化的，可进行一次性备案。

（三）纳税人提交的备案资料内容发生变化，如仍符合减免税规定，应在发生变化的次月纳税申报期内，向主管税务机关进行变更备案。如不再符合减免税规定，应当停止享受减免税，按照规定进行纳税申报。

三、纳税人对备案资料的真实性和合法性承担责任。

四、纳税人提交备案资料包括以下内容：

（一）减免税的项目、依据、范围、期限等；

（二）减免税依据的相关法律、法规、规章和规范性文件要求报送的材料。

五、主管税务机关对纳税人提供的备案材料的完整性进行审核，不改变纳税人真实申报的责任。

（摘自《国家税务总局关于明确部分增值税优惠政策审批事项取消后有关管理事项的公告》，2015 年 5 月 19 日国家税务总局公告 2015 年第 38 号）

7.1.2.2　粮食企业经营救灾救济粮、水库移民口粮、退耕还林还草补助粮

对其他粮食企业经营粮食，除下列项目免征增值税外，一律征收增值税。

（二）救灾救济粮：指经县（含）以上人民政府批准，凭救灾救济粮食（证）按规定的销售价格向需救助的灾民供应的粮食。

（三）水库移民口粮：指经县（含）以上人民政府批准，凭水库移民口粮票（证）按规定的销售价格供应给水库移民的粮食。

粮食部门应向同级国家税务局提供军队用粮、救灾救济粮、水库移民口粮的单位、供应数量等有关资料，经国家税务局审核无误后予以免税。

（摘自《财政部　国家税务总局关于粮食企业增值税征免问题的通知》，1999 年 6 月 29 日财税字〔1999〕198 号）

按照国务院规定，退耕还林还草试点工作实行"退耕还林、封山绿化、以粮代赈，个体承包"的方针，对退耕户根据退耕面积由国家无偿提供粮食补助。因此，对粮食部门经营的退耕还林还草补助粮，凡符合国家规定标准的，比照"救灾救济粮"免征增值税。

（摘自《国家税务总局关于退耕还林还草补助粮免征增值税问题的通知》，2001 年 11 月 26 日国税发〔2001〕131 号）

7.1.2.3　承担商品储备任务取得的利息补贴收入和价差补贴收入

国家商品储备管理单位及其直属企业承担商品储备任务，从中央或者地方财政取得的利息补贴收入和价差补贴收入，免征增值税。

国家商品储备管理单位及其直属企业，是指接受中央、省、市、县四级政府有关部门（或者政府指定管理单位）委托，承担粮（含大豆）、食用油、棉、糖、肉、盐（限于中央储备）等 6 种商品储备任务，并按有关政策收储、销售上述 6 种储备商品，取得财政储备经费或者补贴的商品储备企业。

利息补贴收入，是指国家商品储备管理单位及其直属企业因承担上述商品储备任务从金融机构贷款，并从中央或者地方财政取得的用于偿还贷款利息的贴息收入。价差补贴收入包括销售价差补贴收入和轮换价差补贴收入。

销售价差补贴收入，是指按照中央或者地方政府指令销售上述储备商品时，由于销售收入小于库存成本而从中央或者地方财政获得的全额价差补贴收入。

轮换价差补贴收入，是指根据要求定期组织政策性储备商品轮换而从中央或者地方财政取得的商品新陈品质价差补贴收入。

（摘自《财政部　国家税务总局关于全面推开营业税改征增值税试点的通知》之附件 3《营业税改征增值税试点过渡政策的规定》，2016 年 3 月 23 日财税〔2016〕36 号）

7.1.2.4　中国信达等四家资产管理公司处置接受的不良资产

中国信达资产管理股份有限公司、中国华融资产管理股份有限公司、中国长城资产管

理公司和中国东方资产管理公司及各自经批准分设于各地的分支机构（以下称资产公司），在收购、承接和处置剩余政策性剥离不良资产和改制银行剥离不良资产过程中开展的以下业务，免征增值税：

（一）接受相关国有银行的不良债权，借款方以货物、不动产、无形资产、有价证券和票据等抵充贷款本息的，资产公司销售、转让该货物、不动产、无形资产、有价证券、票据以及利用该货物、不动产从事的融资租赁业务。

（二）接受相关国有银行的不良债权取得的利息。

（三）资产公司所属的投资咨询类公司，为本公司收购、承接、处置不良资产而提供的资产、项目评估和审计服务。

中国长城资产管理公司和中国东方资产管理公司如经国务院批准改制后，继承其权利、义务的主体及其分支机构处置剩余政策性剥离不良资产和改制银行剥离不良资产，比照上述政策执行。

上述政策性剥离不良资产，是指资产公司按照国务院规定的范围和额度，以账面价值进行收购的相关国有银行的不良资产。

上述改制银行剥离不良资产，是指资产公司按照《中国银行和中国建设银行改制过程中可疑类贷款处置管理办法》（财金〔2004〕53号）、《中国工商银行改制过程中可疑类贷款处置管理办法》（银发〔2005〕148号）规定及中国交通银行股份制改造时国务院确定的不良资产的范围和额度收购的不良资产。

上述处置不良资产，是指资产公司按照有关法律、行政法规，为使不良资产的价值得到实现而采取的债权转移的措施，具体包括运用出售、置换、资产重组、债转股、证券化等方法对贷款及其抵押品进行处置。

资产公司（含中国长城资产管理公司和中国东方资产管理公司如经国务院批准改制后继承其权利、义务的主体）除收购、承接、处置本通知规定的政策性剥离不良资产和改制银行剥离不良资产业务外，从事其他经营业务应一律依法纳税。

除另有规定者外，资产公司所属、附属企业，不得享受资产公司免征增值税的政策。

（摘自《财政部 国家税务总局关于营业税改征增值税试点若干政策的通知》，2016年3月23日财税〔2016〕39号）

7.1.2.5　期货保税交割业务

7.1.2.5.1　上海期货交易所开展期货保税交割业务暂免征收增值税

根据《国务院关于推进上海加快发展现代服务业和先进制造业建设国际金融中心和国际航运中心的意见》（国发〔2009〕19号）有关精神，上海期货交易所将试点开展期货保税交割业务。现将有关增值税问题通知如下：

一、期货保税交割是指以海关特殊监管区域或场所内处于保税监管状态的货物为期货实物交割标的物的期货实物交割。

二、上海期货交易所的会员和客户通过上海期货交易所交易的期货保税交割标的物，仍按保税货物暂免征收增值税。

期货保税交割的销售方，在向主管税务机关申报纳税时，应出具当期期货保税交割的书面说明及上海期货交易所交割单、保税仓单等资料。

三、非保税货物发生的期货实物交割仍按《国家税务总局关于下发＜货物期货征收增值税具体办法＞的通知》（国税发〔1994〕244号）的规定执行。

四、本通知自2010年12月1日起执行。

（摘自《财政部 国家税务总局关于上海期货交易所开展期货保税交割业务有关增值税问题的通知》，2010年12月2日财税〔2010〕108号）

7.1.2.5.2 原油和铁矿石期货保税交割业务暂免征收增值税的规定

根据国务院批复精神，现将原油和铁矿石期货保税交割业务有关增值税政策通知如下：

一、上海国际能源交易中心股份有限公司的会员和客户通过上海国际能源交易中心股份有限公司交易的原油期货保税交割业务，大连商品交易所的会员和客户通过大连商品交易所交易的铁矿石期货保税交割业务，暂免征收增值税。

二、期货保税交割的销售方，在向主管税务机关申报纳税时，应出具当期期货保税交割的书面说明、上海国际能源交易中心股份有限公司或大连商品交易所的交割结算单、保税仓单等资料。

三、上述期货交易中实际交割的原油和铁矿石，如果发生进口或者出口的，统一按照现行货物进出口税收政策执行。非保税货物发生的期货实物交割仍按《国家税务总局关于下发＜货物期货征收增值税具体办法＞的通知》（国税发〔1994〕244号）的规定执行。

四、本通知自2015年4月1日起执行。

（摘自《财政部 国家税务总局关于原油和铁矿石期货保税交割业务增值税政策的通知》，2015年4月8日财税〔2015〕35号）

7.1.2.5.3 上海国际能源交易中心原油期货保税交割业务免征增值税管理

根据《财政部 国家税务总局关于原油和铁矿石期货保税交割业务增值税政策的通知》（财税〔2015〕35号），上海国际能源交易中心股份有限公司（以下简称"上海国际能源交易中心"）开展的原油期货保税交割业务暂免征收增值税。现将有关增值税管理问题公告如下：

一、上海国际能源交易中心开展的原油期货保税交割业务（以下简称"原油期货保税交割业务"）是指参与原油期货保税交割业务的境内机构、境外机构，通过上海国际能源交易中心，以海关特殊监管区域或场所内处于保税监管状态的原油货物为期货实物交割标的物，开展的原油期货实物交割业务。

二、境内机构包括上海国际能源交易中心的会员单位（含期货公司会员和非期货公司会员），以及通过会员单位在上海国际能源交易中心开展原油期货保税交割业务的境内客户；

境外机构包括在上海国际能源交易中心开展原油期货保税交割业务的境外经纪机构和

境外参与者。

三、对境内机构的增值税管理按以下规定执行：

（一）境内机构均应注册登记为增值税纳税人。

（二）境内机构应在首次申报原油期货保税交割业务免税时，向主管税务机关提交从事原油期货保税交割业务的书面说明，办理免税备案。

（三）原油期货保税交割业务的卖方为境内机构时，应向买方开具增值税普通发票。即境内卖方客户应向卖方会员单位开具增值税普通发票，卖方会员单位应向上海国际能源交易中心开具增值税普通发票，上海国际能源交易中心应向买方会员单位开具增值税普通发票，买方会员单位应向境内或境外买方客户开具增值税普通发票。开票金额均为上海国际能源交易中心保税交割结算单上注明的保税交割结算金额。

（四）境内机构应将免税业务对应的保税交割结算单及开具和收取的发票、收付款凭证以及保税标准仓单清单等资料按月整理成册，留存备查。

四、原油期货保税交割业务的卖方为境外机构时，卖方会员单位应向卖方索取相应的收款凭证，并以此作为免税依据。

五、上海国际能源交易中心的增值税管理规定，参照本公告第三条对境内机构的增值税管理规定执行。

六、上海期货交易所与上海国际能源交易中心其他期货品种的保税交割业务，适用免征增值税政策的，其增值税管理参照本公告执行。

七、本公告自发布之日起施行。

（摘自《国家税务总局关于上海国际能源交易中心原油期货保税交割业务增值税管理问题的公告》，2017年7月28日国家税务总局公告2017年第29号）

政策解析

根据《财政部　国家税务总局关于原油和铁矿石期货保税交割业务增值税政策的通知》（财税〔2015〕35号），上海国际能源交易中心股份有限公司的会员和客户通过上海国际能源交易中心股份有限公司交易的原油期货保税交割业务暂免征收增值税。为明确相关增值税管理，国家税务总局出台了该公告，以便于操作执行。

该公告主要内容如下。

（1）规定了对境内机构的增值税管理措施。境内机构均应注册登记为增值税纳税人，在首次申报原油期货保税交割业务免税时，向主管税务机关提交从事原油期货保税交割业务的书面说明等资料，办理免税备案。境内机构应将免税业务对应的保税交割结算单及开具和收取的发票、收付款凭证以及保税标准仓单清单等资料按月整理成册，留存备查。

（2）原油期货保税交割业务应如何开具发票。原油期货保税交割业务的卖方为境内机构时，应向买方开具增值税普通发票。即境内卖方客户应向卖方会员单位开具增值税普通发票；卖方会员单位应向上海国际能源交易中心开具增值税普通发票；上海国际能源交易中心应向买方会员单位开具增值税普通发票；买方会员单位应向境内或境外买方客户开具增值税普通发票。开票金额均为上海国际能源交易中心保税交割结算单上注明的保税交割结算金额。

（3）卖方为境外机构时以什么作为免税依据。应向卖方索取相应的收款凭证，并以此作为免税依据。

7.1.2.5.4 大连商品交易所开展铁矿石期货保税交割业务免征增值税管理

根据《财政部 国家税务总局关于原油和铁矿石期货保税交割业务增值税政策的通知》（财税〔2015〕35 号），大连商品交易所开展的铁矿石期货保税交割业务暂免征收增值税。现将有关增值税管理问题公告如下：

一、大连商品交易所开展的铁矿石期货保税交割业务（以下简称"铁矿石期货保税交割业务"）是指参与铁矿石期货保税交割业务的境内机构、境外机构，通过大连商品交易所，以海关特殊监管区域或场所内处于保税监管状态的铁矿石货物为期货实物交割标的物，开展的铁矿石期货实物交割业务。

二、境内机构包括大连商品交易所的会员单位（含期货公司会员和非期货公司会员），以及通过会员单位在大连商品交易所开展铁矿石期货保税交割业务的境内客户；

境外机构包括在大连商品交易所开展铁矿石期货保税交割业务的境外经纪机构和境外参与者。

三、对境内机构的增值税管理按以下规定执行：

（一）境内机构均应注册登记为增值税纳税人。

（二）境内机构应在首次申报铁矿石期货保税交割业务免税时，向主管税务机关提交从事铁矿石期货保税交割业务的书面说明，办理免税备案。

（三）铁矿石期货保税交割业务的卖方为境内机构时，应向买方开具增值税普通发票。即境内卖方客户应向卖方会员单位开具增值税普通发票，卖方会员单位应向大连商品交易所开具增值税普通发票，大连商品交易所应向买方会员单位开具增值税普通发票，买方会员单位应向境内或境外买方客户开具增值税普通发票。开票金额均为大连商品交易所保税交割结算单上注明的保税交割结算金额。

（四）境内机构应将免税业务对应的保税交割结算单及开具和收取的发票、收付款凭证以及保税标准仓单清单等资料按月整理成册，留存备查。

四、铁矿石期货保税交割业务的卖方为境外机构时，卖方会员单位应向卖方索取相应的收款凭证，并以此作为免税依据。

五、大连商品交易所的增值税管理规定，参照本公告第三条对境内机构的增值税管理规定执行。

六、大连商品交易所其他期货品种的保税交割业务，适用免征增值税政策的，其增值税管理参照本公告执行。

七、本公告自发布之日起施行。

（摘自《国家税务总局关于大连商品交易所铁矿石期货保税交割业务增值税管理问题的公告》，2018 年 4 月 20 日国家税务总局公告 2018 年第 19 号）

政策解析

根据《财政部 国家税务总局关于原油和铁矿石期货保税交割业务增值税政策的通知》（财税〔2015〕35号），上海国际能源交易中心股份有限公司的会员和客户通过上海国际能源交易中心股份有限公司交易的原油期货保税交割业务，大连商品交易所的会员和客户通过大连商品交易所交易的铁矿石期货保税交割业务，暂免征收增值税。2017年，上海国际能源交易中心启动原油期货上市交易，并引入境外交易者参与，为明确相关增值税免税管理要求，国家税务总局发布了《国家税务总局关于上海国际能源交易中心原油期货保税交割业务增值税管理问题的公告》（国家税务总局公告2017年第29号），以便于操作执行。

2018年，证监会已正式批复确定大连商品交易所的铁矿石期货作为境内特定品种，引入境外交易者参与境内铁矿石期货交易，其业务流程与原油期货保税交割一致。因此，国家税务总局出台公告，明确对大连商品交易所开展的铁矿石期货保税交割业务范围进行限定，同时明确对境内机构的管理要求、发票开具等相关问题。

7.1.2.6 "三北"地区供热企业向居民个人供热而取得的采暖费

自2016年1月1日至2018年供暖期结束，对供热企业向居民个人（以下统称居民）供热而取得的采暖费收入免征增值税。

向居民供热而取得的采暖费收入，包括供热企业直接向居民收取的、通过其他单位向居民收取的和由单位代居民缴纳的采暖费。

免征增值税的采暖费收入，应当按照《中华人民共和国增值税暂行条例》第十六条的规定单独核算。通过热力产品经营企业向居民供热的热力产品生产企业，应当根据热力产品经营企业实际从居民取得的采暖费收入占该经营企业采暖费总收入的比例确定免税收入比例。

本条所称供暖期，是指当年下半年供暖开始至次年上半年供暖结束的期间。

本通知所称供热企业，是指热力产品生产企业和热力产品经营企业。热力产品生产企业包括专业供热企业、兼营供热企业和自供热单位。

本通知所称"三北"地区，是指北京市、天津市、河北省、山西省、内蒙古自治区、辽宁省、大连市、吉林省、黑龙江省、山东省、青岛市、河南省、陕西省、甘肃省、青海省、宁夏回族自治区和新疆维吾尔自治区。

（摘自《财政部 国家税务总局关于供热企业增值税 房产税 城镇土地使用税优惠政策的通知》，2016年8月24日财税〔2016〕94号）

7.1.2.7 血站提供给医疗机构的临床用血

为了推动无偿献血公益事业的发展，经国务院批准，现将血站的有关税收问题明确如下：

一、鉴于血站是采集和提供临床用血，不以营利为目的的公益性组织，又属于财政拨补事业费的单位，因此，对血站自用的房产和土地免征房产税和城镇土地使用税。

二、对血站供应给医疗机构的临床用血免征增值税。

三、本通知所称血站，是指根据《中华人民共和国献血法》的规定，由国务院或省级人民政府卫生行政部门批准的，从事采集、提供临床用血，不以营利为目的的公益性组织。

（摘自《财政部 国家税务总局关于血站有关税收问题的通知》，1999 年 10 月 13 日财税〔1999〕264 号）

7.1.2.8　批发零售环节的图书

自 2013 年 1 月 1 日起至 2017 年 12 月 31 日，免征图书批发、零售环节增值税。

（摘自《财政部 国家税务总局关于延续宣传文化增值税和营业税优惠政策的通知》，2013 年 12 月 25 日财税〔2013〕87 号）

自 2018 年 1 月 1 日起至 2020 年 12 月 31 日，免征图书批发、零售环节增值税。

（摘自《财政部 税务总局关于延续宣传文化增值税优惠政策的通知》，2018 年 6 月 5 日财税〔2018〕53 号）

7.1.2.9　农业生产者销售的自产农产品

7.1.2.9.1　销售自产农产品免税的基本规定

下列项目免征增值税：（一）农业生产者销售的自产农产品；

（摘自《中华人民共和国增值税暂行条例》第十五条，2017 年 11 月 19 日修订国务院令第 691 号）

条例第十五条所称农业，是指种植业、养殖业、林业、牧业、水产业。

农业生产者，包括从事农业生产的单位和个人。

农产品，是指初级农产品，具体范围由财政部、国家税务总局确定。

（摘自《中华人民共和国增值税暂行条例实施细则》第三十五条，2011 年 10 月 28 日财政部令第 65 号）

"农业生产者销售的自产农业产品"，是指直接从事植物的种植、收割和动物的饲养、捕捞的单位和个人销售的注释所列的自产农业产品；对上述单位和个人销售的外购的农业产品，以及单位和个人外购农业产品生产、加工后销售的仍然属于注释所列的农业产品，不属于免税的范围，应当按照规定税率征收增值税。

农业生产者用自产的茶青再经筛分、风选、拣剔、碎块、干燥、匀堆等工序精制而成的精制茶，不得按照农业生产者销售的自产农业产品免税的规定执行，应当按照规定的税率征税。

（摘自《财政部 国家税务总局关于印发＜农业产品征税范围注释＞的通知》，1995 年 6 月 15 日财税字〔1995〕52 号）

7.1.2.9.2 农户手工编织的竹制和竹芒藤柳坯具

对于农民个人按照竹器企业提供样品规格，自产或购买竹、芒、藤、木条等，再通过手工简单编织成竹制或竹芒藤柳混合坯具的，属于自产农业初级产品，应当免征销售环节增值税。

（摘自《国家税务总局关于农户手工编织的竹制和竹芒藤柳坯具征收增值税问题的批复》，2005 年 1 月 18 日国税函〔2005〕56 号）

7.1.2.9.3 农民专业合作社销售本社成员生产的农业产品

经国务院批准，现将农民专业合作社有关税收政策通知如下：

一、对农民专业合作社销售本社成员生产的农业产品，视同农业生产者销售自产农业产品免征增值税。

二、增值税一般纳税人从农民专业合作社购进的免税农业产品，可按 13% 的扣除率计算抵扣增值税进项税额。

三、对农民专业合作社向本社成员销售的农膜、种子、种苗、化肥、农药、农机，免征增值税。

四、对农民专业合作社与本社成员签订的农业产品和农业生产资料购销合同，免征印花税。

本通知所称农民专业合作社，是指依照《中华人民共和国农民专业合作社法》规定设立和登记的农民专业合作社。

（摘自《财政部 国家税务总局关于农民专业合作社有关税收政策的通知》，2008 年 6 月 24 日财税〔2008〕81 号）

7.1.2.9.4 纳税人销售自产人工合成牛胚胎

人工合成牛胚胎属于《农业产品征税范围注释》（财税字〔1995〕52 号）第二条第（五）款规定的动物类"其他动物组织"，人工合成牛胚胎的生产过程属于农业生产，纳税人销售自产人工合成牛胚胎应免征增值税。

（摘自《国家税务总局关于人工合成牛胚胎适用增值税税率问题的通知》，2010 年 3 月 4 日国税函〔2010〕97 号）

7.1.2.9.5 制种企业生产销售种子

制种企业在下列生产经营模式下生产销售种子，属于农业生产者销售自产农业产品，应根据《中华人民共和国增值税暂行条例》有关规定免征增值税。

一、制种企业利用自有土地或承租土地，雇佣农户或雇工进行种子繁育，再经烘干、脱粒、风筛等深加工后销售种子。

二、制种企业提供亲本种子委托农户繁育并从农户手中收回，再经烘干、脱粒、风筛等深加工后销售种子。

本公告自 2010 年 12 月 1 日起施行。

（摘自《国家税务总局关于制种行业增值税有关问题的公告》，2010 年 10 月 25 日国家税务总局公告 2010 年第 17 号）

7.1.2.9.6　采取"公司＋农户"经营模式从事畜禽饲养销售

一些纳税人采取"公司＋农户"经营模式从事畜禽饲养，即公司与农户签订委托养殖合同，向农户提供畜禽苗、饲料、兽药及疫苗等（所有权属于公司），农户饲养畜禽苗至成品后交付公司回收，公司将回收的成品畜禽用于销售。在上述经营模式下，纳税人回收再销售畜禽，属于农业生产者销售自产农产品，应根据《中华人民共和国增值税暂行条例》的有关规定免征增值税。

本公告中的畜禽是指属于《财政部　国家税务总局关于印发＜农业产品征税范围注释＞的通知》（财税字〔1995〕52 号）文件中规定的农业产品。

（摘自《国家税务总局关于纳税人采取"公司＋农户"经营模式销售畜禽有关增值税问题的公告》，2013 年 2 月 6 日国家税务总局公告 2013 年第 8 号）

政策解析

随着社会分工的发展，传统的牲畜饲养行业经营模式已经发生了改变，"公司＋农户"经营模式已经被普遍采用，公司将生产环节外包给农户，负责销售与服务环节，承担农产品的大部分风险，农户完全解除了技术与市场之忧，双方形成相对完整、独立的经营模式。鉴于畜禽养殖的风险绝大部分留在企业自身，与企业自产农产品无本质区别，因此，纳税人采取"公司＋农户"的经营模式从农户手中回收再销售畜禽产品，属于农业生产者销售自产农产品，应根据现行增值税的有关规定免征增值税。

7.1.2.10　从事蔬菜批发、零售的纳税人销售的蔬菜

经国务院批准，自 2012 年 1 月 1 日起，免征蔬菜流通环节增值税。现将有关事项通知如下：

一、对从事蔬菜批发、零售的纳税人销售的蔬菜免征增值税。

蔬菜是指可作副食的草本、木本植物，包括各种蔬菜、菌类植物和少数可作副食的木本植物。蔬菜的主要品种参照《蔬菜主要品种目录》执行。

经挑选、清洗、切分、晾晒、包装、脱水、冷藏、冷冻等工序加工的蔬菜，属于本通知所述蔬菜的范围。

各种蔬菜罐头不属于本通知所述蔬菜的范围。蔬菜罐头是指蔬菜经处理、装罐、密封、杀菌或无菌包装而制成的食品。

二、纳税人既销售蔬菜又销售其他增值税应税货物的，应分别核算蔬菜和其他增值税应税货物的销售额；未分别核算的，不得享受蔬菜增值税免税政策。

（摘自《财政部　国家税务总局关于免征蔬菜流通环节增值税有关问题的通知》，2011 年 12 月 31 日财税〔2011〕137 号）

政策解析

《中华人民共和国增值税暂行条例》规定，农业生产者销售的自产农产品免征增值税。财税〔2011〕137号规定，自2012年1月1日起免征蔬菜流通环节增值税，有利于进一步搞活农产品市场，助力菜篮子工程。可以从以下五个方面理解：

一是享受免征增值税的对象，是指从事蔬菜批发、零售的纳税人。

二是享受免征增值税的蔬菜主要品种，参照《蔬菜主要品种目录》执行。

三是简单加工享受税收优惠。经挑选、清洗、切分、晾晒、包装、脱水、冷藏、冷冻等工序加工的蔬菜，属于通知所述蔬菜的范围。

四是各种蔬菜罐头不属于通知所述蔬菜的范围。蔬菜罐头是指蔬菜经处理、装罐、密封、杀菌或无菌包装而制成的食品。其不享受免征增值税优惠。

五是强调分别核算。纳税人既销售蔬菜又销售其他增值税应税货物的，应分别核算蔬菜和其他增值税应税货物的销售额；未分别核算的，不得享受蔬菜增值税免税政策。

7.1.2.11　从事蔬菜批发、零售的纳税人销售的部分鲜活肉蛋产品

经国务院批准，自2012年10月1日起，免征部分鲜活肉蛋产品流通环节增值税。现将有关事项通知如下：

一、对从事农产品批发、零售的纳税人销售的部分鲜活肉蛋产品免征增值税。

免征增值税的鲜活肉产品，是指猪、牛、羊、鸡、鸭、鹅及其整块或者分割的鲜肉、冷藏或者冷冻肉，内脏、头、尾、骨、蹄、翅、爪等组织。

免征增值税的鲜活蛋产品，是指鸡蛋、鸭蛋、鹅蛋，包括鲜蛋、冷藏蛋以及对其进行破壳分离的蛋液、蛋黄和蛋壳。

上述产品中不包括《中华人民共和国野生动物保护法》所规定的国家珍贵、濒危野生动物及其鲜活肉类、蛋类产品。

二、从事农产品批发、零售的纳税人既销售本通知第一条规定的部分鲜活肉蛋产品又销售其他增值税应税货物的，应分别核算上述鲜活肉蛋产品和其他增值税应税货物的销售额；未分别核算的，不得享受部分鲜活肉蛋产品增值税免税政策。

（摘自《财政部　国家税务总局关于免征部分鲜活肉蛋产品流通环节增值税政策的通知》，2012年9月28日财税〔2012〕75号）

政策解析

为了减少农产品的流通环节，鼓励大型流通商从农业生产者那里直接进货，以使农业生产者获得更多的实惠，财政部、国家税务总局下发该文件，自2012年10月1日起免征部分鲜活肉蛋产品流通环节增值税。适用对象为从事农产品批发、零售的纳税人。

7.1.2.12　农业生产资料

7.1.2.12.1　农膜

为支持农业生产发展，经国务院批准，现就若干农业生产资料征免增值税的政策通知如下：

一、下列货物免征增值税：1. 农膜。

（摘自《财政部 国家税务总局关于农业生产资料征免增值税政策的通知》，2001 年 7 月 20 日财税〔2001〕113 号）

农膜是指用于农业生产的各种地膜、大棚膜。

（摘自《国家税务总局关于印发＜增值税部分货物征税范围注释＞的通知》，1993 年 12 月 25 日国税发〔1993〕151 号）

7.1.2.12.2　批发和零售的种子、种苗

为支持农业生产发展，经国务院批准，现就若干农业生产资料征免增值税的政策通知如下：

一、下列货物免征增值税：4. 批发和零售的种子、种苗。

（摘自《财政部 国家税务总局关于农业生产资料征免增值税政策的通知》，2001 年 7 月 20 日财税〔2001〕113 号）

7.1.2.12.3　批发和零售的农机

为支持农业生产发展，经国务院批准，现就若干农业生产资料征免增值税的政策通知如下：

一、下列货物免征增值税：4. 批发和零售的农机。

（摘自《财政部 国家税务总局关于农业生产资料征免增值税政策的通知》，2001 年 7 月 20 日财税〔2001〕113 号）

农机是指用于农业生产（包括林业、牧业、副业、渔业）的各种机器和机械化和半机械化农具，以及小农具。

农机的范围包括：

（一）拖拉机。是以内燃机为驱动牵引机具从事作业和运载物资的机械。包括轮拖拉机、履带拖拉机、手扶拖拉机、机耕船。

（二）土壤耕整机械。是对土壤进行耕翻整理的机械。包括机引犁、机引耙、旋耕机、镇压器、联合整地器、合壤器、其他土壤耕整机械。

（三）农田基本建设机械。是指从事农田基本建设的专用机械。包括开沟筑埂机、开沟铺管机、铲抛机、平地机、其他农田基本建设机械。

（四）种植机械。是指将农作物种子或秧苗移植到适于作物生长的苗床机械。包括播作机、水稻插秧机、栽植机、地膜覆盖机、复式播种机、秧苗准备机械。

（五）植物保护和管理机械。是指农作物在生长过程中的管理、施肥、防治病虫害的机

械。包括机动喷粉机、喷雾机（器）、弥雾喷粉机、修剪机、中耕除草机、播种中耕机、培土机具、施肥机。

（六）收获机械。是指收获各种农作物的机械。包括粮谷、棉花、薯类、甜菜、甘蔗、茶叶、油料等收获机。

（七）场上作业机械。是指对粮食作物进行脱粒、清选、烘干的机械设备。包括各种脱粒机、清选机、粮谷干燥机、种子精选机。

（八）排灌机械。是指用于农牧业排水、灌溉的各种机械设备。包括喷灌机、半机械化提水机具、打井机。

（九）农副产品加工机械。是指对农副产品进行初加工，加工后的产品仍属农副产品的机械。包括茶叶机械、剥壳机械、棉花加工机械（包括棉花打包机）、食用菌机械（培养木耳、蘑菇等）、小型粮谷机械。

以农副产品为原料加工工业产品的机械，不属于本货物的范围。

（十）农业运输机械。是指农业生产过程中所需的各种运输机械。包括人力车（不包括三轮运货车）、畜力车和拖拉机挂车。

农用汽车不属于本货物的范围。

（十一）畜牧业机械。是指畜牧业生产中所需的各种机械。包括草原建设机械、牧业收获机械、饲料加工机械、畜禽饲养机械、畜产品采集机械。

（十二）渔业机械。是指捕捞、养殖水产品所用的机械。包括捕捞机械、增氧机、饵料机。

机动渔船不属于本货物的范围。

（十三）林业机械。是指用于林业的种植、育林的机械。包括清理机械、育林机械、树苗栽植机械。

森林砍伐机械、集材机械不属于本货物征收范围。

（十四）小农具。包括畜力犁、畜力耙、锄头和镰刀等农具。

农机零部件不属于本货物的征收范围。

（摘自《国家税务总局关于印发＜增值税部分货物征税范围注释＞的通知》，1993 年 12 月 25 日国税发〔1993〕151 号）

不带动力的手扶拖拉机（也称"手扶拖拉机底盘"）和三轮农用运输车（指以单缸柴油机为动力装置的三个车轮的农用运输车辆）属于"农机"，应按有关"农机"的增值税政策规定征免增值税。

本通知自 2002 年 6 月 1 日起执行。

（摘自《财政部 国家税务总局关于不带动力的手扶拖拉机和三轮农用运输车增值税政策的通知》，2002 年 6 月 6 日财税〔2002〕89 号）

7.1.2.12.4　有机肥产品

为科学调整农业施肥结构，改善农业生态环境，经国务院批准，现将有机肥产品有关增值税政策通知如下：

一、自 2008 年 6 月 1 日起，纳税人生产销售和批发、零售有机肥产品免征增值税。

二、享受上述免税政策的有机肥产品是指有机肥料、有机 – 无机复混肥料和生物有机肥。

（一）有机肥料

指来源于植物和（或）动物，施于土壤以提供植物营养为主要功能的含碳物料。

（二）有机 – 无机复混肥料

指由有机和无机肥料混合和（或）化合制成的含有一定量有机肥料的复混肥料。

（三）生物有机肥

指特定功能微生物与主要以动植物残体（如禽畜粪便、农作物秸秆等）为来源并经无害化处理、腐熟的有机物料复合而成的一类兼具微生物肥料和有机肥效应的肥料。

三、［条款失效］享受免税政策的纳税人应按照《中华人民共和国增值税暂行条例》（国务院令〔1993〕第 134 号）、《中华人民共和国增值税暂行条例实施细则》（财法字〔1993〕第 38 号）等规定，单独核算有机肥产品的销售额。未单独核算销售额的，不得免税。

四、纳税人销售免税的有机肥产品，应按规定开具普通发票，不得开具增值税专用发票。

五、纳税人申请免征增值税，应向主管税务机关提供以下资料，凡不能提供的，一律不得免税。

（一）生产有机肥产品的纳税人。

1. 由农业部或省、自治区、直辖市农业行政主管部门批准核发的在有效期内的肥料登记证复印件，并出示原件。

2. 由肥料产品质量检验机构一年内出具的有机肥产品质量技术检测合格报告原件。出具报告的肥料产品质量检验机构须通过相关资质认定。

3. 在省、自治区、直辖市外销售有机肥产品的，还应提供在销售使用地省级农业行政主管部门办理备案的证明原件。

（二）批发、零售有机肥产品的纳税人。

1. 生产企业提供的在有效期内的肥料登记证复印件。

2. 生产企业提供的产品质量技术检验合格报告原件。

3. 在省、自治区、直辖市外销售有机肥产品的，还应提供在销售使用地省级农业行政主管部门办理备案的证明复印件。

六、主管税务机关应加强对享受免征增值税政策纳税人的后续管理，不定期对企业经营情况进行核实。凡经核实所提供的肥料登记证、产品质量技术检测合格报告、备案证明失效的，应停止其享受免税资格，恢复照章征税。

（摘自《财政部 国家税务总局关于有机肥产品免征增值税的通知》，2008 年 4 月 29 日财税〔2008〕56 号）

《财政部 国家税务总局关于有机肥产品免征增值税的通知》（财税〔2008〕56 号）规定享受增值税免税政策的有机肥产品中，有机肥料按《有机肥料》（NY525—2012）标准执行，有机－无机复混肥料按《有机－无机复混肥料》（GB 18877—2009）标准执行，生物有机肥按《生物有机肥》（NY884—2012）标准执行。不符合上述标准的有机肥产品，不得享受财税〔2008〕56号文件规定的增值税免税政策。

上述有机肥产品的国家标准、行业标准，如在执行过程中有更新、替换，统一按最新的国家标准、行业标准执行。

本公告自2016年1月1日起施行，此前未处理的事项，按本公告规定执行。

（摘自《国家税务总局关于明确有机肥产品执行标准的公告》，2015年12月1日国家税务总局公告2015年第86号）

7.1.2.12.5　滴灌带和滴灌管产品

为节约水资源，促进农业节水灌溉，发展农业生产，经国务院批准，现将滴灌带和滴灌管产品有关增值税政策问题通知如下：

一、自2007年7月1日起，纳税人生产销售和批发、零售滴灌带和滴灌管产品免征增值税。

滴灌带和滴灌管产品是指农业节水滴灌系统专用的、具有制造过程中加工的孔口或其他出流装置、能够以滴状或连续流状出水的水带和水管产品。滴灌带和滴灌管产品按照国家有关质量技术标准要求进行生产，并与PVC管（主管）、PE管（辅管）、承插管件、过滤器等部件组成为滴灌系统。

二、享受免税政策的纳税人应按照《中华人民共和国增值税暂行条例》及其实施细则等规定，单独核算滴灌带和滴灌管产品的销售额。未单独核算销售额的，不得免税。

三、纳税人销售免税的滴灌带和滴灌管产品，应一律开具普通发票，不得开具增值税专用发票。

四、生产滴灌带和滴灌管产品的纳税人申请办理免征增值税时，应向主管税务机关报送由产品质量检验机构出具的质量技术检测合格报告，出具报告的产品质量检验机构须通过省以上质量技术监督部门的相关资质认定。批发和零售滴灌带和滴灌管产品的纳税人申请办理免征增值税时，应向主管税务机关报送由生产企业提供的质量技术检测合格报告原件或复印件。未取得质量技术检测合格报告的，不得免税。

五、税务机关应加强对享受免税政策纳税人的后续管理，不定期对企业经营情况进行核实，凡经核实产品质量不符合有关质量技术标准要求的，应停止其继续享受免税政策的资格，依法恢复征税。

（摘自《财政部　国家税务总局关于免征滴灌带和滴灌管产品增值税的通知》，2007年5月30日财税〔2007〕83号）

7.1.2.13　饲料产品

7.1.2.13.1　免税饲料产品的范围

1. 免税饲料产品范围的基本规定

免税饲料产品范围包括：

（一）单一大宗饲料。指以一种动物、植物、微生物或矿物质为来源的产品或其副产品。其范围仅限于糠麸、酒糟、鱼粉、草饲料、饲料级磷酸氢钙及除豆粕以外的菜籽粕、棉籽粕、向日葵粕、花生粕等粕类产品。

（二）混合饲料。指由两种以上单一大宗饲料、粮食、粮食副产品及饲料添加剂按照一定比例配置，其中单一大宗饲料、粮食及粮食副产品的参兑比例不低于 95% 的饲料。

（三）配合饲料。指根据不同的饲养对象，饲养对象的不同生长发育阶段的营养需要，将多种饲料原料按饲料配方经工业生产后，形成的能满足饲养动物全部营养需要（除水分外）的饲料。

（四）复合预混料。指能够按照国家有关饲料产品的标准要求量，全面提供动物饲养相应阶段所需微量元素（4 种或以上）、维生素（8 种或以上），由微量元素、维生素、氨基酸和非营养性添加剂中任何两类或两类以上的组分与载体或稀释剂按一定比例配置的均匀混合物。

（五）浓缩饲料。指由蛋白质、复合预混料及矿物质等按一定比例配制的均匀混合物。

（摘自《财政部 国家税务总局关于饲料产品免征增值税问题的通知》，2001 年 7 月 12 日财税〔2001〕121 号）

2. 饲用鱼油属于免税饲料

饲用鱼油是鱼粉生产过程中的副产品，主要用于水产养殖和肉鸡饲养，属于单一大宗饲料。经研究，自 2003 年 1 月 1 日起，对饲用鱼油产品按照现行"单一大宗饲料"的增值税政策规定，免予征收增值税。

（摘自《国家税务总局关于饲料级磷酸二氢钙产品增值税政策问题的通知》，2003 年 12 月 29 日国税函〔2003〕1395 号）

3. 矿物质微量元素舔砖属于免税饲料

矿物质微量元素舔砖，是以四种以上微量元素、非营养性添加剂和载体为原料，经高压浓缩制成的块状预混物，可供牛、羊等牲畜直接食用，应按照"饲料"免征增值税。

（摘自《国家税务总局关于矿物质微量元素舔砖免征增值税问题的批复》，2005 年 11 月 30 日国税函〔2005〕1127 号）

4. 饲料级磷酸二氢钙产品属于免税饲料

近接部分地区询问，饲料级磷酸二氢钙产品用于水产品饲养、补充水产品所需的钙、磷等微量元素，与饲料级磷酸氢钙产品的生产用料、工艺等基本相同，是否应按照饲料级磷酸氢钙免税。现将饲料级磷酸二氢钙产品增值税政策通知如下：

一、对饲料级磷酸二氢钙产品可按照现行"单一大宗饲料"的增值税政策规定，免征增值税。

二、纳税人销售饲料级磷酸二氢钙产品，不得开具增值税专用发票；凡开具专用发票的，不得享受免征增值税政策，应照章全额缴纳增值税。

本通知自 2007 年 1 月 1 日起执行。

（摘自《国家税务总局关于饲料级磷酸二氢钙产品增值税政策问题的通知》，2007 年 1

月 8 日国税函〔2007〕10 号）

5. 除豆粕以外的其他粕类饲料产品属于免税饲料

豆粕属于征收增值税的饲料产品，除豆粕以外的其他粕类饲料产品，均免征增值税。

本通知自 2010 年 1 月 1 日起执行。

（摘自《国家税务总局关于粕类产品征免增值税问题的通知》，2010 年 2 月 20 日国税函〔2010〕75 号）

6. 精料补充料属于免税饲料

精料补充料属于《财政部 国家税务总局关于饲料产品免征增值税问题的通知》（财税〔2001〕121 号，以下简称"通知"）文件中"配合饲料"范畴，可按照该通知及相关规定免征增值税。

精料补充料是指为补充草食动物的营养，将多种饲料和饲料添加剂按照一定比例配制的饲料。

本公告自 2013 年 9 月 1 日起执行。

（摘自《国家税务总局关于精料补充料免征增值税问题的公告》，2013 年 8 月 7 日国家税务总局公告 2013 年第 46 号）

7.1.2.13.2 不属于免税饲料产品的规定

1. 饲料用赖氨酸不属于免税饲料

按照增值税现行有关政策规定，饲料用赖氨酸属增值税应税货物饲料添加剂范畴，从规范和统一税制要求出发，对饲料用赖氨酸不能给予免税照顾，该产品应按照现行增值税有关规定照章征收增值税。

（摘自《国家税务总局关于饲料用赖氨酸征收增值税问题的批复》，1997 年 1 月 31 日国税函〔1997〕69 号）

2. 饲料添加剂预混料不属于"饲料"范围

从饲料添加剂预混料生产和原料构成看，它是由五种或六种添加剂加上一种或两种载体混合而成，添加剂的价值占预混料的 70% 以上。按照国家税务总局 1993 年 12 月 25 日印发的《增值税部分货物征税范围注释》（国税发〔1993〕151 号）中"饲料"的解释范围的规定，饲料添加剂预混料难以归入上述"饲料"的解释范围，因此，不能享受规定的"饲料"免征增值税的待遇。

（摘自《国家税务总局关于正大康地（深圳）有限公司生产经营饲料添加剂预混料应否免征增值税问题的批复》，1997 年 7 月 22 日国税函〔1997〕424 号）

3. 豆粕不属于免税饲料

自 2000 年 6 月 1 日起，豆粕属于征收增值税的饲料产品，进口或国内生产豆粕，均按 13% 的税率征收增值税。其他粕类属于免税饲料产品，免征增值税。

（摘自《财政部 国家税务总局关于豆粕等粕类产品征免增值税政策的通知》，2001 年 8 月 7 日财税〔2001〕30 号）

豆粕属于征收增值税的饲料产品，除豆粕以外的其他粕类饲料产品，均免征增值税。

本通知自 2010 年 1 月 1 日起执行。

（摘自《国家税务总局关于粕类产品征免增值税问题的通知》，2010 年 2 月 20 日国税函〔2010〕75 号）

4. 茶籽粕不属于免税饲料范围

鉴于茶籽粕主要用途是与化学农药复配用于消毒、杀虫，且国家未颁布其饲料质量检测标准，有关部门无法出具质量检测证明，因此，茶籽粕不属于现行增值税政策规定的免税饲料范围。

对国内销售茶籽油粕应当征收增值税。

（摘自《国家税务总局关于茶籽粕增值税有关政策问题的批复》，2002 年 4 月 9 日国税函〔2002〕285 号）

5. 宠物饲料不属于免税饲料

宠物饲料产品不属于免征增值税的饲料，应按照饲料产品 13% 的税率征收增值税。

（摘自《国家税务总局关于宠物饲料征收增值税问题的批复》，2002 年 9 月 12 日国税函〔2002〕812 号）

6. 膨化血粉、膨化肉粉、水解羽毛粉不属免税饲料

根据《财政部 国家税务总局关于饲料产品免征增值税问题的通知》（财税〔2001〕121 号）及相关文件的规定，单一大宗饲料产品仅限于财税〔2001〕121 号文件所列举的糠麸等饲料产品。膨化血粉、膨化肉粉、水解羽毛粉不属于现行增值税优惠政策所定义的单一大宗饲料产品，应对其照章征收增值税。混合饲料是指由两种以上单一大宗饲料、粮食、粮食副产品及饲料添加剂按照一定比例配置，其中单一大宗饲料、粮食及粮食副产品的掺兑比例不低于 95% 的饲料。添加其他成分的膨化血粉、膨化肉粉、水解羽毛粉等饲料产品，不符合现行增值税优惠政策有关混合饲料的定义，应对其照章征收增值税。

（摘自《国家税务总局关于部分饲料产品征免增值税政策问题的批复》，2009 年 6 月 15 日国税函〔2009〕324 号）

7.1.2.13.3 取消饲料产品免征增值税审批的后续管理

根据《国务院关于第三批取消和调整行政审批项目的决定》（国发〔2004〕16 号），《财政部 国家税务总局关于饲料产品免征增值税的通知》（财税〔2001〕121 号）第二条有关饲料生产企业向所在地主管税务机关提出申请，经省税务局审核批准后办理免税的规定予以取消。为了加强对免税饲料产品的后续管理，现将有关问题明确如下：

一、符合免税条件的饲料生产企业，取得有计量认证资质的饲料质量检测机构（名单由省税务局确认）出具的饲料产品合格证明后即可按规定享受免征增值税优惠政策，并将饲料产品合格证明报其所在地主管税务机关备案。

【注：根据《国家税务总局关于废止和修改部分税收规范性文件的公告》，2018 年 12 月 29 日国家税务总局公告 2018 年第 67 号，该条已废止】

二、饲料生产企业应于每月纳税申报期内将免税收入如实向其所在地主管税务机关申报。

三、主管税务机关应加强对饲料免税企业的监督检查，凡不符合免税条件的要及时纠正，依法征税。对采取弄虚作假手段骗取免税资格的，应依照《中华人民共和国税收征收管理法》及有关税收法律、法规的规定予以处罚。

（摘自《国家税务总局关于取消饲料产品免征增值税审批程序后加强后续管理的通知》，2004 年 7 月 7 日国税函〔2004〕884 号）

7.1.2.14　避孕药品和用具

下列项目免征增值税：（二）避孕药品和用具；

（摘自《中华人民共和国增值税暂行条例》第十五条，2017 年 11 月 19 日修订国务院令第 691 号）

7.1.2.15　古旧图书

下列项目免征增值税：（三）古旧图书；

（摘自《中华人民共和国增值税暂行条例》第十五条，2017 年 11 月 19 日修订国务院令第 691 号）

条例第十五条所称古旧图书，是指向社会收购的古书和旧书。

（摘自《中华人民共和国增值税暂行条例实施细则》第三十五条，2011 年 10 月 28 日财政部令第 65 号）

7.1.2.16　边销茶

自 2011 年 1 月 1 日起至 2015 年 12 月 31 日，对边销茶生产企业销售自产的边销茶及经销企业销售的边销茶免征增值税。

本通知所称边销茶，是指以黑毛茶、老青茶、红茶末、绿茶为主要原料，经过发酵、蒸制、加压或者压碎、炒制，专门销往边疆少数民族地区的紧压茶、方包茶（马茶）。

（摘自《财政部 国家税务总局关于继续执行边销茶增值税政策的通知》，2011 年 12 月 7 日财税〔2011〕89 号）

经国务院批准，《财政部 国家税务总局关于继续执行边销茶增值税政策的通知》（财税〔2011〕89 号）规定的增值税政策继续执行至 2018 年 12 月 31 日。

（摘自《财政部 国家税务总局关于延长边销茶增值税政策执行期限的通知》，2016 年 7 月 25 日财税〔2016〕73 号）

7.1.2.17　供残疾人专用的假肢、轮椅、矫形器

供残疾人专用的假肢、轮椅、矫形器（包括上肢矫形器、下肢矫形器、脊椎侧弯矫形器），免征增值税。

（摘自《财政部 国家税务总局关于增值税几个税收政策问题的通知》，1994 年 10 月 18 日财税字〔1994〕60 号）

7.1.2.18 抗艾滋病病毒药品

为继续支持艾滋病防治工作，经国务院批准，现将国产抗艾滋病病毒药品增值税政策通知如下：

一、自 2016 年 1 月 1 日至 2018 年 12 月 31 日，继续对国产抗艾滋病病毒药品免征生产环节和流通环节增值税（国产抗艾滋病病毒药物品种清单见附件）。

二、享受上述免征增值税政策的国产抗艾滋病病毒药品，为国家卫生计生委委托中国疾病预防控制中心通过公开招标方式统一采购、各省（自治区、直辖市）艾滋病药品管理部门分散签约支付的抗艾滋病病毒药品。药品生产企业申请办理免税时，应向主管税务机关提交加盖企业公章的药品供货合同复印件、中标通知书复印件及中国政府网中标公告。

三、抗艾滋病病毒药品的生产企业和流通企业应分别核算免税药品和其他货物的销售额；未分别核算的，不得享受增值税免税政策。

四、纳税人销售本通知规定的享受免税政策的国产抗艾滋病病毒药品，如果已向购买方开具了增值税专用发票，应将专用发票追回后方可就已售药品申请办理免税。凡专用发票无法追回的，一律按照规定征收增值税，不予免税。

附件：国产抗艾滋病病毒药物品种清单

序号	药物品种
1	齐多夫定
2	拉米夫定
3	奈韦拉平
4	依非韦伦
5	替诺福韦
6	洛匹那韦
7	利托那韦
8	阿巴卡韦

国产抗艾滋病病毒药物，包括上表中所列药物及其制剂，以及由两种或三种药物组成的复合制剂。

（摘自《财政部 国家税务总局关于延续免征国产抗艾滋病病毒药品增值税政策的通知》，2016 年 9 月 1 日财税〔2016〕97 号）

政策解析

为有效阻断艾滋病病毒的传播，推进艾滋病防治工作的顺利开展，经国务院批准，对抗艾滋病病毒药品施行增值税免征政策。

先是《财政部 国家税务总局关于免征抗艾滋病病毒药品增值税的通知》（财税〔2003〕181 号）对进口和国内定点生产企业生产的国产抗艾滋病病毒药品的进口环节及国内流通环节的增值税做出了免征规定。此后，国产抗艾药增值税免征政策经历了《财政部 国家税务总局关于继续免征国产抗艾滋病病毒药品增值税的通知》（财税〔2007〕49 号）和《财政部 国家税务总局关于继续免征国产抗艾滋病病毒药品增值税的通知》（财税〔2011〕128 号）。

以上三个文件均强调了"国内定点生产企业生产"这一免税前提条件，并分别在文件中列出了具体的生产企业。随着我国简政放权改革的推进，可以享受免税的定点生产企业不再在政策文件中限定，而是通过委托招标产生。本次发布的财税〔2016〕97 号规定，享受上述免征增值税政策的国产抗艾滋病病毒药品，为国家卫生计生委委托中国疾病预防控制中心通过公开招标方式统一采购、各省（自治区、直辖市）艾滋病药品管理部门分散签约支付的抗艾滋病病毒药品。值得注意的是，普通药店若是销售这些药品，并不能享受增值税免征政策。

7.1.2.19　国产支线飞机

自 2000 年 4 月 1 日起，对生产销售的支线飞机（包括运十二、运七系列、运八、运五飞机）免征增值税。

（摘自《财政部 国家税务总局关于国产支线飞机免征增值税的通知》，2000 年 4 月 3 日财税字〔2000〕51 号）

经研究决定，农五系列飞机适用《关于国产支线飞机免征增值税的通知》（财税字〔2000〕51 号）的规定免征国内销售环节增值税。

（摘自《财政部 国家税务总局关于农五飞机适用国产支线飞机免征增值税政策的通知》，2002 年 6 月 28 日财税〔2002〕97 号）

7.1.2.20　黄金和黄金矿砂（含伴生金）

7.1.2.20.1　黄金和黄金矿砂交易

一、黄金生产和经营单位销售黄金（不包括以下品种：成色为 AU9999、AU9995、AU999、AU995；规格为 50 克、100 克、1 公斤、3 公斤、12.5 公斤的黄金，以下简称标准黄金）和黄金矿砂（含伴生金），免征增值税；进口黄金（含标准黄金）和黄金矿砂免征进口环节增值税。

二、黄金交易所会员单位通过黄金交易所销售标准黄金（持有黄金交易所开具的《黄金交易结算凭证》），未发生实物交割的，免征增值税；发生实物交割的，由税务机关按照实际成交价格代开增值税专用发票，并实行增值税即征即退的政策，同时免征城市维护建设税、教育费附加。增值税专用发票中的单价、金额和税额的计算公式分别为：

$$单价 = 实际成交单价 \div (1 + 增值税税率)$$

$$金额 = 数量 \times 单价$$

$$税额 = 金额 \times 税率$$

实际成交单价是指不含黄金交易所收取的手续费的单位价格。

纳税人不通过黄金交易所销售的标准黄金不享受增值税即征即退和免征城市维护建设税、教育费附加政策。

（摘自《财政部 国家税务总局关于黄金税收政策问题的通知》，2002 年 9 月 12 日财税〔2002〕142 号）

《财政部 国家税务总局关于黄金税收政策问题的通知》（财税〔2002〕142 号）第一条所称伴生金，是指黄金矿砂以外的其他矿产品、冶炼中间产品和其他可以提炼黄金的原料中所伴生的黄金。

纳税人销售含有伴生金的货物并申请伴生金免征增值税的，应当出具伴生金含量的有效证明，分别核算伴生金和其他成分的销售额。

（摘自《国家税务总局关于纳税人销售伴生金有关增值税问题的公告》，2011 年 1 月 24 日国家税务总局公告 2011 年第 8 号）

7.1.2.20.2　黄金期货交易

上海期货交易所会员和客户通过上海期货交易所销售标准黄金（持上海期货交易所开具的《黄金结算专用发票》），发生实物交割但未出库的，免征增值税；发生实物交割并已出库的，由税务机关按照实际交割价格代开增值税专用发票，并实行增值税即征即退的政策，同时免征城市维护建设税和教育费附加。增值税专用发票中的单价、金额和税额的计算公式分别如下：

$$单价 = 实际交割单价 \div (1 + 增值税税率)$$
$$金额 = 数量 \times 单价$$
$$税额 = 金额 \times 税率$$

实际交割单价是指不含上海期货交易所收取的手续费的单位价格。

其中，标准黄金是指：成色为 AU9999、AU9995、AU999、AU995；规格为 50 克、100 克、1 公斤、3 公斤、12.5 公斤的黄金。

（摘自《财政部 国家税务总局关于黄金期货交易有关税收政策的通知》，2008 年 2 月 2 日财税〔2008〕5 号）

7.1.2.21　熊猫普制金币

7.1.2.21.1　免税的基本规定

为完善投资性黄金相关税收政策，经国务院批准，自 2012 年 1 月 1 日起，对符合条件的纳税人销售的熊猫普制金币免征增值税。现将有关政策通知如下：

一、熊猫普制金币是指由黄金制成并同时符合以下条件的法定货币：

1. 由中国人民银行发行；

2. 生产质量为普制；

3. 正面主体图案为天坛祈年殿，并刊国名、年号。背面主体图案为熊猫，并刊面额、规格及成色。规格包括 1 盎司、1/2 盎司、1/4 盎司、1/10 盎司和 1/20 盎司，对应面额分别为 500 元、200 元、100 元、50 元、20 元。黄金成色为 99.9%。

二、纳税人的具体条件以及熊猫普制金币免征增值税的具体管理办法由国家税务总局另行制定。

（摘自《财政部 国家税务总局关于熊猫普制金币免征增值税政策的通知》，2012 年 12 月 28 日财税〔2012〕97 号）

免征增值税的熊猫普制金币是指 2012 年（含）以后发行的熊猫普制金币。

（摘自《国家税务总局关于发布＜熊猫普制金币免征增值税管理办法（试行）＞的公告》，2013 年 2 月 5 日国家税务总局公告 2013 年第 6 号）

7.1.2.21.2　免税的纳税人条件

下列纳税人销售熊猫普制金币免征增值税：

（一）中国人民银行下属中国金币总公司（以下简称金币公司）及其控股子公司。

（二）经中国银行业监督管理委员会批准，允许开办个人黄金买卖业务的金融机构。

（三）经金币公司批准，获得"中国熊猫普制金币授权经销商"资格，并通过金币交易系统销售熊猫普制金币的纳税人。

（摘自《国家税务总局关于发布＜熊猫普制金币免征增值税管理办法（试行）＞的公告》，2013 年 2 月 5 日国家税务总局公告 2013 年第 6 号）

政策解析

国家税务总局联合财政部印发的《关于熊猫普制金币免征增值税政策的通知》（财税〔2012〕97 号）明确自 2012 年 1 月 1 日起对符合条件的纳税人销售的熊猫普制金币免征增值税。之后税务总局配套印发了《关于发布＜熊猫普制金币免征增值税管理办法（试行）＞的公告》（国家税务总局公告 2013 年第 6 号），并先后公布了十批符合免税条件的纳税人名单，以及四批不符合免税条件的纳税人退出名单。名单所列符合条件的纳税人销售熊猫普制金币免征增值税，不符合条件的纳税人销售熊猫普制金币，不再免征增值税。

2013 年 8 月 21 日发布了《国家税务总局关于公布符合条件的销售熊猫普制金币纳税人名单（第二批）的公告》（国家税务总局公告 2013 年第 48 号）；

2014 年 8 月 4 日发布了《国家税务总局关于公布符合条件的销售熊猫普制金币纳税人名单（第三批）暨不符合条件的纳税人退出名单的公告》（国家税务总局公告 2014 年第 47 号）；

2015 年 4 月 15 日发布了《国家税务总局关于公布符合条件的销售熊猫普制金币纳税人名单（第四批）的公告》（国家税务总局公告 2015 年第 24 号）；

2015 年 11 月 13 日发布了《国家税务总局关于公布符合条件的销售熊猫普制金币纳税人名单（第五批）的公告》（国家税务总局公告 2015 年第 78 号）；

2016 年 6 月 12 日发布了《国家税务总局关于公布符合条件的销售熊猫普制金币纳税人名单（第六批）的公告》（国家税务总局公告 2016 年第 36 号）；

2016 年 12 月 13 日发布了《国家税务总局关于公布符合条件的销售熊猫普制金币纳税人名单（第七批）的公告》（国家税务总局公告 2016 年第 83 号）；

2017 年 7 月 12 日发布了《国家税务总局关于公布符合条件的销售熊猫普制金币纳税人名单（第八批）暨不符合条件的纳税人退出名单（第二批）的公告》（国家税务总局公告 2017 年第 28 号）；

2018 年 2 月 5 日发布了《国家税务总局关于公布符合条件的销售熊猫普制金币纳税人名单（第九批）暨不符合条件的纳税人退出名单（第三批）的公告》（国家税务总局公告 2018 年第 10 号）；

2018 年 6 月 22 日发布了《国家税务总局关于公布符合条件的销售熊猫普制金币纳税人名单（第十批）暨不符合条件的纳税人退出名单（第四批）的公告》（国家税务总局公告 2018 年第 34 号）。

7.1.2.21.3　享受免征政策的核算要求

纳税人既销售免税的熊猫普制金币又销售其他增值税应税货物的，应分别核算免税的熊猫普制金币和其他增值税应税货物的销售额；未分别核算的，不得享受熊猫普制金币增值税免税政策。销售熊猫普制金币免税收入不得开具增值税专用发票。

（摘自《国家税务总局关于发布＜熊猫普制金币免征增值税管理办法（试行）＞的公告》，2013 年 2 月 5 日国家税务总局公告 2013 年第 6 号）

7.1.2.21.4　办理免税备案手续需出具的相关材料

一、申请享受本办法规定的熊猫普制金币增值税优惠政策的纳税人，应当在初次申请时按照要求向主管税务机关提交以下资料办理免税备案手续：

（一）纳税人税务登记证原件及复印件；

（二）属于"中国熊猫普制金币授权经销商"的纳税人应提供相关资格证书原件及复印件和《中国熊猫普制金币经销协议》原件及复印件；金融机构应提供中国银行业监督管理委员会批准其开办个人黄金买卖业务的相关批件材料。

二、属于"中国熊猫普制金币授权经销商"的纳税人应在办理熊猫普制金币免税备案以后每年 2 月 15 日前将以下材料报主管税务机关备查：

（一）上一年度从金币交易系统中出具的《金币交易系统熊猫普制金币销售汇总表》及明细（加盖纳税人的财务专用章）；

（二）上一年度从金币交易系统中出具的《金币交易系统熊猫普制金币采购及库存汇总表》（加盖纳税人的财务专用章）；

（三）上一年度销售熊猫普制金币开具的销售发票记账联复印件。

三、属于金融机构的纳税人应在办理熊猫普制金币免税备案以后每年 2 月 15 日前将以下材料报主管税务机关备查：

（一）上一年度从金币交易系统中出具的《金币交易系统熊猫普制金币采购汇总表》及明细（加盖纳税人的财务专用章）；

（二）上一年度销售熊猫普制金币开具的销售发票记账联复印件。

税务机关应对享受本办法规定增值税政策的纳税人进行定期或不定期检查。发现问题的，税务机关应根据现行规定对其进行处理，且自纳税人发生违规行为年度起，取消其享受本办法规定增值税政策的资格。

（摘自《国家税务总局关于发布＜熊猫普制金币免征增值税管理办法（试行）＞的公告》，2013 年 2 月 5 日国家税务总局公告 2013 年第 6 号）

7.1.2.22　钻石

对国内钻石开采企业通过上海钻石交易所销售的自产毛坯钻石实行免征增值税政策；不通过上海钻石交易所销售的，照章征收增值税。

对国内加工的成品钻石，通过上海钻石交易所销售的，在国内销售环节免征增值税；不通过上海钻石交易所销售的，在国内销售环节按 17% 的税率征收增值税。

对国内加工的成品钻石，进入上海钻石交易所时视同出口，不予退税，自上海钻石交易所再次进入国内市场，其进口环节增值税实际税负超过 4% 的部分，由海关实行即征即退。

（摘自《财政部　海关总署　国家税务总局关于调整钻石及上海钻石交易所有关税收政策的通知》，2006 年 6 月 7 日财税〔2006〕65 号）

7.1.2.23　为外国政府和国际组织无偿援助项目在华采购物资

7.1.2.23.1　免税的基本政策规定

自 2001 年 8 月 1 日起，对外国政府和国际组织无偿援助项目在国内采购的货物免征增值税，同时允许销售免税货物的单位，将免税货物的进项税额在其他内销货物的销项税额中抵扣。

（摘自《财政部　国家税务总局　外经贸部关于外国政府和国际组织无偿援助项目在华采购物资免征增值税问题的通知》，2012 年 1 月 11 日财税〔2002〕2 号）

7.1.2.23.2　免税管理办法

外国政府和国际组织无偿援助项目在国内采购货物免征增值税的管理办法（试行）

一、为促进我国接受外国政府和国际组织无偿援助工作的开展，做好外国政府和国际组织无偿援助项目在国内采购货物免征增值税的工作，特制定本办法。

二、本办法适用于外国政府和国际组织对我国提供的无偿援助项目在我国关境内所采购的货物，以及为此提供货物的国内企业（以下简称供货方）。

三、在无偿援助项目确立之后，援助项目所需物资的采购方（以下简称购货方）通过项目单位共同向对外贸易经济合作部和国家税务总局同时提交免税采购申请，内容包括：援助项目名称、援助方、受援单位、购货方与供货方签订的销售合同（复印件）等，并填报《外国政府和国际组织无偿援助项目在华采购货物明细表》。如委托他人采购，需提交委托协议和实际购货方的情况，包括购货方的单位名称、地址、联系人及联系电话等。

供货方在销售合同签订后，将合同（复印件）送交企业所在地税务机关备案。

四、对外贸易经济合作部在接到购货方和项目单位的免税采购申请后，对项目有关内容的真实性、采购货物是否属援助项目所需等内容进行审核。审核无误后，对外贸易经济合作部向国家税务总局出具申请内容无误的证明材料。

五、国家税务总局接到购货方和项目单位的免税采购申请和对外贸易经济合作部出具的证明材料后，通过供货方所在地主管税务部门对免税申请所购货物的有关情况进行核实。如主管税务部门出具的证明材料与对外贸易经济合作部出具的证明材料的相关内容一致，国家税务总局向供货方所在地主管税务机关下发供货方销售有关货物免征增值税的文件，同时抄送财政部、对外贸易经济合作部和购货方。

六、供货方凭购货方出示的免税文件，按照文件的规定，以不含增值税的价格向购货方销售货物。

供货方应向其主管税务机关提出免税申请。供货方所在地主管税务机关凭国家税务总局下发的免税文件为供货方办理免征销项税及进项税额抵扣手续。

七、购货方和项目单位提交免税采购申请和《外国政府和国际组织无偿援助项目在华采购货物明细表》后，其内容不允许随意变更。如确需变更，应按本办法规定程序另行报送审批。

八、免税采购的货物必须用于规定的援助项目，不得销售或用于其他项目，否则视同骗税，依照《中华人民共和国税收征收管理法》第六十六条的有关规定处理。

九、本办法自 2001 年 8 月 1 日起执行。

（摘自《财政部　国家税务总局　外经贸部关于外国政府和国际组织无偿援助项目在华采购物资免征增值税问题的通知》，2012 年 1 月 11 日财税〔2002〕2 号）

7.1.2.23.3　免税申报审批程序

一、由财政部归口管理的外国政府和国际组织无偿援助项目在华采购物资免征增值税，按照财税〔2002〕2 号文件所附《外国政府和国际组织无偿援助项目在国内采购货物免征增值税的管理办法（试行）》中的有关规定执行。即，在项目确立之后，由援助项目所需物资的采购方（以下简称购货方）通过项目单位共同向财政部主管部门和国家税务总局同时提交免税采购申请，内容包括：援助项目名称、援助方、受援单位、购货方与供货方签订的销售合同（复印件）等，并填报《外国政府和国际组织无偿援助项目在华采购货物明细表》，供货方在销售合同签订后，将合同（复印件）送交企业所在地税务机关备案。财政部主管部门在接到购货方和项目单位的免税采购申请后，对项目有关内容的真实性、采购货物是否属援助项目所需等内容进行审核；审核无误后，向国家税务总局出具申请内容无误的证明材料。国家税务总局接到购货方和项目单位的免税申请以及财政部主管部门出具的证明材料后，通过供货方所在地主管税务部门对免税申请所购货物的有关情况进行核实，并向国家税务总局出具证明材料，如所在地主管税务部门出具的证明材料与财政部出具的证明材料的相关内容一致，国家税务总局向供货方所在地主管税务机关下发供货方销售有关货物免征增值税的文件，同时抄送财政部主管部门、购货方和项目单位。

二、其他免税事宜均按照财税〔2002〕2 号文件的有关规定执行。

三、增补财税〔2002〕2 号文件的《国际组织名单》

增加：欧洲投资银行（European Investment Bank 简称 EIB）

全球环境基金（Global Environment Facility 简称：GEF）

（摘自《财政部 国家税务总局关于外国政府和国际组织无偿援助项目在华采购物资免征增值税的补充通知》，2015 年 1 月 21 日财税〔2005〕13 号）

7.1.2.24 供应或开采未经加工的天然水

供应或开采未经加工的天然水（如水库供应农业灌溉用水，工厂自采地下水用于生产），不征收增值税。

（摘自《国家税务总局关于印发＜增值税若干具体问题的规定＞的通知》，1993 年 12 月 28 日国税发〔1993〕154 号）

7.1.2.25 农村饮水安全工程运营单位向农村销售生活用水

对农村饮水安全工程运营管理单位向农村居民提供生活用水取得的自来水销售收入，免征增值税。

农村饮水安全工程，是指为农村居民提供生活用水而建设的供水工程设施。本文所称饮水工程运营管理单位，是指负责饮水工程运营管理的自来水公司、供水公司、供水（总）站（厂、中心）、村集体、农民用水合作组织等单位。

对于既向城镇居民供水，又向农村居民供水的饮水工程运营管理单位，依据向农村居民供水收入占总供水收入的比例免征增值税；依据向农村居民供水量占总供水量的比例免征契税、印花税、房产税和城镇土地使用税。无法提供具体比例或所提供数据不实的，不得享受上述税收优惠政策。

符合上述减免税条件的饮水工程运营管理单位需持相关材料向主管税务机关办理备案手续。

上述政策自 2016 年 1 月 1 日至 2018 年 12 月 31 日执行。

（摘自《财政部 国家税务总局关于继续实行农村饮水安全工程建设运营税收优惠政策的通知》，2016 年 2 月 25 日财税〔2016〕19 号）

政策解析

为贯彻落实《中共中央国务院关于加快水利改革发展的决定》（中发〔2011〕1 号）精神，改善农村人居环境，提高农村生活质量，支持农村饮水安全工程（以下简称饮水工程）的建设、运营，2012 年 4 月 24 日财政部、国家税务总局公布了对农村饮水安全工程建设运营的税收优惠政策，执行期限暂定为 2011 年 1 月 1 日至 2015 年 12 月 31 日。

为支持农村饮水安全工程（以下简称饮水工程）巩固提升，经国务院批准，继续对饮水工程的建设、运营给予税收优惠。财政部、国家税务总局发布了该通知，对农村饮水安全工程建设运营继续实行税收优惠政策，自 2016 年 1 月 1 日至 2018 年 12 月 31 日继续执行。

7.1.2.26　转制文化企业取得的党报、党刊发行收入和印刷收入

党报、党刊将其发行、印刷业务及相应的经营性资产剥离组建的文化企业，自注册之日起所取得的党报、党刊发行收入和印刷收入免征增值税。

享受税收优惠政策的转制文化企业应同时符合以下条件：

（一）根据相关部门的批复进行转制。

（二）转制文化企业已进行企业工商注册登记。

（三）整体转制前已进行事业单位法人登记的，转制后已核销事业编制、注销事业单位法人。

（四）已同在职职工全部签订劳动合同，按企业办法参加社会保险。

（五）转制文化企业引入非公有资本和境外资本的，须符合国家法律法规和政策规定；变更资本结构依法应经批准的，需经行业主管部门和国有文化资产监管部门批准。

执行期限为 2014 年 1 月 1 日至 2018 年 12 月 31 日

（摘自《财政部　国家税务总局　中宣部关于继续实施文化体制改革中经营性文化事业单位转制为企业若干税收政策的通知》，2014 年 11 月 27 日财税〔2014〕84 号）

一、经营性文化事业单位转制为企业，可以享受以下税收优惠政策：

（三）党报、党刊将其发行、印刷业务及相应的经营性资产剥离组建的文化企业，自注册之日起所取得的党报、党刊发行收入和印刷收入免征增值税。

（四）对经营性文化事业单位转制中资产评估增值、资产转让或划转涉及的企业所得税、增值税、城市维护建设税、契税、印花税等，符合现行规定的享受相应税收优惠政策。

上述所称"经营性文化事业单位"，是指从事新闻出版、广播影视和文化艺术的事业单位。转制包括整体转制和剥离转制。其中，整体转制包括：（图书、音像、电子）出版社、非时政类报刊出版单位、新华书店、艺术院团、电影制片厂、电影（发行放映）公司、影剧院、重点新闻网站等整体转制为企业；剥离转制包括：新闻媒体中的广告、印刷、发行、传输网络等部分，以及影视剧等节目制作与销售机构，从事业体制中剥离出来转制为企业。

上述所称"转制注册之日"，是指经营性文化事业单位转制为企业并进行企业法人登记之日。对于经营性文化事业单位转制前已进行企业法人登记，则按注销事业单位法人登记之日，或核销事业编制的批复之日（转制前未进行事业单位法人登记的）确定转制完成并享受本通知所规定的税收优惠政策。

上述所称"2018 年 12 月 31 日之前已完成转制"，是指经营性文化事业单位在 2018 年 12 月 31 日及以前已转制为企业、进行企业法人登记，并注销事业单位法人登记或批复核销事业编制（转制前未进行事业单位法人登记的）。

本通知下发之前已经审核认定享受《财政部　国家税务总局　中宣部关于继续实施文化体制改革中经营性文化事业单位转制为企业若干税收政策的通知》（财税〔2014〕84 号）

税收优惠政策的转制文化企业，可按本通知规定享受税收优惠政策。

二、享受税收优惠政策的转制文化企业应同时符合以下条件：

（一）根据相关部门的批复进行转制。

（二）转制文化企业已进行企业法人登记。

（三）整体转制前已进行事业单位法人登记的，转制后已核销事业编制、注销事业单位法人；整体转制前未进行事业单位法人登记的，转制后已核销事业编制。

（四）已同在职职工全部签订劳动合同，按企业办法参加社会保险。

（五）转制文化企业引入非公有资本和境外资本的，须符合国家法律法规和政策规定；变更资本结构依法应经批准的，需经行业主管部门和国有文化资产监管部门批准。

本通知适用于所有转制文化单位。中央所属转制文化企业的认定，由中央宣传部会同财政部、税务总局确定并发布名单；地方所属转制文化企业的认定，按照登记管理权限，由地方各级宣传部门会同同级财政、税务部门确定和发布名单，并按程序抄送中央宣传部、财政部和税务总局。

已认定发布的转制文化企业名称发生变更的，如果主营业务未发生变化，可持同级文化体制改革和发展工作领导小组办公室出具的同意变更函，到主管税务机关履行变更手续；如果主营业务发生变化，依照本条规定的条件重新认定。

三、经认定的转制文化企业，应按有关税收优惠事项管理规定办理优惠手续，申报享受税收优惠政策。企业应将转制方案批复函，企业营业执照，同级机构编制管理机关核销事业编制、注销事业单位法人的证明，与在职职工签订劳动合同、按企业办法参加社会保险制度的有关材料，相关部门对引入非公有资本和境外资本、变更资本结构的批准文件等留存备查，税务部门依法加强后续管理。

四、未经认定的转制文化企业或转制文化企业不符合本通知规定的，不得享受相关税收优惠政策。已享受优惠的，主管税务机关应追缴其已减免的税款。

五、对已转制企业按照本通知规定应予减免的税款，在本通知下发以前已经征收入库的，可抵减以后纳税期应缴税款或办理退库。

六、本通知规定的税收政策执行期限为2019年1月1日至2023年12月31日。

（摘自《财政部 税务总局 中央宣传部关于继续实施文化体制改革中经营性文化事业单位转制为企业若干税收政策的通知》，2019年2月16日财税〔2019〕16号）

7.1.3　直接享受免税优惠的加工、修理修配劳务

7.1.3.1　铁路系统内部单位为本系统修理货车

为支持我国铁路建设，经国务院批准，从2001年1月1日起对铁路系统内部单位为本系统修理货车的业务免征增值税。

（摘自《财政部 国家税务总局关于铁路货车修理免征增值税的通知》，2001年4月3日财税〔2001〕54号）

《财政部　国家税务总局关于铁路货车修理免征增值税的通知》（财税〔2001〕54 号）中所指的"铁路系统内部单位"包括中国北方机车车辆工业集团公司所属企业，其为铁路系统修理铁路货车的业务免征增值税。

（摘自《国家税务总局关于中国北方机车车辆工业集团公司所属企业的铁路货车修理业务免征增值税的通知》，2001 年 11 月 26 日国税函〔2001〕862 号）

"铁路系统内部单位"包括中国南方机车车辆工业集团公司所属企业，其为铁路系统修理铁路货车业务免征增值税。

（摘自《国家税务总局关于中国南方机车车辆工业集团公司所属企业的铁路货车修理业务免征增值税的通知》，2001 年 12 月 29 日国税函〔2001〕1006 号）

7.1.3.2　残疾人个人提供的加工、修理修配劳务

残疾人个人提供的加工、修理修配劳务，免征增值税。

残疾人，是指法定劳动年龄内，持有《中华人民共和国残疾人证》或者《中华人民共和国残疾军人证（1 至 8 级）》的自然人，包括具有劳动条件和劳动意愿的精神残疾人。

残疾人个人，是指自然人。

（摘自《财政部　国家税务总局关于促进残疾人就业增值税优惠政策的通知》，2016 年 5 月 5 日财税〔2016〕52 号）

7.1.3.3　农村电网维护费

根据国务院的指示精神，经研究决定，从 1998 年 1 月 1 日起，对农村电管站在收取电价时一并向用户收取的农村电网维护费（包括低压线路损耗和维护费以及电工经费）给予免征增值税的照顾。

（摘自《财政部　国家税务总局关于免征农村电网维护费增值税问题的通知》，1998 年 3 月 5 日财税字〔1998〕47 号）

部分地区的农村电管站改制后，农村电网维护费原由农村电管站收取改为由电网公司或者农电公司等其他单位收取（以下称其他单位）。

根据《财政部　国家税务总局关于免征农村电网维护费增值税问题的通知》（财税字〔1998〕47 号）规定，对农村电管站在收取电价时一并向用户收取的农村电网维护费（包括低压线路损耗和维护费以及电工经费）免征增值税。鉴于部分地区农村电网维护费改由其他单位收取后，只是收费的主体发生了变化，收取方法、对象以及使用用途均未发生变化，为保持政策的一致性，对其他单位收取的农村电网维护费免征增值税，不得开具增值税专用发票。

（摘自《国家税务总局关于农村电网维护费征免增值税问题的通知》，2009 年 10 月 23 日国税函〔2009〕591 号）

07

7.1.4 直接享受免税优惠的销售服务

7.1.4.1 教育服务

7.1.4.1.1 托儿所、幼儿园提供的保育和教育服务

一、下列项目免征增值税：（一）托儿所、幼儿园提供的保育和教育服务。

托儿所、幼儿园，是指经县级以上教育部门审批成立、取得办园许可证的实施0-6岁学前教育的机构，包括公办和民办的托儿所、幼儿园、学前班、幼儿班、保育院、幼儿院。

公办托儿所、幼儿园免征增值税的收入是指，在省级财政部门和价格主管部门审核报省级人民政府批准的收费标准以内收取的教育费、保育费。

民办托儿所、幼儿园免征增值税的收入是指，在报经当地有关部门备案并公示的收费标准范围内收取的教育费、保育费。

超过规定收费标准的收费，以开办实验班、特色班和兴趣班等为由另外收取的费用以及与幼儿入园挂钩的赞助费、支教费等超过规定范围的收入，不属于免征增值税的收入。

（摘自《财政部 国家税务总局关于全面推开营业税改征增值税试点的通知》之附件3《营业税改征增值税试点过渡政策的规定》，2016年3月23日财税〔2016〕36号）

7.1.4.1.2 从事学历教育的学校提供的教育服务

一、下列项目免征增值税：

（八）从事学历教育的学校提供的教育服务。

1. 学历教育，是指受教育者经过国家教育考试或者国家规定的其他入学方式，进入国家有关部门批准的学校或者其他教育机构学习，获得国家承认的学历证书的教育形式。具体包括：

（1）初等教育：普通小学、成人小学。

（2）初级中等教育：普通初中、职业初中、成人初中。

（3）高级中等教育：普通高中、成人高中和中等职业学校（包括普通中专、成人中专、职业高中、技工学校）。

（4）高等教育：普通本专科、成人本专科、网络本专科、研究生（博士、硕士）、高等教育自学考试、高等教育学历文凭考试。

2. 从事学历教育的学校，是指：

（1）普通学校。

（2）经地（市）级以上人民政府或者同级政府的教育行政部门批准成立、国家承认其学员学历的各类学校。

（3）经省级及以上人力资源社会保障行政部门批准成立的技工学校、高级技工学校。

（4）经省级人民政府批准成立的技师学院。

上述学校均包括符合规定的从事学历教育的民办学校，但不包括职业培训机构等国家不承认学历的教育机构。

3. 提供教育服务免征增值税的收入，是指对列入规定招生计划的在籍学生提供学历教育服务取得的收入，具体包括：经有关部门审核批准并按规定标准收取的学费、住宿费、课本费、作业本费、考试报名费收入，以及学校食堂提供餐饮服务取得的伙食费收入。除此之外的收入，包括学校以各种名义收取的赞助费、择校费等，不属于免征增值税的范围。

学校食堂是指依照《学校食堂与学生集体用餐卫生管理规定》（教育部令第 14 号）管理的学校食堂。

（摘自《财政部　国家税务总局关于全面推开营业税改征增值税试点的通知》之附件 3《营业税改征增值税试点过渡政策的规定》，2016 年 3 月 23 日财税〔2016〕36 号）

7.1.4.1.3　从事学历教育的学校举办进修班、培训班

一、下列项目免征增值税：

（二十九）政府举办的从事学历教育的高等、中等和初等学校（不含下属单位），举办进修班、培训班取得的全部归该学校所有的收入。

全部归该学校所有，是指举办进修班、培训班取得的全部收入进入该学校统一账户，并纳入预算全额上缴财政专户管理，同时由该学校对有关票据进行统一管理和开具。

举办进修班、培训班取得的收入进入该学校下属部门自行开设账户的，不予免征增值税。

（摘自《财政部　国家税务总局关于全面推开营业税改征增值税试点的通知》之附件 3《营业税改征增值税试点过渡政策的规定》，2016 年 3 月 23 日财税〔2016〕36 号）

7.1.4.1.4　职业学校为在校学生提供实习场所设立的校办企业

一、下列项目免征增值税：

（三十）政府举办的职业学校设立的主要为在校学生提供实习场所、并由学校出资自办、由学校负责经营管理、经营收入归学校所有的企业，从事《销售服务、无形资产或者不动产注释》中"现代服务"（不含融资租赁服务、广告服务和其他现代服务）、"生活服务"（不含文化体育服务、其他生活服务和桑拿、氧吧）业务活动取得的收入。

7.1.4.1.5　高校学生公寓住宿费和食堂餐饮服务

对按照国家规定的收费标准向学生收取的高校学生公寓住宿费收入，自 2016 年 1 月 1 日至 2016 年 4 月 30 日，免征营业税；自 2016 年 5 月 1 日起，在营改增试点期间免征增值税。

对高校学生食堂为高校师生提供餐饮服务取得的收入，自 2016 年 1 月 1 日至 2016 年 4 月 30 日，免征营业税；自 2016 年 5 月 1 日起，在营改增试点期间免征增值税。

本通知所述"高校学生公寓"，是指为高校学生提供住宿服务，按照国家规定的收费标准收取住宿费的学生公寓。

"高校学生食堂"，是指依照《学校食堂与学生集体用餐卫生管理规定》（教育部令第 14 号）管理的高校学生食堂。

（摘自《财政部　国家税务总局关于继续执行高校学生公寓和食堂有关税收政策的通

知》，2016 年 7 月 25 日财税〔2016〕82 号）

7.1.4.1.6 中外合作办学提供的学历教育服务

境外教育机构与境内从事学历教育的学校开展中外合作办学，提供学历教育服务取得的收入免征增值税。中外合作办学，是指中外教育机构按照《中华人民共和国中外合作办学条例》（国务院令第 372 号）的有关规定，合作举办的以中国公民为主要招生对象的教育教学活动。上述"学历教育""从事学历教育的学校""提供学历教育服务取得的收入"的范围，按照《营业税改征增值税试点过渡政策的规定》（财税〔2016〕36 号文件附件 3）第一条第（八）项的有关规定执行。

（摘自《国家税务总局关于明确中外合作办学等若干增值税征管问题的公告》，2018 年7 月 25 日国家税务总局公告 2018 年第 42 号）

政策解析

根据有关政策规定，从事学历教育的学校提供的教育服务免征增值税。但境外教育机构与境内学校开展中外合作办学过程中，境外教育机构自境内学校取得的收入，是否可享受增值税免税政策，没有明确。该公告明确，境外教育机构与境内从事学历教育的学校开展中外合作办学过程中，提供学历教育服务取得的收入，也可同样享受免征增值税政策。

7.1.4.2 养老机构提供的养老服务

一、下列项目免征增值税：

（二）养老机构提供的养老服务。

养老机构，是指依照民政部《养老机构设立许可办法》（民政部令第 48 号）设立并依法办理登记的为老年人提供集中居住和照料服务的各类养老机构；养老服务，是指上述养老机构按照民政部《养老机构管理办法》（民政部令第 49 号）的规定，为收住的老年人提供的生活照料、康复护理、精神慰藉、文化娱乐等服务。

（摘自《财政部 国家税务总局关于全面推开营业税改征增值税试点的通知》之附件 3《营业税改征增值税试点过渡政策的规定》，2016 年 3 月 23 日财税〔2016〕36 号）

《营业税改征增值税试点过渡政策的规定》（财税〔2016〕36 号印发）第一条第（二）项中的养老机构，包括依照《中华人民共和国老年人权益保障法》依法办理登记，并向民政部门备案的为老年人提供集中居住和照料服务的各类养老机构。

（摘自《财政部 税务总局关于明确养老机构免征增值税等政策的通知》，2019 年 2 月 2日财税〔2019〕20 号）

7.1.4.3 殡葬服务

一、下列项目免征增值税：

（五）殡葬服务。

殡葬服务，是指收费标准由各地价格主管部门会同有关部门核定，或者实行政府指导价管理的遗体接运（含抬尸、消毒）、遗体整容、遗体防腐、存放（含冷藏）、火化、骨灰寄存、吊唁设施设备租赁、墓穴租赁及管理等服务。

（摘自《财政部 国家税务总局关于全面推开营业税改征增值税试点的通知》之附件 3《营业税改征增值税试点过渡政策的规定》，2016 年 3 月 23 日财税〔2016〕36 号）

7.1.4.4　医疗卫生机构提供的医疗服务

一、下列项目免征增值税

（七）医疗机构提供的医疗服务。

医疗机构，是指依据国务院《医疗机构管理条例》（国务院令第 149 号）及卫生部《医疗机构管理条例实施细则》（卫生部令第 35 号）的规定，经登记取得《医疗机构执业许可证》的机构，以及军队、武警部队各级各类医疗机构。具体包括：各级各类医院、门诊部（所）、社区卫生服务中心（站）、急救中心（站）、城乡卫生院、护理院（所）、疗养院、临床检验中心，各级政府及有关部门举办的卫生防疫站（疾病控制中心）、各种专科疾病防治站（所），各级政府举办的妇幼保健所（站）、母婴保健机构、儿童保健机构，各级政府举办的血站（血液中心）等医疗机构。

本项所称的医疗服务，是指医疗机构按照不高于地（市）级以上价格主管部门会同同级卫生主管部门及其他相关部门制定的医疗服务指导价格（包括政府指导价和按照规定由供需双方协商确定的价格等）为就医者提供《全国医疗服务价格项目规范》所列的各项服务，以及医疗机构向社会提供卫生防疫、卫生检疫的服务。

（摘自《财政部 国家税务总局关于全面推开营业税改征增值税试点的通知》之附件 3《营业税改征增值税试点过渡政策的规定》，2016 年 3 月 23 日财税〔2016〕36 号）

自 2019 年 2 月 1 日至 2020 年 12 月 31 日，医疗机构接受其他医疗机构委托，按照不高于地（市）级以上价格主管部门会同同级卫生主管部门及其他相关部门制定的医疗服务指导价格（包括政府指导价和按照规定由供需双方协商确定的价格等），提供《全国医疗服务价格项目规范》所列的各项服务，可适用《营业税改征增值税试点过渡政策的规定》（财税〔2016〕36 号印发）第一条第（七）项规定的免征增值税政策。

（摘自《财政部 税务总局关于明确养老机构免征增值税等政策的通知》，2019 年 2 月 2 日财税〔2019〕20 号）

7.1.4.5　农业机耕、排灌、病虫害防治等服务

一、下列项目免征增值税

（十）农业机耕、排灌、病虫害防治、植物保护、农牧保险以及相关技术培训业务，家禽、牲畜、水生动物的配种和疾病防治。

农业机耕，是指在农业、林业、牧业中使用农业机械进行耕作（包括耕耘、种植、收

割、脱粒、植物保护等）的业务；排灌，是指对农田进行灌溉或者排涝的业务；病虫害防治，是指从事农业、林业、牧业、渔业的病虫害测报和防治的业务；农牧保险，是指为种植业、养殖业、牧业种植和饲养的动植物提供保险的业务；相关技术培训，是指与农业机耕、排灌、病虫害防治、植物保护业务相关以及为使农民获得农牧保险知识的技术培训业务；家禽、牲畜、水生动物的配种和疾病防治业务的免税范围，包括与该项服务有关的提供药品和医疗用具的业务。

（摘自《财政部 国家税务总局关于全面推开营业税改征增值税试点的通知》之附件3《营业税改征增值税试点过渡政策的规定》，2016年3月23日财税〔2016〕36号）

7.1.4.6 技术转让、技术开发和与之相关的技术咨询、技术服务

一、下列项目免征增值税

（二十六）纳税人提供技术转让、技术开发和与之相关的技术咨询、技术服务。

1. 技术转让、技术开发，是指《销售服务、无形资产、不动产注释》中"转让技术"、"研发服务"范围内的业务活动。技术咨询，是指就特定技术项目提供可行性论证、技术预测、专题技术调查、分析评价报告等业务活动。

与技术转让、技术开发相关的技术咨询、技术服务，是指转让方（或者受托方）根据技术转让或者开发合同的规定，为帮助受让方（或者委托方）掌握所转让（或者委托开发）的技术，而提供的技术咨询、技术服务业务，且这部分技术咨询、技术服务的价款与技术转让或者技术开发的价款应当在同一张发票上开具。

2. 备案程序。试点纳税人申请免征增值税时，须持技术转让、开发的书面合同，到纳税人所在地省级科技主管部门进行认定，并持有关的书面合同和科技主管部门审核意见证明文件报主管税务机关备查。

（摘自《财政部 国家税务总局关于全面推开营业税改征增值税试点的通知》之附件3《营业税改征增值税试点过渡政策的规定》，2016年3月23日财税〔2016〕36号）

7.1.4.7 符合条件的合同能源管理服务

一、下列项目免征增值税

（二十七）同时符合下列条件的合同能源管理服务：

1. 节能服务公司实施合同能源管理项目相关技术，应当符合国家质量监督检验检疫总局和国家标准化管理委员会发布的《合同能源管理技术通则》（GB/T24915 – 2010）规定的技术要求。

2. 节能服务公司与用能企业签订节能效益分享型合同，其合同格式和内容，符合《中华人民共和国合同法》和《合同能源管理技术通则》（GB/T24915 – 2010）等规定。

（摘自《财政部 国家税务总局关于全面推开营业税改征增值税试点的通知》之附件3《营业税改征增值税试点过渡政策的规定》，2016年3月23日财税〔2016〕36号）

合同能源管理服务，是指节能服务公司与用能单位以契约形式约定节能目标，节能服

务公司提供必要的服务，用能单位以节能效果支付节能服务公司投入及其合理报酬的业务活动。

（摘自《财政部　国家税务总局关于全面推开营业税改征增值税试点的通知》之附件 1《营业税改征增值税试点实施办法》，2016 年 3 月 23 日财税〔2016〕36 号）

7.1.4.8　开展科普活动的门票收入

一、下列项目免征增值税

（二十八）2017 年 12 月 31 日前，科普单位的门票收入，以及县级及以上党政部门和科协开展科普活动的门票收入。

科普单位，是指科技馆、自然博物馆，对公众开放的天文馆（站、台）、气象台（站）、地震台（站），以及高等院校、科研机构对公众开放的科普基地。

科普活动，是指利用各种传媒以浅显的、让公众易于理解、接受和参与的方式，向普通大众介绍自然科学和社会科学知识，推广科学技术的应用，倡导科学方法，传播科学思想，弘扬科学精神的活动。

（摘自《财政部　国家税务总局关于全面推开营业税改征增值税试点的通知》之附件 3《营业税改征增值税试点过渡政策的规定》，2016 年 3 月 23 日财税〔2016〕36 号）

自 2018 年 1 月 1 日起至 2020 年 12 月 31 日，对科普单位的门票收入，以及县级及以上党政部门和科协开展科普活动的门票收入免征增值税。

本通知所述"科普单位"，是指科技馆、自然博物馆，对公众开放的天文馆（站、台）、气象台（站）、地震台（站），以及高等院校、科研机构对公众开放的科普基地。

本通知所述"科普活动"，是指利用各种传媒以浅显的、让公众易于理解、接受和参与的方式，向普通大众介绍自然科学和社会科学知识，推广科学技术的应用，倡导科学方法，传播科学思想，弘扬科学精神的活动。

（摘自《财政部　税务总局关于延续宣传文化增值税优惠政策的通知》，2018 年 6 月 5 日财税〔2018〕53 号）

7.1.4.9　社会团体收取的会费

自 2016 年 5 月 1 日起，社会团体收取的会费，免征增值税。本通知下发前已征的增值税，可抵减以后月份应缴纳的增值税，或办理退税。

社会团体，是指依照国家有关法律法规设立或登记并取得《社会团体法人登记证书》的非营利法人。会费，是指社会团体在国家法律法规、政策许可的范围内，依照社团章程的规定，收取的个人会员、单位会员和团体会员的会费。

社会团体开展经营服务性活动取得的其他收入，一律照章缴纳增值税。

（摘自《财政部　税务总局关于租入固定资产进项税额抵扣等增值税政策的通知》，2017 年 12 月 25 日财税〔2017〕90 号）

7.1.4.10 销售电影拷贝收入、转让电影版权收入、电影发行收入、农村电影放映收入

7.1.4.10.1 电影制片企业

对电影制片企业销售电影拷贝（含数字拷贝）、转让版权取得的收入，电影发行企业取得的电影发行收入，电影放映企业在农村的电影放映收入，自2014年1月1日至2018年12月31日免征增值税。

一般纳税人提供的城市电影放映服务，可以按现行政策规定，选择按照简易计税办法计算缴纳增值税。

（摘自《财政部 国家发展改革委 国土资源部 住房和城乡建设部 中国人民银行国家税务总局 新闻出版广电总局关于支持电影发展若干经济政策的通知》，2014年5月31日财教〔2014〕56号）

7.1.4.10.2 新闻出版广电行政主管部门

新闻出版广电行政主管部门（包括中央、省、地市及县级）按照各自职能权限批准从事电影制片、发行、放映的电影集团公司（含成员企业）、电影制片厂及其他电影企业取得的销售电影拷贝（含数字拷贝）收入、转让电影版权（包括转让和许可使用）收入、电影发行收入以及在农村取得的电影放映收入免征增值税。一般纳税人提供的城市电影放映服务，可以按现行政策规定，选择按照简易计税办法计算缴纳增值税。

执行期限为2014年1月1日至2018年12月31日。

（摘自《财政部 海关总署 国家税务总局关于继续实施支持文化企业发展若干税收政策的通知》，2014年11月27日财税〔2014〕85号）

7.1.4.11 有线电视基本收视费

2014年1月1日至2016年12月31日，对广播电视运营服务企业收取的有线数字电视基本收视维护费和农村有线电视基本收视费，免征增值税。

（摘自《财政部 海关总署 国家税务总局关于继续实施支持文化企业发展若干税收政策的通知》，2014年11月27日财税〔2014〕85号）

2017年1月1日至2019年12月31日，对广播电视运营服务企业收取的有线数字电视基本收视维护费和农村有线电视基本收视费，免征增值税。

（摘自《财政部 税务总局关于继续执行有线电视收视费增值税政策的通知》，2017年4月28日财税〔2017〕35号）

7.1.4.12 符合条件的贷款服务

7.1.4.12.1 金融机构小额贷款利息

2016年12月31日前，金融机构农户小额贷款利息免征增值税。

小额贷款，是指单笔且该农户贷款余额总额在10万元（含本数）以下的贷款。

所称农户，是指长期（一年以上）居住在乡镇（不包括城关镇）行政管理区域内的住户，还包括长期居住在城关镇所辖行政村范围内的住户和户口不在本地而在本地居住一年以上的住户，国有农场的职工和农村个体工商户。位于乡镇（不包括城关镇）行政管理区域内和在城关镇所辖行政村范围内的国有经济的机关、团体、学校、企事业单位的集体户；有本地户口，但举家外出谋生一年以上的住户，无论是否保留承包耕地均不属于农户。农户以户为统计单位，既可以从事农业生产经营，也可以从事非农业生产经营。农户贷款的判定应以贷款发放时的承贷主体是否属于农户为准。

（摘自《财政部 国家税务总局关于全面推开营业税改征增值税试点的通知》之附件 3《营业税改征增值税试点过渡政策的规定》，2016 年 3 月 23 日财税〔2016〕36 号）

自 2017 年 1 月 1 日至 2019 年 12 月 31 日，对金融机构农户小额贷款的利息收入，免征增值税。

本通知所称农户，是指长期（一年以上）居住在乡镇（不包括城关镇）行政管理区域内的住户，还包括长期居住在城关镇所辖行政村范围内的住户和户口不在本地而在本地居住一年以上的住户，国有农场的职工和农村个体工商户。位于乡镇（不包括城关镇）行政管理区域内和在城关镇所辖行政村范围内的国有经济的机关、团体、学校、企事业单位的集体户；有本地户口，但举家外出谋生一年以上的住户，无论是否保留承包耕地均不属于农户。农户以户为统计单位，既可以从事农业生产经营，也可以从事非农业生产经营。农户贷款的判定应以贷款发放时的承贷主体是否属于农户为准。

本通知所称小额贷款，是指单笔且该农户贷款余额总额在 10 万元（含本数）以下的贷款。

（摘自《财政部 税务总局关于延续支持农村金融发展有关税收政策的通知》，2017 年 6 月 9 日财税〔2017〕44 号）

政策解析

该文件将对金融机构农户小额贷款利息免征增值税优惠政策执行期间由 2016 年 12 月 31 日前延续至 2019 年 12 月 31 日。

自 2017 年 12 月 1 日至 2019 年 12 月 31 日，对金融机构向农户、小型企业、微型企业及个体工商户发放小额贷款取得的利息收入，免征增值税。金融机构应将相关免税证明材料留存备查，单独核算符合免税条件的小额贷款利息收入，按现行规定向主管税务机构办理纳税申报；未单独核算的，不得免征增值税。《财政部 税务总局关于延续支持农村金融发展有关税收政策的通知》（财税〔2017〕44 号）第一条相应废止。

本通知所称农户，是指长期（一年以上）居住在乡镇（不包括城关镇）行政管理区域内的住户，还包括长期居住在城关镇所辖行政村范围内的住户和户口不在本地而在本地居住一年以上的住户，国有农场的职工。位于乡镇（不包括城关镇）行政管理区域内和在城关镇所辖行政村范围内的国有经济的机关、团体、学校、企事业单位的集体户；有本地户口，但举家外出谋生一年以上的住户，无论是否保留承包耕地均不属于农户。农户以户为统计单位，既可以从事农业生产经营，也可以从事非农业生产经营。农户贷款的判定应以贷款发放时的借款人是否属于农户为准。

本通知所称小型企业、微型企业，是指符合《中小企业划型标准规定》（工信部联企业〔2011〕300 号）的小型企业和微型企业。其中，资产总额和从业人员指标均以贷款发放时的实际状态确定；营业收入指标以贷款发放前 12 个自然月的累计数确定，不满 12 个自然月的，按照以下公式计算：

营业收入（年）＝企业实际存续期间营业收入/企业实际存续月数×12

本通知所称小额贷款，是指单户授信小于 100 万元（含本数）的农户、小型企业、微型企业或个体工商户贷款；没有授信额度的，是指单户贷款合同金额且贷款余额在 100 万元（含本数）以下的贷款。

（摘自《财政部 税务总局关于支持小微企业融资有关税收政策的通知》，2017 年 10 月 26 日财税〔2017〕77 号）

政策解析

该文件将金融机构利息收入免征增值税政策范围由农户扩大到小型企业、微型企业及个体工商户，享受免税的贷款额度上限从单户授信 10 万元扩大到 100 万元。

一、自 2018 年 9 月 1 日至 2020 年 12 月 31 日，对金融机构向小型企业、微型企业和个体工商户发放小额贷款取得的利息收入，免征增值税。金融机构可以选择以下两种方法之一适用免税：

（一）对金融机构向小型企业、微型企业和个体工商户发放的，利率水平不高于人民银行同期贷款基准利率150%（含本数）的单笔小额贷款取得的利息收入，免征增值税；高于人民银行同期贷款基准利率150%的单笔小额贷款取得的利息收入，按照现行政策规定缴纳增值税。

（二）对金融机构向小型企业、微型企业和个体工商户发放单笔小额贷款取得的利息收入中，不高于该笔贷款按照人民银行同期贷款基准利率150%（含本数）计算的利息收入部分，免征增值税；超过部分按照现行政策规定缴纳增值税。

金融机构可按会计年度在以上两种方法之间选定其一作为该年的免税适用方法，一经选定，该会计年度内不得变更。

二、本通知所称金融机构，是指经人民银行、银保监会批准成立的已通过监管部门上一年度"两增两控"考核的机构（2018 年通过考核的机构名单以 2018 年上半年实现"两增两控"目标为准），以及经人民银行、银保监会、证监会批准成立的开发银行及政策性银行、外资银行和非银行业金融机构。"两增两控"是指单户授信总额 1000 万元以下（含）小微企业贷款同比增速不低于各项贷款同比增速，有贷款余额的户数不低于上年同期水平，合理控制小微企业贷款资产质量水平和贷款综合成本（包括利率和贷款相关的银行服务收费）水平。金融机构完成"两增两控"情况，以银保监会及其派出机构考核结果为准。

三、本通知所称小型企业、微型企业，是指符合《中小企业划型标准规定》（工信部联企业〔2011〕300 号）的小型企业和微型企业。其中，资产总额和从业人员指标均以贷款发放时的实际状态确定；营业收入指标以贷款发放前 12 个自然月的累计数确定，不满 12 个自然月的，按照以下公式计算：

营业收入（年）＝企业实际存续期间营业收入/企业实际存续月数×12

四、本通知所称小额贷款，是指单户授信小于 1000 万元（含本数）的小型企业、微型企业或个体工商户贷款；没有授信额度的，是指单户贷款合同金额且贷款余额在 1000 万元（含本数）以下的贷款。

五、金融机构应将相关免税证明材料留存备查，单独核算符合免税条件的小额贷款利息收入，按现行规定向主管税务机构办理纳税申报；未单独核算的，不得免征增值税。

金融机构应依法依规享受增值税优惠政策，一经发现存在虚报或造假骗取本项税收优惠情形的，停止享受本通知有关增值税优惠政策。

金融机构应持续跟踪贷款投向，确保贷款资金真正流向小型企业、微型企业和个体工商户，贷款的实际使用主体与申请主体一致。

六、银保监会按年组织开展免税政策执行情况督察，并将督察结果及时通报财税主管部门。鼓励金融机构发放小微企业信用贷款，减少抵押担保的中间环节，切实有效降低小微企业综合融资成本。

各地税务部门要加强免税政策执行情况后续管理，对金融机构开展小微金融免税政策专项检查，发现问题的，按照现行税收法律法规进行处理，并将有关情况逐级上报国家税务总局（货物和劳务税司）。

财政部驻各地财政监察专员办要组织开展免税政策执行情况专项检查。

七、金融机构向小型企业、微型企业及个体工商户发放单户授信小于 100 万元（含本数），或者没有授信额度，单户贷款合同金额且贷款余额在 100 万元（含本数）以下的贷款取得的利息收入，可继续按照《财政部 税务总局关于支持小微企业融资有关税收政策的通知》（财税〔2017〕77 号）的规定免征增值税。

（摘自《财政部 税务总局关于金融机构小微企业贷款利息收入免征增值税政策的通知》，2018 年 9 月 5 日财税〔2018〕91 号）

政策解析

该文件将金融机构向小型企业、微型企业和个体工商户（不包括"农户"）发放的小额贷款从 100 万元扩大到 1 000 万元，贷款金额扩大，企业受惠范围也进一步扩大。

7.1.4.12.2　小额贷款公司小额贷款利息

自 2017 年 1 月 1 日至 2019 年 12 月 31 日，对经省级金融管理部门（金融办、局等）批准成立的小额贷款公司取得的农户小额贷款利息收入，免征增值税。

本通知所称农户，是指长期（一年以上）居住在乡镇（不包括城关镇）行政管理区域内的住户，还包括长期居住在城关镇所辖行政村范围内的住户和户口不在本地而在本地居住一年以上的住户，国有农场的职工和农村个体工商户。位于乡镇（不包括城关镇）行政管理区域内和在城关镇所辖行政村范围内的国有经济的机关、团体、学校、企事业单位的集体户；有本地户口，但举家外出谋生一年以上的住户，无论是否保留承包耕地均不属于农户。农户以户为统计单位，既可以从事农业生产经营，也可以从事非农业生产经营。农户贷款的判定应以贷款发放时的承贷主体是否属于农户为准。

本通知所称小额贷款，是指单笔且该农户贷款余额总额在 10 万元（含本数）以下的贷款。

（摘自《财政部 税务总局关于小额贷款公司有关税收政策的通知》，2017 年 6 月 9 日财税〔2017〕48 号）

● 政策解析 ●

为引导小额贷款公司在"三农"、小微企业等方面发挥积极作用，更好地服务于实体经济发展，财政部、税务总局联合下发了该文件，使小额贷款公司也享受与其他金融机构同样的政策优惠。

7.1.4.12.3 金融同业往来利息

金融同业往来利息收入免征增值税。

1. 金融机构与人民银行所发生的资金往来业务。包括人民银行对一般金融机构贷款，以及人民银行对商业银行的再贴现等。

2. 银行联行往来业务。同一银行系统内部不同行、处之间所发生的资金账务往来业务。

3. 金融机构间的资金往来业务。是指经人民银行批准，进入全国银行间同业拆借市场的金融机构之间通过全国统一的同业拆借网络进行的短期（一年以下含一年）无担保资金融通行为。

（摘自《财政部 国家税务总局关于全面推开营业税改征增值税试点的通知》之附件 3《营业税改征增值税试点过渡政策的规定》，2016 年 3 月 23 日财税〔2016〕36 号）

金融机构开展下列业务取得的利息收入，属于《营业税改征增值税试点过渡政策的规定》（财税〔2016〕36 号，以下简称《过渡政策的规定》）第一条第（二十三）项所称的金融同业往来利息收入：

（一）质押式买入返售金融商品。

质押式买入返售金融商品，是指交易双方进行的以债券等金融商品为权利质押的一种短期资金融通业务。

（二）持有政策性金融债券。

政策性金融债券，是指开发性、政策性金融机构发行的债券。

（摘自《财政部 国家税务总局关于进一步明确全面推开营改增试点金融业有关政策的通知》，2016 年 4 月 29 日财税〔2016〕46 号）

一、金融机构开展下列业务取得的利息收入，属于《营业税改征增值税试点过渡政策的规定》（财税〔2016〕36 号，以下简称《过渡政策的规定》）第一条第（二十三）项所称的金融同业往来利息收入：

（一）同业存款。

同业存款，是指金融机构之间开展的同业资金存入与存出业务，其中资金存入方仅为具有吸收存款资格的金融机构。

（二）同业借款。

同业借款，是指法律法规赋予此项业务范围的金融机构开展的同业资金借出和借入业务。此条款所称"法律法规赋予此项业务范围的金融机构"主要是指农村信用社之间以及在金融机构营业执照列示的业务范围中有反映为"向金融机构借款"业务的金融机构。

（三）同业代付。

同业代付，是指商业银行（受托方）接受金融机构（委托方）的委托向企业客户付款，委托方在约定还款日偿还代付款项本息的资金融通行为。

（四）买断式买入返售金融商品。

买断式买入返售金融商品，是指金融商品持有人（正回购方）将债券等金融商品卖给债券购买方（逆回购方）的同时，交易双方约定在未来某一日期，正回购方再以约定价格从逆回购方买回相等数量同种债券等金融商品的交易行为。

（五）持有金融债券。

金融债券，是指依法在中华人民共和国境内设立的金融机构法人在全国银行间和交易所债券市场发行的、按约定还本付息的有价证券。

（六）同业存单。

同业存单，是指银行业存款类金融机构法人在全国银行间市场上发行的记账式定期存款凭证。

二、商业银行购买央行票据、与央行开展货币掉期和货币互存等业务属于《过渡政策的规定》第一条第（二十三）款第 1 项所称的金融机构与人民银行所发生的资金往来业务。

三、境内银行与其境外的总机构、母公司之间，以及境内银行与其境外的分支机构、全资子公司之间的资金往来业务属于《过渡政策的规定》第一条第（二十三）款第 2 项所称的银行联行往来业务。

（摘自《财政部 国家税务总局关于金融机构同业往来等增值税政策的补充通知》，2016年 6 月 30 日财税〔2016〕70 号）

7.1.4.12.4 统借统还业务利息

统借统还业务中，企业集团或企业集团中的核心企业以及集团所属财务公司按不高于支付给金融机构的借款利率水平或者支付的债券票面利率水平，向企业集团或者集团内下属单位收取的利息免征增值税。

统借方向资金使用单位收取的利息，高于支付给金融机构借款利率水平或者支付的债券票面利率水平的，应全额缴纳增值税。

统借统还业务，是指：

（1）企业集团或者企业集团中的核心企业向金融机构借款或对外发行债券取得资金后，

将所借资金分拨给下属单位（包括独立核算单位和非独立核算单位，下同），并向下属单位收取用于归还金融机构或债券购买方本息的业务。

（2）企业集团向金融机构借款或对外发行债券取得资金后，由集团所属财务公司与企业集团或者集团内下属单位签订统借统还贷款合同并分拨资金，并向企业集团或者集团内下属单位收取本息，再转付企业集团，由企业集团统一归还金融机构或债券购买方的业务。

（摘自《财政部 国家税务总局关于全面推开营业税改征增值税试点的通知》之附件3《营业税改征增值税试点过渡政策的规定》，2016年3月23日财税〔2016〕36号）

政策解析

统借统还业务享受免征增值税优惠政策，应从下列几个方面进行把握：

一是该规定明确了统借统还业务的适用主体为企业集团或企业集团中的核心企业以及集团所属财务公司。在实际操作过程中，税务机关根据国家工商行政管理总局《企业集团登记管理暂行规定》（工商企字〔1998〕第59号）规定的条件来判断是否为企业集团。同时，根据市场监管总局2018年8月17日下发的《关于做好取消企业集团核准登记等4项行政许可等事项衔接工作的通知》（国市监企注〔2018〕139号）取消企业集团核准登记。按照规定，取消企业集团核准登记后，集团母公司应将企业集团名称及集团成员信息通过国家企业信用信息公示系统向社会公示。文件下发前已经取得《企业集团登记证》的，可以不再公示。意味着企业集团可以通过信息公示来证明企业属于企业集团，从而在享受相应的免征增值税优惠上获得了极大便利，将有效降低企业集团的税收成本。

二是该规定明确了应按不高于支付给金融机构的借款利率水平或者支付的债券票面利率水平执行，统借方支付的利率与资金使用方支付统借方的利率应保持一致。

三是该规定明确了统借统还业务资金的拨付路径，要把握好两个方面：一方面资金取得、收取、归还做到"三个统一"，即由企业集团或者企业集团中的核心企业统一向金融机构借款或对外发行债券取得资金；企业集团统一向使用资金的下属单位收取用于归还金融机构或债券购买方的本息；企业集团统一归还金融机构或债券购买方本息。另一方面，要按去向和层级分拨资金，即统借方取得资金后，由企业集团或者企业集团中的核心企业分拨给下属单位；或是集团所属财务公司与借款企业签订统借统还贷款合同，将所借入的资金分拨给企业集团或者集团内下属单位。

7.1.4.12.5　运用全国社会保障基金投资提供贷款服务取得的利息

对全国社会保障基金理事会、社保基金投资管理人在运用全国社会保障基金投资过程中，提供贷款服务取得的全部利息及利息性质的收入和金融商品转让收入，免征增值税。

（摘自《财政部 国家税务总局关于全国社会保障基金有关投资业务税收政策的通知》，2018年9月10日财税〔2018〕94号）

7.1.4.12.6　运用基本养老保险基金投资提供贷款服务取得的利息

对全国社会保障基金理事会及养老基金投资管理机构在国务院批准的投资范围内，运用基本养老保险基金投资过程中，提供贷款服务取得的全部利息及利息性质的收入和金融商品转让收入，免征增值税。

（摘自《财政部　国家税务总局关于基本养老保险基金有关投资业务税收政策的通知》，2018 年 9 月 20 日财税〔2018〕95 号）

7.1.4.12.7　境外机构投资境内债券市场取得的债券利息

自 2018 年 11 月 7 日起至 2021 年 11 月 6 日止，对境外机构投资境内债券市场取得的债券利息收入暂免征收企业所得税和增值税。

（摘自《财政部　税务总局关于境外机构投资境内债券市场企业所得税增值税政策的通知》，2018 年 11 月 7 日财税〔2018〕108 号）

7.1.4.12.8　企业集团内单位（含企业集团）之间的资金无偿借贷行为

自 2019 年 2 月 1 日至 2020 年 12 月 31 日，对企业集团内单位（含企业集团）之间的资金无偿借贷行为，免征增值税。

（摘自《财政部　税务总局关于明确养老机构免征增值税等政策的通知》，2019 年 2 月 2 日财税〔2019〕20 号）

7.1.4.12.9　其他贷款利息

以下利息收入免征增值税。

1. 国家助学贷款。

2. 国债、地方政府债。

3. 人民银行对金融机构的贷款。

4. 住房公积金管理中心用住房公积金在指定的委托银行发放的个人住房贷款。

5. 外汇管理部门在从事国家外汇储备经营过程中，委托金融机构发放的外汇贷款。

（摘自《财政部　国家税务总局关于全面推开营业税改征增值税试点的通知》之附件 3《营业税改征增值税试点过渡政策的规定》，2016 年 3 月 23 日财税〔2016〕36 号）

7.1.4.13　部分金融商品转让收入

下列金融商品转让收入免征增值税。

1. 合格境外投资者（QFII）委托境内公司在我国从事证券买卖业务。

2. 香港市场投资者（包括单位和个人）通过沪港通买卖上海证券交易所上市 A 股。

3. 对香港市场投资者（包括单位和个人）通过基金互认买卖内地基金份额。

4. 证券投资基金（封闭式证券投资基金，开放式证券投资基金）管理人运用基金买卖股票、债券。

5. 个人从事金融商品转让业务。

（摘自《财政部　国家税务总局关于全面推开营业税改征增值税试点的通知》之附件 3《营业税改征增值税试点过渡政策的规定》，2016 年 3 月 23 日财税〔2016〕36 号）

人民币合格境外投资者（RQFII）委托境内公司在我国从事证券买卖业务，以及经人民银行认可的境外机构投资银行间本币市场取得的收入属于《过渡政策的规定》第一条第（二十二）款所称的金融商品转让收入。

银行间本币市场包括货币市场、债券市场以及衍生品市场。

（摘自《财政部 国家税务总局关于金融机构同业往来等增值税政策的补充通知》，2016年6月30日财税〔2016〕70号）

全国社会保障基金理事会、全国社会保障基金投资管理人运用全国社会保障基金买卖证券投资基金、股票、债券取得的金融商品转让收入，免征增值税。

（摘自《财政部 国家税务总局关于营业税改征增值税试点若干政策的通知》，2016年3月23日财税〔2016〕39号）

关于内地和香港市场投资者通过深港通买卖股票的增值税问题

1. 对香港市场投资者（包括单位和个人）通过深港通买卖深交所上市A股取得的差价收入，在营改增试点期间免征增值税。

2. 对内地个人投资者通过深港通买卖香港联交所上市股票取得的差价收入，在营改增试点期间免征增值税。

3. 对内地单位投资者通过深港通买卖香港联交所上市股票取得的差价收入，在营改增试点期间按现行政策规定征免增值税。

本通知自2016年12月5日起执行。

（摘自《财政部 国家税务总局 证监会关于深港股票市场交易互联互通机制试点有关税收政策的通知》，2016年11月5日财税〔2016〕127号）

7.1.4.14　保险服务

7.1.4.14.1　保险公司开办的一年期以上人身保险

保险公司开办的一年期以上人身保险产品取得的保费收入免征增值税。

一年期以上人身保险，是指保险期间为一年期及以上返还本利的人寿保险、养老年金保险，以及保险期间为一年期及以上的健康保险。

人寿保险，是指以人的寿命为保险标的的人身保险。

养老年金保险，是指以养老保障为目的，以被保险人生存为给付保险金条件，并按约定的时间间隔分期给付生存保险金的人身保险。养老年金保险应当同时符合下列条件：

1. 保险合同约定给付被保险人生存保险金的年龄不得小于国家规定的退休年龄。

2. 相邻两次给付的时间间隔不得超过一年。

健康保险，是指以因健康原因导致损失为给付保险金条件的人身保险。

上述免税政策实行备案管理，具体备案管理办法按照《国家税务总局关于一年期以上返还性人身保险产品免征营业税审批事项取消后有关管理问题的公告》（国家税务总局公告2015年第65号）规定执行。

（摘自《财政部 国家税务总局关于全面推开营业税改征增值税试点的通知》之附件3

《营业税改征增值税试点过渡政策的规定》，2016年3月23日财税〔2016〕36号）

《过渡政策的规定》第一条第（二十一）项中，享受免征增值税的一年期及以上返还本利的人身保险包括其他年金保险，其他年金保险是指养老年金以外的年金保险。

（摘自《财政部 国家税务总局关于进一步明确全面推开营改增试点金融业有关政策的通知》，2016年4月29日财税〔2016〕46号）

保险公司开办一年期以上返还性人身保险产品，在保险监管部门出具备案回执或批复文件前依法取得的保费收入，属于《财政部 国家税务总局关于一年期以上返还性人身保险产品营业税免税政策的通知》（财税〔2015〕86号）第一条、《营业税改征增值税试点过渡政策的规定》（财税〔2016〕36号印发）第一条第（二十一）项规定的保费收入。

（摘自《财政部 税务总局关于明确养老机构免征增值税等政策的通知》，2019年2月2日财税〔2019〕20号）

一、保险公司开办符合财税〔2015〕86号文件规定免税条件的一年期以上返还性人身保险产品，按以下规定向主管税务机关办理免征营业税备案手续：

（一）保险公司应在保险产品享受税收优惠政策的首个纳税申报期内，将备案资料送主管税务机关备案；

（二）在符合减免税条件期间，若保险产品的备案资料内容未发生变化，保险公司不需要再行备案；

（三）保险公司提交的备案资料内容发生变化，如仍符合减免税规定，应在发生变化的次月纳税申报期内，向主管税务机关进行变更备案；如不再符合减免税规定，应当停止享受免税，按照规定进行纳税申报。

二、保险公司提交的备案资料包括：

（一）保监会对保险产品的备案回执或批复文件（复印件）；

（二）保险产品的保险条款；

（三）保险产品费率表；

（四）主管税务机关要求提供的其他相关资料。

三、保险公司对备案资料的真实性和合法性承担责任。主管税务机关对保险公司提供的备案资料的完整性进行审核，不改变保险公司真实申报的责任。

四、在本公告施行前，保险公司开办的一年期以上返还性人身保险产品，已列入财政部、国家税务总局发布的免征营业税名单的，不再办理备案手续。在本公告施行后，上述保险产品的内容发生改变，改变后仍符合免税条件的，应按本公告规定，向主管税务机关办理免税备案手续；改变后不再符合免税条件的，应及时向税务机关报告，并自发生改变之月起停止享受营业税免税优惠，按照规定进行纳税申报。

五、一年期以上返还性人身保险产品免征营业税的其他有关备案管理事项，按照《国家税务总局关于发布＜税收减免管理办法＞的公告》（国家税务总局公告2015年第43号）规定执行。

六、本公告自公布之日起施行。此前按规定应办理免征营业税备案手续但尚未办理的一年期以上返还性人身保险产品，按照本公告的规定执行。

（摘自《国家税务总局关于一年期以上返还性人身保险产品免征营业税审批事项取消后有关管理问题的公告》，2015 年 9 月 18 日国家税务总局公告 2015 年第 65 号）

保险公司符合财税〔2015〕86 号第一条、第二条规定免税条件，且未列入财政部、税务总局发布的免征营业税名单的，可向主管税务机关办理备案手续。

保险公司开办一年期以上返还性人身保险产品，在列入财政部和税务总局发布的免征营业税名单或办理免税备案手续后，此前已缴纳营业税中尚未抵减或退还的部分，可抵减以后月份应缴纳的增值税。

（摘自《财政部 税务总局关于明确养老机构免征增值税等政策的通知》，2019 年 2 月 2 日财税〔2019〕20 号）

7.1.4.14.2 再保险服务

（一）境内保险公司向境外保险公司提供的完全在境外消费的再保险服务，免征增值税。

（二）试点纳税人提供再保险服务（境内保险公司向境外保险公司提供的再保险服务除外），实行与原保险服务一致的增值税政策。再保险合同对应多个原保险合同的，所有原保险合同均适用免征增值税政策时，该再保险合同适用免征增值税政策。否则，该再保险合同应按规定缴纳增值税。

原保险服务，是指保险分出方与投保人之间直接签订保险合同而建立保险关系的业务活动。

（摘自《财政部 国家税务总局关于进一步明确全面推开营改增试点有关再保险不动产租赁和非学历教育等政策的通知》，2016 年 6 月 18 日财税〔2016〕68 号）

7.1.4.14.3 国际航运保险业务

对下列国际航运保险业务免征增值税：

1. 注册在上海、天津的保险企业从事国际航运保险业务。

2. 注册在深圳市的保险企业向注册在前海深港现代服务业合作区的企业提供国际航运保险业务。

3. 注册在平潭的保险企业向注册在平潭的企业提供国际航运保险业务。

（摘自《财政部 国家税务总局关于营业税改征增值税试点若干政策的通知》，2016 年 3 月 23 日财税〔2016〕39 号）

7.1.4.15 担保机构从事中小企业信用担保或者再担保服务

同时符合下列条件的担保机构从事中小企业信用担保或者再担保业务取得的收入（不含信用评级、咨询、培训等收入）3 年内免征增值税：

1. 已取得监管部门颁发的融资性担保机构经营许可证，依法登记注册为企（事）业法人，实收资本超过 2000 万元。

2. 平均年担保费率不超过银行同期贷款基准利率的 50%。平均年担保费率 = 本期担保费收入／（期初担保余额 + 本期增加担保金额）×100%。

3. 连续合规经营 2 年以上，资金主要用于担保业务，具备健全的内部管理制度和为中小企业提供担保的能力，经营业绩突出，对受保项目具有完善的事前评估、事中监控、事后追偿与处置机制。

4. 为中小企业提供的累计担保贷款额占其两年累计担保业务总额的 80% 以上，单笔 800 万元以下的累计担保贷款额占其累计担保业务总额的 50% 以上。

5. 对单个受保企业提供的担保余额不超过担保机构实收资本总额的 10%，且平均单笔担保责任金额最多不超过 3000 万元人民币。

6. 担保责任余额不低于其净资产的 3 倍，且代偿率不超过 2%。

担保机构免征增值税政策采取备案管理方式。符合条件的担保机构应到所在地县（市）主管税务机关和同级中小企业管理部门履行规定的备案手续，自完成备案手续之日起，享受 3 年免征增值税政策。3 年免税期满后，符合条件的担保机构可按规定程序办理备案手续后继续享受该项政策。

具体备案管理办法按照《国家税务总局关于中小企业信用担保机构免征营业税审批事项取消后有关管理问题的公告》（国家税务总局公告 2015 年第 69 号）规定执行，其中税务机关的备案管理部门统一调整为县（市）级国家税务局。

（摘自《财政部 国家税务总局关于全面推开营业税改征增值税试点的通知》之附件 3 《营业税改征增值税试点过渡政策的规定》，2016 年 3 月 23 日财税〔2016〕36 号）

《财政部 税务总局关于全面推开营业税改征增值税试点的通知》（财税〔2016〕36 号）附件 3《营业税改征增值税试点过渡政策的规定》第一条第（二十四）款规定的中小企业信用担保增值税免税政策自 2018 年 1 月 1 日起停止执行。纳税人享受中小企业信用担保增值税免税政策在 2017 年 12 月 31 日前未满 3 年的，可以继续享受至 3 年期满为止。

（摘自《财政部 税务总局关于租入固定资产进项税额抵扣等增值税政策的通知》，2017 年 12 月 25 日财税〔2017〕90 号）

一、符合工信部联企业〔2015〕286 号文件规定的免税条件的担保机构，按照以下规定，分别向所在地县（市）地方税务局及同级中小企业管理部门办理免征营业税备案手续：

（一）纳税人在享受税收优惠政策的首个申报期内，将备案材料送所在地县（市）地方税务局及同级中小企业管理部门备案。

（二）纳税人在符合减免税条件期间和免税政策期限内，备案材料内容未发生变化的，无须再行备案。

（三）纳税人享受免税的有关情况发生变化，变化后仍符合免税条件的，应在发生变化的次月申报期内，向所在地县（市）地方税务局及同级中小企业管理部门进行变更备案；变化后不再符合免税条件的，应当停止享受免税，按照规定进行纳税申报。

二、纳税人提交的备案材料包括：

（一）免税的项目、依据、范围、期限等；

（二）营业执照和公司章程复印件；

（三）《中小企业信用担保机构免征营业税备案登记表》（可通过"中小企业信用担保业务信息报送系统"自动生成，网址：http://coids.sme.gov.cn，也可自行填报）；

三、纳税人对报送材料的真实性和合法性承担责任，并应当完整保存本公告第二条要求的各项资料。纳税人在税务机关后续管理中不能提供上述资料的，不得继续享受本公告规定的免税政策，对已享受的减免税款应予补缴，并依照税收征管法的有关规定处理。

四、纳税人所在地县（市）地方税务局及同级中小企业管理部门对纳税人提供的备案材料的完整性进行审核，不改变纳税人真实申报的责任。

五、在本公告施行前，已列入工业和信息化部和国家税务总局下发的免征营业税中小企业信用担保机构名单的担保机构，不再办理免税备案手续。在本公告施行后，上述担保机构的经营情况发生改变，改变后仍符合免税条件的，应按本公告规定，向所在地县（市）地方税务局及同级中小企业管理部门办理免税备案手续；改变后不再符合免税条件的，应及时向税务机关报告，并自发生改变之月起停止享受营业税免税优惠，按照规定进行纳税申报。

六、各省、自治区、直辖市和计划单列市地方税务局，可以按照本公告规定，补充制定本地区中小企业信用担保机构免征营业税审核工作程序取消后的后续管理实施办法。

七、中小企业信用担保机构免征营业税政策的其他有关备案管理事项，按照《国家税务总局关于发布＜税收减免管理办法＞的公告》（国家税务总局公告2015年第43号）规定执行。

八、本公告自公布之日起施行。此前按规定应办理免征营业税备案手续但尚未办理的中小企业信用担保机构，按照本公告规定执行。

（摘自《国家税务总局关于中小企业信用担保机构免征营业税审批事项取消后有关管理问题的公告》，2015年9月21日国家税务总局公告2015年第69号）

7.1.4.16 为农户及小微企业提供融资担保及再担保

自2018年1月1日至2019年12月31日，纳税人为农户、小型企业、微型企业及个体工商户借款、发行债券提供融资担保取得的担保费收入，以及为上述融资担保（以下称"原担保"）提供再担保取得的再担保费收入，免征增值税。再担保合同对应多个原担保合同的，原担保合同应全部适用免征增值税政策。否则，再担保合同应按规定缴纳增值税。

纳税人应将相关免税证明材料留存备查，单独核算符合免税条件的融资担保费和再担保费收入，按现行规定向主管税务机关办理纳税申报；未单独核算的，不得免征增值税。

农户，是指长期（一年以上）居住在乡镇（不包括城关镇）行政管理区域内的住户，还包括长期居住在城关镇所辖行政村范围内的住户和户口不在本地而在本地居住一年以上的住户，国有农场的职工。位于乡镇（不包括城关镇）行政管理区域内和在城关镇所辖行政村范围内的国有经济的机关、团体、学校、企事业单位的集体户；有本地户口，但举家外出谋生一年以上的住户，无论是否保留承包耕地均不属于农户。农户以户为统计单位，既可以从事农业生产经营，也可以从事非农业生产经营。农户担保、再担保的判定应以原担保生效时的被担保人是否属于农户为准。

小型企业、微型企业，是指符合《中小企业划型标准规定》（工信部联企业〔2011〕300 号）的小型企业和微型企业。其中，资产总额和从业人员指标均以原担保生效时的实际状态确定；营业收入指标以原担保生效前 12 个自然月的累计数确定，不满 12 个自然月的，按照以下公式计算：

营业收入（年）＝企业实际存续期间营业收入／企业实际存续月数 ×12

（摘自《财政部　税务总局关于租入固定资产进项税额抵扣等增值税政策的通知》，2017 年 12 月 25 日财税〔2017〕90 号）

7.1.4.17　运输服务

7.1.4.17.1　台湾航运公司、航空公司从事海峡两岸海上直航、空中直航业务

台湾航运公司、航空公司从事海峡两岸海上直航、空中直航业务在大陆取得的运输收入免征增值税。

台湾航运公司，是指取得交通运输部颁发的"台湾海峡两岸间水路运输许可证"且该许可证上注明的公司登记地址在台湾的航运公司。

台湾航空公司，是指取得中国民用航空局颁发的"经营许可"或者依据《海峡两岸空运协议》和《海峡两岸空运补充协议》规定，批准经营两岸旅客、货物和邮件不定期（包机）运输业务，且公司登记地址在台湾的航空公司。

（摘自《财政部　国家税务总局关于全面推开营业税改征增值税试点的通知》之附件 3《营业税改征增值税试点过渡政策的规定》，2016 年 3 月 23 日财税〔2016〕36 号）

7.1.4.17.2　纳税人提供的直接或者间接国际货物运输代理服务

纳税人提供的直接或者间接国际货物运输代理服务免征增值税。

1. 纳税人提供直接或者间接国际货物运输代理服务，向委托方收取的全部国际货物运输代理服务收入，以及向国际运输承运人支付的国际运输费用，必须通过金融机构进行结算。

2. 纳税人为大陆与香港、澳门、台湾地区之间的货物运输提供的货物运输代理服务参照国际货物运输代理服务有关规定执行。

3. 委托方索取发票的，纳税人应当就国际货物运输代理服务收入向委托方全额开具增值税普通发票。

（摘自《财政部　国家税务总局关于全面推开营业税改征增值税试点的通知》之附件 3《营业税改征增值税试点过渡政策的规定》，2016 年 3 月 23 日财税〔2016〕36 号）

7.1.4.17.3　青藏铁路公司提供的铁路运输服务

青藏铁路公司提供的铁路运输服务免征增值税。

（摘自《财政部　国家税务总局关于营业税改征增值税试点若干政策的通知》，2016 年 3 月 23 日财税〔2016〕39 号）

7.1.4.18　家政服务企业由员工制家政服务员提供的家政服务

家政服务企业由员工制家政服务员提供家政服务取得的收入免征增值税。

家政服务企业，是指在企业营业执照的规定经营范围中包括家政服务内容的企业。

员工制家政服务员，是指同时符合下列 3 个条件的家政服务员：

1. 依法与家政服务企业签订半年及半年以上的劳动合同或者服务协议，且在该企业实际上岗工作。

2. 家政服务企业为其按月足额缴纳了企业所在地人民政府根据国家政策规定的基本养老保险、基本医疗保险、工伤保险、失业保险等社会保险。对已享受新型农村养老保险和新型农村合作医疗等社会保险或者下岗职工原单位继续为其缴纳社会保险的家政服务员，如果本人书面提出不再缴纳企业所在地人民政府根据国家政策规定的相应的社会保险，并出具其所在乡镇或者原单位开具的已缴纳相关保险的证明，可视同家政服务企业已为其按月足额缴纳了相应的社会保险。

3. 家政服务企业通过金融机构向其实际支付不低于企业所在地适用的经省级人民政府批准的最低工资标准的工资。

（摘自《财政部 国家税务总局关于全面推开营业税改征增值税试点的通知》之附件 3 《营业税改征增值税试点过渡政策的规定》，2016 年 3 月 23 日财税〔2016〕36 号）

7.1.4.19　为安置随军家属就业而新办的企业、随军家属从事个体经营

1. 为安置随军家属就业而新开办的企业，自领取税务登记证之日起，其提供的应税服务 3 年内免征增值税。

享受税收优惠政策的企业，随军家属必须占企业总人数的 60%（含）以上，并有军（含）以上政治和后勤机关出具的证明。

2. 从事个体经营的随军家属，自办理税务登记事项之日起，其提供的应税服务 3 年内免征增值税。

随军家属必须有师以上政治机关出具的可以表明其身份的证明。

按照上述规定，每一名随军家属可以享受一次免税政策。

（摘自《财政部 国家税务总局关于全面推开营业税改征增值税试点的通知》之附件 3 《营业税改征增值税试点过渡政策的规定》，2016 年 3 月 23 日财税〔2016〕36 号）

7.1.4.20　为安置军转干部就业而新办的企业、军转干部从事个体经营

1. 从事个体经营的军队转业干部，自领取税务登记证之日起，其提供的应税服务 3 年内免征增值税。

2. 为安置自主择业的军队转业干部就业而新开办的企业，凡安置自主择业的军队转业干部占企业总人数 60%（含）以上的，自领取税务登记证之日起，其提供的应税服务 3 年内免征增值税。

享受上述优惠政策的自主择业的军队转业干部必须持有师以上部队颁发的转业证件。

（摘自《财政部　国家税务总局关于全面推开营业税改征增值税试点的通知》之附件 3
《营业税改征增值税试点过渡政策的规定》，2016 年 3 月 23 日财税〔2016〕36 号）

7.1.4.21　科技企业孵化器向孵化企业出租场地、房屋及提供孵化服务

科技企业孵化器（含众创空间，以下简称孵化器）自 2016 年 1 月 1 日至 2016 年 4 月
30 日，对其向孵化企业出租场地、房屋以及提供孵化服务的收入，免征营业税；在营业税
改征增值税试点期间，对其向孵化企业出租场地、房屋以及提供孵化服务的收入，免征增
值税。

享受本通知规定的房产税、城镇土地使用税以及营业税、增值税优惠政策的孵化器，
应同时符合以下条件：

（一）孵化器需符合国家级科技企业孵化器条件。国务院科技行政主管部门负责发布国
家级科技企业孵化器名单。

（二）孵化器应将面向孵化企业出租场地、房屋以及提供孵化服务的业务收入在财务上
单独核算。

（三）孵化器提供给孵化企业使用的场地面积（含公共服务场地）应占孵化器可自主
支配场地面积的 75% 以上（含 75%）。孵化企业数量应占孵化器内企业总数量的 75% 以上
（含 75%）。

公共服务场地是指孵化器提供给孵化企业共享的活动场所，包括公共餐厅、接待室、
会议室、展示室、活动室、技术检测室和图书馆等非营利性配套服务场地。

本通知所称"孵化企业"应当同时符合以下条件：

（一）企业注册地和主要研发、办公场所必须在孵化器的孵化场地内。

（二）新注册企业或申请进入孵化器前企业成立时间不超过 2 年。

（三）企业在孵化器内孵化的时间不超过 48 个月。纳入"创新人才推进计划"及"海
外高层次人才引进计划"的人才或从事生物医药、集成电路设计、现代农业等特殊领域的
创业企业，孵化时间不超过 60 个月。

（四）符合《中小企业划型标准规定》所规定的小型、微型企业划型标准。

（五）单一在孵企业入驻时使用的孵化场地面积不大于 1000 平方米。从事航空航天等
特殊领域的在孵企业，不大于 3000 平方米。

（六）企业产品（服务）属于科学技术部、财政部、国家税务总局印发的《国家重点
支持的高新技术领域》规定的范围。

本通知所称"孵化服务"是指为孵化企业提供的属于营业税"服务业"税目中"代理
业""租赁业"和"其他服务业"中的咨询和技术服务范围内的服务，改征增值税后是指
为孵化企业提供的"经纪代理""经营租赁""研发和技术""信息技术"和"鉴证咨询"
等服务。

省级科技行政主管部门负责定期核实孵化器是否符合本通知规定的各项条件，并报国

务院科技行政主管部门审核确认。国务院科技行政主管部门审核确认后向纳税人出具证明材料，列明用于孵化的房产和土地的地址、范围、面积等具体信息，并发送给国务院税务主管部门。

纳税人持相应证明材料向主管税务机关备案，主管税务机关按照《税收减免管理办法》等有关规定，以及国务院科技行政主管部门发布的符合本通知规定条件的孵化器名单信息，办理税收减免。

（摘自《财政部 国家税务总局关于科技企业孵化器税收政策的通知》，2016年8月11日财税〔2016〕89号）

7.1.4.22　国家大学科技园向孵化企业出租场地、房屋及提供孵化服务

国家大学科技园（以下简称科技园）自2016年1月1日至2016年4月30日，对其向孵化企业出租场地、房屋以及提供孵化服务的收入，免征营业税；在营业税改征增值税试点期间，对其向孵化企业出租场地、房屋以及提供孵化服务的收入，免征增值税。

享受本通知规定的房产税、城镇土地使用税以及营业税、增值税优惠政策的科技园，应当同时符合以下条件：

（一）科技园符合国家大学科技园条件。国务院科技和教育行政主管部门负责发布国家大学科技园名单。

（二）科技园将面向孵化企业出租场地、房屋以及提供孵化服务的业务收入在财务上单独核算。

（三）科技园提供给孵化企业使用的场地面积（含公共服务场地）占科技园可自主支配场地面积的60%以上（含60%），孵化企业数量占科技园内企业总数量的75%以上（含75%）。

公共服务场地是指科技园提供给孵化企业共享的活动场所，包括公共餐厅、接待室、会议室、展示室、活动室、技术检测室和图书馆等非营利性配套服务场地。

本通知所称"孵化企业"应当同时符合以下条件：

（一）企业注册地及主要研发、办公场所在科技园的工作场地内。

（二）新注册企业或申请进入科技园前企业成立时间不超过3年。

（三）企业在科技园内孵化的时间不超过48个月。海外高层次创业人才或从事生物医药、集成电路设计等特殊领域的创业企业，孵化时间不超过60个月。

（四）符合《中小企业划型标准规定》所规定的小型、微型企业划型标准。

（五）单一在孵企业使用的孵化场地面积不超过1000平方米。从事航空航天、现代农业等特殊领域的单一在孵企业，不超过3000平方米。

（六）企业产品（服务）属于科学技术部、财政部、国家税务总局印发的《国家重点支持的高新技术领域》规定的范围。

本通知所称"孵化服务"是指为孵化企业提供的属于营业税"服务业"税目中"代理业"、"租赁业"和"其他服务业"中的咨询和技术服务范围内的服务，改征增值税后是指

为孵化企业提供的"经纪代理"、"经营租赁"、"研发和技术"、"信息技术"和"鉴证咨询"等服务。

国务院科技和教育行政主管部门负责组织对科技园是否符合本通知规定的各项条件定期进行审核确认，并向纳税人出具证明材料，列明纳税人用于孵化的房产和土地的地址、范围、面积等具体信息，并发送给国务院税务主管部门。

纳税人持相应证明材料向主管税务机关备案，主管税务机关按照《税收减免管理办法》等有关规定，以及国务院科技和教育行政主管部门发布的符合本通知规定条件的科技园名单信息，办理税收减免。

（摘自《财政部　国家税务总局关于国家大学科技园税收政策的通知》，2016 年 9 月 5 日财税〔2016〕98 号）

7.1.4.23　国家级、省级科技企业孵化器、大学科技园和国家备案众创空间

为进一步鼓励创业创新，现就科技企业孵化器、大学科技园、众创空间有关税收政策通知如下：

一、自 2019 年 1 月 1 日至 2021 年 12 月 31 日，对国家级、省级科技企业孵化器、大学科技园和国家备案众创空间自用以及无偿或通过出租等方式提供给在孵对象使用的房产、土地，免征房产税和城镇土地使用税；对其向在孵对象提供孵化服务取得的收入，免征增值税。

本通知所称孵化服务是指为在孵对象提供的经纪代理、经营租赁、研发和技术、信息技术、鉴证咨询服务。

二、国家级、省级科技企业孵化器、大学科技园和国家备案众创空间应当单独核算孵化服务收入。

三、国家级科技企业孵化器、大学科技园和国家备案众创空间认定和管理办法由国务院科技、教育部门另行发布；省级科技企业孵化器、大学科技园认定和管理办法由省级科技、教育部门另行发布。

本通知所称在孵对象是指符合前款认定和管理办法规定的孵化企业、创业团队和个人。

四、国家级、省级科技企业孵化器、大学科技园和国家备案众创空间应按规定申报享受免税政策，并将房产土地权属资料、房产原值资料、房产土地租赁合同、孵化协议等留存备查，税务部门依法加强后续管理。

2018 年 12 月 31 日以前认定的国家级科技企业孵化器、大学科技园，自 2019 年 1 月 1 日起享受本通知规定的税收优惠政策。2019 年 1 月 1 日以后认定的国家级、省级科技企业孵化器、大学科技园和国家备案众创空间，自认定之日次月起享受本通知规定的税收优惠政策。2019 年 1 月 1 日以后被取消资格的，自取消资格之日次月起停止享受本通知规定的税收优惠政策。

五、科技、教育和税务部门应建立信息共享机制，及时共享国家级、省级科技企业孵化器、大学科技园和国家备案众创空间相关信息，加强协调配合，保障优惠政策落实到位。

（摘自《财政部 税务总局 科技部 教育部关于科技企业孵化器大学科技园和众创空间税收政策的通知》，2018年11月1日财税〔2018〕120号）

7.1.4.24 邮政普遍服务和邮政特殊服务

中国邮政集团公司及其所属邮政企业提供的邮政普遍服务和邮政特殊服务，免征增值税。

（摘自《财政部 国家税务总局关于营业税改征增值税试点若干政策的通知》，2016年3月23日财税〔2016〕39号）

邮政普遍服务，是指函件、包裹等邮件寄递，以及邮票发行、报刊发行和邮政汇兑等业务活动。

函件，是指信函、印刷品、邮资封片卡、无名址函件和邮政小包等。

包裹，是指按照封装上的名址递送给特定个人或者单位的独立封装的物品，其重量不超过五十千克，任何一边的尺寸不超过一百五十厘米，长、宽、高合计不超过三百厘米。

邮政特殊服务，是指义务兵平常信函、机要通信、盲人读物和革命烈士遗物的寄递等业务活动。

（摘自《财政部 国家税务总局关于全面推开营业税改征增值税试点的通知》之附件1《营业税改征增值税试点实施办法》，2016年3月23日财税〔2016〕36号）

7.1.4.25 与新疆国际大巴扎项目有关的"营改增"应税行为

为继续支持新疆旅游业发展，自2017年1月1日至2019年12月31日，对新疆国际大巴扎物业服务有限公司和新疆国际大巴扎文化旅游产业有限公司从事与新疆国际大巴扎项目有关的营改增应税行为取得的收入，免征增值税。

（摘自《财政部 税务总局关于继续执行新疆国际大巴扎项目增值税政策的通知》，2017年4月28日财税〔2017〕36号）

7.1.4.26 跨境应税行为免税的内容及管理

7.1.4.26.1 免征增值税的跨境应税行为包括的内容

下列跨境应税行为免征增值税：

（一）工程项目在境外的建筑服务。

工程总承包方和工程分包方为施工地点在境外的工程项目提供的建筑服务，均属于工程项目在境外的建筑服务。

（二）工程项目在境外的工程监理服务。

（三）工程、矿产资源在境外的工程勘察勘探服务。

（四）会议展览地点在境外的会议展览服务。

为客户参加在境外举办的会议、展览而提供的组织安排服务，属于会议展览地点在境外的会议展览服务。

（五）存储地点在境外的仓储服务。

（六）标的物在境外使用的有形动产租赁服务。

（七）在境外提供的广播影视节目（作品）的播映服务。

在境外提供的广播影视节目（作品）播映服务，是指在境外的影院、剧院、录像厅及其他场所播映广播影视节目（作品）。

通过境内的电台、电视台、卫星通信、互联网、有线电视等无线或者有线装置向境外播映广播影视节目（作品），不属于在境外提供的广播影视节目（作品）播映服务。

（八）在境外提供的文化体育服务、教育医疗服务、旅游服务。

在境外提供的文化体育服务和教育医疗服务，是指纳税人在境外现场提供的文化体育服务和教育医疗服务。

为参加在境外举办的科技活动、文化活动、文化演出、文化比赛、体育比赛、体育表演、体育活动而提供的组织安排服务，属于在境外提供的文化体育服务。

通过境内的电台、电视台、卫星通信、互联网、有线电视等媒体向境外单位或个人提供的文化体育服务或教育医疗服务，不属于在境外提供的文化体育服务、教育医疗服务。

（九）为出口货物提供的邮政服务、收派服务、保险服务。

1．为出口货物提供的邮政服务，是指：

（1）寄递函件、包裹等邮件出境。

（2）向境外发行邮票。

（3）出口邮册等邮品。

2．为出口货物提供的收派服务，是指为出境的函件、包裹提供的收件、分拣、派送服务。

纳税人为出口货物提供收派服务，免税销售额为其向寄件人收取的全部价款和价外费用。

3．为出口货物提供的保险服务，包括出口货物保险和出口信用保险。

（十）向境外单位销售的完全在境外消费的电信服务。

纳税人向境外单位或者个人提供的电信服务，通过境外电信单位结算费用的，服务接受方为境外电信单位，属于完全在境外消费的电信服务。

（十一）向境外单位销售的完全在境外消费的知识产权服务。

服务实际接受方为境内单位或者个人的知识产权服务，不属于完全在境外消费的知识产权服务。

（十二）向境外单位销售的完全在境外消费的物流辅助服务（仓储服务、收派服务除外）。

境外单位从事国际运输和港澳台运输业务经停我国机场、码头、车站、领空、内河、海域时，纳税人向其提供的航空地面服务、港口码头服务、货运客运站场服务、打捞救助服务、装卸搬运服务，属于完全在境外消费的物流辅助服务。

（十三）向境外单位销售的完全在境外消费的鉴证咨询服务。

下列情形不属于完全在境外消费的鉴证咨询服务：

1. 服务的实际接受方为境内单位或者个人。

2. 对境内的货物或不动产进行的认证服务、鉴证服务和咨询服务。

（十四）向境外单位销售的完全在境外消费的专业技术服务。

下列情形不属于完全在境外消费的专业技术服务：

1. 服务的实际接受方为境内单位或者个人。

2. 对境内的天气情况、地震情况、海洋情况、环境和生态情况进行的气象服务、地震服务、海洋服务、环境和生态监测服务。

3. 为境内的地形地貌、地质构造、水文、矿藏等进行的测绘服务。

4. 为境内的城、乡、镇提供的城市规划服务。

（十五）向境外单位销售的完全在境外消费的商务辅助服务。

1. 纳税人向境外单位提供的代理报关服务和货物运输代理服务，属于完全在境外消费的代理报关服务和货物运输代理服务。

2. 纳税人向境外单位提供的外派海员服务，属于完全在境外消费的人力资源服务。外派海员服务，是指境内单位派出属于本单位员工的海员，为境外单位在境外提供的船舶驾驶和船舶管理等服务。

3. 纳税人以对外劳务合作方式，向境外单位提供的完全在境外发生的人力资源服务，属于完全在境外消费的人力资源服务。对外劳务合作，是指境内单位与境外单位签订劳务合作合同，按照合同约定组织和协助中国公民赴境外工作的活动。

4. 下列情形不属于完全在境外消费的商务辅助服务：

（1）服务的实际接受方为境内单位或者个人。

（2）对境内不动产的投资与资产管理服务、物业管理服务、房地产中介服务。

（3）拍卖境内货物或不动产过程中提供的经纪代理服务。

（4）为境内货物或不动产的物权纠纷提供的法律代理服务。

（5）为境内货物或不动产提供的安全保护服务。

（十六）向境外单位销售的广告投放地在境外的广告服务。

广告投放地在境外的广告服务，是指为在境外发布的广告提供的广告服务。

（十七）向境外单位销售的完全在境外消费的无形资产（技术除外）。

下列情形不属于向境外单位销售的完全在境外消费的无形资产：

1. 无形资产未完全在境外使用。

2. 所转让的自然资源使用权与境内自然资源相关。

3. 所转让的基础设施资产经营权、公共事业特许权与境内货物或不动产相关。

4. 向境外单位转让在境内销售货物、应税劳务、服务、无形资产或不动产的配额、经营权、经销权、分销权、代理权。

（十八）为境外单位之间的货币资金融通及其他金融业务提供的直接收费金融服务，且该服务与境内的货物、无形资产和不动产无关。

为境外单位之间、境外单位和个人之间的外币、人民币资金往来提供的资金清算、资金结算、金融支付、账户管理服务，属于为境外单位之间的货币资金融通及其他金融业务提供的直接收费金融服务。

（十九）属于以下情形的国际运输服务：

1. 以无运输工具承运方式提供的国际运输服务。

2. 以水路运输方式提供国际运输服务但未取得《国际船舶运输经营许可证》的。

3. 以公路运输方式提供国际运输服务但未取得《道路运输经营许可证》或者《国际汽车运输行车许可证》，或者《道路运输经营许可证》的经营范围未包括"国际运输"的。

4. 以航空运输方式提供国际运输服务但未取得《公共航空运输企业经营许可证》，或者其经营范围未包括"国际航空客货邮运输业务"的。

5. 以航空运输方式提供国际运输服务但未持有《通用航空经营许可证》，或者其经营范围未包括"公务飞行"的。

（二十）符合零税率政策但适用简易计税方法或声明放弃适用零税率选择免税的下列应税行为：

1. 国际运输服务。

2. 航天运输服务。

3. 向境外单位提供的完全在境外消费的下列服务：

（1）研发服务；

（2）合同能源管理服务；

（3）设计服务；

（4）广播影视节目（作品）的制作和发行服务；

（5）软件服务；

（6）电路设计及测试服务；

（7）信息系统服务；

（8）业务流程管理服务；

（9）离岸服务外包业务。

4. 向境外单位转让完全在境外消费的技术。

7.1.4.26.2　跨境应税行为的免税管理办法

第五条　纳税人发生本办法第二条所列跨境应税行为，除第（九）项、第（二十）项外，必须签订跨境销售服务或无形资产书面合同。否则，不予免征增值税。

纳税人向外国航空运输企业提供空中飞行管理服务，以中国民用航空局下发的航班计划或者中国民用航空局清算中心临时来华飞行记录，为跨境销售服务书面合同。

纳税人向外国航空运输企业提供物流辅助服务（除空中飞行管理服务外），与经中国民用航空局批准设立的外国航空运输企业常驻代表机构签订的书面合同，属于与服务接受方签订跨境销售服务书面合同。外国航空运输企业临时来华飞行，未签订跨境服务书面合同的，以中国民用航空局清算中心临时来华飞行记录为跨境销售服务书面合同。

施工地点在境外的工程项目，工程分包方应提供工程项目在境外的证明、与发包方签订的建筑合同原件及复印件等资料，作为跨境销售服务书面合同。

第六条　纳税人向境外单位销售服务或无形资产，按本办法规定免征增值税的，该项销售服务或无形资产的全部收入应从境外取得，否则，不予免征增值税。

下列情形视同从境外取得收入：

（一）纳税人向外国航空运输企业提供物流辅助服务，从中国民用航空局清算中心、中国航空结算有限责任公司或者经中国民用航空局批准设立的外国航空运输企业常驻代表机构取得的收入。

（二）纳税人与境外关联单位发生跨境应税行为，从境内第三方结算公司取得的收入。上述所称第三方结算公司，是指承担跨国企业集团内部成员单位资金集中运营管理职能的资金结算公司，包括财务公司、资金池、资金结算中心等。

（三）纳税人向外国船舶运输企业提供物流辅助服务，通过外国船舶运输企业指定的境内代理公司结算取得的收入。

（四）国家税务总局规定的其他情形。

第七条　纳税人发生跨境应税行为免征增值税的，应单独核算跨境应税行为的销售额，准确计算不得抵扣的进项税额，其免税收入不得开具增值税专用发票。

纳税人为出口货物提供收派服务，按照下列公式计算不得抵扣的进项税额：

不得抵扣的进项税额＝当期无法划分的全部进项税额×（当期简易计税方法计税项目销售额＋免征增值税项目销售额－为出口货物提供收派服务支付给境外合作方的费用）÷当期全部销售额

第八条　纳税人发生免征增值税跨境应税行为，除提供第二条第（二十）项所列服务外，应在首次享受免税的纳税申报期内或在各省、自治区、直辖市和计划单列市国家税务局规定的申报征期后的其他期限内，到主管税务机关办理跨境应税行为免税备案手续，同时提交以下备案材料：

（一）《跨境应税行为免税备案表》（附件1）；

（二）本办法第五条规定的跨境销售服务或无形资产的合同原件及复印件；

（三）提供本办法第二条第（一）项至第（八）项和第（十六）项服务，应提交服务地点在境外的证明材料原件及复印件；

（四）提供本办法第二条规定的国际运输服务，应提交实际发生相关业务的证明材料；

（五）向境外单位销售服务或无形资产，应提交服务或无形资产购买方的机构所在地在境外的证明材料；

（六）国家税务总局规定的其他资料。

第九条　纳税人发生第二条第（二十）项所列应税行为的，应在首次享受免税的纳税申报期内或在各省、自治区、直辖市和计划单列市国家税务局规定的申报征期后的其他期限内，到主管税务机关办理跨境应税行为免税备案手续，同时提交以下备案材料：

（一）已向办理增值税免抵退税或免退税的主管税务机关备案的《放弃适用增值税零税

率声明》（附件 2）；

（二）该项应税行为享受零税率到主管税务机关办理增值税免抵退税或免退税申报时需报送的材料和原始凭证。

第十条　按照本办法第八条规定提交备案的跨境销售服务或无形资产合同原件为外文的，应提供中文翻译件并由法定代表人（负责人）签字或者单位盖章。

纳税人无法提供本办法第八条规定的境外资料原件的，可只提供复印件，注明"复印件与原件一致"字样，并由法定代表人（负责人）签字或者单位盖章；境外资料原件为外文的，应提供中文翻译件并由法定代表人（负责人）签字或者单位盖章。

主管税务机关对提交的境外证明材料有明显疑义的，可以要求纳税人提供境外公证部门出具的证明材料。

第十一条　纳税人办理跨境应税行为免税备案手续时，主管税务机关应当根据以下情况分别做出处理：

（一）备案材料存在错误的，应当告知并允许纳税人更正。

（二）备案材料不齐全或者不符合规定形式的，应当场一次性告知纳税人补正。

（三）备案材料齐全、符合规定形式的，或者纳税人按照税务机关的要求提交全部补正备案材料的，应当受理纳税人的备案，并将有关资料原件退还纳税人。

（四）按照税务机关的要求补正后的备案材料仍不符合本办法第八、九、十条规定的，应当对纳税人的本次跨境应税行为免税备案不予受理，并将所有报送材料退还纳税人。

第十二条　主管税务机关受理或者不予受理纳税人跨境应税行为免税备案，应当出具加盖本机关专用印章和注明日期的书面凭证。

第十三条　原签订的跨境销售服务或无形资产合同发生变更，或者跨境销售服务或无形资产的有关情况发生变化，变化后仍属于本办法第二条规定的免税范围的，纳税人应向主管税务机关重新办理跨境应税行为免税备案手续。

第十四条　纳税人应当完整保存本办法要求的各项材料。纳税人在税务机关后续管理中不能提供上述材料的，不得享受本办法规定的免税政策，对已享受的减免税款应予补缴，并依照《中华人民共和国税收征收管理法》的有关规定处理。

第十五条　纳税人发生跨境应税行为享受免税的，应当按规定进行纳税申报。纳税人享受免税到期或实际经营情况不再符合本办法规定的免税条件的，应当停止享受免税，并按照规定申报纳税。

第十六条　纳税人发生实际经营情况不符合本办法规定的免税条件、采用欺骗手段获取免税或者享受减免税条件发生变化未及时向税务机关报告，以及未按照本办法规定履行相关程序自行减免税的，税务机关依照《中华人民共和国税收征收管理法》有关规定予以处理。

第十七条　税务机关应高度重视跨境应税行为增值税免税管理工作，针对纳税人的备案材料，采取案头分析、日常检查、重点稽查等方式，加强对纳税人业务真实性的核实，发现问题的，按照现行有关规定处理。

第十八条　纳税人发生的与香港、澳门、台湾有关的应税行为，参照本办法执行。

第十九条　本办法自2016年5月1日起施行。

（以上摘自《国家税务总局关于发布＜营业税改征增值税跨境应税行为增值税免税管理办法（试行）＞的公告》，2016年5月6日国家税务总局公告2016年第29号）

政策解析

自2016年5月1日起，在全国范围内全面推开"营改增"试点，建筑业、房地产业、金融业、生活服务业等全部营业税纳税人纳入试点范围，由缴纳营业税改为缴纳增值税。《财政部 国家税务总局关于全面推开营业税改征增值税试点的通知》（财税〔2016〕36号）印发的《跨境应税行为适用增值税零税率和免税政策的规定》明确了新纳入"营改增"试点行业的跨境免税政策，规范了此前已纳入试点的跨境服务范围。

为加强免税跨境应税行为的税收管理，便于纳税人办理跨境应税行为免税备案手续，税务总局根据《跨境应税行为适用增值税零税率和免税政策的规定》和《营业税改征增值税跨境应税服务增值税免税管理办法（试行）》（国家税务总局公告2014年第49号，以下称原《办法》），在充分征求基层税务机关意见和部分纳税人意见的基础上，发布了该管理办法。

与原《办法》相比，该管理办法进行了以下修订和完善：一是结合"营改增"试点行业推进情况，在免税跨境应税行为类别中增加了新纳入试点的建筑服务、金融服务、生活服务等，并明确了上述应税行为享受跨境免税政策的具体内涵和执行口径。二是根据《跨境应税行为适用增值税零税率和免税政策的规定》的规定，进一步规范、细化了此前已纳入"营改增"试点的跨境服务的免税政策执行口径。三是根据《税收减免管理办法》（国家税务总局公告2015年第43号发布），进一步规范了跨境应税行为免税备案的流程，明晰了税企的责任义务。四是对于符合零税率政策但适用简易计税方法或声明放弃适用零税率选择免税的跨境应税行为，在免税管理上与零税率退（免）税管理办法相衔接，要求纳税人提供放弃适用零税率选择免税的声明等免税备案材料。

纳税人发生跨境应税行为，按照《国家税务总局关于发布＜营业税改征增值税跨境应税行为增值税免税管理办法（试行）＞的公告》（国家税务总局公告2016年第29号）的规定办理免税备案手续后发生的相同跨境应税行为，不再办理备案手续。纳税人应当完整保存相关免税证明材料备查。纳税人在税务机关后续管理中不能提供上述材料的，不得享受相关免税政策，对已享受的减免税款应予补缴，并依照《中华人民共和国税收征收管理法》的有关规定处理。

（摘自《国家税务总局关于跨境应税行为免税备案等增值税问题的公告》，2017年8月14日国家税务总局公告2017年第30号）

政策解析

该规定明确了纳税人发生的跨境应税行为在按照规定办理免税备案手续后，对相同业务无须再办理备案手续，只需将有关免税证明材料留存备查即可。

7.1.4.26.3 其他相关规定

一、境内的单位和个人为施工地点在境外的工程项目提供建筑服务，按照《国家税务总局关于发布＜营业税改征增值税跨境应税行为增值税免税管理办法（试行）＞的公告》（国家税务总局公告 2016 年第 29 号）第八条规定办理免税备案手续时，凡与发包方签订的建筑合同注明施工地点在境外的，可不再提供工程项目在境外的其他证明材料。

二、境内的单位和个人在境外提供旅游服务，按照国家税务总局公告 2016 年第 29 号第八条规定办理免税备案手续时，以下列材料之一作为服务地点在境外的证明材料：

（一）旅游服务提供方派业务人员随同出境的，出境业务人员的出境证件首页及出境记录页复印件。

出境业务人员超过 2 人的，只需提供其中 2 人的出境证件复印件。

（二）旅游服务购买方的出境证件首页及出境记录页复印件。

旅游服务购买方超过 2 人的，只需提供其中 2 人的出境证件复印件。

三、享受国际运输服务免征增值税政策的境外单位和个人，到主管税务机关办理免税备案时，提交的备案资料包括：

（一）关于纳税人基本情况和业务介绍的说明；

（二）依据的税收协定或国际运输协定复印件。

（摘自《国家税务总局关于在境外提供建筑服务等有关问题的公告》，2016 年 11 月 4 日国家税务总局公告 2016 年第 69 号）

▍政策解析▍

该公告简化了境内的单位和个人为施工地点在境外的工程项目提供建筑服务，或者在境外提供旅游服务申请免征增值税时所需提供的项目在境外或者服务地点在境外的证明材料。明确了境外单位和个人享受国际运输服务免征增值税需提交的备案资料。

7.1.4.27 直接享受免税优惠的其他服务

一、下列项目免征增值税

1. 残疾人福利机构提供的育养服务。

2. 婚姻介绍服务。

3. 学生勤工俭学提供的服务。

4. 纪念馆、博物馆、文化馆、文物保护单位管理机构、美术馆、展览馆、书画院、图书馆在自己的场所提供文化体育服务取得的第一道门票收入。

5. 寺院、宫观、清真寺和教堂举办文化、宗教活动的门票收入。

6. 行政单位之外的其他单位收取的符合《试点实施办法》第十条规定条件的政府性基金和行政事业性收费。

7. 福利彩票、体育彩票的发行收入

（摘自《财政部 国家税务总局关于全面推开营业税改征增值税试点的通知》之附件 3

《营业税改征增值税试点过渡政策的规定》，2016 年 3 月 23 日财税〔2016〕36 号）

7.1.5 直接享受免税优惠的销售无形资产、不动产

7.1.5.1 将承包地流转给农业生产者用于农业生产

纳税人采取转包、出租、互换、转让、入股等方式将承包地流转给农业生产者用于农业生产，免征增值税。

自 2017 年 7 月 1 日起执行。

（摘自《财政部 税务总局关于租入固定资产进项税额抵扣等增值税政策的通知》，2017 年 12 月 25 日财税〔2017〕90 号）

自 2016 年 5 月 1 日至 2017 年 6 月 30 日，纳税人采取转包、出租、互换、转让、入股等方式将承包地流转给农业生产者用于农业生产，免征增值税。

（摘自《财政部 税务总局关于租入固定资产进项税额抵扣等增值税政策的通知》，2017 年 12 月 25 日财税〔2017〕90 号）

7.1.5.2 其他享受免税优惠的销售无形资产、不动产

下列项目免征增值税：

1. 2018 年 12 月 31 日前，公共租赁住房经营管理单位出租公共租赁住房。

公共租赁住房，是指纳入省、自治区、直辖市、计划单列市人民政府及新疆生产建设兵团批准的公共租赁住房发展规划和年度计划，并按照《关于加快发展公共租赁住房的指导意见》（建保〔2010〕87 号）和市、县人民政府制定的具体管理办法进行管理的公共租赁住房。

2. 军队空余房产租赁收入。

3. 为了配合国家住房制度改革，企业、行政事业单位按房改成本价、标准价出售住房取得的收入。

4. 将土地使用权转让给农业生产者用于农业生产。

5. 土地所有者出让土地使用权和土地使用者将土地使用权归还给土地所有者。

6. 县级以上地方人民政府或自然资源行政主管部门出让、转让或收回自然资源使用权（不含土地使用权）。

（摘自《财政部 国家税务总局关于全面推开营业税改征增值税试点的通知》之附件 3 《营业税改征增值税试点过渡政策的规定》，2016 年 3 月 23 日财税〔2016〕36 号）

7.1.5.3 被撤销金融机构以不动产、无形资产等财产清偿债务

被撤销金融机构以货物、不动产、无形资产、有价证券、票据等财产清偿债务免征增值税。

被撤销金融机构，是指经人民银行、银监会依法决定撤销的金融机构及其分设于各地的分支机构，包括被依法撤销的商业银行、信托投资公司、财务公司、金融租赁公司、城

市信用社和农村信用社。除另有规定外，被撤销金融机构所属、附属企业，不享受被撤销金融机构增值税免税政策。

（摘自《财政部 国家税务总局关于全面推开营业税改征增值税试点的通知》之附件 3《营业税改征增值税试点过渡政策的规定》，2016 年 3 月 23 日财税〔2016〕36 号）

7.1.6　直接享受免税优惠的进口货物

7.1.6.1　直接用于科学研究、科学试验和教学的进口仪器、设备

直接用于科学研究、科学试验和教学的进口仪器、设备免征增值税。

（摘自《中华人民共和国增值税暂行条例》第十五条，2017 年 11 月 19 日修订国务院令第 691 号）

7.1.6.2　外国政府、国际组织无偿援助的进口物资和设备

外国政府、国际组织无偿援助的进口物资和设备免征增值税。

（摘自《中华人民共和国增值税暂行条例》第十五条，2017 年 11 月 19 日修订国务院令第 691 号）

7.1.6.3　残疾人组织直接进口供残疾人专用的物品

由残疾人的组织直接进口供残疾人专用的物品免征增值税。

（摘自《中华人民共和国增值税暂行条例》第十五条，2017 年 11 月 19 日修订国务院令第 691 号）

7.1.6.4　中国科技资料进出口总公司进口图书

经国务院批准，自 2004 年 1 月 1 日起，对中国科技资料进出口总公司为科研单位、大专院校进口的用于科研、教学的图书、文献、报刊及其他资料（包括只读光盘、缩微平片、胶卷、地球资源卫星照片、科技和教学声像制品）免征国内销售环节增值税。

（摘自《财政部 国家税务总局关于中国科技资料进出口总公司销售进口图书享受免征国内销售环节增值税政策的通知》，2004 年 3 月 30 日财税〔2004〕69 号）

7.1.6.5　黄金生产和经营单位进口黄金和黄金矿砂

黄金生产和经营单位进口黄金（含标准黄金）和黄金矿砂免征进口环节增值税。

（摘自《财政部 国家税务总局关于黄金税收政策问题的通知》，2002 年 9 月 12 日财税〔2002〕142 号）

7.1.6.6　进口铂金

对进口铂金免征进口环节增值税。

（摘自《财政部 国家税务总局关于铂金及其制品税收政策的通知》，2003 年 4 月 28 日

财税〔2003〕86号）

7.1.6.7　自上海钻石交易所销往国内市场的毛坯钻石

纳税人自上海钻石交易所销往国内市场的毛坯钻石，免征进口环节增值税；纳税人自上海钻石交易所销往国内市场的成品钻石，进口环节增值税实际税负超过4%的部分由海关实行即征即退。

（摘自《财政部　海关总署　国家税务总局关于调整钻石及上海钻石交易所有关税收政策的通知》，2006年6月7日财税〔2006〕65号）

7.1.6.8　进口种子种源

为支持引进和推广良种，加强物种资源保护，丰富我国动植物资源，发展优质、高产、高效农林业，经国务院批准，在"十三五"期间继续对进口种子（苗）、种畜（禽）、鱼种（苗）和种用野生动植物种源（以下统称"种子种源"）免征进口环节增值税（以下简称免税）。现将有关事项通知如下：

一、免税品种范围包括：

（一）与农林业生产密切相关并直接用于或服务于农林业生产的进口种子（苗）、种畜（禽）和鱼种（苗），以及具备研究和培育繁殖条件的动植物科研院所、动物园、专业动植物保护单位、养殖场和种植园进口的用于科研、育种、繁殖的野生动植物种源。具体品种见所附的《进口种子种源免税货品清单》。

（二）军队、武警、公安、安全部门（含缉私警察）进口的警用工作犬以及进口的繁育用的工作犬精液及胚胎。

二、为加强对进口免税种子种源的管理，促进优质良种的引进，种子种源进口单位应向产业主管部门提出进口计划，产业主管部门汇总后向财政部提出免税进口建议，财政部会同海关总署和国家税务总局核定年度免税进口品种、数量范围。进口单位在核定的年度免税范围内，按有关规定向海关申请办理免税手续。

三、未经核定或未列入年度免税范围的进口种子种源应照章征收进口环节增值税。

四、免税进口的种子种源进入国内市场后的税收问题，按国内有关税收规定执行。

五、上述政策有效期为2016年1月1日至2020年12月31日。

六、"十三五"期间进口种子种源税收政策管理办法另行通知。在该管理办法印发前，上述政策暂比照"十二五"期间进口种子种源免税政策相关管理办法执行。

（摘自《财政部　国家税务总局关于"十三五"期间进口种子种源税收政策的通知》，2016年4月29日财关税〔2016〕26号）

经国务院批准，在"十三五"期间，即2016年1月1日至2020年12月31日，继续对进口种子（苗）、种畜（禽）、鱼种（苗）和种用野生动植物种源（以下简称种子种源）免征进口环节增值税（以下简称免税）。为加强种子种源进口免税政策管理，现将有关事项通知如下：

一、免税政策目标

种子种源进口免税政策旨在支持引进和推广良种，加强物种资源保护，丰富我国动植物资源，发展优质、高产、高效农林业，降低农林产品生产成本。

二、免税品种范围

（一）与农林业生产密切相关，并直接用于或服务于农林业生产的下列种子（苗）、种畜（禽）和鱼种（苗）（以下简称种子种苗）：

1. 用于种植和培育各种农作物和林木的种子（苗）；

2. 用于饲养以获得各种畜禽产品的种畜（禽）；

3. 用于培育和养殖的水产种（苗）；

4. 用于农林业科学研究与试验的种子（苗）、种畜（禽）和水产种（苗）。

（二）野生动植物种源。

（三）警用工作犬及其精液和胚胎。

三、免税申请条件

（一）种子种苗进口免税应同时符合以下条件：

1. 在免税货品清单内，即属于附件 1 第一至第三部分所列货品。

2. 直接用于或服务于农林业生产。免税进口的种子种苗不得用于度假村、俱乐部、高尔夫球场、足球场等消费场所或运动场所的建设和服务。

（二）野生动植物种源进口免税应同时符合以下条件：

1. 在免税货品清单内，即属于附件 1 第四部分所列货品。

2. 用于科研，或育种，或繁殖。进口单位应是具备研究和培育繁殖条件的动植物科研院所、动物园、专业动植物保护单位、养殖场和种植园。

（三）免税进口工作犬相关货品应为军队、武警、公安、安全部门（含缉私警察）进口的警用工作犬，以及繁育用的工作犬精液和胚胎。

四、免税政策操作流程

（一）种子种苗和野生动植物种源操作流程。

申请免税进口第二条（一）、（二）项下货品的进口单位，应向农业部或国家林业局（以下称产业主管部门）提出年度免税进口需求。产业主管部门汇总后向财政部提出年度免税进口建议，财政部会同海关总署和国家税务总局在附件 1 所列免税货品清单范围内，核定年度免税进口计划。产业主管部门在年度免税进口计划内为进口单位进行有关单据的标注工作。进口单位在产业主管部门标注的免税品种、数量范围内，按有关规定向海关申请办理减免税手续。具体流程及要求如下：

1. 进口单位提出进口需求。

符合第三条（一）、（二）规定的进口单位，应按照产业主管部门相关规定，向其提出年度免税进口需求，说明需要免税进口的品种、数量、最终用途等必要情况。其中，以科研为目的，申请免税进口野生动植物种源的，应说明科研项目简况，并在科研项目结束后60 日内，向产业主管部门提供科研项目成果。

2. 产业主管部门提出免税进口建议。

产业主管部门不迟于当年11月30日，结合产业发展规划、进口单位免税进口需求以及免税进口计划执行情况，在附件1所列免税货品清单范围内，向财政部提出今后年度免税进口建议，并抄送海关总署和国家税务总局。

产业主管部门应在免税进口建议中，对建议数量的增减情况进行分析说明，其中以育种或繁殖为目的的野生动植物种源，建议数量应以确保野生动植物存活和种群繁衍的合理需要为限。

产业主管部门提出的免税进口建议，应涵盖其主管的全部免税进口货品，可以包括连续数个年度免税进口数量，并按照附件2格式报送。

3. 财政部会同有关部门核定年度免税进口计划。

财政部会同海关总署、国家税务总局对产业主管部门报送的年度免税进口建议进行审核，在附件1所列免税货品清单范围内，核定年度免税进口品种和数量。核定的年度免税进口数量原则上不低于上一年度核定数量的40%。

经核定的年度免税进口计划在公历年度当年内有效，不得跨年度结转。除特殊情况外，已经核定的年度免税进口计划原则上不予追加。

4. 产业主管部门标注确认进口单位的免税进口品种和数量。

产业主管部门在对动植物苗种进（出）口、种子苗木（种用）进口、野生动植物种源进（出）口审批的同时，应分别按照附件3、4、5表格，标注确认进口单位所进口的品种和数量是否符合年度免税进口计划所核定的免税品种、数量范围，并对可转让和销售的种子种源（仅限于附件1第1~3项，第9~11项，第16~30项，第44~47项货品）的免税品种和数量范围，在"最终用途"栏内标注"可转让和销售"。

对于每个免税品种，产业主管部门标注确认的免税数量合计，不得超出对该品种核定的年度免税进口计划数量。

在当年免税进口计划印发之日前，对于上一年度免税进口计划中已列名的品种，产业主管部门在对进口审批的同时，可以在上一年度核定的免税进口计划数量的40%以内，标注确认免税进口品种和数量，并对可转让和销售的种子种源（仅限于附件1第1~3项，第9~11项，第16~30项，第44~47项货品）的免税品种和数量范围，在"最终用途"栏内标注"可转让和销售"。

5. 进口单位办理进口减免税手续。

进口单位应在附件3、4、5表格明确的有效期内，严格按照产业主管部门标注确认的免税品种、数量、最终用途，按海关有关规定向海关申请办理减免税手续。

未经产业主管部门标注确认免税的进口货品应照章征收进口环节增值税。

（二）工作犬相关货品操作流程。

申请免税进口第二条（三）项下货品且符合第三条（三）项规定的进口单位，凭主管部门出具的证明有关工作犬和工作犬精液及胚胎属于免税品种范围的说明文件，以及其他相关材料，按有关规定向海关申请办理减免税手续。

五、免税政策监管

种子种源在免税进口后，由产业主管部门和工作犬相关货品的主管部门加强管理。产业主管部门和工作犬相关货品的主管部门应确保进口单位和免税进口种子种源的最终用途符合第三条规定。

免税进口的种子种源，除产业主管部门按第四条相关规定已标注"可转让和销售"的以外，未经合理种植试验、培育、养殖或饲养，不得擅自转让和销售。产业主管部门应在本通知印发后 2 个月内另行制定出台"合理种植试验、培育、养殖或饲养"的标准，并配合有关部门做好相关工作。对违反本通知规定的种子种源进口单位，暂停其 1 年免税资格；对依法被追究刑事责任的种子种源进口单位，暂停其 3 年免税资格。

从 2017 年起，产业主管部门每年不迟于 1 月 31 日向财政部报送上一年度免税进口计划执行情况，并对免税进口计划执行率较低的品种，进行分析说明。进口计划执行情况按照附件 6、7 格式提供，同时抄送海关总署和国家税务总局。

财政部将会同海关总署、国家税务总局等有关部门适时对政策执行情况进行监督检查。对擅自超出核定免税进口计划以及超过上一年度核定免税计划数量 40% 标注确认免税进口品种和数量的产业主管部门，一经核实，财政部将会同海关总署、国家税务总局将有关情况函告产业主管部门，请其限期整改。

财政部、海关总署、国家税务总局及农业部、国家林业局等有关部门及其工作人员在种子种源进口免税政策执行过程中，存在违反执行免税政策规定的行为，以及滥用职权、玩忽职守、徇私舞弊等违法违纪行为的，按照《预算法》、《公务员法》、《行政监察法》、《财政违法行为处罚处分条例》等国家有关规定追究相应责任；涉嫌犯罪的，移送司法机关处理。

六、文件有效期

本通知有效期为 2016 年 1 月 1 日至 2020 年 12 月 31 日。

从印发之日起，对《财政部 国家税务总局关于"十二五"期间进口种子（苗）种畜（禽）鱼种（苗）和种用野生动植物种源税收问题的通知》（财关税〔2011〕9 号）、《财政部 海关总署 国家税务总局关于种子（苗）种畜（禽）鱼种（苗）和种用野生动植物种源免征进口环节增值税政策及 2011 年进口计划的通知》（财关税〔2011〕36 号）、《财政部 海关总署 国家税务总局关于印发 <"十二五"期间进口种子种源进口免税政策管理办法 > 的通知》（财关税〔2011〕76 号）、《财政部 海关总署 国家税务总局关于调整 2015 年进口种子种源进口免税政策执行方式有关问题的通知》（财关税〔2015〕38 号）予以废止。

附件：

1. 进口种子种源免税货品清单（略）

2. 20××年种子种源免税进口计划建议表（略）

3. 中华人民共和国农业部动植物苗种进（出）口审批表（略）

4. 国家林业局种子苗木（种用）进口许可表（略）

5. 国家濒管办进口种用野生动植物种源确认表（略）

6. 20××年种子（苗）、种畜（禽）和鱼种（苗）免税进口计划执行情况表（略）

7. 20××年种用野生动植物种源免税进口计划执行情况表（略）

（摘自《财政部 海关总署 国家税务总局关于"十三五"期间进口种子种源税收政策管理办法的通知》，2016年11月24日财关税〔2016〕64号）

"十三五"期间继续对进口种子（苗）、种畜（禽）、鱼种（苗）和种用野生动植物种源免征进口环节增值税。农业农村部2019年度种子（苗）、种畜（禽）、鱼种（苗）免税进口计划，以及国家林业和草原局2019年度种子（苗）和种用野生动植物种源免税进口计划已经核定（见附件1、2、3）。请按照《财政部 海关总署 国家税务总局关于"十三五"期间进口种子种源税收政策管理办法的通知》（财关税〔2016〕64号）有关规定执行。

特此通知。

附件：

1. 农业农村部2019年度种子（苗）种畜（禽）鱼种（苗）免税进口计划（略）

2. 国家林业和草原局2019年度种子（苗）免税进口计划（略）

3. 国家林业和草原局2019年度种用野生动植物种源免税进口计划（略）

（摘自《财政部 海关总署 国家税务总局关于2019年度种子种源免税进口计划的通知》，2019年2月11日财关税〔2019〕7号）

7.1.6.9 动漫企业进口动漫开发生产用品

经国务院批准，为推动我国动漫产业健康快速发展，支持产业升级优化，"十三五"期间继续实施动漫企业进口动漫开发生产用品税收政策。现将有关内容通知如下：

一、自2016年1月1日至2020年12月31日，经国务院有关部门认定的动漫企业自主开发、生产动漫直接产品，确需进口的商品可享受免征进口关税及进口环节增值税的政策。

二、为有效实施政策，财政部、海关总署、国家税务总局会同文化部共同制定了《动漫企业进口动漫开发生产用品免征进口税收的暂行规定》（见附件）。

附件：动漫企业进口动漫开发生产用品免征进口税收的暂行规定（节选）

本规定所指经国务院有关部门认定的动漫企业应符合以下标准：（一）符合文化部等相关部门制定的动漫企业认定基本标准。（二）具备自主开发、生产动漫直接产品的资质和能力。

本规定所称动漫直接产品包括：

（一）漫画：单幅和多格漫画、插画、漫画图书、动画抓帧图书、漫画报刊、漫画原画等；

（二）动画：动画电影、动画电视剧、动画短片、动画音像制品，影视特效中的动画片段，科技、军事、气象、医疗等影视节目中的动画片段等；

（三）网络动漫（含手机动漫）：以计算机互联网和移动通信网等信息网络为主要传播平台，以电脑、手机及各种手持电子设备为接收终端的动画、漫画作品，包括FLASH动画、网络表情、手机动漫等。

（摘自《财政部　海关总署　国家税务总局关于动漫企业进口动漫开发生产用品税收政策的通知》，2016年8月1日财关税〔2016〕36号）

7.1.6.10　国内航空公司进口维修用航空器材

经国务院批准，为提高航空运输业国际竞争力，"十三五"期间继续实施营运国际航线、港澳航线和支线航线的国内航空公司维修用航空器材进口税收政策，现将有关事项通知如下：

自2016年1月1日至2020年12月31日，对国内航空公司用于营运国际航线、港澳航线和支线航线的飞机、发动机维修的进口航空器材（包括送境外维修的零部件）免征进口关税和进口环节增值税。

具体管理办法按《关于营运国际航线、港澳航线和支线航线的国内航空公司维修用航空器材进口税收的暂行规定》（见附件）执行。

（摘自《财政部　海关总署　国家税务总局关于"十三五"期间国内航空公司维修用航空器材进口税收政策的通知》，2016年8月12日财关税〔2016〕39号）

7.1.6.11　进口客货运飞机

经国务院批准，自2013年8月30日起，对按此前规定所有减按4%征收进口环节增值税的空载重量在25吨以上的进口飞机，调整为按5%征收进口环节增值税。

（摘自《财政部　国家税务总局关于调整进口飞机有关增值税政策的通知》，2013年8月29日财关税〔2013〕53号）

经国务院批准，自2014年1月1日起，租赁企业一般贸易项下进口飞机并租给国内航空公司使用的，享受与国内航空公司进口飞机同等税收优惠政策，即进口空载重量在25吨以上的飞机减按5%征收进口环节增值税。

（摘自《财政部　海关总署　国家税务总局关于租赁企业进口飞机有关税收政策的通知》，2014年5月13日财关税〔2014〕16号）

7.1.6.12　重大技术装备进口

《国家支持发展的重大技术装备和产品目录（2018年修订）》（见附件1）和《重大技术装备和产品进口关键零部件、原材料商品目录（2018年修订）》（见附件2）自2019年1月1日起执行，符合规定条件的国内企业为生产本通知附件1所列装备或产品而确有必要进口附件2所列商品，免征关税和进口环节增值税。附件1、2中列明执行年限的，有关装备、产品、零部件、原材料免税执行期限截止到该年度12月31日。

根据国内产业发展情况，自2019年1月1日起，取消百万千瓦级核电机组（二代改进型核电机组）等装备的免税政策，生产制造相关装备和产品的企业2019年度预拨免税进口额度相应取消。

（摘自《财政部　发展改革委　工业和信息化部　海关总署　国家税务总局　能源局关于调

整重大技术装备进口税收政策有关目录的通知》，2018 年 11 月 14 日财关税〔2018〕42 号）

7.1.6.13　海洋开采石油（天然气）进口物资

为支持我国海洋石油（天然气）的勘探开发，经国务院批准，现将"十三五"期间在我国海洋开采石油（天然气）进口物资税收政策通知如下：

一、自 2016 年 1 月 1 日至 2020 年 12 月 31 日，在我国海洋进行石油（天然气）开采作业（指勘探和开发，下同）的项目，进口国内不能生产或性能不能满足要求，并直接用于开采作业的设备、仪器、零附件、专用工具（详见附件管理规定的附 1《开采海洋石油（天然气）免税进口物资清单》，以下简称《免税物资清单》），在规定的免税进口额度内，免征进口关税和进口环节增值税。

二、本通知所指海洋为：我国内海、领海、大陆架以及其他海洋资源管辖海域（包括浅海滩涂）。

三、符合本通知规定的石油（天然气）开采项目项下免税进口的物资实行《免税物资清单》与年度免税进口额度相结合的管理方式（管理规定见附件）。

四、符合本通知规定的石油（天然气）开采项目项下暂时进口《免税物资清单》所列的物资，准予免税。有关物资进口时，海关按暂时进口货物办理手续。上述暂时进口物资超出海关规定的暂时进口时限仍需继续使用的，经海关审核确认可予延期。在暂时进口（包括延期）期限内准予按本通知第一条规定免税。暂时进口物资不纳入免税进口额度管理。

五、符合本通知规定的石油（天然气）开采项目项下租赁进口《免税物资清单》所列的物资，准予按本通知第一条规定免税，并纳入免税进口额度统一管理。租赁进口《免税物资清单》以外的物资应按有关规定照章征税。

六、1994 年 12 月 31 日之前批准的对外合作"老项目"与其他项目适用统一的《免税物资清单》。

（摘自《财政部　海关总署　国家税务总局关于"十三五"期间在我国海洋开采石油（天然气）进口物资免征进口税收的通知》，2016 年 12 月 29 日财关税〔2016〕69 号）

7.1.6.14　科技重大专项进口物资

为贯彻落实国务院关于实施《国家中长期科学和技术发展规划纲要（2006—2020 年）》若干配套政策中有关科技重大专项进口税收政策的要求，扶持国家重大战略产品、关键共性技术和重大工程的研究开发，营造激励自主创新的环境，特制定《科技重大专项进口税收政策暂行规定》（见附件，以下简称《暂行规定》），现将有关事项通知如下：

一、自 2010 年 7 月 15 日起，对承担《国家中长期科学和技术发展规划纲要（2006—2020 年）》中民口科技重大专项项目（课题）的企业和大专院校、科研院所等事业单位（以下简称项目承担单位）使用中央财政拨款、地方财政资金、单位自筹资金以及其他渠道获得的资金进口项目（课题）所需国内不能生产的关键设备（含软件工具及技术）、零部件、原材料，免征进口关税和进口环节增值税。

二、项目承担单位在 2010 年 7 月 15 日至 2011 年 12 月 31 日期间进口物资申请享受免税政策的，应在 2010 年 9 月 1 日前向科技重大专项项目牵头组织单位提交申请文件，具体申请程序和要求见《暂行规定》，逾期不予受理。符合条件的项目承担单位自 2010 年 7 月 15 日起享受进口免税政策，可凭牵头组织单位出具的已受理申请的证明文件，向海关申请凭税款担保办理有关进口物资先予放行手续。

三、科技重大专项牵头组织单位应按《暂行规定》有关要求，受理和审核项目承担单位的申请文件，并在 2010 年 10 月 1 日前向财政部报送科技重大专项免税进口物资需求清单。财政部会同科技部、发展改革委、海关总署、国家税务总局等有关部门按照《暂行规定》有关要求，及时研究制定各科技重大专项免税进口物资清单。

四、项目承担单位应当在进口物资前按照有关规定，持有关材料向其所在地海关申请办理免税审批手续。

附件：

科技重大专项进口税收政策暂行规定

第一条　为贯彻落实国务院关于实施《国家中长期科学和技术发展规划纲要（2006—2020 年)》若干配套政策中有关科技重大专项进口税收政策的要求，扶持国家重大战略产品、关键共性技术和重大工程的研究开发，营造激励自主创新的环境，特制定本规定。

第二条　承担科技重大专项项目（课题）的企业和大专院校、科研院所等事业单位（以下简称项目承担单位）使用中央财政拨款、地方财政资金、单位自筹资金以及其他渠道获得的资金进口项目（课题）所需国内不能生产的关键设备（含软件工具及技术)、零部件、原材料，免征进口关税和进口环节增值税。

第三条　本规定第二条所述科技重大专项是指列入《国家中长期科学和技术发展规划纲要（2006—2020 年)》的民口科技重大专项，包括核心电子器件、高端通用芯片及基础软件产品，极大规模集成电路制造装备及成套工艺，新一代宽带无线移动通信网，高档数控机床与基础制造装备，大型油气田及煤层气开发，大型先进压水堆及高温气冷堆核电站，水体污染控制与治理，转基因生物新品种培育，重大新药创制，艾滋病和病毒性肝炎等重大传染病防治。

第四条　申请享受本规定进口税收政策的项目承担单位应当具备以下条件：

1. 独立的法人资格；

2. 经科技重大专项领导小组批准承担重大专项任务。

第五条　项目承担单位申请免税进口的设备、零部件、原材料应当符合以下要求：

1. 直接用于项目（课题）的科学研究、技术开发和应用，且进口数量在合理范围内；

2. 国内不能生产或者国产品性能不能满足要求的，且价值较高；

3. 申请免税进口设备的主要技术指标一般应优于当前实施的《国内投资项目不予免税的进口商品目录》所列设备。

第六条　为了提高财政资金和进口税收政策的使用效益，对于使用中央财政和地方财政安排的重大专项资金购置的仪器设备，在申报设备预算时，应当主动说明是否申请进口免税和涉及的进口税款。

第七条 各科技重大专项牵头组织单位（以下简称牵头组织单位）是落实进口税收政策的责任主体，负责受理和审核项目承担单位的申请文件、报送科技重大专项免税进口物资需求清单、出具《科技重大专项项目（课题）进口物资确认函》（格式见附件1，以下简称《进口物资确认函》）、报送政策落实情况报告等事宜。

有两个及以上牵头组织单位的科技重大专项，由第一牵头组织单位会同其他牵头组织单位共同组织落实上述事宜。科技重大专项牵头组织单位为企业的，由该专项领导小组组长单位负责审核项目承担单位的申请文件、报送科技重大专项免税进口物资需求清单、出具《进口物资确认函》。

第八条 财政部会同科技部、国家发展改革委、海关总署、国家税务总局等有关部门根据科技重大专项进口物资需求，结合国内外生产情况和供需状况，研究制定各科技重大专项免税进口物资清单，组织落实政策年度执行方案，定期评估政策的执行效果，并适时调整和完善政策。

第九条 项目承担单位是享受本进口税收政策和履行相应义务的责任主体。项目承担单位应在每年7月15日前向牵头组织单位提交下一年度进口免税申请文件（要求见附件2），项目承担单位在领取《进口物资确认函》之前，可凭牵头组织单位出具的已受理申请的证明文件，向海关申请凭税款担保办理有关进口物资先予放行手续。上年度已享受免税政策的项目承担单位尚未领取当年度《进口物资确认函》之前，可直接向海关申请凭税款担保办理有关进口物资先予放行手续。

第十条 项目承担单位应当在进口物资前，按照《中华人民共和国海关进出口货物减免税管理办法》（海关总署令第179号）的有关规定，持《进口物资确认函》等有关材料向其所在地海关申请办理免税审批手续。

对项目承担单位在《进口物资确认函》确定的免税额度内进口物资的免税申请，海关按照科技重大专项免税进口物资清单进行审核，并确定相关物资是否符合免税条件。

第十一条 为及时对政策进行绩效评价，享受本规定进口税收政策的单位，应在每年2月1日前将上一年度的政策执行情况如实上报牵头组织单位。牵头组织单位应在每年3月1日前向财政部报送科技重大专项进口税收政策落实情况报告，说明上一年度实际免税进口物资总体情况，同时抄送科技部、国家发展改革委、海关总署、国家税务总局。

牵头组织单位连续两年未按规定提交报告的，该科技重大专项停止享受本规定进口税收优惠政策1年。项目承担单位未按规定提交报告的，停止该单位享受本规定进口税收优惠政策1年。

第十二条 牵头组织单位应当按照本规定要求，切实做好科技重大专项进口税收政策执行的管理工作，保证政策执行的规范性、安全性和有效性。

项目承担单位应当严格按照本规定有关要求，如实申报材料、办理相关进口物资的免税申请和进口手续。项目承担单位违反规定，将免税进口物资擅自转让、销售、移作他用或者进行其他处置，除按照有关法律、法规及规定处理外，对于被依法追究刑事责任的，从违法行为发现之日起停止享受本规定进口税收优惠政策；尚不够追究刑事责任的，从违法行为发现之日起停止享受本规定进口税收优惠政策 2 年。

第十三条　经海关核准，有关项目承担单位免税进口的设备可用于其他单位的科学研究、教学活动和技术开发，但未经海关许可，免税进口的设备不得移出原项目承担单位。科技重大专项项目（课题）完成后，对于仍处于海关监管年限内的免税进口设备和剩余的少量原材料、零部件，项目承担单位可及时向所在地海关申请办理提前解除监管的手续，并免于补缴税款。

第十四条　本规定自 2010 年 7 月 15 日起施行。

（摘自《财政部　科技部　国家发展改革委　海关总署　国家税务总局关于科技重大专项进口税收政策的通知》，2010 年 7 月 24 日财关税〔2010〕28 号）

7.1.6.15　煤层气勘探开发项目进口物资

为支持煤层气的勘探开发和煤矿瓦斯治理，经国务院批准，现将"十三五"期间煤层气勘探开发项目进口物资的税收政策通知如下：

一、自 2016 年 1 月 1 日至 2020 年 12 月 31 日，中联煤层气有限责任公司及其国内外合作者（以下简称中联煤层气公司），在我国境内进行煤层气勘探开发项目，进口国内不能生产或性能不能满足要求，并直接用于勘探开发的设备、仪器、零附件、专用工具（详见本通知所附管理规定所附的《勘探开发煤层气免税进口物资清单》，以下简称《免税物资清单》），免征进口关税和进口环节增值税。

二、国内其他从事煤层气勘探开发的单位，应在实际申报进口相关物资前按有关规定程序向财政部提出申请，经财政部商海关总署、国家税务总局等有关部门认定后，比照中联煤层气公司享受上述进口税收优惠政策。

三、符合本通知规定的勘探开发项目项下暂时进口《免税物资清单》所列的物资，准予免征进口关税和进口环节增值税。进口时海关按暂时进口货物办理手续。超出海关规定暂时进口时限仍需继续使用的，经海关审查确认可予延期，在暂时进口（包括延期）期限内准予按本通知规定免征进口关税和进口环节增值税。

四、符合本通知规定的勘探开发项目项下租赁进口《免税物资清单》所列的物资准予免征进口关税和进口环节增值税，租赁进口《免税物资清单》以外的物资应按有关规定照章征税。

五、本通知规定的勘探开发项目进口物资免征进口税收的具体管理规定详见附件。

（摘自《财政部　海关总署　国家税务总局关于"十三五"期间煤层气勘探开发项目进口物资免征进口税收的通知》，2016 年 9 月 28 日财关税〔2016〕45 号）

7.1.6.16　海关特殊监管区域一般纳税人试点企业进口自用设备

试点企业进口自用设备（包括机器设备、基建物资和办公用品）时，暂免征收进口关税、进口环节增值税、消费税（以下简称进口税收）。上述暂免进口税收按照该进口自用设备海关监管年限平均分摊到各个年度，每年年终对本年暂免的进口税收按照当年内外销比例进行划分，对外销比例部分执行试点企业所在海关特殊监管区域的税收政策，对内销比例部分比照执行海关特殊监管区域外（以下简称区外）税收政策补征税款。

（摘自《国家税务总局 财政部 海关总署关于开展赋予海关特殊监管区域企业增值税一般纳税人资格试点的公告》，2016 年 10 月 14 日国家税务总局 财政部 海关总署公告 2016 年第 65 号）

7.2 即征即退优惠

7.2.1 促进残疾人就业限额即征即退增值税

7.2.1.1 优惠政策的基本规定及相关定义

对安置残疾人的单位和个体工商户（以下称纳税人），实行由税务机关按纳税人安置残疾人的人数，限额即征即退增值税的办法。

安置的每位残疾人每月可退还的增值税具体限额，由县级以上税务机关根据纳税人所在区县（含县级市、旗，下同）适用的经省（含自治区、直辖市、计划单列市，下同）人民政府批准的月最低工资标准的 4 倍确定。

《财政部 国家税务总局关于教育税收政策的通知》（财税〔2004〕39 号）第一条第 7 项规定的特殊教育学校举办的企业，只要符合本通知第二条第（一）项第一款规定的条件，即可享受本通知第一条规定的增值税优惠政策。

纳税人按照纳税期限向主管国税机关申请退还增值税。本纳税期已交增值税额不足退还的，可在本纳税年度内以前纳税期已交增值税扣除已退增值税的余额中退还，仍不足退还的可结转本纳税年度内以后纳税期退还，但不得结转以后年度退还。纳税期限不为按月的，只能对其符合条件的月份退还增值税。

如果既适用促进残疾人就业增值税优惠政策，又适用重点群体、退役士兵、随军家属、军转干部等支持就业的增值税优惠政策的，纳税人可自行选择适用的优惠政策，但不能累加执行。一经选定，36 个月内不得变更。

本通知自 2016 年 5 月 1 日起执行。

（摘自《财政部 国家税务总局关于促进残疾人就业增值税优惠政策的通知》，2016 年 5 月 5 日财税〔2016〕52 号）

本通知有关定义

（一）残疾人，是指法定劳动年龄内，持有《中华人民共和国残疾人证》或者《中华人民共和国残疾军人证（1 至 8 级）》的自然人，包括具有劳动条件和劳动意愿的精神残疾人。

（二）残疾人个人，是指自然人。

（三）在职职工人数，是指与纳税人建立劳动关系并依法签订劳动合同或者服务协议的雇员人数。

（四）特殊教育学校举办的企业，是指特殊教育学校主要为在校学生提供实习场所、并由学校出资自办、由学校负责经营管理、经营收入全部归学校所有的企业。

（摘自《财政部 国家税务总局关于促进残疾人就业增值税优惠政策的通知》，2016 年 5 月 5 日财税〔2016〕52 号）

《促进残疾人就业增值税优惠政策管理办法》所指纳税人，是指安置残疾人的单位和个体工商户。

（摘自《国家税务总局关于发布＜促进残疾人就业增值税优惠政策管理办法＞的公告》，2016 年 5 月 27 日国家税务总局公告 2016 年第 33 号）

7.2.1.2　享受税收优惠政策的条件

7.2.1.2.1　安置人数及工资社保待遇条件

（一）纳税人（除盲人按摩机构外）月安置的残疾人占在职职工人数的比例不低于 25%（含 25%），并且安置的残疾人人数不少于 10 人（含 10 人）；

盲人按摩机构月安置的残疾人占在职职工人数的比例不低于 25%（含 25%），并且安置的残疾人人数不少于 5 人（含 5 人）。

（二）依法与安置的每位残疾人签订了一年以上（含一年）的劳动合同或服务协议。

（三）为安置的每位残疾人按月足额缴纳了基本养老保险、基本医疗保险、失业保险、工伤保险和生育保险等社会保险。

（四）通过银行等金融机构向安置的每位残疾人，按月支付了不低于纳税人所在区县适用的经省人民政府批准的月最低工资标准的工资。

（五）特殊教育学校举办的企业在计算残疾人人数时可将在企业上岗工作的特殊教育学校的全日制在校学生计算在内，在计算企业在职职工人数时也要将上述学生计算在内。

（摘自《财政部 国家税务总局关于促进残疾人就业增值税优惠政策的通知》，2016 年 5 月 5 日财税〔2016〕52 号）

纳税人新安置的残疾人从签订劳动合同并缴纳社会保险的次月起计算，其他职工从录用的次月起计算；安置的残疾人和其他职工减少的，从减少当月计算。

（摘自《国家税务总局关于发布＜促进残疾人就业增值税优惠政策管理办法＞的公告》，2016 年 5 月 27 日国家税务总局公告 2016 年第 33 号）

"依法与安置的每位残疾人签订了一年以上（含一年）的劳动合同或服务协议"中的"劳动合同或服务协议"，包括全日制工资发放形式和非全日制工资发放形式劳动合同或服务协议。

安置残疾人单位聘用非全日制用工的残疾人，与其签订符合法律法规规定的劳动合同或服务协议，并且安置该残疾人在单位实际上岗工作的，可按照"通知"的规定，享受增值税优惠政策。

本公告自 2013 年 10 月 1 日起执行。

（摘自《国家税务总局关于促进残疾人就业增值税优惠政策有关问题的公告》，2013 年

12 月 13 日国家税务总局公告 2013 年第 73 号）

"基本养老保险"和"基本医疗保险"是指"职工基本养老保险"和"职工基本医疗保险"，不含"城镇居民社会养老保险"、"新型农村社会养老保险"、"城镇居民基本医疗保险"和"新型农村合作医疗"。

本公告自 2014 年 1 月 1 日起施行。

（摘自《国家税务总局关于促进残疾人就业税收优惠政策有关问题的公告》，2013 年 12 月 30 日国家税务总局公告 2013 年第 78 号）

安置残疾人的机关事业单位以及由机关事业单位改制后的企业，为残疾人缴纳的机关事业单位养老保险，属于《通知》第五条第（三）款规定的"基本养老保险"范畴，可按规定享受相关税收优惠政策。

本公告自 2015 年 9 月 1 日起施行。

（摘自《国家税务总局关于促进残疾人就业税收优惠政策相关问题的公告》，2015 年 7 月 31 日国家税务总局公告 2015 年第 55 号）

7.2.1.2.2　纳税信用等级条件

纳税人中纳税信用等级为税务机关评定的 C 级或 D 级的，不得享受本通知第一条、第三条规定的政策。

（摘自《财政部 国家税务总局关于促进残疾人就业增值税优惠政策的通知》，2016 年 5 月 5 日财税〔2016〕52 号）

7.2.1.2.3　享受优惠政策业务的收入占其增值税收入的比例达到 50%

本通知第一条规定的增值税优惠政策仅适用于生产销售货物，提供加工、修理修配劳务，以及提供营改增现代服务和生活服务税目（不含文化体育服务和娱乐服务）范围的服务取得的收入之和，占其增值税收入的比例达到 50% 的纳税人，但不适用于上述纳税人直接销售外购货物（包括商品批发和零售）以及销售委托加工的货物取得的收入。

纳税人应当分别核算上述享受税收优惠政策和不得享受税收优惠政策业务的销售额，不能分别核算的，不得享受本通知规定的优惠政策。

（摘自《财政部 国家税务总局关于促进残疾人就业增值税优惠政策的通知》，2016 年 5 月 5 日财税〔2016〕52 号）

7.2.1.3　申请享受优惠应提供的备案资料

纳税人首次申请享受税收优惠政策，应向主管税务机关提供以下备案资料：

（一）《税务资格备案表》。

（二）安置的残疾人的《中华人民共和国残疾人证》或者《中华人民共和国残疾军人证（1 至 8 级）》复印件，注明与原件一致，并逐页加盖公章。安置精神残疾人的，提供精神残疾人同意就业的书面声明以及其法定监护人签字或印章的证明精神残疾人具有劳动条件和劳动意愿的书面材料。

（三）安置的残疾人的身份证明复印件，注明与原件一致，并逐页加盖公章。

纳税人提供的备案资料发生变化的，应于发生变化之日起 15 日内就变化情况向主管税务机关办理备案。

纳税人申请享受税收优惠政策，应对报送资料的真实性和合法性承担法律责任。主管税务机关对纳税人提供资料的完整性和增值税退税额计算的准确性进行审核。

（摘自《国家税务总局关于发布＜促进残疾人就业增值税优惠政策管理办法＞的公告》，2016 年 5 月 27 日国家税务总局公告 2016 年第 33 号）

7.2.1.4　应退增值税额的计算

纳税人本期应退增值税额按以下公式计算：

$$本期应退增值税额 = 本期所含月份每月应退增值税额之和$$
$$月应退增值税额 = 纳税人本月安置残疾人员人数 × 本月月最低工资标准的 4 倍$$

月最低工资标准，是指纳税人所在区县（含县级市、旗）适用的经省（含自治区、直辖市、计划单列市）人民政府批准的月最低工资标准。

纳税人本期已缴增值税额小于本期应退税额不足退还的，可在本年度内以前纳税期已缴增值税额扣除已退增值税额的余额中退还，仍不足退还的可结转本年度内以后纳税期退还。年度已缴增值税额小于或等于年度应退税额的，退税额为年度已缴增值税额；年度已缴增值税额大于年度应退税额的，退税额为年度应退税额。年度已缴增值税额不足退还的，不得结转以后年度退还。

（摘自《国家税务总局关于发布＜促进残疾人就业增值税优惠政策管理办法＞的公告》，2016 年 5 月 27 日国家税务总局公告 2016 年第 33 号）

7.2.1.5　申请退税时需报送的资料

纳税人申请退还增值税时，需报送如下资料：

（一）《退（抵）税申请审批表》。

（二）《安置残疾人纳税人申请增值税退税声明》。

（三）当期为残疾人缴纳社会保险费凭证的复印件及由纳税人加盖公章确认的注明缴纳人员、缴纳金额、缴纳期间的明细表。

（四）当期由银行等金融机构或纳税人加盖公章的按月为残疾人支付工资的清单。

特殊教育学校举办的企业，申请退还增值税时，不提供资料（三）和资料（四）。

（摘自《国家税务总局关于发布＜促进残疾人就业增值税优惠政策管理办法＞的公告》，2016 年 5 月 27 日国家税务总局公告 2016 年第 33 号）

7.2.1.6　纳税人在享受优惠过程中的义务及法律责任

享受促进残疾人就业增值税优惠政策的纳税人，对能证明或印证符合政策规定条件的相关材料负有留存备查义务。纳税人在税务机关后续管理中不能提供相关材料的，不得继续享受优惠政策。税务机关应追缴其相应纳税期内已享受的增值税退税，并依照税收征管法及其实施细则的有关规定处理。

（摘自《国家税务总局关于发布＜促进残疾人就业增值税优惠政策管理办法＞的公告》，2016 年 5 月 27 日国家税务总局公告 2016 年第 33 号）

税务机关发现已享受本通知增值税优惠政策的纳税人，存在不符合本通知第二条、第三条规定条件，或者采用伪造或重复使用残疾人证、残疾军人证等手段骗取本通知规定的增值税优惠的，应将纳税人发生上述违法违规行为的纳税期内按本通知已享受到的退税全额追缴入库，并自发现当月起 36 个月内停止其享受本通知规定的各项税收优惠。

（摘自《财政部 国家税务总局关于促进残疾人就业增值税优惠政策的通知》，2016 年 5 月 5 日财税〔2016〕52 号）

7.2.1.7 税务机关征管方面的义务

主管税务机关受理备案后，应将全部《中华人民共和国残疾人证》或者《中华人民共和国残疾军人证（1 至 8 级）》信息以及所安置残疾人的身份证明信息录入征管系统。

主管税务机关受理退税申请后，查询纳税人的纳税信用等级，对符合信用条件的，审核计算应退增值税额，并按规定办理退税。

主管税务机关应于每年 2 月底之前，在其网站或办税服务厅，将本地区上一年度享受安置残疾人增值税优惠政策的纳税人信息，按下列项目予以公示：纳税人名称、纳税人识别号、法人代表、计算退税的残疾人职工人次等。

各地税务机关要加强税收优惠政策落实情况的后续管理，对纳税人进行定期或不定期检查。检查发现纳税人不符合财税〔2016〕52 号文件规定的，按有关规定予以处理。

（摘自《国家税务总局关于发布＜促进残疾人就业增值税优惠政策管理办法＞的公告》，2016 年 5 月 27 日国家税务总局公告 2016 年第 33 号）

7.2.1.8 安置残疾人单位同时享受多项增值税优惠政策的处理

安置残疾人单位既符合促进残疾人就业增值税优惠政策条件，又符合其他增值税优惠政策条件的，可同时享受多项增值税优惠政策，但年度申请退还增值税总额不得超过本年度内应纳增值税总额。

本公告自 2011 年 12 月 1 日起执行。

（摘自《国家税务总局关于安置残疾人单位是否可以同时享受多项增值税优惠政策问题的公告》，2011 年 11 月 18 日国家税务总局公告 2011 年第 61 号）

7.2.2 享受即征即退优惠的产品和服务

7.2.2.1 软件产品

7.2.2.1.1 优惠政策的基本规定

（一）增值税一般纳税人销售其自行开发生产的软件产品，按 17% 税率【注：自 2018

年 5 月 1 日起调整为 16%，自 2019 年 4 月 1 日起调整为 13%】

征收增值税后，对其增值税实际税负超过 3% 的部分实行即征即退政策。

（二）增值税一般纳税人将进口软件产品进行本地化改造后对外销售，其销售的软件产品可享受本条第一款规定的增值税即征即退政策。

本地化改造是指对进口软件产品进行重新设计、改进、转换等，单纯对进口软件产品进行汉字化处理不包括在内。

本通知自 2011 年 1 月 1 日起执行。

（摘自《财政部　国家税务总局关于软件产品增值税政策的通知》，2011 年 10 月 13 日财税〔2011〕100 号）

7.2.2.1.2　软件产品界定及分类

本通知所称软件产品，是指信息处理程序及相关文档和数据。软件产品包括计算机软件产品、信息系统和嵌入式软件产品。嵌入式软件产品是指嵌入在计算机硬件、机器设备中并随其一并销售，构成计算机硬件、机器设备组成部分的软件产品。

（摘自《财政部　国家税务总局关于软件产品增值税政策的通知》，2011 年 10 月 13 日财税〔2011〕100 号）

7.2.2.1.3　享受优惠政策应符合的条件

满足下列条件的软件产品，经主管税务机关审核批准，可以享受本通知规定的增值税政策：

1. 取得省级软件产业主管部门认可的软件检测机构出具的检测证明材料；

2. 取得软件产业主管部门颁发的《软件产品登记证书》或著作权行政管理部门颁发的《计算机软件著作权登记证书》。

（摘自《财政部　国家税务总局关于软件产品增值税政策的通知》，2011 年 10 月 13 日财税〔2011〕100 号）

7.2.2.1.4　即征即退税额的计算方法

（一）软件产品增值税即征即退税额的计算方法：

$$即征即退税额 = 当期软件产品增值税应纳税额 - 当期软件产品销售额 × 3\%$$
$$当期软件产品增值税应纳税额 = 当期软件产品销项税额 -$$
$$当期软件产品可抵扣进项税额$$
$$当期软件产品销项税额 = 当期软件产品销售额 × 17\%$$

【注：2018 年 5 月 1 日后税率调整为 16%，自 2019 年 4 月 1 日起调整为 9%】

（二）嵌入式软件产品增值税即征即退税额的计算：

1. 嵌入式软件产品增值税即征即退税额的计算方法

$$即征即退税额 = 当期嵌入式软件产品增值税应纳税额 -$$
$$当期嵌入式软件产品销售额 × 3\%$$
$$当期嵌入式软件产品增值税应纳税额 = 当期嵌入式软件产品销项税额 -$$

当期嵌入式软件产品可抵扣进项税额

当期嵌入式软件产品销项税额 = 当期嵌入式软件产品销售额 × 17%

2. 当期嵌入式软件产品销售额的计算公式

当期嵌入式软件产品销售额 = 当期嵌入式软件产品与计算机硬件、机器设备

销售额合计 - 当期计算机硬件、机器设备销售额

计算机硬件、机器设备销售额按照下列顺序确定：

① 按纳税人最近同期同类货物的平均销售价格计算确定；

② 按其他纳税人最近同期同类货物的平均销售价格计算确定；

③ 按计算机硬件、机器设备组成计税价格计算确定。

计算机硬件、机器设备组成计税价格 = 计算机硬件、机器设备成本 × (1 + 10%)

按照上述办法计算，即征即退税额大于零时，税务机关应按规定，及时办理退税手续。

（摘自《财政部　国家税务总局关于软件产品增值税政策的通知》，2011 年 10 月 13 日财税〔2011〕100 号）

7.2.2.1.5　无法划分的进项税额的分摊依据

增值税一般纳税人在销售软件产品的同时销售其他货物或者应税劳务的，对于无法划分的进项税额，应按照实际成本或销售收入比例确定软件产品应分摊的进项税额；对专用于软件产品开发生产设备及工具的进项税额，不得进行分摊。纳税人应将选定的分摊方式报主管税务机关备案，并自备案之日起一年内不得变更。

专用于软件产品开发生产的设备及工具，包括但不限于用于软件设计的计算机设备、读写打印器具设备、工具软件、软件平台和测试设备。

（摘自《财政部　国家税务总局关于软件产品增值税政策的通知》，2011 年 10 月 13 日财税〔2011〕100 号）

7.2.2.1.6　享受优惠政策的核算要求

对增值税一般纳税人随同计算机硬件、机器设备一并销售嵌入式软件产品，如果适用本通知规定按照组成计税价格计算确定计算机硬件、机器设备销售额的，应当分别核算嵌入式软件产品与计算机硬件、机器设备部分的成本。凡未分别核算或者核算不清的，不得享受本通知规定的增值税政策。

（摘自《财政部　国家税务总局关于软件产品增值税政策的通知》，2011 年 10 月 13 日财税〔2011〕100 号）

7.2.2.1.7　弄虚作假骗取享受优惠的处理

各省、自治区、直辖市、计划单列市税务机关可根据本通知规定，制定软件产品增值税即征即退的管理办法。主管税务机关可对享受本通知规定增值税政策的纳税人进行定期或不定期检查。纳税人凡弄虚作假骗取享受本通知规定增值税政策的，税务机关除根据现行规定进行处罚外，自发生上述违法违规行为年度起，取消其享受本通知规定增值税政策的资格，纳税人三年内不得再次申请。

（摘自《财政部　国家税务总局关于软件产品增值税政策的通知》，2011 年 10 月 13 日财税〔2011〕100 号）

7.2.2.1.8　动漫软件的规定

为促进我国动漫产业发展，继续实施动漫产业增值税政策。现将有关事项通知如下：

一、自 2018 年 1 月 1 日至 2018 年 4 月 30 日，对动漫企业增值税一般纳税人销售其自主开发生产的动漫软件，按照 17% 的税率征收增值税后，对其增值税实际税负超过 3% 的部分，实行即征即退政策。

二、自 2018 年 5 月 1 日至 2020 年 12 月 31 日，对动漫企业增值税一般纳税人销售其自主开发生产的动漫软件，按照 16% 的税率征收增值税后，对其增值税实际税负超过 3% 的部分，实行即征即退政策。

三、动漫软件出口免征增值税。

四、动漫软件，按照《财政部　国家税务总局关于软件产品增值税政策的通知》（财税〔2011〕100 号）中软件产品相关规定执行。

动漫企业和自主开发、生产动漫产品的认定标准和认定程序，按照《文化部　财政部　国家税务总局关于印发 < 动漫企业认定管理办法（试行）＞的通知》（文市发〔2008〕51 号）的规定执行。

（摘自《财政部　税务总局关于延续动漫产业增值税政策的通知》，2018 年 4 月 19 日财税〔2018〕38 号）

7.2.2.2　资源综合利用产品

7.2.2.2.1　优惠政策的基本规定

纳税人销售自产的资源综合利用产品和提供资源综合利用劳务（以下称销售综合利用产品和劳务），可享受增值税即征即退政策。具体综合利用的资源名称、综合利用产品和劳务名称、技术标准和相关条件、退税比例等按照本通知所附《资源综合利用产品和劳务增值税优惠目录》（以下简称《目录》）的相关规定执行。

本通知自 2015 年 7 月 1 日起执行。

（摘自《财政部　国家税务总局关于印发 < 资源综合利用产品和劳务增值税优惠目录 > 的通知》，2015 年 6 月 12 日财税〔2015〕78 号）

7.2.2.2.2　享受优惠政策应同时符合的条件

纳税人从事《目录》所列的资源综合利用项目，其申请享受本通知规定的增值税即征即退政策时，应同时符合下列条件：

（一）属于增值税一般纳税人。

（二）销售综合利用产品和劳务，不属于国家发展改革委《产业结构调整指导目录》中的禁止类、限制类项目。

（三）销售综合利用产品和劳务，不属于环境保护部《环境保护综合名录》中的"高污染、高环境风险"产品或者重污染工艺。

（四）综合利用的资源，属于环境保护部《国家危险废物名录》列明的危险废物的，应当取得省级及以上环境保护部门颁发的《危险废物经营许可证》，且许可经营范围包括该危险废物的利用。

（五）纳税信用等级不属于税务机关评定的 C 级或 D 级。

纳税人在办理退税事宜时，应向主管税务机关提供其符合本条规定的上述条件以及《目录》规定的技术标准和相关条件的书面声明材料，未提供书面声明材料或者出具虚假材料的，税务机关不得给予退税。

已享受本通知规定的增值税即征即退政策的纳税人，自不符合本通知第二条规定的条件以及《目录》规定的技术标准和相关条件的次月起，不再享受本通知规定的增值税即征即退政策。

（摘自《财政部 国家税务总局关于印发＜资源综合利用产品和劳务增值税优惠目录＞的通知》，2015 年 6 月 12 日财税〔2015〕78 号）

7.2.2.2.3　违反税收、环境保护的法律法规受到处罚 36 个月内不得享受优惠

已享受本通知规定的增值税即征即退政策的纳税人，因违反税收、环境保护的法律法规受到处罚（警告或单次 1 万元以下罚款除外）的，自处罚决定下达的次月起 36 个月内，不得享受本通知规定的增值税即征即退政策。

（摘自《财政部 国家税务总局关于印发＜资源综合利用产品和劳务增值税优惠目录＞的通知》，2015 年 6 月 12 日财税〔2015〕78 号）

7.2.2.2.4　享受优惠政策的核算要求

纳税人应当单独核算适用增值税即征即退政策的综合利用产品和劳务的销售额和应纳税额。未单独核算的，不得享受本通知规定的增值税即征即退政策。

（摘自《财政部 国家税务总局关于印发＜资源综合利用产品和劳务增值税优惠目录＞的通知》，2015 年 6 月 12 日财税〔2015〕78 号）

7.2.2.2.5　税务机关的公示义务

各省、自治区、直辖市、计划单列市税务机关应于每年 2 月底之前在其网站上，将本地区上一年度所有享受本通知规定的增值税即征即退政策的纳税人，按下列项目予以公示：纳税人名称、纳税人识别号，综合利用的资源名称、数量，综合利用产品和劳务名称。

（摘自《财政部 国家税务总局关于印发＜资源综合利用产品和劳务增值税优惠目录＞的通知》，2015 年 6 月 12 日财税〔2015〕78 号）

政策解析

资源综合利用主要是指在矿产资源开采过程中对共生、伴生矿进行综合开发与合理利用；对生产过程中产生的废渣、废水（液）、废气、余热余压等进行回收和合理利用；对社

会生产和消费过程中产生的各种废物进行回收和再生利用等。

为了落实国务院精神，进一步推动资源综合利用和节能减排，规范和优化增值税政策，财政部国家税务总局对资源综合利用产品和劳务增值税优惠政策进行整合和调整。该通知将近年来发布的资源综合利用政策《财政部 国家税务总局关于资源综合利用及其他产品增值税政策的通知》（财税〔2008〕156号）、《财政部 国家税务总局关于资源综合利用及其他产品增值税政策的补充的通知》（财税〔2009〕163号）、《财政部 国家税务总局关于调整完善资源综合利用及劳务增值税政策的通知》（财税〔2011〕115号）、《财政部 国家税务总局关于享受资源综合利用增值税优惠政策的纳税人执行污染物排放标准的通知》（财税〔2013〕23号）进行整合归一，极大地方便了纳税人。

应从以下几个方面理解把握：一是具体享受优惠的综合利用的资源名称、综合利用产品和劳务名称、技术标准和相关条件、退税比例等必须按照《资源综合利用产品和劳务增值税优惠目录》相关规定执行；二是享受优惠政策应同时符合规定的条件；三是已享受优惠政策的纳税人，因违反税收、环境保护的法律法规受到处罚36个月内不得享受优惠；四是纳税人应当单独核算适用优惠政策的综合利用产品和劳务的销售额和应纳税额，否则不得享受优惠；五是当享受优惠政策条件发生变化时，应及时、主动按规定调整，恢复正常缴纳税款。

7.2.2.3 新型墙体材料

7.2.2.3.1 优惠政策的基本规定

对纳税人销售自产的列入本通知所附《享受增值税即征即退政策的新型墙体材料目录》（以下简称《目录》）的新型墙体材料，实行增值税即征即退50%的政策。

本通知自2015年7月1日起执行。

（摘自《财政部 国家税务总局关于新型墙体材料增值税政策的通知》，2015年6月12日财税〔2015〕73号）

7.2.2.3.2 享受优惠政策应同时符合的条件

纳税人销售自产的《目录》所列新型墙体材料，其申请享受本通知规定的增值税优惠政策时，应同时符合下列条件：

（一）销售自产的新型墙体材料，不属于国家发展和改革委员会《产业结构调整指导目录》中的禁止类、限制类项目。

（二）销售自产的新型墙体材料，不属于环境保护部《环境保护综合名录》中的"高污染、高环境风险"产品或者重污染工艺。

（三）纳税信用等级不属于税务机关评定的C级或D级。

纳税人在办理退税事宜时，应向主管税务机关提供其符合上述条件的书面声明材料，未提供书面声明材料或者出具虚假材料的，税务机关不得给予退税。

已享受本通知规定的增值税即征即退政策的纳税人，自不符合本通知第二条规定条件的次月起，不再享受本通知规定的增值税即征即退政策。

（摘自《财政部 国家税务总局关于新型墙体材料增值税政策的通知》，2015 年 6 月 12 日财税〔2015〕73 号）

7.2.2.3.3 违反税收、环境保护的法律法规受到处罚36个月内不得享受优惠

已享受本通知规定的增值税即征即退政策的纳税人，因违反税收、环境保护的法律法规受到处罚（警告或单次1万元以下罚款除外），自处罚决定下达的次月起36个月内，不得享受本通知规定的增值税即征即退政策。

（摘自《财政部 国家税务总局关于新型墙体材料增值税政策的通知》，2015 年 6 月 12 日财税〔2015〕73 号）

7.2.2.3.4 享受优惠政策的核算要求

纳税人应当单独核算享受本通知规定的增值税即征即退政策的新型墙体材料的销售额和应纳税额。未按规定单独核算的，不得享受本通知规定的增值税即征即退政策。

（摘自《财政部 国家税务总局关于新型墙体材料增值税政策的通知》，2015 年 6 月 12 日财税〔2015〕73 号）

7.2.2.3.5 税务机关的公示义务

各省、自治区、直辖市、计划单列市税务机关应于每年2月底之前在其网站上，将享受本通知规定的增值税即征即退政策的纳税人按下列项目予以公示：纳税人名称、纳税人识别号、新型墙体材料的名称。

（摘自《财政部 国家税务总局关于新型墙体材料增值税政策的通知》，2015 年 6 月 12 日财税〔2015〕73 号）

7.2.2.3.6 享受增值税即征即退政策的新型墙体材料目录

一、砖类

（一）非粘土烧结多孔砖（符合 GB 13544—2011 技术要求）和非粘土烧结空心砖（符合 GB 13545—2014 技术要求）

（二）承重混凝土多孔砖（符合 GB 25779—2010 技术要求）和非承重混凝土空心砖（符合 GB/T 24492－2009 技术要求）

（三）蒸压粉煤灰多孔砖（符合 GB 26541—2011 技术要求）、蒸压泡沫混凝土砖（符合 GB/T 29062—2012 技术要求）。

（四）烧结多孔砖（仅限西部地区，符合 GB 13544—2011 技术要求）和烧结空心砖（仅限西部地区，符合 GB 13545—2014 技术要求）。

二、砌块类

（一）普通混凝土小型空心砌块（符合 GB/T 8239—2014 技术要求）。

（二）轻集料混凝土小型空心砌块（符合 GB/T 15229—2011 技术要求）。

（三）烧结空心砌块（以煤矸石、江河湖淤泥、建筑垃圾、页岩为原料，符合 GB 13545—2014 技术要求）和烧结多孔砌块（以页岩、煤矸石、粉煤灰、江河湖淤泥及其他固

体废弃物为原料，符合 GB 13544—2011 技术要求）

（四）蒸压加气混凝土砌块（符合 GB 11968—2006 技术要求）、蒸压泡沫混凝土砌块（符合 GB/T 29062—2012 技术要求）。

（五）石膏砌块（以脱硫石膏、磷石膏等化学石膏为原料，符合 JC/T 698—2010 技术要求）。

（六）粉煤灰混凝土小型空心砌块（符合 JC/T 862—2008 技术要求）

三、板材类

（一）蒸压加气混凝土板（符合 GB 15762—2008 技术要求）。

（二）建筑用轻质隔墙条板（符合 GB/T 23451—2009 技术要求）和建筑隔墙用保温条板（符合 GB/T 23450—2009 技术要求）。

（三）外墙外保温系统用钢丝网架模塑聚苯乙烯板（符合 GB 26540—2011 技术要求）

（四）石膏空心条板（符合 JC/T 829—2010 技术要求）。

（五）玻璃纤维增强水泥轻质多孔隔墙条板（简称 GRC 板，符合 GB/T 19631—2005 技术要求）。

（六）建筑用金属面绝热夹芯板（符合 GB/T 23932—2009 技术要求）。

（七）建筑平板。其中：纸面石膏板（符合 GB/T 9775—2008 技术要求）；纤维增强硅酸钙板（符合 JC/T 564.1—2008、JC/T 564.2—2008 技术要求）；纤维增强低碱度水泥建筑平板（符合 JC/T 626—2008 技术要求）；维纶纤维增强水泥平板（符合 JC/T 671—2008 技术要求）；纤维水泥平板（符合 JC/T 412.1—2006、JC/T 412.2—2006 技术要求）。

四、符合国家标准、行业标准和地方标准的混凝土砖、烧结保温砖（砌块）（以页岩、煤矸石、粉煤灰、江河湖淤泥及其他固体废弃物为原料，加入成孔材料焙烧而成）、中空钢网内模隔墙、复合保温砖（砌块）、预制复合墙板（体），聚氨酯硬泡复合板及以专用聚氨酯为材料的建筑墙体。

（摘自《财政部 国家税务总局关于新型墙体材料增值税政策的通知》，2015 年 6 月 12 日财税〔2015〕73 号）

政策解析

新型墙体材料是区别于传统的砖瓦、灰砂石等传统墙材的墙材新品种。

近几年出现的新型墙体材料种类越来越多，其中应用较多的有石膏或水泥轻质隔墙板、彩钢板、加气混凝土砌块、钢丝网架泡沫板、小型混凝土空心砌块、石膏板、石膏砌块、陶粒砌块、烧结多孔砖、页岩砖、实心混凝土砖、PC 大板、水平孔混凝土墙板、活性炭墙体、新型隔墙板等。推广新型墙体材料，能促进能源节约和耕地保护。为此，财政部、国家税务总局在 2008 年 11 月 9 日发布了《财政部 国家税务总局关于资源综合利用及其他产品增值税政策的通知》（财税〔2008〕156 号），对部分新型墙体材料产品增值税实行即征即退 50% 的政策。但《财政部 国家税务总局关于资源综合利用及其他产品增值税政策的通知》（财税〔2015〕78 号）废止了财税〔2008〕156 号文件，故本次财政部、国家税务总局对新型墙体材料税收优惠政策做了细微调整并重新发布。

7.2.2.4 电力产品

7.2.2.4.1 利用太阳能生产的电力产品

自 2016 年 1 月 1 日至 2018 年 12 月 31 日，对纳税人销售自产的利用太阳能生产的电力产品，实行增值税即征即退 50% 的政策。文到之日前，已征的按本通知规定应予退还的增值税，可抵减纳税人以后月份应缴纳的增值税或予以退还。

（摘自《财政部 国家税务总局关于继续执行光伏发电增值税政策的通知》，2016 年 7 月 25 日财税〔2016〕81 号）

政策解析

为鼓励利用太阳能发电，促进相关产业健康发展，财政部、国家税务总局 2013 年 9 月 23 日发布《财政部 国家税务总局关于光伏发电增值税政策的通知》（财税〔2013〕66 号），规定自 2013 年 10 月 1 日至 2015 年 12 月 31 日，对纳税人销售自产的利用太阳能生产的电力产品，实行增值税即征即退 50% 的政策。本通知规定，自 2016 年 1 月 1 日至 2018 年 12 月 31 日继续执行该优惠政策。

7.2.2.4.2 利用风力生产的电力产品

自 2015 年 7 月 1 日起，对纳税人销售自产的利用风力生产的电力产品，实行增值税即征即退 50% 的政策。

（摘自《财政部 国家税务总局关于风力发电增值税政策的通知》，2015 年 6 月 12 日财税〔2015〕74 号）

政策解析

风能是一种可再生能源，利用风力发电的一个突出优点是，这种电力生产方式不产生温室气体，非常有利于环境保护。为鼓励利用风力发电，促进相关产业健康发展，2008 年 12 月 9 日财政部、国家税务总局发布了《关于资源综合利用及其他产品增值税政策的通知》（财税〔2008〕156 号），明确对销售利用风力生产的电力增值税实行即征即退 50% 的政策，但该文件已于 2015 年 7 月 1 日废止（见财税〔2015〕78 号）。故财政部、国家税务总局 2015 年 6 月 12 日对此优惠政策进行了重新明确，自 2015 年 7 月 1 日起，对纳税人销售自产的利用风力生产的电力产品，继续实行增值税即征即退 50% 的政策。

7.2.2.4.3 装机容量超过 100 万千瓦的水力发电站销售自产电力产品

装机容量超过 100 万千瓦的水力发电站（含抽水蓄能电站）销售自产电力产品，自 2013 年 1 月 1 日至 2015 年 12 月 31 日，对其增值税实际税负超过 8% 的部分实行即征即退政策；自 2016 年 1 月 1 日至 2017 年 12 月 31 日，对其增值税实际税负超过 12% 的部分实行即征即退政策。

本通知所称的装机容量，是指单站发电机组额定装机容量的总和。该额定装机容量包括项目核准（审批）机关依权限核准（审批）的水力发电站总装机容量（含分期建设和扩机），以及后续因技术改造升级等原因经批准增加的装机容量。。

（摘自《财政部　国家税务总局关于大型水电企业增值税政策的通知》，2014年2月12日财税〔2014〕10号）

政策解析

关于大型水电企业的增值税优惠政策，财政部、国家税务总局先后发布了《财政部　国家税务总局关于三峡电站电力产品增值税税收政策问题的通知》（财税〔2002〕24号）、《财政部　国家税务总局关于葛洲坝电站电力产品增值税政策问题的通知》（财税〔2002〕168号）、《财政部关于小浪底水利工程电力产品增值税政策问题的通知》（财税〔2006〕2号）、《国家税务总局关于黄河上游水电开发有限责任公司电力产品增值税税收政策问题的通知》（国税函〔2004〕52号）等文件，对其增值税实际税负超过8%的部分实行即征即退政策。

为支持水电行业发展，经国务院批准，财政部、国家税务总局统一和规范了大型水电企业增值税政策。对装机容量超过100万千瓦的水力发电站（含抽水蓄能电站）销售自产电力产品实行阶段性的增值税超税负即征即退政策。

该政策应从以下几个方面把握：一是缩小政策范围，将水电增值税政策的项目范围缩小至大型水电企业，即总装机容量超过100万千瓦的项目；二是设定执行期限，为给企业适应新税制一定时间，明确相关政策仅执行5年（自2013年1月1日至2017年12月31日）；三是逐渐减小退税力度，采取前3年超8%、后2年超12%返还；四是该规定是阶段性政策，2017年年底到期后恢复正常征税。

7.2.2.5　铂金

对中博世金科贸有限责任公司通过上海黄金交易所销售的进口铂金，以上海黄金交易所开具的《上海黄金交易所发票》（结算联）为依据，实行增值税即征即退政策。采取按照进口铂金价格计算退税的办法，具体如下：

即征即退的税额计算公式：

$$进口铂金平均单价 = \sum（当月进口铂金报关单价 × 当月进口铂金数量）+$$

$$上月末库存进口铂金总价值 ÷ 当月进口铂金数量 + 上月末库存进口铂金数量$$

$$金额 = 销售数量 × 进口铂金平均单价 ÷（1 + 16\%）$$

$$即征即退的税额 = 金额 × 16\%$$

中博世金科贸有限责任公司进口的铂金没有通过上海黄金交易所销售的，不得享受增值税即征即退政策。

国内铂金生产企业自产自销的铂金也实行增值税即征即退政策。

（摘自《财政部　国家税务总局关于铂金及其制品税收政策的通知》，2003年4月28日

财税〔2003〕86 号）

7.2.2.6 飞机维修劳务

为支持飞机维修行业的发展，决定自 2000 年 1 月 1 日起对飞机维修劳务增值税实际税负超过 6% 的部分实行由税务机关即征即退的政策。

（摘自《财政部 国家税务总局关于飞机维修增值税问题的通知》，2000 年 10 月 12 日财税〔2000〕102 号）

7.2.2.7 融资租赁服务

经人民银行、银监会或者商务部批准从事融资租赁业务的试点纳税人中的一般纳税人，提供有形动产融资租赁服务和有形动产融资性售后回租服务，对其增值税实际税负超过 3% 的部分实行增值税即征即退政策。商务部授权的省级商务主管部门和国家经济技术开发区批准的从事融资租赁业务和融资性售后回租业务的试点纳税人中的一般纳税人，2016 年 5 月 1 日后实收资本达到 1.7 亿元的，从达到标准的当月起按照上述规定执行；2016 年 5 月 1 日后实收资本未达到 1.7 亿元但注册资本达到 1.7 亿元的，在 2016 年 7 月 31 日前仍可按照上述规定执行，2016 年 8 月 1 日后开展的有形动产融资租赁业务和有形动产融资性售后回租业务不得按照上述规定执行。

本规定所称增值税实际税负，是指纳税人当期提供应税服务实际缴纳的增值税额占纳税人当期提供应税服务取得的全部价款和价外费用的比例。

（摘自《财政部 国家税务总局关于全面推开营业税改征增值税试点的通知》之附件 3《营业税改征增值税试点过渡政策的规定》，2016 年 3 月 23 日财税〔2016〕36 号）

《财政部 国家税务总局关于全面推开营业税改征增值税试点的通知》（财税〔2016〕36 号）所称"人民银行、银监会或者商务部批准"、"商务部授权的省级商务主管部门和国家经济技术开发区批准"从事融资租赁业务（含融资性售后回租业务）的试点纳税人（含试点纳税人中的一般纳税人），包括经上述部门备案从事融资租赁业务的试点纳税人。

（摘自《财政部 国家税务总局关于明确金融 房地产开发 教育辅助服务等增值税政策的通知》，2016 年 12 月 21 日财税〔2016〕140 号）

7.2.2.8 管道运输服务

一般纳税人提供管道运输服务，对其增值税实际税负超过 3% 的部分实行增值税即征即退政策。

本规定所称增值税实际税负，是指纳税人当期提供应税服务实际缴纳的增值税额占纳税人当期提供应税服务取得的全部价款和价外费用的比例。

（摘自《财政部 国家税务总局关于全面推开营业税改征增值税试点的通知》之附件 3《营业税改征增值税试点过渡政策的规定》，2016 年 3 月 23 日财税〔2016〕36 号）

7.2.3 即征即退优惠政策的管理措施

为加快退税进度，提高纳税人资金使用效率，扶持企业发展，税务总局决定调整增值税即征即退企业实施先评估后退税的管理措施。现将有关问题公告如下：

一、将增值税即征即退优惠政策的管理措施由先评估后退税改为先退税后评估。

二、主管税务机关应进一步加强对即征即退企业增值税退税的事后管理，根据以下指标定期开展纳税评估。

（一）销售额变动率的计算公式：

1. 本期销售额环比变动率 =（本期即征即退货物和劳务销售额 − 上期即征即退货物和劳务销售额）÷ 上期即征即退货物和劳务销售额 ×100%。

2. 本期累计销售额环比变动率 =（本期即征即退货物和劳务累计销售额 − 上期即征即退货物和劳务累计销售额）÷ 上期即征即退货物和劳务累计销售额 ×100%。

3. 本期销售额同比变动率 =（本期即征即退货物和劳务销售额 − 去年同期即征即退货物和劳务销售额）÷ 去年同期即征即退货物和劳务销售额 ×100%。

4. 本期累计销售额同比变动率 =（本期即征即退货物和劳务累计销售额 − 去年同期即征即退货物和劳务累计销售额）÷ 去年同期即征即退货物和劳务累计销售额 ×100%。

（二）增值税税负率的计算公式

增值税税负率 = 本期即征即退货物和劳务应纳税额 ÷ 本期即征即退货物和劳务销售额 ×100%。

三、各地可根据不同的即征即退项目设计、完善评估指标。主管税务机关通过纳税评估发现企业异常情况的，应及时核实原因并按相关规定处理。

四、本公告自 2011 年 12 月 1 日起施行。

（摘自《国家税务总局关于调整增值税即征即退优惠政策管理措施有关问题的公告》，2011 年 11 月 14 日国家税务总局公告 2011 年第 60 号）

7.3 先征后退优惠

7.3.1 宣传文化单位

为促进我国宣传文化事业的发展，继续实施宣传文化增值税优惠政策。现将有关事项通知如下：

一、自 2018 年 1 月 1 日起至 2020 年 12 月 31 日，执行下列增值税先征后退政策。

（一）对下列出版物在出版环节执行增值税 100% 先征后退的政策：

1. 中国共产党和各民主党派的各级组织的机关报纸和机关期刊，各级人大、政协、政府、工会、共青团、妇联、残联、科协的机关报纸和机关期刊，新华社的机关报纸和机关期刊，军事部门的机关报纸和机关期刊。

上述各级组织不含其所属部门。机关报纸和机关期刊增值税先征后退范围掌握在一个单位一份报纸和一份期刊以内。

2. 专为少年儿童出版发行的报纸和期刊，中小学的学生课本。

3. 专为老年人出版发行的报纸和期刊。

4. 少数民族文字出版物。

5. 盲文图书和盲文期刊。

6. 经批准在内蒙古、广西、西藏、宁夏、新疆五个自治区内注册的出版单位出版的出版物。

7. 列入本通知附件1的图书、报纸和期刊。

（二）对下列出版物在出版环节执行增值税先征后退50%的政策：

1. 各类图书、期刊、音像制品、电子出版物，但本通知第一条第（一）项规定执行增值税100%先征后退的出版物除外。

2. 列入本通知附件2的报纸。

（三）对下列印刷、制作业务执行增值税100%先征后退的政策：

1. 对少数民族文字出版物的印刷或制作业务。

2. 列入本通知附件3的新疆维吾尔自治区印刷企业的印刷业务。

二、自2018年1月1日起至2020年12月31日，免征图书批发、零售环节增值税。

三、自2018年1月1日起至2020年12月31日，对科普单位的门票收入，以及县级及以上党政部门和科协开展科普活动的门票收入免征增值税。

四、享受本通知第一条第（一）项、第（二）项规定的增值税先征后退政策的纳税人，必须是具有相关出版物出版许可证的出版单位（含以"租型"方式取得专有出版权进行出版物印刷发行的出版单位）。承担省级及以上出版行政主管部门指定出版、发行任务的单位，因进行重组改制等原因尚未办理出版、发行许可证变更的单位，经财政部驻各地财政监察专员办事处（以下简称财政监察专员办事处）商省级出版行政主管部门核准，可以享受相应的增值税先征后退政策。

纳税人应将享受上述税收优惠政策的出版物在财务上实行单独核算，不进行单独核算的不得享受本通知规定的优惠政策。违规出版物、多次出现违规的出版单位及图书批发零售单位不得享受本通知规定的优惠政策，上述违规出版物、出版单位及图书批发零售单位的具体名单由省级及以上出版行政主管部门及时通知相应财政监察专员办事处和主管税务机关。

五、已按软件产品享受增值税退税政策的电子出版物不得再按本通知申请增值税先征后退政策。

六、本通知规定的各项增值税先征后退政策由财政监察专员办事处根据财政部、国家税务总局、中国人民银行《关于税制改革后对某些企业实行"先征后退"有关预算管理问题的暂行规定的通知》〔（94）财预字第55号〕的规定办理。

七、本通知的有关定义

（一）本通知所述"出版物"，是指根据国务院出版行政主管部门的有关规定出版的图书、报纸、期刊、音像制品和电子出版物。所述图书、报纸和期刊，包括随同图书、报纸、期刊销售并难以分离的光盘、软盘和磁带等信息载体。

（二）图书、报纸、期刊（即杂志）的范围，仍然按照《国家税务总局关于印发＜增值税部分货物征税范围注释＞的通知》（国税发〔1993〕151 号）的规定执行；音像制品、电子出版物的范围，按照《财政部 税务总局关于简并增值税税率有关政策的通知》（财税〔2017〕37 号）的规定执行。

（三）本通知所述"专为少年儿童出版发行的报纸和期刊"，是指以初中及初中以下少年儿童为主要对象的报纸和期刊。

（四）本通知所述"中小学的学生课本"，是指普通中小学学生课本和中等职业教育课本。普通中小学学生课本是指根据教育部中、小学教学大纲的要求，由经国务院教育行政主管部门审定，并取得国务院出版行政主管部门批准的教科书出版、发行资质的单位提供的中、小学学生上课使用的正式课本，具体操作时按国家和省级教育行政部门每年春、秋两季下达的"中小学教学用书目录"中所列的"课本"的范围掌握；中等职业教育课本是指经国家和省级教育、人力资源社会保障行政部门审定，供中等专业学校、职业高中和成人专业学校学生使用的课本，具体操作时按国家和省级教育、人力资源社会保障行政部门每年下达的教学用书目录认定。中小学的学生课本不包括各种形式的教学参考书、图册、自读课本、课外读物、练习册以及其他各类辅助性教材和辅导读物。

（五）本通知所述"专为老年人出版发行的报纸和期刊"，是指以老年人为主要对象的报纸和期刊，具体范围详见附件 4。

（六）本通知第一条第（一）项和第（二）项规定的图书包括"租型"出版的图书。

（七）本通知所述"科普单位"，是指科技馆、自然博物馆，对公众开放的天文馆（站、台）、气象台（站）、地震台（站），以及高等院校、科研机构对公众开放的科普基地。

本通知所述"科普活动"，是指利用各种传媒以浅显的、让公众易于理解、接受和参与的方式，向普通大众介绍自然科学和社会科学知识，推广科学技术的应用，倡导科学方法，传播科学思想，弘扬科学精神的活动。

（摘自《财政部 税务总局关于延续宣传文化增值税优惠政策的通知》，2018 年 6 月 5 日财税〔2018〕53 号）

7.3.2 变性燃料乙醇定点生产企业

对吉林燃料乙醇有限责任公司、河南天冠集团、安徽丰原生物化学股份有限公司和黑龙江华润酒精有限公司生产用于调配车用乙醇汽油的变性燃料乙醇，增值税实行先征后退办法，具体由财政部驻当地财政监察专员办事处按照（94）财预字第 55 号文件的规定办理。

（摘自《财政部 国家税务总局关于变性燃料乙醇定点生产企业有关税收政策问题的通知》，2005 年 12 月 14 日财税〔2005〕174 号）

7.3.3 煤层气抽采企业

为加快推进煤层气资源的抽采利用，鼓励清洁生产、节约生产和安全生产，经国务院批准，对煤层气抽采企业的增值税一般纳税人抽采销售煤层气实行增值税先征后退政策。

煤层气是指赋存于煤层及其围岩中与煤炭资源伴生的非常规天然气，也称煤矿瓦斯。

煤层气抽采企业应将享受增值税先征后退政策的业务和其他业务分别核算，不能分别准确核算的，不得享受增值税先征后退政策。

（摘自《财政部 国家税务总局关于加快煤层气抽采有关税收政策问题的通知》，2007年2月7日财税〔2007〕16号）

7.3.4 核力发电企业销售电力产品

（一）核力发电企业生产销售电力产品，自核电机组正式商业投产次月起15个年度内，统一实行增值税先征后退政策，返还比例分三个阶段逐级递减。具体返还比例为：

1. 自正式商业投产次月起5个年度内，返还比例为已入库税款的75%；

2. 自正式商业投产次月起的第6至第10个年度内，返还比例为已入库税款的70%；

3. 自正式商业投产次月起的第11至第15个年度内，返还比例为已入库税款的55%；

4. 自正式商业投产次月起满15个年度以后，不再实行增值税先征后退政策。

（二）核力发电企业采用按核电机组分别核算增值税退税额的办法，企业应分别核算核电机组电力产品的销售额，未分别核算或不能准确核算的，不得享受增值税先征后退政策。单台核电机组增值税退税额可以按以下公式计算：

单台核电机组增值税退税额 = 单台核电机组电力产品销售额/

核力发电企业电力产品销售额合计×核力发电企业实际缴纳增值税额×退税比例

（三）原已享受增值税先征后退政策但该政策已于2007年内到期的核力发电企业，自该政策执行到期后次月起按上述统一政策核定剩余年度相应的返还比例；对2007年内新投产的核力发电企业，自核电机组正式商业投产日期的次月起按上述统一政策执行。

（摘自《财政部 国家税务总局关于核电行业税收政策有关问题的通知》，2008年4月3日财税〔2008〕38号）

7.4 扣减增值税优惠

7.4.1 税控系统专用设备和技术维护费用抵减增值税

为减轻纳税人负担，经国务院批准，自2011年12月1日起，增值税纳税人购买增值税税控系统专用设备支付的费用以及缴纳的技术维护费（以下称二项费用）可在增值税应纳税额中全额抵减。现将有关政策通知如下：

一、增值税纳税人2011年12月1日（含，下同）以后初次购买增值税税控系统专用设备（包括分开票机）支付的费用，可凭购买增值税税控系统专用设备取得的增值税专用发票，在增值税应纳税额中全额抵减（抵减额为价税合计额），不足抵减的可结转下期继续抵减。增值税纳税人非初次购买增值税税控系统专用设备支付的费用，由其自行负担，不得在增值税应纳税额中抵减。

增值税税控系统包括：增值税防伪税控系统、货物运输业增值税专用发票税控系统、机动车销售统一发票税控系统和公路、内河货物运输业发票税控系统。

增值税防伪税控系统的专用设备包括金税卡、IC 卡、读卡器或金税盘和报税盘；货物运输业增值税专用发票税控系统专用设备包括税控盘和报税盘；机动车销售统一发票税控系统和公路、内河货物运输业发票税控系统专用设备包括税控盘和传输盘。

二、增值税纳税人 2011 年 12 月 1 日以后缴纳的技术维护费（不含补缴的 2011 年 11 月 30 日以前的技术维护费），可凭技术维护服务单位开具的技术维护费发票，在增值税应纳税额中全额抵减，不足抵减的可结转下期继续抵减。技术维护费按照价格主管部门核定的标准执行。

三、增值税一般纳税人支付的二项费用在增值税应纳税额中全额抵减的，其增值税专用发票不作为增值税抵扣凭证，其进项税额不得从销项税额中抵扣。

（摘自《财政部 国家税务总局关于增值税税控系统专用设备和技术维护费用抵减增值税税额有关政策的通知》，2012 年 2 月 7 日财税〔2012〕15 号）

7.4.2　扶持自主就业退役士兵创业就业扣减应缴税款

为扶持自主就业退役士兵创业就业，现将有关税收政策通知如下：

一、对自主就业退役士兵从事个体经营的，在 3 年内按每户每年 8000 元为限额依次扣减其当年实际应缴纳的增值税、城市维护建设税、教育费附加、地方教育附加和个人所得税。限额标准最高可上浮 20%，各省、自治区、直辖市人民政府可根据本地区实际情况在此幅度内确定具体限额标准，并报财政部和税务总局备案。

纳税人年度应缴纳税款小于上述扣减限额的，以其实际缴纳的税款为限；大于上述扣减限额的，以上述扣减限额为限。纳税人的实际经营期不足一年的，应当以实际月份换算其减免税限额。换算公式为：减免税限额 = 年度减免税限额 ÷ 12 × 实际经营月数。

纳税人在享受税收优惠政策的当月，持《中国人民解放军义务兵退出现役证》或《中国人民解放军士官退出现役证》以及税务机关要求的相关材料向主管税务机关备案。

二、对商贸企业、服务型企业、劳动就业服务企业中的加工型企业和街道社区具有加工性质的小型企业实体，在新增加的岗位中，当年新招用自主就业退役士兵，与其签订 1 年以上期限劳动合同并依法缴纳社会保险费的，在 3 年内按实际招用人数予以定额依次扣减增值税、城市维护建设税、教育费附加、地方教育附加和企业所得税优惠。定额标准为每人每年 4000 元，最高可上浮 50%，各省、自治区、直辖市人民政府可根据本地区实际情况在此幅度内确定具体定额标准，并报财政部和税务总局备案。

本条所称服务型企业是指从事《销售服务、无形资产、不动产注释》（《财政部国家税务总局关于全面推开营业税改征增值税试点的通知》——财税〔2016〕36 号附件）中"不动产租赁服务"、"商务辅助服务"（不含货物运输代理和代理报关服务）、"生活服务"（不含文化体育服务）范围内业务活动的企业以及按照《民办非企业单位登记管理暂行条例》（国务院令第251号）登记成立的民办非企业单位。

纳税人按企业招用人数和签订的劳动合同时间核定企业减免税总额，在核定减免税总额内每月依次扣减增值税、城市维护建设税、教育费附加和地方教育附加。纳税人实际应缴纳的增值税、城市维护建设税、教育费附加和地方教育附加小于核定减免税总额的，以实际应缴纳的增值税、城市维护建设税、教育费附加和地方教育附加为限；实际应缴纳的增值税、城市维护建设税、教育费附加和地方教育附加大于核定减免税总额的，以核定减免税总额为限。

纳税年度终了，如果企业实际减免的增值税、城市维护建设税、教育费附加和地方教育附加小于核定的减免税总额，企业在企业所得税汇算清缴时扣减企业所得税。当年扣减不完的，不再结转以后年度扣减。

计算公式为：企业减免税总额 = $\sum$ 每名自主就业退役士兵本年度在本企业工作月份 $\div 12 \times$ 定额标准。

企业自招用自主就业退役士兵的次月起享受税收优惠政策，并于享受税收优惠政策的当月，持下列材料向主管税务机关备案：1. 新招用自主就业退役士兵的《中国人民解放军义务兵退出现役证》或《中国人民解放军士官退出现役证》；2. 企业与新招用自主就业退役士兵签订的劳动合同（副本），企业为职工缴纳的社会保险费记录；3. 自主就业退役士兵本年度在企业工作时间表（见附件）；4. 主管税务机关要求的其他相关材料。

三、本通知所称自主就业退役士兵是指依照《退役士兵安置条例》（国务院、中央军委令第608号）的规定退出现役并按自主就业方式安置的退役士兵。

四、本通知的执行期限为2017年1月1日至2019年12月31日。本通知规定的税收优惠政策按照备案减免税管理，纳税人应向主管税务机关备案。税收优惠政策在2019年12月31日未享受满3年的，可继续享受至3年期满为止。

对《财政部国家税务总局关于全面推开营业税改征增值税试点的通知》（财税〔2016〕36号）附件3第三条第（一）项政策，纳税人在2016年12月31日未享受满3年的，可按现行政策继续享受至3年期满为止。

五、如果企业招用的自主就业退役士兵既适用本通知规定的税收优惠政策，又适用其他扶持就业的专项税收优惠政策，企业可选择适用最优惠的政策，但不能重复享受。

（摘自《财政部 税务总局民政部关于继续实施扶持自主就业退役士兵创业就业有关税收政策的通知》，2017年6月12日财税〔2017〕46号）

为进一步扶持自主就业退役士兵创业就业，现将有关税收政策通知如下：

一、自主就业退役士兵从事个体经营的，自办理个体工商户登记当月起，在3年（36个月，下同）内按每户每年12000元为限额依次扣减其当年实际应缴纳的增值税、城市维护建设税、教育费附加、地方教育附加和个人所得税。限额标准最高可上浮20%，各省、自治区、直辖市人民政府可根据本地区实际情况在此幅度内确定具体限额标准。

纳税人年度应缴纳税款小于上述扣减限额的，减免税额以其实际缴纳的税款为限；大于上述扣减限额的，以上述扣减限额为限。纳税人的实际经营期不足 1 年的，应当按月换算其减免税限额。换算公式为：减免税限额 = 年度减免税限额 ÷12×实际经营月数。城市维护建设税、教育费附加、地方教育附加的计税依据是享受本项税收优惠政策前的增值税应纳税额。

二、企业招用自主就业退役士兵，与其签订 1 年以上期限劳动合同并依法缴纳社会保险费的，自签订劳动合同并缴纳社会保险当月起，在 3 年内按实际招用人数予以定额依次扣减增值税、城市维护建设税、教育费附加、地方教育附加和企业所得税优惠。定额标准为每人每年 6000 元，最高可上浮 50%，各省、自治区、直辖市人民政府可根据本地区实际情况在此幅度内确定具体定额标准。

企业按招用人数和签订的劳动合同时间核算企业减免税总额，在核算减免税总额内每月依次扣减增值税、城市维护建设税、教育费附加和地方教育附加。企业实际应缴纳的增值税、城市维护建设税、教育费附加和地方教育附加小于核算减免税总额的，以实际应缴纳的增值税、城市维护建设税、教育费附加和地方教育附加为限；实际应缴纳的增值税、城市维护建设税、教育费附加和地方教育附加大于核算减免税总额的，以核算减免税总额为限。

纳税年度终了，如果企业实际减免的增值税、城市维护建设税、教育费附加和地方教育附加小于核算减免税总额，企业在企业所得税汇算清缴时以差额部分扣减企业所得税。当年扣减不完的，不再结转以后年度扣减。

自主就业退役士兵在企业工作不满 1 年的，应当按月换算减免税限额。计算公式为：

$$企业核算减免税总额 = \sum 每名自主就业退役士兵本年度在本单位工作月份 ÷12× 具体定额标准。$$

城市维护建设税、教育费附加、地方教育附加的计税依据是享受本项税收优惠政策前的增值税应纳税额。

三、本通知所称自主就业退役士兵是指依照《退役士兵安置条例》（国务院 中央军委令第 608 号）的规定退出现役并按自主就业方式安置的退役士兵。

本通知所称企业是指属于增值税纳税人或企业所得税纳税人的企业等单位。

四、自主就业退役士兵从事个体经营的，在享受税收优惠政策进行纳税申报时，注明其退役军人身份，并将《中国人民解放军义务兵退出现役证》《中国人民解放军士官退出现役证》或《中国人民武装警察部队义务兵退出现役证》《中国人民武装警察部队士官退出现役证》留存备查。

企业招用自主就业退役士兵享受税收优惠政策的，将以下资料留存备查：1. 招用自主就业退役士兵的《中国人民解放军义务兵退出现役证》《中国人民解放军士官退出现役证》或《中国人民武装警察部队义务兵退出现役证》《中国人民武装警察部队士官退出现役证》；2. 企业与招用自主就业退役士兵签订的劳动合同（副本），为职工缴纳的社会保险费记录；3. 自主就业退役士兵本年度在企业工作时间表（见附件）。

五、企业招用自主就业退役士兵既可以适用本通知规定的税收优惠政策，又可以适用其他扶持就业专项税收优惠政策的，企业可以选择适用最优惠的政策，但不得重复享受。

六、本通知规定的税收政策执行期限为 2019 年 1 月 1 日至 2021 年 12 月 31 日。纳税人在 2021 年 12 月 31 日享受本通知规定税收优惠政策未满 3 年的，可继续享受至 3 年期满为止。《财政部 税务总局 民政部关于继续实施扶持自主就业退役士兵创业就业有关税收政策的通知》（财税〔2017〕46 号）自 2019 年 1 月 1 日起停止执行。

退役士兵以前年度已享受退役士兵创业就业税收优惠政策满 3 年的，不得再享受本通知规定的税收优惠政策；以前年度享受退役士兵创业就业税收优惠政策未满 3 年且符合本通知规定条件的，可按本通知规定享受优惠至 3 年期满。

（摘自《财政部 税务总局 退役军人部关于进一步扶持自主就业退役士兵创业就业有关税收政策的通知》，2019 年 2 月 2 日财税〔2019〕21 号）

7.4.3 支持和促进重点群体创业就业扣减应缴税款

7.4.3.1 2017 年 1 月 1 日至 2019 年 12 月 31 日执行的政策

为支持和促进重点群体创业就业，现将有关税收政策通知如下：

一、对持《就业创业证》（注明"自主创业税收政策"或"毕业年度内自主创业税收政策"）或《就业失业登记证》（注明"自主创业税收政策"或附着《高校毕业生自主创业证》）的人员从事个体经营的，在 3 年内按每户每年 8000 元为限额依次扣减其当年实际应缴纳的增值税、城市维护建设税、教育费附加、地方教育附加和个人所得税。限额标准最高可上浮 20%，各省、自治区、直辖市人民政府可根据本地区实际情况在此幅度内确定具体限额标准，并报财政部和税务总局备案。

纳税人年度应缴纳税款小于上述扣减限额的，以其实际缴纳的税款为限；大于上述扣减限额的，以上述扣减限额为限。

上述人员是指：1. 在人力资源社会保障部门公共就业服务机构登记失业半年以上的人员；2. 零就业家庭、享受城市居民最低生活保障家庭劳动年龄内的登记失业人员；3. 毕业年度内高校毕业生。高校毕业生是指实施高等学历教育的普通高等学校、成人高等学校应届毕业的学生；毕业年度是指毕业所在自然年，即 1 月 1 日至 12 月 31 日。

二、对商贸企业、服务型企业、劳动就业服务企业中的加工型企业和街道社区具有加工性质的小型企业实体，在新增加的岗位中，当年新招用在人力资源社会保障部门公共就业服务机构登记失业半年以上且持《就业创业证》或《就业失业登记证》（注明"企业吸纳税收政策"）人员，与其签订 1 年以上期限劳动合同并依法缴纳社会保险费的，在 3 年内按实际招用人数予以定额依次扣减增值税、城市维护建设税、教育费附加、地方教育附加和企业所得税优惠。定额标准为每人每年 4000 元，最高可上浮 30%，各省、自治区、直辖市人民政府可根据本地区实际情况在此幅度内确定具体定额标准，并报财政部和税务总局备案。

按上述标准计算的税收扣减额应在企业当年实际应缴纳的增值税、城市维护建设税、教育费附加、地方教育附加和企业所得税税额中扣减，当年扣减不完的，不得结转下年使用。

本条所称服务型企业，是指从事《销售服务、无形资产、不动产注释》（《财政部 国家税务总局关于全面推开营业税改征增值税试点的通知》——财税〔2016〕36 号附件）中"不动产租赁服务"、"商务辅助服务"（不含货物运输代理和代理报关服务）、"生活服务"（不含文化体育服务）范围内业务活动的企业以及按照《民办非企业单位登记管理暂行条例》（国务院令第 251 号）登记成立的民办非企业单位。

三、享受上述优惠政策的人员按以下规定申领《就业创业证》：

（一）按照《就业服务与就业管理规定》（人力资源社会保障部令第 24 号）第六十三条的规定，在法定劳动年龄内，有劳动能力，有就业要求，处于无业状态的城镇常住人员，在公共就业服务机构进行失业登记，申领《就业创业证》。对其中的零就业家庭、城市低保家庭的登记失业人员，公共就业服务机构应在其《就业创业证》上予以注明。

（二）毕业年度内高校毕业生在校期间凭学生证向公共就业服务机构按规定申领《就业创业证》，或委托所在高校就业指导中心向公共就业服务机构按规定代为其申领《就业创业证》；毕业年度内高校毕业生离校后直接向公共就业服务机构按规定申领《就业创业证》。

（三）上述人员申领相关凭证后，由就业和创业地人力资源社会保障部门对人员范围、就业失业状态、已享受政策情况进行核实，在《就业创业证》上注明"自主创业税收政策"、"毕业年度内自主创业税收政策"或"企业吸纳税收政策"字样，同时符合自主创业和企业吸纳税收政策条件的，可同时加注；主管税务机关在《就业创业证》上加盖戳记，注明减免税所属时间。

四、本通知的执行期限为 2017 年 1 月 1 日至 2019 年 12 月 31 日。本通知规定的税收优惠政策按照备案减免税管理，纳税人应向主管税务机关备案。税收优惠政策在 2019 年 12 月 31 日未享受满 3 年的，可继续享受至 3 年期满为止。

对《财政部 国家税务总局关于全面推开营业税改征增值税试点的通知》（财税〔2016〕36 号）文件附件 3 第三条第（二）项政策，纳税人在 2016 年 12 月 31 日未享受满 3 年的，可按现行政策继续享受至 3 年期满为止。

五、本通知所述人员不得重复享受税收优惠政策，以前年度已享受扶持就业的专项税收优惠政策的人员不得再享受本通知规定的税收优惠政策。如果企业的就业人员既适用本通知规定的税收优惠政策，又适用其他扶持就业的专项税收优惠政策，企业可选择适用最优惠的政策，但不能重复享受。

六、上述税收政策的具体实施办法由税务总局会同财政部、人力资源社会保障部、教育部、民政部另行制定。

（摘自《财政部 税务总局 民政部关于继续实施扶持自主就业退役士兵创业就业有关税收政策的通知》，2017 年 6 月 12 日财税〔2017〕49 号）

7.4.3.2 2019 年 1 月 1 日至 2021 年 12 月 31 日执行的政策

为进一步支持和促进重点群体创业就业，现将有关税收政策通知如下：

一、建档立卡贫困人口、持《就业创业证》（注明"自主创业税收政策"或"毕业年度内自主创业税收政策"）或《就业失业登记证》（注明"自主创业税收政策"）的人员，从事个体经营的，自办理个体工商户登记当月起，在3年（36个月，下同）内按每户每年12000元为限额依次扣减其当年实际应缴纳的增值税、城市维护建设税、教育费附加、地方教育附加和个人所得税。限额标准最高可上浮20%，各省、自治区、直辖市人民政府可根据本地区实际情况在此幅度内确定具体限额标准。

纳税人年度应缴纳税款小于上述扣减限额的，减免税额以其实际缴纳的税款为限；大于上述扣减限额的，以上述扣减限额为限。

上述人员具体包括：1.纳入全国扶贫开发信息系统的建档立卡贫困人口；2.在人力资源社会保障部门公共就业服务机构登记失业半年以上的人员；3.零就业家庭、享受城市居民最低生活保障家庭劳动年龄内的登记失业人员；4.毕业年度内高校毕业生。高校毕业生是指实施高等学历教育的普通高等学校、成人高等学校应届毕业的学生；毕业年度是指毕业所在自然年，即1月1日至12月31日。

二、企业招用建档立卡贫困人口，以及在人力资源社会保障部门公共就业服务机构登记失业半年以上且持《就业创业证》或《就业失业登记证》（注明"企业吸纳税收政策"）的人员，与其签订1年以上期限劳动合同并依法缴纳社会保险费的，自签订劳动合同并缴纳社会保险当月起，在3年内按实际招用人数予以定额依次扣减增值税、城市维护建设税、教育费附加、地方教育附加和企业所得税优惠。定额标准为每人每年6000元，最高可上浮30%，各省、自治区、直辖市人民政府可根据本地区实际情况在此幅度内确定具体定额标准。城市维护建设税、教育费附加、地方教育附加的计税依据是享受本项税收优惠政策前的增值税应纳税额。

按上述标准计算的税收扣减额应在企业当年实际应缴纳的增值税、城市维护建设税、教育费附加、地方教育附加和企业所得税税额中扣减，当年扣减不完的，不得结转下年使用。

本通知所称企业是指属于增值税纳税人或企业所得税纳税人的企业等单位。

三、国务院扶贫办在每年1月15日前将建档立卡贫困人口名单及相关信息提供给人力资源社会保障部、税务总局，税务总局将相关信息转发给各省、自治区、直辖市税务部门。人力资源社会保障部门依托全国扶贫开发信息系统核实建档立卡贫困人口身份信息。

四、企业招用就业人员既可以适用本通知规定的税收优惠政策，又可以适用其他扶持就业专项税收优惠政策的，企业可以选择适用最优惠的政策，但不得重复享受。

五、本通知规定的税收政策执行期限为2019年1月1日至2021年12月31日。纳税人在2021年12月31日享受本通知规定税收优惠政策未满3年的，可继续享受至3年期满为止。《财政部 税务总局 人力资源社会保障部关于继续实施支持和促进重点群体创业就业有关税收政策的通知》（财税〔2017〕49号）自2019年1月1日起停止执行。

本通知所述人员，以前年度已享受重点群体创业就业税收优惠政策满3年的，不得再享受本通知规定的税收优惠政策；以前年度享受重点群体创业就业税收优惠政策未满3年且符合本通知规定条件的，可按本通知规定享受优惠至3年期满。

（摘自《财政部　税务总局　人力资源社会保障部　国务院扶贫办关于进一步支持和促进重点群体创业就业有关税收政策的通知》，2019年2月2日财税〔2019〕22号）

7.4.3.3　扣减应缴税款政策的具体操作

为贯彻落实《财政部　税务总局　人力资源社会保障部关于继续实施支持和促进重点群体创业就业有关税收政策的通知》（财税〔2017〕49号）精神，现就具体操作问题公告如下：

一、个体经营税收政策

（一）申请

1. 在人力资源社会保障部门公共就业服务机构登记失业半年以上的人员、零就业家庭或享受城市居民最低生活保障家庭劳动年龄内的登记失业人员，可持《就业创业证》（或《就业失业登记证》，下同）、个体工商户登记执照（未完成"两证整合"的还须持《税务登记证》）向创业地县以上（含县级，下同）人力资源社会保障部门提出申请。县以上人力资源社会保障部门应当按照财税〔2017〕49号文件的规定，核实创业人员是否享受过税收扶持政策。对符合条件人员在《就业创业证》上注明"自主创业税收政策"。

2. 毕业年度高校毕业生在校期间从事个体经营享受税收优惠政策的，凭学生证到公共就业服务机构申领《就业创业证》，或委托所在高校就业指导中心向公共就业服务机构代为其申领《就业创业证》。公共就业服务机构在《就业创业证》上注明"毕业年度内自主创业税收政策"。

3. 毕业年度高校毕业生离校后从事个体经营享受税收优惠政策的，可凭毕业证直接向公共就业服务机构申领《就业创业证》。公共就业服务机构在《就业创业证》上注明"毕业年度内自主创业税收政策"。

（二）税款减免顺序及额度

符合条件人员从事个体经营的，按照财税〔2017〕49号文件第一条的规定，在年度减免税限额内，依次扣减增值税、城市维护建设税、教育费附加、地方教育附加和个人所得税。纳税人的实际经营期不足一年的，应当以实际月份换算其减免税限额。换算公式为：减免税限额＝年度减免税限额÷12×实际经营月数。

纳税人实际应缴纳的增值税、城市维护建设税、教育费附加、地方教育附加和个人所得税小于减免税限额的，以实际应缴纳的增值税、城市维护建设税、教育费附加、地方教育附加和个人所得税税额为限；实际应缴纳的增值税、城市维护建设税、教育费附加、地方教育附加和个人所得税大于减免税限额的，以减免税限额为限。

上述城市维护建设税、教育费附加、地方教育附加的计税依据是享受本项税收优惠政策前的增值税应纳税额。

（三）税收减免备案

纳税人在享受本项税收优惠纳税申报时，持《就业创业证》（注明"自主创业税收政策"或"毕业年度内自主创业税收政策")或《就业失业登记证》(注明"自主创业税收政策"或附着《高校毕业生自主创业证》),向其主管税务机关备案。

二、企业、民办非企业单位吸纳失业人员税收政策

(一)申请

符合条件的企业、民办非企业单位持下列材料向县以上人力资源社会保障部门递交申请:

1. 新招用人员持有的《就业创业证》。

2. 企业、民办非企业单位与新招用持《就业创业证》人员签订的劳动合同(副本),企业、民办非企业单位为职工缴纳的社会保险费记录。可通过内部信息共享、数据比对等方式审核的地方,可不再要求企业提供缴纳社会保险费记录。

3. 《持〈就业创业证〉人员本年度实际工作时间表》(见附件)。

其中,劳动就业服务企业要提交《劳动就业服务企业证书》,民办非企业单位提交《民办非企业单位登记证书》。

县以上人力资源社会保障部门接到企业、民办非企业单位报送的材料后,应当按照财税〔2017〕49号文件的规定,重点核实以下情况:

1. 新招用人员是否属于享受税收优惠政策人员范围,以前是否已享受过税收优惠政策;

2. 企业、民办非企业单位是否与新招用人员签订了1年以上期限劳动合同,为新招用人员缴纳社会保险费的记录;

3. 企业、民办非企业单位的经营范围是否符合税收政策规定。

核实后,对符合条件的人员,在《就业创业证》上注明"企业吸纳税收政策",对符合条件的企业、民办非企业单位核发《企业实体吸纳失业人员认定证明》。

(二)税款减免顺序及额度

1. 纳税人按本单位吸纳人数和签订的劳动合同时间核定本单位减免税总额,在减免税总额内每月依次扣减增值税、城市维护建设税、教育费附加和地方教育附加。纳税人实际应缴纳的增值税、城市维护建设税、教育费附加和地方教育附加小于核定减免税总额的,以实际应缴纳的增值税、城市维护建设税、教育费附加、地方教育附加为限;实际应缴纳的增值税、城市维护建设税、教育费附加和地方教育附加大于核定减免税总额的,以核定减免税总额为限。

纳税年度终了,如果纳税人实际减免的增值税、城市维护建设税、教育费附加和地方教育附加小于核定的减免税总额,纳税人在企业所得税汇算清缴时,以差额部分扣减企业所得税。当年扣减不完的,不再结转以后年度扣减。

$$减免税总额 = \sum 每名失业人员本年度在本企业工作月份 \div 12 \times 定额$$

企业、民办非企业单位自吸纳失业人员的次月起享受税收优惠政策。

上述城市维护建设税、教育费附加、地方教育附加的计税依据是享受本项税收优惠政策前的增值税应纳税额。

2. 第二年及以后年度当年新招用人员、原招用人员及其工作时间按上述程序和办法执

行。计算每名失业人员享受税收优惠政策的期限最长不超过 3 年。

（三）税收减免备案

1. 经县以上人力资源社会保障部门核实后，纳税人依法享受税收优惠政策。纳税人持县以上人力资源社会保障部门核发的《企业实体吸纳失业人员认定证明》《持＜就业创业证＞人员本年度实际工作时间表》，在享受本项税收优惠纳税申报时向主管税务机关备案。

2. 企业、民办非企业单位纳税年度终了前招用失业人员发生变化的，应当在人员变化次月按照前项规定重新备案。

三、税收优惠政策管理

（一）严格各项凭证的审核发放。任何单位或个人不得伪造、涂改、转让、出租相关凭证，违者将依法予以惩处；对采取上述手段已经获取减免税的企业、民办非企业单位和个人，主管税务机关要追缴其已减免的税款，并依法予以处罚；对出借、转让《就业创业证》的人员，主管人力资源社会保障部门要收回其《就业创业证》并记录在案。

（二）《就业创业证》采用实名制，限持证者本人使用。创业人员从事个体经营的，《就业创业证》由本人保管；被用人单位录用的，享受税收优惠政策期间，证件由用人单位保管。《就业创业证》由人力资源社会保障部统一样式，各省、自治区、直辖市人力资源社会保障部门负责印制，统一编号备案，作为审核劳动者就业失业状况和享受政策情况的有效凭证。

（三）《企业实体吸纳失业人员认定证明》由人力资源社会保障部统一式样，各省、自治区、直辖市人力资源社会保障部门统一印制，统一编号备案。

（四）县以上税务、财政、人力资源社会保障、教育、民政部门要建立劳动者就业信息交换和协查制度。人力资源社会保障部建立全国统一的就业信息平台，供各级人力资源社会保障、税务、财政、民政部门查询《就业创业证》信息。地方各级人力资源社会保障部门要及时将《就业创业证》信息（包括发放信息和内容更新信息）按规定上报人力资源社会保障部。

（五）主管税务机关应当在纳税人备案时，在《就业创业证》中加盖戳记，注明减免税所属时间。各级税务机关对《就业创业证》有疑问的，可提请同级人力资源社会保障部门予以协查，同级人力资源社会保障部门应根据具体情况规定合理的工作时限，并在时限内将协查结果通报提请协查的税务机关。

四、本公告自 2017 年 1 月 1 日起施行。

（摘自《国家税务总局 财政部 人力资源社会保障部 教育部 民政部关于继续实施支持和促进重 1 点群体创业就业有关税收政策具体操作问题的公告》，2017 年 6 月 29 日国家税务总局 财政部 人力资源社会保障部 教育部 民政部公告 2017 年第 27 号）

7.4.4　生产、生活性服务业纳税人加计抵减政策

自 2019 年 4 月 1 日至 2021 年 12 月 31 日，允许生产、生活性服务业纳税人按照当期可抵扣进项税额加计 10%，抵减应纳税额（以下称加计抵减政策）。

（一）本公告所称生产、生活性服务业纳税人，是指提供邮政服务、电信服务、现代服务、生活服务（以下称四项服务）取得的销售额占全部销售额的比重超过50%的纳税人。四项服务的具体范围按照《销售服务、无形资产、不动产注释》（财税〔2016〕36号印发）执行。

2019年3月31日前设立的纳税人，自2018年4月至2019年3月期间的销售额（经营期不满12个月的，按照实际经营期的销售额）符合上述规定条件的，自2019年4月1日起适用加计抵减政策。

2019年4月1日后设立的纳税人，自设立之日起3个月的销售额符合上述规定条件的，自登记为一般纳税人之日起适用加计抵减政策。

纳税人确定适用加计抵减政策后，当年内不再调整，以后年度是否适用，根据上年度销售额计算确定。

纳税人可计提但未计提的加计抵减额，可在确定适用加计抵减政策当期一并计提。

（二）纳税人应按照当期可抵扣进项税额的10%计提当期加计抵减额。按照现行规定不得从销项税额中抵扣的进项税额，不得计提加计抵减额；已计提加计抵减额的进项税额，按规定作进项税额转出的，应在进项税额转出当期，相应调减加计抵减额。计算公式如下：

$$当期计提加计抵减额 = 当期可抵扣进项税额 \times 10\%$$

$$当期可抵减加计抵减额 = 上期末加计抵减额余额 +$$

$$当期计提加计抵减额 - 当期调减加计抵减额$$

（三）纳税人应按照现行规定计算一般计税方法下的应纳税额（以下称抵减前的应纳税额）后，区分以下情形加计抵减：

1. 抵减前的应纳税额等于零的，当期可抵减加计抵减额全部结转下期抵减；

2. 抵减前的应纳税额大于零，且大于当期可抵减加计抵减额的，当期可抵减加计抵减额全额从抵减前的应纳税额中抵减；

3. 抵减前的应纳税额大于零，且小于或等于当期可抵减加计抵减额的，以当期可抵减加计抵减额抵减应纳税额至零。未抵减完的当期可抵减加计抵减额，结转下期继续抵减。

（四）纳税人出口货物劳务、发生跨境应税行为不适用加计抵减政策，其对应的进项税额不得计提加计抵减额。

纳税人兼营出口货物劳务、发生跨境应税行为且无法划分不得计提加计抵减额的进项税额，按照以下公式计算：

$$不得计提加计抵减额的进项税额 = 当期无法划分的全部进项税额 \times$$

$$当期出口货物劳务和发生跨境应税行为的销售额 \div 当期全部销售额$$

（五）纳税人应单独核算加计抵减额的计提、抵减、调减、结余等变动情况。骗取适用加计抵减政策或虚增加计抵减额的，按照《中华人民共和国税收征收管理法》等有关规定处理。

（六）加计抵减政策执行到期后，纳税人不再计提加计抵减额，结余的加计抵减额停止抵减。

（摘自《财政部　税务总局　海关总署关于深化增值税改革有关政策的公告》2019 年 3 月 20 日财政部　税务总局　海关总署公告 2019 年第 39 号）

按照《财政部　税务总局　海关总署关于深化增值税改革有关政策的公告》（财政部　税务总局　海关总署公告 2019 年第 39 号）规定，适用加计抵减政策的生产、生活性服务业纳税人，应在年度首次确认适用加计抵减政策时，通过电子税务局（或前往办税服务厅）提交《适用加计抵减政策的声明》（见附件，略）。适用加计抵减政策的纳税人，同时兼营邮政服务、电信服务、现代服务、生活服务的，应按照四项服务中收入占比最高的业务在《适用加计抵减政策的声明》中勾选确定所属行业。

（摘自《国家税务总局关于深化增值税改革有关事项的公告》2019 年 3 月 21 日国家税务总局公告 2019 年第 14 号）

（一）《财政部　税务总局　海关总署关于深化增值税改革有关政策的公告》（财政部　税务总局　海关总署公告 2019 年第 39 号）第七条关于加计抵减政策适用所称"销售额"，包括纳税申报销售额、稽查查补销售额、纳税评估调整销售额。其中，纳税申报销售额包括一般计税方法销售额，简易计税方法销售额，免税销售额，税务机关代开发票销售额，免、抵、退办法出口销售额，即征即退项目销售额。

稽查查补销售额和纳税评估调整销售额，计入查补或评估调整当期销售额确定适用加计抵减政策；适用增值税差额征收政策的，以差额后的销售额确定适用加计抵减政策。

（二）2019 年 3 月 31 日前设立，且 2018 年 4 月至 2019 年 3 月期间销售额均为零的纳税人，以首次产生销售额当月起连续 3 个月的销售额确定适用加计抵减政策。

2019 年 4 月 1 日后设立，且自设立之日起 3 个月的销售额均为零的纳税人，以首次产生销售额当月起连续 3 个月的销售额确定适用加计抵减政策。

（三）经财政部和国家税务总局或者其授权的财政和税务机关批准，实行汇总缴纳增值税的总机构及其分支机构，以总机构本级及其分支机构的合计销售额，确定总机构及其分支机构适用加计抵减政策。

（摘自《国家税务总局关于国内旅客运输服务进项税抵扣等增值税征管问题的公告》2019 年 9 月 16 日　国家税务总局公告 2019 年第 31 号）

现就生活性服务业增值税加计抵减有关政策公告如下：

一、2019 年 10 月 1 日至 2021 年 12 月 31 日，允许生活性服务业纳税人按照当期可抵扣进项税额加计 15%，抵减应纳税额（以下称加计抵减 15% 政策）。

二、本公告所称生活性服务业纳税人，是指提供生活服务取得的销售额占全部销售额的比重超过 50% 的纳税人。生活服务的具体范围按照《销售服务、无形资产、不动产注释》（财税〔2016〕36 号印发）执行。

2019 年 9 月 30 日前设立的纳税人，自 2018 年 10 月至 2019 年 9 月期间的销售额（经营期不满 12 个月的，按照实际经营期的销售额）符合上述规定条件的，自 2019 年 10 月 1 日起适用加计抵减 15% 政策。

2019 年 10 月 1 日后设立的纳税人，自设立之日起 3 个月的销售额符合上述规定条件的，自登记为一般纳税人之日起适用加计抵减 15% 政策。

纳税人确定适用加计抵减 15% 政策后，当年内不再调整，以后年度是否适用，根据上年度销售额计算确定。

三、生活性服务业纳税人应按照当期可抵扣进项税额的 15% 计提当期加计抵减额。按照现行规定不得从销项税额中抵扣的进项税额，不得计提加计抵减额；已按照 15% 计提加计抵减额的进项税额，按规定作进项税额转出的，应在进项税额转出当期，相应调减加计抵减额。计算公式如下：

$$当期计提加计抵减额 = 当期可抵扣进项税额 \times 15\%$$
$$当期可抵减加计抵减额 = 上期末加计抵减额余额 +$$
$$当期计提加计抵减额 - 当期调减加计抵减额$$

四、纳税人适用加计抵减政策的其他有关事项，按照《关于深化增值税改革有关政策的公告》（财政部 税务总局 海关总署公告 2019 年第 39 号）等有关规定执行。

（摘自财政部 税务总局《关于明确生活性服务业增值税加计抵减政策的公告》2019 年 9 月 30 日 财政部 税务总局公告 2019 年第 87 号）

7.5 采购货物和劳务退税优惠

7.5.1 外国驻华使（领）馆及其人员在华购买物品和劳务退税

7.5.1.1 退税的基本规定

一、中华人民共和国政府在互惠对等原则的基础上，对外国驻华使（领）馆及其馆员在中华人民共和国境内购买的货物和服务，实行增值税退税政策。

二、本通知第一条所称货物和服务，是指按规定征收增值税、属于合理自用范围内的生活办公类货物和服务。生活办公类货物和服务，是指为满足日常生活、办公需求购买的货物和服务。工业用机器设备、金融服务以及其他财政部和国家税务总局规定的货物和服务，不属于生活办公类货物和服务。

三、外国驻华使（领）馆及其馆员申请增值税退税的生活办公类货物和服务，应符合以下要求：

1. 除自来水、电、燃气、暖气、汽油、柴油外，购买货物申请退税单张发票的销售金额（含税价格）应当超过 800 元（含 800 元）人民币；购买服务申请退税单张发票的销售金额（含税价格）应当超过 300 元（含 300 元）人民币。

2. 使（领）馆馆员个人购买货物和服务，除车辆外，每人每年申报退税销售金额（含税价格）不超过 12 万元人民币。

【注：财税〔2017〕74 号明确该条停止执行】

3. 非增值税免税货物和服务。

四、增值税退税额，为增值税发票上注明的税额。增值税发票上未注明税额的，为按照不含税销售额和增值税征收率计算的税额。

【注：财税〔2017〕74 号明确该条停止执行】

五、本通知所称馆员，是指外国驻华使（领）馆的外交代表（领事官员）及行政技术人员，但是中国公民的或在中国永久居留的除外。外交代表（领事官员）和行政技术人员是指《中华人民共和国外交特权与豁免条例》第二十八条第（五）、（六）项和《中华人民共和国领事特权与豁免条例》第二十八条第（四）、（五）项规定的人员。

六、各国际组织驻华代表机构及其人员按照有关协定享有免税待遇的，可参照执行上述政策。

七、外国驻华使（领）馆及其馆员、国际组织驻华代表机构及其人员在华购买货物和服务增值税退税的具体管理办法，由国家税务总局商财政部、外交部另行制定。如中外双方需就退税问题另行制定协议的，由外交部商财政部、国家税务总局予以明确。

八、本通知自 2016 年 5 月 1 日起执行。

（摘自《财政部 国家税务总局关于外国驻华使（领）馆及其馆员在华购买货物和服务增值税退税政策的通知》，2016 年 4 月 29 日财税〔2016〕51 号）

经研究，现就《财政部 国家税务总局关于外国驻华使（领）馆及其馆员在华购买货物和服务增值税退税政策的通知》（财税〔2016〕51 号）有关问题补充通知如下：

一、使（领）馆馆员个人购买货物和服务，除车辆和房租外，每人每年申报退税销售金额（含税价格）不超过 18 万元人民币。

二、使（领）馆及其馆员购买货物和服务，增值税退税额为发票上注明的税额，发票上未注明税额的，为按照不含税销售额和增值税征收率计算的税额。购买电力、燃气、汽油、柴油，发票上未注明税额的，增值税退税额为按照不含税销售额和相关产品增值税适用税率计算的税额。

三、本通知自 2017 年 10 月 1 日起执行。具体以退税申报受理的时间为准。《财政部 国家税务总局关于外国驻华使（领）馆及其馆员在华购买货物和服务增值税退税政策的通知》（财税〔2016〕51 号）第三条第 2 点和第四条同时停止执行。

（摘自《财政部 税务总局关于外国驻华使（领）馆及其馆员在华购买货物和服务增值税退税政策有关问题的补充通知》，2017 年 9 月 29 日财税〔2017〕74 号）

7.5.1.2　退税管理办法

一、外国驻华使（领）馆及其馆员（以下称享受退税的单位和人员）在中华人民共和国境内购买货物和服务增值税退税适用本办法。

享受退税的单位和人员，包括外国驻华使（领）馆的外交代表（领事官员）及行政技术人员，中国公民或者在中国永久居留的人员除外。外交代表（领事官员）和行政技术人员是指《中华人民共和国外交特权与豁免条例》第二十八条第五、六项和《中华人民共和国领事特权与豁免条例》第二十八条第四、五项规定的人员。

实行增值税退税政策的货物与服务范围，包括按规定征收增值税、属于合理自用范围内的生活办公类货物和服务（含修理修配劳务，下同）。生活办公类货物和服务，是指为满足日常生活、办公需求购买的货物和服务。工业用机器设备、金融服务以及财政部和国家税务总局规定的其他货物和服务，不属于生活办公类货物和服务。

二、下列情形不适用增值税退税政策：

（一）购买非合理自用范围内的生活办公类货物和服务；

（二）购买货物单张发票销售金额（含税价格）不足800元人民币（自来水、电、燃气、暖气、汽油、柴油除外），购买服务单张发票销售金额（含税价格）不足300元人民币；

（三）个人购买除车辆外的货物和服务，每人每年申报退税的销售金额（含税价格）超过12万元人民币的部分；

【注：国家税务总局、外交部公告2017年第39号废止该条】

（四）增值税免税货物和服务。

三、申报退税的应退税额，为增值税发票上注明的税额。增值税发票上未注明税额的，按下列公式计算应退税额：

$$应退税额 = 发票或客运凭证上列明的金额（含增值税）÷$$
$$（1 + 增值税征收率）× 增值税征收率$$

四、外国驻华使（领）馆应在首次申报退税前，将使（领）馆馆长或其授权的外交人员（领事官员）签字字样及授权文件、享受退税人员范围、使（领）馆退税账户报外交部礼宾司备案；如有变化，应及时变更备案。外交部礼宾司将使（领）馆退税账户转送北京市国家税务局备案。

五、享受退税的单位和人员，应使用外交部指定的电子信息系统，真实、准确填报退税数据。申报退税时除提供电子申报数据外，还须提供以下资料：

（一）《外国驻华使（领）馆及国际组织退税申报汇总表》（附件1，以下简称《汇总表》）一式两份；

（二）《外国驻华使（领）馆及国际组织退税申报明细表》（附件2，以下简称《明细表》）一式两份；

（三）购买货物和服务的增值税发票原件，或纳入税务机关发票管理的客运凭证原件（国际运输客运凭证除外，以下简称退税凭证）。

享受退税的单位和人员如需返还发票原件，还应同时报送发票复印件一份，经外交部礼宾司转送北京市国家税务局。北京市国家税务局对原件审核后加盖印章，经外交部礼宾司予以退还，将复印件留存。

六、享受退税的单位和人员申报退税提供的发票应符合《中华人民共和国发票管理办法》的要求，并注明付款单位（个人）、商品名称、数量、金额、开票日期等；客运凭证应注明旅客姓名、金额、日期等。

七、享受退税的单位和人员报送的退税资料应符合以下要求：

（一）《汇总表》应由使（领）馆馆长或其授权的外交人员（领事官员）签字。

（二）《汇总表》与《明细表》逻辑关系一致。

（三）电子申报数据与纸质资料内容一致。

（四）退税凭证应按《明细表》申报顺序装订。

（五）应退税额计算准确。

八、享受退税的单位和人员，应按季度向外交部礼宾司报送退税凭证和资料申报退税，报送时间为每年的 1 月、4 月、7 月、10 月；本年度购买的货物和服务（以发票开具日期为准），最迟申报不得迟于次年 1 月。逾期报送的，外交部礼宾司不予受理。

九、外交部礼宾司受理使（领）馆退税申报后，10 个工作日内，对享受退税的单位和人员的范围进行确认，对申报时限及其他内容进行审核、签章，将各使（领）馆申报资料一并转送北京市国家税务局办理退税，并履行交接手续。

十、北京市国家税务局在接到外交部礼宾司转来的退税申报资料及电子申报数据后，10 个工作日内对其完整性、规范性、准确性、合理性进行审核，并将审核通过的税款退付给使（领）馆退税账户。经审核暂缓办理、不予办理退税的，应将具体原因在电子系统中注明。

十一、对享受退税的单位和人员申报的货物与服务是否属合理自用范围或者申报凭证真实性有疑问的，税务机关应暂缓办理退税，并通过外交部礼宾司对其进行问询。

十二、税务机关如发现享受退税的单位和人员申报的退税凭证虚假或所列内容与实际交易不符的，不予退税，并通过外交部礼宾司向其通报；情况严重的，外交部礼宾司将不再受理其申报。

十三、享受退税的单位和人员购买货物和服务办理退税后，如发生退货或转让所有权、使用权等情形，须经外交部礼宾司向北京市国家税务局办理补税手续。如转让需外交部礼宾司核准的货物，外交部礼宾司应在确认转让货物未办理退税或已办理补税手续后，办理核准转让手续。

十四、如中外双方需就退税问题另行制定协议的，由外交部商财政部、国家税务总局予以明确。

十五、各国际组织驻华代表机构及其人员按照有关协定享有免税待遇的，可参照本办法执行。

本办法自 2016 年 5 月 1 日起执行，以发票开具日期或客运凭证载明的乘运日期为准。

（摘自《国家税务总局 外交部关于发布 < 外国驻华使（领）馆及其馆员在华购买货物和服务增值税退税管理办法 > 的公告》，2016 年 8 月 31 日国家税务总局 外交部公告 2016 年第 58 号）

使（领）馆馆员个人购买货物和服务，除车辆和房租外，每人每年申报退税销售金额（含税价格）超过 18 万元人民币的部分，不适用增值税退税政策。

（摘自《国家税务总局 外交部关于外国驻华使（领）馆及其馆员在华购买货物和服务增值税退税管理有关问题的公告》，2017 年 10 月 31 日国家税务总局 外交部公告 2017 年第 39 号）

使（领）馆及其馆员购买电力、燃气、汽油、柴油，发票上未注明税额的，增值税应退税额按不含税销售额和相关产品增值税适用税率计算，计算公式为：

增值税应退税额 = 发票金额（含增值税）÷（1 + 增值税适用税率）× 增值税适用税率

（摘自《国家税务总局 外交部关于外国驻华使（领）馆及其馆员在华购买货物和服务增值税退税管理有关问题的公告》，2017 年 10 月 31 日国家税务总局 外交部公告 2017 年第 39 号）

7.5.2　内资研发机构和外资研发中心采购国产设备退还增值税

7.5.2.1　退税优惠的基本规定

为了鼓励科学研究和技术开发，促进科技进步，经国务院批准，继续对内资研发机构和外资研发中心采购国产设备全额退还增值税。

本通知规定的税收政策执行期限为 2016 年 1 月 1 日至 2018 年 12 月 31 日，具体从内资研发机构和外资研发中心取得退税资格的次月 1 日起执行。

（摘自《财政部 商务部 国家税务总局关于继续执行研发机构采购设备增值税政策的通知》，2016 年 11 月 16 日财税〔2016〕121 号）

7.5.2.2　适用退税政策的内资研发机构和外资研发中心范围

用采购国产设备全额退还增值税政策的内资研发机构和外资研发中心包括：

（一）科技部会同财政部、海关总署和国家税务总局核定的科技体制改革过程中转制为企业和进入企业的主要从事科学研究和技术开发工作的机构；

（二）国家发展改革委会同财政部、海关总署和国家税务总局核定的国家工程研究中心；

（三）国家发展改革委会同财政部、海关总署、国家税务总局和科技部核定的企业技术中心；

（四）科技部会同财政部、海关总署和国家税务总局核定的国家重点实验室和国家工程技术研究中心；

（五）国务院部委、直属机构和省、自治区、直辖市、计划单列市所属专门从事科学研究工作的各类科研院所；

（六）国家承认学历的实施专科及以上高等学历教育的高等学校；

（七）符合本通知第二条规定的外资研发中心；

（八）财政部会同国务院有关部门核定的其他科学研究机构、技术开发机构和学校。

（摘自《财政部 商务部 国家税务总局关于继续执行研发机构采购设备增值税政策的通知》，2016 年 11 月 16 日财税〔2016〕121 号）

7.5.2.3　外资研发中心应满足的条件及有关定义

外资研发中心，根据其设立时间，应分别满足下列条件：

（一）2009 年 9 月 30 日及其之前设立的外资研发中心，应同时满足下列条件：

1. 研发费用标准：（1）对外资研发中心，作为独立法人的，其投资总额不低于 500 万美元；作为公司内设部门或分公司的非独立法人的，其研发总投入不低于 500 万美元；（2）企业研发经费年支出额不低于 1000 万元。

2. 专职研究与试验发展人员不低于 90 人。

3. 设立以来累计购置的设备原值不低于 1000 万元。

（二）2009 年 10 月 1 日及其之后设立的外资研发中心，应同时满足下列条件：

1. 研发费用标准：作为独立法人的，其投资总额不低于 800 万美元；作为公司内设部门或分公司的非独立法人的，其研发总投入不低于 800 万美元。

2. 专职研究与试验发展人员不低于 150 人。

3. 设立以来累计购置的设备原值不低于 2000 万元。

外资研发中心须经商务主管部门会同有关部门按照上述条件进行资格审核认定。具体审核认定办法见附件 1。在 2015 年 12 月 31 日（含）以前，已取得退税资格未满 2 年暂不需要进行资格复审的、按规定已复审合格的外资研发中心，在 2015 年 12 月 31 日享受退税未满 2 年的，可继续享受至 2 年期满。

经认定的外资研发中心，因自身条件变化不再符合退税资格的认定条件或发生涉税违法行为的，不得享受退税政策。

本通知的有关定义。

（一）本通知所述"投资总额"，是指外商投资企业批准证书或设立、变更备案回执所载明的金额。

（二）本通知所述"研发总投入"，是指外商投资企业专门为设立和建设本研发中心而投入的资产，包括即将投入并签订购置合同的资产（应提交已采购资产清单和即将采购资产的合同清单）。

（三）本通知所述"研发经费年支出额"，是指近两个会计年度研发经费年均支出额；不足两个完整会计年度的，可按外资研发中心设立以来任意连续 12 个月的实际研发经费支出额计算；现金与实物资产投入应不低于 60%。

（四）本通知所述"专职研究与试验发展人员"，是指企业科技活动人员中专职从事基础研究、应用研究和试验发展三类项目活动的人员，包括直接参加上述三类项目活动的人员以及相关专职科技管理人员和为项目提供资料文献、材料供应、设备的直接服务人员，上述人员须与外资研发中心或其所在外商投资企业签订 1 年以上劳动合同，以外资研发中心提交申请的前一日人数为准。

（五）本通知所述"设备"，是指为科学研究、教学和科技开发提供必要条件的实验设备、装置和器械。在计算累计购置的设备原值时，应将进口设备和采购国产设备的原值一并计入，包括已签订购置合同并于当年内交货的设备（应提交购置合同清单及交货期限），上述设备应属于本通知《科技开发、科学研究和教学设备清单》所列设备（见附件 2）。对执行中国产设备范围存在异议的，由主管税务机关逐级上报国家税务总局商财政部核定。

（摘自《财政部 商务部 国家税务总局关于继续执行研发机构采购设备增值税政策的通知》，2016 年 11 月 16 日财税〔2016〕121 号）

7.5.2.4 外资研发中心采购国产设备退税资格审核认定办法

为落实好外资研发中心（包括独立法人和非独立法人研发中心，以下简称研发中心）采购国产设备相关税收政策，特制定以下资格审核认定办法：

一、资格条件的审核

（一）各省、自治区、直辖市、计划单列市及新疆生产建设兵团商务主管部门会同同级财政、国税部门（以下简称审核部门），根据本地情况，制定审核流程和具体办法。研发中心应按本通知有关要求向其所在地商务主管部门提交申请材料。

（二）商务主管部门牵头召开审核部门联席会议，对研发中心上报的申请材料进行审核，按照本通知正文第二条所列条件和本审核认定办法要求，确定符合退税资格条件的研发中心名单。

（三）经审核，对符合退税资格条件的研发中心，由审核部门以公告形式联合发布，并将名单抄送商务部（外资司）、财政部（税政司）、国家税务总局（货物和劳务税司）备案。对不符合有关规定的，由商务主管部门根据联席会议的决定出具书面审核意见，并说明理由。上述公告或审核意见应在审核部门受理申请之日起45个工作日之内做出。

（四）审核部门每两年对已获得退税资格的研发中心进行资格复审。对于不再符合条件的研发中心取消其享受退税优惠政策的资格。

二、需报送的材料

研发中心申请采购国产设备退税资格，应提交以下材料：

（一）研发中心采购国产设备退税资格申请书和审核表；

（二）研发中心为独立法人的，应提交外商投资企业批准证书或设立、变更备案回执及营业执照复印件；研发中心为非独立法人的，应提交其所在外商投资企业的外商投资企业批准证书或设立、变更备案回执及营业执照复印件；

（三）验资报告及上一年度审计报告复印件；

（四）研发费用支出明细、设备购置支出明细和清单以及通知规定应提交的材料；

（五）专职研究与试验发展人员名册（包括姓名、工作岗位、劳动合同期限、联系方式）。

（六）审核部门要求提交的其他材料。

三、相关工作的管理

（一）在公告发布后，列入公告名单的研发中心，可按有关规定直接向其所在地国税部门申请办理采购国产设备退税手续。

（二）审核部门在共同审核认定研发中心资格的过程中，可到研发中心查阅有关资料，了解情况，核实其报送的申请材料的真实性。同时应注意加强对研发中心的政策指导和服务，提高工作效率。

（三）省级商务主管部门应将《外资研发中心采购设备免、退税资格审核表》有关信息及时录入外商投资综合管理信息系统研发中心选项。

（摘自《财政部　商务部　国家税务总局关于继续执行研发机构采购设备增值税政策的通知》，2016 年 11 月 16 日财税〔2016〕121 号）

7.5.2.5　研发机构采购国产设备增值税退税管理办法

第一条　为规范研发机构采购国产设备退税管理，根据《财政部　商务部　国家税务总局关于继续执行研发机构采购设备增值税政策的通知》（财税〔2016〕121 号）规定，制定本办法。

第二条　适用退税政策的研发机构（包括内资研发机构和外资研发中心，以下简称"研发机构"）采购的国产设备，按本办法实行全额退还增值税。

第三条　本办法第二条所称研发机构、采购的国产设备的范围，按财税〔2016〕121 号文件规定执行。

第四条　主管研发机构退税的国家税务局（以下简称"主管国税机关"）负责办理研发机构采购国产设备退税的备案、审核、核准及后续管理工作。

第五条　研发机构享受采购国产设备退税政策，应于首次申报退税时，持以下资料向主管国税机关办理采购国产设备的退税备案手续：

（一）符合财税〔2016〕121 号文件第一条、第二条规定的研发机构的证明资料；

（二）内容填写真实、完整的《出口退（免）税备案表》（附件 1），其中"退税开户银行账号"须从税务登记的银行账号中选择一个填报；

（三）主管国税机关要求提供的其他资料。

本办法下发前已办理采购国产设备退税备案的，无须再办理采购国产设备的退税备案。

第六条　研发机构采购国产设备退税备案资料齐全，《出口退（免）税备案表》填写内容符合要求，签字、印章完整的，主管国税机关应当予以备案；备案资料或填写内容不符合上述要求的，主管国税机关应一次性告知研发机构，待其补正后再予备案。

第七条　已备案研发机构的《出口退（免）税备案表》中的内容发生变更的，须自变更之日起 30 日内，持相关证件、资料向主管国税机关办理变更内容的备案。

第八条　研发机构发生解散、破产、撤销以及其他依法应终止采购国产设备退税事项的，应持相关证件、资料向其主管国税机关办理撤回采购国产设备退税备案。主管国税机关应按规定为该研发机构结清退税款后，再予办理撤回采购国产设备退税备案。

外资研发中心在其退税资格复审前，因自身条件发生变化不再符合财税〔2016〕121 号文件第二条规定条件的，自条件变化之日起，停止享受采购国产设备退税政策。上述外资研发中心应自条件变化之日起 30 日内办理撤回退税备案。未按时办理撤回退税备案并继续享受采购国产设备退税政策的，按本办法第十七条规定执行。

研发机构办理注销税务登记的，应先向主管国税机关办理撤回退税备案。

第九条　研发机构采购国产设备退税的申报期限，为采购国产设备之日（以发票开具日期为准）次月 1 日起至次年 4 月 30 日前的各增值税纳税申报期。逾期申报的，主管国税机关不再受理研发机构采购国产设备退税申报。

2016 年研发机构采购国产设备退税申报期限延长至 2017 年 6 月 30 日前的增值税纳税申报期。

第十条　已备案的研发机构应在退税申报期内，凭下列资料向主管国税机关办理采购国产设备退税：

（一）《购进自用货物退税申报表》（附件 2）；

（二）采购国产设备合同；

（三）增值税专用发票，或者开具时间为 2016 年 1 月 1 日至本办法发布之日前的增值税普通发票；

（四）主管国税机关要求提供的其他资料。

上述增值税专用发票，为认证通过或通过增值税发票选择确认平台选择确认的增值税专用发票。

第十一条　研发机构发生的真实采购国产设备业务，因《国家税务总局关于 < 出口货物劳务增值税和消费税管理办法 > 有关问题的公告》（国家税务总局公告 2013 年第 12 号）第二条第（十八）项规定的有关情形，无法在规定的退税申报期限内收齐单证的，可在退税申报期限截止之日前，向主管国税机关提出延期申请，并提供相关证明材料。经主管国税机关核准后，可延期申报。

第十二条　属于增值税一般纳税人的研发机构申报的采购国产设备退税，主管国税机关经审核符合规定的，应受理申报并审核办理退税手续。

研发机构申报的采购国产设备退税，属于下列情形之一的，主管国税机关应发函调查，在确认增值税发票真实、发票所列设备已按规定申报纳税后，方可办理退税：

（一）审核中发现疑点，经核实后仍不能排除的；

（二）一般纳税人申报退税时使用增值税普通发票的；

（三）非增值税一般纳税人申报退税的。

第十三条　研发机构采购国产设备的应退税额，为增值税发票（包括增值税专用发票、增值税普通发票，下同）上注明的税额。

第十四条　研发机构采购国产设备取得的增值税专用发票，已申报进项税额抵扣的，不得申报退税；已申报退税的，不得申报进项税额抵扣。

第十五条　主管国税机关应建立研发机构采购国产设备退税情况台账，记录国产设备的型号、发票开具时间、价格、已退税额等情况。

第十六条　研发机构已退税的国产设备，自增值税发票开具之日起 3 年内，设备所有权转移或移作他用的，研发机构须按照下列计算公式，向主管国税机关补缴已退税款。

$$应补税款 = 增值税发票上注明的金额 \times（设备折余价值 \div 设备原值）\times 增值税适用税率$$

$$设备折余价值 = 设备原值 - 累计已提折旧$$

设备原值和已提折旧按照企业所得税法的有关规定计算。

第十七条　研发机构以假冒采购国产设备退税资格、既申报抵扣又申报退税、虚构采购国产设备业务、提供虚假退税申报资料等手段骗取采购国产设备退税款的，主管国税机关应追回已退增值税税款，并依照税收征管法的有关规定处理。

第十八条　本办法未明确的其他退税管理事项，比照出口退税有关规定执行。

第十九条　本办法施行期限为 2016 年 1 月 1 日至 2018 年 12 月 31 日，以增值税发票开具日期为准。

（摘自《国家税务总局关于发布 < 研发机构采购国产设备增值税退税管理办法 > 的公告》，2017 年 3 月 14 日国家税务总局公告 2017 年第 5 号）

政策解析

该公告是在国家税务总局 2011 年制定的《研发机构采购国产设备退税管理办法》（国家税务总局公告 2011 年第 73 号，执行期限 2011 年 1 月 1 日至 2015 年 12 月 31 日）的基础上，进行了修改完善。主要有以下变化：

（1）依据现行出口退税管理规定，将原研发机构采购国产设备退税认定、变更、注销内容修改为备案、变更、撤回；增加了延期申报申请的办理及核准内容。

（2）增加了对外资研发中心因自身条件变化不再符合退税资格的认定条件，停止享受采购国产设备退税政策，并应及时办理撤回退税备案等内容。

（3）研发机构采购退税的国产设备，自增值税发票开具之日起 3 年内，设备所有权转移或移作他用的，研发机构须向主管国税机关按规定计算补缴已退税款。

7.6　个人的增值税优惠政策

7.6.1　个人销售的自己使用过的物品

下列项目免征增值税：（七）销售的自己使用过的物品。

（摘自《中华人民共和国增值税暂行条例》第十五条，2017 年 11 月 19 日修订国务院令第 691 号）

条例第十五条所称自己使用过的物品，是指其他个人自己使用过的物品。

（摘自《中华人民共和国增值税暂行条例实施细则》第三十五条，2011 年 10 月 28 日财政部令第 65 号）

7.6.2　个人将购买的住房对外销售

个人将购买不足 2 年的住房对外销售的，按照 5% 的征收率全额缴纳增值税；个人将购买 2 年以上（含 2 年）的住房对外销售的，免征增值税。上述政策适用于北京市、上海市、广州市和深圳市之外的地区。

个人将购买不足 2 年的住房对外销售的，按照 5% 的征收率全额缴纳增值税；个人将购买 2 年以上（含 2 年）的非普通住房对外销售的，以销售收入减去购买住房价款后的差额按照 5% 的征收率缴纳增值税；个人将购买 2 年以上（含 2 年）的普通住房对外销售的，免征增值税。上述政策仅适用于北京市、上海市、广州市和深圳市。

（摘自《财政部 国家税务总局关于全面推开营业税改征增值税试点的通知》，2016 年 3 月 23 日财税〔2016〕36 号）

7.6.3 涉及家庭财产分割的个人无偿转让不动产、土地使用权

涉及家庭财产分割的个人无偿转让不动产、土地使用权，免征增值税。

家庭财产分割，包括下列情形：离婚财产分割；无偿赠与配偶、父母、子女、祖父母、外祖父母、孙子女、外孙子女、兄弟姐妹；无偿赠与对其承担直接抚养或者赡养义务的抚养人或者赡养人；房屋产权所有人死亡，法定继承人、遗嘱继承人或者受遗赠人依法取得房屋产权。

（摘自《财政部 国家税务总局关于全面推开营业税改征增值税试点的通知》，2016 年 3 月 23 日财税〔2016〕36 号）

7.6.4 残疾人个人提供的劳务及服务

残疾人个人提供的加工、修理修配劳务，免征增值税。

（摘自《财政部 国家税务总局关于促进残疾人就业增值税优惠政策的通知》，2016 年 5 月 5 日财税〔2016〕52 号）

残疾人员本人为社会提供的服务免征增值税。

（摘自《财政部 国家税务总局关于全面推开营业税改征增值税试点的通知》，2016 年 3 月 23 日财税〔2016〕36 号）

7.6.5 个人的其他增值税优惠

（一）个人转让著作权免征增值税。

（二）个人销售自建自用住房免征增值税。

（三）个人从事金融商品转让业务免征增值税。

（四）个人出租住房，应按照 5% 的征收率减按 1.5% 计算应纳税额。

（五）学生勤工俭学提供的服务免征增值税。

（摘自《财政部 国家税务总局关于全面推开营业税改征增值税试点的通知》，2016 年 3 月 23 日财税〔2016〕36 号）

7.7 税收优惠的其他规定

7.7.1 免税、减税的权限

增值税的免税、减税项目由国务院规定。任何地区、部门均不得规定免税、减税项目。

（摘自《中华人民共和国增值税暂行条例》第十五条，2017 年 11 月 19 日修订国务院令第 691 号）

7.7.2　兼营免税、减税优惠的核算要求

纳税人兼营免税、减税项目的，应当分别核算免税、减税项目的销售额；未分别核算销售额的，不得免税、减税。

（摘自《中华人民共和国增值税暂行条例》第十六条，2017 年 11 月 19 日修订国务院令第 691 号）

7.7.3　纳税人放弃免税权的处理

生产和销售免征增值税货物或劳务的纳税人要求放弃免税权，应当以书面形式提交放弃免税权声明，报主管税务机关备案。纳税人自提交备案资料的次月起，按照现行有关规定计算缴纳增值税。

放弃免税权的纳税人符合一般纳税人认定条件尚未认定为增值税一般纳税人的，应当按现行规定认定为增值税一般纳税人，其销售的货物或劳务可开具增值税专用发票。

纳税人一经放弃免税权，其生产销售的全部增值税应税货物或劳务均应按照适用税率征税，不得选择某一免税项目放弃免税权，也不得根据不同的销售对象选择部分货物或劳务放弃免税权。

纳税人在免税期内购进用于免税项目的货物或者应税劳务所取得的增值税扣税凭证，一律不得抵扣。

本规定自 2007 年 10 月 1 日起执行。

（摘自《财政部　国家税务总局关于增值税纳税人放弃免税权有关问题的通知》，2007 年 9 月 25 日财税〔2007〕127 号）

纳税人销售货物或者应税劳务适用免税规定的，可以放弃免税，依照条例的规定缴纳增值税。放弃免税后，36 个月内不得再申请免税。

（摘自《中华人民共和国增值税暂行条例实施细则》第三十六条，2011 年 10 月 28 日财政部令第 65 号）

纳税人发生应税行为适用免税、减税规定的，可以放弃免税、减税，依照本办法的规定缴纳增值税。放弃免税、减税后，36 个月内不得再申请免税、减税。

纳税人发生应税行为同时适用免税和零税率规定的，纳税人可以选择适用免税或者零税率。

（摘自《财政部　国家税务总局关于全面推开营业税改征增值税试点的通知》之附件 1《营业税改征增值税试点实施办法》第四十八条，2016 年 3 月 23 日财税〔2016〕36 号）

7.7.4　查补的增值税款不得享受返还性优惠

为严肃财经法纪，对于税务机关、财政监察专员办事机构、审计机关等执法机关根据税法有关规定查补的增值税等各项税款，必须全部收缴入库，均不得执行由财政和税务机关给予返还的优惠政策。

（摘自《财政部 国家税务总局关于明确对查补税款不得享受先征后退政策的批复》，1998 年 5 月 12 日财税字〔1998〕80 号）

7.7.5 既享受增值税即征即退、先征后退政策又享受免抵退税政策的处理

一、纳税人既有增值税即征即退、先征后退项目，也有出口等其他增值税应税项目的，增值税即征即退和先征后退项目不参与出口项目免抵退税计算。纳税人应分别核算增值税即征即退、先征后退项目和出口等其他增值税应税项目，分别申请享受增值税即征即退、先征后退和免抵退税政策。

二、用于增值税即征即退或者先征后退项目的进项税额无法划分的，按照下列公式计算：

$$无法划分进项税额中用于增值税即征即退或者先征后退项目的部分 =$$
$$当月无法划分的全部进项税额 × 当月增值税即征即退或者先征后退项目销售额 ÷$$
$$当月全部销售额、营业额合计$$

本公告自 2012 年 1 月 1 日起执行。

（摘自《国家税务总局关于纳税人既享受增值税即征即退先征后退政策又享受免抵退税政策有关问题的公告》，2011 年 12 月 1 日国家税务总局公告 2011 年第 69 号）

7.7.6 应税行为同时适用免税和零税率规定的处理

纳税人发生应税行为同时适用免税和零税率规定的，纳税人可以选择适用免税或者零税率。

（摘自《财政部 国家税务总局关于全面推开营业税改征增值税试点的通知》之附件 1《营业税改征增值税试点实施办法》第四十八条，2016 年 3 月 23 日财税〔2016〕36 号）

7.7.7 随增值税附征的城市维护建设税和教育费附加的规定

对对增值税、营业税、消费税实行先征后返、先征后退、即征即退办法的，除另有规定外，对随"三税"附征的城市维护建设税和教育费附加，一律不予退（返）还。

（摘自《财政部 国家税务总局关于增值税营业税消费税实行先征后返等办法有关城建税和教育费附加政策的通知》，2005 年 5 月 25 日财税〔2005〕72 号）

享受增值税期末留抵退税政策的集成电路企业，其退还的增值税期末留抵税额，应在城市维护建设税、教育费附加和地方教育附加的计税（征）依据中予以扣除。

（摘自《财政部 税务总局关于集成电路企业增值税期末留抵退税有关城市维护建设税教育费附加和地方教育附加政策的通知》，2017 年 2 月 24 日财税〔2017〕17 号）

对实行增值税期末留抵退税的纳税人，允许其从城市维护建设税、教育费附加和地方教育附加的计税（征）依据中扣除退还的增值税税额。

（摘自《财政部 税务总局关于增值税期末留抵退税有关城市维护建设税教育费附加和地方教育附加政策的通知》，2018 年 7 月 27 日财税〔2018〕80 号）

第 8 章 Chapter Eight
征收管理

税收征收管理是税收机关对纳税人依法征纳税和进行税务监督管理的总称。

税收征收管理是指税务机关根据税法和管理权限规定，对纳税人在纳税方面进行征收、管理与检查等工作的统称。

任何一种税收制度，因其税种、纳税人、计税依据、纳税环节等的不同，征收管理的内容和形式也不一样。

纳税义务发生时间，是指税法规定的纳税人应当承担纳税义务的起始时间。不同税种的纳税义务时间不尽相同。纳税人应当依法履行纳税义务，及时缴纳税款。规定纳税义务发生时间，一是为了明确纳税人承担纳税义务的具体日期；二是有利于税务机关实施税务管理，合理规定申报期限和纳税期限，监督纳税人依法履行纳税义务，保证国家财政收入。

纳税地点，主要是指根据各个税种征税对象的纳税环节和有利于对税款的源泉控制而规定的纳税人（包括代征、代扣、代缴义务人）的具体纳税地点。规定纳税人申报纳税的地点，既有利于税务机关实施税源控管，防止税收流失，又便利纳税人缴纳税款。中国税收制度对纳税地点规定的总原则是纳税人在其所在地就地申报纳税。同时考虑到某些纳税人生产经营和财务核算的不同情况，对纳税地点也作了不同规定。

纳税期限，是指负有纳税义务的纳税人向国家缴纳税款的最后时间限制。它是税收强制性、固定性在时间上的体现。任何纳税人都必须如期纳税，否则就是违反税法，要受到法律制裁。

国家税务机关根据国民经济各部门生产经营的不同特点，对不同行业、不同产品制定不同的征收管理办法。

8.1 纳税义务发生时间

8.1.1 《中华人民共和国增值税暂行条例》的基本规定

增值税纳税义务发生时间：

（一）发生应税销售行为，为收讫销售款项或者取得索取销售款项凭据的当天；先开具发票的，为开具发票的当天。

（二）进口货物，为报关进口的当天。

增值税扣缴义务发生时间为纳税人增值税纳税义务发生的当天。

（摘自《中华人民共和国增值税暂行条例》第十九条，2017 年 11 月 19 日修订 国务院令 第 691 号）

8.1.2 销售货物及应税劳务纳税义务发生时间

8.1.2.1 销售货物及应税劳务纳税义务发生时间的一般规定

条例第十九条第一款第（一）项规定的收讫销售款项或者取得索取销售款项凭据的当天，按销售结算方式的不同，具体为：

（一）采取直接收款方式销售货物，不论货物是否发出，均为收到销售款或者取得索取销售款凭据的当天；

（二）采取托收承付和委托银行收款方式销售货物，为发出货物并办妥托收手续的当天；

（三）采取赊销和分期收款方式销售货物，为书面合同约定的收款日期的当天，无书面合同的或者书面合同没有约定收款日期的，为货物发出的当天；

（四）采取预收货款方式销售货物，为货物发出的当天，但生产销售生产工期超过12个月的大型机械设备、船舶、飞机等货物，为收到预收款或者书面合同约定的收款日期的当天；

（五）委托其他纳税人代销货物，为收到代销单位的代销清单或者收到全部或者部分货款的当天。未收到代销清单及货款的，为发出代销货物满180天的当天；

（六）销售应税劳务，为提供劳务同时收讫销售款或者取得索取销售款的凭据的当天；

（七）纳税人发生本细则第四条第（三）项至第（八）项所列视同销售货物行为，为货物移送的当天。

（摘自《中华人民共和国增值税暂行条例实施细则》第三十八条，2011年10月28日财政部令第65号）

8.1.2.2 直接收款销售货物纳税义务发生时间的补充规定

纳税人生产经营活动中采取直接收款方式销售货物，已将货物移送对方并暂估销售收入入账，但既未取得销售款或取得索取销售款凭据也未开具销售发票的，其增值税纳税义务发生时间为取得销售款或取得索取销售款凭据的当天；先开具发票的，为开具发票的当天。

本公告自2011年8月1日起施行。

（摘自《国家税务总局关于增值税纳税义务发生时间有关问题的公告》，2011年7月15日国家税务总局公告2011年第40号）

8.1.2.3 发、供电企业销售电力产品纳税义务发生时间

发、供电企业销售电力产品的纳税义务发生时间的具体规定如下：

（一）发电企业和其他企事业单位销售电力产品的纳税义务发生时间为电力上网并开具确认单据的当天。

（二）供电企业采取直接收取电费结算方式的，销售对象属于企事业单位，为开具发票

的当天；属于居民个人，为开具电费缴纳凭证的当天。

（三）供电企业采取预收电费结算方式的，为发行电量的当天。

（四）发、供电企业将电力产品用于非应税项目、集体福利、个人消费，为发出电量的当天。

（五）发、供电企业之间互供电力，为双方核对计数量，开具抄表确认单据的当天。

（六）发、供电企业销售电力产品以外其他货物，其纳税义务发生时间按《中华人民共和国增值税暂行条例》及其实施细则的有关规定执行。

（摘自《电力产品增值税征收管理办法》，2004 年 12 月 22 日国家税务总局令第 10 号）

8.1.3 "营改增"试点纳税人纳税义务发生时间

8.1.3.1 "营改增"试点纳税人纳税义务发生时间的一般规定

增值税纳税义务、扣缴义务发生时间为：

（一）纳税人发生应税行为并收讫销售款项或者取得索取销售款项凭据的当天；先开具发票的，为开具发票的当天。

收讫销售款项，是指纳税人销售服务、无形资产、不动产过程中或者完成后收到款项。

取得索取销售款项凭据的当天，是指书面合同确定的付款日期；未签订书面合同或者书面合同未确定付款日期的，为服务、无形资产转让完成的当天或者不动产权属变更的当天。

（二）纳税人提供建筑服务、租赁服务采取预收款方式的，其纳税义务发生时间为收到预收款的当天。

【注：财税〔2017〕58 号《财政部 税务总局关于建筑服务等营改增试点政策的通知》将此项改为"纳税人提供租赁服务采取预收款方式的，其纳税义务发生时间为收到预收款的当天"，删除了"纳税人提供建筑服务"有关"纳税义务发生时间为收到预收款的当天"的规定】

（三）纳税人从事金融商品转让的，为金融商品所有权转移的当天。

（四）纳税人发生本办法第十四条规定情形的，其纳税义务发生时间为服务、无形资产转让完成的当天或者不动产权属变更的当天。

（五）增值税扣缴义务发生时间为纳税人增值税纳税义务发生的当天。

（摘自《财政部 国家税务总局关于全面推开营业税改征增值税试点的通知》之附件 1《营业税改征增值税试点实施办法》第四十五条，2016 年 3 月 23 日财税〔2016〕36 号）

8.1.3.2 "营改增"试点纳税人纳税义务发生时间的特殊规定

8.1.3.2.1 银行贷款利息收入纳税义务发生时间

银行提供贷款服务按期计收利息的，结息日当日计收的全部利息收入，均应计入结息日所属期的销售额，按照现行规定计算缴纳增值税。

（摘自《国家税务总局关于营改增试点若干征管问题的公告》，2016 年 8 月 18 日国家税务总局公告 2016 年第 53 号）

政策解析

　　纳税人提供贷款服务，一般按月或按季结息。结算日即是利息收入的增值税纳税义务发生时间，注意是计收的全部利息收入，包括收到的，也包括应该收但未收到的。

8.1.3.2.2　金融企业逾期贷款利息纳税义务发生时间

　　金融企业发放贷款后，自结息日起90天内发生的应收未收利息按现行规定缴纳增值税，自结息日起90天后发生的应收未收利息暂不缴纳增值税，待实际收到利息时按规定缴纳增值税。

　　上述所称金融企业，是指银行（包括国有、集体、股份制、合资、外资银行以及其他所有制形式的银行）、城市信用社、农村信用社、信托投资公司、财务公司。

　　（摘自《财政部　国家税务总局关于全面推开营业税改征增值税试点的通知》之附件3《营业税改征增值税试点过渡政策的规定》，2016年3月23日财税〔2016〕36号）

　　证券公司、保险公司、金融租赁公司、证券基金管理公司、证券投资基金以及其他经人民银行、银监会、证监会、保监会批准成立且经营金融保险业务的机构发放贷款后，自结息日起90天内发生的应收未收利息按现行规定缴纳增值税，自结息日起90天后发生的应收未收利息暂不缴纳增值税，待实际收到利息时按规定缴纳增值税。

　　（摘自《财政部　国家税务总局关于明确金融　房地产开发　教育辅助服务等增值税政策的通知》，2016年12月21日财税〔2016〕140号）

政策解析

　　上述规定明确了金融企业应收未收贷款利息的增值税纳税义务发生时间。增值税一贯遵循"权责发生制"原则，但考虑金融行业内普遍存在逾期贷款利息收取困难的实际情况，对超过结息日90天的应收未收利息给予按照"收付实现制"原则确定纳税义务发生时间的特殊照顾。

　　财税〔2016〕140号与财税〔2016〕36号相比，增加了适用主体的范围。财税〔2016〕36号文件规定：金融企业，是指银行（包括国有、集体、股份制、合资、外资银行以及其他所有制形式的银行）、城市信用社、农村信用社、信托投资公司、财务公司。财税〔2016〕140号追加了适用主体：证券公司、保险公司、金融租赁公司、证券基金管理公司、证券投资基金以及其他经人民银行、银监会、证监会、保监会批准成立且经营金融保险业务的机构。

8.1.3.2.3　提供建筑服务收到预收款的纳税义务发生时间

　　增值税纳税义务、扣缴义务发生时间为：

　　（二）纳税人提供建筑服务、租赁服务采取预收款方式的，其纳税义务发生时间为收到预收款的当天。

　　（摘自《财政部　国家税务总局关于全面推开营业税改征增值税试点的通知》之附件1

《营业税改征增值税试点实施办法》第四十五条，2016 年 3 月 23 日财税〔2016〕36 号）

《营业税改征增值税试点实施办法》（财税〔2016〕36 号印发）第四十五条第（二）项修改为"纳税人提供租赁服务采取预收款方式的，其纳税义务发生时间为收到预收款的当天"。

（摘自《财政部　税务总局关于建筑服务等营改增试点政策的通知》，2017 年 7 月 11 日财税〔2017〕58 号）

政策解析

财税〔2017〕58 号修改了财税〔2016〕36 号的规定，删除了"提供建筑服务"采取预收款方式纳税义务发生时间为收到预收款的当天。

修改后将纳税人"提供建筑服务"采取预收款方式的纳税义务发生时间不再限定为"收到预收款的当天"。结合财税〔2016〕36 号文件第四十五条的其他条款的规定，纳税人提供建筑服务纳税义务发生时间主要体现在这样几个时点：

（1）发生应税行为并收讫销售款项或者取得索取销售款项凭据的当天。

此条款适用纳税人提供建筑服务并收到工程进度款（或工程结算款）或合同约定付款条件实现的当天。这里"发生应税行为"（即提供建筑服务）是前提，只是收到预收款但没有开始提供服务（也未开具发票），就不产生纳税义务。

（2）开具发票的当天。

包括提前开具发票，即先于应税服务发生时间开具发票的，其纳税义务发生时间为开具发票的当天。

（3）建筑服务完成的当天。

此条款适用于无偿提供建筑服务视同销售服务（指不是用于公益事业或者不以社会公众为对象的无偿提供建筑服务）情况的纳税义务发生时间的确认。同时也适用于未签订合同未收到款项未开具发票的建筑服务。

纳税人提供建筑服务取得预收款，应在收到预收款时，以取得的预收款扣除支付的分包款后的余额，按照本条第三款规定的预征率预缴增值税。

按照现行规定应在建筑服务发生地预缴增值税的项目，纳税人收到预收款时在建筑服务发生地预缴增值税。按照现行规定无须在建筑服务发生地预缴增值税的项目，纳税人收到预收款时在机构所在地预缴增值税。

适用一般计税方法计税的项目预征率为 2%，适用简易计税方法计税的项目预征率为 3%。

（摘自《财政部　税务总局关于建筑服务等营改增试点政策的通知》，2017 年 7 月 11 日财税〔2017〕58 号）

政策解析

该文件取消了在提供建筑服务收到预收款时产生增值税纳税义务的规定，但预收的工程款应该按照规定预缴增值税。预缴增值税和增值税纳税义务是两回事，预缴增值税只是相当于预先交了一笔税钱，而纳税义务产生时需要计算销项税额，增加当期的应纳税额。

8.1.3.2.4　建筑企业质押金、保证金纳税义务发生时间

纳税人提供建筑服务，被工程发包方从应支付的工程款中扣押的质押金、保证金，未开具发票的，以纳税人实际收到质押金、保证金的当天为纳税义务发生时间。

（摘自《国家税务总局关于在境外提供建筑服务等有关问题的公告》，2016 年 11 月 4 日国家税务总局公告 2016 年第 69 号）

8.2　增值税的纳税地点

8.2.1　固定业户的纳税地点

固定业户应当向其机构所在地的主管税务机关申报纳税。

（摘自《中华人民共和国增值税暂行条例》第二十二条，2017 年 11 月 19 日修订国务院令第 691 号）

固定业户应当向其机构所在地或者居住地主管税务机关申报纳税。

（摘自《财政部 国家税务总局关于全面推开营业税改征增值税试点的通知》之附件 1《营业税改征增值税试点实施办法》第四十六条，2016 年 3 月 23 日财税〔2016〕36 号）

8.2.2　固定业户到外县（市）销售货物或者劳务的纳税地点

固定业户到外县（市）销售货物或者劳务，应当向其机构所在地的主管税务机关报告外出经营事项，并向其机构所在地的主管税务机关申报纳税；未报告的，应当向销售地或者劳务发生地的主管税务机关申报纳税；未向销售地或者劳务发生地的主管税务机关申报纳税的，由其机构所在地的主管税务机关补征税款。

（摘自《中华人民共和国增值税暂行条例》第二十二条，2017 年 11 月 19 日修订国务院令第 691 号）

8.2.3　非固定业户销售货物或者劳务的纳税地点

非固定业户销售货物或者劳务，应当向销售地或者劳务发生地的主管税务机关申报纳税；未向销售地或者劳务发生地的主管税务机关申报纳税的，由其机构所在地或者居住地的主管税务机关补征税款。

（摘自《中华人民共和国增值税暂行条例》第二十二条，2017 年 11 月 19 日修订国务院令第 691 号）

8.2.4　非固定业户发生应税行为的纳税地点

非固定业户应当向应税行为发生地主管税务机关申报纳税；未申报纳税的，由其机构

所在地或者居住地主管税务机关补征税款。

（摘自《财政部　国家税务总局关于全面推开营业税改征增值税试点的通知》之附件 1《营业税改征增值税试点实施办法》第四十六条，2016 年 3 月 23 日财税〔2016〕36 号）

8.2.5　进口货物的纳税地点

进口货物，应当向报关地海关申报纳税。

（摘自《中华人民共和国增值税暂行条例》第二十二条，2017 年 11 月 19 日修订国务院令第 691 号）

8.2.6　增值税扣缴义务人的纳税地点

扣缴义务人应当向其机构所在地或者居住地的主管税务机关申报缴纳其扣缴的税款。

（摘自《中华人民共和国增值税暂行条例》第二十二条，2017 年 11 月 19 日修订国务院令第 691 号）

扣缴义务人应当向其机构所在地或者居住地主管税务机关申报缴纳扣缴的税款。

（摘自《财政部　国家税务总局关于全面推开营业税改征增值税试点的通知》之附件 1《营业税改征增值税试点实施办法》第四十六条，2016 年 3 月 23 日财税〔2016〕36 号）

8.2.7　固定业户总分支机构汇总缴纳增值税的纳税地点

总机构和分支机构不在同一县（市）的，应当分别向各自所在地的主管税务机关申报纳税；经国务院财政、税务主管部门或者其授权的财政、税务机关批准，可以由总机构汇总向总机构所在地的主管税务机关申报纳税。

（摘自《中华人民共和国增值税暂行条例》第二十二条，2017 年 11 月 19 日修订国务院令第 691 号）

总机构和分支机构不在同一县（市）的，应当分别向各自所在地的主管税务机关申报纳税；经财政部和国家税务总局或者其授权的财政和税务机关批准，可以由总机构汇总向总机构所在地的主管税务机关申报纳税。

（摘自《财政部　国家税务总局关于全面推开营业税改征增值税试点的通知》之附件 1《营业税改征增值税试点实施办法》第四十六条，2016 年 3 月 23 日财税〔2016〕36 号）

固定业户的总分支机构不在同一县（市），但在同一省（区、市）范围内的，经省（区、市）财政厅（局）、国家税务局审批同意，可以由总机构汇总向总机构所在地的主管税务机关申报缴纳增值税。

省（区、市）财政厅（局）、国家税务局应将审批同意的结果，上报财政部、国家税务总局备案。

（摘自《财政部　国家税务总局关于固定业户总分支机构增值税汇总纳税有关政策的通知》，2012 年 1 月 16 日财税〔2012〕9 号）

属于固定业户的试点纳税人，总分支机构不在同一县（市），但在同一省（自治区、直辖市、计划单列市）范围内的，经省（自治区、直辖市、计划单列市）财政厅（局）和国家税务局批准，可以由总机构汇总向总机构所在地的主管税务机关申报缴纳增值税。

（摘自《财政部 国家税务总局关于全面推开营业税改征增值税试点的通知》之附件2《营业税改征增值税试点有关事项的规定》，2016年3月23日财税〔2016〕36号）

原以地市一级机构汇总缴纳营业税的金融机构，营改增后继续以地市一级机构汇总缴纳增值税。

同一省（自治区、直辖市、计划单列市）范围内的金融机构，经省（自治区、直辖市、计划单列市）国家税务局和财政厅（局）批准，可以由总机构汇总向总机构所在地的主管国税机关申报缴纳增值税。

（摘自《国家税务总局关于全面推开营业税改征增值税试点有关税收征收管理事项的公告》，2016年4月19日国家税务总局公告2016年第23号）

8.2.8 其他个人提供建筑服务，销售或者租赁不动产，转让自然资源使用权的纳税地点

其他个人提供建筑服务，销售或者租赁不动产，转让自然资源使用权，应向建筑服务发生地、不动产所在地、自然资源所在地主管税务机关申报纳税。

（摘自《财政部 国家税务总局关于全面推开营业税改征增值税试点的通知》之附件1《营业税改征增值税试点实施办法》第四十六条，2016年3月23日财税〔2016〕36号）

8.2.9 连锁经营企业的纳税地点

为支持连锁经营的发展，根据《增值税暂行条例》第二十二条的有关规定，现对连锁经营企业实行统一缴纳增值税的有关问题通知如下：

一、对跨地区经营的直营连锁企业，即连锁店的门店均由总部全资或控股开设，在总部领导下统一经营的连锁企业，凡按照国内贸易部《连锁店经营管理规范意见》（内贸政体法字〔1997〕第24号）的要求，采取微机联网，实行统一采购配送商品，统一核算，统一规范化管理和经营，并符合以下条件的，可对总店和分店实行由总店向其所在地主管税务机关统一申报缴纳增值税：

1. 在直辖市范围内连锁经营的企业，报经直辖市国家税务局会同市财政局审批同意；

2. 在计划单列市范围内连锁经营的企业，报经计划单列市国家税务局会同市财政局审批同意；

3. 在省（自治区）范围内连锁经营的企业，报经省（自治区）国家税务局会同省财政厅审批同意；

4. 在同一县（市）范围内连锁经营的企业，报经县（市）国家税务局会同县（市）财政局审批同意。

二、连锁企业实行由总店向总店所在地主管税务机关统一缴纳增值税后，财政部门应研究采取妥善办法，保证分店所在地的财政利益在纳税地点变化后不受影响。涉及省内地、市间利益转移的，由省级财政部门确定；涉及地、市内县（市）间利益转移的，由地、市财政部门确定；县（市）范围内的利益转移，由县（市）财政部门确定。

三、对自愿连锁企业，即连锁店的门店均为独立法人，各自的资产所有权不变的连锁企业和特许连锁企业，即连锁店的门店同总部签订合同，取得使用总部商标、商号、经营技术及销售总部开发商品的特许权的连锁企业，其纳税地点不变，仍由各独立核算门店分别向所在地主管税务机关申报缴纳增值税。

（摘自《财政部　国家税务总局关于连锁经营企业增值税纳税地点问题的通知》，1997年 11 月 11 日财税字〔1997〕97 号）

8.2.10　实行统一核算的企业所属机构间移送货物的纳税地点

目前，对实行统一核算的企业所属机构间移送货物，接受移送货物机构（以下简称受货机构）的经营活动是否属于销售应在当地纳税，各地执行不一。经研究，现明确如下：

《中华人民共和国增值税暂行条例实施细则》第四条视同销售货物行为的第（三）项所称的用于销售，是指受货机构发生以下情形之一的经营行为：

一、向购货方开具发票；

二、向购货方收取货款。

受货机构的货物移送行为有上述两项情形之一的，应当向所在地税务机关缴纳增值税；未发生上述两项情形的，则应由总机构统一缴纳增值税。

如果受货机构只就部分货物向购买方开具发票或收取货款，则应当区别不同情况计算并分别向总机构所在地或分支机构所在地缴纳税款。

（摘自《国家税务总局关于企业所属机构间移送货物征收增值税问题的通知》，1998 年8 月 26 日国税发〔1998〕137 号）

8.2.11　实行统一核算的纳税人以资金结算网络方式收取货款的纳税地点

近接部分地区反映，实行统一核算的纳税人为加强对分支机构资金的管理，提高资金运转效率，与总机构所在地金融机构签订协议建立资金结算网络，以总机构的名义在全国各地开立存款账户（开立的账户为分支机构所在地账号，只能存款、转账，不能取款），各地实现的销售，由总机构直接开具发票给购货方，货款由购货方直接存入总机构的网上银行存款账户。对这种新的结算方式纳税地点如何确定，各地理解不一。经研究，现明确如下：

纳税人以总机构的名义在各地开立账户，通过资金结算网络在各地向购货方收取销货款，由总机构直接向购货方开具发票的行为，不具备《国家税务总局关于企业所属机构间移送货物征收增值税问题的通知》（国税发〔1998〕137 号）规定的受货机构向购货方开具发票、向购货方收取货款两种情形之一，其取得的应税收入应当在总机构所在地缴纳增值税。

（摘自《国家税务总局关于纳税人以资金结算网络方式收取货款增值税纳税地点问题的通知》，2002 年 9 月 3 日国税函〔2002〕802 号）

8.2.12　跨县（市）提供建筑服务在建筑劳务发生地预缴税款

一般纳税人跨县（市）提供建筑服务，适用一般计税方法计税的，应以取得的全部价款和价外费用为销售额计算应纳税额。纳税人应以取得的全部价款和价外费用扣除支付的分包款后的余额，按照 2% 的预征率在建筑服务发生地预缴税款后，向机构所在地主管税务机关进行纳税申报。

一般纳税人跨县（市）提供建筑服务，选择适用简易计税方法计税的，应以取得的全部价款和价外费用扣除支付的分包款后的余额为销售额，按照 3% 的征收率计算应纳税额。纳税人应按照上述计税方法在建筑服务发生地预缴税款后，向机构所在地主管税务机关进行纳税申报。

试点纳税人中的小规模纳税人（以下称小规模纳税人）跨县（市）提供建筑服务，应以取得的全部价款和价外费用扣除支付的分包款后的余额为销售额，按照 3% 的征收率计算应纳税额。纳税人应按照上述计税方法在建筑服务发生地预缴税款后，向机构所在地主管税务机关进行纳税申报。

（摘自《财政部　国家税务总局关于全面推开营业税改征增值税试点的通知》之附件 2《营业税改征增值税试点有关事项的规定》，2016 年 3 月 23 日财税〔2016〕36 号）

8.2.13　纳税人销售不动产在不动产所在地预缴税款

一般纳税人转让其取得的不动产，按照以下规定缴纳增值税：

（一）一般纳税人转让其 2016 年 4 月 30 日前取得（不含自建）的不动产，可以选择适用简易计税方法计税，以取得的全部价款和价外费用扣除不动产购置原价或者取得不动产时的作价后的余额为销售额，按照 5% 的征收率计算应纳税额。纳税人应按照上述计税方法向不动产所在地主管地税机关预缴税款，向机构所在地主管国税机关申报纳税。

（二）一般纳税人转让其 2016 年 4 月 30 日前自建的不动产，可以选择适用简易计税方法计税，以取得的全部价款和价外费用为销售额，按照 5% 的征收率计算应纳税额。纳税人应按照上述计税方法向不动产所在地主管地税机关预缴税款，向机构所在地主管国税机关申报纳税。

（三）一般纳税人转让其 2016 年 4 月 30 日前取得（不含自建）的不动产，选择适用一般计税方法计税的，以取得的全部价款和价外费用为销售额计算应纳税额。纳税人应以取得的全部价款和价外费用扣除不动产购置原价或者取得不动产时的作价后的余额，按照 5% 的预征率向不动产所在地主管地税机关预缴税款，向机构所在地主管国税机关申报纳税。

（四）一般纳税人转让其 2016 年 4 月 30 日前自建的不动产，选择适用一般计税方法计税的，以取得的全部价款和价外费用为销售额计算应纳税额。纳税人应以取得的全部价款和价外费用，按照 5% 的预征率向不动产所在地主管地税机关预缴税款，向机构所在地主管国税机关申报纳税。

（五）一般纳税人转让其 2016 年 5 月 1 日后取得（不含自建）的不动产，适用一般计税方法，以取得的全部价款和价外费用为销售额计算应纳税额。纳税人应以取得的全部价款和价外费用扣除不动产购置原价或者取得不动产时的作价后的余额，按照 5% 的预征率向不动产所在地主管地税机关预缴税款，向机构所在地主管国税机关申报纳税。

（六）一般纳税人转让其 2016 年 5 月 1 日后自建的不动产，适用一般计税方法，以取得的全部价款和价外费用为销售额计算应纳税额。纳税人应以取得的全部价款和价外费用，按照 5% 的预征率向不动产所在地主管地税机关预缴税款，向机构所在地主管国税机关申报纳税。

（摘自《国家税务总局关于发布 < 税人转让不动产增值税征收管理暂行办法 > 的公告》，2016 年 3 月 31 日国家税务总局公告 2016 年第 14 号）

小规模纳税人销售其取得（不含自建）的不动产（不含个体工商户销售购买的住房和其他个人销售不动产），应以取得的全部价款和价外费用减去该项不动产购置原价或者取得不动产时的作价后的余额为销售额，按照 5% 的征收率计算应纳税额。纳税人应按照上述计税方法在不动产所在地预缴税款后，向机构所在地主管税务机关进行纳税申报。

小规模纳税人销售其自建的不动产，应以取得的全部价款和价外费用为销售额，按照 5% 的征收率计算应纳税额。纳税人应按照上述计税方法在不动产所在地预缴税款后，向机构所在地主管税务机关进行纳税申报。

个体工商户销售购买的住房，应按照附件 3《营业税改征增值税试点过渡政策的规定》第五条的规定征免增值税。纳税人应按照上述计税方法在不动产所在地预缴税款后，向机构所在地主管税务机关进行纳税申报。

其他个人销售其取得（不含自建）的不动产（不含其购买的住房），应以取得的全部价款和价外费用减去该项不动产购置原价或者取得不动产时的作价后的余额为销售额，按照 5% 的征收率计算应纳税额。

（摘自《财政部 国家税务总局关于全面推开营业税改征增值税试点的通知》之附件 2《营业税改征增值税试点有关事项的规定》，2016 年 3 月 23 日财税〔2016〕36 号）

8.2.14 不动产经营租赁在不动产所在地预缴税款

1. 一般纳税人出租其 2016 年 4 月 30 日前取得的不动产，可以选择适用简易计税方法，按照 5% 的征收率计算应纳税额。纳税人出租其 2016 年 4 月 30 日前取得的与机构所在地不在同一县（市）的不动产，应按照上述计税方法在不动产所在地预缴税款后，向机构所在地主管税务机关进行纳税申报。

2. 一般纳税人出租其 2016 年 5 月 1 日后取得的、与机构所在地不在同一县（市）的不动产，应按照 3% 的预征率在不动产所在地预缴税款后，向机构所在地主管税务机关进行纳税申报。

3. 小规模纳税人出租其取得的不动产（不含个人出租住房），应按照 5% 的征收率计算应纳税额。纳税人出租与机构所在地不在同一县（市）的不动产，应按照上述计税方法在不动产所在地预缴税款后，向机构所在地主管税务机关进行纳税申报。

（摘自《财政部 国家税务总局关于全面推开营业税改征增值税试点的通知》之附件 2《营业税改征增值税试点有关事项的规定》，2016 年 3 月 23 日财税〔2016〕36 号）

一、一般纳税人出租不动产，按照以下规定缴纳增值税：

（一）一般纳税人出租其 2016 年 4 月 30 日前取得的不动产，可以选择适用简易计税方法，按照 5% 的征收率计算应纳税额。

不动产所在地与机构所在地不在同一县（市、区）的，纳税人应按照上述计税方法向不动产所在地主管国税机关预缴税款，向机构所在地主管国税机关申报纳税。

不动产所在地与机构所在地在同一县（市、区）的，纳税人向机构所在地主管国税机关申报纳税。

（二）一般纳税人出租其 2016 年 5 月 1 日后取得的不动产，适用一般计税方法计税。

不动产所在地与机构所在地不在同一县（市、区）的，纳税人应按照 3% 的预征率向不动产所在地主管国税机关预缴税款，向机构所在地主管国税机关申报纳税。

不动产所在地与机构所在地在同一县（市、区）的，纳税人应向机构所在地主管国税机关申报纳税。

一般纳税人出租其 2016 年 4 月 30 日前取得的不动产适用一般计税方法计税的，按照上述规定执行。

二、小规模纳税人出租不动产，按照以下规定缴纳增值税：

（一）单位和个体工商户出租不动产（不含个体工商户出租住房），按照 5% 的征收率计算应纳税额。个体工商户出租住房，按照 5% 的征收率减按 1.5% 计算应纳税额。

不动产所在地与机构所在地不在同一县（市、区）的，纳税人应按照上述计税方法向不动产所在地主管国税机关预缴税款，向机构所在地主管国税机关申报纳税。

不动产所在地与机构所在地在同一县（市、区）的，纳税人应向机构所在地主管国税机关申报纳税。

（二）其他个人出租不动产（不含住房），按照 5% 的征收率计算应纳税额，向不动产所在地主管地税机关申报纳税。其他个人出租住房，按照 5% 的征收率减按 1.5% 计算应纳税额，向不动产所在地主管地税机关申报纳税。

三、纳税人出租的不动产所在地与其机构所在地在同一直辖市或计划单列市但不在同一县（市、区）的，由直辖市或计划单列市国家税务局决定是否在不动产所在地预缴税款。

（摘自《国家税务总局关于发布＜纳税人提供不动产经营租赁服务增值税征收管理暂行办法＞的公告》，2016 年 3 月 31 日国家税务总局公告 2016 年第 16 号）

1. 房地产开发企业中的一般纳税人，出租自行开发的房地产老项目，可以选择适用简易计税方法，按照 5% 的征收率计算应纳税额。纳税人出租自行开发的房地产老项目与其机构所在地不在同一县（市）的，应按照上述计税方法在不动产所在地预缴税款后，向机构所在地主管税务机关进行纳税申报。

房地产开发企业中的一般纳税人，出租其 2016 年 5 月 1 日后自行开发的与机构所在地不在同一县（市）的房地产项目，应按照 3% 预征率在不动产所在地预缴税款后，向机构所在地主管税务机关进行纳税申报。

2. 房地产开发企业中的小规模纳税人，出租自行开发的房地产项目，按照 5% 的征收率计算应纳税额。纳税人出租自行开发的房地产项目与其机构所在地不在同一县（市）的，应按照上述计税方法在不动产所在地预缴税款后，向机构所在地主管税务机关进行纳税申报。

（摘自《财政部 国家税务总局关于进一步明确全面推开营改增试点有关再保险 不动产租赁和非学历教育等政策的通知》，2016 年 6 月 18 日财税〔2016〕68 号）

8.3　增值税的纳税期限

8.3.1　传统增值税纳税人的纳税期限

增值税的纳税期限分别为 1 日、3 日、5 日、10 日、15 日、1 个月或者 1 个季度。纳税人的具体纳税期限，由主管税务机关根据纳税人应纳税额的大小分别核定；不能按照固定期限纳税的，可以按次纳税。

纳税人以 1 个月或者 1 个季度为 1 个纳税期的，自期满之日起 15 日内申报纳税；以 1 日、3 日、5 日、10 日或者 15 日为 1 个纳税期的，自期满之日起 5 日内预缴税款，于次月 1 日起 15 日内申报纳税并结清上月应纳税款。

扣缴义务人解缴税款的期限，依照前两款规定执行。

（摘自《中华人民共和国增值税暂行条例》第二十三条，2017 年 11 月 19 日修订国务院令第 691 号）

条例第二十三条以 1 个季度为纳税期限的规定仅适用于小规模纳税人。小规模纳税人的具体纳税期限，由主管税务机关根据其应纳税额的大小分别核定。

（摘自《中华人民共和国增值税暂行条例实施细则》第三十九条，2011 年 10 月 28 日财政部令第 65 号）

8.3.2　"营改增"试点纳税人的纳税期限

增值税的纳税期限分别为 1 日、3 日、5 日、10 日、15 日、1 个月或者 1 个季度。纳税人的具体纳税期限，由主管税务机关根据纳税人应纳税额的大小分别核定。以 1 个季度为纳税期限的规定适用于小规模纳税人、银行、财务公司、信托投资公司、信用社，以及财政部和国家税务总局规定的其他纳税人。不能按照固定期限纳税的，可以按次纳税。

纳税人以 1 个月或者 1 个季度为 1 个纳税期的，自期满之日起 15 日内申报纳税；以 1 日、3 日、5 日、10 日或者 15 日为 1 个纳税期的，自期满之日起 5 日内预缴税款，于次月 1 日起 15 日内申报纳税并结清上月应纳税款。

扣缴义务人解缴税款的期限，按照前两款规定执行。

（摘自《财政部 国家税务总局关于全面推开营业税改征增值税试点的通知》之附件1《营业税改征增值税试点实施办法》第四十七条，2016年3月23日财税〔2016〕36号）

8.3.3　合理简并纳税申报次数

为落实《深化国税、地税征管体制改革方案》关于创新纳税服务机制的要求，推进办税便利化改革，根据《中华人民共和国税收征收管理法》《中华人民共和国增值税暂行条例》及其实施细则、《中华人民共和国消费税暂行条例》及其实施细则等有关税收法律法规的规定，现就合理简并纳税人申报缴税次数有关事项公告如下：

一、增值税小规模纳税人缴纳增值税、消费税、文化事业建设费，以及随增值税、消费税附征的城市维护建设税、教育费附加等税费，原则上实行按季申报。

纳税人要求不实行按季申报的，由主管税务机关根据其应纳税额大小核定纳税期限。

二、随增值税、消费税附征的城市维护建设税、教育费附加免于零申报。

三、符合条件的小型微利企业，实行按季度申报预缴企业所得税。

四、对于采取简易申报方式的定期定额户，在规定期限内通过财税库银电子缴税系统批量扣税或委托银行扣缴核定税款的，当期可不办理申报手续，实行以缴代报。

本公告自2016年4月1日起施行。

（摘自《国家税务总局关于合理简并纳税人申报缴税次数的公告》，2016年2月1日国家税务总局公告2016年第6号）

8.3.4　进口货物的纳税期限

纳税人进口货物，应当自海关填发海关进口增值税专用缴款书之日起15日内缴纳税款。

（摘自《中华人民共和国增值税暂行条例》第二十四条，2017年11月19日修订国务院令第691号）

8.4　增值税的纳税申报管理

8.4.1　纳税申报表及其附列资料

为贯彻落实党中央、国务院关于减税降费的决策部署，进一步优化纳税服务，减轻纳税人负担，现将调整增值税纳税申报有关事项公告如下：

1. 根据国务院关于深化增值税改革的决定，修订并重新发布《增值税纳税申报表（一般纳税人适用）》《增值税纳税申报表附列资料（一）》《增值税纳税申报表附列资料（二）》《增值税纳税申报表附列资料（三）》《增值税纳税申报表附列资料（四）》。

2. 截至2019年3月税款所属期，《国家税务总局关于全面推开营业税改征增值税试点后增值税纳税申报有关事项的公告》（国家税务总局公告2016年第13号）附件1中《增值税纳税申报表附列资料（五）》第6栏"期末待抵扣不动产进项税额"的期末余额，可以自本公告施行后结转填入《增值税纳税申报表附列资料（二）》第8b栏"其他"。

3. 本公告施行后，纳税人申报适用16%、10%等原增值税税率应税项目时，按照申报表调整前后的对应关系，分别填写相关栏次。

4. 修订后的《增值税纳税申报表（一般纳税人适用）》及其附列资料见附件1，相关填写说明见附件2。

5. 本公告自2019年5月1日起施行，国家税务总局公告2016年第13号附件1中《增值税纳税申报表附列资料（五）》《国家税务总局关于营业税改征增值税部分试点纳税人增值税纳税申报有关事项调整的公告》（国家税务总局公告2016年第30号）、《国家税务总局关于调整增值税纳税申报有关事项的公告》（国家税务总局公告2017年第19号）、《国家税务总局关于调整增值税纳税申报有关事项的公告》（国家税务总局公告2018年第17号）同时废止。

（摘自《国家税务总局关于调整增值税纳税申报有关事项的公告》，2019年3月21日国家税务总局公告2019年第15号）

政策解析

为贯彻落实党中央、国务院关于减税降费的决策部署，进一步优化纳税服务，减轻纳税人负担，国家税务总局制发《国家税务总局关于调整增值税纳税申报有关事项的公告》（以下简称公告），现将公告解读如下：

一、增值税纳税申报表调整情况

（一）调整部分申报表附列资料表式内容

一是将原《增值税纳税申报表附列资料（一）》中的第1栏、第2栏项目名称分别调整为"13%税率的货物及加工修理修配劳务"和"13%税率的服务、不动产和无形资产"；删除第3栏"13%税率"；第4a栏、第4b栏序号分别调整为第3栏、第4栏，项目名称分别调整为"9%税率的货物及加工修理修配劳务"和"9%税率的服务、不动产和无形资产"。

二是将原《增值税纳税申报表附列资料（二）》（以下简称《附列资料（二）》）中的第10栏项目名称调整为"（四）本期用于抵扣的旅客运输服务扣税凭证"；第12栏"当期申报抵扣进项税额合计"计算公式调整为"12 = 1 + 4 + 11"。

三是将原《增值税纳税申报表附列资料（三）》中的第1栏、第2栏项目名称分别调整为"13%税率的项目"和"9%税率的项目"。

四是在原《增值税纳税申报表附列资料（四）》表式内容中，增加"二、加计抵减情况"相关栏次。

（二）废止部分申报表附列资料

一是废止原《增值税纳税申报表附列资料（五）》（以下简称《附列资料（五）》）。

二是废止原《营改增税负分析测算明细表》。

纳税人自2019年5月1日起无须填报上述两张附表。

二、本公告施行后需注意的事项

（一）纳税人申报适用16%、10%等原增值税税率应税项目时，按照申报表调整前后的对应关系，分别填写相关栏次。

（二）截至2019年3月税款所属期，《附列资料（五）》第6栏"期末待抵扣不动产进项税额"的期末余额，可以自本公告施行后结转填入《附列资料（二）》第8b栏"其他"。

三、增值税纳税申报表变革历程

（一）国家税务总局公告2016年第13号

2016年3月31日，国家税务总局根据全面推开"营改增"试点相关政策规定，结合先期试点经验，对增值税纳税申报有关事项进行了调整，以满足全面推开"营改增"试点后增值税纳税申报和征收管理的需要。国家税务总局制发了《国家税务总局关于全面推开营业税改征增值税后增值税纳税申报有关事项的公告》（国家税务总局公告2016年第13号公告，以下简称13号公告）。自2016年6月申报期起，中华人民共和国境内增值税纳税人均应按照本公告的规定进行增值税纳税申报。

（二）国家税务总局公告2016年第27号

2016年5月5日，为配合全面推开营业税改征增值税试点工作顺利实施，国家税务总局制发了《国家税务总局关于调整增值税纳税申报有关事项的公告》（国家税务总局公告2016年第27号），自2016年6月1日起施行。

1. 对国家税务总局公告2016年第13号附件3《增值税纳税申报表（小规模纳税人适用)》及其附列资料进行调整。

2. 增值税一般纳税人支付道路、桥、闸通行费，按照政策规定，以取得的通行费发票（不含财政票据）上注明的收费金额计算的可抵扣进项税额，填入国家税务总局公告2016年第13号附件1中《增值税纳税申报表附列资料（二）》（本期进项税额明细）第8栏"其他"。

（三）国家税务总局公告2016年第30号

2016年5月10日，为配合全面推开营业税改征增值税试点工作，国家税务总局制发了《国家税务总局关于营业税改征增值税部分试点纳税人增值税纳税申报有关事项调整的公告》（国家税务总局公告2016年第30号），自2016年6月1日起施行。

在增值税纳税申报其他资料中增加《营改增税负分析测算明细表》，由从事建筑、房地产、金融或生活服务等经营业务的增值税一般纳税人在办理增值税纳税申报时填报，具体名单由主管税务机关确定。

（四）国家税务总局公告2016年第75号

2016年12月1日，为简化"营改增"前留抵税额的处理，国家税务总局制发了《国家税务总局关于调整增值税一般纳税人留抵税额申报口径的公告》（国家税务总局公告2016年第75号），自2016年12月1日起施行。

1.《国家税务总局关于全面推开营业税改征增值税试点后增值税纳税申报有关事项的公告》（国家税务总局公告2016年第13号）附件1《增值税纳税申报表（一般纳税人适

用）》（以下称"申报表主表"）第 13 栏"上期留抵税额""一般项目"列"本年累计"和第 20 栏"期末留抵税额""一般项目"列"本年累计"栏次停止使用，不再填报数据。

2. 本公告发布前，申报表主表第 20 栏"期末留抵税额""一般项目"列"本年累计"中有余额的增值税一般纳税人，在本公告发布之日起的第一个纳税申报期，将余额一次性转入第 13 栏"上期留抵税额""一般项目"列"本月数"中。

（五）国家税务总局公告 2017 年第 19 号

2017 年 5 月 23 日，为配合增值税税率的简并（取消 13% 税率），国家税务总局制发了《国家税务总局关于调整增值税纳税申报有关事项的公告》（国家税务总局公告 2017 年第 19 号），自 2017 年 8 月 1 日起施行。

1. 将《国家税务总局关于全面推开营业税改征增值税试点后增值税纳税申报有关事项的公告》（国家税务总局公告 2016 年第 13 号）附件 1《增值税纳税申报表附列资料（一）》（本期销售情况明细）中的"11% 税率"栏次调整为两栏，分别为"11% 税率的货物及加工修理修配劳务"和"11% 税率的服务、不动产和无形资产"。

2. 将国家税务总局公告 2016 年第 13 号附件 1《增值税纳税申报表附列资料（二）》（本期进项税额明细）中的第 8 栏"其他"栏次调整为两栏，分别为"加计扣除农产品进项税额"和"其他"。

（六）国家税务总局公告 2017 年第 53 号

2017 年 12 月 29 日，为进一步优化纳税服务，减轻纳税人负担，国家税务总局制发了《国家税务总局关于调整增值税纳税申报有关事项的公告》（国家税务总局公告 2017 年第 53 号），废止附件 1《固定资产（不含不动产）进项税额抵扣情况表》和《本期抵扣进项税额结构明细表》，自 2018 年 2 月 1 日起施行。

（七）国家税务总局公告 2018 年第 17 号

2018 年 4 月 19 日，为做好增值税税率调整工作，国家税务总局制发了《国家税务总局关于调整增值税纳税申报有关事项的公告》（国家税务总局公告 2018 年第 17 号）。自 2018 年 6 月 1 日起施行。

1. 将《国家税务总局关于调整增值税纳税申报有关事项的公告》（国家税务总局公告 2017 年第 19 号）附件 1 中的《增值税纳税申报表附列资料（一）》（本期销售情况明细）中的第 1 栏、第 2 栏、第 4a 栏、第 4b 栏项目名称分别调整为"16% 税率的货物及加工修理修配劳务""16% 税率的服务、不动产和无形资产""10% 税率的货物及加工修理修配劳务""10% 税率的服务、不动产和无形资产"。同时，第 3 栏"13% 税率"相关列次不再填写。

本公告施行后，纳税人申报适用 17%、11% 的原增值税税率应税项目时，按照申报表调整前后的对应关系，分别填写相关栏次。

2. 将《国家税务总局关于全面推开营业税改征增值税试点后增值税纳税申报有关事项的公告》（国家税务总局公告 2016 年第 13 号）附件 1 中的《增值税纳税申报表附列资料（三）》（服务、不动产和无形资产扣除项目明细）中的第 1 栏、第 2 栏项目名称分别调整为

"16%税率的项目""10%税率的项目"。

3.在国家税务总局公告2016年第13号附件2《＜增值税纳税申报表（一般纳税人适用）＞及其附列资料填写说明》中的《增值税纳税申报表附列资料（一）》（本期销售情况明细）填写说明第（二）项"各列说明"中第14列"扣除后""销项（应纳）税额"的表述中增加以下内容：

第2行、第4b行14列公式为：若本行第12列为0，则该行次第14列等于第10列。若本行第12列不为0，则仍按照第14列所列公式计算。计算后的结果与纳税人实际计提销项税额有差异的，按实际填写。

8.4.2 纳税申报的其他资料

一、增值税一般纳税人（以下简称一般纳税人）纳税申报表及其附列资料

1.《增值税纳税申报表（一般纳税人适用）》（以下简称主表）。

2.《增值税纳税申报表附列资料（一）》（本期销售情况明细，以下简称《附列资料（一）》）。

3.《增值税纳税申报表附列资料（二）》（本期进项税额明细，以下简称《附列资料（二）》）。

4.《增值税纳税申报表附列资料（三）》（服务、不动产和无形资产扣除项目明细，以下简称《附列资料（三）》）。

一般纳税人销售服务、不动产和无形资产，在确定服务、不动产和无形资产销售额时，按照有关规定可以从取得的全部价款和价外费用中扣除价款的，需填报《附列资料（三）》，其他情况不填写该附列资料。

5.《增值税纳税申报表附列资料（四）》（税额抵减情况表，以下简称《附列资料（四）》）。

6.《增值税纳税申报表附列资料（五）》（不动产分期抵扣计算表，以下简称《附列资料（五）》）。2019年5月1日起废止。

7.《固定资产（不含不动产）进项税额抵扣情况表》。2018年2月1日起废止。

8.《本期抵扣进项税额结构明细表》。2018年2月1日起废止。

9.《增值税减免税申报明细表》（以下简称《减免税明细表》）。

10.《营改增税负分析测算明细表》。2019年5月1日起废止。

国家税务总局公告2016年第30号公告对《营改增税负分析测算明细表》进行了明确，国家税务总局公告2019年第15号废止该表。本表自2016年5月1日至2019年5月1日，由从事建筑、房地产、金融或生活服务等经营业务的一般纳税人在办理增值税纳税申报时填报。

二、增值税小规模纳税人（以下简称小规模纳税人）纳税申报表及其附列资料

1.《增值税纳税申报表（小规模纳税人适用）》（以下简称小规模申报主表）。国家税务总局公告2016年第27号公告对该表进行了调整。

2.《增值税纳税申报表（小规模纳税人适用）附列资料》（以下简称小规模申报附列资料）。国家税务总局公告 2016 年第 27 号公告对该表进行了调整。

小规模纳税人销售服务，在确定服务销售额时，按照有关规定可以从取得的全部价款和价外费用中扣除价款的，需填报小规模申报附列资料。其他情况不填写该附列资料。

3.《增值税减免税申报明细表》。

三、纳税申报其他资料

1. 已开具的税控机动车销售统一发票和普通发票的存根联。

2. 符合抵扣条件且在本期申报抵扣的增值税专用发票（含税控机动车销售统一发票）的抵扣联。

3. 符合抵扣条件且在本期申报抵扣的海关进口增值税专用缴款书、购进农产品取得的普通发票的复印件。

4. 符合抵扣条件且在本期申报抵扣的税收完税凭证及其清单，书面合同、付款证明和境外单位的对账单或者发票。

5. 已开具的农产品收购凭证的存根联或报查联。

6. 纳税人销售服务、不动产和无形资产，在确定服务、不动产和无形资产销售额时，按照有关规定从取得的全部价款和价外费用中扣除价款的合法凭证及其清单。

7. 主管税务机关规定的其他资料。

纳税申报表及其附列资料为必报资料。纳税申报其他资料的报备要求由各省、自治区、直辖市和计划单列市税务局确定。

8.4.3　增值税的汇总纳税申报

8.4.3.1　增值税汇总纳税申报的一般规定

总机构和分支机构不在同一县（市）的，应当分别向各自所在地的主管税务机关申报纳税；经国务院财政、税务主管部门或者其授权的财政、税务机关批准，可以由总机构汇总向总机构所在地的主管税务机关申报纳税。

（摘自《中华人民共和国增值税暂行条例》第二十二条，2017 年 11 月 19 日修订国务院令第 691 号）

根据《中华人民共和国增值税暂行条例》第二十二条有关规定，现将固定业户总分支机构增值税汇总纳税政策通知如下：

固定业户的总分支机构不在同一县（市），但在同一省（区、市）范围内的，经省（区、市）财政厅（局）、国家税务局审批同意，可以由总机构汇总向总机构所在地的主管税务机关申报缴纳增值税。

省（区、市）财政厅（局）、国家税务局应将审批同意的结果，上报财政部、国家税务总局备案。

（摘自《财政部 国家税务总局关于固定业户总分支机构增值税汇总纳税有关政策的通知》，2012 年 1 月 16 日财税〔2012〕9 号）

属于固定业户的试点纳税人，总分支机构不在同一县（市），但在同一省（自治区、直辖市、计划单列市）范围内的，经省（自治区、直辖市、计划单列市）财政厅（局）和国家税务局批准，可以由总机构汇总向总机构所在地的主管税务机关申报缴纳增值税。

（摘自《财政部 国家税务总局关于全面推开营业税改征增值税试点的通知》之附件2《营业税改征增值税试点有关事项的规定》，2016年3月23日财税〔2016〕36号）

原以地市一级机构汇总缴纳营业税的金融机构，营改增后继续以地市一级机构汇总缴纳增值税。

同一省（自治区、直辖市、计划单列市）范围内的金融机构，经省（自治区、直辖市、计划单列市）国家税务局和财政厅（局）批准，可以由总机构汇总向总机构所在地的主管国税机关申报缴纳增值税。

（摘自《国家税务总局关于全面推开营业税改征增值税试点有关税收征收管理事项的公告》，2016年4月19日国家税务总局公告2016年第23号）

8.4.3.2 总分机构试点纳税人增值税计算缴纳暂行办法

一、经财政部和国家税务总局批准的总机构试点纳税人及其分支机构，按照本办法的规定计算缴纳增值税。

二、总机构应当汇总计算总机构及其分支机构发生《应税服务范围注释》所列业务的应交增值税，抵减分支机构发生《应税服务范围注释》所列业务已缴纳的增值税税款（包括预缴和补缴的增值税税款）后，在总机构所在地解缴入库。总机构销售货物、提供加工修理修配劳务，按照增值税暂行条例及相关规定就地申报缴纳增值税。

三、总机构汇总的应征增值税销售额，为总机构及其分支机构发生《应税服务范围注释》所列业务的应征增值税销售额。

四、总机构汇总的销项税额，按照本办法第三条规定的应征增值税销售额和增值税适用税率计算。

五、总机构汇总的进项税额，是指总机构及其分支机构因发生《应税服务范围注释》所列业务而购进货物或者接受加工修理修配劳务和应税服务，支付或者负担的增值税税额。总机构及其分支机构用于发生《应税服务范围注释》所列业务之外的进项税额不得汇总。

六、分支机构发生《应税服务范围注释》所列业务，按照应征增值税销售额和预征率计算缴纳增值税。计算公式如下：

$$应预缴的增值税 = 应征增值税销售额 \times 预征率$$

预征率由财政部和国家税务总局规定，并适时予以调整。

分支机构销售货物、提供加工修理修配劳务，按照增值税暂行条例及相关规定就地申报缴纳增值税。

七、分支机构发生《应税服务范围注释》所列业务当期已预缴的增值税税款，在总机构当期增值税应纳税额中抵减不完的，可以结转下期继续抵减。

八、每年的第一个纳税申报期结束后，对上一年度总分机构汇总纳税情况进行清算。总机构和分支机构年度清算应交增值税，按照各自销售收入占比和总机构汇总的上一年度应交增值税税额计算。分支机构预缴的增值税超过其年度清算应交增值税的，通过暂停以后纳税申报期预缴增值税的方式予以解决。分支机构预缴的增值税小于其年度清算应交增值税的，差额部分在以后纳税申报期由分支机构在预缴增值税时一并就地补缴入库。

九、总机构及其分支机构的其他增值税涉税事项，按照营业税改征增值税试点政策及其他增值税有关政策执行。

十、总分机构试点纳税人增值税具体管理办法由国家税务总局另行制定。

（摘自《财政部　国家税务总局关于重新印发＜总分机构试点纳税人增值税计算缴纳暂行办法＞的通知》，2013 年 10 月 24 日财税〔2013〕74 号）

8.4.3.3　财政部和国家税务总局批准的总机构试点纳税人

8.4.3.3.1　列入试点名单的航空运输企业

现将部分航空运输企业总机构及其分支机构缴纳增值税有关问题通知如下：

一、本通知附件 1 列明的航空运输企业总分支机构，自 2013 年 8 月 1 日起，按《总分机构试点纳税人增值税计算缴纳暂行办法》（财税〔2013〕74 号，以下称《暂行办法》）计算缴纳增值税。

二、本通知附件 2 列明的航空运输企业总分支机构，自 2013 年 10 月 1 日起，按《暂行办法》计算缴纳增值税。

三、上述航空运输企业分支机构的预征率为 1%。

附件：1. 航空运输企业总机构及其分支机构名单（一）（略）

2. 航空运输企业总机构及其分支机构名单（二）（略）

（摘自《财政部　国家税务总局关于部分航空运输企业总分机构增值税计算缴纳问题的通知》，2013 年 10 月 24 日财税〔2013〕86 号）

政策解析

1. 为解决营业税改征增值税试点期间航空运输企业总分机构缴纳增值税问题，国家税务总局制定了《航空运输企业增值税征收管理暂行办法》（国家税务总局公告 2013 年第 68 号）。

2.《财政部　国家税务总局关于调整铁路和航空运输企业汇总缴纳增值税分支机构名单的通知》（财税〔2015〕87 号）对航空运输企业汇总缴纳增值税分支机构名单进行了调整：

对《财政部　国家税务总局关于部分航空运输企业总分机构增值税计算缴纳问题的通知》（财税〔2013〕86 号）的附件 2，增补本通知附件 3 所列分支机构。上述增补的航空运输企业分支机构，自 2015 年 4 月 1 日起，按照财税〔2013〕86 号文件的规定缴纳增值税。

3.《财政部　国家税务总局关于调整铁路和航空运输企业汇总缴纳增值税分支机构名单

的通知》（财税〔2017〕67号）对航空运输企业汇总缴纳增值税分支机构名单进行了调整：

对《财政部　国家税务总局关于部分航空运输企业总分机构增值税计算缴纳问题的通知》（财税〔2013〕86号）的附件2，增补本通知附件4所列分支机构。上述增补的航空运输企业分支机构，自本通知附件4列明的汇总纳税时间起，按照财税〔2013〕86号文件的规定缴纳增值税。

4.《财政部　税务总局关于调整铁路和航空运输企业汇总缴纳增值税总分机构名单的通知》（财税〔2019〕1号）对航空运输企业汇总缴纳增值税总分机构名单进行了调整：

对《财政部　国家税务总局关于部分航空运输企业总分机构增值税计算缴纳问题的通知》（财税〔2013〕86号）的附件2，增补本通知附件5所列总机构和分支机构。上述增补的航空运输企业总机构和分支机构，自本通知附件5列明的汇总纳税时间起，按照财税〔2013〕86号文件的规定缴纳增值税。

8.4.3.3.2　中国铁路总公司及其分支机构

一、自2014年1月1日起，中国铁路总公司及其分支机构（分支机构名单见附件）提供铁路运输服务以及与铁路运输相关的物流辅助服务，按照《总分机构试点纳税人增值税计算缴纳暂行办法》（财税〔2013〕74号）计算缴纳增值税。

二、附件1中分支机构的预征率为1%，预征税款应计入预算科目101010402目"中国铁路总公司改征增值税待分配收入"。

三、附件2中分支机构的预征率为3%，预征税款应计入预算科目101010401目"改征增值税"。

四、中国铁路总公司及其分支机构不适用《总分机构试点纳税人增值税计算缴纳暂行办法》第八条年度清算的规定。

附件1. 分支机构名单（一）（略）

2. 分支机构名单（二）（略）

（摘自《财政部　国家税务总局关于铁路运输企业汇总缴纳增值税的通知》，2013年12月30日财税〔2013〕111号）

根据各地反映的情况，现将《财政部　国家税务总局关于铁路运输企业汇总缴纳增值税的通知》（财税〔2013〕111号）有关合资铁路运输企业汇总缴纳增值税的事项补充明确如下：

一、对财税〔2013〕111号文件的附件2，更名和增补本通知附件所列的分支机构。自上述分支机构提供铁路运输服务及相关的物流辅助服务之日起，按照财税〔2013〕111号文件以及本通知的规定缴纳增值税。

二、对财税〔2013〕111号文件附件2所列的分支机构，在维持由中国铁路总公司汇总计算应交增值税不变的前提下，实行由合资铁路运输企业总部汇总预缴增值税的办法。

（一）合资铁路运输企业总部本级及其下属站段（含委托运输管理的站段，下同）本级的销售额适用的预征率调整为1%，本级应预缴的增值税按下列公式计算，计入预算科目101010401目"改征增值税"。

本级应预缴的增值税 = 本级应征增值税销售额×1%

（二）合资铁路运输企业总部及其下属站段汇总的销售额适用的预征率仍为3%，合资铁路运输企业总部应按下列公式计算汇总应预缴的增值税，计入预算科目101010401目"改征增值税"。

汇总应预缴的增值税 =（总部本级应征增值税销售额 + 下属站段本级应征增值税销售额）×3% –（总部本级应预缴的增值税 + 下属站段本级应预缴的增值税）

三、本通知自2014年9月1日起执行。财税〔2013〕111号文件第三条相应废止。已经按照3%预缴的增值税，由中央财政通过2014年年终结算方式予以调整。

附件：分支机构名单（略）

（摘自《财政部 国家税务总局关于铁路运输企业汇总缴纳增值税的补充通知》，2014年8月5日财税〔2014〕54号）

政策解析

1. 为明确营业税改征增值税后铁路运输企业总分机构缴纳增值税问题，国家税务总局制定了《铁路运输企业增值税征收管理暂行办法》（国家税务总局公告2014年第6号）。

2. 《财政部 国家税务总局关于调整铁路和航空运输企业汇总缴纳增值税分支机构名单的通知》（财税〔2015〕87号）对铁路运输企业汇总缴纳增值税分支机构名单进行了调整：

（1）对《财政部 国家税务总局关于铁路运输企业汇总缴纳增值税的通知》（财税〔2013〕111号）的附件1，增补本通知附件1所列的分支机构。

（2）对财税〔2013〕111号文件的附件2，增补、取消和更名本通知附件2所列的分支机构。

上述增补和更名的铁路运输企业分支机构，自提供铁路运输服务及相关的物流辅助服务之日起，按照财税〔2013〕111号文件和《财政部国家税务总局关于铁路运输企业汇总缴纳增值税的补充通知》（财税〔2014〕54号）的规定缴纳增值税。

上述取消的铁路运输企业分支机构，自本通知附件2列明的取消时间起，不再按照财税〔2013〕111号和财税〔2014〕54号文件的规定缴纳增值税。

3. 《财政部 国家税务总局关于调整铁路和航空运输企业汇总缴纳增值税分支机构名单的通知》（财税〔2017〕67号）对铁路运输企业汇总缴纳增值税分支机构名单进行了调整：

（1）对《财政部 国家税务总局关于铁路运输企业汇总缴纳增值税的通知》（财税〔2013〕111号）的附件2，增补、取消本通知附件1所列的分支机构。

（2）对《财政部 国家税务总局关于铁路运输企业汇总缴纳增值税的补充通知》（财税〔2014〕54号）的附件，取消本通知附件2所列的分支机构。

（3）对《财政部 国家税务总局关于调整铁路和航空运输企业汇总缴纳增值税分支机构名单的通知》（财税〔2015〕87号）的附件2，更名本通知附件3所列的分支机构。

上述增补和更名的铁路运输企业分支机构，自提供铁路运输服务及相关的物流辅助服务之日起，按照财税〔2013〕111号和财税〔2014〕54号文件的规定缴纳增值税。

上述取消的铁路运输企业分支机构，自本通知附件1和附件2列明的取消时间起，不再按照财税〔2013〕111号和财税〔2014〕54号文件的规定缴纳增值税。

4. 《财政部 税务总局关于调整铁路和航空运输企业汇总缴纳增值税总分机构名单的通知》（财税〔2019〕1号）对铁路运输企业汇总缴纳增值税总分机构名单进行了调整：

（1）对《财政部 国家税务总局关于铁路运输企业汇总缴纳增值税的通知》（财税〔2013〕111号）的附件1，变更本通知附件1所列的分支机构。

（2）对《财政部 国家税务总局关于铁路运输企业汇总缴纳增值税的通知》（财税〔2013〕111号）附件2，增补、变更、取消本通知附件2所列的分支机构。

（3）对《财政部 国家税务总局关于铁路运输企业汇总缴纳增值税的补充通知》（财税〔2014〕54号）的附件，变更、取消本通知附件3所列的分支机构。

（4）对《财政部 国家税务总局关于调整铁路和航空运输企业汇总缴纳增值税分支机构名单的通知》（财税〔2015〕87号）附件2和《财政部 国家税务总局关于调整铁路和航空运输企业汇总缴纳增值税分支机构名单的通知》（财税〔2017〕67号）附件1，变更本通知附件4所列的分支机构。

上述增补和变更的铁路运输企业分支机构，自提供铁路运输服务及相关的物流辅助服务之日起，按照财税〔2013〕111号、财税〔2014〕54号、财税〔2015〕87号和财税〔2017〕67号文件的规定缴纳增值税。

上述取消的铁路运输企业分支机构，自本通知附件2、附件3列明的取消时间起，不再按照财税〔2013〕111号和财税〔2014〕54号文件的规定缴纳增值税。

8.4.4　增值税纳税申报比对管理操作规程

为进一步加强和规范增值税纳税申报比对管理，提高申报质量，优化纳税服务，税务总局制定了《增值税纳税申报比对管理操作规程（试行）》，现印发给你们，请遵照执行。

本通知自2018年3月1日起执行，《国家税务总局办公厅关于增值税一般纳税人纳税申报一窗式管理流程的通知》（国税办发〔2003〕34号）、《增值税一般纳税人纳税申报"一窗式"管理操作规程》（国税发〔2005〕61号）、《国家税务总局关于做好增值税普通发票一窗式票表比对准备工作的通知》（国税发〔2005〕141号）、《国家税务总局关于执行增值税一般纳税人纳税申报一窗式管理操作规程的通知》（国税函〔2006〕824号）、《国家税务总局关于实施增值税普通发票一窗式比对的通知》（国税函〔2006〕971号）、《国家税务总局关于调整增值税一般纳税人纳税申报"一窗式"管理操作规程有关事项的通知》（国税函〔2008〕1074号）同时废止。

【注：本通知的执行时间由2018年3月1日调整为2018年5月1日】

（摘自《国家税务总局关于印发＜增值税纳税申报比对管理操作规程（试行）＞的通知》，2017年10月30日税总发〔2017〕124号）

增值税纳税申报比对管理操作规程（试行）

一、为进一步加强和规范增值税纳税申报比对（以下简称"申报比对"）管理，提高申报质量，优化纳税服务，根据《中华人民共和国税收征收管理法》和《中华人民共和国增值税暂行条例》等有关税收法律、法规规定，制定本规程。

二、申报比对管理是指税务机关以信息化为依托，通过优化整合现有征管信息资源，对增值税纳税申报信息进行票表税比对，并对比对结果进行相应处理。

三、主管税务机关应设置申报异常处理岗，主要负责异常比对结果的核实及相关处理工作。异常处理岗原则上不设置在办税服务厅前台。

（摘自《国家税务总局关于印发＜增值税纳税申报比对管理操作规程（试行）＞的通知》，2017 年 10 月 30 日税总发〔2017〕124 号）

政策解析

异常比对结果的核实及相关处理工作原则由税源管理分局负责，对于一些地方办税服务厅集中到行政服务中心的，为了方便纳税人，异常处理岗也可以设置在办税服务厅前台。

四、申报比对范围及内容

（一）比对信息范围

1. 增值税纳税申报表及其附列资料（以下简称"申报表"）信息。

2. 增值税一般纳税人和小规模纳税人开具的增值税发票信息。

3. 增值税一般纳税人取得的进项抵扣凭证信息。

4. 纳税人税款入库信息。

5. 增值税优惠备案信息。

6. 申报比对所需的其他信息。

（二）比对内容

比对内容包括表表比对、票表比对和表税比对。表表比对是指申报表表内、表间逻辑关系比对。票表比对是指各类发票、凭证、备案资格等信息与申报表进行比对。表税比对是指纳税人当期申报的应纳税款与当期的实际入库税款进行比对。

（摘自《国家税务总局关于印发＜增值税纳税申报比对管理操作规程（试行）＞的通知》，2017 年 10 月 30 日税总发〔2017〕124 号）

政策解析

票表比对，对一些系统比对不符的项目需要移交申报异常处理岗处理，申报异常处理岗人工比对的工作量将非常巨大。对一些特定纳税人，如跨地区经营总分支机构增值税汇总核算的纳税人实行了"白名单管理"，以减少申报异常处理岗人工比对的工作量。

五、申报比对规则

（一）申报表表内、表间逻辑关系比对，按照税务总局制定的申报表填写规则执行。

（二）增值税一般纳税人票表比对规则

1. 销项比对。

当期开具发票（不包含不征税发票）的金额、税额合计数应小于或者等于当期申报的销售额、税额合计数。

纳税人当期申报免税销售额、即征即退销售额的，应当比对其增值税优惠备案信息，按规定不需要办理备案手续的除外。

（摘自《国家税务总局关于印发＜增值税纳税申报比对管理操作规程（试行）＞的通知》，2017年10月30日税总发〔2017〕124号）

政策解析

比对内容：《增值税纳税申报表》《申报表附列资料（一）》《增值税减免税申报明细表》。

开具商品和服务编码601～613的发票不纳入比对："未发生销售行为的不征税项目"下设601"预付卡销售和充值"、602"销售自行开发的房地产项目预收款"、603"已申报缴纳营业税未开票补开票"、604"代收印花税"、605"代收车船税"、606"融资性售后回租业务中承租方出售资产"、607"资产重组涉及的房屋等不动产"、608"资产重组涉及的土地使用权"、609"代理进口免税货物货款"、610"有奖发票奖金"、611"不征税自来水"、612"建筑服务预收款"、613"代收民航发展基金"。

目前有效的增值税即征即退优惠有：

1. 残疾人就业限额即征即退增值税（参考财税〔2007〕92号、财税〔2016〕52号、税总公告2016年第33号）。

2. 飞机维修劳务税负超6%的部分即征即退增值税（参考财税〔2000〕102号）。

3. 会员和客户通过上海期货交易所销售标准黄金，发生实物交割并已出库的即征即退（参考财税〔2002〕142号、国税发明电〔2002〕47号、财税〔2008〕5号、国税发〔2008〕46号）。

4. 中博世金通过上海黄金交易所销售的进口铂金、国内铂金生产企业自产自销的铂金，增值税即征即退（参考财税〔2003〕86号）。

5. 动漫产品，税负超3%的部分即征即退（参考财税〔2009〕65号、财税〔2011〕119号、财税〔2013〕98号）。

6. 软件产品，税负超3%部分即征即退（参考财税〔2011〕100号、财税〔2011〕119号）。

7. 光伏发电增值税即征即退50%（参考财税〔2013〕66号、税总公告2014年第32号、财税〔2016〕81号）。

8. 百万千瓦水电站超税负8%、12%部分即征即退（参考财税〔2014〕10号）。

9. 风电实行增值税即征即退50%（参考财税〔2015〕74号）。

10. 新型墙体材料增值税即征即退50%（参考财税〔2015〕73号）。

11. 资源综合利用产品和劳务增值税即征即退（参考财税〔2015〕78号）。

无须备案直接申报享受类减免税有：

1. 固定资产加速折旧。

2. 不达起征点的个体工商户、小微企业。

2. 进项比对。

（1）当期已认证或确认的进项增值税专用发票（以下简称"专用发票"）上注明的金额、税额合计数应大于或者等于申报表中本期申报抵扣的专用发票进项金额、税额合计数。

（2）经稽核比对相符的海关进口增值税专用缴款书上注明的税额合计数应大于或者等于申报表中本期申报抵扣的海关进口增值税专用缴款书的税额。

（3）取得的代扣代缴税收缴款凭证上注明的增值税税额合计数应大于或者等于申报表中本期申报抵扣的代扣代缴税收缴款凭证的税额。

（4）取得的《出口货物转内销证明》上注明的进项税额合计数应大于或者等于申报表中本期申报抵扣的外贸企业进项税额抵扣证明的税额。

（5）按照政策规定，依据相关凭证注明的金额计算抵扣进项税额的，计算得出的进项税额应大于或者等于申报表中本期申报抵扣的相应凭证税额。

（摘自《国家税务总局关于印发＜增值税纳税申报比对管理操作规程（试行）＞的通知》，2017 年 10 月 30 日税总发〔2017〕124 号）

政策解析

比对内容：《增值税纳税申报表》《申报表附列资料（二）》（以下简称"附表二"）。

举例说明，如附表二第 6 栏，包括：

1. 本期购进农业生产者自产农产品取得（开具）的农产品销售发票或收购发票，按农产品销售发票或者收购发票上注明的农产品买价×10%；

2. 从小规模纳税人处购进农产品时取得增值税专用发票，按增值税专用发票上注明的金额×10%；

3. 执行农产品增值税进项税额核定扣除办法的，填写当期允许抵扣的农产品增值税进项税额。对此系统尚未与政策同步更新，只能人工比对。

再如附表二第 8a 栏"加计扣除农产品进项税额"：填写纳税人将购进的农产品用于生产销售或委托受托加工 16% 税率货物时，加计扣除 2%。该项的比对也需人工介入，因为购进与领用不在同一个月份，在实务中属于正常。

第 8 栏"其他"：反映按规定本期可以申报抵扣的其他扣税凭证情况。纳税人按照规定不得抵扣且未抵扣进项税额的固定资产、无形资产、不动产，发生用途改变，用于允许抵扣进项税额的应税项目，可在用途改变的次月将按公式计算出的可以抵扣的进项税额，填入"税额"栏。申报异常处理岗要与纳税人核实该栏填写是否正确。

（6）红字增值税专用发票信息表中注明的应作转出的进项税额应等于申报表中进项税额转出中的红字专用发票信息表注明的进项税额。

政策解析

红字增值税专用发票不要认证，否则会造成重复转出。

（7）申报表中进项税额转出金额不应小于零。

（摘自《国家税务总局关于印发＜增值税纳税申报比对管理操作规程（试行）＞的通知》，2017 年 10 月 30 日税总发〔2017〕124 号）

政策解析

"未开票收入"能不能填负数？

已经发现有一些不法分子，在开具增值税发票后，再通过"未开票收入"或者其他栏内填写负数，冲减当期的应税销售额，来逃避纳税义务。如果填负数，在纳税申报系统提交申报数据时，因为"未开票收入"栏次是高风险栏次，系统设置会比对不通过，导致税控盘或者金税盘被锁死。

但如果是正常业务，纳税人前期已经在该栏内填写了正数，按照规定履行了纳税义务，后期补充开票，即使税控盘或者金税盘被锁，经过税务机关异常处理岗核查后，未发现异常的，会正常解锁。

3. 应纳税额减征额比对。当期申报的应纳税额减征额应小于或者等于当期符合政策规定的减征税额。

（摘自《国家税务总局关于印发＜增值税纳税申报比对管理操作规程（试行）＞的通知》，2017 年 10 月 30 日税总发〔2017〕124 号）

政策解析

比对内容：《增值税纳税申报表》《增值税减免税申报明细表》。

4. 预缴税款比对。申报表中的预缴税额本期发生额应小于或者等于实际已预缴的税款。

（摘自《国家税务总局关于印发＜增值税纳税申报比对管理操作规程（试行）＞的通知》，2017 年 10 月 30 日税总发〔2017〕124 号）

政策解析

比对内容：《增值税纳税申报表》《增值税预缴税款表》。

5. 特殊规则。

（1）实行汇总缴纳增值税的总机构和分支机构可以不进行票表比对。

（2）按季申报的纳税人应当对其季度数据进行汇总比对。

（摘自《国家税务总局关于印发＜增值税纳税申报比对管理操作规程（试行）＞的通知》，2017 年 10 月 30 日税总发〔2017〕124 号）

政策解析

特殊规则将根据政策变化适时调整。实行汇总缴纳增值税的总机构和分支机构可以不进行票表比对，即进入白名单管理。

（三）增值税小规模纳税人票表比对规则

1. 当期开具的增值税专用发票金额应小于或者等于申报表填报的增值税专用发票销售额。

2. 当期开具的增值税普通发票金额应小于或者等于申报表填报的增值税普通发票销售额。

3. 申报表中的预缴税额应小于或者等于实际已预缴的税款。

4. 纳税人当期申报免税销售额的，应当比对其增值税优惠备案信息，按规定不需要办理备案手续的除外。

（摘自《国家税务总局关于印发＜增值税纳税申报比对管理操作规程（试行）＞的通知》，2017年10月30日税总发〔2017〕124号）

政策解析

比对内容：《增值税纳税申报表》《增值税预缴税款表》《增值税减免税申报明细表》。

（四）表税比对规则

纳税人当期申报的应纳税款应小于或者等于当期实际入库税款。

（五）申报比对其他规则

1. 税务总局可以根据增值税风险管理的需要，对申报表特定项目设置申报比对规则。

2. 各省国税机关可以根据申报比对管理实际，合理设置相关比对项目金额尾差的正负范围。

3. 主管税务机关可以结合申报比对管理实际，将征收方式、发票开具等业务存在特殊情形的纳税人列入白名单管理，并根据实际情况确定所适用的申报比对规则。白名单实行动态管理。

（摘自《国家税务总局关于印发＜增值税纳税申报比对管理操作规程（试行）＞的通知》，2017年10月30日税总发〔2017〕124号）

政策解析

比对内容：后续将出台白名单管理办法，授权给主管税务机关按管理实际处理。

举例说明，某房地产企业系增值税一般纳税人，2018年11月收取预收款110万元，约定三个月后收取全部价款1 100万元，适用于一般计税项目，向购房方开具增值税普通发票。

根据国家税务总局2016年第18号公告规定，房地产开发企业收到预收款时并未发生纳税义务，应按照3%的预征率预缴增值税。该企业需预缴税款：110÷（1+10%）×3%＝3（万元），该笔预缴税款需在申报前填写《增值税预缴税款表》，向主管税务机关办理预缴申报。

在《增值税纳税申报比对管理操作规程（试行）》没有发布前，纳税申报要分两步走。

第一步：将预收款的开票数据金额100万元，税额10万元，填入附表1第4行第3、4列。同时在附表1第4行第5、6列分别填写－100万元、－10万元，用相应负数进行冲减，相当于该笔预收款仅预缴税款，无须在当期申报纳税。

第二步：以后月份纳税人在收到全部价款后，在纳税义务发生的当月，应在未开票收入栏次填入相应正数，冲减前期填报的未开票发票栏次负数金额，将前期负数冲减的预收款在纳税义务发生当月全额申报缴纳税款，同时根据最后一次发票开具情况填写对应栏次。具体到本业务，如该企业次年2月收到全部价款1 000万元（不含税），先开具红字发票金额100万元冲减之前开具发票100万元（不含税），再开具蓝字发票1 000万元，冲减后该笔销售收入发票金额为900万元，同时，在未开具发票栏次填写未开票收入100万元（不含税），冲减前期未开具发票－100万元，处理后当期申报纳税销售额为全部收入1 000万元。

在《增值税纳税申报比对管理操作规程（试行）》发布后，为保证票表比对的一致性，使纳税人能够顺利申报，税务机关将此项业务纳入"白名单"管理，该项预收款业务无须在纳税申报时反映，只需在实际收到全部价款后填报申报表即可。

（六）本条第（一）至（三）项比对规则为基本规则，第（四）至（五）项比对规则为可选规则。各省税务机关可以在上述比对规则的基础上，根据申报管理的需要自主增加比对规则。

六、申报比对操作流程

申报比对环节可以设置在事中或者事后，由省税务机关根据申报管理需要进行确定。主管税务机关通过征管信息系统或网上申报系统进行申报比对，并根据比对结果分别采取以下处理流程：

（一）申报比对相符

申报比对相符后，主管税务机关对纳税人税控设备进行解锁。

（二）申报比对不相符

申报比对不相符的，向纳税人反馈比对不相符的内容，并按照下列流程进行处理：

1. 申报比对不符的，除符合本项第2点情形外，暂不对其税控设备进行解锁，并将异常比对结果转交申报异常处理岗。

2. 纳税人仅因为相关资格尚未备案，造成比对不符的，应当对税控设备进行解锁。

（摘自《国家税务总局关于印发＜增值税纳税申报比对管理操作规程（试行）＞的通知》，2017年10月30日税总发〔2017〕124号）

政策解析

有关备案的要求：

（1）《关于增值税纳税人放弃免税权有关问题的通知》（财税〔2007〕127 号）：书面提交放弃免税权声明备案，备案次月起计算缴纳增值税。一经放弃免税权，全部货物或劳务均应征税，不得选择某一免税项目放弃免税权，也不得根据不同的销售对象选择部分货物或劳务放弃免税权。

（2）《关于软件产品增值税政策的通知》（财税〔2011〕100 号）：纳税人应将选定的分摊方式报主管税务机关备案，并自备案之日起一年内不得变更。

（3）《促进残疾人就业增值税优惠政策管理办法》（国家税务总局公告 2016 年第 33 号）：留存备查资料。纳税人提供的备案资料发生变化的，应于发生变化之日起 15 日内就变化情况向主管税务机关办理备案。

3. 异常比对结果经申报异常处理岗核实可以解除异常的，对纳税人税控设备进行解锁；核实后仍不能解除异常的，不得对税控设备解锁，由税源管理部门继续核实处理。

4. 异常比对结果经税源管理部门核实可以解除异常的，对纳税人税控设备进行解锁。核实后发现涉嫌虚开发票等严重涉税违法行为，经稽查部门分析判断认为需要稽查立案的，转交稽查部门处理，经处理可以解除异常的，对纳税人税控设备进行解锁。

5. 异常比对结果的处理期限，由主管税务机关根据实际情况确定。

七、由于出现信息系统异常等突发情形，影响正常纳税申报秩序时，省税务机关可以采取应急措施，暂停申报比对。在突发情形消除后，可以根据实际情况重新启动申报比对流程。

增值税纳税申报比对管理流程图如图 8-1 所示：

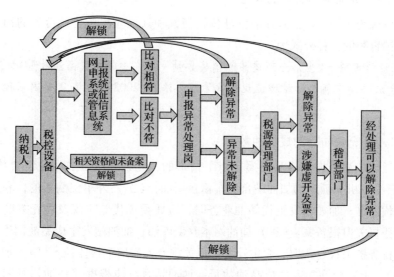

图　8-1

8.5 特殊事项的征收管理规定

8.5.1 成品油零售加油站增值税征收管理

8.5.1.1 加油站一律按一般纳税人管理

为了加强对加油站成品油销售的增值税征收管理，经研究决定，从 2002 年 1 月 1 日起，对从事成品油销售的加油站，无论其年应税销售额是否超过 180 万元【注：原标准，后调整为 500 万元】，一律按增值税一般纳税人征税。

（摘自《国家税务总局关于加油站一律按照增值税一般纳税人征税的通知》，2001 年 12 月 3 日国税函〔2001〕882 号）

本办法第一条所称加油站，一律按照《国家税务总局关于加油站一律按照增值税一般纳税人征税的通知》（国税函〔2001〕882 号）认定为增值税一般纳税人；并根据《中华人民共和国增值税暂行条例》有关规定进行征收管理。

（摘自《成品油零售加油站增值税征收管理办法》，2002 年 4 月 2 日国家税务总局令第 2 号）

8.5.1.2 加油站应税销售额

加油站无论以何种结算方式（如收取现金、支票、汇票、加油凭证（簿）、加油卡等）收取售油款，均应缴纳增值税。加油站销售成品油必须按不同品种分别核算，准确计算应税销售额。加油站以收取加油凭证（簿）、加油卡方式销售成品油，不得向用户开具增值税专用发票。

8.5.1.2.1 成品油销售额的确定

加油站应税销售额包括当月成品油应税销售额和其他应税货物及劳务的销售额。其中成品油应税销售额的计算公式为：

成品油应税销售额 =（当月全部成品油销售数量 − 允许扣除的成品油数量）× 油品单价

（摘自《成品油零售加油站增值税征收管理办法》，2002 年 4 月 2 日国家税务总局令第 2 号）

8.5.1.2.2 允许扣除的成品油数量

加油站通过加油机加注成品油属于以下情形的，允许在当月成品油销售数量中扣除：（一）经主管税务机关确定的加油站自有车辆自用油；（二）外单位购买的，利用加油站的油库存放的代储油；加油站发生代储油业务时，应凭委托代储协议及委托方购油发票复印件向主管税务机关申报备案。（三）加油站本身倒库油；加油站发生成品油倒库业务时，须提前向主管税务机关报告说明，由主管税务机关派专人实地审核监控。（四）加油站检测用油（回罐油）。上述允许扣除的成品油数量，加油站月终应根据《加油站月销售油品汇总表》统计的数量向主管税务机关申报。

（摘自《成品油零售加油站增值税征收管理办法》，2002 年 4 月 2 日国家税务总局令第 2 号）

8.5.1.3　发售加油卡、加油凭证时按预收账款处理不征收增值税

发售加油卡、加油凭证销售成品油的纳税人（以下简称"预售单位"）在售卖加油卡、加油凭证时，应按预收账款方法作相关账务处理，不征收增值税。预售单位在发售加油卡或加油凭证时可开具普通发票，如购油单位要求开具增值税专用发票，待用户凭卡或加油凭证加油后，根据加油卡或加油凭证回笼纪录，向购油单位开具增值税专用发票。接受加油卡或加油凭证销售成品油的单位与预售单位结算油款时，接受加油卡或加油凭证销售成品油的单位根据实际结算的油款向预售单位开具增值税专用发票。

（摘自《成品油零售加油站增值税征收管理办法》，2002 年 4 月 2 日国家税务总局令第 2 号）

8.5.1.4　加油站核算资料要求

加油站必须按规定建立《加油站日销售油品台账》（以下简称台账）登记制度。加油站应按日登记台账，按日或交接班次填写，完整、详细地记录当日或本班次的加油情况，月终汇总登记《加油站月销售油品汇总表》。台账须按月装订成册，按会计原始账证的期限保管，以备主管税务机关检查。

（摘自《成品油零售加油站增值税征收管理办法》，2002 年 4 月 2 日国家税务总局令第 2 号）

成品油零售加油站应严格执行 2002 年国家税务总局发布的《成品油零售加油站增值税征收管理办法》（国家税务总局令第 2 号）的各项规定，建立、登记《加油站日销售油品台账》，在纳税申报期向主管税务机关报送《加油站月份加油信息明细表》或加油 IC 卡、《加油站月销售油品汇总表》、《成品油购销存数量明细表》。凡未按规定建立台账、不准确登记台账的，主管税务机关应责令其限期改正，逾期仍不改正的，主管税务机关可根据企业的实际经营状况核定其增值税销售额，按适用税率征税，不得抵扣进项税额。

（摘自《国家税务总局关于进一步加强加油站增值税征收管理有关问题的通知》，2003 年 11 月 26 日国税发〔2003〕142 号）

8.5.1.5　加油站申报资料要求

加油站除按月向主管税务机关报送增值税一般纳税人纳税申报办法规定的申报资料外，还应报送以下资料：（一）《加油站＿＿＿＿＿月份加油信息明细表》（附表 3）或加油 ic 卡；（二）《加油站月销售油品汇总表》；（三）《成品油购销存数量明细表》（附表 4）。

（摘自《成品油零售加油站增值税征收管理办法》，2002 年 4 月 2 日国家税务总局令第 2 号）

8.5.1.6 对财务核算不健全的加油站的管理

对财务核算不健全的加油站，如已全部安装税控加油机，应按照税控加油机所记录的数据确定计税销售额征收增值税。对未全部安装税控加油机（包括未安装）或税控加油机运行不正常的加油站，主管税务机关应要求其严格执行台账制度，并按月报送《成品油购销存数量明细表》。按月对其成品油库存数量进行盘点，定期联合有关执法部门对其进行检查。主管税务机关应将财务核算不健全的加油站全部纳入增值税纳税评估范围，结合通过金税工程网络所掌握的企业购油信息以及本地区同行业的税负水平等相关信息，按照《国家税务总局关于加强商贸企业增值税纳税评估工作的通知》（国税发〔2001〕140号）的有关规定进行增值税纳税评估。对纳税评估有异常的，应立即移送稽查部门进行税务稽查。主管税务机关对财务核算不健全的加油站可以根据所掌握的企业实际经营状况，核定征收增值税。财务核算不健全的加油站，主管税务机关应根据其实际经营情况和专用发票使用管理规定限额限量供应专用发票。

（摘自《成品油零售加油站增值税征收管理办法》，2002年4月2日国家税务总局令第2号）

8.5.1.7 加油站纳税地点的规定

采取统一配送成品油方式设立的非独立核算的加油站，在同一县市的，由总机构汇总缴纳增值税。在同一省内跨县市经营的，是否汇总缴纳增值税，由省级税务机关确定。跨省经营的，是否汇总缴纳增值税，由国家税务总局确定。

对统一核算，且经税务机关批准汇总缴纳增值税的成品油销售单位跨县市调配成品油的，不征收增值税。

（摘自《成品油零售加油站增值税征收管理办法》，2002年4月2日国家税务总局令第2号）

8.5.1.8 税务机关对加油站的日常管理

主管税务机关每季度应对所辖加油站运用稽查卡进行1次加油数据读取，并将读出的数据与该加油站的《增值税纳税申报表》、《加油站日销售油品台账》、《加油站月销售油品汇总表》等资料进行核对，同时应对加油站的应扣除油量的确定、成品油购销存等情况进行全面纳税检查。

（摘自《成品油零售加油站增值税征收管理办法》，2002年4月2日国家税务总局令第2号）

主管税务机关要加强对加油站的日常管理，应每月对所辖加油站运用稽查卡进行一次加油数据读取，将读取的数据与加油站所报送的《增值税纳税申报表》、《加油站月销售油品汇总表》等资料进行核对，核对有问题且无正当理由的，应立即移交稽查部门进行税务稽查。稽查部门对加油站的纳税情况要按季进行稽查。

对汇总缴纳增值税销售成品油的增值税一般纳税人，自 2004 年 1 月 1 日起，其下属零售加油站所在地税务机关应每月运用稽查卡进行一次加油数据读取，并负责将采集的数据传送给受理申报的税务机关进行比对。

凡不通过已安装税控装置的加油机或税控加油机加油，擅自改变税控装置或破坏铅封，导致机器记录失真或无法记录，造成少缴或不缴应纳税款的，按《征管法》有关规定从重处罚。

主管税务机关应定期配合技术监督部门对所辖加油站的税控加油机进行检查，对采用技术手段擅自修改加油数量的，除严格按照《征管法》有关规定进行处罚外，还应提请经贸委等部门吊销其成品油经营许可证。

（摘自《国家税务总局关于进一步加强加油站增值税征收管理有关问题的通知》，2003 年 11 月 26 日国税发〔2003〕142 号）

8.5.1.9　加油站成品油发票管理

8.5.1.9.1　发售加油卡、加油凭证销售成品油时发票的开具

加油站以收取加油凭证（簿）、加油卡方式销售成品油，不得向用户开具增值税专用发票。

发售加油卡、加油凭证销售成品油的纳税人（以下简称"预售单位"）在发售加油卡或加油凭证时可开具普通发票，如购油单位要求开具增值税专用发票，待用户凭卡或加油凭证加油后，根据加油卡或加油凭证回笼纪录，向购油单位开具增值税专用发票。接受加油卡或加油凭证销售成品油的单位与预售单位结算油款时，接受加油卡或加油凭证销售成品油的单位根据实际结算的油款向预售单位开具增值税专用发票。

（摘自《成品油零售加油站增值税征收管理办法》，2002 年 4 月 2 日国家税务总局令第 2 号）

8.5.1.9.2　所有成品油发票均须通过增值税发票管理新系统中成品油发票开具模块开具

（一）成品油发票是指销售汽油、柴油、航空煤油、石脑油、溶剂油、润滑油、燃料油等成品油所开具的增值税专用发票（以下称"成品油专用发票"）和增值税普通发票。

（二）纳税人需要开具成品油发票的，由主管税务机关开通成品油发票开具模块。

（三）开具成品油发票时，应遵守以下规则：

1. 正确选择商品和服务税收分类编码。

2. 发票"单位"栏应选择"吨"或"升"，蓝字发票的"数量"栏为必填项且不为"0"。

3. 开具成品油专用发票后，发生销货退回、开票有误以及销售折让等情形的，应按规定开具红字成品油专用发票。

销货退回、开票有误等原因涉及销售数量的，应在《开具红字增值税专用发票信息表》中填写相应数量，销售折让的不填写数量。

4. 成品油经销企业某一商品和服务税收分类编码的油品可开具成品油发票的总量，应

不大于所取得的成品油专用发票、海关进口消费税专用缴款书对应的同一商品和服务税收分类编码的油品总量。

成品油经销企业开具成品油发票前，应登陆增值税发票选择确认平台确认已取得的成品油专用发票、海关进口消费税专用缴款书信息，并通过成品油发票开具模块下载上述信息。

（摘自《国家税务总局关于成品油消费税征收管理有关问题的公告》，2018年1月2日国家税务总局公告2018年第1号）

8.5.2　建筑服务增值税简易计税方法备案

为进一步深化税务系统"放管服"改革，简化办税流程，根据《国家税务总局关于进一步深化税务系统"放管服"改革 优化税收环境的若干意见》（税总发〔2017〕101号）要求，现就建筑服务增值税简易计税方法备案事项公告如下：

一、增值税一般纳税人（以下称"纳税人"）提供建筑服务，按规定适用或选择适用简易计税方法计税的，实行一次备案制。

二、纳税人应在按简易计税方法首次办理纳税申报前，向机构所在地主管国税机关办理备案手续，并提交以下资料：

（一）为建筑工程老项目提供的建筑服务，办理备案手续时应提交《建筑工程施工许可证》（复印件）或建筑工程承包合同（复印件）；

（二）为甲供工程提供的建筑服务、以清包工方式提供的建筑服务，办理备案手续时应提交建筑工程承包合同（复印件）。

三、纳税人备案后提供其他适用或选择适用简易计税方法的建筑服务，不再备案。纳税人应按照本公告第二条规定的资料范围，完整保留其他适用或选择适用简易计税方法建筑服务的资料备查，否则该建筑服务不得适用简易计税方法计税。

税务机关在后续管理中发现纳税人不能提供相关资料的，对少缴的税款应予追缴，并依照《中华人民共和国税收征收管理法》及其实施细则的有关规定处理。

四、纳税人跨县（市）提供建筑服务适用或选择适用简易计税方法计税的，应按上述规定向机构所在地主管国税机关备案，建筑服务发生地主管国税机关无须备案。

五、本公告自2018年1月1日起施行。

（摘自《国家税务总局关于简化建筑服务增值税简易计税方法备案事项的公告》，2017年11月26日国家税务总局公告2017年第43号）

政策解析

一、公告出台背景

《营业税改征增值税试点有关事项的规定》（财税〔2016〕36号文件附件2）规定，一般纳税人提供的建筑服务，可以选择适用增值税简易计税方法计税的情形有三种：为建筑工程老项目提供的建筑服务、为甲供工程提供的建筑服务和以清包工方式提供的建筑服务。

另外,《财政部 国家税务总局关于建筑服务等营改增试点政策的通知》(财税〔2017〕58号)规定,建筑工程总承包单位为房屋建筑的地基与基础、主体结构提供工程服务,建设单位自行采购全部或部分钢材、混凝土、砌体材料、预制构件的,适用简易计税方法计税。

为了深化"放管服"改革,优化税收服务,切实减轻纳税人负担,2017 年 9 月,税务总局印发《关于进一步深化税务系统"放管服"改革 优化税收环境的若干意见》(税总发〔2017〕101 号),将"简化建筑业企业选择简易计税备案事项"列为进一步深化简政放权的一项任务,限时改进落实。据此,制定了本公告。

需要说明的是,随着 2018 年 6 月 15 日省级国税、地税挂牌合并,原文中"国税机关""地税机关"的表述应统一调整为"税务机关"。

二、公告主要内容

(1)明确了一般纳税人提供的建筑服务无论适用还是选择适用简易计税方法,均实行一次备案制。纳税人只需在按简易计税方法首次办理纳税申报前,向机构所在地主管税务机关办理备案手续,备案后提供其他适用或选择适用简易计税方法的建筑服务,不再备案。

(2)明确了纳税人办理备案手续及留存备查所需资料的范围。为建筑工程老项目提供的建筑服务,办理备案手续及留存备查的资料为《建筑工程施工许可证》(复印件)或建筑工程承包合同(复印件);为甲供工程提供的建筑服务、以清包工方式提供的建筑服务,办理备案手续及留存备查的资料为建筑工程承包合同(复印件)。

(3)明确了税务机关实施后续管理的原则。税务机关在后续管理中发现纳税人不能提供相关资料的,对少缴的税款应予追缴,并依照《中华人民共和国税收征收管理法》及其实施细则的有关规定处理。

(4)明确了跨县(市)提供建筑服务时受理简易计税方法备案的税务机关。纳税人跨县(市)提供建筑服务适用或选择适用简易计税方法计税的,应向机构所在地主管税务机关备案,建筑服务发生地主管税务机关无须备案。

8.5.3　个人保险代理人税收征管

现将个人保险代理人为保险企业提供保险代理服务税收征管有关问题公告如下:

一、个人保险代理人为保险企业提供保险代理服务应当缴纳的增值税和城市维护建设税、教育费附加、地方教育附加,税务机关可以根据《国家税务总局关于发布<委托代征管理办法>的公告》(国家税务总局公告 2013 年第 24 号)的有关规定,委托保险企业代征。

个人保险代理人为保险企业提供保险代理服务应当缴纳的个人所得税,由保险企业按照现行规定依法代扣代缴。

二、个人保险代理人以其取得的佣金、奖励和劳务费等相关收入(以下简称"佣金收入",不含增值税)减去地方税费附加及展业成本,按照规定计算个人所得税。

展业成本,为佣金收入减去地方税费附加余额的 40%。

三、接受税务机关委托代征税款的保险企业,向个人保险代理人支付佣金费用后,可代个人保险代理人统一向主管国税机关申请汇总代开增值税普通发票或增值税专用发票。

四、保险企业代个人保险代理人申请汇总代开增值税发票时，应向主管国税机关出具个人保险代理人的姓名、身份证号码、联系方式、付款时间、付款金额、代征税款的详细清单。

保险企业应将个人保险代理人的详细信息，作为代开增值税发票的清单，随发票入账。

五、主管国税机关为个人保险代理人汇总代开增值税发票时，应在备注栏内注明"个人保险代理人汇总代开"字样。

六、本公告所称个人保险代理人，是指根据保险企业的委托，在保险企业授权范围内代为办理保险业务的自然人，不包括个体工商户。

七、证券经纪人、信用卡和旅游等行业的个人代理人比照上述规定执行。信用卡、旅游等行业的个人代理人计算个人所得税时，不执行本公告第二条有关展业成本的规定。

个人保险代理人和证券经纪人其他个人所得税问题，按照《国家税务总局关于保险营销员取得佣金收入征免个人所得税问题的通知》（国税函〔2006〕454号）、《国家税务总局关于证券经纪人佣金收入征收个人所得税问题的公告》（国家税务总局公告2012年第45号）执行。

（摘自《国家税务总局关于个人保险代理人税收征管有关问题的公告》，2016年7月7日国家税务总局公告2016年第45号）

政策解析

一、公告出台的背景

《财政部 国家税务总局关于个人提供非有形商品推销、代理等服务活动取得收入征收营业税和个人所得税有关问题的通知》（财税字〔1997〕103号）规定：对非企业雇员提供保险等非有形产品推销、代理等服务活动取得的佣金、奖励和劳务费等名目的收入计算征收营业税。非雇员从聘用的企业取得收入的，该企业即为雇员或非雇员应纳税款的扣缴义务人，应按照有关规定按期向主管税务机关申报并代扣代缴税款。

"营改增"试点全面推开后，上述规定涉及的应税行为已纳入"营改增"范围，为配合政策调整，国家税务总局出台了《国家税务总局关于个人保险代理人税收征管有关问题的公告》，就有关问题予以明确。

需要说明的是，随着2018年6月15日省级国税、地税挂牌合并，原文中"国税机关""地税机关"的表述应统一调整为"税务机关"。

二、公告明确的内容

（1）明确个人保险代理人为保险企业提供保险代理服务应当缴纳的增值税和城市维护建设税、教育费附加、地方教育附加，税务机关可以委托保险企业代征；个人保险代理人为保险企业提供保险代理服务应当缴纳的个人所得税，由保险企业按照现行规定依法代扣代缴。

（2）明确个人保险代理人以其取得的佣金收入减去地方税费附加及展业成本，按照规定计算个人所得税。

（3）明确保险企业可代个人保险代理人统一向主管税务机关申请汇总代开增值税发票。

（4）明确保险企业代个人保险代理人申请代开增值税发票时，应向主管税务机关出具详细清单。

（5）明确主管税务机关为个人保险代理人汇总代开增值税发票时，应在备注栏内注明"个人保险代理人汇总代开"字样。

（6）明确证券经纪人、信用卡和旅游等行业的个人代理人比照公告规定执行。信用卡、旅游等行业的个人代理人计算个人所得税时，不执行公告中有关展业成本的规定。

（7）明确个人保险代理人和证券经纪人其他个人所得税问题，按照《国家税务总局关于保险营销员取得佣金收入征免个人所得税问题的通知》（国税函〔2006〕454号）、《国家税务总局关于证券经纪人佣金收入征收个人所得税问题的公告》（国家税务总局公告2012年第45号）执行。

8.6　纳税评估及日常稽查管理

8.6.1　纳税评估

8.6.1.1　纳税评估方法

一、税负对比分析法

税负即税收负担率，是应纳税额与课税对象的比率，它比较直观地体现了一个企业实现税收的能力和负担水平。行业内全部企业的应纳税总额与课税对象总额之比，即行业税负。

行业税负反映了行业内企业的总体负担水平。行业中单个企业的税负在一定时期内对行业税负的背离，造成企业税负与行业税负的差异。而税负对比分析法是税务部门对企业税负背离行业税负进行有效监控的方法之一。它是通过企业税负与行业税负的对比，对税负异常的企业围绕关联指标展开分析，以发现企业税收问题的一种方法。

税负对比分析法的适用范围很广，基本上对所有行业均可适用。

模型：

税负差异率＝（企业税收负担率－行业税收负担率）÷行业税收负担率×100%

税负对比分析法属于综合分析法，影响因素较多，涉及税基的多个方面。因此，用该法发现企业税负异常时，应结合其他分析方法进行多角度分析。

需要注意的几个问题：（1）季节性因素。企业生产经营受季节的影响变化，本期进入销售淡季，造成应税销售收入降低，同时，为销售旺季准备生产，购进货物大幅增加，造成购销失衡等。（2）政策性因素。出口企业本期出口销售额占销售总额的比例突然增加，直接免抵税额增加，应纳税额减少，税负降低。（3）价格因素。受市场竞争影响，企业经营的货物价格本期大幅度下降，增值额减少，税负降低。（4）经营范围发生较大变化等特殊情况。

二、工业增加值评估

（一）应纳税额与工业增加值弹性评估模型与评估方法

1. 应纳税额与工业增加值弹性评估模型

$$应纳税额与工业增加值弹性系数 = \frac{应纳税额增长率}{工业增加值增长率}$$

其中：

$$应纳税额增长率 = \frac{当期应纳税额 - 基期应纳税额}{基期应纳税额} \times 100\%$$

$$工业增加值增长率 = \frac{当期工业增加值 - 基期工业增加值}{基期工业增加值}$$

2. 评估方法

工业增加值是指工资、利润、折旧、税金的合计。一般情况下，应纳税额与工业增加值弹性系数为1，对弹性系数＜1的，可根据造纸行业一定时期的发展状况，确定一定区间作为预警值。弹性系数小于预警值，则企业可能有少缴税金的问题。应通过其他相关纳税评估指标与评估方法，并结合纳税人生产经营的实际情况进一步分析，对其申报真实性进行评估。

（二）工业增加值税负评估模型与评估方法

1. 工业增加值税负评估模型

工业增加值税负差异率 =〔本企业工业增加值税负÷同行业工业增加值税负〕×100%。

其中：

本企业工业增加值税负 = 本企业应纳税额÷本企业工业增加值

同行业工业增加值税负 = 同行业应纳税额总额÷同行业工业增加值

2. 评估方法

应用该指标分析本企业工业增加值税负与同行业工业增加值税负的差异，如低于同行业工业增加值平均税负，则企业可能存在隐瞒收入、少缴税款等问题，结合其他相关评估指标和方法进一步分析，对其申报真实性进行评估。

三、投入产出法

投入产出法，就是根据企业评估期实际投入原材料、辅助材料、包装物等的数量，按照确定的投入产出比（定额）测算出企业评估期的产品产量，结合库存产品数量及产品销售量、销售单价测算分析纳税人实际产销量、销售收入，并与纳税人申报信息进行对比分析的方法。

投入产出法主要适用于产品相对较为单一的工业企业。由于测算、分析侧重的内容和角度不同，不同的行业适用的投入产出测算指标和模型不同，以及投入产出表现形式的不同，分析的方法也不尽相同，如按其表现形式可分为投入产出比、单位产品定耗的分析；按其侧重面的不同可分为原材料投入产出比、废料的产出及再利用率、单位产品辅助材料（包装物）耗用定额的分析等。

（一）投入产出比模型：

测算应税销售收入 =（期初库存产品数量 + 评估期产品数量 - 期末库存产品数量）× 评

估期产品销售单价

评估期产品数量 ＝ 当期投入原材料数量 × 投入产出比

问题值 ＝（测算应税销售收入 − 企业实际申报应税销售收入）× 适用税率（征收率）

应用中该模型的分析重点是：根据已确定的行业或产品的投入产出比及企业评估期原材料的耗用数量，测算出产品生产数量，与企业账面记载产品产量相比对，同时结合产品库存数量及销售单价等信息进行关联测算，并与企业实际申报的应税销售收入对比，查找企业可能存在的问题。

（二）单位产品定耗模型的应用

测算应税销售收入 ＝（期初库存产品数量 ＋ 评估期产品数量 − 期末库存产品数量）× 评估期产品销售单价

评估期产品数量 ＝ 评估期原材料或包装物耗用量 ÷ 单位产品耗用原材料或包装物定额

问题值 ＝（测算应税销售收入 − 企业实际申报应税销售收入）× 适用税率（征收率）

该方法是通过单位产品耗用原材料定额指标，评估产品实际产量和销售额，进而评估出纳税人是否存在有隐瞒销售收入的问题。单位产品耗用原材料定额可以根据产品配方中的定额直接确定。单位产品定耗既可以是单位产品耗用原材料定额，也可以是单位产品耗用辅助材料和包装物定额等。分析应用时要灵活运用，关联分析，及时查找企业可能存在的线索和问题。

需要注意的几个问题：（1）注意测算分析和实地调查相结合。对测算分析结果，必须深入调查，从企业仓库保管、库存明细账目、辅助材料、包装物耗用等多方面印证、分析，查找线索；（2）注意模型中指标的计量单位，特殊情况下必须进行单位换算，以免出现错误；（3）对农副产品收购、废旧物资收购等企业可利用该法关联分析收购发票开具的真实性。

四、能耗测算法

能耗测算法主要是根据纳税人评估期内水、电、煤、气、油等能源、动力的生产耗用情况，利用单位产品能耗定额测算纳税人实际生产、销售数量，并与纳税人申报信息对比、分析的一种方法。其中耗电、耗水等数据可从电力部门、自来水公司等取得核实，相对较为客观。

该分析方法广泛应用于工业企业。对账务核算不健全、材料耗用情况难以估算，但可从第三方取得客观能耗信息的小规模企业或个体工商户同样适用。

评估模型：

评估期产品产量 ＝ 评估期生产能耗量 ÷ 评估期单位产品能耗定额

评估期产品销售数量 ＝ 评估期期初库存产品数量 ＋ 评估期产品产量 − 评估期期末库存数量

评估期销售收入测算数 ＝ 评估期产量 × 评估期产品销售单价 × 适用税率（征收率）

问题值 ＝ （测算应税销售收入 − 企业实际申报应税销售收入） × 适用税率（征收率）

此法就是根据生产耗用的电力、水、煤、气等能量耗用定额指标，测算产品产量，进而测算其销售额和应纳税额，与申报信息进行对比分析，查找企业纳税疑点和线索的方法。

需要注意的几个问题：（1）正常的企业非生产性（办公照明、空调使用等）用电占比例很小，可以忽略不计。但对差异额较大的，应分析是否存在隐瞒产量，少计销售收入的可能，是否存在将电转售其他企业或用于非应税项目等情况，少计其他业务收入或多抵进项情况；对需要由电费推算用电量的，应考虑扣除企业缴纳的基本电费。（2）应加强同当地电业管理部门、自来水公司等单位的联系，核实企业用电、水量等数据的真实性。同时，要求纳税人申报时向主管税务机关提供电力、自来水发票复印件；或利用金税工程中供电系统的抄税信息核实。（3）在实际分析中，应选取企业生产经营中最具客观实在性、企业不易人为改变、不易隐瞒、便于收集、纳税评估可操作性强的指标。对能耗指标的分析应用，应充分考虑企业生产设备、生产工艺、工人熟练程度等因素的影响。指标的运用不可生搬硬套，应因地制宜，根据当地实际选用或增设辅助指标，确定科学、合理的参考系数，多个指标并用，便于发现问题和疑点。

五、工时（工资）耗用法

工时耗用法是指在单位产品耗用生产时间基本确定的前提下，按照纳税人在一定时期耗用工时总量，分析、测算该时期内的产品产量及销售数量或销售额，并与申报信息对比分析的方法，工资耗用是生产耗用工时反映在货币上的金额表现。该方法主要适用于单位产品耗用工时或者工资基本稳定，工资或工时记录完整、核算规范的工业企业。

由于工时在纳税人的账面不反映，不易于收集。工时往往反映在工资上。这部分工资仅仅指生产一线工人的工资，即生产成本中的直接人工成本部分，可以在会计核算健全的纳税人账簿、凭证中直接反映。

评估模型：

评估期产品产量 = 评估期生产人员工时总量（工资总额）或某一主要生产环节工时总量（工资总额）÷ 单位产品耗用工时（或者工资）

测算应税销售收入 =（期初库存产品数量 + 评估期产品产量 − 期末库存产品数量）× 评估期产品销售单价

问题值 =（测算应税销售收入 − 企业实际申报应税销售收入）× 适用税率（征收率）

该方法主要是通过生产耗用的工时或者工资测算产品产量，进而测算其销售额和应纳税额，并与申报信息进行对比分析，查找纳税疑点和线索。

需要注意的几个问题：（1）企业的生产工时（工资）标准或者关键生产环节工时（工资）标准应相对稳定，相关数据应易于收集和计算；（2）参考当地同行业或规模、效益相近企业的生产工时（工资）标准，便于税企双方工时（工资）标准的共同认可；（3）生产工时总量（工资总额）的所属期要与生产产品的所属期配比。

六、设备生产能力法

设备生产能力法是指主要生产设备在原料、动力和人员等正常运转下产出的能力。可分为设计生产能力和实际生产能力。设计生产能力指按照国家标准生产或引进的设备，经过国家有关部门审验、认可的标准性生产能力。实际生产能力是指设备在实际运转时的生产能力。在一般情况下，设备的实际生产能力与设计生产能力有一定出入。随着各个行业国标、强制性国标及行业管理标准的出台和完善，设备的实际生产能力越来越接近设计生产能力。

设备生产能力法就是按照纳税人投入生产的单位设备生产能力，测算、分析纳税人的实际生产量，进而核实应税销售收入，并与纳税人申报信息对比、分析是否存在涉税问题的方法。该方法主要适用于一些特定的行业，如造纸业、水泥制造业、微粉、发电等行业。该方法与其他分析方法结合使用，效果会更好。

评估模型：

评估期产品产量＝评估期若干设备的日产量或时产量×评估期正常工作日或工作时

测算应税销售收入＝（期初库存产品数量＋评估期产品产量－期末库存产品数量）×评估期产品销售单价

问题值＝（测算应税销售收入－企业实际申报应税销售收入）×适用税率（征收率）

该方法通过设备生产能力、生产耗用的时间测算产品的生产量，进而测算其销售额和应纳税额，并与申报信息进行对比分析，查找涉税疑点和线索。

需要注意的几个问题：（1）设备生产能力可从随机文件中得到。随机文件包括产品说明书、合格证、装箱单等。产品说明书对了解和掌握纳税人的设备生产能力较为重要；（2）实地查看时要注意正确区分设备的规格、型号、数量和生产能力；（3）设备生产能力一般有幅度，要结合企业实际情况进行掌握。

（摘自《国家税务总局关于印发增值税纳税评估部分方法及行业纳税评估指标的通知》之附件，2005 年 12 月 20 日国税函〔2005〕1205 号）

8.6.1.2　行业纳税评估指标参数

8.6.1.2.1　第一批行业纳税评估指标参数（略）

具体内容见《国家税务总局关于印发增值税纳税评估部分方法及行业纳税评估指标的通知》（2005 年 12 月 20 日国税函〔2005〕1205 号）。

政策解析

该文件明确了木材加工行业、煤炭采选业、造纸及纸制品业、食品加工业、橡胶行业、食品制造业（包括淀粉及淀粉制品制造业、方便面食品制造业、乳制品制造业、味精制造业、饼干加工行业、酵母制造行业、酱油食醋制造行业）的行业征管难点、纳税评估指标参数和具体评估方法等。

8.6.1.2.2　第二批行业纳税评估指标参数（略）

具体内容见《国家税务总局关于印发部分行业增值税纳税评估指标参数的通知》（2008 年 6 月 30 日国税函〔2008〕647 号）。

政策解析

该文件明确了卷烟行业、汽车行业、摩托车行业、石油炼化、成品油销售行业、白酒行业的行业征管难点、纳税评估指标参数和具体评估方等。

8.6.2　日常稽查管理

增值税日常稽查办法

第一条　为了规范增值税日常稽查的内容和程序，加强增值税日常稽查管理，防范和查处偷骗增值税行为，提高纳税人依法纳税自觉性，根据《中华人民共和国税收征收管理法》、《中华人民共和国增值税暂行条例》制定本办法。

第二条　本办法适用于税务机关对增值税一般纳税人（以下简称纳税人）实施的增值税日常稽查。小规模纳税人增值税日常稽查办法另行制定。

第三条　增值税日常稽查是税务机关依照税收法律、法规和规章，对纳税人履行纳税义务情况实施常规稽核和检查的总称，包括稽核、检查及一般性违法问题的处理。

第四条　增值税稽核是税务机关监审纳税人增值税纳税申报情况及相关资料，筛选检查对象的过程，分为一级稽核和二级稽核。

一级稽核的工作内容和步骤：

（一）监控纳税人的申报情况。对超过纳税申报期限未办理纳税申报者，在本纳税申报期结束后5日内，向其发出催报通知。对连续两个月逾期未申报的，列印《未申报纳税人清单》送交检查。

（二）审核纳税人的申报数据。依据纳税申报表内各指标之间的逻辑关系，对所申报的应纳税额进行逻辑审核。对申报有误的，应及时向纳税人发出《申报错误更正通知》。

（三）按季计算分析纳税人销售额变动率和税负率，计算公式如下：

1. 销售额变动率 = （本年累计应税销售额 – 上年同期应税销售额）/上年同期应税销售额×100%

2. 税负率 = 累计应纳税额/本年累计应税销售额×100%

将销售额变动率和税负率与相应的正常峰值进行比较，对存在下列问题的纳税人，列印《纳税申报异常纳税人清单》送交二级稽核。

1. 销售额变动率高于正常峰值，税负率低于正常峰值的；

2. 销售额变动率低于正常峰值，税负率低于正常峰值的；

3. 销售额变动率及税负率均高于正常峰值的。

前款所称正常峰值，是指纳税人在一定时期内实现的销售额和税负正常变化的上限或下限。即：销售额变动率正常峰值，为纳税人在正常经营的前提下，销售额与上年同期比较，销售额变动率（±）所能达到的最大值；税负率正常峰值，为纳税人在正常履行纳税义务的前提下，由于受市场、季节等因素的影响而使税负率变化所能达到的最小值或最大值。正常峰值由地市级以上税务机关根据本地区不同行业的具体情况分别确定。

二级稽核的工作内容和步骤：

（一）审核增值税纳税申报表、发票领用存月报表、相关发票存根联、抵扣联、发票领用存原始记录等资料之间的数据是否相符。

（二）对防伪税控系统开具的增值税专用发票抵扣联按规定进行认证。

（三）运用全国丢失、被盗增值税专用发票查询系统对其抵扣联进行抽查验证。

（四）根据纳税人报送的增值税纳税申报表、资产负债表、损益表和其他有关纳税资料，做好案头分析工作，对纳税人形成异常申报的原因作出初步判断。

1. 毛益率分析。根据损益表计算销售毛益率，计算公式为：

$$销售毛益率 = (销售收入 - 销售成本) \div 销售收入 \times 100\%$$

若本期销售毛益率较以前各期或上年同期有较大幅度下降，可能存在购进货物（包括应税劳务，下同）入账，销售货物结转销售成本而不计或少计销售额的问题。

2. 存货、负债、进项税额综合分析。适用于商品流通企业。分析时，先计算本期进项税额控制数，计算公式为：

$$本期进项税额控制数 = 〔期末存货较期初增加额（减少额用负数表示） + 本期销售成本 + 期末应付账款较期初减少数（增加额用负数表示）〕 \times 主要外购货物的增值税税率 + 本期运费支出数 \times 10\%$$

以进项税额控制数与增值税申报表中的本期进项税额核对，若前者明显小于后者，则可能存在虚抵进项税额和未付款的购进货物提前申报抵扣进项税额的问题。

3. 销售额分析。将损益表中的当期销售成本加上按成本毛利率计算出的毛益额后，与损益表、增值税申报表中的本期销售额进行对比，若表中数额小，且差距较大，则可能存在销售额不入账、挂账或瞒报等问题。成本毛利率计算公式如下：

$$成本毛利率 = 本年累计毛利额 / 本年累计销售成本 \times 100\%$$

第五条　将稽核发现的问题和疑点，分别不同情况作如下处理：

（一）对纳税人申报异常提出质询，并逐一记录质询情况，质询记录内容包括：纳税人名称、纳税人识别号、申报异常所属时期、销售额变动率及税负率、答复人姓名以及答复情况等。

（二）对申报异常且无正当理由的纳税人应填写《增值税待查对象通知》，送交检查；申报异常现象特别严重或有较大偷骗税嫌疑的，填写《增值税待查对象特急通知》送交专案检查。

（三）质询记录、待查对象通知和检查情况所报资料要随时复核，定期统计并报主管领导审阅。

第六条　对稽核阶段未被列入检查对象的纳税人，应定期随机抽取一定数量的待查对象送交检查。对该类纳税人的检查间隔（即实施两次检查之间的时间）最长不得超过 3 年。

第七条　增值税检查是税务机关对纳税人会计核算资料及有关生产经营情况进行实地检查的过程。

第八条　增值税检查的对象为稽核环节送达的未申报清单和待查对象通知所列的纳税

人以及根据本办法第六条确定的纳税人。

第九条 增值税检查应按计划组织实施，对未申报待查对象的检查应自通知送达之日起 1 个月内实施，对申报异常的待查对象的检查应自通知送达之日起 2 个月内实施。

第十条 增值税检查方法根据待查对象的具体情况确定：

（一）无申报异常现象的，可采取抽查的方法，如有问题再全面检查。

（二）有申报异常现象的，应以销项或进项的某一方面问题核实为主，实施销项税额与进项税额的全面检查。

1. 销售额变动率高于正常峰值及税负率低于正常峰值或销售额变动率正常，而税负率低于正常峰值的，以进项税额为检查重点，查证有无扩大进项抵扣范围、骗抵进项税额、不按规定申报抵扣等问题，对应核实销项税额计算的正确性；

2. 销售额变动率低于正常峰值及税负率变动低于正常峰值的，销项税额和进项税额均应作为检查重点。

对销项税额的检查，应侧重查证有无账外经营、瞒报、迟报计税销售额、混淆增值税与营业税征税范围、错用税率等问题。

检查基本方法见附件 1。

第十一条 经稽核、检查核实的一般性偷骗税问题应按《中华人民共和国税收征收管理法》有关条款及现行有关管理规定进行处理；同时责成纳税人进行相关的账务调整（具体调账方法见附件 2）。对偷骗税数额较大、情节较严重、涉及地域范围较广的偷骗税案件应及时移送专案稽查。

第十二条 经增值税检查查实的问题及处理情况应按国家税务总局统一规定的文书形式反馈给二级稽核。

第十三条 《未申报纳税人清单》、《申报错误更正通知》、《纳税申报异常纳税人清单》、《增值税待查对象通知》、《增值税待查对象特急通知》的样式及内容由各省级税务机关确定。

第十四条 本办法自 1998 年 1 月 1 日起执行。

附件 1：增值税检查基本方法

一、瞒报计税销售额的检查。应对下列问题运用账证核对法逐项查证：

（一）发票上填开的销售额与有关收入账户中的记录是否一致；

（二）有无计税销售额记入往来账户问题；

（三）有无将计税销售额或差价记入"应付福利费"、"投资收益"、"资本公积"、"盈余公积"等账户，逃避纳税的现象；

（四）以物易物有无不反映销售而只办理存货之间转账的问题；

（五）有无发生销售不反映销售额，而是以"生产成本"、"产成品"、"库存商品"等存货账户以及资金账户或往来账户对转的问题；

（六）有关收入账户的红字冲销记录有无足以证明业务确实发生的证据；

（七）视同销售业务不申报纳税。检查"应付福利费"、"在建工程"、"长期投资"、

"营业外支出"等账户的借方记录，核对会计凭证，查明视同销售是否按规定申报了计税销售额和销项税额。

二、迟报计税销售额的检查。

（一）将已填开的发票存根联与有关收入账户记录进行核对，看当月实现的收入是否全部入账，有无压票现象；

（二）对不以销货发票为记账依据的商业零售企业，应查明有无将本月的"销售日报"作为下月原始凭证入账的现象。

三、适用税率的检查。看已填开的增值税专用发票和含税销售额换算为不含税销售额所使用的税率是否正确。

四、虚开发票的检查。将已填开的发票存根联与其所列货物的明细账记录进行核对，看账证记录是否一致。

五、扩大进项税额抵扣范围的检查。以"进项税额"账户为中心，逐一分析每笔记录记账凭证的会计处理和原始凭证所载明的经济业务，看有无将不属于抵扣范围的进项税额申报抵扣。

六、骗抵进项税额的检查。将进项凭证与相关的付款凭证、资金账户，相关的存货账户进行核实，凡发现异常的进项凭证或涉嫌虚开、伪造的进项凭证，应委托销货方所在地税务机关配合查实。

对依据运费发票等其他扣税凭证计算进项税额的，应检查进项税额计算的正确性和扣税凭证的真实性。

七、擅自抵扣期初存货进项税额的检查。对纳税人申报抵扣的期初存货进项税额，应查明是否经主管税务机关批准，验证其计算的正确性。

八、进项税额转出的检查。分析"应付福利费"、"在建工程"、"其他业务支出"、"待处理财产损益"、"营业外支出"以及销售收入类等账户，并核对其会计凭证，看是否发生了进项税额转出事项，该办理进项税额转出的是否已经转出，转出额确定得是否正确。对兼营免税项目的纳税人，应通过分析有关销售收入和成本账户，看是否按规定办理进项税额转出。

九、账外经营检查。涉嫌有账外经营的，可采用突击检查方式，运用盘存法对存货和库存现金进行账实核对，凡相差悬殊的，要进一步查证有无未入账的进项凭证（包括代销、寄存等其他有效凭证）和现金收入凭证，如有未入账凭证，将其所载金额从实存数中扣除后，其结果仍大于账存的，即存在账外经营。

附件 2：增值税检查调账方法

增值税检查后的账务调整，应设立"应交税金——增值税检查调整"专门账户。凡检查后应调减账面进项税额或调增销项税额和进项税额转出的数额，借记有关科目，贷记本科目；凡检查后应调增账面进项税额或调减销项税额和进项税额转出的数额，借记本科目，贷记有关科目；全部调账事项入账后，应结出本账户的余额，并对该余额进行处理：

1. 若余额在借方，全部视同留抵进项税额，按借方余额数，借记"应交税金——应交增值税（进项税额）"科目，贷记本科目。

2. 若余额在贷方，且"应交税金——应交增值税"账户无余额，按贷方余额数，借记本科目，贷记"应交税金——未交增值税"科目。

3. 若本账户余额在贷方，"应交税金——应交增值税"账户有借方余额且等于或大于这个贷方余额，按贷方余额数，借记本科目，贷记"应交税金——应交增值税"科目。

4. 若本账户余额在贷方，"应交税金——应交增值税"账户有借方余额但小于这个贷方余额，应将这两个账户的余额冲出，其差额贷记"应交税金——未交增值税"科目。

上述账务调整应按纳税期逐期进行。

【注：根据最新会计处理规定，"应交税金"调整为"应交税费"】

（以上摘自《国家税务总局关于印发＜增值税日常稽查办法＞的通知》，1998 年 3 月 26 日国税发〔1998〕44 号）

发票篇

第9章 Chapter Nine
增值税专用发票

《中华人民共和国发票管理办法》及其实施细则规定：发票，是指在购销商品、提供或者接受服务以及从事其他经营活动中，开具、收取的收付款凭证。国务院税务主管部门统一负责全国的发票管理工作。省、自治区、直辖市国家税务局和地方税务局依据各自的职责，共同做好本行政区域内的发票管理工作。发票的种类、联次、内容以及使用范围由国家税务总局规定。在全国范围内统一式样的发票，由国家税务总局确定。在省、自治区、直辖市范围内统一式样的发票，由省、自治区、直辖市国家税务局、地方税务局确定。

【注：2018 年国家税务局和地方税务局合并】

增值税专用发票，是增值税一般纳税人（以下简称一般纳税人）销售货物或者提供应税劳务开具的发票，是购买方支付增值税额并可按照增值税有关规定据以抵扣增值税进项税额的凭证。我国增值税实行凭国家印发的增值税专用发票注明的税款进行抵扣的制度。增值税专用发票不仅是纳税人经济活动中的重要商业凭证，而且是兼记销货方销项税额和购货方进项税额抵扣的凭证，对增值税的计算和管理起着决定性作用，因此，正确使用增值税专用发票至关重要。

9.1 增值税专用发票基本规定

9.1.1 增值税专用发票定义

增值税专用发票，是增值税一般纳税人销售货物或者提供应税劳务开具的发票，是购买方支付增值税额并可按照增值税有关规定据以抵扣增值税进项税额的凭证。

（摘自《国家税务总局关于修订＜增值税专用发票使用规定＞的通知》，2006 年 10 月 17 日国税发〔2006〕156 号）

9.1.2 增值税专用发票联次

专用发票由基本联次或者基本联次附加其他联次构成，基本联次为三联：发票联、抵扣联和记账联。发票联，作为购买方核算采购成本和增值税进项税额的记账凭证；抵扣联，作为购买方报送主管税务机关认证和留存备查的凭证；记账联，作为销售方核算销售收入和增值税销项税额的记账凭证。其他联次用途，由一般纳税人自行确定。

（摘自《国家税务总局关于修订＜增值税专用发票使用规定＞的通知》，2006 年 10 月 17 日国税发〔2006〕156 号）

增值税专用发票由基本联次或者基本联次附加其他联次构成，分为三联版和六联版两种。基本联次为三联：第一联为记账联，是销售方记账凭证；第二联为抵扣联，是购买方扣税凭证；第三联为发票联，是购买方记账凭证。其他联次用途，由纳税人自行确定。纳税人办理产权过户手续需要使用发票的，可以使用增值税专用发票第六联。

（摘自《国家税务总局货物和劳务税司关于做好增值税发票使用宣传辅导有关工作的通知》，2017 年 4 月 21 日税总货便函〔2017〕127 号）

9.1.3　发票专用章和发票监制章

一、发票专用章式样

发票专用章的形状为椭圆形，长轴为 40mm、短轴为 30mm、边宽 1mm，印色为红色。

发票专用章中央刊纳税人识别号；外刊纳税人名称，自左而右环行，如名称字数过多，可使用规范化简称；下刊"发票专用章"字样。使用多枚发票专用章的纳税人，应在每枚发票专用章正下方刊顺序编码，如"（1）、（2）……"字样。

发票专用章所刊汉字，应当使用简化字，字体为仿宋体；"发票专用章"字样字高 4.6mm、字宽 3mm；纳税人名称字高 4.2mm、字宽根据名称字数确定；纳税人识别号数字为 Arial 体，数字字高为 3.7mm，字宽 1.3mm。

二、发票专用章启用时间

发票专用章自 2011 年 2 月 1 日起启用。

（摘自《国家税务总局关于发票专用章式样有关问题的公告》，2011 年 1 月 21 日国家税务总局公告 2011 年第 7 号）

发票专用章尺寸规定：

一、形状为椭圆形，尺寸为 40×30（mm）；

二、边宽 1mm；

三、中间为税号，18 位阿拉伯数字字高 3.7mm，字宽 1.3mm，18 位阿拉伯数字总宽度 26mm（字体为 Arial）；

四、税号上方环排中文文字高为 4.2mm，环排角度（夹角）210～260 度，字与边线内侧的距离 0.5mm（字体为仿宋体）；

五、税号下横排"发票专用章"文字字高 4.6mm，字宽 3mm，延章中心线到下横排字顶端距离 4.2mm（字体为仿宋体）；

六、发票专用章下横排号码字高 2.2mm，字宽 1.7mm，延章中心线到下横排号码顶端距离 10mm（字体为 Arial），不需编号时可省去横排号码。

（摘自《国家税务总局关于发票专用章式样有关问题的公告》之附件，2011 年 1 月 21 日国家税务总局公告 2011 年第 7 号）

一、新税务机构挂牌后，国家税务总局各省、自治区、直辖市和计划单列市税务局［以下简称"各省（区、市）税务局"］将启用新的发票监制章。增值税电子普通发票（含收费公路通行费增值税电子普通发票，下同）版式文件上的发票监制章，相应修改为各省（区、市）税务局新启用的发票监制章。

二、新启用的发票监制章形状为椭圆形，长轴为 3 厘米，短轴为 2 厘米，边宽为 0.1 厘米，内环加刻一细线，上环刻制"全国统一发票监制章"字样，中间刻制"国家税务总局"字样，下环刻制"××省（区、市）税务局"字样，下环字样例如："江苏省税务局"、"上海市税务局"、"内蒙古自治区税务局"、"新疆维吾尔自治区税务局"。字体为楷体 7 磅，印色为大红色。新启用的发票监制章样式见附件。

五、《国家税务总局关于推行通过增值税电子发票系统开具的增值税电子普通发票有关问题的公告》（国家税务总局公告 2015 年第 84 号发布，国家税务总局公告 2018 年第 31 号修改）附件 1 增值税电子普通发票票样中的发票监制章按照本公告规定调整。

附件：发票监制章样式

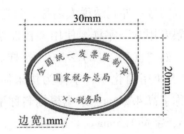

监制章全部字体为正楷7磅，印色为大红

（摘自《国家税务总局关于增值税电子普通发票使用有关事项的公告》及附件，2018 年 7 月 23 日国家税务总局公告 2018 年第 41 号）

9.1.4 增值税专用发票防伪措施

为加强和改进增值税专用发票管理，税务总局决定调整增值税专用发票防伪措施，自 2019 年第一季度起增值税专用发票按照调整后的防伪措施印制。现将有关事项公告如下：

取消光角变色圆环纤维、造纸防伪线等防伪措施，继续保留防伪油墨颜色擦可变、专用异型号码、复合信息防伪等防伪措施。调整后的增值税专用发票部分防伪措施见附件。

税务机关库存和纳税人尚未使用的增值税专用发票可以继续使用。

本公告自发布之日起施行。《国家税务总局关于启用新版增值税发票有关问题的公告》（国家税务总局公告 2014 年第 43 号）第三条和附件 3 同时废止。

附件：增值税专用发票部分防伪措施的说明

一、防伪油墨颜色擦可变

（一）防伪效果

发票各联次左上方的发票代码使用防伪油墨印制，油墨印记在外力摩擦作用下可以发生颜色变化，产生红色擦痕（如下图所示）。

发票代码图案原色	原色摩擦可产生红色擦痕
6100191160	6100191160

（二）鉴别方法

使用白纸摩擦票面的发票代码区域，在白纸表面以及发票代码的摩擦区域均会产生红色擦痕。

二、专用异型号码

（一）防伪效果

发票各联次右上方的发票号码为专用异型号码，字体为专用异型变化字体（如下图所示）。

$$9876543210$$

（二）鉴别方法

直观目视识别。

三、复合信息防伪

（一）防伪效果

发票的记账联、抵扣联和发票联票面具有复合信息防伪特征。

（二）鉴别方法

使用复合信息防伪特征检验仪检测，对通过检测的发票，检验仪自动发出复合信息防伪特征验证通过的语音提示。

（摘自《国家税务总局关于调整增值税专用发票防伪措施有关事项的公告》，2019 年 2 月 3 日国家税务总局公告 2019 年第 9 号）

9.1.5　发票代码编码规则及票样

为了加强对增值税专用发票的使用管理，有利于增值税专用发票计算机交叉稽核工作，从 1995 年起，将专用发票上的地区简称、制版年度、批次、版本的语言文字、几联发票、发票的金额版本号等改用 10 位代码表示。

具体表示方法：

第 1－4 位代表各地市

（以上代码参见附件）

第 5－6 两位代表制版年度

第 7 位代表批次

（分别用 1、2、3、4……表示）

第 8 位代表版本的语言文字

（分别用 1、2、3、4 代表中文、中英文、藏汉文、维汉文）

第 9 位代表几联发票

（分别用 4、7 表示四联、七联）

第 10 位代表发票的金额版本号

（分别用 1、2、3、4 表示万元版、十万元版、百万元版、千万元版，用"0"表示电子发票）

例："1301951141"其中：一至四位"1301"表示河北省石家庄市，五、六两位"95"

表示 1995 年版，第七位的"1"表示第一批，第八位的"1"表示中文，第九位的"4"表示四联，第十位的"1"表示万元版。

附件：《各省、自治区、直辖市，各计划单列市地区代码》（略）

（摘自《国家税务总局关于统一编印 1995 年增值税专用发票代码的通知》，1995 年 1 月 14 日国税函发〔1995〕18 号）

调整专用发票部分栏次内容，将"销货单位"栏和"购货单位"栏分别改为"销售方"和"购买方"，"货物或应税劳务名称"栏改为"货物或应税劳务、服务名称"，票尾的"销货单位：（章）"改为"销售方：（章）"。专用发票联次用途也相应调整，将第一联"记帐联：销货方计帐凭证"改为"记账联：销售方记账凭证"，第二联抵扣联用途"购货方扣税凭证"改为"购买方扣税凭证"，第三联发票联用途"购货方计帐凭证"改为"购买方记账凭证"，调整后的专用发票票样见附件 1。

附件 1：增值税专用发票票样

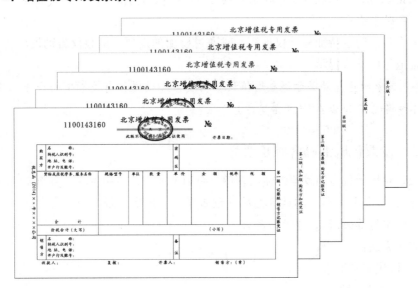

（摘自《国家税务总局关于启用新版增值税发票有关问题的公告》，2014 年 7 月 8 日国家税务总局公告 2014 年第 43 号）

9.1.6　增值税专用发票的领购

9.1.6.1 初始发行

一般纳税人领购专用设备后，凭《最高开票限额申请表》、《发票领购簿》到主管税务机关办理初始发行。

初始发行，是指主管税务机关将一般纳税人的下列信息载入空白金税卡和 IC 卡的行为：

1. 企业名称；

2. 税务登记代码；

3. 开票限额；

4. 购票限量；

5. 购票人员姓名、密码；

6. 开票机数量；

7. 国家税务总局规定的其他信息。

一般纳税人发生上列第 1、3、4、5、6、7 项信息变化，应向主管税务机关申请变更发行；发生第 2 项信息变化，应向主管税务机关申请注销发行。

（摘自《国家税务总局关于修订＜增值税专用发票使用规定＞的通知》，2006 年 10 月 17 日国税发〔2006〕156 号）

将增值税防伪税控系统专用设备中的 USB 金税盘零售价格由每个 490 元降为 200 元，报税盘零售价格由每个 230 元降为 100 元；货物运输业增值税专用发票、机动车销售统一发票和公路、内河货物运输业发票税控系统专用设备中的 TCG-01 税控盘零售价格由每个 490 元降为 200 元，TCG-02 报税盘零售价格由每个 230 元降为 100 元。

降低维护服务价格。从事增值税税控系统技术维护服务的有关单位（以下简称"有关技术服务单位"），向使用税控系统产品的纳税人提供技术维护服务收取的费用，由每户每年每套 330 元降为 280 元；对使用两套及以上税控系统产品的，从第二套起减半收取技术维护服务费用。

税控系统产品购买和技术维护服务费用抵减应纳税额。增值税纳税人购买税控系统产品支付的费用，以及缴纳的技术维护费用，在增值税应纳税额中及时全额抵减。

（摘自《国家发展改革委关于降低增值税税控系统产品及维护服务价格等有关问题的通知》，2017 年 7 月 2 日发改价格〔2017〕1243 号）

9.1.6.2　专用发票的领购管理

一般纳税人凭《发票领购簿》、IC 卡和经办人身份证明领购专用发票。

（摘自《国家税务总局关于修订＜增值税专用发票使用规定＞的通知》，2006 年 10 月 17 日国税发〔2006〕156 号）

一般纳税人有下列情形之一的，不得领购开具专用发票：

（一）会计核算不健全，不能向税务机关准确提供增值税销项税额、进项税额、应纳税额数据及其他有关增值税税务资料的。上列其他有关增值税税务资料的内容，由省、自治区、直辖市和计划单列市税务局确定。

（二）有《税收征管法》规定的税收违法行为，拒不接受税务机关处理的。

（三）有下列行为之一，经税务机关责令限期改正而仍未改正的：

1. 虚开增值税专用发票；

2. 私自印制专用发票；

3. 向税务机关以外的单位和个人买取专用发票；

4. 借用他人专用发票；

5. 未按本规定第十一条开具专用发票;

6. 未按规定保管专用发票和专用设备;

7. 未按规定申请办理防伪税控系统变更发行;

8. 未按规定接受税务机关检查。

有上列情形的,如已领购专用发票,主管税务机关应暂扣其结存的专用发票和IC卡。

(摘自《国家税务总局关于修订<增值税专用发票使用规定>的通知》,2006年10月17日国税发〔2006〕156号)

一般纳税人有下列情形之一的,不得使用增值税专用发票:

(一)会计核算不健全,不能向税务机关准确提供增值税销项税额、进项税额、应纳税额数据及其他有关增值税税务资料的。上列其他有关增值税税务资料的内容,由省、自治区、直辖市和计划单列市国家税务局确定。

(二)应当办理一般纳税人资格登记而未办理的。

(三)有《中华人民共和国税收征收管理法》规定的税收违法行为,拒不接受税务机关处理的。

(四)有下列行为之一,经税务机关责令限期改正而仍未改正的:

1. 虚开增值税专用发票;

2. 私自印制增值税专用发票;

3. 向税务机关以外的单位和个人买取增值税专用发票;

4. 借用他人增值税专用发票;

5. 未按《增值税专用发票使用规定》第十一条开具增值税专用发票;

6. 未按规定保管增值税专用发票和专用设备;

7. 未按规定申请办理防伪税控系统变更发行;

8. 未按规定接受税务机关检查。

有上列情形的,如已领取增值税专用发票,主管税务机关应暂扣其结存的增值税专用发票和税控专用设备。

(摘自《国家税务总局货物和劳务税司关于做好增值税发票使用宣传辅导有关工作的通知》,2017年4月21日税总货便函〔2017〕127号)

采取汇总纳税的金融机构,省、自治区所辖地市以下分支机构可以使用地市级机构统一领取的增值税专用发票、增值税普通发票、增值税电子普通发票;直辖市、计划单列市所辖区县及以下分支机构可以使用直辖市、计划单列市机构统一领取的增值税专用发票、增值税普通发票、增值税电子普通发票。

(摘自《国家税务总局关于全面推开营业税改征增值税试点有关税收征收管理事项的公告》,2016年4月19日国家税务总局公告2016年第23号)

一、同时满足下列条件的新办纳税人首次申领增值税发票,主管税务机关应当自受理申请之日起2个工作日内办结,有条件的主管税务机关当日办结:

(一)纳税人的办税人员、法定代表人已经进行实名信息采集和验证(需要采集、验证法定代表人实名信息的纳税人范围由各省税务机关确定）；

（二）纳税人有开具增值税发票需求，主动申领发票；

（三）纳税人按照规定办理税控设备发行等事项。

二、新办纳税人首次申领增值税发票主要包括发票票种核定、增值税专用发票（增值税税控系统）最高开票限额审批、增值税税控系统专用设备初始发行、发票领用等涉税事项。

（摘自《国家税务总局关于新办纳税人首次申领增值税发票有关事项的公告》，2018 年 6 月 11 日国家税务总局公告 2018 年第 29 号）

9.1.6.3　发票领购数量的限制

对增值税发票实行分类分级规范化管理，提高工作效率，减少办税环节。

（一）以下纳税人可一次领取不超过 3 个月的增值税发票用量，纳税人需要调整增值税发票用量，手续齐全的，按照纳税人需要即时办理：

1．纳税信用等级评定为 A 类的纳税人；

2．地市国税局确定的纳税信用好，税收风险等级低的其他类型纳税人。

（二）上述纳税人 2 年内有涉税违法行为、移交司法机关处理记录，或者正在接受税务机关立案稽查的，不适用本条第（一）项规定。

（三）辅导期一般纳税人专用发票限量限额管理工作，按照《增值税一般纳税人纳税辅导期管理办法》有关规定执行。

税务机关在做好纳税服务，提高办税效率的同时，充分利用信息化手段，建立高效联动的风险防控机制，科学设立风险防控指标，加强日常评估及后续监控管理，提升后续监控的及时性和针对性，跟踪分析纳税人发票使用及纳税申报情况。对纳税人发票使用异常且无正当理由的，税务机关可重新核定发票限额及领用数量。

（摘自《国家税务总局关于简化增值税发票领用和使用程序有关问题的公告》，2014 年 3 月 24 日国家税务总局公告 2014 年第 19 号）

辅导期纳税人专用发票的领购实行按次限量控制，主管税务机关可根据纳税人的经营情况核定每次专用发票的供应数量，但每次发售专用发票数量不得超过 25 份。

辅导期纳税人领购的专用发票未使用完而再次领购的，主管税务机关发售专用发票的份数不得超过核定的每次领购专用发票份数与未使用完的专用发票份数的差额。

（摘自《国家税务总局关于印发 < 增值税一般纳税人纳税辅导期管理办法 > 的通知》，2010 年 4 月 7 日国税发〔2010〕40 号）

自 2016 年 12 月 1 日起，纳税信用 A 级的纳税人可一次领取不超过 3 个月的增值税发票用量，纳税信用 B 级的纳税人可一次领取不超过 2 个月的增值税发票用量。以上两类纳税人生产经营情况发生变化，需要调整增值税发票用量，手续齐全的，按照规定即时办理。

（摘自《国家税务总局关于按照纳税信用等级对增值税发票使用实行分类管理有关事项的公告》，2016 年 11 月 17 日国家税务总局公告 2016 年第 71 号）

税务机关为符合本公告第一条规定的首次申领增值税发票的新办纳税人办理发票票种

核定，增值税专用发票最高开票限额不超过 10 万元，每月最高领用数量不超过 25 份；增值税普通发票最高开票限额不超过 10 万元，每月最高领用数量不超过 50 份。各省税务机关可以在此范围内结合纳税人税收风险程度，自行确定新办纳税人首次申领增值税发票票种核定标准。

（摘自《国家税务总局关于新办纳税人首次申领增值税发票有关事项的公告》，2018 年 6 月 11 日国家税务总局公告 2018 年第 29 号）

9.1.6.4　简化纳税人领用手续

取消增值税发票（包括增值税专用发票、货物运输业增值税专用发票、增值税普通发票和机动车销售统一发票，下同）手工验旧。税务机关应用增值税一般纳税人（以下简称一般纳税人）发票税控系统报税数据，通过信息化手段实现增值税发票验旧工作。

（摘自《国家税务总局关于简化增值税发票领用和使用程序有关问题的公告》，2014 年 3 月 24 日国家税务总局公告 2014 年第 19 号）

9.1.7　增值税专用发票的保管

有下列情形之一的，为本规定第八条所称未按规定保管专用发票和专用设备：

（一）未设专人保管专用发票和专用设备；

（二）未按税务机关要求存放专用发票和专用设备；

（三）未将认证相符的专用发票抵扣联、《认证结果通知书》和《认证结果清单》装订成册；

（四）未经税务机关查验，擅自销毁专用发票基本联次。

（摘自《国家税务总局关于修订＜增值税专用发票使用规定＞的通知》，2006 年 10 月 17 日国税发〔2006〕156 号）

防伪税控企业未按规定使用保管专用设备，发生下列情形之一的，视同未按规定使用和保管专用发票处罚：

（一）因保管不善或擅自拆装专用设备造成系统不能正常运行；

（二）携带系统外出开具专用发票。

（摘自《国家税务总局关于印发＜增值税防伪税控系统管理办法＞的通知》，1999 年 12 月 1 日国税发〔1999〕221 号）

9.2　增值税专用发票的开具

9.2.1　增值税专用发票开具的一般规定

纳税人发生应税销售行为，应当向索取增值税专用发票的购买方开具增值税专用发票，并在增值税专用发票上分别注明销售额和销项税额。

（摘自《中华人民共和国增值税暂行条例》第八条，2017 年 11 月 19 日修订　国务院令

第 691 号）

纳税人发生应税行为，应当向索取增值税专用发票的购买方开具增值税专用发票，并在增值税专用发票上分别注明销售额和销项税额。

（摘自《财政部 国家税务总局关于全面推开营业税改征增值税试点的通知》之附件 1《营业税改征增值税试点实施办法》第五十三条，2016 年 3 月 23 日财税〔2016〕36 号）

一般纳税人销售货物或者提供应税劳务，应向购买方开具专用发票。

增值税小规模纳税人（以下简称小规模纳税人）需要开具专用发票的，可向主管税务机关申请代开。

（摘自《国家税务总局关于修订＜增值税专用发票使用规定＞的通知》，2006 年 10 月 17 日国税发〔2006〕156 号）

开具发票应当使用中文。

（摘自《中华人民共和国发票管理办法实施细则》，2014 年 12 月 27 日国家税务总局令第 37 号）

9.2.1.1 增值税专用发票开具的一般要求

增值税专用发票应按下列要求开具：

（一）项目齐全，与实际交易相符；

（二）字迹清楚，不得压线、错格；

（三）发票联和抵扣联加盖发票专用章；

（四）按照增值税纳税义务的发生时间开具。

对不符合上列要求的专用发票，购买方有权拒收。

（摘自《国家税务总局关于修订＜增值税专用发票使用规定＞的通知》，2006 年 10 月 17 日国税发〔2006〕156 号）

关于增值税专用发票的填写问题

（一）专用发票的"单价"栏，必须填写不含税单价。纳税人如果采用销售额和增值税额合并定价方法的，其不含税单价应按下列公式计算：

1. 一般纳税人按增值税税率计算应纳税额的，不含税单价计算公式为：

$$不含税单价 = 含税单价 /（1 + 税率）$$

2. 一般纳税人按简易办法计算应纳税额的和由税务所代开专用发票的小规模纳税人，不含税单价计算公式为：

$$不含税单价 = 含税单价 /（1 + 征收率）$$

（二）专用发票"金额"栏的数字，应按不含税单价和数量相乘计算填写，计算公式为：

$$金额栏数字 = 不含税单价 \times 数量$$

不含税单价的尾数，"元"以下一般保留到"分"，特殊情况下也可以适当增加保留的位数。

（三）专用发票的"税率"栏，应填写销售货物或应税劳务的适用税率，"税额"栏的数字应按"金额"栏数字和"税率"相乘计算填写。计算公式为：

$$税额 = 金额 × 税率$$

（摘自《国家税务总局关于增值税若干征收问题的通知》，1994 年 5 月 7 日国税发〔1994〕122 号）

9.2.1.2　商品和服务税收分类与编码

税务总局编写了《商品和服务税收分类与编码（试行）》（以下简称编码），并在新系统中增加了编码相关功能。自 2016 年 5 月 1 日起，纳入新系统推行范围的试点纳税人及新办增值税纳税人，应使用新系统选择相应的编码开具增值税发票。北京市、上海市、江苏省和广东省已使用编码的纳税人，应于 5 月 1 日前完成开票软件升级。5 月 1 日前已使用新系统的纳税人，应于 8 月 1 日前完成开票软件升级。

（摘自《国家税务总局关于全面推开营业税改征增值税试点有关税收征收管理事项的公告》，2016 年 4 月 19 日国家税务总局公告 2016 年第 23 号）

自 2018 年 1 月 1 日起，纳税人通过增值税发票管理新系统开具增值税发票（包括：增值税专用发票、增值税普通发票、增值税电子普通发票）时，商品和服务税收分类编码对应的简称会自动显示并打印在发票票面"货物或应税劳务、服务名称"或"项目"栏次中。

（摘自《国家税务总局关于增值税发票管理若干事项的公告》，2017 年 12 月 18 日国家税务总局公告 2017 年第 45 号）

政策解析

自 2016 年 5 月 1 日起，国家税务总局在全国范围内推行了商品和服务税收分类编码。为了方便纳税人准确选择商品和服务税收分类编码，国家税务总局编写了商品和服务税收分类编码简称。自 2018 年 1 月 1 日起，纳税人通过增值税发票管理新系统开具增值税发票（包括增值税专用发票、增值税普通发票、增值税电子普通发票）时，商品和服务税收分类编码对应的简称会自动显示并打印在发票票面"货物或应税劳务、服务名称"或"项目"栏次中。

例如，纳税人销售黄金项链，在开具增值税发票时输入的商品名称为"黄金项链"，选择的商品和服务税收分类编码为"金银珠宝首饰"。该分类编码对应的简称为"珠宝首饰"，则增值税发票票面上会显示并打印"＊珠宝首饰＊黄金项链"。如果纳税人错误选择其他分类编码，发票票面上将会出现类似"＊钢材＊黄金项链"或"＊电子计算机＊黄金项链"的明显错误。

参照一下部分税务机关的相关提示：

青岛市国家税务局关于开具增值税发票的重要提示

根据国家税务总局工作要求，自 2016 年 5 月 1 日起，使用增值税发票管理新系统（简称新系统）的纳税人，应使用新系统选择相应的编码开具增值税专用发票和增值税普通发票。

一、对未按规定规范使用税收分类编码的纳税人，主管国税机关将依照下列法律法规予以处理：根据《中华人民共和国发票管理办法》第二十二条和《增值税专用发票使用规定》第十一条，纳税人不选择商品和服务税收分类与编码的，属于发票栏目填写不全，主管税务机关将依照《中华人民共和国发票管理办法》第三十五条第一款处理，由税务机关责令改正，可以处1万元以下罚款，并公开处罚情况。

二、纳税人开具增值税发票时，发票内容应按照实际销售情况选择正确的编码如实开具。

对经税务机关通过编码智能匹配助手和人工复核后发现纳税人选择的编码不符合规定的，主管税务机关将责令纳税人限期改正。逾期不更正的，视为恶意选择编码。

纳税人恶意选择编码的，属于开具与实际经营业务情况不符的发票，主管税务机关将依照《中华人民共和国发票管理办法》第三十七条第一款处理，没收违法所得，虚开金额在1万元以下的，可以并处5万元以下罚款；虚开金额超过1万元的，并处5万元以上50万元以下的罚款；构成犯罪的，依法追究刑事责任。

9.2.1.3 汇总开具增值税专用发票的要求

一般纳税人销售货物或者提供应税劳务可汇总开具专用发票。汇总开具专用发票的，同时使用防伪税控系统开具《销售货物或者提供应税劳务清单》，并加盖发票专用章。

（摘自《国家税务总局关于修订＜增值税专用发票使用规定＞的通知》，2006年10月17日国税发〔2006〕156号）

一般纳税人销售货物、提供加工修理修配劳务和发生应税行为可汇总开具增值税专用发票。汇总开具增值税专用发票的，同时使用增值税发票管理新系统开具《销售货物或者提供应税劳务清单》，并加盖发票专用章。

（摘自《国家税务总局货物和劳务税司关于做好增值税发票使用宣传辅导有关工作的通知》，2017年4月21日税总货便函〔2017〕127号）

9.2.1.4 发票销货清单的开具要求

9.2.1.4.1 销货清单开具的一般要求

向消费者个人零售小额商品或者提供零星服务的，是否可免予逐笔开具发票，由省税务机关确定。

（摘自《国家税务总局关于印发＜税务机关代开增值税专用发票管理办法（试行）＞的通知》，2004年12月22日国税发〔2004〕153号）

9.2.1.4.2 销货清单开具的其他情形

自2016年1月1日起，货物运输服务使用增值税专用发票和普通发票，应将起运地、到达地、车种车号以及运输货物信息等填写在发票备注栏，如内容较多可另附清单。（货运专票最迟可使用至2016年6月30日）

（摘自《国家税务总局关于停止使用货物运输业增值税专用发票有关问题的公告》，

2015 年 12 月 31 日国家税务总局公告 2015 年第 99 号）

中国铁路总公司及其所属运输企业提供货物运输服务，可自 2015 年 11 月 1 日起使用增值税专用发票和普通发票，所开具的铁路货票、运费杂费收据可作为发票清单使用。

（摘自《国家税务总局关于停止使用货物运输业增值税专用发票有关问题的公告》，2015 年 12 月 31 日国家税务总局公告 2015 年第 99 号）

9.2.1.5 专用发票最高开票限额的规定

增值税专用发票（增值税税控系统）实行最高开票限额管理。最高开票限额，是指单份专用发票或货运专票开具的销售额合计数不得达到的上限额度。

最高开票限额由一般纳税人申请，区县税务机关依法审批。一般纳税人申请最高开票限额时，需填报《增值税专用发票最高开票限额申请单》（附件 2）。主管税务机关受理纳税人申请以后，根据需要进行实地查验。实地查验的范围和方法由各省国税机关确定。

税务机关应根据纳税人实际生产经营和销售情况进行审批，保证纳税人生产经营的正常需要。

增值税专用发票最高开票限额申请单

申请事项（由纳税人填写）	纳税人名称		纳税人识别号	
	地址		联系电话	
	购票人信息			
	申请增值税专用发票（增值税税控系统）最高开票限额	□初次　□变更　（请选择一个项目并在□内打"√"） □一亿元　□一千万元　□一百万元 □十万元　□一万元 □一千元　（请选择一个项目并在□内打"√"）		
	申请货物运输业增值税专用发票（增值税税控系统）最高开票限额	□初次　□变更　（请选择一个项目并在□内打"√"） □一亿元　□一千万元　□一百万元 □十万元　□一万元 □一千元　（请选择一个项目并在□内打"√"）		
	申请理由： 　　经办人（签字）：　　　　　纳税人（印章）： 　　　　年　月　日　　　　　　年　月　日			
区县税务机关意见	发票种类		批准最高开票限额	
	增值税专用发票（增值税税控系统）			
	货物运输业增值税专用发票（增值税税控系统）			
	经办人（签字）：　　批准人（签字）：　　税务机关（印章）： 　　年　月　日　　　　年　月　日　　　　年　月　日			

注：本申请表一式两联：第一联由申请纳税人留存；第二联由区县税务机关留存。

（摘自《国家税务总局关于在全国开展营业税改征增值税试点有关征收管理问题的公

告》及附件，2013 年 7 月 10 日国家税务总局公告 2013 年第 39 号）

一般纳税人申请专用发票（包括增值税专用发票和货物运输业增值税专用发票，下同）最高开票限额不超过十万元的，主管税务机关不需事前进行实地查验。各省国税机关可在此基础上适当扩大不需事前实地查验的范围，实地查验的范围和方法由各省国税机关确定。

【注：国家税务总局公告 2013 年第 39 号规定，最高开票限额由区县税务机关依法审批，根据需要进行实地查验。实地查验的范围和方法由各省国税机关确定。】

税务机关在做好纳税服务，提高办税效率的同时，充分利用信息化手段，建立高效联动的风险防控机制，科学设立风险防控指标，加强日常评估及后续监控管理，提升后续监控的及时性和针对性，跟踪分析纳税人发票使用及纳税申报情况。对纳税人发票使用异常且无正当理由的，税务机关可重新核定发票限额及领用数量。

（摘自《国家税务总局关于简化增值税发票领用和使用程序有关问题的公告》，2014 年 3 月 24 日国家税务总局公告 2014 年第 19 号）

实行实名办税的地区，已由税务机关现场采集法定代表人（业主、负责人）实名信息的纳税人，申请增值税专用发票最高开票限额不超过十万元的，主管国税机关应自受理申请之日起 2 个工作日内办结，有条件的主管国税机关即时办结。即时办结的，直接出具和送达《准予税务行政许可决定书》，不再出具《税务行政许可受理通知书》。

自 2017 年 5 月 1 日起施行。

（摘自《国家税务总局关于进一步明确营改增有关征管问题的公告》，2017 年 4 月 20 日国家税务总局公告 2017 年第 11 号）

9.2.1.6 购买方须向销售方提供开票信息

即购买方名称（不得为自然人）、纳税人识别号、地址电话、开户行及账号信息。

增值税纳税人购买货物、劳务、服务、无形资产或不动产，索取增值税专用发票时，须向销售方提供购买方名称（不得为自然人）、纳税人识别号、地址电话、开户行及账号信息，不需要提供营业执照、税务登记证、组织机构代码证、开户许可证、增值税一般纳税人登记表等相关证件或其他证明材料。个人消费者购买货物、劳务、服务、无形资产或不动产，索取增值税普通发票时，不需要向销售方提供纳税人识别号、地址电话、开户行及账号信息，也不需要提供相关证件或其他证明材料。

（摘自《国家税务总局关于进一步优化营改增纳税服务工作的通知》，2016 年 5 月 25 日税总发〔2016〕75 号）

9.2.2 发票备注栏开具的特殊项目

9.2.2.1 货物运输服务

增值税一般纳税人提供货物运输服务，使用增值税专用发票和增值税普通发票，开具发票时应将起运地、到达地、车种车号以及运输货物信息等内容填写在发票备注栏中，如

内容较多可另附清单。【注：本条款自2016年1月1日起施行】

（摘自《国家税务总局关于停止使用货物运输业增值税专用发票有关问题的公告》，2015年12月31日国家税务总局公告2015年第99号）

纳入试点范围的互联网物流平台企业使用自有专用发票开票系统，按照3%的征收率代开专用发票，并在发票备注栏注明会员的纳税人名称和统一社会信用代码（或税务登记证号码或组织机构代码）。

（摘自《国家税务总局关于开展互联网物流平台企业代开增值税专用发票试点工作的通知》，2017年12月29日税总函〔2017〕579号）

9.2.2.2 建筑服务

提供建筑服务，纳税人自行开具或者税务机关代开增值税发票时，应在发票的备注栏注明建筑服务发生地县（市、区）名称及项目名称。

（摘自《国家税务总局关于全面推开营业税改征增值税试点有关税收征收管理事项的公告》，2016年4月19日国家税务总局公告2016年第23号）

营改增后，土地增值税纳税人接受建筑安装服务取得的增值税发票，应按照《国家税务总局关于全面推开营业税改征增值税试点有关税收征收管理事项的公告》（国家税务总局公告2016年第23号）规定，在发票的备注栏注明建筑服务发生地县（市、区）名称及项目名称，否则不得计入土地增值税扣除项目金额。

（摘自《国家税务总局关于营改增后土地增值税若干征管规定的公告》，2016年11月10日国家税务总局公告2016年第70号）

9.2.2.3 出租不动产

出租不动产，纳税人自行开具或者税务机关代开增值税发票时，应在备注栏注明不动产的详细地址。

（摘自《国家税务总局关于全面推开营业税改征增值税试点有关税收征收管理事项的公告》，2016年4月19日国家税务总局公告2016年第23号）

9.2.2.4 销售不动产业务

销售不动产，纳税人自行开具或者税务机关代开增值税发票时，应在发票"货物或应税劳务、服务名称"栏填写不动产名称及房屋产权证书号码（无房屋产权证书的可不填写），"单位"栏填写面积单位，备注栏注明不动产的详细地址。

（摘自《国家税务总局关于全面推开营业税改征增值税试点有关税收征收管理事项的公告》，2016年4月19日国家税务总局公告2016年第23号）

9.2.2.5 差额征税业务

按照现行政策规定适用差额征税办法缴纳增值税，且不得全额开具增值税发票的（财政部、税务总局另有规定的除外），纳税人自行开具或者税务机关代开增值税发票时，通过新系统中差额征税开票功能，录入含税销售额（或含税评估额）和扣除额，系统自动计算税额和不含税金额，备注栏自动打印"差额征税"字样，发票开具不应与其他应税行为混开。

（摘自《国家税务总局关于全面推开营业税改征增值税试点有关税收征收管理事项的公告》，2016 年 4 月 19 日国家税务总局公告 2016 年第 23 号）

9.2.2.6　保险机构代收车船税业务

保险机构作为车船税扣缴义务人，在代收车船税并开具增值税发票时，应在增值税发票备注栏中注明代收车船税税款信息。具体包括：保险单号、税款所属期（详细至月）、代收车船税金额、滞纳金金额、金额合计等。该增值税发票可作为纳税人缴纳车船税及滞纳金的会计核算原始凭证。本公告自 2016 年 5 月 1 日起施行。

（摘自《国家税务总局关于保险机构代收车船税开具增值税发票问题的公告》，2016 年 8 月 7 日国家税务总局公告 2016 年第 51 号）

9.2.2.7　预付卡业务

（单用途卡）销售方与售卡方不是同一个纳税人的，销售方在收到售卡方结算的销售款时，应向售卡方开具增值税普通发票，并在备注栏注明"收到预付卡结算款"，不得开具增值税专用发票。

（多用途卡）特约商户收到支付机构结算的销售款时，应向支付机构开具增值税普通发票，并在备注栏注明"收到预付卡结算款"，不得开具增值税专用发票。

（摘自《国家税务总局关于营改增试点若干征管问题的公告》，2016 年 8 月 18 日国家税务总局公告 2016 年第 53 号）

9.2.2.8　保险企业代个人保险代理人申请汇总代开增值税发票

接受税务机关委托代征税款的保险企业，向个人保险代理人支付佣金费用后，可代个人保险代理人统一向主管国税机关申请汇总代开增值税普通发票或增值税专用发票。

保险企业代个人保险代理人申请汇总代开增值税发票时，应向主管国税机关出具个人保险代理人的姓名、身份证号码、联系方式、付款时间、付款金额、代征税款的详细清单。

保险企业应将个人保险代理人的详细信息，作为代开增值税发票的清单，随发票入账。

主管国税机关为个人保险代理人汇总代开增值税发票时，应在备注栏内注明"个人保险代理人汇总代开"字样。

本公告所称个人保险代理人，是指根据保险企业的委托，在保险企业授权范围内代为办理保险业务的自然人，不包括个体工商户。

证券经纪人、信用卡和旅游等行业的个人代理人比照上述规定执行。

（摘自《国家税务总局关于个人保险代理人税收征管有关问题的公告》，2016 年 7 月 7

日国家税务总局公告 2016 年第 45 号）

9.2.2.9 生产企业委托外贸综合服务企业代办出口退税业务

生产企业代办退税的出口货物，应先按出口货物离岸价和增值税适用税率计算销项税额并按规定申报缴纳增值税，同时向外贸综合服务企业开具备注栏内注明"代办退税专用"的增值税专用发票（以下称代办退税专用发票），作为综服企业代办退税的凭证。

（摘自《国家税务总局关于调整完善外贸综合服务企业办理出口货物退（免）税有关事项的公告》，2017 年 9 月 13 日国家税务总局公告 2017 年第 35 号）

9.2.3　不得开具增值税专用发票的情形

9.2.3.1　不得向消费者个人开具增值税专用发票

属于下列情形之一的，不得开具增值税专用发票：

（一）应税销售行为的购买方为消费者个人的；

（摘自《中华人民共和国增值税暂行条例》第八条，2017 年 11 月 19 日修订　国务院令第 691 号）

属于下列情形之一的，不得开具增值税专用发票：

（一）向消费者个人销售服务、无形资产或者不动产。

（摘自《财政部　国家税务总局关于全面推开营业税改征增值税试点的通知》之附件 1《营业税改征增值税试点实施办法》第五十三条，2016 年 3 月 23 日财税〔2016〕36 号）

一般纳税人向其他个人销售自行开发的房地产项目，不得开具增值税专用发票。

（摘自《国家税务总局关于发布 < 房地产开发企业销售自行开发的房地产项目增值税征收管理暂行办法 > 的公告》，2016 年 3 月 31 日国家税务总局公告 2016 年第 18 号）

小规模纳税人向其他个人销售自行开发的房地产项目，不得申请代开增值税专用发票。

（摘自《国家税务总局关于发布 < 房地产开发企业销售自行开发的房地产项目增值税征收管理暂行办法 > 的公告》，2016 年 3 月 31 日国家税务总局公告 2016 年第 18 号）

为自然人提供的保险服务不得开具增值税专用发票，可以开具增值税普通发票。

（摘自《国家税务总局货物和劳务税司关于做好增值税发票使用宣传辅导有关工作的通知》，2017 年 4 月 21 日税总货便函〔2017〕127 号）

9.2.3.2　适用增值税免税规定的不得开具增值税专用发票

销售免税货物不得开具专用发票，法律、法规及国家税务总局另有规定的除外。

（摘自《国家税务总局关于修订 < 增值税专用发票使用规定 > 的通知》，2006 年 10 月 17 日国税发〔2006〕156 号）

属于下列情形之一的，不得开具增值税专用发票：

（二）发生应税销售行为适用免税规定的。

（摘自《中华人民共和国增值税暂行条例》第八条，2017 年 11 月 19 日修订　国务院令第 691 号）

属于下列情形之一的，不得开具增值税专用发票：

（二）适用免征增值税规定的应税行为。

（摘自《财政部　国家税务总局关于全面推开营业税改征增值税试点的通知》之附件 1《营业税改征增值税试点实施办法》第五十三条，2016 年 3 月 23 日财税〔2016〕36 号）

增值税一般纳税人（以下简称"一般纳税人"）销售免税货物，一律不得开具专用发票（国有粮食购销企业销售免税粮食除外）。如违反规定开具专用发票的，则对其开具的销售额依照增值税适用税率全额征收增值税，不得抵扣进项税额，并按照《中华人民共和国发票管理办法》及其实施细则的有关规定予以处罚。

一般纳税人销售的货物，由先征后返或即征即退改为免征增值税后，如果其销售的货物全部为免征增值税的，税务机关应收缴其结存的专用发票，并不得再对其发售专用发票。税务机关工作人员违反规定为其发售专用发票的，应按照有关规定予以严肃处理。

（摘自《国家税务总局关于加强免征增值税货物专用发票管理的通知》，2005 年 8 月 8 日国税函〔2005〕780 号）

9.2.3.2.1　免征增值税的跨境应税行为

纳税人发生跨境应税行为免征增值税的，应单独核算跨境应税行为的销售额，准确计算不得抵扣的进项税额，其免税收入不得开具增值税专用发票。

（摘自《国家税务总局关于发布＜营业税改征增值税跨境应税行为增值税免税管理办法（试行）＞的公告》，2016 年 5 月 6 日国家税务总局公告 2016 年第 29 号）

9.2.3.2.2　销售熊猫普制金币免税收入

纳税人既销售免税的熊猫普制金币又销售其他增值税应税货物的，应分别核算免税的熊猫普制金币和其他增值税应税货物的销售额；未分别核算的，不得享受熊猫普制金币增值税免税政策。销售熊猫普制金币免税收入不得开具增值税专用发票。

（摘自《国家税务总局关于发布＜熊猫普制金币免征增值税管理办法（试行）＞的公告》，2013 年 2 月 5 日国家税务总局公告 2013 年第 6 号）

9.2.3.2.3　免征增值税的农村电网维护费

根据《财政部　国家税务总局关于免征农村电网维护费增值税问题的通知》（财税字〔1998〕47 号）规定，对农村电管站在收取电价时一并向用户收取的农村电网维护费（包括低压线路损耗和维护费以及电工经费）免征增值税。鉴于部分地区农村电网维护费改由其他单位收取后，只是收费的主体发生了变化，收取方法、对象以及使用用途均未发生变化，为保持政策的一致性，对其他单位收取的农村电网维护费免征增值税，不得开具增值税专用发票。

（摘自《国家税务总局关于农村电网维护费征免增值税问题的通知》，2009 年 10 月 23

日国税函〔2009〕591号)

9.2.3.2.4　免征增值税的有机肥产品

纳税人销售免税的有机肥产品，应按规定开具普通发票，不得开具增值税专用发票。

（摘自《财政部　国家税务总局关于有机肥产品免征增值税的通知》，2008年4月29日财税〔2008〕56号）

9.2.3.2.5　免征增值税的滴灌带和滴灌管产品

纳税人销售免税的滴灌带和滴灌管产品，应一律开具普通发票，不得开具增值税专用发票。

（摘自《财政部　国家税务总局关于免征滴灌带和滴灌管产品增值税的通知》，2007年5月30日财税〔2007〕83号）

9.2.3.2.6　免征增值税的饲料级磷酸二氢钙产品

纳税人销售饲料级磷酸二氢钙产品，不得开具增值税专用发票；凡开具专用发票的，不得享受免征增值税政策，应照章全额缴纳增值税。

（摘自《国家税务总局关于饲料级磷酸二氢钙产品增值税政策问题的通知》，2007年1月8日国税函〔2007〕10号）

9.2.3.2.7　免征增值税的债转股企业投入到新公司的实物资产

《中华人民共和国增值税暂行条例》第21条规定，纳税人销售免税货物不得开具增值税专用发票。鉴于债转股企业投入到新公司的实物资产享受免征增值税政策，因此债转股企业将实物资产投入到新公司时不得开具增值税专用发票。

（摘自《国家税务总局关于债转股企业实物投资免征增值税政策有关问题的批复》，2003年12月29日国税函〔2003〕1394号）

9.2.3.3　增值税零税率应税服务不得开具增值税专用发票

实行增值税退（免）税办法的增值税零税率应税服务不得开具增值税专用发票。

（摘自《国家税务总局关于发布＜适用增值税零税率应税服务退（免）税管理办法＞的公告》，2014年2月8日国家税务总局公告2014年第11号）

9.2.3.4　商业企业一般纳税人零售的消费品不得开具增值税专用发票

商业企业一般纳税人零售的烟、酒、食品、服装、鞋帽（不包括劳保专用部分）、化妆品等消费品不得开具专用发票。

（摘自《国家税务总局关于修订＜增值税专用发票使用规定＞的通知》，2006年10月17日国税发〔2006〕156号）

9.2.3.5　适用简易征收政策规定的不得开具增值税专用发票

属于下列情形之一的，不得开具增值税专用发票：

（三）部分适用增值税简易征收政策规定的：

1. 增值税一般纳税人的单采血浆站销售非临床用人体血液选择简易计税的。

2. 纳税人销售旧货，按简易办法依 3% 征收率减按 2% 征收增值税的。

3. 纳税人销售自己使用过的固定资产，适用按简易办法依 3% 征收率减按 2% 征收增值税政策的。

纳税人销售自己使用过的固定资产，适用简易办法依照 3% 征收率减按 2% 征收增值税政策的，可以放弃减税，按照简易办法依照 3% 征收率缴纳增值税，并可以开具增值税专用发票。

（四）法律、法规及国家税务总局规定的其他情形。

（摘自《国家税务总局货物和劳务税司关于做好增值税发票使用宣传辅导有关工作的通知》，2017 年 4 月 21 日税总货便函〔2017〕127 号）

9.2.3.6　销售自己使用过的固定资产、旧货不得开具增值税专用发票

一般纳税人销售自己使用过的固定资产，凡根据《财政部 国家税务总局关于全国实施增值税转型改革若干问题的通知》（财税〔2008〕170 号）和财税〔2009〕9 号文件等规定，适用按简易办法依 4% 征收率减半征收增值税政策【注：国税函〔2009〕90 号修改为"按简易办法依 3% 征收率减按 2% 征收增值税政策"】的，应开具普通发票，不得开具增值税专用发票。

小规模纳税人销售自己使用过的固定资产，应开具普通发票，不得由税务机关代开增值税专用发票。

纳税人销售旧货，应开具普通发票，不得自行开具或者由税务机关代开增值税专用发票。

（摘自《国家税务总局关于增值税简易征收政策有关管理问题的通知》，2009 年 2 月 25 日国税函〔2009〕90 号）

9.2.3.7　预付卡业务不得开具增值税专用发票

单用途商业预付卡（以下简称"单用途卡"）业务按照以下规定执行：

（一）单用途卡发卡企业或者售卡企业（以下统称"售卡方"）销售单用途卡，或者接受单用途卡持卡人充值取得的预收资金，不缴纳增值税。售卡方可按照本公告第九条的规定，向购卡人、充值人开具增值税普通发票，不得开具增值税专用发票。

单用途卡，是指发卡企业按照国家有关规定发行的，仅限于在本企业、本企业所属集团或者同一品牌特许经营体系内兑付货物或者服务的预付凭证。

发卡企业，是指按照国家有关规定发行单用途卡的企业。售卡企业，是指集团发卡企业或者品牌发卡企业指定的，承担单用途卡销售、充值、挂失、换卡、退卡等相关业务的本集团或同一品牌特许经营体系内的企业。

（二）售卡方因发行或者销售单用途卡并办理相关资金收付结算业务取得的手续费、结

算费、服务费、管理费等收入，应按照现行规定缴纳增值税。

（三）持卡人使用单用途卡购买货物或服务时，货物或者服务的销售方应按照现行规定缴纳增值税，且不得向持卡人开具增值税发票。

（四）销售方与售卡方不是同一个纳税人的，销售方在收到售卡方结算的销售款时，应向售卡方开具增值税普通发票，并在备注栏注明"收到预付卡结算款"，不得开具增值税专用发票。

售卡方从销售方取得的增值税普通发票，作为其销售单用途卡或接受单用途卡充值取得预收资金不缴纳增值税的凭证，留存备查。

（摘自《国家税务总局关于营改增试点若干征管问题的公告》，2016年8月18日国家税务总局公告2016年第53号）

支付机构预付卡（以下称"多用途卡"）业务按照以下规定执行：

（一）支付机构销售多用途卡取得的等值人民币资金，或者接受多用途卡持卡人充值取得的充值资金，不缴纳增值税。支付机构可按照本公告第九条的规定，向购卡人、充值人开具增值税普通发票，不得开具增值税专用发票。

支付机构，是指取得中国人民银行核发的《支付业务许可证》，获准办理"预付卡发行与受理"业务的发卡机构和获准办理"预付卡受理"业务的受理机构。

多用途卡，是指发卡机构以特定载体和形式发行的，可在发卡机构之外购买货物或服务的预付价值。

（二）支付机构因发行或者受理多用途卡并办理相关资金收付结算业务取得的手续费、结算费、服务费、管理费等收入，应按照现行规定缴纳增值税。

（三）持卡人使用多用途卡，向与支付机构签署合作协议的特约商户购买货物或服务，特约商户应按照现行规定缴纳增值税，且不得向持卡人开具增值税发票。

（四）特约商户收到支付机构结算的销售款时，应向支付机构开具增值税普通发票，并在备注栏注明"收到预付卡结算款"，不得开具增值税专用发票。

（摘自《国家税务总局关于营改增试点若干征管问题的公告》，2016年8月18日国家税务总局公告2016年第53号）

9.2.3.8 加油站在销售加油卡时不能开具增值税专用发票

发售加油卡、加油凭证销售成品油的纳税人（以下简称"预售单位"）在售卖加油卡、加油凭证时，应按预收账款方法作相关账务处理，不征收增值税。

预售单位在发售加油卡或加油凭证时可开具普通发票，如购油单位要求开具增值税专用发票，待用户凭卡或加油凭证加油后，根据加油卡或加油凭证回笼记录，向购油单位开具增值税专用发票。接受加油卡或加油凭证销售成品油的单位与预售单位结算油款时，接受加油卡或加油凭证销售成品油的单位根据实际结算的油款向预售单位开具增值税专用发票。

（摘自《成品油零售加油站增值税征收管理办法》，2002年4月2日国家税务总局令第2号）

9.2.3.9 "营改增"前已申报缴纳营业税未开票补开发票不得开具增值税专用发票

一般纳税人销售自行开发的房地产项目,其2016年4月30日前收取并已向主管地税机关申报缴纳营业税的预收款,未开具营业税发票的,可以开具增值税普通发票,不得开具增值税专用发票。

小规模纳税人销售自行开发的房地产项目,其2016年4月30日前收取并已向主管地税机关申报缴纳营业税的预收款,未开具营业税发票的,可以开具增值税普通发票,不得申请代开增值税专用发票。

(摘自《国家税务总局关于发布<房地产开发企业销售自行开发的房地产项目增值税征收管理暂行办法>的公告》,2016年3月31日国家税务总局公告2016年第18号)

自2016年5月1日起,地税机关不再向试点纳税人发放发票。试点纳税人已领取地税机关印制的发票以及印有本单位名称的发票,可继续使用至2016年6月30日,特殊情况经省国税局确定,可适当延长使用期限,最迟不超过2016年8月31日。

纳税人在地税机关已申报营业税未开具发票,2016年5月1日以后需要补开发票的,可于2016年12月31日前开具增值税普通发票(税务总局另有规定的除外)。

(摘自《国家税务总局关于全面推开营业税改征增值税试点有关税收征收管理事项的公告》,2016年4月19日国家税务总局公告2016年第23号)

政策解析

"营改增"期间,纳税人在地税机关已申报营业税未开具发票,2016年5月1日以后需要补开发票的,可于2016年12月31日前开具增值税普通发票,国家税务总局另有规定的除外,如《国家税务总局关于发布<房地产开发企业销售自行开发的房地产项目增值税征收管理暂行办法>的公告》(国家税务总局公告2016年第18号)规定:小规模纳税人销售自行开发的房地产项目,其2016年4月30日前收取并已向主管地税机关申报缴纳营业税的预收款,未开具营业税发票的,可以开具增值税普通发票,不得申请代开增值税专用发票,该规定并无开具增值税普通发票的时间限制。

纳税人2016年5月1日前发生的营业税涉税业务,需要补开发票的,可于2017年12月31日前开具增值税普通发票(税务总局另有规定的除外)。

(摘自《国家税务总局关于进一步明确营改增有关征管问题的公告》,2017年4月20日国家税务总局公告2017年第11号)

政策解析

该公告明确在符合规定的前提下,将纳税人补开增值税发票的时间延长至2017年12月31日。纳税人2016年5月1日前发生的营业税涉税业务,需要补开发票的,可于2017年

12月31日前开具增值税普通发票（税务总局另有规定的除外）。需要补开发票的情形主要有：（一）已申报营业税，未开具发票的；（二）已申报营业税，已开具发票，发生销售退回或折让、开票有误、应税服务中止等情形，需要开具红字发票或重新开具发票的；（三）已补缴营业税税款，未开具发票的。

纳税人2016年5月1日前发生的营业税涉税业务，包括已经申报缴纳营业税或补缴营业税的业务，需要补开发票的，可以开具增值税普通发票。纳税人应完整保留相关资料备查。

（摘自《国家税务总局关于明确中外合作办学等若干增值税征管问题的公告》，2018年7月25日国家税务总局公告2018年第42号）

政策解析

为保障全面推开"营改增"试点工作顺利实施，2017年4月国家税务总局发布《关于进一步明确营改增有关征管问题的公告》（国家税务总局公告2017年第11号），规定"纳税人2016年5月1日前发生的营业税涉税业务，需要补开发票的，可于2017年12月31日前开具增值税普通发票（税务总局另有规定的除外）"。

政策到期后，基层税务机关及部分纳税人反映，因销售周期长、实际业务发生变化等原因仍然需要补开发票。为了形成帮助纳税人解决问题的长效机制，本次公告中明确，对纳税人2016年5月1日前发生的营业税涉税业务，包括已经申报缴纳营业税或补缴营业税的业务，需要补开发票的，可开具增值税普通发票，且不再规定纳税人可以开具增值税普通发票的时限，同时规定纳税人应完整保留相关资料备查。

9.2.3.10 差额计算销售额的项目不得开具增值税专用发票

9.2.3.10.1 金融商品转让

金融商品转让，不得开具增值税专用发票。

（摘自《财政部 国家税务总局关于全面推开营业税改征增值税试点的通知》之附件2《营业税改征增值税试点有关事项的规定》，2016年3月23日财税〔2016〕36号）

9.2.3.10.2 经纪代理服务，向委托方收取的政府性基金或者行政事业性收费

经纪代理服务，以取得的全部价款和价外费用，扣除向委托方收取并代为支付的政府性基金或者行政事业性收费后的余额为销售额。向委托方收取的政府性基金或者行政事业性收费，不得开具增值税专用发票。

（摘自《财政部 国家税务总局关于全面推开营业税改征增值税试点的通知》之附件2《营业税改征增值税试点有关事项的规定》，2016年3月23日财税〔2016〕36号）

9.2.3.10.3 提供有形动产融资性售后回租服务向承租方收取的有形动产价款本金

试点纳税人提供有形动产融资性售后回租服务，向承租方收取的有形动产价款本金，不得开具增值税专用发票，可以开具普通发票。

（摘自《财政部 国家税务总局关于全面推开营业税改征增值税试点的通知》之附件2《营业税改征增值税试点有关事项的规定》，2016年3月23日财税〔2016〕36号）

9.2.3.10.4　向旅游服务购买方收取并支付的旅游费用

试点纳税人提供旅游服务，可以选择以取得的全部价款和价外费用，扣除向旅游服务购买方收取并支付给其他单位或者个人的住宿费、餐饮费、交通费、签证费、门票费和支付给其他接团旅游企业的旅游费用后的余额为销售额。

选择上述办法计算销售额的试点纳税人，向旅游服务购买方收取并支付的上述费用，不得开具增值税专用发票，可以开具普通发票。

（摘自《财政部 国家税务总局关于全面推开营业税改征增值税试点的通知》之附件2《营业税改征增值税试点有关事项的规定》，2016年3月23日财税〔2016〕36号）

9.2.3.10.5　电信企业为公益性机构接受捐款

中国移动通信集团公司、中国联合网络通信集团有限公司、中国电信集团公司及其成员单位通过手机短信公益特服号为公益性机构接受捐款，以其取得的全部价款和价外费用，扣除支付给公益性机构捐款后的余额为销售额。其接受的捐款，不得开具增值税专用发票。

（摘自《财政部 国家税务总局关于营业税改征增值税试点若干政策的通知》，2016年3月23日财税〔2016〕39号）

9.2.3.10.6　教育部考试中心及其直属单位代为收取并支付给境外单位的考试费

境外单位通过教育部考试中心及其直属单位在境内开展考试，教育部考试中心及其直属单位应以取得的考试费收入扣除支付给境外单位考试费后的余额为销售额，按提供"教育辅助服务"缴纳增值税；就代为收取并支付给境外单位的考试费统一扣缴增值税。教育部考试中心及其直属单位代为收取并支付给境外单位的考试费，不得开具增值税专用发票，可以开具增值税普通发票。

（摘自《国家税务总局关于在境外提供建筑服务等有关问题的公告》，2016年11月4日国家税务总局公告2016年第69号）

9.2.3.10.7　收取并代为支付给外交部和外国驻华使（领）馆的签证费、认证费

纳税人提供签证代理服务，以取得的全部价款和价外费用，扣除向服务接受方收取并代为支付给外交部和外国驻华使（领）馆的签证费、认证费后的余额为销售额。向服务接受方收取并代为支付的签证费、认证费，不得开具增值税专用发票，可以开具增值税普通发票。

（摘自《国家税务总局关于在境外提供建筑服务等有关问题的公告》，2016年11月4日国家税务总局公告2016年第69号）

9.2.3.10.8　代理进口免税货物向委托方收取并代为支付的款项

纳税人代理进口按规定免征进口增值税的货物，其销售额不包括向委托方收取并代为

支付的货款。向委托方收取并代为支付的款项，不得开具增值税专用发票，可以开具增值税普通发票。

（摘自《国家税务总局关于在境外提供建筑服务等有关问题的公告》，2016 年 11 月 4 日国家税务总局公告 2016 年第 69 号）

9.2.3.10.9　提供劳务派遣服务选择差额纳税的纳税人向用工单位收取的费用

选择差额纳税的纳税人，向用工单位收取用于支付给劳务派遣员工工资、福利和为其办理社会保险及住房公积金的费用，不得开具增值税专用发票，可以开具普通发票。

（摘自《财政部　国家税务总局关于进一步明确全面推开营改增试点有关劳务派遣服务、收费公路通行费抵扣等政策的通知》，2016 年 4 月 30 日财税〔2016〕47 号）

9.2.3.10.10　提供人力资源外包服务，向委托方收取的费用

纳税人提供人力资源外包服务，按照经纪代理服务缴纳增值税，其销售额不包括受客户单位委托代为向客户单位员工发放的工资和代理缴纳的社会保险、住房公积金。向委托方收取并代为发放的工资和代理缴纳的社会保险、住房公积金，不得开具增值税专用发票，可以开具普通发票。

（摘自《财政部　国家税务总局关于进一步明确全面推开营改增试点有关劳务派遣服务、收费公路通行费抵扣等政策的通知》，2016 年 4 月 30 日财税〔2016〕47 号）

9.2.4　销售免税货物可以开具增值税专用发票的例外情形

9.2.4.1　国有粮食购销企业销售免税粮食

一、享受免税优惠的国有粮食购销企业可继续使用增值税专用发票。

二、自 1999 年 8 月 1 日起，凡国有粮食购销企业销售粮食，暂一律开具增值税专用发票。

三、国有粮食购销企业开具增值税专用发票时，应当比照非免税货物开具增值税专用发票，企业记账销售额为"价税合计"数。

四、属于一般纳税人的生产、经营单位从国有粮食购销企业购进的免税粮食，可依照国有粮食购销企业开具的增值税专用发票注明的税额抵扣进项税额。

（摘自《国家税务总局关于国有粮食购销企业开具粮食销售发票有关问题的通知》，1999 年 7 月 19 日国税明电〔1999〕10 号）

经税务机关认定为增值税一般纳税人的国有粮食购销企业，1999 年内要全部纳入增值税防伪税控系统管理，自 2000 年 1 月 1 日起，其粮食销售业务必须使用防伪税控系统开具增值税专用发票。对违反本条规定，逾期未使用防伪税控系统，擅自开具增值税专用发票的，按照《中华人民共和国发票管理办法》及其实施细则的有关规定进行处罚。

（摘自《国家税务总局关于加强国有粮食购销企业增值税管理有关问题的通知》，1999 年 8 月 18 日国税函〔1999〕560 号）

9.2.4.2　中国储备粮总公司及各分公司销售储备食用植物油

自 2002 年 6 月 1 日起，对中国储备粮总公司及各分公司所属的政府储备食用植物油承储企业，按照国家指令计划销售的政府储备食用植物油，可比照国家税务总局《关于国有粮食购销企业开具粮食销售发票有关问题的通知》（国税明电〔1999〕10号）及国家税务总局《关于加强国有粮食购销企业增值税管理有关问题的通知》（国税函〔1999〕560 号）的有关规定执行，允许其开具增值税专用发票并纳入增值税防伪税控系统管理。

（摘自《国家税务总局关于政府储备食用植物油销售业务开具增值税专用发票问题的通知》，2002 年 6 月 10 日国税函〔2002〕531 号）

9.2.5　开具红字增值税专用发票的规定

一、增值税一般纳税人开具增值税专用发票（以下简称"专用发票"）后，发生销货退回、开票有误、应税服务中止等情形但不符合发票作废条件，或者因销货部分退回及发生销售折让，需要开具红字专用发票的，按以下方法处理：

（一）购买方取得专用发票已用于申报抵扣的，购买方可在增值税发票管理新系统（以下简称"新系统"）中填开并上传《开具红字增值税专用发票信息表》（以下简称《信息表》），在填开《信息表》时不填写相对应的蓝字专用发票信息，应暂依《信息表》所列增值税税额从当期进项税额中转出，待取得销售方开具的红字专用发票后，与《信息表》一并作为记账凭证。

购买方取得专用发票未用于申报抵扣、但发票联或抵扣联无法退回的，购买方填开《信息表》时应填写相对应的蓝字专用发票信息。

销售方开具专用发票尚未交付购买方，以及购买方未用于申报抵扣并将发票联及抵扣联退回的，销售方可在新系统中填开并上传《信息表》。销售方填开《信息表》时应填写相对应的蓝字专用发票信息。

（二）主管税务机关通过网络接收纳税人上传的《信息表》，系统自动校验通过后，生成带有"红字发票信息表编号"的《信息表》，并将信息同步至纳税人端系统中。

（三）销售方凭税务机关系统校验通过的《信息表》开具红字专用发票，在新系统中以销项负数开具。红字专用发票应与《信息表》一一对应。

（四）纳税人也可凭《信息表》电子信息或纸质资料到税务机关对《信息表》内容进行系统校验。

二、税务机关为小规模纳税人代开专用发票，需要开具红字专用发票的，按照一般纳税人开具红字专用发票的方法处理。

（摘自《国家税务总局关于红字增值税发票开具有关问题的公告》，2016 年 7 月 20 日国家税务总局公告 2016 年第 47 号）

随着增值税发票管理新系统的全面推行，取消增值税发票认证的基础条件已具备。从2016年3月起，国家税务总局决定取消纳税信用A级纳税人发票认证，5月起扩大了取消发票认证的纳税人范围。相应地需要对红字专用发票开具规定中与发票认证相关的内容进行修订。自2016年7月1日起货物运输业增值税专用发票停止使用，需要废止原开具红字货运专用发票的相关规定。为进一步规范增值税管理，方便纳税人发票使用，税务总局发布本公告以完善红字发票规定，优化红字发票开具流程。

9.2.6 成品油专用发票的开具

所有成品油发票均须通过增值税发票管理新系统中成品油发票开具模块开具：

（一）成品油发票是指销售汽油、柴油、航空煤油、石脑油、溶剂油、润滑油、燃料油等成品油所开具的增值税专用发票（以下称"成品油专用发票"）和增值税普通发票。

（二）纳税人需要开具成品油发票的，由主管税务机关开通成品油发票开具模块。

（三）开具成品油发票时，应遵守以下规则：

1. 正确选择商品和服务税收分类编码。

2. 发票"单位"栏应选择"吨"或"升"，蓝字发票的"数量"栏为必填项且不为"0"。

3. 开具成品油专用发票后，发生销货退回、开票有误以及销售折让等情形的，应按规定开具红字成品油专用发票。

销货退回、开票有误等原因涉及销售数量的，应在《开具红字增值税专用发票信息表》中填写相应数量，销售折让的不填写数量。

4. 成品油经销企业某一商品和服务税收分类编码的油品可开具成品油发票的总量，应不大于所取得的成品油专用发票、海关进口消费税专用缴款书对应的同一商品和服务税收分类编码的油品总量。

成品油经销企业开具成品油发票前，应登陆增值税发票选择确认平台确认已取得的成品油专用发票、海关进口消费税专用缴款书信息，并通过成品油发票开具模块下载上述信息。【注：自2018年3月1日起施行】

（摘自《国家税务总局关于成品油消费税征收管理有关问题的公告》2018年1月2日国家税务总局公告2018年第1号）

9.3 代开增值税专用发票的规定

9.3.1 代开增值税专用发票的含义

代开专用发票是指主管税务机关为所辖范围内的增值税纳税人代开专用发票，其他单位和个人不得代开。

所称增值税纳税人是指已办理税务登记的小规模纳税人（包括个体经营者）以及国家税务总局确定的其他可予代开增值税专用发票的纳税人。

增值税纳税人申请代开专用发票时，应填写《代开增值税专用发票缴纳税款申报单》（式样见附件，以下简称《申报单》），连同税务登记证副本，到主管税务机关税款征收岗位按专用发票上注明的税额全额申报缴纳税款，同时缴纳专用发票工本费。

【注：专用发票工本费已免收】

（摘自《国家税务总局关于印发＜税务机关代开增值税专用发票管理办法（试行）＞的通知》，2004 年 12 月 22 日国税发〔2004〕153 号）

9.3.2　增值税防伪税控代开票系统

代开专用发票统一使用增值税防伪税控代开票系统开具。非防伪税控代开票系统开具的代开专用发票不得作为增值税进项税额抵扣凭证。

增值税防伪税控代开票系统由防伪税控企业发行岗位按规定发行。

（摘自《国家税务总局关于印发＜税务机关代开增值税专用发票管理办法（试行）＞的通知》，2004 年 12 月 22 日国税发〔2004〕153 号）

1. 从 2005 年 1 月 1 日起，凡税务机关代开增值税专用发票必须通过防伪税控系统开具，通过防伪税控报税子系统采集代开增值税专用发票开具信息，不再填报《代开发票开具清单》，同时停止使用非防伪税控系统为纳税人代开增值税专用发票（包括手写版增值税专用发票和计算机开具不带密码的电脑版增值税专用发票）；

2. 增值税一般纳税人取得的税务机关用非防伪税控系统代开的增值税专用发票，应当在 2005 年 3 月份纳税申报期结束以前向主管税务机关申报抵扣，并填报《代开发票抵扣清单》，逾期不得抵扣进项税额。

增值税一般纳税人取得的税务机关通过防伪税控系统代开的增值税专用发票，通过防伪税控认证子系统采集抵扣联信息，不再填报《代开发票抵扣清单》，其认证、申报抵扣期限的有关规定按照《国家税务总局关于增值税一般纳税人取得防伪税控系统开具的增值税专用发票进项税额抵扣问题的通知》（国税发〔2003〕17 号）文件规定执行，并按照现行防伪税控增值税专用发票比对内容进行"一窗式"比对。

（摘自《国家税务总局关于加强税务机关代开增值税专用发票管理问题的通知》，2004 年 12 月 22 日国税函〔2004〕1404 号）

9.3.3　代开增值税专用发票的流程

增值税纳税人发生增值税应税行为、需要开具专用发票时，可向其主管税务机关申请代开：

1. 增值税纳税人申请代开专用发票时，应填写《代开增值税专用发票缴纳税款申报单》（以下简称《申报单》），连同税务登记证副本，到主管税务机关税款征收岗位按专用发票上注明的税额全额申报缴纳税款，同时缴纳专用发票工本费。

2. 税款征收岗位接到《申报单》后,应对以下事项进行审核:

(1) 是否属于本税务机关管辖的增值税纳税人;

(2)《申报单》上增值税征收率填写、税额计算是否正确。

审核无误后,税款征收岗位应通过防伪税控代开票征收子系统录入《申报单》的相关信息,按照《申报单》上注明的税额征收税款,开具税收完税凭证,同时收取专用发票工本费,按照规定开具有关票证,将有关征税电子信息及时传递给代开发票岗位。

在防伪税控代开票征税子系统未使用前暂传递纸质凭证。

税务机关可采取税银联网划款、银行卡(POS 机)划款或现金收取三种方式征收税款。

3. 增值税纳税人缴纳税款后,凭《申报单》和税收完税凭证及税务登记证副本,到代开专用发票岗位申请代开专用发票。

代开发票岗位确认税款征收岗位传来的征税电子信息与《申报单》和税收完税凭证上的金额、税额相符后,按照《申报单》、完税凭证和专用发票一一对应即"一单一证一票"原则,为增值税纳税人代开专用发票。

在防伪税控代开票征税子系统未使用前,代开票岗位凭《申报单》和税收完税凭证代开发票。

代开发票岗位应按下列要求填写专用发票的有关项目:

(1) "单价"栏和"金额"栏分别填写不含增值税税额的单价和销售额;

(2) "税率"栏填写增值税征收率;

(3) 销货单位栏填写代开税务机关的统一代码和代开税务机关名称;

(4) 销方开户银行及账号栏内填写税收完税凭证号码;

(5) 备注栏内注明增值税纳税人的名称和纳税人识别号。

其他项目按照专用发票填开的有关规定填写。

4. 增值税纳税人应在代开专用发票的备注栏上,加盖本单位的财务专用章或发票专用章。

(摘自《国家税务总局关于印发《税务机关代开增值税专用发票管理办法(试行)的通知》,2004 年 12 月 22 日国税发〔2004〕153 号)

现将纳税人代开发票(纳税人销售取得的不动产和其他个人出租不动产代开增值税发票业务除外)办理流程公告如下:

一、办理流程

(一) 在办税服务厅指定窗口

1. 提交《代开增值税发票缴纳税款申报单》;

2. 自然人申请代开发票,提交身份证件及复印件;

其他纳税人申请代开发票,提交加载统一社会信用代码的营业执照(或税务登记证或组织机构代码证)、经办人身份证件及复印件。

(二) 在同一窗口缴纳有关税费、领取发票。

(摘自《国家税务总局关于纳税人申请代开增值税发票办理流程的公告》,2016 年 8 月

31 日国家税务总局公告 2016 年第 59 号)

9.3.4　代开增值税专用发票印章的加盖

增值税纳税人应在代开专用发票的备注栏上，加盖本单位的财务专用章或发票专用章。

（摘自《税务机关代开增值税专用发票管理办法（试行)》，2004 年 12 月 22 日国税发〔2004〕153 号)

9.3.5　代开增值税专用发票填写错误、销货退回或销售折让等情形的处理

代开专用发票遇有填写错误、销货退回或销售折让等情形的，按照专用发票有关规定处理。

税务机关代开专用发票时填写有误的，应及时在防伪税控代开票系统中作废，重新开具。代开专用发票后发生退票的，税务机关应按照增值税一般纳税人作废或开具负数专用发票的有关规定进行处理。对需要重新开票的，税务机关应同时进行新开票税额与原开票税额的清算，多退少补；对无须重新开票的，按有关规定退还增值税纳税人已缴的税款或抵顶下期正常申报税款。

（摘自《国家税务总局关于印发＜税务机关代开增值税专用发票管理办法（试行)＞的通知》，2004 年 12 月 22 日国税发〔2004〕153 号)

9.3.6　代开增值税专用发票的备注栏及税率栏要求

代开发票岗位应按下列要求填写专用发票的有关项目：

1. "单价"栏和"金额"栏分别填写不含增值税税额的单价和销售额；
2. "税率"栏填写增值税征收率；
3. 销货单位栏填写代开税务机关的统一代码和代开税务机关名称；
4. 销方开户银行及账号栏内填写税收完税凭证号码；
5. 备注栏内注明增值税纳税人的名称和纳税人识别号。

（摘自《国家税务总局关于印发＜税务机关代开增值税专用发票管理办法（试行)＞的通知》，2004 年 12 月 22 日国税发〔2004〕153 号)

增值税小规模纳税人销售其取得的不动产以及其他个人出租不动产，购买方或承租方不属于其他个人的，纳税人缴纳增值税后可以向地税局申请代开增值税专用发票。不能自开增值税普通发票的小规模纳税人销售其取得的不动产，以及其他个人出租不动产，可以向地税局申请代开增值税普通发票。地税局代开发票部门通过增值税发票管理新系统代开增值税发票，系统自动在发票上打印"代开"字样。

地税局代开发票部门为纳税人代开的增值税发票，统一使用六联增值税专用发票和五联增值税普通发票。第四联由代开发票岗位留存，以备发票扫描补录；第五联交征收岗位留存，用于代开发票与征收税款的定期核对；其他联次交纳税人。

代开发票岗位应按下列要求填写增值税发票：

1. "税率"栏填写增值税征收率。免税、其他个人出租其取得的不动产适用优惠政策减按 1.5% 征收、差额征税的，"税率"栏自动打印"＊＊＊"；

2. "销售方名称"栏填写代开地税局名称；

3. "销售方纳税人识别号"栏填写代开发票地税局代码；

4. "销售方开户行及账号"栏填写税收完税凭证字轨及号码（免税代开增值税普通发票可不填写）；

5. 备注栏填写销售或出租不动产纳税人的名称、纳税人识别号（或者组织机构代码）、不动产的详细地址；

6. 差额征税代开发票，通过系统中差额征税开票功能，录入含税销售额（或含税评估额）和扣除额，系统自动计算税额和金额，备注栏自动打印"差额征税"字样；

7. 纳税人销售其取得的不动产代开发票，"货物或应税劳务、服务名称"栏填写不动产名称及房屋产权证书号码，"单位"栏填写面积单位；

8. 按照核定计税价格征税的，"金额"栏填写不含税计税价格，备注栏注明"核定计税价格，实际成交含税金额×××元"。

其他项目按照增值税发票填开的有关规定填写。

地税局代开发票部门应在代开增值税发票的备注栏上，加盖地税代开发票专用章。

【注：该文自国地税合并后失效】

（摘自《国家税务总局关于营业税改征增值税委托地税局代征税款和代开增值税发票的通知》，2016 年 3 月 31 日税总函〔2016〕145 号）

9.3.7　货物运输业小规模纳税人申请代开增值税专用发票的特殊规定

1. 申请代开专用发票应具备的条件

同时具备以下条件的增值税纳税人（以下简称纳税人）适用本办法：

（一）在中华人民共和国境内（以下简称境内）提供公路或内河货物运输服务，并办理了工商登记和税务登记。

（二）提供公路货物运输服务的，取得《中华人民共和国道路运输经营许可证》和《中华人民共和国道路运输证》；提供内河货物运输服务的，取得《中华人民共和国水路运输经营许可证》和《中华人民共和国水路运输证》。

（三）在税务登记地主管税务机关（以下简称主管税务机关）按增值税小规模纳税人管理。

2. 申请代开专用发票的地点

纳税人在境内提供公路或内河货物运输服务，需要开具增值税专用发票的，可在税务登记地、货物起运地、货物到达地或运输业务承揽地（含互联网物流平台所在地）中任何一地，就近向国税机关（以下称代开单位）申请代开增值税专用发票。

纳税人应将营运资质和营运机动车、船舶信息向主管税务机关进行备案。

3. 代开专用发票应提供的资料

完成上述备案后，纳税人可向代开单位申请代开增值税专用发票，并向代开单位提供以下资料：

（一）《货物运输业代开增值税专用发票缴纳税款申报单》（以下简称《申报单》）。

（二）加载统一社会信用代码的营业执照（或税务登记证或组织机构代码证）复印件。

（三）经办人身份证件及复印件。

4. 专用发票的开具规定

纳税人申请代开增值税专用发票时，应按机动车号牌或船舶登记号码分别填写《申报单》，挂车应单独填写《申报单》。《申报单》中填写的运输工具相关信息，必须与其向主管税务机关备案的信息一致。

纳税人对申请代开增值税专用发票时提交资料的真实性和合法性承担责任。

代开单位对纳税人提交资料的完整性和一致性进行核对。资料不符合要求的，应一次性告知纳税人补正资料；符合要求的，按规定代开增值税专用发票。

纳税人申请代开增值税专用发票时，应按照所代开增值税专用发票上注明的税额向代开单位全额缴纳增值税。

纳税人代开专用发票后，如发生服务中止、折让、开票有误等情形，需要作废增值税专用发票、开具增值税红字专用发票、重新代开增值税专用发票、办理退税等事宜的，应由原代开单位按照现行规定予以受理。

5. 税收管理

纳税人在非税务登记地申请代开增值税专用发票，不改变主管税务机关对其实施税收管理。

纳税人应按照主管税务机关核定的纳税期限，按期计算增值税应纳税额，抵减其申请代开增值税专用发票缴纳的增值税后，向主管税务机关申报缴纳增值税。

纳税人代开增值税专用发票对应的销售额，一并计入该纳税人月（季、年）度销售额，作为主管税务机关对其实施税收管理的标准和依据。

增值税发票管理新系统定期将纳税人异地代开发票、税款缴纳等数据信息清分至主管税务机关。主管税务机关应加强数据比对分析，对纳税人申请代开增值税专用发票金额明显超出其实际运输能力的，主管税务机关可暂停其在非税务登记地代开增值税专用发票并及时约谈纳税人。经约谈排除疑点的，纳税人可继续在非税务登记地申请代开增值税专用发票。

（摘自《国家税务总局关于发布 < 货物运输业小规模纳税人申请代开增值税专用发票管理办法 > 的公告》，2017 年 12 月 29 日国家税务总局公告 2017 年第 55 号）

政策解析

按照现行增值税发票管理制度规定，小规模纳税人大多不能自行开具增值税专用发票，只能向注册地主管税务机关申请代开。作为公路运输主体，社会个体车辆多为小规模纳税人，其经营灵活，流动性强，跨区域运输普遍存在，其在异地开展运输业务时，如果无法及时出具发票，容易对其经营造成影响。针对上述情况，国家税务总局制定了《货物运输业小规模纳税人申请代开增值税专用发票管理办法》（以下简称《办法》），为纳税人提供开票便利。《办法》主要明确了以下事项：

第一，明确了适用主体为在中国境内提供公路货物运输和内河货物运输的小规模纳税人，且具备相关运输资格并已纳入税收管理。

第二，明确了纳税人可在税务登记地、货物起运地、货物到达地或运输业务承揽地中任何一地，就近向税务机关申请代开增值税专用发票。

第三，明确了纳税人在申请代开专用发票时，应向代开单位全额缴纳增值税；后续发生填写错误、服务中止、折让等情形，需要办理作废、红冲、重开、退税等事宜，也应由原代开单位予以办理。

第四，明确了主管税务机关要加强本地和异地代开增值税专用发票相关数据监控和分析。

第五，明确了纳税人申请异地代开增值税专用发票需要提交的资料、纳税申报、纳税期限、主管税务机关征管职能等其他事项。

9.3.8 互联网物流平台企业为符合条件的货物运输业小规模纳税人代开试点

1. 试点内容

经省国税局批准，互联网物流平台企业可以为同时符合以下条件的货物运输业小规模纳税人代开专用发票，并代办相关涉税事项。

（一）在中华人民共和国境内（以下简称境内）提供公路或内河货物运输服务，并办理了工商登记和税务登记。

（二）提供公路货物运输服务的，取得《中华人民共和国道路运输经营许可证》和《中华人民共和国道路运输证》；提供内河货物运输服务的，取得《中华人民共和国水路运输经营许可证》和《中华人民共和国水路运输证》。

（三）在税务登记地主管税务机关（以下简称主管税务机关）按增值税小规模纳税人管理。

（四）注册为该平台会员。

2. 试点企业应当具备以下条件

纳入试点范围的互联网物流平台企业（以下称试点企业），应当具备以下条件：

（一）国务院交通运输主管部门公布的无车承运人试点企业，且试点资格和无车承运人经营资质在有效期内。

（二）平台应实现会员管理、交易撮合、运输管理等相关系统功能，具备物流信息全流程跟踪、记录、存储、分析能力。

试点企业代开专用发票不得收取任何费用，否则不得作为试点企业。

3. 专用发票的开具

货物运输业小规模纳税人在境内提供货物运输服务，需要开具专用发票的，可以按照《货物运输业小规模纳税人申请代开增值税专用发票管理办法》（国家税务总局公告2017年第55号发布，以下称《管理办法》）的有关规定，就近向国税机关自行申请代开专用发票，也可以委托试点企业按照以下规定代开专用发票：

（一）试点企业仅限于为符合本通知第一条所列条件的货物运输业小规模纳税人（以下称会员），通过本平台承揽的货物运输业务代开专用发票。

（二）试点企业应与会员签订委托代开专用发票协议，协议范本由各省国税局统一制定。

（三）试点企业使用自有专用发票开票系统，按照3%的征收率代开专用发票，并在发票备注栏注明会员的纳税人名称和统一社会信用代码（或税务登记证号码或组织机构代码）。

货物运输服务接受方以试点企业代开的专用发票作为增值税扣税凭证，抵扣进项税额。

（四）试点企业代开的专用发票，相关栏次内容应与会员通过本平台承揽的运输业务，以及本平台记录的物流信息保持一致。平台记录的交易、资金、物流等相关信息应统一存储，以备核查。

（五）试点企业接受会员提供的货物运输服务，不得为会员代开专用发票。试点企业可以按照《管理办法》的相关规定，代会员向试点企业主管税务机关申请代开专用发票，并据以抵扣进项税额。

（摘自《国家税务总局关于开展互联网物流平台企业代开增值税专用发票试点工作的通知》，2017年12月29日税总函〔2017〕579号）

政策解析

无车承运人发票问题终于有解

无车承运人、增值税、发票，这简单的几个词背后隐含着物流现代化创新变革中的困惑与矛盾。通俗来讲，就是本文发布后，原来没有开具增值税专用发票资质的个体运输户也能通过无车承运人平台代开3%的增值税专用发票了。

1. 令运输各方都头疼的增值税

谈无车承运人的发票问题，先要从无车承运人本身说起。无车承运人起源于无船承运人，以承运人的身份接受货主的货载，又以托运人的身份委托给实际承运人进行实际运输，从中赚取运费差价。

一个物流平台负责人形象地解释："对货主方，无车承运人平台是承运方，对个人司机或者车队、物流公司来说，无车承运人平台又是货主。"

这就产生了多方之间的税负问题。作为无车承运人，需要承担给货主方开票的责任，而理论上实际承运的个体运输户需要给平台提供增值税发票。

但在"营改增"之后，个体运输户属于纳税人分类中的"其他个人"，并没有开具增值税专用发票的资质。如果个人去税务局代开，手续烦琐，也很难取得发票。个体运输户因普遍存在挂靠现象，很少有手续全部齐全的。因此，进项税额抵扣成了无车承运人的巨大难点。

2. 试点平台可以代个体运输户开票

国家税务总局发布了《货物运输业小规模纳税人申请代开增值税专用发票管理办法》（国家税务总局公告 2017 年第 55 号）、《关于开展互联网物流平台企业代开增值税专用发票试点工作的通知》（税总函〔2017〕579 号）文件，明确了交通部公布的无车承运人试点企业可为小规模纳税人代开货物运输业增值税专用发票。

近期，上海市税务局发出了一个通知：关于公布本市互联网物流平台代开增值税专用发票试点企业名单（第一批）的通知。根据通知，上海胖猫物流有限公司、上海成达信息科技有限公司成为首批试点企业。河南省税务局也发了通知，互联网物流平台企业可以对照条件申请代开增值税专用发票试点。这样的试点意味着企业能做什么呢？

上海市税务局要求，试点企业可以与会员签订委托代开增值税专用发票协议。已经取得试点的无车承运人平台，在验证个体运输户的身份信息、运输资质、运力信息、交易信息的真实性后，由平台代个体运输户到平台所在地税务局缴纳税款，并开具 3% 的增值税专用发票，最终借此获得进项税额抵扣。

江苏省税务局实施无车（船）承运企业代开增值税专用发票的试点。已经取得试点的无车承运人平台，在验证个体运输户的身份信息、运输资质、运力信息、交易信息的真实性后，由平台代个体运输户到平台所在地税务局缴纳税款，并开具 3% 的增值税专用发票，最终借此获得进项税额抵扣。

3. 运输白条从此正式退出

按照税法的相关规定，运输白条还要承担 25% 的企业所得税，因为无车承运人的物流模式，事实上是经历了两次运输任务转移，无车承运平台给个体运输户支付的运输费用无法取得合法票据，现在无车承运平台如果能代个体运输户开具 3% 的增值税专用发票，等于间接解决了无车承运人运输白条所涉及的企业所得税问题。

9.3.9 个人委托出租不动产可以由受托单位代其申请代开增值税发票

其他个人委托房屋中介、住房租赁企业等单位出租不动产，需要向承租方开具增值税发票的，可以由受托单位代其向主管地税机关按规定申请代开增值税发票。

（摘自《国家税务总局关于跨境应税行为免税备案等增值税问题的公告》，2017 年 8 月 14 日国家税务总局公告 2017 年第 30 号）

政策解析

该规定方便对外出租不动产的其他个人（自然人）及时向承租方开具发票，提高承租方取得增值税发票的比例，同时减轻租赁双方负担。

9.4　增值税小规模纳税人自开增值税专用发票试点

9.4.1　住宿业小规模纳税人

全面开展住宿业小规模纳税人自行开具增值税专用发票试点。月销售额超过 3 万元（或季销售额超过 9 万元）的住宿业小规模纳税人提供住宿服务、销售货物或发生其他应税行为，需要开具增值税专用发票的，可以通过增值税发票管理新系统自行开具，主管国税机关不再为其代开。

住宿业小规模纳税人销售其取得的不动产，需要开具增值税专用发票的，仍须向地税机关申请代开。

住宿业小规模纳税人自行开具增值税专用发票应缴纳的税款，应在规定的纳税申报期内，向主管税务机关申报纳税。在填写增值税纳税申报表时，应将当期开具专用发票的销售额，按照 3% 和 5% 的征收率，分别填写在《增值税纳税申报表》（小规模纳税人适用）第 2 栏和第 5 栏"税务机关代开的增值税专用发票不含税销售额"的"本期数"相应栏次中。

本公告自发布之日起施行。

（摘自《国家税务总局关于在境外提供建筑服务等有关问题的公告》，2016 年 11 月 4 日国家税务总局公告 2016 年第 69 号）

政策解析

为保障全面推开"营改增"试点工作顺利实施，方便纳税人发票使用，国家税务总局于 2016 年 7 月发布《国家税务总局关于部分地区开展住宿业增值税小规模纳税人自开增值税专用发票试点工作有关事项的公告》（国家税务总局公告 2016 年第 44 号），自 2016 年 8 月 1 日起在部分地区开展住宿业增值税小规模纳税人自开专用发票试点工作，试点范围为全国 91 个城市月销售额超过 3 万元（或季销售额超过 9 万元）的住宿业增值税小规模纳税人。试点 3 个月以来整体情况平稳顺利，国家税务总局决定将试点范围由 91 个城市扩大至全国。

9.4.2　鉴证咨询业增值税小规模纳税人

全国范围内月销售额超过 3 万元（或季销售额超过 9 万元）的鉴证咨询业增值税小规模纳税人（以下简称"试点纳税人"）提供认证服务、鉴证服务、咨询服务、销售货物或发生其他增值税应税行为，需要开具专用发票的，可以通过增值税发票管理新系统自行开具，主管国税机关不再为其代开。

试点纳税人销售其取得的不动产，需要开具专用发票的，仍须向地税机关申请代开。

试点纳税人所开具的专用发票应缴纳的税款，应在规定的纳税申报期内，向主管税务机关申报纳税。在填写增值税纳税申报表时，应将当期开具专用发票的销售额，按照 3% 和

5%的征收率，分别填写在《增值税纳税申报表》（小规模纳税人适用）第2栏和第5栏"税务机关代开的增值税专用发票不含税销售额"的"本期数"相应栏次中。

本公告自2017年3月1日起施行。

（摘自《国家税务总局关于开展鉴证咨询业增值税小规模纳税人自开增值税专用发票试点工作有关事项的公告》，2017年2月22日国家税务总局公告2017年第4号）

9.4.3　建筑业增值税小规模纳税人

自2017年6月1日起，将建筑业纳入增值税小规模纳税人自行开具增值税专用发票试点范围。月销售额超过3万元（或季销售额超过9万元）的建筑业增值税小规模纳税人（以下称"自开发票试点纳税人"）提供建筑服务、销售货物或发生其他增值税应税行为，需要开具增值税专用发票的，通过增值税发票管理新系统自行开具。

自开发票试点纳税人销售其取得的不动产，需要开具增值税专用发票的，仍须向地税机关申请代开。

自开发票试点纳税人所开具的增值税专用发票应缴纳的税款，应在规定的纳税申报期内，向主管国税机关申报纳税。在填写增值税纳税申报表时，应将当期开具增值税专用发票的销售额，按照3%和5%的征收率，分别填写在《增值税纳税申报表》（小规模纳税人适用）第2栏和第5栏"税务机关代开的增值税专用发票不含税销售额"的"本期数"相应栏次中。

（摘自《国家税务总局关于进一步明确营改增有关征管问题的公告》，2017年4月20日国家税务总局公告2017年第11号）

9.4.4　工业以及信息传输、软件和信息技术服务业增值税小规模纳税人

自2018年2月1日起，月销售额超过3万元（或季销售额超过9万元）【注：2019年1月1日起，变更为按月10万元或按季30万元】的工业以及信息传输、软件和信息技术服务业增值税小规模纳税人（以下简称试点纳税人）发生增值税应税行为，需要开具增值税专用发票的，可以通过增值税发票管理新系统自行开具。

试点纳税人销售其取得的不动产，需要开具增值税专用发票的，应当按照有关规定向地税机关申请代开。

试点纳税人应当在规定的纳税申报期内将所开具的增值税专用发票所涉及的税款，向主管税务机关申报缴纳。在填写增值税纳税申报表时，应当将当期开具增值税专用发票的销售额，按照3%和5%的征收率，分别填写在《增值税纳税申报表》（小规模纳税人适用）第2栏和第5栏"税务机关代开的增值税专用发票不含税销售额"的"本期数"相应栏次中。

（摘自《国家税务总局关于增值税发票管理若干事项的公告》，2017年12月18日国家税务总局公告2017年第45号）

政策解析

自 2016 年 8 月 1 日起，国家税务总局陆续开展了增值税小规模纳税人自行开具增值税专用发票试点工作。目前，试点工作已覆盖住宿业、鉴证咨询业、建筑业等行业，试点情况平稳顺利，纳税人反映良好。为进一步激发市场主体创业创新活力，促进小微企业发展，国家税务总局决定，自 2018 年 2 月 1 日起，将工业以及信息传输、软件和信息技术服务业增值税小规模纳税人纳入自行开具增值税专用发票试点范围。

国家税务总局在后续解读中对公告内容集中明确如下：

一、小规模纳税人自开专用发票此次扩围行业包括：1. 工业（包括采矿业、制造业以及电力、热力、燃气及水的生产与供应业）；2. 信息传输、软件和信息技术服务业。

小规模纳税人自开票的行业范围，按照《国民经济行业分类》（GB/T4754—2017），目前包括：1. 采矿业（门类代码"B"）；2. 制造业（门类代码"C"）；3. 电力、热力、燃气及水的生产与供应业（门类代码"D"）；4. 建筑业（门类代码"E"）；5. 住宿和餐饮业（门类代码"F"）；6. 信息传输、软件和信息技术服务业（门类代码"I"）；7. 鉴证咨询业【注：鉴证咨询业是《销售服务、无形资产、不动产注释》中的分类，而国标分类中包括会计、审计及税务服务等】。

二、通过新系统开具二手车销售统一发票仍由各省税务局严格按照总局统一下发的票样（征管科技司向各地下发纸质及电子票样）以及编码规则自行印刷。

9.4.5　租赁和商务服务业，科学研究和技术服务业，居民服务、修理和其他服务业小规模纳税人

为了贯彻落实党中央、国务院决策部署，进一步优化营商环境，支持民营经济和小微企业发展，便利纳税人开具和使用增值税发票，现决定扩大小规模纳税人自行开具增值税专用发票试点范围、扩大取消增值税发票认证的纳税人范围。有关事项公告如下：

自 2019 年 3 月 1 日起，扩大小规模纳税人自行开具增值税专用发票试点范围。

将小规模纳税人自行开具增值税专用发票试点范围由住宿业，鉴证咨询业，建筑业，工业，信息传输、软件和信息技术服务业，扩大至租赁和商务服务业，科学研究和技术服务业，居民服务、修理和其他服务业。上述 8 个行业小规模纳税人（以下称"试点纳税人"）发生增值税应税行为，需要开具增值税专用发票的，可以自愿使用增值税发票管理系统自行开具。

试点纳税人销售其取得的不动产，需要开具增值税专用发票的，应当按照有关规定向税务机关申请代开。

试点纳税人应当就开具增值税专用发票的销售额计算增值税应纳税额，并在规定的纳税申报期内向主管税务机关申报缴纳。在填写增值税纳税申报表时，应当将当期开具增值税专用发票的销售额，按照 3% 和 5% 的征收率，分别填写在《增值税纳税申报表》（小规模纳税人适用）第 2 栏和第 5 栏"税务机关代开的增值税专用发票不含税销售额"的"本

期数"相应栏次中。

（摘自《国家税务总局关于扩大小规模纳税人自行开具增值税专用发票试点范围等事项的公告》，2019 年 2 月 3 日国家税务总局公告 2019 年第 8 号）

政策解析

为了贯彻落实党中央、国务院决策部署，进一步优化营商环境，支持民营经济和小微企业发展，便利纳税人开具和使用增值税发票，国家税务总局发布本公告。

1. 哪些新行业纳入了小规模纳税人自行开具增值税专用发票试点范围？

自 2016 年 8 月 1 日起，国家税务总局开展了小规模纳税人自行开具增值税专用发票试点工作，先后将住宿业，鉴证咨询业，建筑业，工业，信息传输、软件和信息技术服务业等行业纳入试点范围。目前，试点工作运行平稳，社会各界反响良好。

为了进一步激发市场主体创业创新活力，促进民营经济和小微企业发展，国家税务总局决定，自 2019 年 3 月 1 日起，将租赁和商务服务业，科学研究和技术服务业，居民服务、修理和其他服务业等三个行业纳入试点范围。试点纳税人可以选择使用增值税发票管理系统自行开具增值税专用发票，或者向税务机关申请代开。选择自行开具增值税专用发票的小规模纳税人，税务机关不再为其代开。

2. 未超过免征增值税标准的小规模纳税人能否自行开具增值税专用发票？

为了进一步便利小微企业开具增值税专用发票，试点行业的所有小规模纳税人均可以自愿使用增值税发票管理系统自行开具增值税专用发票，不受月销售额标准的限制。也就是说，月销售额未超过 10 万元（含本数，以 1 个季度为 1 个纳税期的，季度销售额未超过 30 万元）的试点行业小规模纳税人，发生增值税应税行为，需要开具增值税专用发票的，可以选择使用增值税发票管理系统自行开具。自行开具增值税专用发票的小规模纳税人也可以自行开具增值税普通发票。

根据现行规定，小规模纳税人开具增值税专用发票对应的销售额，需要计算缴纳增值税。纳税人购买增值税税控系统专用设备支付的费用以及缴纳的技术维护费可以按照有关规定在增值税应纳税额中全额抵减。

9.4.6　一般纳税人转登记小规模纳税人，原开具增值税专用发票系统可继续使用

转登记纳税人自转登记日的下期起，发生增值税应税销售行为，应当按照征收率开具增值税发票；转登记日前已作增值税专用发票票种核定的，继续通过增值税发票管理系统自行开具增值税专用发票；销售其取得的不动产，需要开具增值税专用发票的，应当按照有关规定向税务机关申请代开。

（摘自《国家税务总局关于统一小规模纳税人标准等若干增值税问题的公告》，2018 年 4 月 20 日国家税务总局公告 2018 年第 18 号）

政策解析 ●

为了给纳税人开具增值税发票提供便利，该公告规定，纳税人在转登记后可以使用现有税控设备继续开具增值税发票，不需要缴销税控设备和增值税发票。转登记纳税人除了可以开具增值税普通发票外，在转登记日前已做增值税专用发票票种核定的，还可以继续通过增值税发票管理系统自行开具增值税专用发票。但销售其取得的不动产，需要开具增值税专用发票的，应当按照有关规定向税务机关申请代开。

9.5　增值税专用发票的认证管理

9.5.1　增值税专用发票的认证时限

增值税一般纳税人认证通过的防伪税控系统开具的增值税专用发票，应在认证通过的当月按照增值税有关规定核算当期进项税额并申报抵扣，否则不予抵扣进项税额。

（摘自《国家税务总局关于增值税一般纳税人取得防伪税控系统开具的增值税专用发票进项税额抵扣问题的通知》，2003 年 2 月 14 日国税函〔2003〕17 号）

增值税一般纳税人申请抵扣的防伪税控系统开具的增值税专用发票，必须自该专用发票开具之日起 90 日内到税务机关认证，否则不予抵扣进项税额。

【注：2010 年 1 月 1 日起执行"180 日内"的规定】

（摘自《国家税务总局关于增值税一般纳税人取得防伪税控系统开具的增值税专用发票进项税额抵扣问题的通知》，2003 年 2 月 14 日国税函〔2003〕17 号）

增值税一般纳税人取得 2010 年 1 月 1 日以后开具的增值税专用发票、公路内河货物运输业统一发票和机动车销售统一发票，应在开具之日起 180 日内到税务机关办理认证，并在认证通过的次月申报期内，向主管税务机关申报抵扣进项税额。

【注：2017 年 7 月 1 日起执行"360 日内"的规定】

（摘自《国家税务总局关于调整增值税扣税凭证抵扣期限有关问题的通知》，2009 年 11 月 9 日国税函〔2009〕617 号）

自 2017 年 7 月 1 日起，增值税一般纳税人取得的 2017 年 7 月 1 日及以后开具的增值税专用发票和机动车销售统一发票，应自开具之日起 360 日内认证或登录增值税发票选择确认平台进行确认，并在规定的纳税申报期内，向主管国税机关申报抵扣进项税额。

【注：此处"主管国税机关"应调整为"主管税务机关"】

（摘自《国家税务总局关于进一步明确营改增有关征管问题的公告》，2017 年 4 月 20 日国家税务总局公告 2017 年第 11 号）

9.5.2　增值税扣税凭证逾期认证的处理

经国务院批准，现将《国务院办公厅转发国家税务总局关于全面推广应用增值税防伪税控系统意见的通知》（国办发〔2000〕12 号）第三条中"凡逾期未申报认证的，一律不得作为扣税凭证，已经抵扣税款的，由税务机关如数追缴，并按《中华人民共和国税收征收管理法》的有关规定进行处罚"规定废止。2007 年 1 月 1 日以后开具的增值税扣税凭证逾期未认证或未稽核比对如何处理问题，另行公告。本公告自 2011 年 10 月 1 日起执行。

（摘自《国家税务总局关于废止逾期增值税扣税凭证一律不得抵扣规定的公告》，2011 年 9 月 14 日国家税务总局公告 2011 年第 49 号）

为保障纳税人合法权益，经国务院批准，现将 2007 年 1 月 1 日以后开具的增值税扣税凭证未能按照规定期限办理认证或者稽核比对（以下简称逾期）抵扣问题公告如下：

一、对增值税一般纳税人发生真实交易但由于客观原因造成增值税扣税凭证逾期的，经主管税务机关审核、逐级上报，由国家税务总局认证、稽核比对后，对比对相符的增值税扣税凭证，允许纳税人继续抵扣其进项税额。

增值税一般纳税人由于除本公告第二条规定以外的其他原因造成增值税扣税凭证逾期的，仍应按照增值税扣税凭证抵扣期限有关规定执行。

本公告所称增值税扣税凭证，包括增值税专用发票、海关进口增值税专用缴款书和公路内河货物运输业统一发票。

二、客观原因包括如下类型：

（一）因自然灾害、社会突发事件等不可抗力因素造成增值税扣税凭证逾期；

（二）增值税扣税凭证被盗、抢，或者因邮寄丢失、误递导致逾期；

（三）有关司法、行政机关在办理业务或者检查中，扣押增值税扣税凭证，纳税人不能正常履行申报义务，或者税务机关信息系统、网络故障，未能及时处理纳税人网上认证数据等导致增值税扣税凭证逾期；

（四）买卖双方因经济纠纷，未能及时传递增值税扣税凭证，或者纳税人变更纳税地点，注销旧户和重新办理税务登记的时间过长，导致增值税扣税凭证逾期；

（五）由于企业办税人员伤亡、突发危重疾病或者擅自离职，未能办理交接手续，导致增值税扣税凭证逾期；

（六）国家税务总局规定的其他情形。

三、增值税一般纳税人因客观原因造成增值税扣税凭证逾期的，可按照本公告附件《逾期增值税扣税凭证抵扣管理办法》的规定，申请办理逾期抵扣手续。

四、本公告自 2011 年 10 月 1 日起执行。

（摘自《国家税务总局关于逾期增值税扣税凭证抵扣问题的公告》，2011 年 9 月 14 日国家税务总局公告 2011 年第 50 号）

逾期增值税扣税凭证抵扣管理办法

一、增值税一般纳税人发生真实交易但由于客观原因造成增值税扣税凭证逾期的，可向主管税务机关申请办理逾期抵扣。

二、纳税人申请办理逾期抵扣时，应报送如下资料：

（一）《逾期增值税扣税凭证抵扣申请单》；

（二）增值税扣税凭证逾期情况说明。纳税人应详细说明未能按期办理认证或者申请稽核比对的原因，并加盖企业公章。其中，对客观原因不涉及第三方的，纳税人应说明的情况具体为：发生自然灾害、社会突发事件等不可抗力原因的，纳税人应详细说明自然灾害或者社会突发事件发生的时间、影响地区、对纳税人生产经营的实际影响等；纳税人变更纳税地点，注销旧户和重新办理税务登记的时间过长，导致增值税扣税凭证逾期的，纳税人应详细说明办理搬迁时间、注销旧户和注册新户的时间、搬出及搬入地点等；企业办税人员擅自离职，未办理交接手续的，纳税人应详细说明事情经过、办税人员姓名、离职时间等，并提供解除劳动关系合同及企业内部相关处理决定；

（三）客观原因涉及第三方的，应提供第三方证明或说明。具体为：企业办税人员伤亡或者突发危重疾病的，应提供公安机关、交通管理部门或者医院证明；有关司法、行政机关在办理业务或者检查中，扣押增值税扣税凭证，导致纳税人不能正常履行申报义务的，应提供相关司法、行政机关证明；增值税扣税凭证被盗、抢的，应提供公安机关证明；买卖双方因经济纠纷，未能及时传递增值税扣税凭证的，应提供卖方出具的情况说明；邮寄丢失或者误递导致增值税扣税凭证逾期的，应提供邮政单位出具的说明；

（四）逾期增值税扣税凭证电子信息；

（五）逾期增值税扣税凭证复印件（复印件必须整洁、清晰，在凭证备注栏注明"与原件一致"并加盖企业公章，增值税专用发票复印件必须裁剪成与原票大小一致）。

三、由于税务机关自身原因造成纳税人增值税扣税凭证逾期的，主管税务机关应在上报文件中说明相关情况。具体为，税务机关信息系统或者网络故障，未能及时处理纳税人网上认证数据的，主管税务机关应详细说明信息系统或网络故障出现、持续的时间，故障原因及表现等。

四、主管税务机关应认真审核纳税人所报资料，重点审核纳税人所报送资料是否齐全、交易是否真实发生、造成增值税扣税凭证逾期的原因是否属于客观原因、第三方证明或说明所述时间是否具有逻辑性、资料信息是否一致、增值税扣税凭证复印件与原件是否一致等。

主管税务机关审核无误后，应向上级税务机关正式上报，并将增值税扣税凭证逾期情况说明、第三方证明或说明、逾期增值税扣税凭证电子信息、逾期增值税扣税凭证复印件逐级审核后上报至国家税务总局。

五、国家税务总局将对各地上报的资料进行审核，并对逾期增值税扣税凭证信息进行认证、稽核比对，对资料符合条件、稽核比对结果相符的，通知省税务机关允许纳税人继续抵扣逾期增值税扣税凭证上所注明或计算的税额。

六、主管税务机关可定期或者不定期对已抵扣逾期增值税扣税凭证进项税额的纳税人进行复查，发现纳税人提供虚假信息，存在弄虚作假行为的，应责令纳税人将已抵扣进项税额转出，并按《中华人民共和国税收征收管理法》的有关规定进行处罚。

（摘自《国家税务总局关于逾期增值税扣税凭证抵扣问题的公告》附件，2011 年 9 月 14 日国家税务总局公告 2011 年第 50 号）

一、自 2018 年 1 月 1 日起，逾期增值税扣税凭证继续抵扣事项由省国税局核准。允许继续抵扣的客观原因类型及报送资料等要求，按照修改后的《国家税务总局关于逾期增值税扣税凭证抵扣问题的公告》（国家税务总局公告 2011 年第 50 号）执行。

各省国税局应在修改后的国家税务总局公告 2011 年第 50 号附件《逾期增值税扣税凭证抵扣管理办法》（以下简称《管理办法》）相关规定基础上，按照进一步深化税务系统"放管服"改革、优化税收环境的要求，以方便纳税人、利于税收管理为原则，进一步细化流程、明确时限、简化资料、改进服务。

二、自 2017 年 11 月 1 日起，纳税人同时申请汇总缴纳增值税和消费税的，在汇总纳税申请资料中予以说明即可，不需要就增值税、消费税分别报送申请资料。

三、对《国家税务总局关于逾期增值税扣税凭证抵扣问题的公告》（国家税务总局公告 2011 年第 50 号）作如下修改：

（一）第一条第一款修改为："增值税一般纳税人发生真实交易但由于客观原因造成增值税扣税凭证（包括增值税专用发票、海关进口增值税专用缴款书和机动车销售统一发票）未能按照规定期限办理认证、确认或者稽核比对的，经主管税务机关核实、逐级上报，由省国税局认证并稽核比对后，对比对相符的增值税扣税凭证，允许纳税人继续抵扣其进项税额"。

（二）删去第一条第三款："本公告所称增值税扣税凭证，包括增值税专用发票、海关进口增值税专用缴款书和公路内河货物运输业统一发票"。

（三）将《管理办法》第四条第二款修改为："主管税务机关核实无误后，应向上级税务机关上报，并将增值税扣税凭证逾期情况说明、第三方证明或说明、逾期增值税扣税凭证电子信息、逾期增值税扣税凭证复印件逐级上报至省国税局"。

（四）将《管理办法》第五条修改为："省国税局对上报的资料进行案头复核，并对逾期增值税扣税凭证信息进行认证、稽核比对，对资料符合条件、稽核比对结果相符的，允许纳税人继续抵扣逾期增值税扣税凭证上所注明或计算的税额"。

上述修改自 2018 年 1 月 1 日起施行。

（摘自《国家税务总局关于进一步优化增值税、消费税有关涉税事项办理程序的公告》，2017 年 10 月 13 日国家税务总局公告 2017 年第 36 号）

一、增值税一般纳税人发生真实交易但由于客观原因造成增值税扣税凭证（包括增值税专用发票、海关进口增值税专用缴款书和机动车销售统一发票）未能按照规定期限办理认证、确认或者稽核比对的，经主管税务机关核实、逐级上报，由省税务局认证并稽核比对后，对比对相符的增值税扣税凭证，允许纳税人继续抵扣其进项税额。

增值税一般纳税人由于除本公告第二条规定以外的其他原因造成增值税扣税凭证逾期的，仍应按照增值税扣税凭证抵扣期限有关规定执行。

四、主管税务机关应认真核实纳税人所报资料，重点核查纳税人所报送资料是否齐全、交易是否真实发生、造成增值税扣税凭证逾期的原因是否属于客观原因、第三方证明或说明所述时间是否具有逻辑性、资料信息是否一致、增值税扣税凭证复印件与原件是否一致等。

主管税务机关核实无误后,应向上级税务机关上报,并将增值税扣税凭证逾期情况说明、第三方证明或说明、逾期增值税扣税凭证电子信息、逾期增值税扣税凭证复印件逐级上报至省税务局。

五、省税务局对上报的资料进行案头复核,并对逾期增值税扣税凭证信息进行认证、稽核比对,对资料符合条件、稽核比对结果相符的,允许纳税人继续抵扣逾期增值税扣税凭证上所注明或计算的税额。

(摘自《国家税务总局关于修改部分税收规范性文件的公告》附件,2018 年 6 月 15 日国家税务总局公告 2018 年第 31 号)

9.5.3 2019 年 3 月 1 日后,一般纳税人增值税发票全部勾选认证

为了贯彻落实党中央、国务院决策部署,进一步优化营商环境,支持民营经济和小微企业发展,便利纳税人开具和使用增值税发票,现决定扩大小规模纳税人自行开具增值税专用发票试点范围、扩大取消增值税发票认证的纳税人范围。有关事项公告如下:

扩大取消增值税发票认证的纳税人范围。

将取消增值税发票认证的纳税人范围扩大至全部一般纳税人。一般纳税人取得增值税发票(包括增值税专用发票、机动车销售统一发票、收费公路通行费增值税电子普通发票,下同)后,可以自愿使用增值税发票选择确认平台查询、选择用于申报抵扣、出口退税或者代办退税的增值税发票信息。

增值税发票选择确认平台的登录地址由国家税务总局各省、自治区、直辖市和计划单列市税务局确定并公布。

(摘自《国家税务总局关于扩大小规模纳税人自行开具增值税专用发票试点范围等事项的公告》,2019 年 2 月 3 日国家税务总局公告 2019 年第 8 号)

政策解析

取消增值税发票认证,就是由手工扫描需要抵扣的纸质发票,调整为由纳税人网上选择确认需要抵扣的增值税发票电子信息,是税务系统深化"放管服"改革的重要举措。手工扫描需要抵扣的纸质发票有两种方式,一种是纳税人自行购置扫描设备进行网上认证,另一种是前往办税服务厅办理发票认证。将取消增值税发票认证的纳税人范围扩大至全部一般纳税人后,能够节约纳税人因购买扫描设备产生的经济成本,减少纳税人前往税务机关认证发票所花费的时间,进一步减轻纳税人的办税负担,是税务部门推出的一项利民、惠民、便民的办税服务措施。

至此,全部增值税一般纳税人取消增值税发票认证。一般纳税人取得增值税发票(包括增值税专用发票、机动车销售统一发票、收费公路通行费增值税电子普通发票)后,可以自愿使用增值税发票选择确认平台查询、选择用于申报抵扣、出口退税或者代办退税的增值税发票信息。

9.5.4　2019 年 3 月 1 日前，取消增值税发票认证的纳税人范围

为认真落实《深化国税、地税征管体制改革方案》有关要求，进一步优化纳税服务，完善税收分类管理，税务总局决定对纳税信用 A 级增值税一般纳税人（以下简称纳税人）取消增值税发票认证，现将有关问题公告如下：

一、纳税人取得销售方使用增值税发票系统升级版开具的增值税发票（包括增值税专用发票、货物运输业增值税专用发票、机动车销售统一发票，下同），可以不再进行扫描认证，通过增值税发票税控开票软件登录本省增值税发票查询平台，查询、选择用于申报抵扣或者出口退税的增值税发票信息。

增值税发票查询平台的登录地址由各省国税局确定并公布。

二、纳税人取得增值税发票，通过增值税发票查询平台未查询到对应发票信息的，仍可进行扫描认证。

三、纳税人填报增值税纳税申报表的方法保持不变，即当期申报抵扣的增值税发票数据，仍填报在《增值税纳税申报表附列资料（二）》第 2 栏"其中：本期认证相符且本期申报抵扣"的对应栏次中。

四、取消增值税发票认证，简化办税流程，将明显减轻纳税人和基层税务机关负担，是深入开展"便民办税春风行动"的一项重要举措。各地国税机关要认真落实工作部署，精心组织做好宣传、培训等各项工作，及时、准确维护纳税人档案信息，确保此项工作顺利实施。

五、本公告自 2016 年 3 月 1 日起施行。

（摘自《国家税务总局关于纳税信用 A 级纳税人取消增值税发票认证有关问题的公告》，2016 年 2 月 4 日国家税务总局公告 2016 年第 7 号）

一、纳税人取得销售方使用增值税发票系统升级版开具的增值税发票（包括增值税专用发票、货物运输业增值税专用发票、机动车销售统一发票，下同），可以不再进行扫描认证，通过增值税发票税控开票软件登录本省增值税发票查询平台，查询、选择用于申报抵扣或者出口退税的增值税发票信息。

增值税发票查询平台的登录地址由各省税务局确定并公布。

（摘自《国家税务总局关于修改部分税收规范性文件的公告》附件，2018 年 6 月 15 日国家税务总局公告 2018 年第 31 号）

扩大取消增值税发票认证的纳税人范围

（一）纳税信用 B 级增值税一般纳税人取得销售方使用新系统开具的增值税发票（包括增值税专用发票、货物运输业增值税专用发票、机动车销售统一发票，下同），可以不再进行扫描认证，登录本省增值税发票查询平台，查询、选择用于申报抵扣或者出口退税的增值税发票信息，未查询到对应发票信息的，仍可进行扫描认证。

（二）2016 年 5 月 1 日新纳入营改增试点的增值税一般纳税人，2016 年 5 月至 7 月期间不需进行增值税发票认证，登录本省增值税发票查询平台，查询、选择用于申报抵扣或者

出口退税的增值税发票信息，未查询到对应发票信息的，可进行扫描认证。2016 年 8 月起按照纳税信用级别分别适用发票认证的有关规定。

本公告自 2016 年 5 月 1 日起施行。

（摘自《国家税务总局关于全面推开营业税改征增值税试点有关税收征收管理事项的公告》，2016 年 4 月 19 日国家税务总局公告 2016 年第 23 号）

将取消增值税发票认证的纳税人范围由纳税信用 A 级、B 级的增值税一般纳税人扩大到纳税信用 C 级的增值税一般纳税人。

对 2016 年 5 月 1 日新纳入营改增试点、尚未进行纳税信用评级的增值税一般纳税人，2017 年 4 月 30 日前不需进行增值税发票认证，登录本省增值税发票选择确认平台，查询、选择、确认用于申报抵扣或者出口退税的增值税发票信息，未查询到对应发票信息的，可进行扫描认证。

本公告自 2016 年 12 月 1 日起实施。

（摘自《国家税务总局关于按照纳税信用等级对增值税发票使用实行分类管理有关事项的公告》，2016 年 11 月 17 日国家税务总局公告 2016 年第 71 号）

推行新办纳税人"零门槛"办税。为新办纳税人提供"套餐式"服务，一次性办结多个涉税事项。将增值税普通发票核定事项由限时办结改为即时办结，大幅缩短办理时间。将无不良信用记录的新办纳税人纳入取消增值税专用发票认证范围，减轻纳税人发票认证负担和办税服务厅工作压力。

（摘自《国家税务总局关于进一步深化税务系统"放管服"改革优化税收环境的若干意见》，2017 年 9 月 14 日税总发〔2017〕101 号）

三、增设 M 级纳税信用级别，纳税信用级别由 A、B、C、D 四级变更为 A、B、M、C、D 五级。未发生《信用管理办法》第二十条所列失信行为的下列企业适用 M 级纳税信用：

（一）新设立企业。

（二）评价年度内无生产经营业务收入且年度评价指标得分 70 分以上的企业。

四、对纳税信用评价为 M 级的企业，税务机关实行下列激励措施：

（一）取消增值税专用发票认证。

（二）税务机关适时进行税收政策和管理规定的辅导。

本公告自 2018 年 4 月 1 日起施行。

（摘自《国家税务总局关于纳税信用评价有关事项的公告》，2018 年 2 月 1 日国家税务总局公告 2018 年第 8 号）

政策解析

为认真落实《深化国税、地税征管体制改革方案》有关要求，进一步优化纳税服务，完善税收分类管理，国家税务总局决定自 2016 年 3 月 1 日起对纳税信用 A 级增值税一般纳税人取消增值税发票认证（包括增值税专用发票、货物运输业增值税专用发票、机动车销售统一发票，下同）。

为保障"营改增"顺利实施，国家税务总局决定自2016年5月1日起将取消发票认证的纳税人范围，扩大到纳税信用B级增值税一般纳税人。

为进一步优化纳税服务，提高办税效率，国家税务总局决定按照纳税信用等级对增值税发票使用实行分类管理，自2016年12月1日起将取消增值税发票认证的纳税人范围由纳税信用A级、B级的增值税一般纳税人扩大到纳税信用C级的增值税一般纳税人。对2016年5月1日新纳入"营改增"试点、尚未进行纳税信用评级的增值税一般纳税人，2017年4月30日前不需进行增值税发票认证，登录本省增值税发票选择确认平台，查询、选择、确认用于申报抵扣或者出口退税的增值税发票信息，未查询到对应发票信息的，可进行扫描认证。

随着纳税信用体系建设不断推进，纳税信用的社会价值和社会影响力日益增强，成为纳税人参与市场竞争的重要资产。为进一步落实国务院"放管服"改革精神，优化税收营商环境，鼓励"大众创业、万众创新"，进一步完善纳税信用评价，增设M级纳税信用级别，自2018年4月1日将取消增值税发票认证的纳税人范围由纳税信用A级、B级、C级的增值税一般纳税人扩大到M级纳税信用的增值税一般纳税人。

取消增值税发票认证，简化办税流程，将明显减轻纳税人办税负担和基层税务机关负担，是税务机关近期开展"便民办税春风行动"的重要举措。

自2016年3月1日起，税务总局对部分增值税一般纳税人（以下简称纳税人）取消了增值税发票扫描认证，纳税人可登录本省增值税发票查询平台，查询、选择、确认用于申报抵扣或者出口退税的增值税发票信息。为进一步优化纳税服务，更好地便利纳税人，税务总局对增值税发票查询平台相关功能进行了优化完善，现将有关事项公告如下：

一、延长确认发票信息时限。将纳税人确认当月用于抵扣税款或者出口退税的增值税发票信息的最后时限，由当月最后1日延长至次月纳税申报期结束前2日。

二、优化系统功能。增值税发票查询平台优化完善了系统登录、查询和信息下载等功能，纳税人可在本省增值税发票查询平台下载相关功能说明。

（摘自《国家税务总局关于优化完善增值税发票查询平台功能有关事项的公告》，2016年5月27日国家税务总局公告2016年第32号）

9.5.5　丢失已开具专用发票的认证

一般纳税人丢失已开具专用发票的发票联和抵扣联，如果丢失前已认证相符的，购买方可凭销售方提供的相应专用发票记账联复印件及销售方主管税务机关出具的《丢失增值税专用发票已报税证明单》或《丢失货物运输业增值税专用发票已报税证明单》，作为增值税进项税额的抵扣凭证；如果丢失前未认证的，购买方凭销售方提供的相应专用发票记账联复印件进行认证，认证相符的可凭专用发票记账联复印件及销售方主管税务机关出具的《证明单》，作为增值税进项税额的抵扣凭证。专用发票记账联复印件和《证明单》留存备查。

　　一般纳税人丢失已开具专用发票的抵扣联，如果丢失前已认证相符的，可使用专用发票发票联复印件留存备查；如果丢失前未认证的，可使用专用发票发票联认证，专用发票发票联复印件留存备查。

　　一般纳税人丢失已开具专用发票的发票联，可将专用发票抵扣联作为记账凭证，专用发票抵扣联复印件留存备查。

　　（摘自《国家税务总局关于简化增值税发票领用和使用程序有关问题的公告》，2014年3月24日国家税务总局公告2014年第19号）

9.5.6　增值税专用发票逾期申报抵扣的处理

　　为保障纳税人合法权益，经国务院批准，现将2007年1月1日以后开具的增值税扣税凭证未能按照规定期限办理认证或者稽核比对（以下简称逾期）抵扣问题公告如下：

　　一、增值税一般纳税人发生真实交易但由于客观原因造成增值税扣税凭证（包括增值税专用发票、海关进口增值税专用缴款书和机动车销售统一发票）未能按照规定期限办理认证、确认或者稽核比对的，经主管税务机关核实、逐级上报，由省国税局认证并稽核比对后，对比对相符的增值税扣税凭证，允许纳税人继续抵扣其进项税额。

　　增值税一般纳税人由于除本公告第二条规定以外的其他原因造成增值税扣税凭证逾期的，仍应按照增值税扣税凭证抵扣期限有关规定执行。

　　二、客观原因包括如下类型：

　　（一）因自然灾害、社会突发事件等不可抗力因素造成增值税扣税凭证逾期；

　　（二）增值税扣税凭证被盗、抢，或者因邮寄丢失、误递导致逾期；

　　（三）有关司法、行政机关在办理业务或者检查中，扣押增值税扣税凭证，纳税人不能正常履行申报义务，或者税务机关信息系统、网络故障，未能及时处理纳税人网上认证数据等导致增值税扣税凭证逾期；

　　（四）买卖双方因经济纠纷，未能及时传递增值税扣税凭证，或者纳税人变更纳税地点，注销旧户和重新办理税务登记的时间过长，导致增值税扣税凭证逾期；

　　（五）由于企业办税人员伤亡、突发危重疾病或者擅自离职，未能办理交接手续，导致增值税扣税凭证逾期；

　　（六）国家税务总局规定的其他情形。

　　三、增值税一般纳税人因客观原因造成增值税扣税凭证逾期的，可按照本公告附件《逾期增值税扣税凭证抵扣管理办法》的规定，申请办理逾期抵扣手续。

　　四、本公告自2011年10月1日起执行。

　　附件：逾期增值税扣税凭证抵扣管理办法

　　一、增值税一般纳税人发生真实交易但由于客观原因造成增值税扣税凭证逾期的，可向主管税务机关申请办理逾期抵扣。

　　二、纳税人申请办理逾期抵扣时，应报送如下资料：

　　（一）《逾期增值税扣税凭证抵扣申请单》；

（二）增值税扣税凭证逾期情况说明。纳税人应详细说明未能按期办理认证、确认或者稽核比对的原因，并加盖企业公章。其中，对客观原因不涉及第三方的，纳税人应说明的情况具体为：发生自然灾害、社会突发事件等不可抗力原因的，纳税人应详细说明自然灾害或者社会突发事件发生的时间、影响地区、对纳税人生产经营的实际影响等；纳税人变更纳税地点，注销旧户和重新办理税务登记的时间过长，导致增值税扣税凭证逾期的，纳税人应详细说明办理搬迁时间、注销旧户和注册新户的时间、搬出及搬入地点等；企业办税人员擅自离职，未办理交接手续的，纳税人应详细说明事情经过、办税人员姓名、离职时间等，并提供解除劳动关系合同及企业内部相关处理决定。

（三）客观原因涉及第三方的，应提供第三方证明或说明。具体为：企业办税人员伤亡或者突发危重疾病的，应提供公安机关、交通管理部门或者医院证明；有关司法、行政机关在办理业务或者检查中，扣押增值税扣税凭证，导致纳税人不能正常履行申报义务的，应提供相关司法、行政机关证明；增值税扣税凭证被盗、抢的，应提供公安机关证明；买卖双方因经济纠纷，未能及时传递增值税扣税凭证的，应提供卖方出具的情况说明；邮寄丢失或者误递导致增值税扣税凭证逾期的，应提供邮政单位出具的说明。

（四）逾期增值税扣税凭证电子信息；

（五）逾期增值税扣税凭证复印件（复印件必须整洁、清晰，在凭证备注栏注明"与原件一致"并加盖企业公章，增值税专用发票复印件必须裁剪成与原票大小一致）。

三、由于税务机关自身原因造成纳税人增值税扣税凭证逾期的，主管税务机关应在上报文件中说明相关情况。具体为，税务机关信息系统或者网络故障，未能及时处理纳税人网上认证数据的，主管税务机关应详细说明信息系统或网络故障出现、持续的时间，故障原因及表现等。

四、主管税务机关应认真核实纳税人所报资料，重点核查纳税人所报送资料是否齐全、交易是否真实发生、造成增值税扣税凭证逾期的原因是否属于客观原因、第三方证明或说明所述时间是否具有逻辑性、资料信息是否一致、增值税扣税凭证复印件与原件是否一致等。

主管税务机关核实无误后，应向上级税务机关上报，并将增值税扣税凭证逾期情况说明、第三方证明或说明、逾期增值税扣税凭证电子信息、逾期增值税扣税凭证复印件逐级上报至省国税局。

五、省国税局对上报的资料进行案头复核，并对逾期增值税扣税凭证信息进行认证、稽核比对，对资料符合条件、稽核比对结果相符的，允许纳税人继续抵扣逾期增值税扣税凭证上所注明或计算的税额。

六、主管税务机关可定期或者不定期对已抵扣逾期增值税扣税凭证进项税额的纳税人进行复查，发现纳税人提供虚假信息，存在弄虚作假行为的，应责令纳税人将已抵扣进项税额转出，并按《中华人民共和国税收征收管理法》的有关规定进行处罚。

附表：1. 逾期增值税扣税凭证抵扣申请单

纳税人名称		经营地址	
纳税人识别号		财务人员联系方式	
逾期增值税扣税凭证信息	增值税扣税凭证类型	发票份数	税额
	增值税专用发票		
	海关进口增值税专用缴款书		
	公路内河货物运输业销售统一发票		
	合计		
纳税人声明	此表所申请的增值税扣税凭证确属发生真实交易但由于客观原因造成的逾期增值税扣税凭证，与本表同时提供的增值税扣税凭证逾期情况说明、第三方证明或说明等资料内容是真实、可靠的。 声明人签字：		
企业经办人签字：	企业法人代表签字：	企业盖章 年 月 日	
以下由主管税务机关填写			
主管税务机关核对资料情况	经办人： 年 月 日	负责人： 年 月 日	主管税务 机关盖章

注：本表由主管税务机关留存。

附表：2. 逾期增值税扣税凭证电子信息格式

（增值税专用发票）

序号	购方纳税人识别号	购方纳税人名称	发票代码	发票号码	开票日期	金额	税额	销方单位名称
1					年－月－日			
2					年－月－日			

逾期增值税扣税凭证电子信息格式

（海关进口增值税专用缴款书）

序号	专用缴款书号码	纳税人名称	纳税人识别号	填发日期	完税价格	税款金额
1				年－月－日		
2				年－月－日		

逾期增值税扣税凭证电子信息格式

（公路内河货物运输业销售统一发票）

序号	纳税人识别号 （购方）	纳税人识别号	发票代码	发票号码	开票日期	增值税税率 或征收率	增值税 税额
1					年－月－日		
2					年－月－日		

（摘自《国家税务总局关于逾期增值税扣税凭证抵扣问题的公告》及附件、附表，2011年9月14日国家税务总局公告2011年第50号，2017年10月13日国家税务总局公告2017年第36号修订）

为贯彻落实国务院关于简政放权、放管结合、优化服务的要求，现将增值税、消费税部分涉税事项办理问题公告如下：

一、自 2018 年 1 月 1 日起，逾期增值税扣税凭证继续抵扣事项由省国税局核准。允许继续抵扣的客观原因类型及报送资料等要求，按照修改后的《国家税务总局关于逾期增值税扣税凭证抵扣问题的公告》（国家税务总局公告 2011 年第 50 号）执行。

各省国税局应在修改后的国家税务总局公告 2011 年第 50 号附件《逾期增值税扣税凭证抵扣管理办法》（以下简称《管理办法》）相关规定基础上，按照进一步深化税务系统"放管服"改革、优化税收环境的要求，以方便纳税人、利于税收管理为原则，进一步细化流程、明确时限、简化资料、改进服务。

二、自 2017 年 11 月 1 日起，纳税人同时申请汇总缴纳增值税和消费税的，在汇总纳税申请资料中予以说明即可，不需要就增值税、消费税分别报送申请资料。

三、对《国家税务总局关于逾期增值税扣税凭证抵扣问题的公告》（国家税务总局公告 2011 年第 50 号）作如下修改：

（一）第一条第一款修改为："增值税一般纳税人发生真实交易但由于客观原因造成增值税扣税凭证（包括增值税专用发票、海关进口增值税专用缴款书和机动车销售统一发票）未能按照规定期限办理认证、确认或者稽核比对的，经主管税务机关核实、逐级上报，由省国税局认证并稽核比对后，对比对相符的增值税扣税凭证，允许纳税人继续抵扣其进项税额"。

（二）删去第一条第三款："本公告所称增值税扣税凭证，包括增值税专用发票、海关进口增值税专用缴款书和公路内河货物运输业统一发票"。

（三）将《管理办法》第四条第二款修改为："主管税务机关核实无误后，应向上级税务机关上报，并将增值税扣税凭证逾期情况说明、第三方证明或说明、逾期增值税扣税凭证电子信息、逾期增值税扣税凭证复印件逐级上报至省国税局"。

（四）将《管理办法》第五条修改为："省国税局对上报的资料进行案头复核，并对逾期增值税扣税凭证信息进行认证、稽核比对，对资料符合条件、稽核比对结果相符的，允许纳税人继续抵扣逾期增值税扣税凭证上所注明或计算的税额"。

上述修改自 2018 年 1 月 1 日起施行。《国家税务总局关于逾期增值税扣税凭证抵扣问题的公告》（国家税务总局公告 2011 年第 50 号）根据本公告作相应修改，个别文字进行调整，重新公布。

（摘自《国家税务总局关于进一步优化增值税、消费税有关涉税事项办理程序的公告》，2017 年 10 月 13 日国家税务总局公告 2017 年第 36 号）

政策解析

将"逾期增值税扣税凭证继续抵扣"事项的核准权限，下放至省税务局。公告明确，增值税一般纳税人发生真实交易但由于客观原因造成增值税扣税凭证（包括增值税专用发票、海关进口增值税专用缴款书和机动车销售统一发票）未能按照规定期限办理认证、确认或者稽核比对的，经主管税务机关核实、逐级上报，由省税务局认证并稽核比对后，对比对相符的增值税扣税凭证，允许纳税人继续抵扣其进项税额。由于信息系统开发原因，该事项自 2018 年 1 月 1 日起执行。

9.6　增值税防伪税控系统

9.6.1　增值税防伪税控系统

9.6.1.1　增值税防伪税控系统汉字防伪

增值税防伪税控系统汉字防伪项目是在不改变现有防伪税控系统密码体系前提下，采用数字密码和二维码技术，利用存储更多信息量的二维码替代原来的 84 位和 108 位字符密文，在加密发票七要素信息的基础上实现了对购买方企业名称、销售方企业名称、货物名称、单位和数量等信息的加密、报税采集和解密认证功能。汉字防伪项目试运行以后，增值税专用发票将同时存在二维码、84 位字符和 108 位字符三种密文形式。

本次试运行选择在上海、陕西和深圳三地从事黄金经销、成品油经销以及享受增值税税收优惠政策并使用防伪税控开票系统的增值税一般纳税人中进行。

附件 1　二维码字符密文增值税专用发票票样

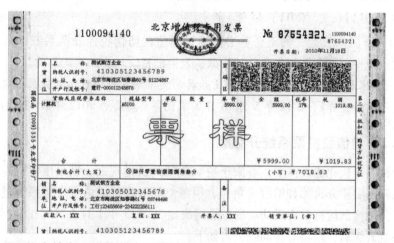

附件 2　84 位字符密文增值税专用发票票样

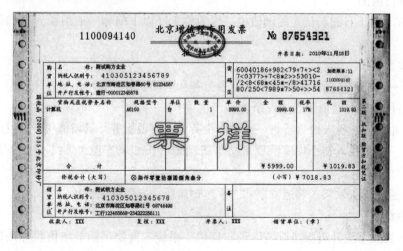

附件3　108位字符密文增值税专用发票票样

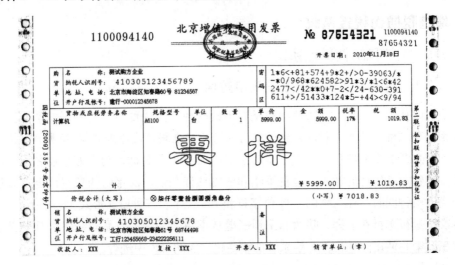

（摘自《国家税务总局关于增值税防伪税控系统汉字防伪项目试运行有关问题的通知》，2010年3月23日国税发〔2011〕44号）

自2012年6月1日起，稀土企业必须通过增值税防伪税控开票系统（稀土企业专用版）开具增值税专用发票和增值税普通发票，发票的密文均为二维码形式。

（摘自《国家税务总局关于将稀土企业开具的发票纳入增值税防伪税控系统汉字防伪项目管理有关问题的公告》，2012年5月16日国家税务总局公告2012年第17号）

9.6.1.2　增值税发票系统升级版

为适应税收现代化建设需要，着眼于税制改革的长远规划，满足增值税一体化管理要求，切实减轻基层税务机关和纳税人负担，税务总局对现行增值税发票系统进行了整合升级，并在部分地区试运行取得成功。税务总局决定自2015年1月1日起在全国范围推行增值税发票系统升级版，现将有关问题公告如下：

一、推行范围

2015年1月1日起新认定的增值税一般纳税人（以下简称一般纳税人）和新办的小规模纳税人。

二、发票使用

（一）一般纳税人销售货物、提供应税劳务和应税服务开具增值税专用发票、货物运输业增值税专用发票和增值税普通发票。

（二）小规模纳税人销售货物、提供应税劳务和应税服务开具增值税普通发票。

（三）一般纳税人和小规模纳税人从事机动车（旧机动车除外）零售业务开具机动车销售统一发票。

（四）通用定额发票、客运发票和二手车销售统一发票继续使用。

三、系统使用

增值税发票系统升级版是对增值税防伪税控系统、货物运输业增值税专用发票税控系统、稽核系统以及税务数字证书系统等进行整合升级完善。实现纳税人经过税务数字证书安全认证、加密开具的发票数据，通过互联网实时上传税务机关，生成增值税发票电子底账，作为纳税申报、发票数据查验以及税源管理、数据分析利用的依据。

（摘自《国家税务总局关于推行增值税发票系统升级版有关问题的公告》，2014年12月29日国家税务总局公告2014年第73号）

增值税发票系统升级版操作办法（试行）

一、为适应税收现代化建设需要，着眼于税制改革的长远规划，满足增值税一体化管理要求，切实减轻基层税务机关和纳税人负担，保证增值税发票系统升级版的顺利推行和正常运转，进一步加强增值税征收管理，根据《中华人民共和国发票管理办法》及其实施细则和《增值税专用发票使用规定》等制定本办法。

二、增值税发票系统升级版是对增值税防伪税控系统、货物运输业增值税专用发票税控系统、稽核系统以及税务数字证书系统等进行整合升级完善。实现纳税人经过税务数字证书安全认证、加密开具的发票数据，通过互联网实时上传税务机关，生成增值税发票电子底账，作为纳税申报、发票数据查验以及税源管理、数据分析利用的依据。

三、增值税一般纳税人使用增值税发票系统升级版开具增值税专用发票、货物运输业增值税专用发票、增值税普通发票和机动车销售统一发票（以下统称增值税发票）。

小规模纳税人使用增值税发票系统升级版开具增值税普通发票和机动车销售统一发票。

四、新认定的增值税一般纳税人和新开业的小规模纳税人自愿选择使用金税盘或税控盘。

五、纳税人在领购或更换金税盘或税控盘后，主管税务机关依据综合征管软件同步的税务登记信息、资格认定信息、税种税目认定信息、票种核定信息、离线开票时限、离线开票总金额等信息对专用设备进行发行。

对综合征管软件同步不成功或信息不完整的，主管税务机关需在增值税发票系统中进行手工补录信息后发行金税盘或税控盘。

纳税人已开具未上传的增值税发票为离线发票。离线开票时限是指自第一份离线发票开具时间起开始计算可离线开具的最长时限。离线开票总金额是指可开具离线发票的累计不含税总金额，离线开票总金额按不同票种分别计算。

六、按照有关规定不使用网络办税或不具备网络条件的特定纳税人，以离线方式开具发票，不受离线开票时限和离线开具发票总金额限制。特定纳税人的相关信息由主管税务机关在综合征管系统中设定，并同步至增值税发票系统升级版。

七、纳税人名称、开票限额、购票限量、开票机数量等事项发生变更的，纳税人应到主管税务机关办理变更发行。纳税人识别号发生变化的，纳税人应到主管税务机关办理注销发行。

八、纳税人更换金税盘或税控盘的，需携带增值税发票及专用设备到主管税务机关办理变更发行操作。

九、纳税人可根据确认的发票种类，持金税盘或税控盘（特定纳税人可持报税盘）及相关资料到税务机关领取增值税发票。

十、税务机关可通过综合征管软件对增值税发票进行一体化发售。

十一、纳税人发生注销或票种变更的，需在增值税发票系统升级版中对未开具的发票进行退回或作废操作，并携带增值税发票、专用设备及相关资料到主管税务机关办理发票退回或缴销手续。

十二、纳税人应在互联网连接状态下在线使用增值税发票系统升级版开具发票。增值税发票系统升级版可自动上传已开具的发票明细数据。

十三、纳税人因网络故障等原因无法在线开票的，在税务机关设定的离线开票时限和离线开具发票总金额范围内仍可开票，超限将无法开具发票。纳税人开具发票次月仍未连通网络上传已开具发票明细数据的，也将无法开具发票。纳税人需连通网络上传发票后方可开票，若仍无法连通网络的需携带专用设备到税务机关进行征期报税或非征期报税后方可开票。

十四、纳税人应在纳税申报期内将上月开具发票汇总情况通过增值税发票系统升级版网络报税。

特定纳税人不使用网络报税，可携带报税盘和相关资料到税务机关进行报税。

十五、纳税人可在增值税发票系统升级版中填开、上传《开具红字增值税专用发票信息表》或《开具红字货物运输业增值税专用发票信息表》（以下简称《信息表》）。税务机关通过网络接收纳税人上传的《信息表》系统自动校验通过后，出具带有"红字发票信息表编号"的《信息表》，并通过网络将信息同步至纳税人端系统中。纳税人凭税务机关系统校验通过的《信息表》开具红字专用发票，在增值税发票系统中以销项负数开具。

纳税人也可凭《信息表》电子信息或纸质资料到税务机关对《信息表》内容进行系统校验。

十六、纳税人需要开具红字增值税普通发票的，可以在所对应的蓝字发票金额范围内开具多份红字发票。红字机动车销售统一发票需与原蓝字机动车销售统一发票一一对应。

十七、增值税一般纳税人发票认证、稽核比对、纳税申报等涉税事项仍按照现行规定执行。

十八、纳税人上传的开票数据生成增值税发票电子底账，税务机关可通过增值税发票系统升级版进行发票全票面信息查询、数据分析利用等工作。

十九、本办法由国家税务总局（货物和劳务税司）负责解释。各地可根据本办法制定具体实施细则。

二十、本办法自 2015 年 1 月 1 日起试行。

（摘自《国家税务总局关于推行增值税发票系统升级版工作有关问题的通知》附件 1，2014 年 12 月 29 日税总发〔2014〕156 号）

自 2015 年 4 月 1 日起，先对一般纳税人和起征点以上小规模纳税人全面推行升级版，税控设备在线开具发票，取消抄税，保留定额、客运、二手车发票。

原使用的增值税税控系统金税盘（卡）、税控盘，需置换为增值税发票系统升级版专用设备。按照优惠价格（报税盘价格）对原金税盘（卡）、税控盘进行置换。

（摘自《国家税务总局关于全面推行增值税发票系统升级版有关问题的公告》，2015 年
3 月 30 日国家税务总局公告 2015 年第 19 号）

自 2015 年 4 月 1 日起，在全国分步全面推行增值税发票系统升级版，除通用定额发票、
客运发票和二手车销售统一发票，增值税一般纳税人和小规模纳税人对外开具发票一律使
用金税盘或税控盘，发票数据通过互联网实时上传税务机关，生成增值税发票电子底账。

按照优惠价格（报税盘价格）对原金税盘（卡）、税控盘进行置换。

（摘自《国家税务总局关于全面推行增值税发票系统升级版工作有关问题的通知》，
2015 年 3 月 30 日税总发〔2015〕42 号）

9.6.2　金税工程增值税征管信息系统发现的涉嫌违规发票的处理

一、关于防伪税控认证系统发现涉嫌违规发票的处理

目前，防伪税控认证系统发现涉嫌违规发票分"无法认证"、"认证不符"、"密文有
误"、"重复认证"、"认证时失控"、"认证后失控"和"纳税人识别号认证不符（发票所列
购买方纳税人识别号与申报认证企业的纳税人识别号不符）"等类型。

（一）属于"无法认证"、"纳税人识别号认证不符"和"认证不符"中的"发票代码
号码认证不符（密文与明文相比较，发票代码或号码不符）"的发票，不得作为增值税进项
税额的抵扣凭证。税务机关应将发票原件退还企业，企业可要求销售方重新开具。

（二）属于"重复认证"、"密文有误"和"认证不符（不包括发票代码号码认证不
符)"、"认证时失控"和"认证后失控"的发票，暂不得作为增值税进项税额的抵扣凭证，
税务机关扣留原件，移送稽查部门作为案源进行查处。经税务机关检查确认属于税务机关
责任以及技术性错误造成的，允许作为增值税进项税额的抵扣凭证；不属于税务机关责任
以及技术性错误造成的，不得作为增值税进项税额的抵扣凭证。属于税务机关责任的，由
税务机关误操作的相关部门核实后，区县级税务机关出具书面证明；属于技术性错误的，
由税务机关技术主管部门核实后，区县级税务机关出具书面证明。

二、关于增值税专用发票稽核系统发现涉嫌违规发票的处理

目前，增值税专用发票稽核系统发现涉嫌违规发票分"比对不符"、"缺联"和"作
废"等类型。

凡属于上述涉嫌违规的发票，暂不得作为增值税进项税额的抵扣凭证，由管理部门按
照审核检查的有关规定【注：国税发〔2004〕119 号。】进行核查，并按有关规定进行处
理。经税务机关检查确认属于税务机关责任以及技术性错误造成的，允许作为增值税进项
税额的抵扣凭证；不属于税务机关责任以及技术性错误造成的，不得作为增值税进项税额
的抵扣凭证。属于税务机关责任的，由税务机关误操作的相关部门核实后，区县级税务机
关出具书面证明；属于技术性错误的，由税务机关技术主管部门核实后，区县级税务机关
出具书面证明。

（摘自《国家税务总局关于金税工程增值税征管信息系统发现的涉嫌违规增值税专用发

票处理问题的通知》，2006 年 10 月 30 日国税函〔2006〕969 号）

9.6.3 增值税专用发票审核检查操作规程

第一条 为规范增值税专用发票审核检查工作，提高增值税专用发票审核检查工作质量和效率，制定本规程。

第二条 本规程所称增值税专用发票审核检查，是指各级税务机关按照规定的程序和方法，运用"增值税专用发票审核检查子系统"（以下简称"核查子系统"），对增值税专用发票稽核比对结果属于异常的增值税专用发票进行核对、检查和处理的日常管理工作。

第三条 审核检查的增值税专用发票，是指全国"增值税专用发票稽核系统"产生稽核比对结果为"不符"、"缺联"、"属于作废"的增值税专用发票。

第四条 增值税专用发票审核检查工作，由各级税务机关的流转税管理部门负责组织，稽查局和信息中心配合，税务机关管理部门（指管户的税务局、税务分局、税务所及负责税源管理的内设机构）具体实施。

第五条 国家税务总局流转税管理部门设置审核检查管理岗，每月 6 日前（含当日，遇法定节假日比照征管法实施细则有关规定顺延，下同）统计下列报表：

（一）《全国审核检查情况汇总统计表》；

（二）《分地区审核检查情况汇总统计表》；

（三）《全国审核检查结果统计表》；

（四）《分地区审核检查结果统计表》；

（五）《分地区审核检查税务处理情况统计表》。

第六条 省税务机关流转税管理部门设置审核检查管理岗，每月 5 日前统计并上报下列报表：

（一）《本级审核检查情况汇总统计表》；

（二）《分地区审核检查情况汇总统计表》；

（三）《本级审核检查结果统计表》；

（四）《分地区审核检查结果统计表》；

（五）《分地区审核检查税务处理情况统计表》。

第七条 地市税务机关流转税管理部门设置审核检查管理岗，按月查询下列统计报表，分析本地审核检查工作进度和质量情况：

（一）《本级审核检查情况汇总统计表》；

（二）《分地区审核检查情况汇总统计表》；

（三）《本级审核检查结果统计表》；

（四）《分地区审核检查结果统计表》；

（五）《分地区审核检查税务处理情况统计表》。

第八条 区县税务机关流转税管理部门设置审核检查管理岗，负责以下工作：

（一）将核查子系统无法自动分发的异常专用发票信息分捡到指定的税务机关管理

部门；

（二）按月查询下列统计报表，对税务机关管理部门的审核检查工作进行监控和督促：

1.《本级审核检查情况汇总统计表》；

2.《分地区审核检查情况汇总统计表》；

3.《本级审核检查结果统计表》；

4.《分地区审核检查结果统计表》；

5.《分地区审核检查税务处理情况统计表》。

第九条　税务机关管理部门设置审核检查岗和审核检查综合岗。

（一）审核检查岗负责以下工作：

1. 收到核查任务后，打印《审核检查工作底稿》（见附件1）；

2. 对异常增值税专用发票进行审核检查，填写《审核检查工作底稿》，根据审核检查情况提出核查处理意见；

3. 将《审核检查工作底稿》提交部门领导和区县主管局长审批；

4. 经区县主管局长审批，将审核检查结果、税务处理意见及接收异地核查的回复信息录入核查子系统，对需异地核查的在核查子系统中发起委托异地核查；

5. 将审核检查结果、回复异地核查信息、委托异地核查函及税务处理结果提交审核检查综合岗进行复核；

6. 审核检查资料整理归档。

（二）审核检查综合岗负责以下工作：

1. 将审核检查任务分派到审核检查岗；

2. 对审核检查岗录入的审核检查结果、税务处理结果、委托异地核查信息、回复异地核查信息进行复核；

3. 发出《增值税抵扣凭证委托审核检查函》（见附件2）及《增值税抵扣凭证审核检查回复函》（见附件3）。

第十条　省税务机关信息中心设置核查子系统技术维护岗，负责下列工作：

（一）核查子系统的系统维护和技术支持；

（二）保障核查子系统正常运行的技术环境，及时解决网络和设备故障；

（三）对审核检查结果中的技术问题进行确认；

（四）系统代码维护。

第十一条　地市、区县税务机关信息中心设置核查子系统技术维护岗，负责下列工作：

（一）对审核检查结果中的技术问题进行确认；

（二）系统代码维护。

第十二条　审核检查岗接收核查任务后，按下列要求进行审核检查：

（一）核查抵扣凭证原件；

（二）查看有关购销合同、账务处理、资金往来、货物情况等；

（三）根据工作需要可进行实地核查，实地核查必须两人以上；

（四）填写《审核检查工作底稿》。

第十三条　经审核检查，对不同类型异常抵扣凭证分别进行处置：

（一）"不符"发票

1. 抵扣联票面信息与抵扣联电子信息相符的，传递给销售方主管税务机关审核检查；

2. 抵扣联票面信息与抵扣联电子信息不相符、与存根联电子信息相符的，按本规程第十七条和第十八条规定进行处理；

3. 抵扣联票面信息与抵扣联、存根联电子信息均不相符的，根据抵扣联票面信息修改抵扣联电子信息，传递给销售方主管税务机关审核检查。

（二）"缺联"发票

1. 抵扣联票面信息与抵扣联电子信息相符的，传递给销售方主管税务机关审核检查；

2. 抵扣联的票面信息与抵扣联电子信息不相符的，根据抵扣联票面信息修改抵扣联电子信息，传递给销售方主管税务机关审核检查。

（三）"属于作废"发票

1. 纳税人未申报抵扣的，按本规程第十七条和第十八条规定进行处理；

2. 纳税人已申报抵扣，传递给销售方主管税务机关审核检查。

第十四条　经审核检查，对接收的异地《增值税抵扣凭证委托审核检查函》中增值税专用发票按照以下类型回复委托方税务机关：

（一）辖区内无此纳税人的，按照"辖区内无此纳税人"录入核查子系统；

（二）辖区内有此纳税人的，分别按照"无相应存根联"、"虚开发票"、"存抵不相符"、"该票未申报"、"企业漏采集"、"企业误作废"、"税务机关漏传递"、"税务机关发票发售错误"和"其他"等录入核查子系统。

第十五条　税务机关管理部门应按下列时限完成审核检查工作。

（一）对不需要委托异地核查的异常增值税专用发票，应当在30日内完成审核检查并录入处理结果。

（二）需要委托异地核查的异常增值税专用发票，应当在30日内发出《增值税抵扣凭证委托审核检查函》并根据回复情况15日内录入处理结果。

（三）对接收的异地《增值税抵扣凭证委托审核检查函》，应当在30日内完成审核检查并向委托方税务机关发出《增值税抵扣凭证审核检查回复函》。

第十六条　税务机关管理部门应依照有关档案管理规定，将审核检查工作中形成的《审核检查工作底稿》及有关资料及时归档。

第十七条　异常增值税专用发票的审核检查结果分为以下类型：

（一）企业问题

1. 操作问题

操作问题包括：销售方已申报但漏采集，购买方已认证但未申报抵扣，购买方票面信息采集错误，其他操作问题。

2. 一般性违规问题

一般性违规包括：销售方违规作废，购买方未按规定取得，购买方未按规定抵扣，其他违规。

3. 涉嫌偷骗税问题

涉嫌偷骗税问题包括：涉嫌偷税、逃避追缴欠税、骗取出口退税、抗税以及其他需要立案查处的税收违法行为，涉嫌增值税专用发票和其他发票违法犯罪行为，需要进行全面系统的税务检查的。

（二）税务机关操作问题或技术问题。

第十八条　经区县主管局长批准，税务机关管理部门对审核检查结果分别进行处理：

（一）属于"企业操作问题"和"税务机关操作问题或技术问题"，符合税法规定抵扣条件的，允许其抵扣增值税进项税额；（二）属于企业问题中"一般性违规问题"的，依据现行规定处理；（三）属于企业问题中"涉嫌偷骗税"的，不需要对企业做出税务处理，将《增值税抵扣凭证审核检查移交清单》（见附件4）及相关资料移交稽查部门查处。

对于走逃企业或者非正常户的异常发票，经过审核检查确能证明涉嫌偷骗税行为的，移交稽查部门查处。

第十九条　稽查部门应当在自接收涉嫌偷骗税有关资料之日起1个月内立案检查。

第二十条　各级税务机关应将异常增值税专用发票审核检查工作纳入税收工作考核范围，定期对以下指标进行考核：

（一）审核检查完成率 = 本期完成审核检查发票数/本期应完成审核检查发票数 × 100%

其中：本期完成审核检查发票数 = 按期完成审核检查发票数 + 逾期完成审核检查发票数

本期应完成审核检查发票数 = 本期按期应完成审核检查发票数 + 前期逾期未完成审核检查发票数

（二）审核检查按期完成率 = 按期完成审核检查发票数/按期应完成审核检查发票数 × 100%

（三）异地核查回复率 = 本期回复异地核查发票数/本期应回复异地核查发票数 × 100%

其中：本期回复异地核查发票数 = 按期回复异地核查发票数 + 逾期回复异地核查发票数

本期应回复异地核查发票数 = 本期按期应回复异地核查发票数 + 前期逾期未回复异地核查发票数

（四）异地核查按期回复率 = 按期完成异地核查发票数/按期应完成异地核查凭证数 × 100%

第二十一条　本规程由国家税务总局负责解释。各地可根据实际，制定具体实施办法。

（摘自《国家税务总局关于印发＜增值税专用发票审核检查操作规程（试行）＞的通知》，2008 年 3 月 26 日国税发〔2008〕33 号）

第10章 Chapter Ten
其他抵扣凭证

　　1994 年增值税税制改革后，税务机关将"海关完税凭证、运输发票、废旧物资发票、农产品收购凭证（含农业生产者开具的普通发票）"统称为"四小票"，这四种凭证是增值税专用发票以外可以用于增值税抵扣的凭证。

　　随着增值税税控系统不断升级，"四小票"作为扣税凭证也发生重大变化。纳税人取得的 2009 年 1 月 1 日以后开具的废旧物资专用发票，不再作为增值税扣税凭证。运输发票于 2016 年 6 月 30 日纳入增值税防伪税控系统开具，自 2016 年 7 月 1 日起停止使用。海关完税凭证全面实行"先比对，后抵扣"管理办法。另外，在全国大部分地区取消了农产品收购凭证。

　　2016 年 5 月，"营改增"全面试点后，对机动车发票、通行费发票，还有自境外单位或者个人购进劳务、服务、无形资产或者境内的不动产，从税务机关或者扣缴义务人取得的代扣代缴税款的完税凭证，税务总局相继出台了抵扣税款的规定。

10.1　海关进口增值税专用缴款书

10.1.1　海关缴款书票样及填制规范

　　海关缴款书票样及填制规范如图 10-1 所示。

海关专用缴款书

收入系统　　　　　　　　填发日期：　年　月　日　　号码　No:

收款单位	收入机关			缴款单位（人）	名称	
	科目		预算级次		账号	
	收款国库				开户银行	
税号	货物名称	数量	单位	完税价格（￥）	税率（%）	税款金额（￥）

金额人民币（大写）			合计（￥）	
申请单位编号		报关单编号	填制单位	收款国库（银行）
合同（批文）号		运输工具（号）	制单人	
缴款期限		提/装货单号	复核人	
备注				

图 10-1

　　自填发缴款书之日起 15 日内缴纳税款（期末遇星期六、星期日或法定节假日顺延），逾期缴纳按日加收税款总额万分之五的滞纳金。

注：海关专用缴款书一式六联，第一联（收据）由银行收款签章后交缴款单位或者纳税义务人；第二联（付款凭证）由缴款单位开户银行作为付出凭证；第三联（收款凭证）由收款国库作为收入凭证；第四联（回执）由国库盖章后退回海关财务部门；第五联（报查）国库收款后，关税专用缴款书退回海关，海关代征税专用缴款书送当地税务机关；第六联（存根）由填发单位存查。

海关税款专用缴款书填制规范：

海关税款专用缴款书号码 22 位，由 18 位报关单编号、连接符、税种代码和 2 位顺序号组成。18 位报关单编号中，第 1～4 位为海关编号（关区代码），第 5～8 位为申报年份，第 9 位为进口标志"1"，第 10～11 位为海关编号后 2 位，第 12 位为申报年份末位，第 13～18 位为顺序编号。第 19 位为连接符，"－"表示正常征税税单，"＼"表示补税税单，"#"为退税标志，"D"为删除标志，"@"为违规补滞纳金标志。第 20 位为税种代码"L"，A 为进口关税，C 为出口关税，I 为特别关税，L 为进口增值税，Y 为进口消费税，V 为滞纳金，顺序号以税种为单位，按顺序编号。

以"5216201011160010440－L02"为例：5216 为黄埔海关驻沙田办事处的关区代码，2010 年，进口标志 1，160（5216 的末 2 位 16＋2010 的末位 0），6 位顺序编号 010440，"－"正常征税，"L"进口增值税，"02"顺序号。

收入机关：中央金库。科目：进口增值税。预算级次：中央级次。收款国库：各地银行分行营业部。

完税价格采用四舍五入法计算至分。海关每月使用的计征汇率为上一个月第三个星期三（遇法定节假日顺延采用第四个星期三）人民银行公布的基准汇率。

数字、字母、符号均以半角录入。开票日期应录入票面填发日期；如取得同一号码多张海关缴款书，税额应按最后一张海关缴款书最后一栏合计数录入。

10.1.2 海关缴款书允许抵扣的条件

自 2013 年 7 月 1 日起，增值税一般纳税人（以下简称纳税人）进口货物取得的属于增值税扣税范围的海关缴款书，需经税务机关稽核比对相符后，其增值税额方能作为进项税额在销项税额中抵扣。

（摘自《国家税务总局 海关总署关于实行海关进口增值税专用缴款书"先比对后抵扣"管理办法有关问题的公告》，2013 年 6 月 14 日国家税务总局 海关总署公告 2013 年第 31 号）

政策解析

自 2004 年起实行的海关进口增值税专用缴款书（以下简称海关缴款书）"先抵扣后比对"管理办法，有力打击了利用虚假海关缴款书骗抵税款的违法活动。但近年来，不法分子利用海关缴款书"先抵扣后比对"管理的时间差，使用虚假海关缴款书骗抵税款的案件时有发生。为堵塞税收管理漏洞，国家税务总局与海关总署自 2009 年 4 月起在河北、河南、广东、深圳等四省市试行了海关缴款书"先比对后抵扣"的管理办法。试点以来，成效明显。税务总局与海关总署决定自 2013 年 7 月 1 日起在全国推行。

增值税一般纳税人进口货物时应准确填报企业名称，确保海关缴款书上的企业名称与税务登记的企业名称一致。税务机关将进口货物取得的属于增值税抵扣范围的海关缴款书信息与海关采集的缴款信息进行稽核比对。经稽核比对相符后，海关缴款书上注明的增值税额可作为进项税额在销项税额中抵扣。稽核比对不相符，所列税额暂不得抵扣，待核查确认海关缴款书票面信息与纳税人实际进口业务一致后，海关缴款书上注明的增值税额可作为进项税额在销项税额中抵扣。

（摘自《国家税务总局关于加强海关进口增值税抵扣管理的公告》，2017 年 2 月 13 日国家税务总局公告 2017 年第 3 号）

政策解析

近年来，不法分子利用非法获取的海关进口增值税专用缴款书骗抵增值税的案件屡屡发生，严重危害了进口增值税征管秩序。为了保护纳税人的合法权益，进一步加强增值税管理，打击利用海关缴款书骗抵税款犯罪活动，国家税务总局决定全面提高海关缴款书稽核比对级别，强化对海关进口增值税的抵扣管理。

纳税人在取得海关缴款书后按照有关规定提交海关缴款书相关信息申请稽核比对。税务机关将纳税人提交的信息与海关传输的信息进行稽核，比对相符后其增值税额方能作为进项税额在销项税额中抵扣，逾期未提交的进项税额不予抵扣。

10.1.2.1　纳税人申请稽核比对的期限

实行海关进口增值税专用缴款书（以下简称海关缴款书）"先比对后抵扣"管理办法的增值税一般纳税人取得 2010 年 1 月 1 日以后开具的海关缴款书，应在开具之日起 180 日内向主管税务机关报送《海关完税凭证抵扣清单》（包括纸质资料和电子数据）申请稽核比对。

未实行海关缴款书"先比对后抵扣"管理办法的增值税一般纳税人取得 2010 年 1 月 1 日以后开具的海关缴款书，应在开具之日起 180 日后的第一个纳税申报期结束以前，向主管税务机关申报抵扣进项税额。

（摘自《国家税务总局关于调整增值税扣税凭证抵扣期限有关问题的通知》，2009 年 11 月 9 日国税函〔2009〕617 号）

纳税人进口货物取得的属于增值税扣税范围的海关缴款书，应按照《国家税务总局关于调整增值税扣税凭证抵扣期限有关问题的通知》（国税函〔2009〕617 号）规定，自开具之日起 180 天内【注：自 2017 年 7 月 1 日起执行"360 日内"的规定】向主管税务机关报送《海关完税凭证抵扣清单》（电子数据），申请稽核比对，逾期未申请的其进项税额不予抵扣。

（摘自《国家税务总局　海关总署关于实行海关进口增值税专用缴款书"先比对后抵

扣"管理办法有关问题的公告》，2013 年 6 月 14 日国家税务总局 海关总署公告 2013 年第 31 号）

增值税一般纳税人取得的 2017 年 7 月 1 日及以后开具的海关进口增值税专用缴款书，应自开具之日起 360 日内向主管国税机关报送《海关完税凭证抵扣清单》，申请稽核比对。

纳税人取得的 2017 年 6 月 30 日前开具的增值税扣税凭证，仍按《国家税务总局关于调整增值税扣税凭证抵扣期限有关问题的通知》（国税函〔2009〕617 号）执行。

（摘自《国家税务总局关于进一步明确营改增有关征管问题的公告》，2017 年 4 月 20 日国家税务总局公告 2017 年第 11 号）

税务机关于每月纳税申报期内，向纳税人提供上月稽核比对结果，纳税人应向主管税务机关查询稽核比对结果信息。

对稽核比对结果为相符的海关缴款书，纳税人应在税务机关提供稽核比对结果的当月纳税申报期内申报抵扣，逾期的其进项税额不予抵扣。

（摘自《国家税务总局 海关总署关于实行海关进口增值税专用缴款书"先比对后抵扣"管理办法有关问题的公告》，2013 年 6 月 14 日国家税务总局 海关总署公告 2013 年第 31 号）

10.1.2.2 海关缴款书"先比对后抵扣"管理办法

三、税务机关通过稽核系统将纳税人申请稽核的海关缴款书数据，按日与进口增值税入库数据进行稽核比对，每个月为一个稽核期。海关缴款书开具当月申请稽核的，稽核期为申请稽核的当月、次月及第三个月。海关缴款书开具次月申请稽核的，稽核期为申请稽核的当月及次月。海关缴款书开具次月以后申请稽核的，稽核期为申请稽核的当月。

四、稽核比对的结果分为相符、不符、滞留、缺联、重号五种。

相符，是指纳税人申请稽核的海关缴款书，其号码与海关已核销的海关缴款书号码一致，并且比对的相关数据也均相同。

不符，是指纳税人申请稽核的海关缴款书，其号码与海关已核销的海关缴款书号码一致，但比对的相关数据有一项或多项不同。

滞留，是指纳税人申请稽核的海关缴款书，在规定的稽核期内系统中暂无相对应的海关已核销海关缴款书号码，留待下期继续比对。

缺联，是指纳税人申请稽核的海关缴款书，在规定的稽核期结束时系统中仍无相对应的海关已核销海关缴款书号码。

重号，是指两个或两个以上的纳税人申请稽核同一份海关缴款书，并且比对的相关数据与海关已核销海关缴款书数据相同。

六、稽核比对结果异常的处理

稽核比对结果异常，是指稽核比对结果为不符、缺联、重号、滞留。

（一）对于稽核比对结果为不符、缺联的海关缴款书，纳税人应于产生稽核结果的 180 日内，持海关缴款书原件向主管税务机关申请数据修改或者核对，逾期的其进项税额不予抵扣。属于纳税人数据采集错误的，数据修改后再次进行稽核比对；不属于数据采集错误的，纳税人可向主管税务机关申请数据核对，主管税务机关会同海关进行核查。经核查，海关缴款书票面信息与纳税人实际进口货物业务一致的，纳税人应在收到主管税务机关书面通知的次月申报期内申报抵扣，逾期的其进项税额不予抵扣。

（二）对于稽核比对结果为重号的海关缴款书，由主管税务机关进行核查。经核查，海关缴款书票面信息与纳税人实际进口货物业务一致的，纳税人应在收到税务机关书面通知的次月申报期内申报抵扣，逾期的其进项税额不予抵扣。

（三）对于稽核比对结果为滞留的海关缴款书，可继续参与稽核比对，纳税人不需申请数据核对。

（摘自《国家税务总局 海关总署关于实行海关进口增值税专用缴款书"先比对后抵扣"管理办法有关问题的公告》，2013 年 6 月 14 日国家税务总局 海关总署公告 2013 年第 31 号）

10.1.2.3 税务机关与海关的协作配合

为进一步加强海关进口增值税专用缴款书（以下简称海关缴款书）的增值税管理，堵塞税收漏洞，维护纳税人合法权益，保障海关缴款书"先比对后抵扣"管理办法顺利实施，现将有关事项通知如下：

一、各级税务机关、各级海关要加强协作配合，共同做好"异常"海关缴款书的核查工作。

（一）各海关应按照有关规定对海关缴款书入库数据及时进行核销，保障纳税人及时抵扣税款。

（二）各主管税务机关应于每月纳税申报期内，向纳税人提供上月海关缴款书稽核比对结果信息。纳税人上月稽核比对结果中无"滞留"的，稽核系统每月 1 日自动导出稽核比对结果信息；纳税人上月稽核比对结果中有"滞留"的，稽核系统于纳税申报期结束前 2 日自动导出稽核比对结果信息。

（三）对稽核比对结果为不符、缺联的海关缴款书，如纳税人有异议，应提交《"异常"海关缴款书数据核对申请书》（附件 1）申请数据核对，同时附海关缴款书原件。主管税务机关会同海关进行核查。核查流程是：主管税务机关在收到纳税人数据核对申请书的 15 日内，向税款入库地直属海关发出《海关缴款书委托核查函》，同时附海关缴款书复印件；税款入库地海关收到委托核查函后，在 30 日内以《海关缴款书核查回复函》（附件 3）回复发函税务机关。对海关回函结果为"有一致的入库信息"的海关缴款书，主管税务机关应及时以《海关缴款书核查结果通知书》（附件 4）通知纳税人申报抵扣税款。

《海关缴款书委托核查函》编号为 20 位，第 1 至 11 位为主管税务机关代码，第 12 位为"发"，第 13 至 16 位为年份，第 17 至 20 位为顺序号。

对于稽核比对结果为重号的海关缴款书，由主管税务机关进行核查，不需向海关发函核查。

二、海关需要对海关缴款书涉及的进口增值税申报抵扣情况进行核查确认的，可向纳税人主管税务机关发出《进口增值税抵扣信息委托核查函》（附件 5）。主管税务机关收到委托核查函后，在 30 日内以《进口增值税抵扣信息核查回复函》（附件 6）回复发函海关。

（摘自《国家税务总局　海关总署关于实行海关进口增值税专用缴款书"先比对后抵扣"管理办法有关事项的通知》，2013 年 8 月 6 日税总发〔2013〕76 号）

（一）收发函的传递方式由邮寄调整为通过核查系统；

（二）对稽核比对结果为不符、缺联的海关缴款书，主管税务机关收到纳税人申请后，发函时限由 15 日调整为 7 个工作日；

（三）纳税人申请数据核对时，需提供海关缴款书、其他资料和与原件一致的电子影像资料，不再需要提供海关缴款书复印件；

（四）对稽核比对结果为重号的海关缴款书，向重号方主管税务机关发函，如需要可向税款入库地直属海关发函，进行核查；

自 2017 年 6 月 1 日起施行。

（摘自《国家税务总局　办公厅　关于开展海关进口增值税专用缴款书核查信息化管理工作的通知》，2017 年 4 月 21 日税总办发〔2017〕53 号）

自 2018 年 1 月 19 日起，在上海海关和南京海关进行《海关专用缴款书》打印改革试点。自行打印的版式化《海关专用缴款书》与海关打印的纸质《海关专用缴款书》同等效力。

（摘自《海关总署　国家税务总局关于进行＜海关专用缴款书＞打印改革试点的公告》，2018 年 1 月 16 日海关总署　国家税务总局公告 2018 年第 10 号）

10.1.3　海关缴款书的抵扣规定

10.1.3.1　海关缴款书上标明两个单位名称只准一个单位申请抵扣

一、对海关代征进口环节增值税开具的增值税专用缴款书上标明有两个单位名称，即既有代理进口单位名称，又有委托进口单位名称的，只准予其中取得专用缴款书原件的一个单位抵扣税款。

二、申报抵扣税款的委托进口单位，必须提供相应的海关代征增值税专用缴款书原件、委托代理合同及付款凭证，否则，不予抵扣进项税款。

（摘自《国家税务总局关于加强进口环节增值税专用缴款书抵扣税款管理的通知》，1996 年 2 月 14 日国税发〔1996〕32 号）

10.1.3.2　进口环节减征的增值税不能作为下一环节的进项税金抵扣

根据国务院有关文件的精神，按照现行增值税的有关规定，准予从销项税额中抵扣的进项税额，必须是取得合法的增值税扣税凭证上注明的增值税额。因此，对与周边国家易货贸易进口环节减征的增值税税款，不能作为下一道环节的进项税金抵扣。

（摘自《国家税务总局关于易货贸易进口环节减征的增值税税款抵扣问题的通知》，

1996 年 9 月 17 日国税函〔1996〕550 号）

10.1.3.3　海关缴款书作为抵扣凭证不以支付货款为前提

纳税人进口货物，凡已缴纳了进口环节增值税的，不论其是否已经支付货款，其取得的海关完税凭证均可作为增值税进项税额抵扣凭证，在规定的期限内申报抵扣进项税额。

（摘自《国家税务总局关于增值税一般纳税人取得海关进口增值税专用缴款书抵扣进项税额问题的通知》，2004 年 11 月 11 日　国税发〔2004〕148 号）

10.1.3.4　进口环节与国内环节间增值税税率不一致的处理

对在进口环节与国内环节，以及国内地区间个别货物（如初级农产品、矿产品等）增值税适用税率执行不一致的，纳税人应按其取得的增值税专用发票和海关进口完税凭证上注明的增值税额抵扣进项税额。

主管税务机关发现同一货物进口环节与国内环节以及地区间增值税税率执行不一致的，应当将有关情况逐级上报至共同的上一级税务机关，由上一级税务机关予以明确。

（摘自《财政部　国家税务总局关于增值税若干政策的通知》，2005 年 11 月 28 日财税〔2005〕165 号）

10.1.3.5　境外供货商退还或返还的资金对应的进项税额处理

《中华人民共和国增值税暂行条例》第八条规定，纳税人从海关取得的完税凭证上注明的增值税额准予从销项税额中抵扣。因此，纳税人进口货物取得的合法海关完税凭证，是计算增值税进项税额的唯一依据，其价格差额部分以及从境外供应商取得的退还或返还的资金，不作进项税额转出处理。

【注：此条款中"纳税人从海关取得的完税凭证"修改为"纳税人从海关取得的海关进口增值税专用缴款书"，"进口货物取得的合法海关完税凭证"修改为"进口货物取得的合法海关进口增值税专用缴款书"。参见国税发〔2009〕10 号《国家税务总局关于修改若干增值税规范性文件引用法规规章条款依据的通知》】

（摘自《国家税务总局关于纳税人进口货物增值税进项税额抵扣有关问题的通知》，2007 年 3 月 22 日国税函〔2007〕350 号）

10.1.4　丢失海关缴款书的处理

增值税一般纳税人丢失海关缴款书，应在本通知第二条规定期限内，凭报关地海关出具的相关已完税证明，向主管税务机关提出抵扣申请。主管税务机关受理申请后，应当进行审核，并将纳税人提供的海关缴款书电子数据纳入稽核系统进行比对。稽核比对无误后，方可允许计算进项税额抵扣。

（摘自《国家税务总局关于调整增值税扣税凭证抵扣期限有关问题的通知》，2009 年 11 月 9 日国税函〔2009〕617 号）

10.2　农产品收购发票或销售发票

10.2.1　购进农产品抵扣进项税额的基本规定

销售商品、提供服务以及从事其他经营活动的单位和个人，对外发生经营业务收取款项，收款方应当向付款方开具发票；特殊情况下，由付款方向收款方开具发票。

（摘自《中华人民共和国发票管理办法》第十九条，2010 年 12 月 20 日国务院令第 587 号）

《中华人民共和国发票管理办法》第十九条所称特殊情况下，由付款方向收款方开具发票，是指下列情况：

（一）收购单位和扣缴义务人支付个人款项时；

（二）国家税务总局认为其他需要由付款方向收款方开具发票的。

（摘自《中华人民共和国发票管理办法实施细则》第二十四条，2014 年 12 月 27 日国家税务总局令第 37 号）

下列进项税额准予从销项税额中抵扣：

（三）购进农产品，除取得增值税专用发票或者海关进口增值税专用缴款书外，按照农产品收购发票或者销售发票上注明的农产品买价和 11% 的扣除率【注：扣除率后期有调整】计算的进项税额，国务院另有规定的除外。进项税额计算公式：

$$进项税额 = 买价 \times 扣除率$$

准予抵扣的项目和扣除率的调整，由国务院决定。

（摘自《中华人民共和国增值税暂行条例》第八条，2017 年 11 月 19 日修订　国务院令第 691 号）

下列进项税额准予从销项税额中抵扣：

（三）购进农产品，除取得增值税专用发票或者海关进口增值税专用缴款书外，按照农产品收购发票或者销售发票上注明的农产品买价和 13% 的扣除率计算的进项税额。计算公式为：

$$进项税额 = 买价 \times 扣除率$$

买价，是指纳税人购进农产品在农产品收购发票或者销售发票上注明的价款和按照规定缴纳的烟叶税。

购进农产品，按照《农产品增值税进项税额核定扣除试点实施办法》抵扣进项税额的除外。

（摘自《财政部　国家税务总局关于全面推开营业税改征增值税试点的通知》之附件 1 《营业税改征增值税试点实施办法》第二十五条，2016 年 3 月 23 日财税〔2016〕36 号）

10.2.2　农产品买价

条例第八条第二款第（三）项所称买价，包括纳税人购进农产品在农产品收购发票或者销售发票上注明的价款和按规定缴纳的烟叶税。

（摘自《中华人民共和国增值税暂行条例实施细则》第十七条，2011年10月28日财政部令第65号）

烟叶收购单位收购烟叶时按照国家有关规定以现金形式直接补贴烟农的生产投入补贴（以下简称价外补贴），属于农产品买价，为《中华人民共和国增值税暂行条例实施细则》（财政部 国家税务总局令第50号）第十七条中"价款"的一部分。烟叶收购单位，应将价外补贴与烟叶收购价格在同一张农产品收购发票或者销售发票上分别注明，否则，价外补贴不得计算增值税进项税额进行抵扣。

本通知自2009年1月1日起执行。

（摘自《财政部 国家税务总局关于收购烟叶支付的价外补贴进项税额抵扣问题的通知》，2011年3月2日财税〔2011〕21号）

10.2.3 扣除率

10.2.3.1 2001年12月31日前的扣除率

购进免税农业产品准予抵扣的进项税额，按照买价和10%的扣除率计算。进项税额计算公式：

$$进项税额 = 买价 × 扣除率$$

（摘自《中华人民共和国增值税暂行条例》，1993年12月13日国务院令第134号，自2009年1月1日起废止）

10.2.3.2 2002年1月1日至2017年6月30日的扣除率

经国务院批准，从2002年1月1日起，增值税一般纳税人购进农业生产者销售的免税农业产品的进项税额扣除率由10%提高到13%。

（摘自《财政部 国家税务总局关于提高农产品进项税抵扣率的通知》，2002年1月9日财税〔2002〕12号）

10.2.3.3 2017年7月1日至2018年4月30日的扣除率

二、（自2017年7月1日起）纳税人购进农产品，按下列规定抵扣进项税额：

（一）除本条第（二）项规定外，纳税人购进农产品，取得一般纳税人开具的增值税专用发票或海关进口增值税专用缴款书的，以增值税专用发票或海关进口增值税专用缴款书上注明的增值税额为进项税额；从按照简易计税方法依照3%征收率计算缴纳增值税的小规模纳税人取得增值税专用发票的，以增值税专用发票上注明的金额和11%的扣除率计算进项税额；取得（开具）农产品销售发票或收购发票的，以农产品销售发票或收购发票上注明的农产品买价和11%的扣除率计算进项税额。

（二）营业税改征增值税试点期间，纳税人购进用于生产销售或委托受托加工17%税率货物的农产品维持原扣除力度不变。

（三）继续推进农产品增值税进项税额核定扣除试点，纳税人购进农产品进项税额已实行核定扣除的，仍按照《财政部 国家税务总局关于在部分行业试行农产品增值税进项税额核定扣除办法的通知》（财税〔2012〕38 号）、《财政部 国家税务总局关于扩大农产品增值税进项税额核定扣除试点行业范围的通知》（财税〔2013〕57 号）执行。其中，《农产品增值税进项税额核定扣除试点实施办法》（财税〔2012〕38 号印发）第四条第（二）项规定的扣除率调整为 11%；第（三）项规定的扣除率调整为按本条第（一）项、第（二）项规定执行。

（四）纳税人从批发、零售环节购进适用免征增值税政策的蔬菜、部分鲜活肉蛋而取得的普通发票，不得作为计算抵扣进项税额的凭证。

（五）纳税人购进农产品既用于生产销售或委托受托加工 17% 税率货物又用于生产销售其他货物服务的，应当分别核算用于生产销售或委托受托加工 17% 税率货物和其他货物服务的农产品进项税额。未分别核算的，统一以增值税专用发票或海关进口增值税专用缴款书上注明的增值税额为进项税额，或以农产品收购发票或销售发票上注明的农产品买价和 11% 的扣除率计算进项税额。

（摘自《财政部 税务总局关于简并增值税税率有关政策的通知》，2017 年 4 月 28 日财税〔2017〕37 号）

10.2.3.4 2018 年 5 月 1 日至 2019 年 3 月 31 日的扣除率

纳税人购进农产品，原适用 11% 扣除率的，扣除率调整为 10%。

纳税人购进用于生产销售或委托加工 16% 税率货物的农产品，按照 12% 的扣除率计算进项税额。

本通知自 2018 年 5 月 1 日起执行。

（摘自《财政部 税务总局关于调整增值税税率的通知》，2018 年 4 月 4 日财税〔2018〕32 号）

10.2.3.5 2019 年 4 月 1 日后的扣除率

为贯彻落实党中央、国务院决策部署，推进增值税实质性减税，现将 2019 年增值税改革有关事项公告如下：

一、增值税一般纳税人（以下称纳税人）发生增值税应税销售行为或者进口货物，原适用 16% 税率的，税率调整为 13%；原适用 10% 税率的，税率调整为 9%。

二、纳税人购进农产品，原适用 10% 扣除率的，扣除率调整为 9%。纳税人购进用于生产或者委托加工 13% 税率货物的农产品，按照 10% 的扣除率计算进项税额。

（摘自《财政部 税务总局 海关总署关于深化增值税改革有关政策的公告》，2019 年 3 月 20 日财政部 税务总局 海关总署公告 2019 年第 39 号）

政策解析

举例：某面包厂（一般纳税人）2019 年 4 月 13 日从农户手中收购小麦 30 吨，每吨买价为 2 400 元，款项以现金支付，已向农户开具农产品收购发票。该小麦当月使用完毕。则该厂可以抵扣的进项税额应为 7 200 元。计算过程如下：

进项税额 = 30 × 2 400 × 10% = 7 200（元）

会计处理分录如下：

借：原材料　　　　　　　　　　　　　　　　　64 800.00

　　应交税费——应交增值税（进项税额）　　　 7 200.00

　　贷：现金　　　　　　　　　　　　　　　　　　　72 000.00

10.2.4　农产品范围

农产品，是指种植业、养殖业、林业、牧业、水产业生产的各种植物、动物的初级产品。具体征税范围暂继续按照《财政部、国家税务总局关于印发＜农业产品征税范围注释＞的通知》（财税字〔1995〕52 号）及现行相关规定执行，并包括挂面、干姜、姜黄、玉米胚芽、动物骨粒、按照《食品安全国家标准—巴氏杀菌乳》（GB 19645—2010）生产的巴氏杀菌乳、按照《食品安全国家标准—灭菌乳》（GB 25190—2010）生产的灭菌乳。

（摘自《财政部 税务总局关于简并增值税税率有关政策的通知》之附件 1，2017 年 4 月 28 日财税〔2017〕37 号）

农业产品征税范围注释

农业产品是指种植业、养殖业、林业、牧业、水产业生产的各种植物、动物的初级产品。农业产品的征税范围包括：

一、植物类

植物类包括人工种植和天然生长的各种植物的初级产品。具体征税范围为：

（一）粮食

粮食是指各种主食食科植物果实的总称。本货物的征税范围包括小麦、稻谷、玉米、高粱、谷子和其他杂粮（如：大麦、燕麦等），以及经碾磨、脱壳等工艺加工后的粮食（如：面粉，米，玉米面、渣等）。

切面、饺子皮、馄饨皮、面皮、米粉等粮食复制品，也属于本货物的征税范围。

以粮食为原料加工的速冻食品、方便面、副食品和各种熟食品，不属于本货物的征税范围。

（二）蔬菜

蔬菜是指可作副食的草本、木本植物的总称。本货物的征税范围包括各种蔬菜、菌类植物和少数可作副食的木本植物。

经晾晒、冷藏、冷冻、包装、脱水等工序加工的蔬菜、腌菜、咸菜、酱菜和盐渍蔬菜等，也属于本货物的征税范围。

各种蔬菜罐头（罐头是指以金属罐、玻璃瓶和其他材料包装，经排气密封的各种食品。下同）不属于本货物的征税范围。

（三）烟叶

烟叶是指各种烟草的叶片和经过简单加工的叶片。本货物的征税范围包括晒烟叶、晾烟叶和初烤烟叶。

1. 晒烟叶。是指利用太阳能露天晒制的烟叶。

2. 晾烟叶。是指在晾房内自然干燥的烟叶。

3. 初考烟叶。是指烟草种植者直接烤制的烟叶。不包括专业复烤厂烤制的复烤烟叶。

（四）茶叶

茶叶是指从茶树上采摘下来的鲜叶和嫩芽（即茶青），以及经吹干、揉拌、发酵、烘干等工序初制的茶。本货物的征税范围包括各种毛茶（如红毛茶、绿毛茶、乌龙毛茶、白毛茶、黑毛茶等）。

精制茶、边销茶及掺兑各种药物的茶和茶饮料，不属于本货物的征税范围。

（五）园艺植物

园艺植物是指可供食用的果实，如水果、果干（如荔枝干、桂圆干、葡萄干等）、干果、果仁、果用瓜（如甜瓜、西瓜、哈密瓜等），以及胡椒、花椒、大料、咖啡豆等。

经冷冻、冷藏、包装等工序加工的园艺植物，也属于本货物的征税范围。

各种水果罐头，果脯，蜜饯，炒制的果仁、坚果，碾磨后的园艺植物（如胡椒粉、花椒粉等），不属于本货物的征税范围。

（六）药用植物

药用植物是指用作中药原药的各种植物的根、茎、皮、叶、花、果实等。

利用上述药用植物加工制成的片、丝、块、段等中药饮片，也属于本货物的征税范围。

中成药不属于本货物的征税范围。

（七）油料植物

油料植物是指主要用作榨取油脂的各种植物的根、茎、叶、果实、花或者胚芽组织等初级产品，如菜子（包括芥菜子）、花生、大豆、葵花子、蓖麻子、芝麻子、胡麻子、茶子、桐子、橄榄仁、棕榈仁、棉籽等。

提取芳香油的芳香油料植物，也属于本货物的征税范围。

（八）纤维植物

纤维植物是指利用其纤维作纺织、造纸原料或者绳索的植物，如棉（包括籽棉、皮棉、絮棉）、大麻、黄麻、槿麻、苎麻、苘麻、亚麻、罗布麻、蕉麻、剑麻等。

棉短绒和麻纤维经脱胶后的精干（洗）麻，也属于本货物的征税范围。

（九）糖料植物

糖料植物是指主要用作制糖的各种植物，如甘蔗、甜菜等。

（十）林业产品

林业产品是指乔木、灌木和竹类植物，以及天然树脂、天然橡胶。林业产品的征税范围包括：

1. 原木。是指将砍伐倒的乔木去其枝芽、梢头或者皮的乔木、灌木，以及锯成一定长度的木段。

锯材不属于本货物的征税范围。

2. 原竹。是指将砍倒的竹去其枝、梢或者叶的竹类植物，以及锯成一定长度的竹段。

3. 天然树脂。是指木科植物的分泌物，包括生漆、树脂和树胶，如松脂、桃胶、樱胶、阿拉伯胶、古巴胶和天然橡胶（包括乳胶和干胶）等。

4. 其他林业产品。是指除上述列举林业产品以外的其他各种林业产品，如竹笋、笋干、棕竹、棕榈衣、树枝、树叶、树皮、藤条等。

盐水竹笋也属于本货物的征税范围。

竹笋罐头不属于本货物的征税范围。

（十一）其他植物

其他植物是指除上述列举植物以外的其他各种人工种植和野生的植物，如树苗、花卉、植物种子、植物叶子、草、麦秸、豆类、薯类、藻类植物等。

干花、干草、薯干、干制的藻类植物，农业产品的下脚料等，也属于本货物的征税范围。

二、动物类

动物类包括人工养殖和天然生长的各种动物的初级产品。具体征税范围为：

（一）水产品

水产品是指人工放养和人工捕捞的鱼、虾、蟹、鳖、贝类、棘皮类、软体类、腔肠类、海兽类动物。本货物的征税范围包括鱼、虾、蟹、鳖、贝类、棘皮类、软体类、腔肠类、海兽类、鱼苗（卵）、虾苗、蟹苗、贝苗（秧），以及经冷冻、冷藏、盐渍等防腐处理和包装的水产品。

干制的鱼、虾、蟹、贝类、棘皮类、软体类、腔肠，如干鱼、干虾、干虾仁、干贝等，以及未加工成工艺品的贝壳、珍珠，也属于本货物的征税范围。

熟制的水产品和各类水产品的罐头，不属于本货物的征税范围。

（二）畜牧产品

畜牧产品是指人工饲养、繁殖取得和捕获的各种畜禽。本货物的征税范围包括：

1. 兽类、禽类和爬行类动物，如牛、马、猪、羊、鸡、鸭等。

2. 兽类、禽类和爬行类动物的肉产品，包括整块或者分割的鲜肉、冷藏或者冷冻肉、盐渍肉，兽类、禽类和爬行类动物的内脏、头、尾、蹄等组织。

各种兽类、禽类和爬行类动物的肉类生制品，如腊肉、腌肉、熏肉等，也属于本货物的征税范围。

各种肉类罐头、肉类熟制品，不属于本货物的征税范围。

3. 蛋类产品。是指各种禽类动物和爬行类动物的卵，包括鲜蛋、冷藏蛋。

经加工的咸蛋、松花蛋、腌制的蛋等，也属于本货物的征税范围。

各种蛋类的罐头不属于本货物的征税范围。

4. 鲜奶。是指各种哺乳类动物的乳汁和经净化、杀菌等加工工序生产的乳汁。

用鲜奶加工的各种奶制品，如酸奶、奶酪、奶油等，不属于本货物的征税范围。

（三）动物皮张

动物皮张是指从各种动物（兽类、禽类和爬行类动物）身上直接剥取的，未经鞣制的生皮、生皮张。

将生皮、生皮张用清水、盐水或者防腐药水浸泡、刮里、脱毛、晒干或者熏干，未经鞣制的，也属于本货物的征税范围。

（四）动物毛绒

动物毛绒是指未经洗净的各种动物的毛发、绒发和羽毛。

洗净毛、洗净绒等不属于本货物的征税范围。

（五）其他动物组织

其他动物组织是指上述列举以外的兽类、禽类、爬行类动物的其他组织，以及昆虫类动物。

1. 蚕茧。包括鲜茧和干茧，以及蚕蛹。

2. 天然蜂蜜。是指采集的未经加工的天然蜂蜜、鲜蜂王浆等。

3. 动物树脂，如虫胶等。

4. 其他动物组织，如动物骨、壳、兽角、动物血液、动物分泌物、蚕种等。

（摘自《财政部 国家税务总局关于印发＜农业产品征税范围注释＞的通知》，1995 年 6 月 15 日财税字〔1995〕52 号）

对于农民个人按照竹器企业提供样品规格，自产或购买竹、芒、藤、木条等，再通过手工简单编织成竹制或竹芒藤柳混合坯具的，属于自产农业初级产品，应当免征销售环节增值税。收购坯具的竹器企业可以凭开具的农产品收购凭证计算进项税额抵扣。

（摘自《国家税务总局关于农户手工编织的竹制和竹芒藤柳坯具征收增值税问题的批复》，2005 年 1 月 28 日国税函〔2005〕56 号）

10.2.5 农产品收购凭证的管理变革

10.2.5.1 2015 年 4 月 1 日前农产品收购凭证的管理

为防范利用农产品收购凭证偷骗税的违法犯罪活动，堵塞征管漏洞，强化增值税管理，现将有关加强农产品增值税抵扣管理的问题通知如下：

一、各级税务机关要进一步加强对农产品增值税抵扣管理，要经常深入企业，全面掌握和了解有关生产企业的生产经营特点、农产品原料的消耗、采购规律以及纳税申报情况，检查农产品收购凭证的开具情况是否正常，查找征管的薄弱环节，积极采取有针对性的管理措施，堵塞漏洞，切实加强管理。

二、对纳税人发生大宗农产品收购业务的，主管税务机关应派专人深入现场核查，审核该项业务发生的真实性。【注：依据国税发〔2009〕7 号《国家税务总局关于发布已失效或废止有关增值税规范性文件清单的通知》本条失效】

三、对有条件的地区，税务机关可运用信息化管理手段促进农产品收购凭证的使用管理。

四、税务机关应当积极引导和鼓励纳税人通过银行或农村信用社等金融机构支付农产品货款，对采用现金方式结算且支付数额较大的，应作为重点评估对象，严格审核，防止发生虚假收购行为，骗取国家税款。

五、税务机关应对农产品经销和生产加工企业定期开展增值税纳税评估，特别是要加强以农产品为主要原料的生产企业的纳税评估，发现问题的，要及时移交稽查部门处理。

（摘自《国家税务总局关于加强农产品增值税抵扣管理有关问题的通知》，2005 年 5 月 27 日国税函〔2005〕545 号）

10.2.5.2　2015 年 4 月 1 日后取消农产品收购凭证

2015 年 4 月 1 日起，一般纳税人和起征点以上小规模纳税人全面推行升级版，税控设备在线开具发票，取消抄税。使用增值税普通发票开具收购发票，系统在发票左上角自动打印"收购"字样。

（摘自《关于全面推行增值税发票系统升级版有关问题的公告》，2015 年 3 月 30 日国家税务总局公告 2015 年第 19 号）

10.2.5.3　农产品销售发票

《中华人民共和国增值税暂行条例》第八条第二款第（三）项和本通知所称销售发票，是指农业生产者销售自产农产品适用免征增值税政策而开具的普通发票。

（摘自《财政部 税务总局关于简并增值税税率有关政策的通知》，2017 年 4 月 28 日财税〔2017〕37 号）

10.2.5.4　餐饮行业购进农业生产者自产农产品使用收购发票

餐饮行业增值税一般纳税人购进农业生产者自产农产品，可以使用国税机关监制的农产品收购发票，按照现行规定计算抵扣进项税额。

有条件的地区，应积极在餐饮行业推行农产品进项税额核定扣除办法，按照《财政部国家税务总局关于在部分行业试行农产品增值税进项税额核定扣除办法的通知》（财税〔2012〕38 号）有关规定计算抵扣进项税额。

（摘自《国家税务总局关于明确营改增试点若干征管问题的公告》，2016 年 4 月 26 日国家税务总局公告 2016 年第 26 号）

10.2.6　农产品增值税进项税额核定扣除办法

10.2.6.1　农产品增值税进项税额核定扣除办法的适用范围

自 2012 年 7 月 1 日起，以购进农产品为原料生产销售液体乳及乳制品、酒及酒精、植物油的增值税一般纳税人，纳入农产品增值税进项税额核定扣除试点范围，其购进农产品无论是否用于生产上述产品，增值税进项税额均按照《农产品增值税进项税额核定扣除试点实施办法》（附件 1）的规定抵扣。

（摘自《财政部 国家税务总局关于在部分行业试行农产品增值税进项税额核定扣除办法的通知》，2012 年 4 月 6 日财税〔2012〕38 号）

增值税一般纳税人委托其他单位和个人加工液体乳及乳制品、酒及酒精、植物油，其购进的农产品均适用《财政部 国家税务总局关于在部分行业试行农产品增值税进项税额核定扣除办法的通知》（财税〔2012〕38 号）的有关规定。

（摘自《国家税务总局关于在部分行业试行农产品增值税进项税额核定扣除办法有关问题的公告》，2012 年 7 月 17 日国家税务总局公告 2012 年第 35 号）

为进一步推进农产品增值税进项税额核定扣除试点（以下简称核定扣除试点）工作，经研究决定，扩大实行核定扣除试点的行业范围。现将有关事项通知如下：

一、自 2013 年 9 月 1 日起，各省、自治区、直辖市、计划单列市税务部门可商同级财政部门，根据《农产品增值税进项税额核定扣除试点实施办法》（财税〔2012〕38 号）的有关规定，结合本省（自治区、直辖市、计划单列市）特点，选择部分行业开展核定扣除试点工作。

二、各省、自治区、直辖市、计划单列市税务和财政部门制定的关于核定扣除试点行业范围、扣除标准等内容的文件，需报经财政部和国家税务单局备案后公布。财政部和国家税务总局将根据各地区试点工作进展情况，不定期公布部分产品全国统一的扣除标准。

（摘自《财政部 国家税务总局关于扩大农产品增值税进项税额核定扣除试点行业范围的通知》，2013 年 8 月 28 日财税〔2013〕57 号）

有条件的地区，应积极在餐饮行业推行农产品进项税额核定扣除办法，按照《财政部 国家税务总局关于在部分行业试行农产品增值税进项税额核定扣除办法的通知》（财税〔2012〕38 号）有关规定计算抵扣进项税额。

（摘自《国家税务总局关于明确营改增试点若干征管问题的公告》，2016 年 4 月 26 日国家税务总局公告 2016 年第 26 号）

政策解析

初级农产品进项税额抵扣问题，属于世界性难题，长期以来为了体现对"三农"扶持政策，对销售自产农产品采取免税政策，但是由于增值税链条传导机制的影响，上游销售农产品免税，下游就缺乏抵扣进项税额的有效凭证，因此又规定由农产品加工企业自行开具收购凭证来抵扣进项税额。该政策设计既体现了照顾农业生产者，又使得农产品加工企业的税收利益不受影响，如果所有的纳税人均依法合规纳税，不失为较好的政策设计。然而，实践中，由于农产品加工企业自己开具农产品收购凭证，自行抵扣，增值税链条的相互制约功能失去了作用，因此虚开农产品收购凭证作为进项的违法犯罪行为始终存在。

财税〔2012〕38 号文件换一种思路，改凭票抵扣为核定抵扣，开启了农产品进项税管理制度的新篇章。

10.2.6.2 农产品增值税进项税额核定方法

（一）试点纳税人以购进农产品为原料生产货物的，农产品增值税进项税额可按照以下方法核定：

1. 投入产出法：参照国家标准、行业标准（包括行业公认标准和行业平均耗用值）确定销售单位数量货物耗用外购农产品的数量（以下称农产品单耗数量）。

当期允许抵扣农产品增值税进项税额依据农产品单耗数量、当期销售货物数量、农产品平均购买单价（含税，下同）和农产品增值税进项税额扣除率（以下简称"扣除率"）计算。公式为：

当期允许抵扣农产品增值税进项税额 = 当期农产品耗用数量×农产品平均购买单价×扣除率/（1＋扣除率）

当期农产品耗用数量 = 当期销售货物数量（不含采购除农产品以外的半成品生产的货物数量）×农产品单耗数量

对以单一农产品原料生产多种货物或者多种农产品原料生产多种货物的，在核算当期农产品耗用数量和平均购买单价时，应依据合理的方法归集和分配。

平均购买单价是指购买农产品期末平均买价，不包括买价之外单独支付的运费和入库前的整理费用。期末平均买价计算公式：

期末平均买价 = （期初库存农产品数量×期初平均买价＋当期购进农产品数量×当期买价）/（期初库存农产品数量＋当期购进农产品数量）

2. 成本法：依据试点纳税人年度会计核算资料，计算确定耗用农产品的外购金额占生产成本的比例（以下称农产品耗用率）。当期允许抵扣农产品增值税进项税额依据当期主营业务成本、农产品耗用率以及扣除率计算。公式为：

当期允许抵扣农产品增值税进项税额 = 当期主营业务成本×农产品耗用率×扣除率/（1＋扣除率）

农产品耗用率 = 上年投入生产的农产品外购金额/上年生产成本

农产品外购金额（含税）不包括不构成货物实体的农产品（包括包装物、辅助材料、燃料、低值易耗品等）和在购进农产品之外单独支付的运费、入库前的整理费用。

对以单一农产品原料生产多种货物或者多种农产品原料生产多种货物的，在核算当期主营业务成本以及核定农产品耗用率时，试点纳税人应依据合理的方法进行归集和分配。

农产品耗用率由试点纳税人向主管税务机关申请核定。

年度终了，主管税务机关应根据试点纳税人本年实际对当年已抵扣的农产品增值税进项税额进行纳税调整，重新核定当年的农产品耗用率，并作为下一年度的农产品耗用率。

3. 参照法：新办的试点纳税人或者试点纳税人新增产品的，试点纳税人可参照所属行业或者生产结构相近的其他试点纳税人确定农产品单耗数量或者农产品耗用率。次年，试点纳税人向主管税务机关申请核定当期的农产品单耗数量或者农产品耗用率，并据此计算确定当年允许抵扣的农产品增值税进项税额，同时对上一年增值税进项税额进行调整。核定的进项税额超过实际抵扣增值税进项税额的，其差额部分可以结转下期继续抵扣；核定的进项税额低于实际抵扣增值税进项税额的，其差额部分应按现行增值税的有关规定将进项税额做转出处理。

（二）试点纳税人购进农产品直接销售的，农产品增值税进项税额按照以下方法核定扣除：

$$当期允许抵扣农产品增值税进项税额 = 当期销售农产品数量/（1 - 损耗率）\times$$
$$农产品平均购买单价 \times 13\%/（1 + 13\%）$$
$$损耗率 = 损耗数量/购进数量$$

（三）试点纳税人购进农产品用于生产经营且不构成货物实体的（包括包装物、辅助材料、燃料、低值易耗品等），增值税进项税额按照以下方法核定扣除：

$$当期允许抵扣农产品增值税进项税额 = 当期耗用农产品数量 \times$$
$$农产品平均购买单价 \times 13\%/（1 + 13\%）$$

农产品单耗数量、农产品耗用率和损耗率统称为农产品增值税进项税额扣除标准（以下称扣除标准）。

【注：根据财税〔2017〕37号《财政部　国家税务总局关于简并增值税税率有关政策的通知》自2017年7月1日起扣除率调整为11%；根据财税〔2018〕32号《财政部　国家税务总局关于调整增值税税率的通知》自2018年5月1日起扣除率调整为10%；根据财政部、国家税务总局、海关总署公告2019年第39号《财政部　税务总局　海关总署关于深化增值税改革有关政策的公告》，自2019年4月1日起扣除率调整为9%】

（摘自《财政部　国家税务总局关于在部分行业试行农产品增值税进项税额核定扣除办法的通知》，2012年4月6日财税〔2012〕38号）

●政策解析●

举例：投入产出法。

某公司（增值税一般纳税人）2019年5月开具农产品收购凭证购进原乳2 000吨，买价700万元，平均单价3 500元/吨；当月销售5 000吨超高温灭菌牛乳，取得不含税销售收入2 000万元。假如该公司按照投入产出法核定计算允许抵扣的农产品增值税进项税额（原乳单耗数量为1.068吨）。

则：当期农产品耗用数量 = 当期销售货物数量 × 农产品单耗数量
$$= 5 000 \times 1.068 = 5 340.00（吨）$$

当期允许抵扣农产品增值税进项税额 = 当期农产品耗用数量 × 农产品平均购买
$$单价 \times 扣除率/（1 + 扣除率）$$
$$= 5 340 \times 3 500 \times 9\%/（1 + 9\%）$$
$$= 1 543 211.01（元）$$

举例：成本法

某公司（增值税一般纳税人）2019年5月销售超高温灭菌羊乳5 000吨，取得不含税销售收入 2 500 万元，主营业务成本结转 2 000 万元，农产品耗用率为 70%。假如该公司按照成本法核定计算允许抵扣的农产品增值税进项税额。

则：当期允许抵扣农产品增值税进项税额 = 当期主营业务成本 × 农产品耗用率 ×

扣除率/（1 + 扣除率）

= 20 000 000.00 × 70% × 9%/（1 + 9%）

= 1 155 963.30（元）

10.2.6.3　试点纳税人扣除标准的确定

试点纳税人在计算农产品增值税进项税额时，应按照下列顺序确定适用的扣除标准：

（一）财政部和国家税务总局不定期公布的全国统一的扣除标准。

（二）省级税务机关商同级财政机关根据本地区实际情况，报经财政部和国家税务总局备案后公布的适用于本地区的扣除标准。

（三）省级税务机关依据试点纳税人申请，按照本办法第十三条规定的核定程序审定的仅适用于该试点纳税人的扣除标准。

（摘自《财政部　国家税务总局关于在部分行业试行农产品增值税进项税额核定扣除办法的通知》，2012 年 4 月 6 日财税〔2012〕38 号）

10.2.6.4　试点纳税人扣除标准的核定程序

（一）试点纳税人以农产品为原料生产货物的扣除标准核定程序：

1. 申请核定。以农产品为原料生产货物的试点纳税人应于当年 1 月 15 日前（2012 年为 7 月 15 日前）或者投产之日起 30 日内，向主管税务机关提出扣除标准核定申请并提供有关资料。申请资料的范围和要求由省级税务机关确定。

2. 审定。主管税务机关应对试点纳税人的申请资料进行审核，并逐级上报给省级税务机关。

省级税务机关应由货物和劳务税处牵头，会同政策法规处等相关部门组成扣除标准核定小组，核定结果应由省级税务机关下达，主管税务机关通过网站、报刊等多种方式及时向社会公告核定结果。未经公告的扣除标准无效。

省级税务机关尚未下达核定结果前，试点纳税人可按上年确定的核定扣除标准计算申报农产品进项税额。

（二）试点纳税人购进农产品直接销售、购进农产品用于生产经营且不构成货物实体扣除标准的核定采取备案制，抵扣农产品增值税进项税额的试点纳税人应在申报缴纳税款时向主管税务机关备案。备案资料的范围和要求由省级税务机关确定。

试点纳税人对税务机关根据本办法第十三条规定核定的扣除标准有疑义或者生产经营情况发生变化的，可以自税务机关发布公告或者收到主管税务机关《税务事项通知书》之日起 30 日内，向主管税务机关提出重新核定扣除标准申请，并提供说明其生产、经营真实情况的证据，主管税务机关应当自接到申请之日起 30 日内书面答复。

（摘自《财政部　国家税务总局关于在部分行业试行农产品增值税进项税额核定扣除办法的通知》，2012 年 4 月 6 日财税〔2012〕38 号）

主管税务机关按照《实施办法》第四条"成本法"的有关规定重新核定试点纳税人农产品耗用率，以及按照《实施办法》第十四条有关规定重新核定试点纳税人扣除标准时，均应按程序报经省级税务机关批准。

（摘自《国家税务总局关于在部分行业试行农产品增值税进项税额核定扣除办法有关问题的公告》，2012 年 7 月 17 日国家税务总局公告 2012 年第 35 号）

10.2.6.5　试点纳税人增值税进项税额相关业务的会计处理

六、试点纳税人购进农产品取得的农产品增值税专用发票和海关进口增值税专用缴款书，按照注明的金额及增值税额一并计入成本科目；自行开具的农产品收购发票和取得的农产品销售发票，按照注明的买价直接计入成本。

九、试点纳税人应自执行本办法之日起，将期初库存农产品以及库存半成品、产成品耗用的农产品增值税进项税额作转出处理。

十、试点纳税人应当按照本办法第四条的规定准确计算当期允许抵扣农产品增值税进项税额，并从相关科目转入"应交税金——应交增值税（进项税额）"科目。未能准确计算的，由主管税务机关核定。

（摘自《财政部　国家税务总局关于在部分行业试行农产品增值税进项税额核定扣除办法的通知》，2012 年 4 月 6 日财税〔2012〕38 号）

纳入试点范围的增值税一般纳税人（以下简称试点纳税人）按照《通知》附件 1《农产品增值税进项税额核定扣除试点实施办法》（以下简称《实施办法》）第四条中"投入产出法"的有关规定核定农产品增值税进项税额时，如果期初没有库存农产品，当期也未购进农产品的，农产品"期末平均买价"以该农产品上期期末平均买价计算；上期期末仍无农产品买价的依此类推。

按照"成本法"的有关规定核定试点纳税人农产品增值税进项税额时，"主营业务成本"、"生产成本"中不包括其未耗用农产品的产品的成本。

（摘自《国家税务总局关于在部分行业试行农产品增值税进项税额核定扣除办法有关问题的公告》，2012 年 7 月 17 日国家税务总局公告 2012 年第 35 号）

10.2.6.6　试点纳税人的纳税申报

试点纳税人在申报期内，除向主管税务机关报送《增值税一般纳税人纳税申报办法》规定的纳税申报资料外，还应报送《农产品核定扣除增值税进项税额计算表》。

（摘自《财政部　国家税务总局关于在部分行业试行农产品增值税进项税额核定扣除办法的通知》，2012 年 4 月 6 日财税〔2012〕38 号）

试点纳税人应按照本公告所附表样按月向主管税务机关报送《农产品核定扣除增值税进项税额计算表（汇总表）》、《投入产出法核定农产品增值税进项税额计算表》、《成本法核定农产品增值税进项税额计算表》、《购进农产品直接销售核定农产品增值税进项税额计算表》、《购进农产品用于生产经营且不构成货物实体核定农产品增值税进项税额计算表》（表样详见附件），不再按照《实施办法》中所附《农产品核定扣除增值税进项税额计算表》表样填报。

试点纳税人纳税申报时，应将《农产品核定扣除增值税进项税额计算表（汇总表）》中"当期允许抵扣农产品增值税进项税额"合计数填入《增值税纳税申报表附列资料（表二）》第 6 栏的"税额"栏，不填写第 6 栏"份数"和"金额"数据。

《增值税纳税申报表附列资料（表二）》第 1、2、3、5 栏有关数据中不反映农产品的增值税进项税额。

当期按照《实施办法》第九条及本公告第四条有关规定应转出的增值税进项税额，填入《增值税纳税申报表附列资料（表二）》第 17 栏"按简易征收办法征税货物用""税额"栏。

（摘自《国家税务总局 关于在部分行业试行农产品增值税进项税额核定扣除办法有关问题的公告》，2012 年 7 月 17 日国家税务总局公告 2012 年第 35 号）

10.3　货物运输业发票管理变革

10.3.1　2016 年 7 月 1 日后取消货物运输业发票

一、增值税一般纳税人提供货物运输服务，使用增值税专用发票和增值税普通发票，开具发票时应将起运地、到达地、车种车号以及运输货物信息等内容填写在发票备注栏中，如内容较多可另附清单。

二、为避免浪费，方便纳税人发票使用衔接，货运专票最迟可使用至 2016 年 6 月 30 日，7 月 1 日起停止使用。

三、铁路运输企业受托代征的印花税款信息，可填写在发票备注栏中。中国铁路总公司及其所属运输企业（含分支机构）提供货物运输服务，可自 2015 年 11 月 1 日起使用增值税专用发票和增值税普通发票，所开具的铁路货票、运费杂费收据可作为发票清单使用。

（摘自《国家税务总局 关于停止使用货物运输业增值税专用发票有关问题的公告》，2015 年 12 月 31 日国家税务总局公告 2015 年第 99 号）

10.3.2　2016 年 7 月 1 日前货物运输业发票管理规定

为进一步加强公路、内河货物运输业发票（以下简称货运发票）管理，国家税务总局下发的《关于全国范围内推行公路、内河货物运输业发票税控系统有关工作的通知》（国税发〔2006〕163 号）规定，自 2007 年 1 月 1 日起，全国将使用税控系统开具货运发票。为做好新旧货运发票增值税抵扣的衔接，现将有关事项公告如下：

一、自 2007 年 1 月 1 日起，增值税一般纳税人购进或销售货物，取得的作为增值税扣税凭证的货运发票，必须是通过货运发票税控系统开具的新版货运发票。

纳税人取得的 2007 年 1 月 1 日以后开具的旧版货运发票，不再作为增值税扣税凭证抵扣进项税额。

二、纳税人取得的 2006 年 12 月 31 日以前开具的旧版货运发票暂继续作为增值税扣税凭证，纳税人应在开具之日起 90 天后的第一个纳税申报期结束以前申报抵扣进项税额。

自 2007 年 4 月 1 日起，旧版货运发票一律不得作为增值税扣税凭证抵扣进项税额。

（摘自《关于公路内河货物运输业统一发票增值税抵扣有关问题的公告》，2006 年 12 月 14 日国家税务总局公告 2006 年第 2 号）

一、凡在中华人民共和国境内提供公路、内河货物运输劳务的单位和个人，在结算运输劳务费用、收取运费时，必须开具《货运发票》。

《货运发票》按使用对象不同分为《公路、内河货物运输业统一发票》（以下简称自开发票）和《公路、内河货物运输业统一发票（代开）》（以下简称代开发票）两种。自开发票由自开票纳税人领购和开具；代开发票由代开单位领购和开具。代开发票由税务机关代开或者由税务机关指定的单位代开。纳税人需要代开发票时，应当到税务机关及其指定的单位办理代开发票事宜。

二、鉴于联运货物运输业务与公路、内河货物运输业务内容基本相同，为了便于统一管理，方便纳税人对发票的使用，凡从事货物运输业联运业务的纳税人可领购、使用《货运发票》。

三、《货运发票》由各省、自治区、直辖市和计划单列市地方税务局指定 1 个定点印制企业统一印制。《货运发票》采用干式复写纸（抵扣联 52 克，发票联、记账联 45 克），背涂为蓝色。

四、《货运发票》为一式四联的计算机发票（见附件），第一联为发票联，印色为棕色；第二联为抵扣联，印色为绿色；第三联为记账联，印色为红色；第四联为存根联，印色为黑色。发票规格为 241 mm × 177 mm。发票分类代码和发票号码按全国统一的编码规则印制；发票分类代码和发票号码（发票联）印色为黑色。

各地的票样（一式三份）报总局批准后方可投入使用。

五、开具《货运发票》的要求

（一）《货运发票》必须采用计算机和税控器具开具，手写无效。开票软件由总局统一开发，免费供纳税人使用。税控器具及开票软件使用的具体规定由总局另行通知。

（二）填开《货运发票》时，需要录入的信息除发票代码和发票号码（一次录入）外，其他内容包括：开票日期、收货人及纳税人识别号、发货人及纳税人识别号、承运人及纳税人识别号、主管税务机关及代码、运输项目及金额、其他项目及金额、代开单位及代码（或代开税务机关及代码）、扣缴税额、税率、完税凭证（或缴款书）号码、开票人。在录入上述信息后，税控器具按规定程序自动生成并打印的信息包括：机打代码、机打号码、机器编号、税控码、运费小计、其他费用小计、合计（大写、小写）。录入和打印时应保证机打代码、机打号码与印刷的发票代码、发票号码相一致。

（三）为了保证在稽核比对时正确区分收货人、发货人中实际受票方（抵扣方、运费扣除方），在填开《货运发票》时应首先确认实际受票方，并在纳税人识别号前打印"＋"号标记。"＋"号与纳税人识别号之间不留空格。在填开收货人及纳税人识别号、发货人及纳税人识别号、承运人及纳税人识别号、主管税务机关及代码、代开单位及代码（或代开税务机关及代码）栏目时应分两行分别填开。

（四）有关项目的逻辑关系：运费小计＝运费项目各项费用相加之和；其他费用小计＝其他项目各项费用相加之和；合计＝运费小计＋其他费用小计；扣缴税额＝合计×税率。税率按法律、法规规定的税率填开。

（五）《货运发票》应如实一次性填开，运费和其他费用要分别注明。"运输项目及金额"栏填开内容包括：货物名称、数量（重量）、单位运价、计费里程及金额等；"其他项目及金额"栏内容包括：装卸费（搬运费）、仓储费、保险费及其他项目和费用。备注栏可填写起运地、到达地和车（船）号等内容。

（六）开具《货运发票》时应在发票联左下角加盖财务印章或发票专用章或代开发票专用章；抵扣联一律不加盖印章。

（七）税控器具根据自开票纳税人和代开单位录入的有关开票信息和设定的参数，自动打印出×××位的税控码；税控码通过税控收款机管理系统可以还原成设定参数的打印信息。打印信息不完整及打印信息与还原信息不符的，为无效发票，国税机关在审核进项税额时不予抵扣。

设定参数包括：发票代码、发票号码、开票日期、承运人纳税人识别号、主管税务机关代码、收货人纳税人识别号或发货人纳税人识别号（即有"＋"号标记的一方代码）、代开单位代码（或代开税务机关代码）、运费小计、扣缴税额。其中，自开发票7个参数（不包括上述代开单位代码或代开税务机关代码、扣缴税额等两个参数），代开发票9个参数。

（八）在填开和打印时发现有误的，可即时作废，并在废票全部联次监制章部位做剪口处理，在领购新票时交主管税务机关查验。

在已填开《货运发票》且开票数据已报送主管税务机关后需要开具红字发票的，应按红字发票开具规定进行处理，在价税合计的大写金额第一字前加"负数"字，在小写金额前加"－"号。在开具红字发票前，收回已开出《货运发票》的发票联和抵扣联，全部联次监制章部位做剪口处理。

六、自开票纳税人和代开单位应建立严格的发票领、用、存制度。各地方税务局应严格《货运发票》的管理，限量供应，验旧购新，定期检查。

七、自开票纳税人和代开单位不按规定使用税控器具和开具《货运发票》的，税务机关应严格按照《中华人民共和国税收征收管理法》及其实施细则和《中华人民共和国发票管理办法》的有关规定进行处罚。

（摘自《国家税务总局关于使用新版公路、内河货物运输业统一发票有关问题的通知》，2006年5月16日国税发〔2006〕67号）

一、关于公路、内河联合货物运输业务开具货运发票问题公路、内河联合货物运输业务，是指其一项货物运输业务由两个或两个以上的运输单位（或个人）共同完成的货物运输业务。运输单位（或个人）应以收取的全部价款向付款人开具货运发票，合作运输单位（或个人）以向运输单位（或个人）收取的全部价款向该运输单位（或个人）开具货运发票，运输单位（或个人）应以合作运输单位（或个人）向其开具的货运发票作为差额缴纳营业税的扣除凭证。

二、关于货运发票填开内容有关问题

一项运输业务无法明确单位运价和运费里程时，《国家税务总局关于使用新版公路、内河货物运输业统一发票有关问题的通知》（国税发〔2006〕67 号）第五条第（五）款规定的"运输项目及金额"栏的填开内容中，"运价"和"里程"两项内容可不填列。

准予计算增值税进项税额扣除的货运发票（仅指本通知规定的），发货人、收货人、起运地、到达地、运输方式、货物名称、货物数量、运费金额等项目填写必须齐全，与货运发票上所列的有关项目必须相符，否则，不予抵扣。

三、关于货运发票作废有关问题

在开具货运发票的当月，发生取消运输合同、退回运费、开票有误等情形，开票方收到退回的发票联、抵扣联符合作废条件的，按作废处理；开具时发现有误的，可即时作废。

作废货运发票必须在公路、内河货物运输业发票税控系统（以下简称货运发票税控系统）开票软件（包括自开票软件和代开票软件）中将相应的数据电文按"作废"处理，在纸质货运发票（含未打印货运发票）各联次上注明"作废"字样，全部联次监制章部位做剪口处理，在领购新票时交主管税务机关查验。

上述作废条件，是指同时具有以下情形的：

（1）收到退回发票联、抵扣联的时间未超过开票方开票的当月；

（2）开票方未进行税控盘（或传输盘）抄税且未记账；

（3）受票方为增值税一般纳税人的，该纳税人未将抵扣联认证或认证结果为"纳税人识别号认证不符"（指发票所列受票方纳税人识别号与申报认证企业的纳税人识别号不符）、"发票代码、号码认证不符"（指机打代码或号码与发票代码或号码不符）。

（摘自《国家税务总局关于新版公路内河货物运输业统一发票有关使用问题的通知》，2007 年 8 月 26 日国税发〔2007〕101 号）

10.4 机动车发票

10.4.1 机动车销售统一发票

10.4.1.1 机动车销售统一发票的基本规定

凡从事机动车零售业务的单位和个人，从 2006 年 8 月 1 日起，在销售机动车（不包括销售旧机动车）收取款项时，必须开具税务机关统一印制的新版《机动车销售统一发票》（以下简称《机动车发票》）。

（摘自《国家税务总局关于使用新版机动车销售统一发票有关问题的通知》，2006 年 5

月 22 日国税函〔2006〕479 号）

自 2013 年 8 月 1 日起，一般纳税人从事机动车（旧机动车除外）零售业务开具机动车销售统一发票，应使用机动车销售统一发票税控系统（以下简称机动车发票税控系统）。

（摘自《国家税务总局关于在全国开展营业税改征增值税试点有关征收管理问题的公告》，2013 年 7 月 10 日国家税务总局公告 2013 年第 39 号）

10.4.1.2 机动车销售统一发票的认证及抵扣规定

下列进项税额准予从销项税额中抵扣：

（一）从销售方取得的增值税专用发票（含税控机动车销售统一发票，下同）上注明的增值税额。

（摘自《财政部 国家税务总局关于全面推开营业税改征增值税试点的通知》之附件 1《营业税改征增值税试点实施办法》第二十五条，2016 年 3 月 23 日财税〔2016〕36 号）

原增值税一般纳税人自用的应征消费税的摩托车、汽车、游艇，其进项税额准予从销项税额中抵扣。

（摘自《财政部 国家税务总局关于全面推开营业税改征增值税试点的通知》之附件 2《营业税改征增值税试点有关事项的规定》，2016 年 3 月 23 日财税〔2016〕36 号）

税控系统开具的机动车销售统一发票的认证、稽核比对和异常发票的审核检查工作比照增值税专用发票有关规定执行。

（摘自《国家税务总局关于推行机动车销售统一发票税控系统有关工作的紧急通知》，2008 年 12 月 15 日国税发〔2008〕117 号）

增值税一般纳税人取得 2010 年 1 月 1 日以后开具的增值税专用发票、公路内河货物运输业统一发票、机动车销售统一发票以及海关缴款书，未在规定期限内到税务机关办理认证、申报抵扣或者申请稽核比对的，不得作为合法的增值税扣税凭证，不得计算进项税额抵扣。

（摘自《国家税务总局关于调整增值税扣税凭证抵扣期限有关问题的通知》，2009 年 11 月 9 日国税函〔2009〕617 号）

自 2017 年 7 月 1 日起，增值税一般纳税人取得的 2017 年 7 月 1 日及以后开具的增值税专用发票和机动车销售统一发票，应自开具之日起 360 日内认证或登录增值税发票选择确认平台进行确认，并在规定的纳税申报期内，向主管国税机关申报抵扣进项税额。

【注：文中"主管国税机关"现调整为"主管税务机关"】

（摘自《国家税务总局关于进一步明确营改增有关征管问题的公告》，2017 年 4 月 20 日国家税务总局公告 2017 年第 11 号）

10.4.2 机动车销售统一发票的票样说明

10.4.2.1 机动车销售统一发票的基本联次及用途

《机动车销售统一发票》（以下简称《机动车发票》）为电脑六联式发票。即第一联发票联（购货单位付款凭证），第二联抵扣联（购货单位扣税凭证），第三联报税联（车购税征收单位留存），第四联注册登记联（车辆登记单位留存），第五联记账联（销货单位记账凭证），第六联存根联（销货单位留存）。第一联印色为棕色，第二联印色为绿色，第三联印色为紫色，第四联印色为蓝色，第五联印色为红色，第六联印色为黑色。发票代码、发票号码印色为黑色。《机动车发票》规格为 241mm×177mm（票样附后）。当购货单位不是增值税一般纳税人时，第二联抵扣联由销货单位留存。

（摘自《国家税务总局关于使用新版机动车销售统一发票有关问题的通知》，2006 年 5 月 22 日国税函〔2006〕479 号）

10.4.2.2　机动车销售统一发票的票样内容

《机动车发票》的有关内容及含义是："机打代码"应与"发票代码"一致，"机打号码"应与"发票号码"一致；"机器编号"指税控器具的编号；"税控码"指由税控器具根据票面相关参数生成打印的密码；"身份证号码"指购车人身份证号码；"组织机构代码"指由质检（技术监督）部门颁发的企业、事业单位和社会团体统一代码；"进口证明书号"指海关货物进口证明书号码；"商检单号"指商检局进口机动车车辆随车检验单号码；"车辆识别代号"指表示机动车身份识别的统一代码（即"VIN"）；"价税合计"指含税（含增值税）车价；"纳税人识别号、账号、地址、开户银行"指销货单位所属信息；"增值税税率或征收率"指税收法律、法规规定的增值税税率或征收率；"增值税税额"指按照增值税税率或征收率计算出的税额，供按规定符合进项抵扣条件的增值税一般纳税人抵扣税款时使用；"不含税价"指不含增值税的车价，供税务机关计算进项抵扣税额和车辆购置税时使用，保留 2 位小数；"主管税务机关及代码"指销货单位主管税务机关及代码；"吨位"指货车核定载质量；"限乘人数"指轿车和货车限定的乘坐人数。

增值税税额和不含税价计算公式：

$$增值税税额 = 价税合计 - 不含税价$$

$$不含税价 = 价税合计 \div （1 + 增值税税率或征收率）$$

（摘自《国家税务总局关于使用新版机动车销售统一发票有关问题的通知》，2006 年 5 月 22 日国税函〔2006〕479 号）

10.4.2.3　机动车销售统一发票票样内容的调整

（一）将原"身份证号码/组织机构代码"栏调整为"纳税人识别号"；"纳税人识别号"栏内打印购买方纳税人识别号，如购买方需要抵扣增值税税款，该栏必须填写，其他情况可为空。

（二）将原"购货单位（人）"栏调整为"购买方名称及身份证号码/组织机构代码"栏；"身份证号码/组织机构代码"应换行打印在"购买方名称"的下方。

（三）增加"完税凭证号码"栏；"完税凭证号码"栏内打印代开机动车销售统一发票时对应开具的增值税完税证号码，自开机动车销售统一发票时此栏为空。

（四）纳税人销售免征增值税的机动车，通过机动车销售统一发票税控系统开具时应在机动车销售统一发票"增值税税率或征收率"栏选填"0"，机动车销售统一发票"增值税税率或征收率"栏自动打印显示"＊＊＊"，"增值税税额"栏自动打印显示"＊＊＊＊＊＊"；机动车销售统一发票票面"不含税价"栏和"价税合计"栏填写金额相等。

（五）根据纳税人开票需要，增加"厂牌型号"栏宽度、压缩"车辆类型"栏宽度，并相应调整"购买方名称及身份证号码/组织机构代码"、"吨位"栏宽度，机动车销售统一发票联次、规格及票面所有栏次高度不变（新版机动车销售统一发票票样见附件）。

本公告新版机动车销售统一发票自2014年7月1日起启用，2015年1月1日起旧版机动车销售统一发票停止使用。

（摘自《国家税务总局关于调整机动车销售统一发票票面内容的公告》，2014年5月16日国家税务总局公告2014年第27号）

10.4.3　机动车销售统一发票的开具要求

（一）《机动车发票》应使用计算机和税控器具开具。在尚未使用税控器具前，可暂使用计算机开具，填开时，暂不填写机打代码、机打号码、机器编号和税控码内容。

（二）《机动车发票》开票软件由国家税务总局统一开发，免费供机动车销售单位使用。税控器具及开票软件使用的具体规定由总局另行通知。

（三）"机打代码"、"机打号码"、"机器编号"在纳税人输入发票代码和发票号码后由开票软件自动生成；"增值税税额"和"不含税价"在选定增值税税率及征收率后由开票软件自动生成；"增值税税率及征收率"由纳税人按照税务机关的规定填开。

（四）如发生退货的，应在价税合计的大写金额第一字前加"负数"字，在小写金额前加"－"号。

（五）《机动车发票》税控码及10项加密参数填开的内容要保证打印在相关栏目正中，不得压格或出格。在开票过程中，发现有误的，可即时作废，并在废票全部联次监制章部位做剪口处理。

（摘自《国家税务总局关于使用新版机动车销售统一发票有关问题的通知》，2006年5月22日国税函〔2006〕479号）

机动车零售企业向增值税一般纳税人销售机动车的，机动车销售统一发票"身份证号码/组织机构代码"栏统一填写购买方纳税人识别号，向其他企业或个人销售机动车的，仍按照《国家税务总局关于使用新版机动车销售统一发票有关问题的通知》（国税函〔2006〕479号）规定填写。

（摘自《国家税务总局关于推行机动车销售统一发票税控系统有关工作的紧急通知》，2008年12月15日国税发〔2008〕117号）

纳税人销售免征增值税的机动车，通过机动车销售统一发票税控系统开具时应在机动车销售统一发票"增值税税率或征收率"栏选填"0"，机动车销售统一发票"增值税税率或征收率"栏自动打印显示"＊＊＊"，"增值税税额"栏自动打印显示"＊＊＊＊＊＊＊"；

机动车销售统一发票票面"不含税价"栏和"价税合计"栏填写金额相等。

（摘自《国家税务总局关于调整机动车销售统一发票票面内容的公告》，2014 年 5 月 16 日国家税务总局公告 2014 年第 27 号）

红字机动车销售统一发票需与原蓝字机动车销售统一发票一一对应。

（摘自《国家税务总局关于红字增值税发票开具有关问题的公告》，2016 年 7 月 20 日国家税务总局公告 2016 年第 47 号）

10.4.4　摩托车零售须开具机动车销售统一发票

根据《国家税务总局关于使用新版机动车销售统一发票有关问题的通知》（国税函〔2006〕479 号）的规定，凡从事机动车零售业务的纳税人（包括销售摩托车）收取款项时，都必须开具新式电脑版机动车销售统一发票。但是，目前仍有部分销售摩托车的增值税小规模纳税人未配备电脑及打印设备，无法开具新版机动车销售统一发票。现将有关问题通知如下：

一、凡不具备电脑开票条件的增值税小规模纳税人销售摩托车，其所需发票由主管税务机关代开。

二、税务机关在为销售摩托车的增值税小规模纳税人代开机动车销售统一发票时，应在发票联加盖税务机关代开发票专用章。

三、税务机关代开机动车销售统一发票的软件由总局统一开发，并下发各地使用。

（摘自《国家税务总局关于销售摩托车增值税小规模纳税人开具机动车销售统一发票有关问题的通知》，2006 年 7 月 13 日国税函〔2006〕681 号）

10.4.5　机动车销售统一发票丢失的处理

如购货单位在办理车辆登记和缴纳车辆购置税手续前丢失《机动车发票》的，应先按照《国家税务总局关于消费者丢失机动车销售发票处理问题的批复》（国税函〔2006〕227 号）规定的程序办理补开《机动车发票》的手续，再按已丢失发票存根联的信息开红字发票。

（摘自《国家税务总局关于使用新版机动车销售统一发票有关问题的通知》，2006 年 5 月 22 日国税函〔2006〕479 号）

鉴于车主申报缴纳车辆购置税时需要报送《机动车销售统一发票》（报税联），办理机动车登记时需要报送《机动车销售统一发票》（注册登记联），因此，当消费者丢失机动车销售发票后，可采取重新补开机动车销售发票的方法解决。具体程序为：（1）丢失机动车销售发票的消费者到机动车销售单位取得销售统一发票存根联复印件（加盖销售单位发票专用章或财务专用章）；（2）到机动车销售方所在地主管税务机关盖章确认并登记备案；（3）由机动车销售单位重新开具与原销售发票存根联内容一致的机动车销售发票。消费者凭重新开具的机动车销售发票办理相关手续。

（摘自《国家税务总局关于消费者丢失机动车销售发票处理问题的批复》，2006 年 2 月 27 日国税函〔2006〕227 号）

10.5 通行费发票

10.5.1 通行费发票的抵扣规定

10.5.1.1 2016年5月1日至2017年12月31日的抵扣规定

2016年5月1日至7月31日，一般纳税人支付的道路、桥、闸通行费，暂凭取得的通行费发票（不含财政票据，下同）上注明的收费金额按照下列公式计算可抵扣的进项税额：

高速公路通行费可抵扣进项税额＝高速公路通行费发票上注明的金额÷（1＋3%）×3%

一级公路、二级公路、桥、闸通行费可抵扣进项税额＝一级公路、二级公路、

桥、闸通行费发票上注明的金额÷（1＋5%）×5%

通行费，是指有关单位依法或者依规设立并收取的过路、过桥和过闸费用。

（摘自《财政部 国家税务总局关于进一步明确全面推开营改增试点有关劳务派遣服务、收费公路通行费抵扣等政策的通知》，2016年4月30日财税〔2016〕47号）

为保证营业税改征增值税试点的平稳运行，现将收费公路通行费增值税抵扣有关问题通知如下：

一、增值税一般纳税人支付的道路、桥、闸通行费，暂凭取得的通行费发票（不含财政票据，下同）上注明的收费金额按照下列公式计算可抵扣的进项税额：

高速公路通行费可抵扣进项税额＝高速公路通行费发票上注明的金额÷（1＋3%）×3%

一级公路、二级公路、桥、闸通行费可抵扣进项税额＝一级公路、二级公路、

桥、闸通行费发票上注明的金额÷（1＋5%）×5%

通行费，是指有关单位依法或者依规设立并收取的过路、过桥和过闸费用。

二、本通知自2016年8月1日起执行，停止执行时间另行通知。

【注：根据财税〔2017〕90号文件，自2018年1月1日起停止执行】

（摘自《财政部 国家税务总局关于收费公路通行费增值税抵扣有关问题的通知》，2016年8月3日财税〔2016〕86号）

10.5.1.2 2018年1月1日后的抵扣规定

自2018年1月1日起，纳税人支付的道路、桥、闸通行费，按照以下规定抵扣进项税额：

（一）纳税人支付的道路通行费，按照收费公路通行费增值税电子普通发票上注明的增值税额抵扣进项税额。

2018年1月1日至6月30日，纳税人支付的高速公路通行费，如暂未能取得收费公路通行费增值税电子普通发票，可凭取得的通行费发票（不含财政票据，下同）上注明的收费金额按照下列公式计算可抵扣的进项税额：

高速公路通行费可抵扣进项税额＝高速公路通行费发票上注明的金额÷（1＋3%）×3%

2018年1月1日至12月31日，纳税人支付的一级、二级公路通行费，如暂未能取得

收费公路通行费增值税电子普通发票，可凭取得的通行费发票上注明的收费金额按照下列公式计算可抵扣进项税额：

一级、二级公路通行费可抵扣进项税额＝一级、二级公路通行费发票上注明的

金额÷（1＋5%）×5%

（二）纳税人支付的桥、闸通行费，暂凭取得的通行费发票上注明的收费金额按照下列公式计算可抵扣的进项税额：

桥、闸通行费可抵扣进项税额＝桥、闸通行费发票上注明的金额÷（1＋5%）×5%

（三）本通知所称通行费，是指有关单位依法或者依规设立并收取的过路、过桥和过闸费用。

《财政部　国家税务总局关于收费公路通行费增值税抵扣有关问题的通知》（财税〔2016〕86号）自2018年1月1日起停止执行。

（摘自《财政部　税务总局关于租入固定资产进项税额抵扣等增值税政策的通知》，2017年12月25日财税〔2017〕90号）

10.5.2　通行费增值税电子普通发票的抵扣规定

（一）增值税一般纳税人取得符合规定的通行费电子发票后，应当自开具之日起360日内登录本省（区、市）增值税发票选择确认平台，查询、选择用于申报抵扣的通行费电子发票信息。

按照有关规定不使用网络办税的特定纳税人，可以持税控设备前往主管国税机关办税服务厅，由税务机关工作人员通过增值税发票选择确认平台（税务局端）为其办理通行费电子发票选择确认。

收费公路通行费增值税进项税额抵扣政策按照国务院财税主管部门有关规定执行。

（二）增值税一般纳税人申报抵扣的通行费电子发票进项税额，在纳税申报时应当填写在《增值税纳税申报表附列资料（二）》（本期进项税额明细）中"认证相符的增值税专用发票"相关栏次中。

（摘自《交通运输部　国家税务总局关于收费公路通行费增值税电子普通发票开具等有关事项的公告》，2017年12月25日交通运输部公告2017年第66号）

10.5.3　收费公路通行费增值税电子普通发票

10.5.3.1　通行费电子发票编码规则及票样

收费公路通行费增值税电子普通发票（以下简称通行费电子发票）的发票代码为12位，编码规则：第1位为0，第2－5位代表省、自治区、直辖市和计划单列市，第6－7位代表年度，第8－10位代表批次，第11－12位为12；发票号码为8位，按年度、分批次编制。通行费电子发票票样见附件。

附件：收费公路通行费增值税电子普通发票票样

XX增值税电子普通发票

全国统一发票监制
国家税务局监制

发票代码：
发票号码：
开票日期：
校 验 码：

机器编号：

购买方	名　　称：					密码区			
	纳税人识别号：								
	地址、电话：								
	开户行及账号：								

项目名称	车牌号	类型	通行日期起	通行日期止	金　额	税率	税　额
合　计							

价税合计（大写）		（小写）

销售方	名　　称：		备注
	纳税人识别号：		
	地址、电话：		
	开户行及账号：		

收款人： 复核： 开票人： 销售方：（章）

（摘自《交通运输部 国家税务总局关于收费公路通行费增值税电子普通发票开具等有关事项的公告》，2017年12月25日交通运输部公告2017年第66号）

10.5.3.2　通行费电子发票开具流程

（一）办理ETC卡或用户卡。ETC卡或用户卡是指面向社会公开发行的用于记录用户、车辆信息的IC卡，其中ETC卡具有收费公路通行费电子交费功能。客户可以携带有效身份证件及车辆行驶证前往ETC客户服务网点办理ETC卡或用户卡，具体办理要求请咨询各省（区、市）ETC客户服务机构。

（二）发票服务平台账户注册。客户登录发票服务平台网站（www.txffp.com）或"票根"APP，凭手机号码、手机验证码免费注册，并按要求设置购买方信息。客户如需变更购买方信息，应当于发生充值或通行交易前变更，确保开票信息真实准确。

（三）绑定ETC卡或用户卡。客户登录发票服务平台，填写ETC卡或用户卡办理时的预留信息（开户人名称、证件类型、证件号码、手机号码等），经校验无误后，完成ETC卡或用户卡绑定。

（四）发票开具。客户登录发票服务平台，选取需要开具发票的充值或消费交易记录，申请生成通行费电子发票。发票服务平台免费向用户提供通行费电子发票及明细信息下载、转发、预览、查询等服务。

（摘自《交通运输部 国家税务总局关于收费公路通行费增值税电子普通发票开具等有关事项的公告》，2017年12月25日交通运输部公告2017年第66号）

10.5.3.3　通行费电子发票开具规定

（一）通行费电子发票分为以下两种：

1. 左上角标识"通行费"字样，且税率栏次显示适用税率或征收率的通行费电子发票

（以下称征税发票）。

2. 左上角无"通行费"字样，且税率栏次显示"不征税"的通行费电子发票（以下称不征税发票）。

（二）ETC 后付费客户和用户卡客户索取发票的，通过经营性收费公路的部分，在发票服务平台取得由收费公路经营管理单位开具的征税发票；通过政府还贷性收费公路的部分，在发票服务平台取得暂由 ETC 客户服务机构开具的不征税发票。

（三）ETC 预付费客户可以自行选择在充值后索取发票或者实际发生通行费用后索取发票。

在充值后索取发票的，在发票服务平台取得由 ETC 客户服务机构全额开具的不征税发票，实际发生通行费用后，ETC 客户服务机构和收费公路经营管理单位均不再向其开具发票。

客户在充值后未索取不征税发票，在实际发生通行费用后索取发票的，通过经营性收费公路的部分，在发票服务平台取得由收费公路经营管理单位开具的征税发票；通过政府还贷性收费公路的部分，在发票服务平台取得暂由 ETC 客户服务机构开具的不征税发票。

（四）未办理 ETC 卡或用户卡的现金客户，暂按原有方式交纳通行费和索取票据。

（五）客户使用 ETC 卡或用户卡通行收费公路并交纳通行费的，可以在实际发生通行费用后第 10 个自然日（遇法定节假日顺延）起，登录发票服务平台，选择相应通行记录取得通行费电子发票；客户可以在充值后实时登录发票服务平台，选择相应充值记录取得通行费电子发票。

（六）发票服务平台应当将通行费电子发票对应的通行明细清单留存备查。

（摘自《交通运输部　国家税务总局关于收费公路通行费增值税电子普通发票开具等有关事项的公告》，2017 年 12 月 25 日交通运输部公告 2017 年第 66 号）

10.6　解缴税款的完税凭证

下列进项税额准予从销项税额中抵扣：

（四）自境外单位或者个人购进劳务、服务、无形资产或者境内的不动产，从税务机关或者扣缴义务人取得的代扣代缴税款的完税凭证上注明的增值税额。

（摘自《中华人民共和国增值税暂行条例》第八条，2017 年 11 月 19 日修订　国务院令第 691 号）

下列进项税额准予从销项税额中抵扣：

（四）从境外单位或者个人购进服务、无形资产或者不动产，自税务机关或者扣缴义务人取得的解缴税款的完税凭证上注明的增值税额。

（摘自《财政部　国家税务总局关于全面推开营业税改征增值税试点的通知》之附件 1《营业税改征增值税试点实施办法》第二十五条，2016 年 3 月 23 日财税〔2016〕36 号）

纳税人凭完税凭证抵扣进项税额的，应当具备书面合同、付款证明和境外单位的对账单或者发票。资料不全的，其进项税额不得从销项税额中抵扣。

（摘自《财政部 国家税务总局关于全面推开营业税改征增值税试点的通知》之附件1《营业税改征增值税试点实施办法》第二十六条，2016年3月23日财税〔2016〕36号）

10.7　国内旅客运输服务票据

纳税人未取得增值税专用发票的，暂按照以下规定确定进项税额：

1. 取得增值税电子普通发票的，为发票上注明的税额；

2. 取得注明旅客身份信息的航空运输电子客票行程单的，为按照下列公式计算进项税额：

$$航空旅客运输进项税额 = （票价 + 燃油附加费）÷（1 + 9\%）× 9\%$$

3. 取得注明旅客身份信息的铁路车票的，为按照下列公式计算的进项税额：

$$铁路旅客运输进项税额 = 票面金额 ÷（1 + 9\%）× 9\%$$

4. 取得注明旅客身份信息的公路、水路等其他客票的，按照下列公式计算进项税额：

$$公路、水路等其他旅客运输进项税额 = 票面金额 ÷（1 + 3\%）× 3\%$$

（摘自《财政部 国家税务总局 海关总署关于深化增值税改革有关政策的公告》，2019年3月20日财政部 国家税务总局 海关总署公告2019年第39号）

第 11 章　Chapter Eleven
增值税普通发票

　　增值税普通发票和增值税专用发票都是增值税发票，区别是增值税普通发票通常是不可以抵扣税款的，而增值税专用发票可以抵扣进项税款。

　　为适应税收现代化建设需要，着眼于税制改革的长远规划，满足增值税一体化管理要求，切实减轻基层税务机关和纳税人负担，国家税务总局对现行增值税发票系统进行了整合升级，并在部分地区试运行取得成功。国家税务总局决定自 2015 年 1 月 1 日起在全国范围推行增值税发票系统升级版，新系统实现了增值税一般纳税人和小规模纳税人均可通过一个系统开具增值税专用发票、货物运输业专用发票（2016 年 6 月底前停止使用）、增值税普通发票、机动车销售统一发票和增值税电子普通发票等 5 种增值税发票。

　　电子发票是现代信息社会的产物，是在购销商品、提供或者接受服务以及从事其他经营活动中，开具、收取的数据电文形式的收付款凭证。与传统纸质发票相比，纳税人申领、开具、流转、查验电子发票等都可以通过税务机关统一的电子发票管理系统在互联网上进行，发票开具更快捷，查询更方便。2015 年财政部、国家档案局等相关部委修订了《会计档案管理办法》，为电子发票入账报销扫除了制度障碍。2015 年国家税务总局发布了《国家税务总局关于推行通过增值税电子发票系统开具的增值税电子普通发票有关问题的公告》（国家税务总局公告 2015 年第 84 号），公告明确：增值税电子普通发票的开票方和受票方需要纸质发票的，可以自行打印增值税电子普通发票的版式文件，其法律效力、基本用途、基本使用规定等与税务机关监制的增值税普通发票相同。

11.1　增值税普通发票分类

11.1.1　增值税普通发票（折叠票）

11.1.1.1　增值税普通发票（折叠票）票样

　　调整普通发票部分栏次内容，将"销货单位"栏和"购货单位"栏分别改为"销售方"和"购买方"，"货物或应税劳务名称"栏改为"货物或应税劳务、服务名称"，票尾的"销货单位：（章）"改为"销售方：（章）"。发票联次用途也相应调整，将第一联"记账联：销货方计账凭证"改为"记账联：销售方记账凭证"，第二联发票联用途"购货方计账凭证"改为"购买方记账凭证"。调整后的普通发票票样见附件 2。

　　附件 2：

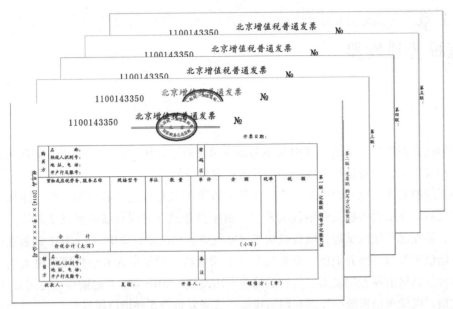

（摘自《国家税务总局关于启用新版增值税发票有关问题的公告》，2014 年 7 月 8 日国家税务总局公告 2014 年第 43 号）

增值税普通发票（折叠票）由基本联次或者基本联次附加其他联次构成，分为两联版和五联版两种。基本联次为两联：第一联为记账联，是销售方记账凭证；第二联为发票联，是购买方记账凭证。其他联次用途，由纳税人自行确定。纳税人办理产权过户手续需要使用发票的，可以使用增值税普通发票第三联。

（摘自《国家税务总局货物和劳务税司关于做好增值税发票使用宣传辅导有关工作的通知》，2017 年 4 月 21 日税总货便函〔2017〕127 号）

11.1.1.2　增值税普通发票（折叠票）发票代码的调整

增值税普通发票（折叠票）的发票代码调整为 12 位，编码规则：第 1 位为 0，第 2 - 5 位代表省、自治区、直辖市和计划单列市，第 6 - 7 位代表年度，第 8 - 10 位代表批次，第 11 - 12 位代表票种和联次，其中 04 代表二联增值税普通发票（折叠票）、05 代表五联增值税普通发票（折叠票）。

（摘自《国家税务总局关于增值税普通发票管理有关事项的公告》，2017 年 12 月 5 日国家税务总局公告 2017 年第 44 号）

11.1.1.3　使用印有本单位名称的增值税普通发票（折叠票）

（一）纳税人可按照《中华人民共和国发票管理办法》及其实施细则规定，书面向国税机关要求使用印有本单位名称的增值税普通发票（折叠票），国税机关按规定确认印有该单位名称发票的种类和数量。纳税人通过增值税发票管理新系统开具印有本单位名称的增值税普通发票（折叠票）。

（二）印有本单位名称的增值税普通发票（折叠票），由税务总局统一招标采购的增值税普通发票（折叠票）中标厂商印制，其式样、规格、联次和防伪措施等与税务机关统一印制的增值税普通发票（折叠票）一致，并加印企业发票专用章。

（三）印有本单位名称的增值税普通发票（折叠票）的发票代码按照本公告第一条规定的编码规则编制。发票代码的第 8 - 10 位代表批次，由省国税机关在 501 - 999 范围内统一编制。

（四）使用印有本单位名称的增值税普通发票（折叠票）的企业，按照《国家税务总局 财政部关于冠名发票印制费结算问题的通知》（税总发〔2013〕53 号）规定，与发票印制企业直接结算印制费用。

（摘自《国家税务总局关于增值税普通发票管理有关事项的公告》，2017 年 12 月 5 日国家税务总局公告 2017 年第 44 号）

11.1.2　增值税普通发票（卷票）

11.1.2.1　增值税普通发票（卷票）规格、联次及防伪措施

增值税普通发票（卷票）分为两种规格：57mm × 177.8mm、76mm × 177.8mm，均为单联。增值税普通发票（卷票）的防伪措施为光变油墨防伪（详见附件 1）。

附件 1：增值税普通发票（卷票）防伪措施的说明

一、防伪效果

增值税普通发票（卷票）税徽使用光变油墨印制，直视颜色为金属金色，斜视颜色为金属绿色，显示效果明显、清晰。

二、鉴别方法

增值税普通发票（卷票）税徽在目视观察下光学入射角分别为 90 度和 30 度时，呈不同颜色。

（摘自《国家税务总局关于启用增值税普通发票（卷票）有关事项的公告》，2016 年 12 月 13 日国家税务总局公告 2016 年第 82 号）

11.1.2.2　增值税普通发票（卷票）内容及票样

增值税普通发票（卷票）的基本内容包括：发票名称、发票监制章、发票联、税徽、发票代码、发票号码、机打号码、机器编号、销售方名称及纳税人识别号、开票日期、收款员、购买方名称及纳税人识别号、项目、单价、数量、金额、合计金额（小写）、合计金额（大写）、校验码、二维码码区等。增值税普通发票（卷票）票样见附件 2。

附件 2：增值税普通发票（卷票）票样

76mm×177.8mm   57mm×177.8mm

（摘自《国家税务总局关于启用增值税普通发票（卷票）有关事项的公告》，2016 年 12 月 13 日国家税务总局公告 2016 年第 82 号）

11.1.2.3 增值税普通发票（卷票）代码及号码

增值税普通发票（卷票）的发票代码为 12 位，编码规则：第 1 位为 0，第 2 - 5 位代表省、自治区、直辖市和计划单列市，第 6 - 7 位代表年度，第 8 - 10 位代表批次，第 11 - 12 位代表票种和规格，其中 06 代表 57mm × 177.8mm 增值税普通发票（卷票）、07 代表 76mm × 177.8mm 增值税普通发票（卷票）。

增值税普通发票（卷票）的发票号码为 8 位，按年度、分批次编制。

本公告自 2017 年 7 月 1 日起施行。

（摘自《国家税务总局关于启用增值税普通发票（卷票）有关事项的公告》，2016 年 12 月 13 日国家税务总局公告 2016 年第 82 号）

11.1.2.4 使用印有本单位名称的增值税普通发票（卷票）

一、纳税人可按照《中华人民共和国发票管理办法》及其实施细则要求，书面向国税机关要求使用印有本单位名称的增值税普通发票（卷票），国税机关按规定确认印有该单位名称发票的种类和数量。纳税人通过增值税发票管理新系统开具印有本单位名称的增值税普通发票（卷票）。

二、印有本单位名称的增值税普通发票（卷票），由税务总局统一招标采购的增值税普通发票（卷票）中标厂商印制，其式样、规格、联次和防伪措施等与原有增值税普通发票

（卷票）一致，并加印企业发票专用章。

三、印有本单位名称的增值税普通发票（卷票）发票代码及号码按照《国家税务总局关于启用增值税普通发票（卷票）有关事项的公告》（国家税务总局公告 2016 年第 82 号）规定的编码规则编制。发票代码的第 8 - 10 位代表批次，由省国税机关在 501 - 999 范围内统一编制。

四、使用印有本单位名称的增值税普通发票（卷票）的企业，按照《国家税务总局 财政部关于冠名发票印制费结算问题的通知》（税总发〔2013〕53 号）规定，与发票印制企业直接结算印制费用。

（摘自《国家税务总局关于使用印有本单位名称的增值税普通发票（卷票）有关问题的公告》，2017 年 4 月 14 日国家税务总局公告 2017 年第 9 号）

11.2 增值税普通发票的开具

11.2.1 发票开票数据内容应与实际交易相符

销售方开具增值税发票时，发票内容应按照实际销售情况如实开具，不得根据购买方要求填开与实际交易不符的内容。销售方开具发票时，通过销售平台系统与增值税发票税控系统后台对接，导入相关信息开票的，系统导入的开票数据内容应与实际交易相符，如不相符应及时修改完善销售平台系统。

（摘自《国家税务总局关于增值税发票开具有关问题的公告》，2017 年 5 月 19 日国家税务总局公告 2017 年第 16 号）

11.2.2 发票"购买方纳税人识别号"栏的填写要求

自 2017 年 7 月 1 日起，购买方为企业的，索取增值税普通发票时，应向销售方提供纳税人识别号或统一社会信用代码；销售方为其开具增值税普通发票时，应在"购买方纳税人识别号"栏填写购买方的纳税人识别号或统一社会信用代码。不符合规定的发票，不得作为税收凭证。

本公告所称企业，包括公司、非公司制企业法人、企业分支机构、个人独资企业、合伙企业和其他企业。

（摘自《国家税务总局关于增值税发票开具有关问题的公告》，2017 年 5 月 19 日国家税务总局公告 2017 年第 16 号）

▶ 政策解析 ◀

增值税普通发票开具的 12 个问题

1. 经税务机关批准开具印有企业名称的发票是否需要填写纳税人识别号？

答：国家税务总局公告 2017 年第 16 号（以下简称 16 号公告）仅适用于通过增值税税控开票系统开具的增值税普通发票，对于使用印有企业名称发票的行业，如电商、成品油经销等，可暂不填写购买方纳税人识别号，仍按照企业现有方式开具发票。

2. 如果购买的商品种类较多，能否汇总开具增值税普通发票？

答：如果购买的商品种类较多，销售方可以汇总开具增值税普通发票。购买方可凭汇总开具的增值税普通发票以及购物清单或小票作为税收凭证。

3. 增值税普通发票填写纳税人识别号，是否为强制规定呢？

答：是的。16号公告中"销售方为其开具增值税普通发票时，应在……"，这种表述是强制的意思。

4. 开给个人的普通发票，是否需要对方的身份证号码？

答：16号公告第一条第一款规定，购买方为企业的，索取增值税普通发票时，应当向销售方提供纳税人识别号或统一社会信用代码。

因此，16号公告不适用给个人开具普通发票的情形。

5. 购买方是政府机构、事业单位的，是否只填写开票名称？

答：16号公告第一条第一款明确，本公告所称企业包括公司、非公司制企业法人、企业分支机构、个人独资企业、合伙企业和其他企业。

因此16号公告不适用给政府机构和事业单位中的非企业单位开具发票信息。

6. 取得未填写纳税人识别号的普通发票是否可以报销入账？

答：根据16号公告第一条第一款的表述，取得开票日期为2017年7月1日后的普通发票，如果未填写纳税人识别号的，属于不符合规定的发票，不得作为税收凭证用于办理涉税业务，如计税、退税、抵免等。

7. 国外客户没有信息，出口企业的发票如何填写？

答：购买方为国外客户的，不适用16号公告的规定。

8. 卷式增值税发票及手工发票，没有可以写纳税人识别号的地方怎么办？

答：只要是增值税普通发票，且有购买方纳税人识别号栏次的，均应按16号公告的规定执行。发票上没有购买方纳税人识别号栏次的，不适用16号公告的规定。

9. 发票上要填写税号，那其他栏目如联系地址、电话及开户行是否要填写？

答：现行法规仅对纳税人索取增值税专用发票时，须向销售方提供地址电话、开户行及账号信息，普通发票上是否填写联系地址、电话及开户行，目前未做强制要求。

10. 那以后发票都不可以写"办公用品"了吗？

答：16号公告针对的是笼统开票行为，比如"办公用品""材料一批"这样的笼统开具行为，但并不是说"办公用品"发票就一定不能再开了。

《商品和服务税收分类与编码》中有一个明细类别是"纸制文具及办公用品"，因此，发票摘要写"纸制文具及办公用品"是符合规范的。

11. 如何按商品和服务编码规范开票？

答：按实际销售内容开具发票并非新规。税务部门已考虑编码推行使用的渐进过程，"办公用品"或"食品"等原本较笼统的项目需要按下一级明细开具，具体明细到什么程度，允许企业视核算或管理要求而定，并取决于消费者需要。

12. 可以开具"礼品"发票吗？

答：《商品和服务税收分类与编码》中并没有"礼品"这个类别，企业卖什么必须开具什么，不能笼统写"礼品"。例如，礼品是红酒、茶叶、笔等，就如实开具。

11.2.3　开具红字增值税普通发票的规定

纳税人需要开具红字增值税普通发票的，可以在所对应的蓝字发票金额范围内开具多份红字发票。红字机动车销售统一发票需与原蓝字机动车销售统一发票一一对应。

（摘自《国家税务总局关于红字增值税发票开具有关问题的公告》，2016 年 7 月 20 日国家税务总局公告 2016 年第 47 号）

11.2.4　增值税普通发票的代开

11.2.4.1　申请代开增值税普通发票的范围和对象

申请代开发票的单位和个人应当凭有关证明材料，向主管税务机关申请代开普通发票。

（一）凡已办理税务登记的单位和个人，应当按规定向主管税务机关申请领购并开具与其经营业务范围相应的普通发票。但在销售货物、提供应税劳务服务、转让无形资产、销售不动产以及税法规定的其他商事活动（餐饮、娱乐业除外）中有下列情形之一的，可以向主管税务机关申请代开普通发票：

1. 纳税人虽已领购发票，但临时取得超出领购发票使用范围或者超过领用发票开具限额以外的业务收入，需要开具发票的；

2. 被税务机关依法收缴发票或者停止发售发票的纳税人，取得经营收入需要开具发票的；

3. 外省（自治区、直辖市）纳税人来本辖区临时从事经营活动的，原则上应当按照《税务登记管理办法》的规定，持《外出经营活动税收管理证明》，向经营地税务机关办理报验登记，领取发票自行开具；确因业务量小、开票频度低的，可以申请经营地税务机关代开。

（二）正在申请办理税务登记的单位和个人，对其自领取营业执照之日起至取得税务登记证件期间发生的业务收入需要开具发票的，主管税务机关可以为其代开发票。

（三）应办理税务登记而未办理的单位和个人，主管税务机关应当依法予以处理，并在补办税务登记手续后，对其自领取营业执照之日起至取得税务登记证件期间发生的业务收入需要开具发票的，为其代开发票。

（四）依法不需要办理税务登记的单位和个人，临时取得收入，需要开具发票的，主管税务机关可以为其代开发票。

（五）本条所称有关证明材料，是指：

1. 申请代开发票人的合法身份证件；

2. 付款方（或接受劳务服务方）对所购物品品名（或劳务服务项目）、单价、金额等出具的书面确认证明。

（摘自《国家税务总局关于加强和规范税务机关代开普通发票工作的通知》，2004 年 9 月 2 日国税函〔2004〕1024 号）

11.2.4.2 代开增值税普通发票的基本要求

（一）要求代开发票的单位和个人应填写代开普通发票申请表，并提供相关证明材料。申请表的内容应包括代开发票所需的物品品名（或劳务服务项目）、单价、金额等基本要素；申请表式样由省、自治区、直辖市国家税务局、地方税务局自行设计。对个人小额销售货物和劳务只需提供身份证明。小额标准由省、自治区、直辖市和计划单列市国家税务局、地方税务局确定。

（二）税务机关应当对要求代开发票单位和个人的申请资料进行核对，包括代开普通发票申请表、合法身份证件以及购货方（或接受劳务服务方）出具的书面确认证明等，核对一致的，方可予以代开。

（三）代开普通发票应指定专人负责，一般应使用计算机开具，并确保开票记录完整、准确、可靠存储，不可更改；暂无条件使用计算机开具的，也可手工填开。无论使用计算机开具还是手工填开，均须加盖税务机关代开发票专用章，否则无效。代开发票专用章的规格和式样比照《国家税务总局关于使用公路、内河货物运输业统一发票有关问题的通知》（国税函〔2004〕557 号）的有关规定执行。

（四）代开发票在开票和征税之间要相互制约。使用计算机开票并能确保开票记录完整、准确、可靠存储且不可更改的单位，开票和征税可由一个岗位完成；虽使用计算机开票但仅限于替代手工填写打印功能或者暂无条件使用计算机开具而以手工填开的单位，开票和收款人员必须分岗作业，形成制约。与此同时，每个代开发票单位应当设置复核岗位，对窗口开票与征税操作的记录进行复核，以加强监控。

（五）对申请代开发票的单位和个人，应当按照税收法律、法规的有关规定征收税款和收取发票工本费。代开的普通发票上要注明完税凭证号码；同时代征税款的完税凭证上要注明代开的普通发票号码。

申请代开发票经营额达不到省、自治区、直辖市税务机关确定的按次起征点的，只代开发票，不征税。但根据代开发票记录，属于同一申请代开发票的单位和个人，在一个纳税期内累计开票金额达到按月起征点的，应在达到起征点的当次一并计算征税。

（摘自《国家税务总局关于加强和规范税务机关代开普通发票工作的通知》，2004 年 9 月 2 日国税函〔2004〕1024 号）

11.2.5 不征税项目开具增值税普通发票

增加 6 "未发生销售行为的不征税项目"，用于纳税人收取款项但未发生销售货物、应税劳务、服务、无形资产或不动产的情形。

"未发生销售行为的不征税项目"下设 601 "预付卡销售和充值"、602 "销售自行开发的房地产项目预收款"、603 "已申报缴纳营业税未开票补开票"。

使用"未发生销售行为的不征税项目"编码，发票税率栏应填写"不征税"，不得开具增值税专用发票。

（摘自《国家税务总局关于营改增试点若干征管问题的公告》，2016 年 8 月 18 日国家税务总局公告 2016 年第 53 号）

政策解析

对于不征税项目收到的款项一贯的认识是不开具发票，只开具收据。《国家税务总局关于营改增试点若干征管问题的公告》（国家税务总局公告 2016 年第 53 号）的出台改变了这种惯性思维，增加 6 "未发生销售行为的不征税项目"，用于纳税人收取款项但未发生销售货物、应税劳务、服务、无形资产或不动产的情形。"未发生销售行为的不征税项目"下设 601 "预付卡销售和充值"、602 "销售自行开发的房地产项目预收款"、603 "已申报缴纳营业税未开票补开票"。使用"未发生销售行为的不征税项目"编码，发票税率栏应填写"不征税"，不得开具增值税专用发票。目前，发票开票系统已将编码 6 "未发生销售行为的不征税项目"增加到 12 项，这些项目不得开具增值税专用发票，应开具增值税普通发票。

编码 6 "未发生销售行为的不征税项目"具体项目如下：

601 "预付卡销售和充值"

602 "销售自行开发的房地产项目预收款"

603 "已申报缴纳营业税未开票补开票"

604 "代收印花税"

605 "代收车船税"

606 "融资性售后回租业务中承租方出售资产"

607 "资产重组涉及的房屋等不动产"

608 "资产重组涉及的土地使用权"

609 "代理进口免税货物货款"

610 "有奖发票奖金支付"

611 "不征税自来水"

612 "建筑服务预收款"

需要说明的是，602 "销售自行开发的房地产项目预收款"、612 "建筑服务预收款"两个项目只是暂时没有实现纳税义务，而采取了预征增值税的方式。

编码 6 "未发生销售行为的不征税项目"是否还会增加，按现在的思维应该还会增加。国家税务总局允许不征税项目开具发票，可能是出于"以票控税""信息管税"的需要，避免房地产企业、建筑业的进销错配，在某些方面也有利于纳税人。但不征税项目之多一时难以穷尽，有些又不属于《发票管理办法》规范的发票范围，不需要开具发票。建议纳税人严格按照上述 12 个项目开具发票，其他不征税项目仍然开具收据。

自 2017 年 12 月 1 日起，在北京、天津、山西、内蒙古、山东、河南、四川、陕西、宁夏 9 个省份扩大实施水资源费改税试点。在水资源费改税试点期间，按照不增加城镇公共供水企业负担的原则，城镇公共供水企业缴纳的水资源税所对应的水费收入，不计征增值税，按"不征税自来水"项目开具增值税普通发票。为此，国家税务总局在增值税发票管理新系统不征税项目下增加了"不征税自来水"项目及编码。

对于需要抵扣进项税额的取用水户，原计征增值税的自来水水费部分，按3%通过增值税发票管理新系统单独开具增值税专用发票，可抵扣进项税额；水资源费平移为水资源税部分，开具增值税普通发票，不能抵扣进项税额。（在货物劳务名称栏填开"不征税自来水"，在税率栏选择"不征税"，税额栏显示为"＊＊＊"。

（摘自《国家税务总局关于水资源费改税后城镇公共供水企业增值税发票开具问题的公告》，2017年12月25日国家税务总局公告2017年第47号）

政策解析●

水费发票如何开？

方案1. 一张普票分两项

原计征增值税的自来水水费部分，继续按3%开具增值税普通发票；水资源费平移为水资源税部分，在货物劳务名称栏填开"不征税自来水"，在税率栏选择"不征税"，税额栏显示为"＊＊＊"。

方案2. 一张专票，一张普票

对于需要抵扣进项税额的取用水户，原计征增值税的自来水水费部分，按3%通过增值税发票管理新系统单独开具增值税专用发票，可抵扣进项税额；水资源费平移为水资源税部分，开具增值税普通发票，不需要进行进项税额抵扣。

11.2.6 国家电网公司购买分布式光伏发电项目电力产品发票的开具

为配合国家能源发展战略，促进光伏产业健康发展，现将国家电网公司所属企业购买分布式光伏发电项目电力产品发票开具及税款征收有关问题公告如下：

一、国家电网公司所属企业从分布式光伏发电项目发电户处购买电力产品，可由国家电网公司所属企业开具普通发票。

国家电网公司所属企业应将发电户名称（姓名）、地址（住址）、联系方式、结算时间、结算金额等信息进行详细登记，以备税务机关查验。

二、光伏发电项目发电户销售电力产品，按照税法规定应缴纳增值税的，可由国家电网公司所属企业按照增值税简易计税办法计算并代征增值税税款，同时开具普通发票；按照税法规定可享受免征增值税政策的，可由国家电网公司所属企业直接开具普通发票。

三、本公告所称发电户，为《中华人民共和国增值税暂行条例》及实施细则规定的"其他个人和不经常发生应税行为的非企业性单位"。

四、本公告自2014年7月1日起执行。

（摘自《国家税务总局关于国家电网公司购买分布式光伏发电项目电力产品发票开具等有关问题的公告》，2014年6月3日国家税务总局公告2014年第32号）

政策解析

为促进可再生能源的开发利用，国家鼓励各类业户，包括医院、学校、党政机关、居民社区等，在建筑物或构筑物上建设小型分布式光伏发电系统，按照"自发自用、余电上网、电网调节"的原则对光伏发电进行综合利用。

分布式光伏发电项目发电户可将自用剩余后的电力产品销售给国家电网公司所属企业。销售分布式发电余电产品的发电户以居民业户、非企业性单位居多，如果发电户逐一到税务机关代开普通发票，不仅增加了发电户销售电力产品的复杂程度，也不利于分布式光伏发电项目的推广。为配合国家能源发展战略，促进光伏产业健康发展，便于国家电网公司所属企业购买电力产品时与发电户之间结算，国家税务总局发布了该公告。公告明确国家电网公司所属企业从分布式光伏发电项目发电户处购买电力产品，可由国家电网公司所属企业开具普通发票。

11.3 增值税电子普通发票

11.3.1 增值税电子普通发票票样

通过增值税电子发票系统开具的增值税电子普通发票票样见附件 1。

附件 1：

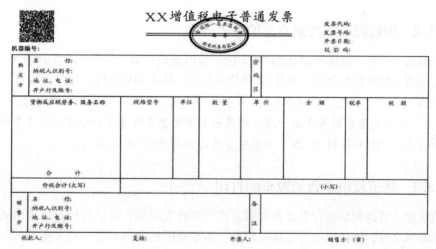

（摘自《国家税务总局关于推行通过增值税电子发票系统开具的增值税电子普通发票有关问题的公告》，2015 年 11 月 26 日国家税务总局公告 2015 年第 84 号）

一、新税务机构挂牌后，国家税务总局各省、自治区、直辖市和计划单列市税务局〔以下简称"各省（区、市）税务局"〕将启用新的发票监制章。增值税电子普通发票（含收费公路通行费增值税电子普通发票，下同）版式文件上的发票监制章，相应修改为各省（区、市）税务局新启用的发票监制章。

二、新启用的发票监制章形状为椭圆形，长轴为3厘米，短轴为2厘米，边宽为0.1厘米，内环加刻一细线，上环刻制"全国统一发票监制章"字样，中间刻制"国家税务总局"字样，下环刻制"××省（区、市）税务局"字样，下环字样例如"江苏省税务局""上海市税务局""内蒙古自治区税务局""新疆维吾尔自治区税务局"。字体为楷体7磅，印色为大红色。新启用的发票监制章样式见附件。

《国家税务总局关于推行通过增值税电子发票系统开具的增值税电子普通发票有关问题的公告》（国家税务总局公告2015年第84号发布，国家税务总局公告2018年第31号修改）附件1增值税电子普通发票票样中的发票监制章按照本公告规定调整。

附件：发票监制章样式

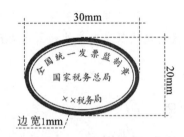

监制章全部字体为正楷7磅，印色为大红

（摘自《国家税务总局关于增值税电子普通发票使用有关事项的公告》，2018年7月23日国家税务总局公告2018年第41号）

11.3.2 增值税电子普通发票的编码规则

增值税电子普通发票的发票代码为12位，编码规则：第1位为0，第2~5位代表省、自治区、直辖市和计划单列市，第6~7位代表年度，第8~10位代表批次，第11~12位代表票种（11代表增值税电子普通发票）。发票号码为8位，按年度、分批次编制。

（摘自《国家税务总局关于推行通过增值税电子发票系统开具的增值税电子普通发票有关问题的公告》，2015年11月26日国家税务总局公告2015年第84号）

11.3.3 增值税电子普通发票的打印

增值税电子普通发票的开票方和受票方需要纸质发票的，可以自行打印增值税电子普通发票的版式文件，其法律效力、基本用途、基本使用规定等与税务机关监制的增值税普通发票相同。

（摘自《国家税务总局关于推行通过增值税电子发票系统开具的增值税电子普通发票有关问题的公告》，2015年11月26日国家税务总局公告2015年第84号）

11.3.4 收费公路通行费增值税电子普通发票

一、通行费电子发票编码规则

通行费电子发票的发票代码为12位，编码规则：第1位为0，第2-5位代表省、自治区、直辖市和计划单列市，第 6 – 7 位代表年度，第 8 – 10 位代表批次，第 11 – 12 位为 12；发票号码为 8 位，按年度、分批次编制。

通行费电子发票票样见附件。

二、通行费电子发票开具流程

（一）办理 ETC 卡或用户卡。ETC 卡或用户卡是指面向社会公开发行的用于记录用户、车辆信息的 IC 卡，其中 ETC 卡具有收费公路通行费电子交费功能。客户可以携带有效身份证件及车辆行驶证前往 ETC 客户服务网点办理 ETC 卡或用户卡，具体办理要求请咨询各省（区、市）ETC 客户服务机构。

（二）发票服务平台账户注册。客户登录发票服务平台网站 www.txffp.com 或 "票根" App，凭手机号码、手机验证码免费注册，并按要求设置购买方信息。客户如需变更购买方信息，应当于发生充值或通行交易前变更，确保开票信息真实准确。

（三）绑定 ETC 卡或用户卡。客户登录发票服务平台，填写 ETC 卡或用户卡办理时的预留信息（开户人名称、证件类型、证件号码、手机号码等），经校验无误后，完成 ETC 卡或用户卡绑定。

（四）发票开具。客户登录发票服务平台，选取需要开具发票的充值或消费交易记录，申请生成通行费电子发票。发票服务平台免费向用户提供通行费电子发票及明细信息下载、转发、预览、查询等服务。

三、通行费电子发票开具规定

（一）通行费电子发票分为以下两种：

1. 左上角标识 "通行费" 字样，且税率栏次显示适用税率或征收率的通行费电子发票（以下称征税发票）。

2. 左上角无 "通行费" 字样，且税率栏次显示 "不征税" 的通行费电子发票（以下称不征税发票）。

（二）ETC 后付费客户和用户卡客户索取发票的，通过经营性收费公路的部分，在发票服务平台取得由收费公路经营管理单位开具的征税发票；通过政府还贷性收费公路的部分，在发票服务平台取得暂由 ETC 客户服务机构开具的不征税发票。

（三）ETC 预付费客户可以自行选择在充值后索取发票或者实际发生通行费用后索取发票。

在充值后索取发票的，在发票服务平台取得由 ETC 客户服务机构全额开具的不征税发票，实际发生通行费用后，ETC 客户服务机构和收费公路经营管理单位均不再向其开具发票。

客户在充值后未索取不征税发票，在实际发生通行费用后索取发票的，通过经营性收费公路的部分，在发票服务平台取得由收费公路经营管理单位开具的征税发票；通过政府还贷性收费公路的部分，在发票服务平台取得暂由 ETC 客户服务机构开具的不征税发票。

（四）未办理 ETC 卡或用户卡的现金客户，暂按原有方式交纳通行费和索取票据。

（五）客户使用 ETC 卡或用户卡通行收费公路并交纳通行费的，可以在实际发生通行费用后第 10 个自然日（遇法定节假日顺延）起，登录发票服务平台，选择相应通行记录取得通行费电子发票；客户可以在充值后实时登录发票服务平台，选择相应充值记录取得通行费电子发票。

（六）发票服务平台应当将通行费电子发票对应的通行明细清单留存备查。

四、通行费电子发票其他规定

（一）增值税一般纳税人取得符合规定的通行费电子发票后，应当自开具之日起 360 日内登录本省（区、市）增值税发票选择确认平台，查询、选择用于申报抵扣的通行费电子发票信息。

按照有关规定不使用网络办税的特定纳税人，可以持税控设备前往主管国税机关办税服务厅，由税务机关工作人员通过增值税发票选择确认平台（税务局端）为其办理通行费电子发票选择确认。

收费公路通行费增值税进项税额抵扣政策按照国务院财税主管部门有关规定执行。

（二）增值税一般纳税人申报抵扣的通行费电子发票进项税额，在纳税申报时应当填写在《增值税纳税申报表附列资料（二）》（本期进项税额明细）中"认证相符的增值税专用发票"相关栏次中。

（三）单位和个人可以登录全国增值税发票查验平台（https://inv-veri.chinatax.gov.cn），对通行费电子发票信息进行查验。

五、平台上线和业务咨询

2017 年 12 月 25 日起，发票服务平台注册及绑卡功能正式上线。2018 年 1 月 1 日以后使用 ETC 卡或用户卡交纳的通行费，以及 ETC 卡充值费可以开具通行费电子发票，不再开具纸质票据。

客户可以拨打热线电话进行业务咨询与投诉。发票服务平台热线：95022；各省（区、市）ETC 客户服务机构热线电话可以登录发票服务平台查询。

本公告自 2018 年 1 月 1 日起施行。

附件：收费公路通行费增值税电子普通发票票样

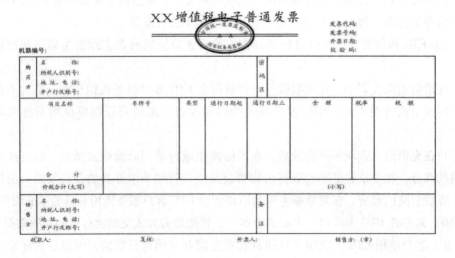

（摘自《交通运输部 国家税务总局关于收费公路通行费增值税电子普通发票开具等有关事项的公告》，2017年12月25日交通运输部公告2017年第66号）

政策解析

通行费增值税电子普通发票问题解答

1. 未取得收费公路通行费增值税电子普通发票，取得通行费发票能抵扣进项税额吗？

（1）高速公路通行费

2018年1月1日至6月30日，可凭取得的通行费发票（不含财政票据）计算抵扣：

可抵扣进项税额＝高速公路通行费发票上注明的金额÷（1＋3%）×3%

（2）一级、二级公路通行费

2018年1月1日至12月31日，凭取得的通行费计算抵扣：

可抵扣进项税额＝一级、二级公路通行费发票上注明的金额÷（1＋5%）×5%

（3）桥、闸通行费

暂凭取得的通行费发票计算抵扣（暂无时间限制）：

可抵扣进项税额＝桥、闸通行费发票上注明的金额÷（1＋5%）×5%

2. 取得的通行费电子发票如何抵扣？

自2018年1月1日起，根据《关于租入固定资产进项税额抵扣等增值税政策的通知》（财税〔2017〕90号）第七条第（一）款规定，纳税人支付的道路通行费，按照收费公路通行费增值税电子普通发票（以下简称通行费电子发票）上注明的增值税额抵扣进项税额（时间、左上角通行费、征税发票）。

3. 要不要去办理ETC卡？

交通运输部、国家税务总局公告2017年第66号第三条第四款规定：未办理ETC卡或用户卡的现金客户，暂按原有方式交纳通行费和索取票据。

由于高速公路（2018年6月30日前）和一级、二级公路（2018年12月31日前）通行费发票抵扣进项有时间限制，为保证后期通行费的及时足额抵扣，应尽快办理ETC卡或用户卡。

4. 要办一张什么样的卡？发票方面有何不同？

卡分为：ETC后付费（记账卡）客户、用户卡、ETC预付费（储值卡），取得征税发票可以抵扣进项税额，取得不征税发票不可以抵扣进项税额。

（1）ETC后付费（记账卡）客户、用户卡客户

通过经营性收费公路的部分，在发票服务平台取得由收费公路经营管理单位开具的征税发票可以计算抵扣进项税额。

通过政府还贷性收费公路的部分，在发票服务平台取得暂由ETC客户服务机构开具的不征税发票不可以抵扣进项税额。

（2）ETC预付费（储值卡）客户

①在充值后索取发票的，在发票服务平台取得由ETC客户服务机构全额开具的不征税发票不可以抵扣进项税额。

②在实际发生通行费后索取发票的，通过经营性收费公路的部分，在发票服务平台取得由收费公路经营管理单位开具的征税发票可以计算抵扣进项税额。通过政府还贷性收费公路

的部分，在发票服务平台取得暂由 ETC 客户服务机构开具的不征税发票不可以抵扣进项税额。

5. 预付卡客户应选择充值后还是通行后再索要发票？

交通运输部、国家税务总局公告 2017 年第 66 号第三条第三款规定：ETC 预付费客户可以自行选择在充值后索取发票或者在实际发生通行费用后索取发票。

在充值后索取发票的，在发票服务平台取得由 ETC 客户服务机构全额开具的不征税发票，实际发生通行费用后，ETC 客户服务机构和收费公路经营管理单位均不再向其开具发票。

客户在充值后未索取不征税发票，在实际发生通行费用后索取发票的，通过经营性收费公路的部分，在发票服务平台取得由收费公路经营管理单位开具的征税发票可以计算抵扣进项税额。

6. 抵扣注意事项

同增值税专用发票管理的电子普通发票。

（1）注意 360 天的认证期

增值税一般纳税人取得符合规定的通行费电子发票后，应当自开具之日起 360 日内登录本省（区、市）增值税发票选择确认平台，查询、选择用于申报抵扣的通行费电子发票信息。

按照有关规定不适用网络办税的特定纳税人，可以持税控设备前往主管税务机关办税服务厅，由税务机关工作人员通过增值税发票选择确认平台（税务局端）为其办理通行费电子发票选择确认。

（2）在纳税申报时填入认证相符专票栏

应当填写在《增值税纳税申报附列资料（二）》"本期进项税额明细"中"认证相符的增值税专用发票"相关栏次。

7. 通行费电子发票与普通电子发票区别

（1）电子普通发票左上角有二维码，而通行费电子普通发票没有

（2）栏次名称不同

①电子普通发票：货物或应税劳务、服务名称，规格型号、单位、数量、金额、税额等。

②通行费电子普通发票：项目名称、车牌号、类型、通行日期起、通行日期止。

11.4 二手车销售发票

11.4.1 二手车销售发票的基本规定

第二十四条 二手车经销企业销售、拍卖企业拍卖二手车时，应当按规定向买方开具税务机关监制的统一发票。

进行二手车直接交易和通过二手车经纪机构进行二手车交易的，应当由二手车交易市场经营者按规定向买方开具税务机关监制的统一发票。

第二十五条 二手车交易完成后，现车辆所有人应当凭税务机关监制的统一发票，按法律、法规有关规定办理转移登记手续。

本办法自 2005 年 10 月 1 日起施行。

（摘自《二手车流通管理办法》，2005 年 8 月 29 日商务部　公安部　工商总局　税务总局令第 2 号）

一、二手车经销企业、经纪机构和拍卖企业，在销售、中介和拍卖二手车收取款项时，必须开具《二手车销售统一发票》（以下简称《二手车发票》）。

二、二手车发票由以下用票人开具：

（一）从事二手车交易的市场，包括二手车经纪机构和消费者个人之间二手车交易需要开具发票的，由二手车交易市场统一开具。

（二）从事二手车交易活动的经销企业，包括从事二手车交易的汽车生产和销售企业。

（三）从事二手车拍卖活动的拍卖公司。

三、《二手车发票》采用压感纸，由各省、自治区、直辖市和计划单列市国家税务局严格按照票样统一印制。

（摘自《国家税务总局国家税务总局关于统一二手车销售发票式样问题的通知》，2005 年 7 月 5 日国税函〔2005〕693 号）

11.4.2　二手车销售发票的联次及用途

《二手车发票》为一式五联计算机票。计算机票第一联为发票联，印色为棕色；第二联为转移登记联（公安车辆管理部门留存），印色为蓝色；第三联为出入库联，印色为紫色；第四联为记账联，印色为红色；第五联为存根联，印色为黑色。规格为 241mm × 178mm（票样附后）。

《二手车发票》由二手车交易市场、经销企业和拍卖企业开具的，存根联、记账联、入库联由开票方留存；发票联、转移登记联由购车方记账和交公安交管部门办理过户手续。

附件：《二手车销售统一发票》式样

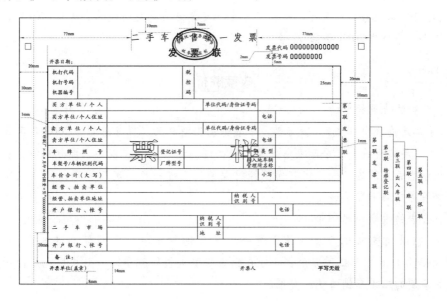

（摘自《国家税务总局关于统一二手车销售发票式样问题的通知》，2005 年 7 月 5 日国税函〔2005〕693 号）

11.4.3　二手车管理规定

经批准允许从事二手车经销业务的纳税人按照《机动车登记规定》的有关规定，收购二手车时将其办理过户登记到自己名下，销售时再将该二手车过户登记到买家名下的行为，属于《中华人民共和国增值税暂行条例》规定的销售货物的行为，应按照现行规定征收增值税。

除上述行为以外，纳税人受托代理销售二手车，凡同时具备以下条件的，不征收增值税；不同时具备以下条件的，视同销售征收增值税。

（一）受托方不向委托方预付货款；

（二）委托方将《二手车销售统一发票》直接开具给购买方；

（三）受托方按购买方实际支付的价款和增值税额（如系代理进口销售货物则为海关代征的增值税额）与委托方结算货款，并另外收取手续费。

本公告自 2012 年 7 月 1 日起开始施行。

（摘自《关于二手车经营业务有关增值税问题的公告》，2012 年 6 月 1 日国家税务总局公告 2012 年第 23 号）

为进一步加强二手车经销企业的发票管理，现对二手车经销企业发票使用有关问题公告如下：

一、二手车经销企业从事二手车交易业务，由二手车经销企业开具《二手车销售统一发票》。

二、二手车经销企业从事二手车代购代销的经纪业务，由二手车交易市场统一开具《二手车销售统一发票》。

（摘自《国家税务总局关于二手车经销企业发票使用有关问题的公告》，2013 年 10 月 9 日国家税务总局公告 2013 年第 60 号）

政策解析

一、公告的背景和目的

《二手车流通管理办法》（商务部、公安部、工商总局、税务总局令 2005 年第 2 号）及《国家税务总局关于统一二手车销售发票式样问题的通知》下发以后，部分经销企业既从事二手车经销业务又从事二手车代购代销经纪业务，为进一步明确二手车经销企业发票的使用，国家税务总局下发了该公告。

二、公告的主要内容

（一）按照《国家税务总局关于统一二手车销售发票式样问题的通知》（国税函〔2005〕693 号）要求，二手车经销企业在销售二手车收取款项时，必须按规定向买方开具税务机关监制的二手车销售统一发票。

（二）二手车经销企业从事二手车代购代销业务属于二手车经纪业务，应当由二手车交易市场经营者按规定向买方开具税务机关监制的二手车销售统一发票。

11.4.4　二手车销售统一发票纳入增值税发票管理新系统

自 2018 年 4 月 1 日起，二手车交易市场、二手车经销企业、经纪机构和拍卖企业应当通过增值税发票管理新系统开具二手车销售统一发票。

二手车销售统一发票"车价合计"栏次仅注明车辆价款。二手车交易市场、二手车经销企业、经纪机构和拍卖企业在办理过户手续过程中收取的其他费用，应当单独开具增值税发票。

通过增值税发票管理新系统开具的二手车销售统一发票与现行二手车销售统一发票票样保持一致。发票代码编码规则调整为：第 1 位为 0，第 2 – 5 位代表省、自治区、直辖市和计划单列市，第 6 – 7 位代表年度，第 8 – 10 位代表批次，第 11 – 12 位为 17。发票号码为 8 位，按年度、分批次编制。

单位和个人可以登录全国增值税发票查验平台（https：//inv-veri. chinatax. gov. cn），对增值税发票管理新系统开具的二手车销售统一发票信息进行查验。

（摘自《国家税务总局关于增值税发票管理若干事项的公告》，2017 年 12 月 18 日国家税务总局公告 2017 年第 45 号）

11.5　增值税普通发票的管理

11.5.1　增值税发票系统升级版

为适应税收现代化建设需要，着眼于税制改革的长远规划，满足增值税一体化管理要求，切实减轻基层税务机关和纳税人负担，税务总局对现行增值税发票系统进行了整合升级，并在部分地区试运行取得成功。税务总局决定自 2015 年 1 月 1 日起在全国范围推行增值税发票系统升级版，现将有关问题公告如下：

一、推行范围

2015 年 1 月 1 日起新认定的增值税一般纳税人（以下简称一般纳税人）和新办的小规模纳税人。

二、发票使用

（一）一般纳税人销售货物、提供应税劳务和应税服务开具增值税专用发票、货物运输业增值税专用发票和增值税普通发票。

（二）小规模纳税人销售货物、提供应税劳务和应税服务开具增值税普通发票。

（三）一般纳税人和小规模纳税人从事机动车（旧机动车除外）零售业务开具机动车销售统一发票。

（四）通用定额发票、客运发票和二手车销售统一发票继续使用。

三、系统使用

增值税发票系统升级版是对增值税防伪税控系统、货物运输业增值税专用发票税控系统、稽核系统以及税务数字证书系统等进行整合升级完善。实现纳税人经过税务数字证书安全认证、加密开具的发票数据，通过互联网实时上传税务机关，生成增值税发票电子底账，作为纳税申报、发票数据查验以及税源管理、数据分析利用的依据。

（摘自《国家税务总局关于推行增值税发票系统升级版有关问题的公告》，2014 年 12 月 29 日国家税务总局公告 2014 年第 73 号）

● 政策解析 ●

新系统已开发完成的主要功能及创新亮点如下。

1. 一个系统两个覆盖

新系统覆盖所有增值税纳税人及所有增值税发票。将所有增值税纳税人纳入全国统一的一体化系统管理，建立了全国统一的增值税纳税人档案库，覆盖包括一般纳税人、小规模纳税人在内的所有增值税纳税人。新系统实现了增值税一般纳税人和小规模纳税人均可通过一个系统开具增值税专用发票、货物运输业专用发票（2016 年 6 月底前停止使用）、增值税普通发票、机动车销售统一发票和增值税电子普通发票等 5 种增值税发票。新系统彻底解决了增值税管理中税务机关掌握的发票数据不完整不及时、对小规模纳税人税收管理不到位以及不法分子篡改发票信息、虚开发票等税收征管的难题。

2. 全程网络化办税

新系统推行后，纳税人发票申领、开具、验旧、缴销、报税、查验、办理红字发票手续、系统升级以及纳税申报等大部分办税事项均可通过网络实现，避免了到办税服务厅排长队、来回跑的麻烦，大大减轻了纳税人的办税负担，提高了办税效率。新系统的推行也是税务总局"便民办税春风行动"的重要内容之一。本次"营改增"将使国税部门管理的纳税人户数增加 1 000 多万户。尤其是考虑到办税服务厅的容量不可能在短时间内成倍扩展，改为网络运行后，将较好解决工作量激增与税务机关人手、场地紧张的矛盾，助推"营改增"扩围顺利实施。

3. 建立发票电子底账库

新系统的核心就是建立了及时、完整、准确的发票电子底账库，即开具发票信息库。纳税人开具的发票全票面信息（包括所有汉字和数字内容）实时加密上传税务机关，生成发票电子底账库，作为纳税申报、发票数据查验以及税源管理、数据分析利用的依据。开票数据实时跨省异地推送，实现增值税纳税人纳税申报"一窗式"票票比对、票表比对管理。有效解决不法分子虚开发票、篡改发票汉字信息等问题，全面提高税收管理的质量和效率。

4. 为税收征收管理提供了快速有效的手段

新系统插上了互联网的翅膀，为税务机关加强税收征收管理提供了快速有效的征管手段。税务机关可实时采集、监控纳税人发票开具情况，及时分析发现开票异常、申报异常的疑点纳税人，并调整其离线开票参数控制，通过网络远程控制纳税人端税控系统，暂停其发票开具，快速处理，防范税收风险。

5. 全国统一的发票真伪查验平台

新系统建立全国统一的发票真伪查验平台，向一般纳税人提供进项税额专用发票数据，向受票方及相关第三方提供普通发票数据查验服务，实现发票"真票真开"，有效解决虚假发票泛滥问题，极大地压缩虚假发票的空间，净化社会环境，促进社会诚信体系建设。目前系统已经在北京、上海等部分地区试点，近期将全国推广。下一步，会计人员、审计人员、纪检人员可通过计算机、手机进入查验系统，实时便捷地对每一张发票信息进行查询、查验和核对。

6. 大数据分析应用

增值税发票新系统涵盖全部纳税人的增值税专用发票和普通发票信息，税务部门可实时采集包括交易双方名称、交易商品名称、交易金额、数量、单位等内容的信息。及时完整准确的全票面信息，能够客观、快捷、方便、真实反映地区、行业、企业经济发展和物流情况。税务机关通过增值税发票管理新系统，能够掌握大部分经济活动的基本数据及动向，从而强化税源管理、风险控制。通过大数据分析应用，可为宏观经济决策提供更为真实、全面、详细的数据支持。

7. 数据安全可靠

新系统实现了纳税人网上办税税务数字证书安全认证和发票数据加密验签，税务机关采集传输的发票数据、申报数据均为加密安全数据，保障纳税人网上办税数据的安全性，防止数据被篡改、盗取；同时可防范税务机关内部人为篡改、删除数据的内控风险，满足税务机关内控机制建设的要求，强化廉政建设。

8. 为推进发票无纸化应用打下坚实的基础

新系统的推行为推进发票无纸化应用创造了条件，打下了坚实的基础。

11.5.2 增值税发票的查验

为进一步优化纳税服务，加强发票管理，国家税务总局依托增值税发票管理新系统（以下简称"新系统"）开发了增值税发票查验平台。经过前期试点，系统运行平稳，税务总局决定启用全国增值税发票查验平台。现将有关事项公告如下：

取得增值税发票的单位和个人可登录全国增值税发票查验平台（https：//inv-veri. chinatax. gov. cn），对新系统开具的增值税专用发票、增值税普通发票、机动车销售统一发票和增值税电子普通发票的发票信息进行查验。单位和个人通过网页浏览器首次登录平台时，应下载安装根证书文件，查看平台提供的发票查验操作说明。

各级税务机关要通过多种渠道做好增值税发票查验工作的宣传辅导，采取有效措施，保证增值税发票查验工作的顺利实施。

本公告自 2017 年 1 月 1 日起实施。

（摘自《国家税务总局关于启用全国增值税发票查验平台的公告》，2016 年 12 月 23 日国家税务总局公告 2016 年第 87 号）

11.5.3 增值税发票"一窗式"比对变化历程

自 2006 年 10 月 1 日起，各地必须严格按照《增值税一般纳税人纳税申报"一窗式"管理操作规程》（国税发〔2005〕61 号）规定，实施报税 IC 卡新的"清零解锁"程序。

（摘自《国家税务总局关于做好增值税普通发票一窗式票表比对准备工作的通知》，2005 年 9 月 8 日国税发〔2005〕141 号）

开具普通发票的一窗式票表比对内容：用防伪税控报税系统采集的普通发票金额、税额汇总数与《增值税纳税申报表附列资料（表一）》中第 3、10、16 栏"小计"项合计的销售额、税额数据比对，二者的逻辑关系必须相等。

（摘自《国家税务总局关于推行增值税发票系统升级版有关问题的公告》，2014 年 12 月 29 日国家税务总局公告 2014 年第 73 号）

第12章 Chapter Twelve
发票的违章和违法处理

12.1 发票的违章处理

12.1.1 失控发票

12.1.1.1 失控发票的含义

失控发票指防伪税控企业丢失被盗金税卡中未开具的发票以及被列为非正常户的防伪税控企业未向税务机关申报或未按规定缴纳税款的发票。

（摘自《国家税务总局关于修订印发＜增值税计算机稽核系统发票比对操作规程（试行）＞的通知》，2004年4月22日国税发〔2004〕43号）

失控发票包括两类：第一类是使用增值税发票管理新系统的纳税人丢失、被盗的税控专用设备中未开具的增值税专用发票；第二类是列为非正常户的纳税人已开具未申报或未按规定缴纳税款的增值税专用发票。

（摘自《国家税务总局关于进一步加强增值税发票风险管理的通知》，2017年11月26日税总发〔2017〕133号）

12.1.1.2 失控发票的认定

一、关于防伪税控认证系统发现涉嫌违规发票的处理

目前，防伪税控认证系统发现涉嫌违规发票分"无法认证"、"认证不符"、"密文有误"、"重复认证"、"认证时失控"、"认证后失控"和"纳税人识别号认证不符（发票所列购买方纳税人识别号与申报认证企业的纳税人识别号不符）"等类型。

（一）属于"无法认证"、"纳税人识别号认证不符"和"认证不符"中的"发票代码号码认证不符（密文与明文相比较，发票代码或号码不符）"的发票，不得作为增值税进项税额的抵扣凭证。税务机关应将发票原件退还企业，企业可要求销售方重新开具。

（二）属于"重复认证"、"密文有误"和"认证不符（不包括发票代码号码认证不符）"、"认证时失控"和"认证后失控"的发票，暂不得作为增值税进项税额的抵扣凭证，税务机关扣留原件，移送稽查部门作为案源进行查处。经税务机关检查确认属于税务机关责任以及技术性错误造成的，允许作为增值税进项税额的抵扣凭证；不属于税务机关责任以及技术性错误造成的，不得作为增值税进项税额的抵扣凭证。属于税务机关责任的，由税务机关误操作的相关部门核实后，区县级税务机关出具书面证明；属于技术性错误的，

由税务机关技术主管部门核实后，区县级税务机关出具书面证明。

（摘自《国家税务总局关于金税工程增值税征管信息系统发现的涉嫌违规增值税专用发票处理问题的通知》，2006 年 10 月 13 日国税函〔2006〕969 号）

已办理税务登记的纳税人未按照规定的期限申报纳税，在税务机关责令其限期改正后，逾期不改正的，税务机关应当派员实地检查，查无下落并且无法强制其履行纳税义务的，由检查人员制作非正常户认定书，存入纳税人档案，税务机关暂停其税务登记证件、发票领购簿和发票的使用。

（摘自《税务登记管理办法》，2003 年 12 月 17 日国家税务总局令第 7 号，2014 年 12 月 27 日国家税务总局令第 36 号）

各地税务机关要严格按照《国家税务总局关于修订印发＜增值税计算机稽核系统发票比对操作规程（试行）＞的通知》（国税发〔2004〕43 号）和《国家税务总局关于建立增值税失控发票快速反应机制的通知》（国税发〔2004〕123 号）规定的失控发票范围采集失控发票数据，不得擅自扩大失控发票的范围。对于一些尚未办理增值税纳税申报或缴纳税款的企业，应当按照"一窗式"管理流程进行严格核查处理，只有稽查部门确认企业已经走逃的，才能按照上述规定将其发票列为失控发票。

（摘自《国家税务总局关于认真做好增值税失控发票数据采集工作有关问题的通知》，2007 年 5 月 23 日国税函〔2007〕517 号）

严格非正常户认定管理。对经税务机关派员实地核查，查无下落的纳税人，如有欠税且有可以强制执行的财物的，税务机关应按照《税收征收管理法》第四十条的规定采取强制执行措施；纳税人无可以强制执行的财物或虽有可以强制执行的财物但经采取强制执行措施仍无法使其履行纳税义务的，方可认定为非正常户。

开展非正常户公告。税务机关应在非正常户认定的次月，在办税场所或者广播、电视、报纸、期刊、网络等媒体上公告非正常户。纳税人为企业或单位的，公告企业或单位的名称、纳税人识别号、法定代表人或负责人姓名、居民身份证或其他有效身份证件号码、经营地点；纳税人为个体工商户的，公告业户名称、业主姓名、纳税人识别号、居民身份证或其他有效身份证件号码、经营地点。

摘自《国家税务总局关于进一步完善税务登记管理有关问题的公告》，2011 年 3 月 21 日国家税务总局公告 2011 年第 21 号）

12.1.1.3 失控发票的处理流程

失控发票包括两类：第一类是使用增值税发票管理新系统的纳税人丢失、被盗的税控专用设备中未开具的增值税专用发票；第二类是列为非正常户的纳税人已开具未申报或未按规定缴纳税款的增值税专用发票。对于第一类失控发票，税源管理部门在受理纳税人税控设备挂失报告后，应立即远程锁死纳税人税控设备【注：注销发行】，不再通过税控系统登记录入。对于第二类失控发票，应并入异常增值税扣税凭证范围，按照《国家税务总局关于印发＜异常增值税扣税凭证处理操作规程（试行）＞的通知》（税总发〔2017〕46 号）

要求,通过抵扣凭证审核检查管理信息系统录入、核查、处理。经核查需要稽查立案的,应移交稽查部门查处。对于涉嫌重大税收违法行为的,可直接移交稽查部门查处。稽查部门应将检查结果反馈税源管理部门。

(摘自《国家税务总局关于进一步加强增值税发票风险管理的通知》,2017 年 11 月 26日税总发〔2017〕133 号)

12.1.2 取得走逃(失联)企业开具的增值税专用发票的处理

12.1.2.1 走逃(失联)企业的判定

走逃(失联)企业,是指不履行税收义务并脱离税务机关监管的企业。

根据税务登记管理有关规定,税务机关通过实地调查、电话查询、涉税事项办理核查以及其他征管手段,仍对企业和企业相关人员查无下落的,或虽然可以联系到企业代理记账、报税人员等,但其并不知情也不能联系到企业实际控制人的,可以判定该企业为走逃(失联)企业。

(摘自《国家税务总局关于走逃(失联)企业开具增值税专用发票认定处理有关问题的公告》,2016 年 12 月 1 日国家税务总局公告 2016 年第 76 号)

12.1.2.2 走逃(失联)企业开具增值税专用发票的处理

(一)走逃(失联)企业存续经营期间发生下列情形之一的,所对应属期开具的增值税专用发票列入异常增值税扣税凭证(以下简称"异常凭证")范围。

1. 商贸企业购进、销售货物名称严重背离的;生产企业无实际生产加工能力且无委托加工,或生产能耗与销售情况严重不符,或购进货物并不能直接生产其销售的货物且无委托加工的。

2. 直接走逃失踪不纳税申报,或虽然申报但通过填列增值税纳税申报表相关栏次,规避税务机关审核比对,进行虚假申报的。

(二)增值税一般纳税人取得异常凭证,尚未申报抵扣或申报出口退税的,暂不允许抵扣或办理退税;已经申报抵扣的,一律先作进项税额转出;已经办理出口退税的,税务机关可按照异常凭证所涉及的退税额对该企业其他已审核通过的应退税款暂缓办理出口退税,无其他应退税款或应退税款小于涉及退税额的,可由出口企业提供差额部分的担保。经核实,符合现行增值税进项税额抵扣或出口退税相关规定的,企业可继续申报抵扣,或解除担保并继续办理出口退税。

(三)异常凭证由开具方主管税务机关推送至接受方所在地税务机关进行处理,具体操作规程另行明确。

(摘自《国家税务总局关于走逃(失联)企业开具增值税专用发票认定处理有关问题的公告》,2016 年 12 月 1 日国家税务总局公告 2016 年第 76 号)

政策解析

近年来，一些违法分子开具增值税专用发票后走逃（失联），致使国家税款严重流失，税收经济秩序遭到破坏，也侵害了守法经营纳税人的合法权益。为加强对增值税一般纳税人开具增值税专用发票行为的监管，保护公平竞争的市场环境，维护国家利益，国家税务总局发布了该公告，明确将符合规定情形的走逃（失联）企业开具的增值税专用发票列入异常增值税扣税凭证，对增值税一般纳税人取得的异常增值税扣税凭证按不同情形区分处理。

12.1.2.3　对走逃（失联）企业涉嫌虚开增值税专用发票的检查

为加强税收征收管理，有效查处虚开增值税专用发票行为，根据《国家税务总局关于走逃（失联）企业开具增值税专用发票认定处理有关问题的公告》（税务总局公告〔2016〕76号）的规定，对走逃（失联）企业涉嫌虚开增值税专用发票案件检查有关问题通知如下：

一、收集相关资料并列出清单

（一）基本证据

1. 主管税务机关核实确认并出具企业未按规定按期办理各类纳税申报及地址变更等涉税事项的已经失联证明。

2. 检查人员实地核查企业的注册登记地址和生产经营地址，制作现场检查笔录，通过经营场所照片、证人证言（如物业公司、街道办事处、村委会管理人员和经营注册地址实际使用人员或其他相关人员的书面陈述或口述记录）、物业相关证据，证实在经营注册地址未能找到企业，或企业经营注册地址根本不存在。

3. 检查人员通过已知的联系人及联系方式（包括从互联网渠道所查询的联系信息）联系企业相关人员的录像（视频）、电话录音、电话笔录或第三方人员的证人证言。能够联系到企业代理记账、报税人员等的，取得相关人员的笔录或其他证明材料。

4. 其他相关情形和判定材料。

（二）征管信息相关情况及证据

1. 检查人员通过主管税务机关查询原始登记（包括变更登记）资料以及企业报送的有关征管资料，进行复印取证，由主管税务机关确认。

2. 检查人员从金税三期税收管理系统查询并打印企业报送的登记信息、纳税申报资料、财务报表、银行账户报告表以及发票领购记录等，由主管税务机关确认。

（三）增值税专用发票相关情况及证据

1. 检查人员从增值税发票管理新系统（升级前为防伪税控系统）、稽核系统查询并打印企业取得、开具的增值税专用发票有关信息，由主管税务机关确认。

2. 检查人员通过协查、外调等方式，取得企业增值税专用发票有关信息与上下游开票、受票企业相应发票信息是否一致的相关证据。

（四）资金流相关情况及证据

检查人员调取资金流信息，从企业报送的《企业存款账户报告表》以及增值税专用发票信息获得企业的有关银行账户信息，经审批后凭《检查存款账户许可证明》向相关银行、其他金融机构查询走逃（失联）企业所有已知银行账户及相关联人员个人账户（包括在检查中发现的其他银行账户）的银行流水账单，核对资金流，取得以下资金支付证据材料：

1. 交易资金信息不真实，如利用银行账户回流资金等。

2. 大宗交易未付款或虚假现金支付。

3. 利用银行承兑汇票虚假结算。

（五）生产经营真实性核定情况

检查人员核实企业是否有实际生产加工场所；注册经营地生产场所是否真正为企业生产场地（可能是他人生产场所，企业借用、租用虚假挂牌等）；生产设备是否能够生产其所开具增值税专用发票上载明的货物，有无委托加工；生产能耗与销售是否相符；购进货物是否能直接生产其销售的货物，有无委托加工等。

（六）其他情况及证据资料

检查人员取得的走逃（失联）企业涉嫌虚开的其他证据。如公安机关已控制犯罪嫌疑人的，取得相关笔录；下游受票企业定性接受虚开的证明材料等。

二、交易真实性的判定

在取得上述资料之后，稽查部门对走逃（失联）企业开具增值税专用发票行为进行认真分析，充分利用已取得的资料，对交易的真实性做出结论。在分析过程中，要重点关注以下情形：

（一）商贸企业购进、销售货物名称严重背离的；生产企业无实际生产加工能力且无委托加工，或生产能耗与销售情况严重不符，或购进货物并不能直接生产其销售的货物且无委托加工的。

（二）直接走逃失踪不纳税申报，或虽然申报但通过填列增值税纳税申报表相关栏次，规避税务机关审核比对，进行虚假申报的。

（三）同一代码、号码的增值税专用发票，存根联与抵扣联的货物品名或受票单位名称不一致的。

（四）同一代码、号码的增值税专用发票，纸质发票与增值税发票管理新系统信息不一致的。

（五）已查实全部或部分交易资金信息不真实的（如利用银行账户回流资金）、大宗交易未付款或虚假现金支付的等。

（六）涉案人员承认无货交易，且有旁证或相应书证、物证等证据辅助证明的。

（七）下游受票企业已认定接受虚开的。

三、走逃（失联）企业检查处理程序

税务机关按法定程序对走逃（失联）企业开展检查，并注意以下事项：

（一）公告送达各类执法文书

对走逃（失联）企业，在其他送达方式无法送达的情况下，税务机关应通过公告送达方式送达各类执法文书。公告送达可以在主管税务机关办税服务厅、纳税人注册登记地址张贴公告，或通过主管税务机关门户网站、当地主流新闻媒体发布公告（具体发布渠道由各单位根据实际情况选择）。在纳税人注册登记地址张贴公告的，应当采取拍照、录像等方式记录张贴过程。

（二）集体审理决定

对走逃（失联）企业，稽查部门可通过集体审理程序，充分审查有关证据，分析认定事实和适用法律，提出相应的审理意见。

（三）后续处理

根据审理意见定性虚开的，稽查部门出具《已证实虚开通知单》并附相关证据材料，发往下游受票企业所在地税务机关依法处理。达到刑事案件移送标准的，按照相关规定移送公安机关。

四、其他事项

对税务检查开始后走逃（失联）的企业，参照本通知相关规定开展检查和处理。对走逃（失联）企业开具增值税专用发票判定虚开后，如下游受票企业也走逃（失联）的，所在地税务机关可参照本通知开展检查和处理。

走逃（失联）企业所在地税务机关做出认定后，向受票企业所在地税务机关出具虚开认定文书，并附相关证据，说明企业基本情况和已走逃（失联）状况。如有异议的，由开票地、受票地税务机关共同再确认定性。

（摘自《国家税务总局关于走逃（失联）企业涉嫌虚开增值税专用发票检查问题的通知》，2016 年 11 月 30 日税总发〔2016〕172 号）

12.1.2.4 异常增值税扣税凭证操作处理流程

一、走逃（失联）企业主管税务机关处理流程

（一）登陆抵扣凭证审核检查管理信息系统，选择"本地核查管理"——"委托异地核查处理"——"录入委托异地核查函"模块。

（二）选择"添加发票"——"手工录入"或"文件导入"功能。

（三）"发票联别"选择"存根联"，发票问题类型选择"属于失控"，"附加说明"应分以下两种情形填列：

1. 认定走逃（失联）企业，推送异常凭证。

"附加说明"中应填列"该企业于××年××月××日认定为走逃（失联）企业，存在××问题，该份发票确定为异常凭证"。"××问题"的类型有以下几种："商贸企业购销货物严重背离""生产企业无实际生产能力且无委托加工""生产企业生产能耗与销售情况严重不符""生产企业购进货物不能直接生产其销售的货物且无委托加工""直接走逃（失联）不纳税申报""通过填列增值税纳税申报表相关栏次，进行虚假申报"。若走逃（失联）企业同时存在多个类型的问题，应当在"附加说明"中完整列举。

"附加说明"示例：该企业于2017年3月20日认定为走逃（失联）企业，存在商贸企业购销货物严重背离、直接走逃（失联）不纳税申报等问题，该份发票确定为异常凭证。

2. 解除走逃（失联）企业，并解除异常凭证。

"附加说明"中应填列"该企业于××年××月××日解除走逃（失联）企业认定，该份发票同时解除异常凭证认定。"

（四）其他项目的填写及审核流程按照现行规定执行。

二、异常凭证接受方主管税务机关处理流程

（一）回复核查信息

异常凭证接受方主管税务机关完成核查处理后，登陆抵扣凭证审核检查管理信息系统，选择"异地核查管理"——"异地核查回复信息处理"——"录入异地核查回复信息"。

一级结果代码选择"辖区内有此纳税人"，二级代码选择"有相应抵扣联"，三级代码和"附加说明"按下列要求填列：

1. 不允许抵扣或办理退税的，三级代码应选择"存抵不相符"，"附加说明"中填列："该份发票已于××年××月××日按照异常凭证有关规定处理"。

2. 经税务机关核实，符合现行增值税进项抵扣或出口退税有关规定的，三级代码应选择"存抵相符"，"附加说明"中填列："经核实该份发票符合现行增值税进项抵扣或出口退税有关规定"。

3. 对于收到的"解除走逃（失联）企业开具异常凭证"的，且该抵扣联在本辖区存在的，则三级代码应选择"存抵相符"。"附加说明"中填列："该份发票已于××年××月××日允许其继续申报抵扣或办理出口退税"。

若经税务机关核实，辖区内找不到对应的异常凭证接受方，则一级结果代码选择"辖区内无此纳税人"，附加说明中无须进一步说明。

（二）录入税务处理结果

选择"异地核查管理"——"异地核查税务处理"——"录入税务处理结果"。

1. 不允许抵扣或办理退税的，根据实际情况在"附加说明"中填列："该份发票已于××年××月××日暂不允许抵扣，税额为××元"或"该份发票已于××年××月××日暂不允许办理出口退税××元，缴纳担保金额××元"。

2. 经税务机关核实，符合现行增值税进项抵扣或出口退税有关规定的，在"附加说明"中填列："经核实该份发票符合现行增值税进项抵扣或出口退税有关规定"。

（三）对于需要移交稽查处理的，选择"异地核查管理"——"移交稽查处理"——"移交稽查处理模块"。

三、向出口退税部门传递异常凭证信息

在抵扣凭证审核检查管理信息系统未完成功能优化完善前，各省国税局负责系统运维的部门将收到的异常凭证信息、解除异常凭证信息导出，按旬传递给出口退（免）税管理部门。

（摘自《国家税务总局关于印发＜异常增值税扣税凭证处理操作规程（试行）＞的通

知》附件，2017 年 4 月 28 日税总发〔2017〕46 号）

政策解析

税务机关对走逃（失联）企业异常增值税扣税凭证的处理

一、走逃（失联）企业的异常凭证

税务机关依照规定的程序和方法履行规定的手续后，依法判定为走逃（失联）的企业，发生下列情形之一的，所对应属期开具的增值税专用发票列入异常凭证范围。

1. 商贸企业购进、销售货物名称严重背离的；生产企业无实际生产加工能力且无委托加工，或生产能耗与销售情况严重不符，或购进货物并不能直接生产其销售的货物且无委托加工的。

2. 直接走逃失踪不纳税申报，或虽然申报但通过填列增值税纳税申报表相关栏次，规避税务机关审核比对，进行虚假申报的。

政策依据：《关于走逃（失联）企业开具增值税专用发票认定处理有关问题的公告》（国家税务总局公告 2016 年第 76 号）。

二、税收风险分析评估中发现的异常凭证

发生下列第二种情形，导致税务机关无法实施约谈的，在纳税人主动联系主管税务机关之前，主管税务机关可通过增值税发票系统升级版暂停该纳税人开具发票，并将其取得和开具的增值税发票列入异常凭证范围，录入增值税抵扣凭证审核检查系统。

1. 增值税一般纳税人存在购进、销售货物（服务）品名明显背离，虚假填列纳税申报表特定项目以规避税务机关审核比对等。

2. 电话、地址等税务登记信息虚假无法联系或两次约谈不到。

政策依据：《关于异常增值税扣税凭证抵扣问题的通知》（税总发〔2015〕148 号）。

三、发票开具和纳税申报数据监控发现的异常凭证

税务机关在对纳税人开票数据进行实时监控分析预警中发现下列第一种情形的，或者对增值税纳税申报数据的监控中发现下列第二种情形的，作为异常情形，应及时约谈纳税人。因下列第三种情形，导致无法约谈的，主管税务机关可通过升级版暂停该纳税人开具发票，同时暂停其网上申报业务，将其近 60 天内（自纳税人最后一次开票日期算起）取得和开具的增值税发票列入异常发票范围，并应在 2 个工作日内，录入增值税抵扣凭证审核检查系统，开展异常发票委托核查。

1. 纳税人存在购销不匹配、有销项无进项、大部分发票顶额开具、发票开具后大量作废、发票开具金额突增等异常情形。

2. 纳税人当期申报存在未开具发票（或开具其他发票）栏次填报负数；无免税备案但有免税销售额；应纳税额减征额填报金额较大；进项税额转出填报负数；当期农产品抵扣进项占总进项比例较大且与实际经营情况不符；代扣代缴税收缴款凭证、运输费用结算单据等栏填报数额异常等情形。

3. 地址、电话等税务登记信息虚假无法联系或者经税务机关两次约谈不到的。

政策依据:《国家税务总局关于加强增值税发票数据应用防范税收风险的指导意见》(税总发〔2015〕122 号)。

四、非正常户的失控发票

已办理税务登记的纳税人发生未按照规定的期限申报纳税情形的,在税务机关责令其限期改正后,逾期仍然不改正的,税务机关应当派员实施实地检查程序。对于履行核查手续后,查无下落并且无法强制其履行纳税义务的,由检查人员制作非正常户认定书,存入纳税人档案,认定其为非正常户。对于非正常户所持有的增值税发票,税务机关按照失控发票采集标准,将相关增值税专用发票列入防伪税控系统,实施失控发票管理。

政策依据:《国家税务总局关于修改<税务登记管理办法>的决定》(国家税务总局令第 36 号)、《国家税务总局关于失控增值税专用发票处理的批复》(国税函〔2008〕607号)。

五、稽核比对结果的异常抵扣凭证

在增值税稽核比对中,通过全国增值税专用发票稽核系统产生稽核比对结果为"不符""缺联""属于作废"的增值税专用发票,列入异常抵扣凭证管理。对于这些异常凭证的判断和处理需要结合不同的情况。

1."不符"发票

(1)抵扣联票面信息与抵扣联电子信息相符的,传递给销售方主管税务机关审核检查;

(2)抵扣联票面信息与抵扣联电子信息不相符、与存根联电子信息相符的,按相关规定进行处理;

(3)抵扣联票面信息与抵扣联、存根联电子信息均不相符的,根据抵扣联票面信息修改抵扣联电子信息,传递给销售方主管税务机关审核检查。

2."缺联"发票

(1)抵扣联票面信息与抵扣联电子信息相符的,传递给销售方主管税务机关审核检查;

(2)抵扣联的票面信息与抵扣联电子信息不相符的,根据抵扣联票面信息修改抵扣联电子信息,传递给销售方主管税务机关审核检查。

3."属于作废"发票

(1)纳税人未申报抵扣的,按规定进行处理;

(2)纳税人已申报抵扣,传递给销售方主管税务机关审核检查。

政策依据:《增值税专用发票审核检查操作规程(试行)》(国税发〔2008〕33 号)。

12.1.2.5 对风险纳税人限额限量控制发票

(三)加强对风险纳税人的发票发放管理。对以下几类纳税人,主管税务机关可以严格控制其增值税专用发票(以下简称专用发票)发放数量及最高开票限额。

1."一址多照"、无固定经营场所的纳税人。

2.纳税信用评价为 D 级的纳税人。

3.其法人或财务负责人曾任非正常户的法人或财务负责人的纳税人。

4. 其他税收风险等级较高的纳税人。

（四）加强对部分纳税人的发票开具管理。对本条第（三）项规定的几类纳税人，主管税务机关可暂不允许其离线开具发票，新办理一般纳税人登记的纳税人（特定纳税人除外）纳入升级版的前 3 个月内也应在线开具发票。

（摘自《国家税务总局关于加强增值税发票数据应用防范税收风险的指导意见》，2015 年 10 月 14 日税总发〔2015〕122 号）

一、同时满足下列条件的新办纳税人首次申领增值税发票，主管税务机关应当自受理申请之日起 2 个工作日内办结，有条件的主管税务机关当日办结：

（一）纳税人的办税人员、法定代表人已经进行实名信息采集和验证（需要采集、验证法定代表人实名信息的纳税人范围由各省税务机关确定）；

（二）纳税人有开具增值税发票需求，主动申领发票；

（三）纳税人按照规定办理税控设备发行等事项。

二、新办纳税人首次申领增值税发票主要包括发票票种核定、增值税专用发票（增值税税控系统）最高开票限额审批、增值税税控系统专用设备初始发行、发票领用等涉税事项。

三、税务机关为符合本公告第一条规定的首次申领增值税发票的新办纳税人办理发票票种核定，增值税专用发票最高开票限额不超过 10 万元，每月最高领用数量不超过 25 份；增值税普通发票最高开票限额不超过 10 万元，每月最高领用数量不超过 50 份。各省税务机关可以在此范围内结合纳税人税收风险程度，自行确定新办纳税人首次申领增值税发票票种核定标准。

（摘自《国家税务总局关于新办纳税人首次申领增值税发票有关事项的公告》，2018 年 6 月 11 日国家税务总局公告 2018 年第 29 号）

（五）限制性措施。税务约谈无法联系或两次无故不到的（发现第二十九条所列情形），风险应对部门可会同主管税务机关采取下列一项或多项风险防范措施。

1. 增值税一般纳税人核定发票最高开票限额不得超过一万元，月发票发放数量不得超过 10 份；增值税小规模纳税人核定发票最高开票限额不得超过一万元，月发票发放数量不得超过 10 份；

2. 调减增值税发票最高开票限额及发票发放数量；

3. 限制提高或临时提高增值税发票最高开票限额及发票发放数量；

4. 限制离线开具发票；

5. 限制代开发票；

6. 限制开具发票；

7. 限制使用电子税务局（含网上办税平台、微信办税、税务 APP 等）等渠道办理网上申领发票、网上抄报税、网上申报、自助办税终端及邮寄配送发票等便捷办税方式；

8. 限制办理税务登记迁移和注销手续；

9. 纳入增值税发票管理系统风险纳税人名单管理；

10. 税务总局、省税务机关依法确定的其他风险防范措施。

涉及增值税专用发票最高开票限额调整的，应当按照行政许可的相关程序规定执行。

（六）风险应对过程中发现纳税人其他税收风险点的，应当一并进行处理。对于已排除风险或已接受处理的纳税人，主管税务机关应当及时解除已实施的限制性措施。

第二十六条　省税务机关应当建立增值税发票风险任务应对质量复核机制，货物劳务税部门牵头，所得税、征管科技、督察内审、税务稽查等部门配合，按照风险任务总量的一定比例，重点选取应对效果不明显、下发疑点未消除的风险任务，开展应对结果复核，必要时可组织交叉检查。具体复核比例由省税务机关确定。

第二十七条　风险应对中确认的税收风险点，风险应对部门应当会同主管税务机关督促纳税人进行整改。涉及补缴税款、滞纳金的，依法组织入库。

第二十八条　风险应对中，发现纳税人有逃避缴纳税款、虚开增值税发票、骗取出口退税或其他需要立案查处的税收违法行为嫌疑的，风险应对部门制作《移交税务稽查情况表》，将相关问题及资料移交稽查部门处理。

移交稽查部门的风险任务经选案分析后，不具备立案查处条件的，稽查部门应填写《移交风险任务情况表》，经部门主管领导批准后，移交同级风险应对部门。

第二十九条　除风险应对外，税务机关发现纳税人有下列情形之一的，可采取本办法第二十五条第五项所列限制性措施实施处理。

（一）注册地址、经营地址、联系方式虚假、开票 IP 地址异常。

（二）不按照规定办理纳税申报，开具发票与纳税申报数据严重不符，涉嫌通过填列增值税纳税申报表特定栏次虚假申报。

（三）开具的增值税专用发票被列入异常增值税扣税凭证的走逃（失联）纳税人。

（四）增值税小规模纳税人月开具发票（含代开发票）金额超过省税务机关确定金额的。

（五）税务总局、省税务机关确定的其他风险情形。

经主管税务机关风险提示、税务约谈、纳税辅导等措施排除风险的，应当及时解除限制性措施，同时保留工作痕迹；确有风险疑点的，主管税务机关移交风险应对部门实施风险应对。

（摘自《国家税务总局关于印发＜增值税发票风险管理办法（试行）＞的通知》，2018年 4 月 23 日税总发〔2018〕51 号）

12.1.3　虚开的增值税专用发票不得抵扣

税务机关对纳税人虚开增值税专用发票的行为，应按《中华人民共和国税收征收管理办法》及《中华人民共和国发票管理办法》的有关规定给予处罚。纳税人取得虚开的增值税专用发票，不得作为增值税合法有效的扣税凭证抵扣其进项税额。

（摘自《国家税务总局关于纳税人虚开增值税专用发票征补税款问题的公告》，2012 年7 月 9 日国家税务总局公告 2012 年第 33 号）

12.1.3.1　虚开增值税专用发票的定性

虚开增值税专用发票是指有为他人虚开、为自己虚开、让他人为自己虚开、介绍他人虚开增值税专用发票行为之一的。

（摘自《全国人民代表大会常务委员会关于惩治虚开、伪造和非法出售增值税专用发票犯罪的决定》，1995年10月30日中华人民共和国主席令第五十七号）

具有下列行为之一的，属于"虚开增值税专用发票"：

（1）没有货物购销或者没有提供或接受应税劳务而为他人、为自己、让他人为自己、介绍他人开具增值税专用发票；

（2）有货物购销或者提供或接受了应税劳务但为他人、为自己、让他人为自己、介绍他人开具数量或者金额不实的增值税专用发票；

（3）进行了实际经营活动，但让他人为自己代开增值税专用发票。

（摘自《最高人民法院关于适用〈全国人民代表大会常务委员会关于惩治虚开、伪造和非法出售增值税专用发票犯罪的决定〉的若干问题的解释》，1996年10月17日法发〔1996〕30号）

政策解析 ●

典型虚开发票企业的八类特征

（一）不具备生产能力的生产企业

生产企业的设施、设备最大生产能力远低于账面产值，或没有与生产经营活动匹配的设施、设备，或者没有与生产的产品相匹配的物料、水、电、人工等必要的生产要素的，以及开具发票货物为特殊商品、药品而不具备相应生产资质的生产企业。

（二）虚构委托加工业务

以购进农产品抵扣增值税进项税额为主的企业，农产品收购真实性难以逐一查实，但取得加工费发票（包括税务机关代开发票）、虚构委托加工业务开具增值税专用发票及无必要的生产要素的。

（三）进、销项不一致的商贸企业

开具的增值税销项发票（包括销货清单）货物与对应的增值税进项发票（包括销货清单）所列货物品名、规格等大部分不一致的企业。

（四）交易资金信息大部分不真实

企业存在以下情形之一的，应认定为交易资金信息不真实：

1. 利用银行账户回流资金。采取银行转账方式结算的，开票方通过各种渠道向受票企业或受票企业关联人员，部分或全部资金回流。

2. 利用银行承兑汇票虚假结算。采取银行承兑汇票方式结算的，经出票行证实承兑汇票为伪造、变造的；承兑汇票背书、转让未经开票方或受票方，或两者均未背书记载的。

3. 大宗交易未付款或虚假现金支付。结算方式不符合经营常规的，大宗交易长期挂账无收付款项、巨额现金支付无合理来源、受票方有支付凭证但通过调取开票方银行对账单证实开票方并未收到相应款项或收款凭证。尤其是资金往来长期挂账，受票企业已抵扣税款，部分或全部资金未支付，但开票方已经注销、走逃的。

4. 其他资金回流形式。涉案企业通过报销费用、发放工资、支付销售提成等方式回流资金；或由涉案企业成立咨询公司、服务公司虚构经营业务，通过支付咨询费、服务费等方式回流资金。

（五）收付虚开手续费

收付虚开手续费是指受票方按虚开发票票面金额的一定比例向开票方或中间人支付的款项。主要形式有：

一是从资金往来中直接扣除虚开手续费；

二是通过企业和涉案人员的银行账户单独支付虚开手续费；

三是通过现金支付虚开手续费。

（六）虚假注册

存在以下情形之一的，应为虚假注册：

1. 虚假注册法定代表人，是指企业用于登记注册的身份证被公安机关证实为伪造、变造，或冒用他人身份证，或登记注册的法定代表人不是企业的实际控制人。

2. 虚假注册资本，是指企业抽逃注册资本，或在无赊销、无外借款的情况下，注册资本与企业经营规模严重不匹配。

3. 虚假注册地址，是指企业注册地址不存在，或不具备生产、经营、仓储等条件，或从未开展过经营活动的地址；或多家企业共用一个注册地址。

（七）货物流与发票内容大部分不一致

企业存在以下情形之一的，应认定为货物流与发票开具内容不一致：

1. 上游或者下游企业经检查没有相应货物出库、入库记录；

2. 出入库记录货物名称、数量、收货人、发货人等要素有与发票开具内容不一致的；

3. 虚构购销货物运输业务或者没有货物运输业务的。

（八）已证实虚开通知单

根据《税收违法案件发票协查管理办法（试行)》，委托方税务机关已出具已证实虚开通知单及相关证据资料的。

12.1.3.2 取得虚开增值税专用发票的处理

最近，一些地区国家税务局询问，对纳税人取得虚开的增值税专用发票（以下简称专用发票）如何处理。经研究，现明确如下：

一、受票方利用他人虚开的专用发票，向税务机关申报抵扣税款进行偷税的，应当依照《中华人民共和国税收征收管理法》及有关规定追缴税款，处以偷税数额五倍以下的罚款；进项税金大于销项税金的，还应当调减其留抵的进项税额。利用虚开的专用发票进行骗取出口退税的，应当依法追缴税款，处以骗税数额五倍以下的罚款。

二、在货物交易中，购货方从销售方取得第三方开具的专用发票，或者从销货地以外的地区取得专用发票，向税务机关申报抵扣税款或者申请出口退税的，应当按偷税、骗取出口退税处理，依照《中华人民共和国税收征收管理法》及有关规定追缴税款，处以偷税、骗税数额五倍以下的罚款。

三、纳税人以上述第一条、第二条所列的方式取得专用发票未申报抵扣税款，或者未申请出口退税的，应当依照《中华人民共和国发票管理办法》及有关规定，按所取得专用发票的份数，分别处以1万元以下的罚款；但知道或者应当知道取得的是虚开的专用发票，或者让他人为自己提供虚开的专用发票的，应当从重处罚。

四、利用虚开的专用发票进行偷税、骗税，构成犯罪的，税务机关依法进行追缴税款等行政处理，并移送司法机关追究刑事责任。

（摘自《国家税务总局关于纳税人取得虚开的增值税专用发票处理问题的通知》，1997年8月8日国税发〔1997〕134号）

为了严格贯彻执行《国家税务总局关于纳税人取得虚开的增值税专用发票处理问题的通知》（国税发〔1997〕134号，以下简称134号文件），严厉打击虚开增值税专用发票活动，保护纳税人的合法权益，现对有关问题进一步明确如下：

有下列情形之一的，无论购货方（受票方）与销售方是否进行了实际的交易，增值税专用发票所注明的数量、金额与实际交易是否相符，购货方向税务机关申请抵扣进项税款或者出口退税的，对其均应按偷税或者骗取出口退税处理。

一、购货方取得的增值税专用发票所注明的销售方名称、印章与其进行实际交易的销售方不符的，即134号文件第二条规定的"购货方从销售方取得第三方开具的专用发票"的情况。

二、购货方取得的增值税专用发票为销售方所在省（自治区、直辖市和计划单列市）以外地区的，即134号文件第二条规定的"从销货地以外的地区取得专用发票"的情况。

三、其他有证据表明购货方明知取得的增值税专用发票系销售方以非法手段获得的，即134号文件第一条规定的"受票方利用他人虚开的专用发票，向税务机关申报抵扣税款进行偷税"的情况。

（摘自《国家税务总局关于＜国家税务总局关于纳税人取得虚开的增值税专用发票处理问题的通知＞的补充通知》，2000年11月06日国税发〔2000〕182号）

12.1.3.3　善意取得虚开的增值税专用发票的处理

购货方与销售方存在真实的交易，销售方使用的是其所在省（自治区、直辖市和计划单列市）的专用发票，专用发票注明的销售方名称、印章、货物数量、金额及税额等全部内容与实际相符，且没有证据表明购货方知道销售方提供的专用发票是以非法手段获得的，对购货方不以偷税或者骗取出口退税论处。但应按有关规定不予抵扣进项税款或者不予出口退税；购货方已经抵扣的进项税款或者取得的出口退税，应依法追缴。

（摘自《国家税务总局关于纳税人善意取得虚开的增值税专用发票处理问题的通知》，

2000 年 11 月 16 日国税发〔2000〕187 号）

纳税人善意取得虚开的增值税专用发票，如能重新取得合法、有效的专用发票，准许其抵扣进项税款；如不能重新取得合法、有效的专用发票，不准其抵扣进项税款或追缴其已抵扣的进项税款。

纳税人善意取得虚开的增值税专用发票被依法追缴已抵扣税款的，不属于税收征收管理法第三十二条"纳税人未按照规定期限缴纳税款"的情形，不适用该条"税务机关除责令限期缴纳外，从滞纳税款之日起，按日加收滞纳税款万分之五的滞纳金"的规定。

（摘自《国家税务总局关于纳税人善意取得虚开增值税专用发票已抵扣税款加收滞纳金问题的批复》，2007 年 12 月 12 日国税函〔2007〕1240 号）

12.1.3.4　不属于虚开增值税专用发票的情形

纳税人通过虚增增值税进项税额偷逃税款，但对外开具增值税专用发票同时符合以下情形的，不属于对外虚开增值税专用发票：

一、纳税人向受票方纳税人销售了货物，或者提供了增值税应税劳务、应税服务；

二、纳税人向受票方纳税人收取了所销售货物、所提供应税劳务或者应税服务的款项，或者取得了索取销售款项的凭据；

三、纳税人按规定向受票方纳税人开具的增值税专用发票相关内容，与所销售货物、所提供应税劳务或者应税服务相符，且该增值税专用发票是纳税人合法取得、并以自己名义开具的。

受票方纳税人取得的符合上述情形的增值税专用发票，可以作为增值税扣税凭证抵扣进项税额。

本公告自 2014 年 8 月 1 日起施行。此前未处理的事项，按照本公告规定执行。

（摘自《国家税务总局关于纳税人对外开具增值税专用发票有关问题的公告》，2014 年 7 月 2 日国家税务总局公告 2014 年第 39 号）

政策解析

根据《中华人民共和国发票管理办法》第三十七条，虚开发票的，由税务机关没收违法所得；虚开金额在 1 万元以下的，可以并处 5 万元以下的罚款；虚开金额超过 1 万元的，并处 5 万元以上 50 万元以下的罚款；构成犯罪的，依法追究刑事责任。

根据《国家税务总局关于纳税人虚开增值税专用发票征补税款问题的公告》（国家税务总局公告 2012 年第 33 号），纳税人虚开增值税专用发票，未就其虚开金额申报并缴纳增值税的，应按照其虚开金额补缴增值税；已就其虚开金额申报并缴纳增值税的，不再按照其虚开金额补缴增值税。税务机关对纳税人虚开增值税专用发票的行为，应按《中华人民共和国税收征收管理法》及《中华人民共和国发票管理办法》的有关规定给予处罚。纳税人取得虚开的增值税专用发票，不得作为增值税合法有效的扣税凭证抵扣其进项税额。

虚开增值税专用发票，以危害税收征管罪入刑，属于比较严重的刑事犯罪。纳税人对外开具增值税专用发票，是否属于虚开增值税专用发票，需要以事实为依据，准确进行界定。为此，国家税务总局制定发布了该公告。公告列举了三种情形，纳税人对外开具增值税专用发票，同时符合的，则不属于虚开增值税专用发票，受票方可以抵扣进项税额。

理解本公告，需要把握以下几点：

一、纳税人对外开具的销售货物的增值税专用发票，纳税人应当拥有货物的所有权，包括以直接购买方式取得货物的所有权，也包括"先卖后买"方式取得货物的所有权。所谓"先卖后买"，是指纳税人将货物销售给下家在前，从上家购买货物在后。

二、以挂靠方式开展经营活动在社会经济生活中普遍存在，挂靠行为如何适用本公告，需要视不同情况分别确定。

第一，如果挂靠方以被挂靠方名义，向受票方纳税人销售货物、提供增值税应税劳务或者应税服务，应以被挂靠方为纳税人。被挂靠方作为货物的销售方或者应税劳务、应税服务的提供方，按照相关规定向受票方开具增值税专用发票，属于本公告规定的情形。

第二，如果挂靠方以自己名义向受票方纳税人销售货物、提供增值税应税劳务或者应税服务，被挂靠方与此项业务无关，则应以挂靠方为纳税人。这种情况下，被挂靠方向受票方纳税人就该项业务开具增值税专用发票，不在本公告规定之列。

三、本公告是对纳税人的某一种行为不属于虚开增值税专用发票所做的明确，目的在于既保护好国家税款安全，又维护好纳税人的合法权益。换一个角度说，本公告仅仅界定了纳税人的某一行为不属于虚开增值税专用发票，并不意味着非此即彼，从本公告并不能反推出不符合三种情形的行为就是虚开。比如，某一正常经营的研发企业，与客户签订了研发合同，收取了研发费用，开具了增值税专用发票，但研发服务还没有发生或者还没有完成。这种情况不能因为本公告列举了"向受票方纳税人销售了货物，或者提供了增值税应税劳务、应税服务"，就判定该研发企业虚开增值税专用发票。

12.1.4　账外经营部分增值税专用发票的处理

鉴于纳税人采用账外经营手段进行偷税，其取得的账外经营部分防伪税控专用发票，未按规定的时限进行认证，或者未在认证通过的当月按照增值税有关规定核算当期进项税额并申报抵扣，因此，不得抵扣其账外经营部分的销项税额。

（摘自《国家税务总局关于增值税一般纳税人取得的账外经营部分防伪税控增值税专用发票进项税额抵扣问题的批复》，2005 年 8 月 3 日国税函〔2005〕763 号）

《国家税务总局关于增值税一般纳税人取得的账外经营部分防伪税控增值税专用发票进项税额抵扣问题的批复》（国税函〔2005〕763 号）为部分有效文件，其中，第三段"鉴于纳税人采用账外经营手段进行偷税，其取得的账外经营部分防伪税控专用发票，未按上述规定的时限进行认证，或者未在认证通过的当月按照增值税有关规定核算当期进项税额并申报抵扣，因此，不得抵扣其账外经营部分的销项税额"的规定现行有效。

（摘自《国家税务总局关于增值税规范性文件有效性问题的批复》，2015 年 3 月 20 日税总函〔2015〕161 号）

12.1.5 "黑名单"制度的建立与管理

12.1.5.1 "黑名单"制度的建立

税务系统内部特别关注信息待税务总局相关税收管理信息化系统功能及管理办法【注：《关于印发<出口退税审核关注信息管理办法>的通知》国税发〔2011〕22 号】完善后会自动提取，税务总局将与其他相关部委协调建立各自管理业务的"黑名单"记录信息共享机制。

（摘自《国家税务总局关于采集出口退税审核特别关注信息的通知》，2010 年 2 月 9 日国税函〔2010〕65 号）

建立经营异常名录制度，将未按规定期限公示年度报告、通过登记的住所（经营场所）无法取得联系等的市场主体载入经营异常名录，并在市场主体信用信息公示系统上向社会公示。进一步推进"黑名单"管理应用，完善以企业法人法定代表人、负责人任职限制为主要内容的失信惩戒机制。建立联动响应机制，对被载入经营异常名录或"黑名单"、有其他违法记录的市场主体及其相关责任人，各有关部门要采取有针对性的信用约束措施，形成"一处违法，处处受限"的局面。建立健全境外追偿保障机制，将违反认缴义务、有欺诈和违规行为的境外投资者及其实际控制人列入"重点监控名单"，并严格审查或限制其未来可能采取的各种方式的对华投资。

（摘自《国务院关于印发注册资本登记制度改革方案的通知》，2014 年 2 月 7 日国发〔2014〕7 号）

建立促进诚信纳税机制。对纳税信用好的纳税人，开通办税绿色通道，在资料报送、发票领用、出口退税等方面提供更多便利，减少税务检查频次或给予一定时期内的免检待遇，开展银税互动助力企业发展。对进入税收违法"黑名单"的当事人，严格税收管理，与相关部门依法联合实施禁止高消费、限制融资授信、禁止参加政府采购、限制取得政府供应土地和政府性资金支持、阻止出境等惩戒，让诚信守法者畅行无阻，让失信违法者寸步难行。

（摘自《中共中央办公厅 国务院办公厅印发<深化国税、地税征管体制改革方案>》，2015 年 11 月 23 日中办发〔2015〕56 号）

将税务稽查随机抽查结果纳入纳税信用和社会信用记录，按规定推送至全国信用信息共享交换平台和全国企业信用信息公示系统平台，与相关部门实现信息共享；将严重税收违法行为列入税收违法"黑名单"，实施联合惩戒。

（摘自《国家税务总局关于印发<推进税务稽查随机抽查实施方案>的通知》，2015 年 8 月 25 日税总发〔2015〕104 号）

全面建立纳税人信用记录，纳入国家统一信用信息共享交换平台，推进纳税信用与其他社会信用联动管理。完善纳税信用管理制度。建立税收违法黑名单制度，加强协同监管并对税收违法失信行为实施联合惩戒。

（摘自《国家税务总局关于深化行政审批制度改革切实加强事中事后管理的指导意见》，2016 年 2 月 28 日税总发〔2016〕28 号）

12.1.5.2 "黑名单"制度的管理

在清税后，经举报等线索发现少报、少缴税款的，税务机关将相关信息传至登记机关，纳入"黑名单"管理。

（摘自《国家税务总局关于落实"三证合一"登记制度改革的通知》，2015 年 9 月 10 日税总函〔2015〕482 号）

12.1.6 重大税收违法失信联合惩戒

重大税收违法失信案件信息公布办法

第一章 总则

第一条 为维护正常的税收征收管理秩序，惩戒严重涉税违法失信行为，推进社会信用体系建设，根据《中华人民共和国税收征收管理法》、《国务院关于印发社会信用体系建设规划纲要（2014－2020 年）的通知》（国发〔2014〕21 号）和《国务院关于建立完善守信联合激励和失信联合惩戒制度加快推进社会诚信建设的指导意见》（国发〔2016〕33 号），制定本办法。

第二条 税务机关依照本办法的规定，向社会公布重大税收违法失信案件信息，并将信息通报相关部门，共同实施严格监管和联合惩戒。

第三条 公布重大税收违法失信案件信息和对当事人实施惩戒，应当遵循依法行政、公平公正、统一规范的原则。

第四条 按照谁检查、谁负责的原则，对公布的案件实施检查的税务机关对公布案件信息的合法性、真实性和准确性负责。

第二章 案件标准

第五条 本办法所称"重大税收违法失信案件"是指符合下列标准的案件：

（一）纳税人伪造、变造、隐匿、擅自销毁账簿、记账凭证，或者在账簿上多列支出或者不列、少列收入，或者经税务机关通知申报而拒不申报或者进行虚假的纳税申报，不缴或者少缴应纳税款 100 万元以上，且任一年度不缴或者少缴应纳税款占当年各税种应纳税总额 10% 以上的；

（二）纳税人欠缴应纳税款，采取转移或者隐匿财产的手段，妨碍税务机关追缴欠缴的税款，欠缴税款金额 10 万元以上的；

（三）骗取国家出口退税款的；

（四）以暴力、威胁方法拒不缴纳税款的；

（五）虚开增值税专用发票或者虚开用于骗取出口退税、抵扣税款的其他发票的；

（六）虚开普通发票 100 份或者金额 40 万元以上的；

（七）私自印制、伪造、变造发票，非法制造发票防伪专用品，伪造发票监制章的；

（八）具有偷税、逃避追缴欠税、骗取出口退税、抗税、虚开发票等行为，经税务机关检查确认走逃（失联）的；

（九）其他违法情节严重、有较大社会影响的。

前款第八项所称"经税务机关检查确认走逃（失联）的"，是指检查对象在税务局稽查局案件执行完毕前，不履行税收义务并脱离税务机关监管的。

第六条　符合本办法第五条规定的重大税收违法失信案件，税务局稽查局依法做出《税务处理决定书》或者《税务行政处罚决定书》的，当事人在法定期间内没有申请行政复议或者提起行政诉讼，或者经行政复议或者法院裁判对此案件最终确定效力后，按本办法处理；未作出《税务处理决定书》《税务行政处罚决定书》的走逃（失联）案件，经税务机关查证处理，进行公告 30 日后，按本办法处理。

第三章　信息公布

第七条　公布重大税收违法失信案件信息，应当主要包括以下内容：

（一）对法人或者其他组织，公布其名称，统一社会信用代码或者纳税人识别号，注册地址，法定代表人、负责人或者经法院裁判确定的实际责任人的姓名、性别及身份证号码（隐去出生年、月、日号码段，下同），经法院裁判确定的负有直接责任的财务人员、团伙成员的姓名、性别及身份证号码；

（二）对自然人，公布其姓名、性别、身份证号码；

（三）主要违法事实；

（四）走逃（失联）情况；

（五）适用的相关法律依据；

（六）税务处理、税务行政处罚等情况；

（七）实施检查的单位；

（八）对公布的重大税收违法失信案件负有直接责任的涉税专业服务机构及从业人员，税务机关可以依法一并公布其名称、统一社会信用代码或者纳税人识别号、注册地址，以及直接责任人的姓名、性别、身份证号码、职业资格证书编号等。

前款第一项中法人或者其他组织的法定代表人、负责人与违法事实发生时的法定代表人、负责人不一致的，应一并公布，并对违法事实发生时的法定代表人、负责人进行标注。

经法院裁判确定的实际责任人，与法定代表人或者负责人不一致的，除有证据证明法定代表人或者负责人有涉案行为外，只公布实际责任人信息。

第八条　省以下税务机关应及时将符合公布标准的案件信息录入相关税务信息管理系统，通过省税务机关门户网站向社会公布，同时可以根据本地区实际情况，通过本级税务机关公告栏、报纸、广播、电视、网络媒体等途径以及新闻发布会等形式向社会公布。

国家税务总局门户网站设立专栏链接省税务机关门户网站的公布内容。

第九条　符合本办法第五条第一款第一项、第二项规定的重大税收违法失信案件当事人，在公布前能按照《税务处理决定书》《税务行政处罚决定书》缴清税款、滞纳金和罚款的，经实施检查的税务机关确认，只将案件信息录入相关税务信息管理系统，不向社会公布该案件信息。

符合本办法第五条第一款第一项、第二项规定的重大税收违法失信案件当事人，在公布后能按照《税务处理决定书》《税务行政处罚决定书》缴清税款、滞纳金和罚款的，经实施检查的税务机关确认，停止公布并从公告栏中撤出，并将缴清税款、滞纳金和罚款的情况通知实施联合惩戒和管理的部门。

符合本办法第五条第一款第八项、第九项规定的重大税收违法失信案件当事人，具有偷税、逃避追缴欠税行为的，按照本条第一款、第二款规定处理。

第十条　重大税收违法失信案件信息发生变化的，应及时变更。

重大税收违法失信案件信息变化后不再符合本办法第五条规定的，经实施检查的税务机关确认，停止公布并从公告栏中撤出。

第十一条　重大税收违法失信案件信息自公布之日起满 3 年的，停止公布并从公告栏中撤出。

第十二条　案件信息一经录入相关税务信息管理系统，作为当事人的税收信用记录永久保存。

第四章　惩戒措施

第十三条　对按本办法向社会公布的当事人，依法采取以下措施：

（一）纳税信用级别直接判为 D 级，适用相应的 D 级纳税人管理措施；

（二）对欠缴查补税款的纳税人或者其法定代表人在出境前未按照规定结清应纳税款、滞纳金或者提供纳税担保的，税务机关可以依据《中华人民共和国税收征收管理法》相关规定，通知出入境管理机关阻止其出境；

（三）税务机关将当事人信息提供给参与实施联合惩戒的相关部门，由相关部门依法对当事人采取联合惩戒和管理措施；

（四）税务机关依法采取的其他严格管理措施。

第十四条　对按本办法第九条规定不向社会公布的当事人，纳税信用级别直接判为 D 级，适用相应的 D 级纳税人管理措施。

第十五条　国家税务总局和省税务机关通过约定方式，向同级参与联合惩戒的部门提供税务机关对外公布的本辖区内重大税收违法失信案件信息。

市以下税务机关是否向同级参与联合惩戒的部门提供对外公布的本辖区内重大税收违法失信案件信息，由市以下税务机关根据实际情况，与相关部门协商决定。

第十六条　重大税收违法失信案件信息实行动态管理，案件信息撤出或者发生变化的，税务机关应当及时向同级参与联合惩戒和管理的部门提供更新信息。

第五章　附则

第十七条　被公布的当事人对公布内容提出异议的，由实施检查的税务机关负责受理、复核和处理。

第十八条　本办法所称"以上"包含本数，"以下"包含本级。

第十九条　本办法自 2019 年 1 月 1 日起施行。《国家税务总局关于修订＜重大税收违法案件信息公布办法（试行）＞的公告》（国家税务总局公告2016年第24号，国家税务总局公告2018年第31号修改）同时废止。

（摘自《国家税务总局关于发布重大税收违法失信案件信息公布办法的公告》国家税务总局公告2018年第54号）

12.1.7　先行政处罚，后移送司法

第三十七条　违反本办法第二十二条第二款的规定虚开发票的，由税务机关没收违法所得；虚开金额在1万元以下的，可以并处5万元以下的罚款；虚开金额超过1万元的，并处5万元以上50万元以下的罚款；构成犯罪的【注：虚开税款金额≥1万元或骗税金额≥5000元】，依法追究刑事责任。

第三十九条　有下列情形之一的，由税务机关处1万元以上5万元以下的罚款；情节严重的，处5万元以上50万元以下的罚款；有违法所得的予以没收：

（二）知道或者应当知道是私自印制、伪造、变造、非法取得或者废止的发票而受让、开具、存放、携带、邮寄、运输的。

（摘自《中华人民共和国发票管理办法》，1993年12月23日财政部令第6号发布，2010年12月20日国务院令第587号修订）

12.2　发票的违法处理

12.2.1　全国人大常委会关于惩治增值税专用发票犯罪的决定

为了惩治虚开、伪造和非法出售增值税专用发票和其他发票进行偷税、骗税等犯罪活动，保障国家税收，特作如下决定：

一、虚开增值税专用发票的，处三年以下有期徒刑或者拘役，并处二万元以上二十万元以下罚金；虚开的税款数额巨大或者有其他严重情节的，处三年以上十年以下有期徒刑，并处五万元以上十万元以下罚金；虚开的税款数额特别巨大或者有其他特别严重情节的，处十年以上有期徒刑或者无期徒刑，并处没收财产。

有前款行为骗取国家税款，数额特别巨大、情节特别严重、给国家利益造成特别重大损失的，处无期徒刑或者死刑，并处没收财产。

虚开增值税专用发票的犯罪集团的首要分子，分别依照前两款的规定从重处罚。虚开增值税专用发票是指有为他人虚开、为自己虚开、让他人为自己虚开、介绍他人虚开增值税专用发票行为之一的。

二、伪造或者出售伪造的增值税专用发票的，处三年以下有期徒刑或者拘役，并处二万元以上二十万元以下罚金；数量较大或者有其他严重情节的，处三年以上十年以下有期徒刑，并处五万元以上五十万元以下罚金；数量巨大或者有其他特别严重情节的，处十年以上有期徒刑或者无期徒刑，并处没收财产。

伪造并出售伪造的增值税专用发票，数量特别巨大、情节特别严重、严重破坏经济秩

序的，处无期徒刑或者死刑，并处没收财产。

伪造、出售伪造的增值税专用发票的犯罪集团的首要分子，分别依照前两款的规定从重处罚。

三、非法出售增值税专用发票的，处三年以下有期徒刑或者拘役，并处二万元以上二十万元以下罚金；数量较大的，处三年以上十年以下有期徒刑，并处五万元以上五十万元以下罚金；数量巨大的，处十年以上有期徒刑或者无期徒刑，并处没收财产。

四、非法购买增值税专用发票或者伪造的增值税专用发票的，处五年以下有期徒刑、拘役，并处或者单处二万元以上二十万元以下罚金。

购买增值税专用发票或者伪造的增值税专用发票又虚开或者出售的，分别依照第一条、第二条、第三条的规定处罚。

五、虚开用于骗取出口退税、抵扣税款的其他发票，依照本决定第一条的规定处罚。

虚开用于骗取出口退税、抵扣税款的其他发票是指有为他人虚开、为自己虚开、让他人为自己虚开、介绍他人虚开用于骗取出口退税、抵扣税款的其他发票行为之一的。

六、伪造、擅自制造或者出售伪造、擅自制造的可以用于骗取出口退税、抵扣税款的其他发票的，处三年以下有期徒刑或者拘役，并处二万元以上二十万元以下罚金；数量巨大的，处三年以上七年以下有期徒刑，并处五万元以上五十万元以下罚金；数量特别巨大的，处七年以上有期徒刑，并处没收财产。

伪造、擅自制造或者出售伪造、擅自制造的前款规定以外的其他发票的，比照刑法第一百二十四条的规定处罚。

非法出售可以用于骗取出口退税、抵扣税款的其他发票的，依照第一款的规定处罚。

非法出售前款规定以外的其他发票的，比照刑法第一百二十四条的规定处罚。

七、盗窃增值税专用发票或者其他发票的，依照刑法关于盗窃罪的规定处罚。

使用欺骗手段骗取增值税专用发票或者其他发票的，依照刑法关于诈骗罪的规定处罚。

八、税务机关或者其他国家机关的工作人员有下列情形之一的，依照本决定的有关规定从重处罚。

（一）与犯罪分子相勾结，实施本决定规定的犯罪的。

（二）明知是虚开的发票，予以退税或者抵扣税款的。

（三）明知犯罪分子实施本决定规定的犯罪，而提供其他帮助的。

九、税务机关的工作人员违反法律、行政法规的规定，在发售发票、抵扣税款、出口退税工作玩忽职守，致使国家利益遭受重大损失的，处五年以下有期徒刑或者拘役；致使国家利益遭受特别重大损失的，处五年以上有期徒刑。

十、单位犯本决定第一条、第二条、第三条、第四条、第五条、第六条、第七条第二款规定之罪的，对单位判处罚金，并对直接负责的主管人员和其他直接负责人员依照各该条的规定追究刑事责任。

十一、有本决定第二条、第三条、第四条第一款、第六条规定的行为，情节显著轻微，尚不构成犯罪的，由公安机关处十五日以下拘留、五千元以下罚款。

十二、对追缴犯本决定规定之罪的犯罪分子的非法抵扣和骗取的税款，由税务机关上缴国库，其他的违法所得和供犯罪使用的财物一律没收。

供本决定规定的犯罪所使用的发票和伪造的发票一律没收。

十三、本决定自公布之日起施行。

（摘自《全国人民代表大会常务委员会关于惩治虚开、伪造和非法出售增值税专用发票犯罪的决定》，1995年10月30日中华人民共和国主席令第五十七号）

12.2.2　《中华人民共和国刑法》中有关惩治增值税专用发票违法犯罪的条款

第二百零五条　虚开增值税专用发票或者虚开用于梁取出口退税、抵扣税款的其他发票的，处三年以下有期徒刑或者拘役，并处二万元以上二十万元以下罚金；虚开的税救数额较大或者有其他严重情节的，处三年以上十年以下有期徒刑，并处五万元以上五十万元以下罚金；虚开的税款数额巨大或者有其他特别严重情节的，处十年以上有期徒刑或者无期徒刑，并处五万元以上五十万元以下罚金或者没收财产。有前款行为骗取国家税款，数额特别巨大，情节特别严重，给国家利益造成特别重大损失的，处无期徒刑或者死刑，并处没收财产。

单位犯本条规定之罪的，对单位判处罚金，并对其直接负责的主管人员和其他直接责任人员，处三年以下有期徒刑或者拘役；虚开的税款数额较大或者有其他严重情节的，处三年以上十年以下有期徒刑；虚开的税款数额巨大或者有其他特别严重情节的，处十年以上有期徒刑或者无期徒刑。

虚开增值税专用发票或者虚开用于骗取出口退税、抵扣税款的其他发票，是指有为他人虚开、为自己虚开、让他人为自己虚开、介绍他人虚开行为之一的。

第二百零六条　伪造或者出售伪造的增值税专用发票的，处三年以下有期徒刑、拘役或者管制，并处二万元以上二十万元以下罚金；数量较大或者有其他严重情节的，处三年以上十年以下有期徒刑，并处五万元以上五十万元以下罚金；数量巨大或者有其他特别严重情节的，处十年以上有期徒刑或者无期徒刑，并处五万元以上五十万元以下罚金或者没收财产。

伪造并出售伪造的增值税专用发票，数量特别巨大，情节特别严重，严重破坏经济秩序的，处无期徒刑或者死刑，并处没收财产。

单位犯本条规定之罪的，对单位判处罚金，并对其直接负责的主管人员和其他直接责任人员，处三年以下有期徒刑、拘役或者管制；数量较大或者有其他严重情节的，处三年以上十年以下有期徒刑；数量巨大或者有其他特别严重情节的，处十年以上有期徒刑或者无期徒刑。

第二百零七条　非法出售增值税专用发票的，处三年以下有期徒刑、拘役或者管制，并处二万元以上二十万元以下罚金；数量较大的，处三年以上十年以下有期徒刑，并处五万元以上五十万元以下罚金；数量巨大的，处十年以上有期徒刑或者无期徒刑，并处五万元以上五十万元以下罚金或者没收财产。

第二百零八条　非法购买增值税专用发票或者购买伪造的增值税专用发票的，处五年以下有期徒刑或者拘役，并处或者单处二万元以上二十万元以下罚金。

非法购买增值税专用发票或者购买伪造的增值税专用发票又虚开或者出售的，分别依照本法第二百零五条、第二百零六条、第二百零七条的规定定罪处罚。

第二百零九条　伪造、擅自制造或者出售伪造、擅自制造的可以用于骗取出口退税、抵扣税款的其他发票的，处三年以下有期徒刑、拘役或者管制，并处二万元以上二十万元以下罚金；数量巨大的，处三年以上七年以下有期徒刑，并处五万元以上五十万元以下罚金；数量特别巨大的，处七年以上有期徒刑，并处五万元以上五十万元以下罚金或者没收财产。

伪造、擅自制造或者出售伪造、擅自制造的前款规定以外的其他发票的，处二年以下有期徒刑、拘役或者管制，并处或者单处一万元以上五万元以下罚金；情节严重的，处二年以上七年以下有期徒刑，并处五万元以上五十万元以下罚金。

非法出售可以用于骗取出口退税、抵扣税款的其他发票的，依照第一款的规定处罚。

非法出售第三款规定以外的其他发票的，依照第二款的规定处罚。

第二百一十条　盗窃增值税专用发票或者可以用于骗取出口退税、抵扣税款的其他发票的，依照本法第二百六十四条的规定定罪处罚。

使用欺骗手段骗取增值税专用发票或者可以用于骗取出口退税、抵扣税款的其他发票的，依照本法第二百六十六条的规定定罪处罚。

第二百一十一条　单位犯本节第二百零一条、第二百零三条、第二百零四条、第二百零七条、第二百零八条、第二百零九条规定之罪的，对单位判处罚金，并对其直接负责的主管人员和其他直接责任人员，依照各该条的规定处罚。

（摘自《中华人民共和国刑法》，1979 年 7 月 7 日第五届全国人民代表大会第二次会议通过 1997 年 3 月 14 日第八届全国人民代表大会第五次会议修订 1997 年 3 月 14 日中华人民共和国主席令第八十三号公布，自 1997 年 10 月 1 日起施行）

12.2.3　最高人民法院关于惩治增值税专用发票犯罪适用的法律解释

为正确执行《全国人民代表大会常务委员会关于惩治虚开、伪造和非法出售增值税专用发票犯罪的决定》（以下简称《决定》），依法惩治虚开、伪造和非法出售增值税专用发票和其他发票犯罪，现就适用《决定》的若干具体问题解释如下：

一、根据《决定》第一条规定，虚开增值税专用发票的，构成虚开增值税专用发票罪。

具有下列行为之一的，属于"虚开增值税专用发票"：

（1）没有货物购销或者没有提供或接受应税劳务而为他人、为自己、让他人为自己、介绍他人开具增值税专用发票；

（2）有货物购销或者提供或接受了应税劳务但为他人、为自己、让他人为自己、介绍他人开具数量或者金额不实的增值税专用发票；

（3）进行了实际经营活动，但让他人为自己代开增值税专用发票。

虚开税款数额 1 万元以上的或者虚开增值税专用发票致使国家税款被骗取 5000 元以上的，应当依法定罪处罚。

虚开税款数额 10 万元以上的，属于"虚开的税款数额较大"；具有下列情形之一的，属于"有其他严重情节"：

（1）因虚开增值税专用发票致使国家税款被骗取 5 万元以上的；

（2）具有其他严重情节的。

虚开税款数额 50 万元以上的，属于"虚开的税款数额巨大"；具有下列情形之一的，属于"有其他特别严重情节"：

①因虚开增值税专用发票致使国家税款被骗取 30 万元以上的；

②虚开的税款数额接近巨大并有其他严重情节的；

③具有其他特别严重情节的。

利用虚开的增值税专用发票实际抵扣税款或者骗取出口退税 100 万元以上的，属于"骗取国家税款数额特别巨大"；造成国家税款损失 50 万元以上并且在侦查终结前仍无法追回的，属于"给国家利益造成特别重大损失"。利用虚开的增值税专用发票骗取国家税款数额特别巨大、给国家利益造成特别重大损失，为"情节特别严重"的基本内容。

虚开增值税专用发票犯罪分子与骗取税款犯罪分子均应当对虚开的税款数额和实际骗取的国家税款数额承担刑事责任。

利用虚开的增值税专用发票抵扣税款或者骗取出口退税的，应当依照《决定》第一条的规定定罪处罚；以其他手段骗取国家税款的，仍应依照《全国人民代表大会常务委员会关于惩治偷税、抗税犯罪的补充规定》的有关规定定罪处罚。

【注：根据《最高人民法院关于虚开增值税专用发票定罪量刑标准有关问题的通知》（2018 年 8 月 22 日法〔2018〕226 号）规定：自本通知下发之日起，人民法院在审判工作中不再参照执行法发〔1996〕30 号第一条规定的虚开增值税专用发票罪的定罪量刑标准】

二、根据《决定》第二条规定，伪造或者出售伪造的增值税专用发票的，构成伪造、出售伪造的增值税专用发票罪。伪造或者出售伪造的增值税专用发票 25 份以上或者票面额（千元版以每份 1 000 元，万元版以每份 1 万元计算，以此类推。下同）累计 10 万元以上的应当依法定罪处罚。

伪造或者出售伪造的增值税专用发票 100 份以上或者票面额累计 50 万元以上的，属于"数量较大"；具有下列情形之一的，属于"有其他严重情节"：

（1）违法所得数额在 1 万元以上的；

（2）伪造并出售伪造的增值税专用发票 60 份以上或者票面额累计 30 万元以上的；

（3）造成严重后果或者具有其他严重情节的。

伪造或者出售伪造的增值税专用发票 500 份以上或者票面额累计 250 万元以上的，属于"数量巨大"；具有下列情形之一的，属于"有其他特别严重情节"：

（1）违法所得数额在 5 万元以上的；

（2）伪造并出售伪造的增值税专用发票 300 份以上或者票面额累计 200 万元以上的；

（3）伪造或者出售伪造的增值税专用发票接近"数量巨大"并有其他严重情节的；

（4）造成特别严重后果或者具有其他特别严重情节的。

伪造并出售伪造的增值税专用发票1000份以上或者票面额累计1000万元以上的，属于"伪造并出售伪造的增值税专用发票数量特别巨大"；具有下列情形之一的，属于"情节特别严重"：

（1）违法所得数额在5万元以上的；

（2）因伪造、出售伪造的增值税专用发票致使国家税款被骗取100万元以上的；

（3）给国家税款造成实际损失50万元以上的；

（4）具有其他特别严重情节的。

对于伪造并出售伪造的增值税专用发票数量达到特别巨大，又具有特别严重情节，严重破坏经济秩序的，应当依照《决定》第二条第二款的规定处罚。

伪造并出售同一宗增值税专用发票的，数量或者票面额不重复计算。

变造增值税专用发票的，按照伪造增值税专用发票行为处理。

三、根据《决定》第三条规定，非法出售增值税专用发票的，构成非法出售增值税专用发票罪。

非法出售增值税专用发票案件的定罪量刑数量标准按照本解释第二条第二、三、四款的规定执行。

（摘自《最高人民法院关于适用＜全国人民代表大会常务委员会关于惩治虚开、伪造和非法出售增值税专用发票犯罪的决定＞的若干问题的解释》，1996年10月17日最高人民法院法发〔1996〕30号）

12.2.4　最高人民检察院、公安部关于公安机关管辖的刑事案件立案追诉标准的规定

第八条　隐匿或者故意销毁依法应当保存的会计凭证、会计账簿、财务会计报告，涉嫌下列情形之一的，应予立案追诉：

（一）涉及金额在五十万元以上的；

（二）依法应当提供而隐匿、故意销毁或者拒不交出会计凭证、会计账簿、财务会计报告的；

第五十七条　逃避缴纳税款，涉嫌下列情形之一的，应予立案追诉：

（一）逃税五万元以上且占百分之十以上，通知后不补缴或者不接受处罚的；

（二）纳税人五年内因逃税受过刑事处罚或者二次以上税务行政处罚，又逃税五万元且占百分之十以上的；

（三）扣缴义务人不缴或者少缴已扣、已收税款，数额在五万元以上的。

第五十九条　纳税人采取转移或者隐匿财产的手段，无法追缴欠税一万元以上，应予立案追诉。

第六十条　骗取国家出口退税款，数额在五万元以上的，应予立案追诉。

第六十一条　虚开其他发票，涉嫌下列情形之一的，应予立案追诉：

（一）一百份以上或者金额四十万元以上的；

（二）五年内因虚开发票行为受过行政处罚二次以上，又虚开发票的；

虚开增值税专用发票或者虚开用于骗取出口退税、抵扣税款的其他发票，虚开税款一万元以上或者骗税五千元以上的，应予立案追诉。

第六十四条　非法购买或者购买伪造的增值税专用发票二十五份以上或者票面额累计在十万元以上的，应予立案追诉。

第六十八条　明知是伪造的发票而持有，具有下列情形之一的，应予立案追诉：

（一）增值税专用发票五十份以上或者票面额累计在二十万元以上的，应予立案追诉；

（二）出口退税、抵扣税款的其他发票一百份以上或者票面额累计在四十万元以上的，应予立案追诉；

（三）其他发票二百份以上或者票面额累计在八十万元以上的，应予立案追诉。

（摘自《关于公安机关管辖的刑事案件立案追诉标准的规定（二）》，1999 年 9 月 9 日高检发研字〔1999〕10 号）

二、在《立案追诉标准（二）》中增加第六十一条之一：

虚开刑法第二百零五条规定以外的其他发票，涉嫌下列情形之一的，应予立案追诉：

（一）虚开发票一百份以上或者虚开金额累计在四十万元以上的；

（二）虽未达到上述数额标准，但五年内因虚开发票行为受过行政处罚二次以上，又虚开发票的；

（三）其他情节严重的情形。

三、在《立案追诉标准（二）》中增加第六十八条之一：

明知是伪造的发票而持有，具有下列情形之一的，应予立案追诉：

（一）持有伪造的增值税专用发票五十份以上或者票面额累计在二十万元以上的，应予立案追诉；

（二）持有伪造的可以用于骗取出口退税、抵扣税款的其他发票一百份以上或者票面额累计在四十万元以上的，应予立案追诉；

（三）持有伪造的第（一）项、第（二）项规定以外的其他发票二百份以上或者票面额累计在八十万元以上的，应予立案追诉。

（摘自《最高人民检察院、公安部关于公安机关管辖的刑事案件立案追诉标准的规定（二）的补充规定》，2011 年 11 月 21 日公通字〔2011〕47 号）

12.2.5　最高人民法院关于审理骗取出口退税刑事案件具体应用法律若干问题的解释

《最高人民法院关于审理骗取出口退税刑事案件具体应用法律若干问题的解释》已于 2002 年 9 月 9 日由最高人民法院审判委员会第 1241 次会议通过。现予公布，自 2002 年 9 月 23 日起施行。

最高人民法院

2002 年 9 月 17 日

最高人民法院关于审理骗取出口退税刑事案件具体应用法律若干问题的解释

(2002 年 9 月 9 日最高人民法院审判委员会第 1241 次会议通过)

为依法惩治骗取出口退税犯罪活动,根据《中华人民共和国刑法》的有关规定,现就审理骗取出口退税刑事案件具体应用法律的若干问题解释如下:

第一条　刑法第二百零四条规定的"假报出口",是指以虚构已税货物出口事实为目的,具有下列情形之一的行为:

(一)伪造或者签订虚假的买卖合同;

(二)以伪造、变造或者其他非法手段取得出口货物报关单、出口收汇核销单、出口货物专用缴款书等有关出口退税单据、凭证;

(三)虚开、伪造、非法购买增值税专用发票或者其他可以用于出口退税的发票;

(四)其他虚构已税货物出口事实的行为。

第二条　具有下列情形之一的,应当认定为刑法第二百零四条规定的"其他欺骗手段":

(一)骗取出口货物退税资格的;

(二)将未纳税或者免税货物作为已税货物出口的;

(三)虽有货物出口,但虚构该出口货物的品名、数量、单价等要素,骗取未实际纳税部分出口退税款的;

(四)以其他手段骗取出口退税款的。

第三条　骗取国家出口退税款 5 万元以上的,为刑法第二百零四条规定的"数额较大";骗取国家出口退税款 50 万元以上的,为刑法第二百零四条规定的"数额巨大";骗取国家出口退税款 250 万元以上的,为刑法第二百零四条规定的"数额特别巨大"。

第四条　具有下列情形之一的,属于刑法第二百零四条规定的"其他严重情节":

(一)造成国家税款损失 30 万元以上并且在第一审判决宣告前无法追回的;

(二)因骗取国家出口退税行为受过行政处罚,两年内又骗取国家出口退税款数额在 30 万元以上的;

(三)情节严重的其他情形。

第五条　具有下列情形之一的,属于刑法第二百零四条规定的"其他特别严重情节":

(一)造成国家税款损失 150 万元以上并且在第一审判决宣告前无法追回的;

(二)因骗取国家出口退税行为受过行政处罚,两年内又骗取国家出口退税款数额在 150 万元以上的;

(三)情节特别严重的其他情形。

第六条　有进出口经营权的公司、企业,明知他人意欲骗取国家出口退税款,仍违反国家有关进出口经营的规定,允许他人自带客户、自带货源、自带汇票并自行报关,骗取国家出口退税款的,依照刑法第二百零四条第一款、第二百一十一条的规定定罪处罚。

第七条　实施骗取国家出口退税行为，没有实际取得出口退税款的，可以比照既遂犯从轻或者减轻处罚。

第八条　国家工作人员参与实施骗取出口退税犯罪活动的，依照刑法第二百零四条第一款的规定从重处罚。

第九条　实施骗取出口退税犯罪，同时构成虚开增值税专用发票罪等其他犯罪的，依照刑法处罚较重的规定定罪处罚。

（摘自《最高人民法院关于审理骗取出口退税刑事案件具体应用法律若干问题的解释》，2002 年 9 月 17 日〔2002〕30 号）

12.2.6　公安部关于印发《公安机关办理危害税收征管刑事案件管辖若干问题的规定》的通知

虚开增值税专用发票、用于骗取出口退税、抵扣税款发票案（刑法第 205 条）

为他人虚开案件，由开票企业税务登记机关所在地县级以上公安机关管辖；为自己虚开案件、让他人为自己虚开案件，由受票企业税务登记机关所在地县级以上公安机关管辖；介绍他人虚开案件，可以与为他人虚开案件、让他人为自己虚开案件并案处理。

对于自然人实施的前款规定的虚开案件，由虚开地县级以上公安机关管辖。如果几个公安机关都有权管辖的，由最初受理的公安机关管辖；必要时，可以由主要犯罪地县级以上公安机关管辖。

对为他人虚开、为自己虚开、让他人为自己虚开、介绍他人虚开等几种情况交织在一起，且几个公安机关都有权管辖的，由最初受理的公安机关管辖；必要时，由票源集中地或虚开行为集中企业的税务登记机关所在地县级以上公安机关管辖。

（摘自《公安机关办理危害税收征管刑事案件管辖若干问题的规定》，2004 年 2 月 19 日公通字〔2004〕12 号）

12.2.7　全国人大常委会关于《中华人民共和国刑法》有关出口退税、抵扣税款的其他发票的解释

全国人民代表大会常务委员会根据司法实践中遇到的情况，讨论了刑法规定的"出口退税、抵扣税款的其他发票"的含义问题，解释如下：

刑法规定的"出口退税、抵扣税款的其他发票"，是指除增值税专用发票以外的，具有出口退税、抵扣税款功能的收付款凭证或者完税凭证。

现予公告。

（摘自《全国人大常委会关于＜中华人民共和国刑法＞有关出口退税、抵扣税款的其他发票规定的解释》，2015 年 12 月 29 日）

12.2.8　最高人民法院关于虚开增值税专用发票定罪量刑标准有关问题的通知

为正确适用刑法第二百零五条关于虚开增值税专用发票罪的有关规定，确保罪责刑相

适应，现就有关问题通知如下：

一、自本通知下发之日起，人民法院在审判工作中不再参照执行《最高人民法院关于适用<全国人民代表大会常务委员会关于惩治虚开、伪造和非法出售增值税专用发票犯罪的决定>的若干问题的解释》（法发〔1996〕30号）第一条规定的虚开增值税专用发票罪的定罪量刑标准。

二、在新的司法解释颁行前，对虚开增值税专用发票刑事案件定罪量刑的数额标准，可以参照《最高人民法院关于审理骗取出口退税刑事案件具体应用法律若干问题的解释》（法释〔2002〕30号）第三条的规定执行，即虚开的税款数额在五万元以上的，以虚开增值税专用发票罪处三年以下有期徒刑或者拘役，并处二万元以上二十万元以下罚金；虚开的税款数额在五十万元以上的，认定为刑法第二百零五条规定的"数额较大"；虚开的税款数额在二百五十万元以上的，认定为刑法第二百零五条规定的"数额巨大"。

（摘自《最高人民法院关于虚开增值税专用发票定罪量刑标准有关问题的通知》，2018年8月22日法〔2018〕226号）

12.2.9　最高人民法院研究室如何认定以"挂靠"有关公司名义虚开增值税专用发票行为的意见

公安部经济犯罪侦查局：

贵局《关于如何认定以"挂靠"有关公司名义实施经营活动并让有关公司为自己虚开增值税专用发票行为的性质的函》（公经财税〔2015〕40号）收悉，经研究，现提出如下意见：

一、挂靠方以挂靠形式向受票方实际销售货物，被挂靠方向受票方开具增值税专用发票的，不属于刑法第二百零五条规定的"虚开增值税专用发票"。

主要考虑：

（1）由挂靠方适用被挂靠方的经营资格进行经营活动，并向挂靠方支付挂靠费的经营方式在实践中客观存在，且带有一定普遍性。相关法律并未明确禁止以挂靠形式从事经营活动。

（2）虚开增值税专用发票罪是行政犯，对相关入罪要件的判断，应当依据、参照相关行政法规、部门规章等，而根据《国家税务总局关于纳税人对外开具增值税专用发票有关问题的公告》（国家税务总局公告2014年第39号），挂靠方以挂靠形式向受票方实际销售货物，被挂靠方向受票方开具增值税专用发票的，不属于虚开。

二、行为人利用他人的名义从事经营活动，并以他人名义开具增值税专用发票的，即便行为人与该他人之间不存在挂靠关系，但如行为人进行了实际的经营活动，主观上并无骗取抵扣税款的故意，客观上也未造成国家增值税款损失的，不宜认定为刑法第二百零五条条规定的"虚开增值税专用发票"；符合逃税罪等其他犯罪构成条件的，可以其他犯罪论处。

主要考虑：

（1）虚开增值税发票罪的危害实质在于通过虚开行为骗取抵扣税款，对于有实际交易存在的代开行为，如行为人主观上并无骗取的扣税款的故意，客观上未造成国家增值税款损失的，不宜以虚开增值税专用发票罪论处。虚开增值税专用发票罪的法定最高刑为无期徒刑，系严重犯罪，如将该罪理解为行为犯，只要虚开增值税专用发票，侵犯增值税专用发票管理秩序的，即构成犯罪并要判处重刑，也不符合罪刑责相适应原则。

（2）1996 年 10 月 17 日《关于适用 < 全国人民代表大会常务委员会关于惩治虚开、伪造和非法出售增值税专用发票犯罪的决定 > 的若干问题的解释》虽然未被废止，但该解释制定于 1997 年刑法施行前，根据我院《关于认真学习宣传贯彻修订的 < 中华人民共和国刑法 > 的通知》（法发〔1997〕3 号）第五条"修订的刑法实施后，对已明令废止的全国人大常委会有关决定和补充规定，最高人民法院原做出的有关司法解释不再适用，但是如果修订的刑法有关条文实质内容没有变化的，人民法院在刑事审判工作中，在没有新的司法解释前，可参照执行。其他对于与修订的刑法规定相抵触的司法解释，不再适用"的规定，应当根据现行刑法第二百零五条关于虚开增值税专用发票罪的规定，合理选择该解释中可以继续参照适用的条文。其中，该解释中关于"进行了实际经营活动，但让他人为自己代开增值税专用发票"也属于虚开的规定，与虚开增值税专用发票罪的规定不符，不应继续适用；如继续适用该解释的上述规定，则对于挂靠代开案件也要以犯罪论处，显然有失妥当。

（3）《刑事审判参考》曾刊登"芦才兴虚开抵扣税款发票案"。该案例提出，虚开可以用于抵扣税款的发票冲减营业额偷逃税款的行为。主观上明知所虚开的运输发票均不用于抵扣税款，客观上使用虚开发票冲减营业额的方法偷逃应纳税款，其行为不符合虚开用于抵扣税款发票罪的构成要件，属于偷税行为。2001 年福建高院请示的泉州市松苑绵涤实业有限公司等虚开增值税专用发票案，被告单位不以抵扣税款为目的，而是为了显示公司实力以达到在与外商谈判中处于有利地位的目的而虚开增值税发票。我院答复认为该公司的行为不构成犯罪。

以上意见供参考。

最高人民法院研究室

二〇一五年六月十一日

（摘自《最高人民法院研究室 < 关于如何认定以"挂靠"有关公司名义实施经营活动并让有关公司为自己虚开增值税专用发票行为的性质 > 征求意见的复函》，2015 年 6 月 11 日法研〔2015〕58 号）

12.2.10　虚开增值税专用发票罪的追诉和量刑标准的沿革

一、追诉标准

《最高人民检察院、公安部关于公安机关管辖的刑事案件立案追诉标准的规定（二）》（公通字〔2010〕23 号）第六十一条规定，"虚开增值税专用发票或者虚开用于骗取出口退税、抵扣税款的其他发票，虚开的税款数额在一万元以上或者致使国家税款被骗数额在五千元以上的，应予立案追诉。"

据此规定，行为人虚开增值税专用发票的税款数额大于一万元或抵扣税款大于 5 000 元的，公安机关应当立案侦查，检察院应当提起公诉。

二、量刑标准

（一）初建

1995 年 10 月 30 日，《全国人民代表大会常务委员会关于惩治虚开、伪造和非法出售增值税专用发票犯罪的决定》（以下简称《决定》）出台，第一次对虚开增值税专用发票行为的量刑做出明确规定。

1996 年 10 月 17 日，最高人民法院出台关于适用《决定》的若干问题的解释（法发〔1996〕30 号），对于量刑标准进行了详尽的解释（具体标准见表 12 - 1）。

表 12 - 1　1995 年版量刑标准

	情节描述	1995 年《决定》	法发〔1996〕30 号
(1)		三年以下有期徒刑或者拘役，并处二万元以上二十万元以下罚金	虚开税款数额 1 万～10 万元 骗取国家税款 0.5～5 万元
(2)	虚开的税款数额较大 有其他严重情节	三年以上十年以下有期徒刑，并处五万元以上五十万元以下罚金	虚开税款数额 10 万～50 万元 骗取国家税款 5 万～30 万元
(3)	虚开的税款数额较大 有其他特别严重情节	十年以上有期徒刑或者无期徒刑，并处没收财产	虚开税款数额 50 万～100 万元 骗取国家税款 30 万～50 万元
(4)	骗取国家税款数额特别巨大	无期徒刑或者死刑，并处没收财产	利用虚开的增值税专用发票实际抵扣款或者骗取出口退税 100 万元以上
	给国家利益造成特别重大损失		造成国家税款损失 50 万元以上，并且在侦查终结前仍无法追回的

在《中华人民共和国刑法》（以下简称《刑法》）第二百零五条和法发〔1996〕30 号司法解释的规则表述中，存在三类数额，分别是"虚开税款数额""国家税款被骗取数额"以及"国家税款损失数额"。

所谓虚开税款数额，是指行为人虚开的增值税专用发票上所载明的税额，即应税货物的计税金额和其适用增值税税率的乘积。所谓国家税款被骗取数额，是指受票人利用虚开的增值税专用发票作为进项税额实际抵扣真实销项税额，从而减少应当缴纳的增值税税款的金额。在《中华人民共和国刑法修正案（八）》出台前，"国家税款损失数额"是法院判断对犯罪嫌疑人是否适用死刑的一项酌定量刑情节，而《中华人民共和国刑法修正案（八）》将本罪的死刑予以废止，导致"国家税款损失数额"已没有对应的量刑档位，不再是一个法定量刑情节。从近年来的司法实践看，国家税款损失数额已经演变成为一种酌定量刑情节，是指在法院宣判前，国家税款被骗取数额扣除被告人退缴的数额后仍然无法追回的数额。

上述三类数额对虚开增值税专用发票罪的量刑具有如下系统性的影响：

1. 任何虚开增值税专用发票罪案中，"虚开税款数额"及"国家税款被骗取数额"的具体认定都必不可少。在刑事司法程序中，司法机关必须对被告人虚开增值税专用发票的虚开税款数额和国家税款被骗取数额均明确地加以认定，不得缺损其中任何一项数额的认定，否则将会导致对被告人片面的量刑结果。

2. "虚开税款数额"及"国家税款被骗取数额"是原因，量刑档位是结果，每一量刑档位均具有"一对二"的关系。据表 12 - 1 可知，虚开增值税专用发票罪共有三个量刑档位，每一个量刑档位均对应着虚开税款数额和国家税款被骗取数额的两项因素。被告人只要触发某一量刑档位中的虚开税款数额或国家税款被骗取数额中的某一项因素，即应当适用该量刑档位。

3. "虚开税款数额"及"国家税款被骗取数额"触发量刑档位不一致的，重刑档位优先适用于轻刑档位。在每一个虚开增值税专用发票罪的具体案件中，被告人有且仅有虚开税款数额及国家税款被骗取数额各一项，当该两项数额中的一项数额触发某一轻刑档位，另一项数额触发较之而言某一重刑档位时，那么重刑档位应当优先适用于轻刑档位。

4. "国家税款损失数额"是酌定量刑情节

首先，由于《中华人民共和国刑法修正案（八）》出台后，"国家税款损失数额"已无对应量刑档位，成为非法定量刑情节，系酌定情节之一。其次，考虑到我国《刑法》打击虚开犯罪的主要目的在于保护国家税收收入、减少国家税款损失，因此从鼓励被告人退缴国家被骗取税款的原则出发，尽管国家税款损失数额不再是法定的量刑情节，但可以作为法官审理虚开增值税专用发票犯罪案件的酌定量刑情节，"国家税款损失数额"是被告人一方乃至法院应当予以重视和关注的事实情节。对该类数额的认定尽管无法产生变更量刑档位的影响，但却可能会发挥"从轻"或"从重"的量刑效果。

（二）立法

1997 年 3 月 14 日《中华人民共和国刑法》出台，根据附则第四百五十二条第二款之规定，列于附件二的 1995 年《决定》予以保留，相关刑事责任的规定自 1997 年 10 月 1 日起，按《刑法》规定执行。量型标准如表 12 - 2 所示。

表 12 - 2　1997 年版量刑标准

	量刑情节	量刑档位
(1)	虚开增值税专用发票	三年以下有期徒刑或者拘役，并处二万元以上二十万元以下罚金
(2)	虚开的税款数额较大或者有其他严重情节	三年以上十年以下有期徒刑，并处五万元以上五十万元以下罚金
(3)	税款数额巨大或者有其他特别严重情节	十年以上有期徒刑或者无期徒刑，并处五万元以上五十万元以下罚金或者没收财产
(4)	骗取国家税款，数额特别巨大，情节特别严重，给国家利益造成特别重大损失	无期徒刑或者死刑，并处没收财产

（三）解释

2002 年 9 月 23 日，《最高人民法院关于审理骗取出口退税刑事案件具体应用法律若干问题的解释》（法释〔2002〕30 号）实施。需要说明的是，法释〔2002〕30 号是针对《刑法》第二百零四条骗取出口退税罪量刑的解释，而非虚开增值税专用发票罪。量刑标准如表 12 - 3 所示。

表 12 - 3　2002 年版量刑标准

	《刑法》	情节描述	法释〔2002〕30 号
（1）	五年以下有期徒刑或者拘役，并处骗取税款一倍以上五倍以下罚金	数额较大	骗取国家出口退税款 5 万 ~ 50 万元
（2）	处五年以上十年以下有期徒刑，并处骗取税款一倍以上五倍以下罚金	数额巨大	骗取国家出口退税款 50 万 ~ 250 万元
		有其他严重情节	国家税款损失 30 万 ~ 150 万元，并且在第一审判决宣告前无法追回
（3）	十年以上有期徒刑或者无期徒刑，并处五万元以上五十万元以下罚金或者没收财产	数额特别巨大	骗取国家出口退税款 250 万元以上
		有其他严重情节	造成国家税款损失 150 万元以上，并且在第一审判决宣告前无法追回

（四）修法

2011 年《中华人民共和国刑法修正案（八）》出台，虚开增值税专用发票罪的最高量刑死刑被废除。

（五）答复

自法释〔2002〕30 号出台后，关于法发〔1996〕30 号数额标准偏低，定罪量刑标准明显滞后、失当，有违罪刑相当原则的争议和讨论不断。因此，2014 年 11 月 27 日，《最高人民法院研究室关于如何适用法发〔1996〕30 号司法解释数额标准问题的电话答复》（法研〔2014〕179 号）公布，指出在新的司法解释制定前，对虚开增值税专用发票案件的量刑数额标准，可以不再适用法发〔1996〕30 号司法解释，而是参照法释〔2002〕30 号的有关规定执行。

对比表 12 - 2 和表 12 - 3 可知，如对虚开增值税专用发票罪适用法释〔2002〕30 号的量刑标准，则对刑事被告人相对有利。但是，由于法研〔2014〕179 号在性质上属于最高院的复函，不属于司法解释，无法废止法发〔1996〕30 号的效力，各地法院在司法裁判时更多倾向于适用法发〔1996〕30 号而不是法释〔2002〕30 号。

（六）通知

2018 年 8 月 22 日，《关于虚开增值税专用发票定罪量刑标准有关问题的通知》（法〔2018〕226 号）公布，人民法院在审判工作中不再参照执行法发〔1996〕30 号第一条规定的虚开增值税专用发票罪的定罪量刑标准，而是参照法释〔2002〕30 号第三条的规定执行。量刑标准如表 12 - 4 所示。

表 12 - 4　2018 年版量刑标准

	情节描述	1995 年《决定》	法〔2018〕226 号
(1)		三年以下有期徒刑或者拘役，并处二万元以上二十万元以下罚金	虚开税款数额 5 万～50 万元
(2)	虚开的税款数额较大	三年以上十年以下有期徒刑，并处五万元以上五十万元以下罚金	虚开税款数额 50 万～250 万元
(3)	虚开的税款数额巨大	十年以上有期徒刑或者无期徒刑，并处没收财产	虚开税款数额 250 万元以上

后 记 Postscript
向左走，向右走

原本，这本书名叫《增值税·以票控税》。初稿出来后，我在朋友圈里征求意见，大家对书名的争论超过了内容，明显分为两派：一边是我的税务局同事们，强烈反对用这个书名。反对的理由是，我的税务工作者的身份，会让大家造成误解。"控"字优先，给人的感觉像是强调执法的重要性远大于纳税服务，与现在"放管服"的大形势相悖。而另一边是纳税人朋友，说这个名字起得好。企业都想了解税务局是如何贯彻"以票控税"的，对发票管理有哪些手段方法，类似于从法官的角度去讲法释法。最好多揭一些"内幕"，不要让企业总是"雾里看花"，经常担心因为发票受到处罚。

"以票控税"的历史要从"金税工程"说起。

1994 年，国家税务总局推行金税工程一期，包括增值税交叉稽核和增值税防伪税控两个子系统，在全国 50 个税务局试点上线，先通过人工采集纳税人的发票信息，再由计算机对比发现问题。

2001 年，吸取金税一期手工采集数据错误率太高的教训，金税工程二期实现了发票数据的自动采集，同时把海关增值税完税凭证纳入管理。依托该系统，实现了增值税"以票控税，网络比对，税源监控，综合管理"的闭环管理。这也是第一次提出"以票控税"。

2013 年，在经历了金税工程一期、二期后，"金三"终于来了！经过在广东、山东、河南、山西、内蒙古、重庆 6 个省（市、区）级税务局试点后，金税工程三期终于在 2016年完成全部推广工作后开始实施。

伴随着金税工程一期、二期的建设，税务机关在税收征收管理中长期实行"以票控税"，将发票作为征税的重要依据。税务部门以发票为载体，通过加强开票受票管理，对增值税的上下游实施全链条监督，力求完整地监控企业的经营情况。近年来一系列发票政策的推出，也预示着发票管理力度将越来越大。

但效果如何呢？从 2011 年开始，国家税务总局每年都会发一个文件，《关于认真做好2011 年打击发票违法犯罪活动工作的通知》提出"查账必查票""查案必查票""查税必查票"。2012 年再发类似的文件，要求同时做到"查票必查税"，直到 2019 年，这样的文件从未间断。显然，发票违法犯罪活动屡禁不绝。

时代在发展，"以票控税"在新经济时代实施的瓶颈在于交易主体的多元化、法律关系的复杂化、交易技术的信息化等因素加剧了征纳信息的不对称。新的征管方式亟待引入。

金税工程三期为"信息管税"提供了技术和数据的支撑。

在金税工程三期的大数据管控下，企业的任何事项均会留下记录，企业的资金流、票据流等信息能够被实时追踪。只要大数据系统将企业纳税人识别号作为起点，追查同一税号下进项发票与销项发票，企业是否虚开发票，以及是否购买假发票入账等，完全一目了然。同时，开票软件在 2015 年全面推行防伪税控系统升级，开具内容增加了商品编码，为下一步企业开票的货物流监控预留了接口。

"信息管税"是运用现代信息技术对涉税信息进行收集、分析、判断及使用的征管方式，在坚持"以票控税"的前提下，强调对资金流和支付平台的监控，重视涉税信息第三方平台和涉税信息共享系统的建设，能较好地消解新经济时代征纳信息不对称的现象，为新经济时代税收征管方式的转变提供了途径。

未来，将打通开票方、受票方、税务部门等各方的链接节点，使发票数据全场景流通成为现实。纳税人可实现发票全程可查、可验、可信、可追溯，以切实保护纳税人的合法权益；税务部门可实现对纳税人发票申领、流转、报税等全过程全方位监管，有效降低了以票控税的成本，提升了管理效能，促进了纳税遵从。

向左走，是"以票控税"，税务部门任重道远；向右走，是"信息管税"，征纳双方实现共赢共享。我们的选择必然是从"以票控税"迈向"信息管税"。

李伟锋

2019 年 12 月